HARVARD ORIENTAL SERIES

Edited by MICHAEL WITZEL

VOLUME EIGHTY-FOUR

MATERIALIEN ZUR PRASUN-SPRACHE DES AFGHANISCHEN HINDUKUSCH

Teil 2: Grammatik

von

GEORG BUDDRUSS & ALMUTH DEGENER

PUBLISHED BY THE DEPARTMENT OF SOUTH ASIAN STUDIES
HARVARD UNIVERSITY

DISTRIBUTED BY HARVARD UNIVERSITY PRESS,
CAMBRIDGE, MASSACHUSETTS AND LONDON, ENGLAND
2017

For information write to Editor, Harvard Oriental Series, Department of South Asian Studies, 1 Bow Street, Cambridge MA 02138, USA 617-495 3295; email: witzel@fas.harvard.edu

Library of Congress Cataloguing in Publication Data
Materialien zur Prasun-Sprache des afghanischen Hindukusch. Teil 2: Grammatik

Harvard Oriental Series; v. 84 ISBN 9780674980372
I. Georg Buddruss 1929-; Almuth Degener 1958- II. Title III. Series: Harvard Oriental Series; 84
CIP

Vorwort

Die in diesem Band gegebenen Skizzen zur Grammatik der Prasun-Sprache (Wasi weri) beruhen auf dem Textcorpus (dem Material des ersten Bandes), dem Ergebnis von direkten Befragungen und der Beobachtung von Gesprächen einheimischer Sprecher. Die Feldarbeitszeit betrug 1956 und 1970 knappe zweimal zwei Monate. Das ist bei der Schwierigkeit der Aufgabe eine sehr kurze Zeit, wenn auch länger als die Zeit, die unser großer Vorgänger, Georg Morgenstierne, zur Verfügung hatte. Er hat in seinen Arbeiten über Sprachen dieses Raumes oft über die Begrenztheit seiner Sammlungen geklagt. Mit Freude kann man zur Kenntnis nehmen, wieviel besser es in dieser Hinsicht jüngere Gelehrte heute haben, die in benachbarten Sprachgebieten Pakistans arbeiten. Um nur zwei Beispiele zu nennen: Henrik Liljegren konnte für seine Werke über Palula (2008, 2011, 2015) auf Perioden von Feldarbeit 1998-2008 aufbauen, Emil Perder für seine Dissertation über Dameli (2013) auf Datensammeln 2003-2008. Spuren von Zeitdruck findet man in der hier versuchten Grammatik oft: zwei Beispiele sollen genügen. Erst gegen Ende der Feldarbeit wurde G. Buddruss auf einen Unterschied in der Bildung und Bedeutung des Präsens II aufmerksam (§2.4.2 *Zum Unterschied zwischen ga/ ig und gā/ īg*), der ihm bisher entgangen war, die Verschiedenheit der Morpheme *-ga-* : *-gā-*, fem. *-ig-* : *-īg-*. Es war zu spät, alle bisherigen Belege dieses Tempus durchzuprüfen, da die Notizbücher schon für die Abreise verpackt waren. Ein anderes Beispiel betrifft den langen Text A10 über den Gott Māndi. Hier musste G. Buddruss den Erzähler bitten, sich kürzer zu fassen (*müčog li-*) und schon anderswoher bekannte Episoden wegzulassen (Band 1, p. 405, Anm. 244, p. 407, Anm. 256). Solche Anweisungen sollte man Informanten aus methodischen Gründen nie geben, aber die Situation erforderte es. Ein anderer Unterschied zwischen den Arbeitsumständen bei Liljegran und Perder im Unterschied zu denen im Prasuntal betrifft die Mitarbeit und das Interesse der einheimischen Muttersprachler. Die beiden Forschen konnten mit Männern zusammenarbeiten, die über ihre Sprache nachdachten und gelernt hatten, Sprachmaterial aufzunehmen und zu transkribieren. Solche Helfer konnte G. Buddruss in Prasun (Parun) nicht finden, mit der einen Ausnahme des Abdul Wahid in Pronj/ Seč (siehe Band 1, p. 23), mit dem er nur 2-3 Stunden arbeiten konnte. Bei anderen Informanten und Gesprächspartnern war es kaum oder ganz selten möglich, über „linguistische“ Themen zu sprechen. Sie erzählten oft gern Geschichten, aber Fragen über die Bedeutung von Wörtern und grammatische Formen zu beantworten wurde ihnen schnell lästig. Oft hörte man die schon bei Robertson (1852-1916) gegebene Mitteilung, Prasun sei für Fremde „unlernbar“ (*nāznen'ī*). Robertson schreibt über seinen kurzen Aufenthalt im oberen Prasun-Tal (1896, 380), „The Presuns, unfortunately, speak a language which everyone declared that it is impossible for anybody to acquire unless he has been actually born in the valley ... but the fatal language difficulty prevented me learning much from them.”

Auch Richard F. Strand bekam in seinen “Topics in Vâsi Ethnography 1973 (Abschnitt 13) von Zaman Khan die Antwort auf die Frage, warum in alter religiöser Sprache Prasun mit Kati gemischt sei: „since our language is a bit difficult, isn’t it?“ (Kâmviri: *imo vari čok sâxta vari âsa*).

G. Buddruss plante zeitweilig eine dritte Reise nach Prasun in der 2. Hälfte der 1970er Jahre. Aber die politische Entwicklung in Afghanistan machten solche Pläne illusorisch.

Nach G. Buddruss hat unseres Wissens kein Forscher in Prasun ausführliche sprachliche Studien getrieben. Richard Strand, der bedeutende amerikanische Kenner Nuristans und vieler nuristanischer

Sprachen, war im Juli-August 1973 mit Freunden aus Nišeigram eine Woche in Prasun. Er schreibt (Email vom 2.1.2016): „I restrained myself from delving into the mysteries of that language and concentrated on gathering kinship terms and other details of kinship and social organization, which was the focus of my comparative study during that trip (v. "Kinship Systems of the Hindu-Kush on my website)" (http://nuristan.info/kinship.html).
Außerdem arbeitete 1973 noch der Wiener Ethnologe Max Klimburg eine Zeitlang in Prasun und sammelte wichtiges kulturkundliches Material, das noch unveröffentlicht ist. Sprachliche Studien gehörten nicht zu seinem Programm.
Inzwischen wird sich in Prasun/ Parun viel verändert haben. Etwa 2002 wurde Nuristan zur eigenen Provinz erklärt und Paṣki oder ein Gebiet nahe südlich davon zum „Hauptort" (*vilāyat*) davon. Man hört von Flüchtlingen aus Nuristan, ob auch aus Parun, ist uns nicht bekannt. Ob jemand irgendwann eine „exhaustive reference grammar" dieser Sprache wird schreiben können, wie sehr sich dann die Sprache verändert haben wird und ob jemand dann dafür noch Interesse haben könnte, weiß jetzt niemand. Strand schrieb uns (Email vom 19.4.2016), „this is no longer the pristine Parun that you and I fondly remember."

Danksagung

Die Verfasser danken der Deutschen Forschungsgemeinschaft für die Finanzierung der Reisen 1956 und 1970 und für die insgesamt dreijährige finanzielle Unterstützung der Kooperation mit A. Degener innerhalb des Zeitraums 2012-16, sowie dem Herausgeber der Harvard Oriental Series, Herrn Prof. Dr. Michael Witzel für die Aufnahme des Werkes in die HOS und für die verständnisvolle mehrjährige Zusammenarbeit.

Inhalt

0. Einleitung

Prasun (Wasi) gehört zur nördlichen Gruppe der Nuristani-Sprachen, einer Gruppe von weniger bekannten Mitgliedern der indo-iranischen Sprachfamilie. Es wird in den sechs Dörfern des Prasun-Tales in drei Dialekten oder Dialektgruppen gesprochen. Die Sprache wird von den Sprechern Wasi genannt, die in der Sprachwissenschaft traditionell verwendete Bezeichnung Prasun stammt aus dem Kati. Prasun wurde bisher nicht verschriftet. Benachbarte Sprachen sind vor allem die Nuristani-Sprachen Kati, Kamviri, Waigali und Ashkun, ferner indoarische Sprachen (u. a. Pashai, Khowar, Gawar-bati, Woṭapuri, Gṛangali, Shumashti, Katar-Kalai, Palula, Kalasha, Dameli) und iranische Sprachen (Munji, Parachi, Pashto, Wakhi). Als lingua franca dient das afghanische Persisch. Zur Zeit der Feldforschung von G. Buddruss (1956 und 1970) waren Kenntnisse von Nicht-Nuristani-Sprachen nur bei wenigen Sprechern vorhanden.

Die vorliegende Grammatik, welche die in Band 1 publizierten Texte sowie von G. Buddruss außerhalb eines Textzusammenhanges aufgezeichnete Daten auswertet, versteht sich als Beitrag zur Kenntnis der Nuristani-Sprachen. Sie versucht, möglichst viele Bereiche der Sprachbeschreibung abzudecken und verwendet dazu etablierte Terminologie und Methoden der Linguistik, steht aber nicht im Rahmen einer bestimmten Grammatik- oder anderen linguistischen Theorie. Der Index Locorum am Ende dieses Bandes enthält ein Verzeichnis aller in Band 2 mit interlinearer Glossierung zitierten Stellen der in Band 1 publizierten Texte. Die Übersetzung in Band 2 ist teilweise freier als in Band 1, wenn durch eine interlineare Glossierung der Wortlaut nachvollziehbar ist. Der 1. Band enthält leider eine Reihe von Schreibfehlern, außerdem erscheinen durch ein technisches Versehen viele Einträge mit diakritischen Zeichen verzerrt; Corrigenda und Nachträge finden sich in diesem Band auf den Seiten 36-38. Im folgenden werden die wichtigsten Ergebnisse der grammatischen Analyse in Kürze dargestellt.

Prasun-Typologie in Kurzfassung

Prasun ist eine vorwiegend links-verzweigende Pro-Drop-Sprache mit SOV-Wortstellung. Weitere grundsätzliche Merkmale sind die Nominativ-Akkusativ-Konstruktion, die Verwendung von Postpositionen (neben einer Präposition), die Verwendung von Konverbien und Funktions- oder Vektorverben, ein kompliziertes TAM-System mit der dominierenden Kategorie Modus, das Vorhandensein mehrerer Strategien zur Kodierung von Kausalität und ein auffällig reiches Inventar von lokalen Morphemen. Prasun ist tendenziell konkatenativ und (weniger stark ausgeprägt) polyexponential.[1] Flexivität ist begrenzt auf bestimmte Bereiche des Verbalsystems (Unterscheidung

[1] Zu den Begriffen "konkatenativ" und "polyexponential" siehe Balthasar BICKEL und Johanna NICHOLS: Exponence of Selected Inflectional Formatives, 2013, und Fusion of Selected Inflectional Formatives, 2013, beide in Dryer, Matthew S. & Haspelmath, Martin (eds.): *The World Atlas of Language Structures Online*. Leipzig: Max Planck Institute for Evolutionary Anthropology, http://wals.info/, chapter 20 und 21, abgerufen am 24.2.2016. Zu "Flexivität" und zum Vorkommen dieser drei Kategorien in Sprachen der Hindukush-Region siehe RÖNNQVIST 2015, bei dieser Kategorie geht es um die Verwendung von Allomorphen in Abhängigkeit von Nominal- oder Verbalklassen oder von der Stellung im Paradigma.

nach Genus und Transitivität), beim Nomen gibt es im Sg. und Plural verschiedene Obliquus-Markierungen.[2]

Phonologie

Das Konsonantensystem zeigt den phonematischen Kontrast von stimmlosen und stimmhaften, dentalen und retroflexen Verschlusslauten. Es gibt einen phonematisch relevanten Kontrast von palatalen, dentalen und retroflexen stimmlosen Affrikaten.[3] Die retroflexe Affrikata ist relativ schwach belegt und hat keine phonematisch relevante stimmhafte Variante. Die stimmhaften Affrikaten /j/, /ǰ/ haben Phonemstatus, wechseln aber oft mit den Sibilanten /z/, /ž/. Retroflexe und velare Nasale kommen nur als Allophone des dentalen Nasals /n/ vor. Palatalisierung von Konsonanten ist sehr häufig vor allem am Wortanfang. Relativ häufig ist das Vorkommen prothetischer Vokale.

Nominalflexion, Kasus, Numerus, Genus

Das Nomen im Singular erscheint in der unmarkierten Grundform, im Plural erscheint optional die Endung *–lug*, vor allem, aber nicht nur bei Lebewesen. In Verbindung mit einem Numerale erscheint stets das unmarkierte Nomen. Zum Ausdruck einer Vielheit oder Gesamtheit dient auch die Reduplikation, z. B. *gul-gul* „das ganze Tal", *mənǰer-mənǰer* „alle Zeiten". Eine Genus-Differenzierung nach m. und f. gibt es beim Substantiv in Bezeichnungen von Menschen und Haus- oder Nutztieren. Eine regelmäßige Motion beim Adjektiv gibt es nicht (im Gegensatz zu Kati, Waigali, wo feminine Adjektiva meist auf *–ī* auslauten), nur eine geringe Anzahl von Adjektiven zeigt eine abweichende Form im Femininum. Nomina unterliegen der differentiellen Objektmarkierung: abhängig von den Parametern Belebtheit, Definitheit und Spezifität erhalten direkte und indirekte Objekte die Objektmarkierung *–š* im Singular und *–an* im Plural. An Kasusmorphemen sind *–a* für den Ablativ, *-š*, Pl. *–an* für den Genitiv, *-a*, Pl. *–sna* für den Vokativ erhalten. Bei den Kasusmorphemen findet eine Extension der Funktion statt: Das Genitiv-Morphem kennzeichnet bei Bezeichnungen von Menschen und Göttern auch den Genitiv, sonst allgemein den Obliquus. Das Ablativ-Morphem erscheint in possessiven und attributiven Nominalsyntagmata. An die Stelle von Kasusmarkierung tritt zur Bezeichnung von Beziehungen vor allem die Wortstellung innerhalb der NP sowie die Präposition *t-* und die Postpositionen *–pa, –paya, -pan, -pana, -pani, ta.*

Steigerung

Durch postpositionale Konstruktion erfolgt die Bildung von zwei Stufen der Steigerung. Die einfache Steigerung in Verbindung mit einem Vergleichsobjekt (Komparativ) geschieht durch die Verbindung mit der (lokalen) Postposition *-paya*, z. B. *ī-pay'a unz'ū kaṭ'a ayeg'asəm* 17.3 „ich schieße besser als du", *wul'us-paya it'ī əžə oḍobog sma* 27.19 „ich bin jetzt dicker als früher".
Zum Ausdruck einer höheren Punktzahl im Spiel wird das Adverb *latē* „oben" in Verbindung mit der Postposition *-pan* eingesetzt: *čpoež-pan lat'ē* A8.5 „höher als 24".
Die höchste Stufe (Superlativ) wird mit der Postposition *-pa* und meistens dem auf diese Funktion beschränkten *sam* oder der Pluralform *samigen-pa*, manchmal einem anderen Wort für „alle" als

---

[2] Vgl. zu einer kurzen typologischen Übersicht auch http://wals.info/languoid/lect/wals_code_pra.

[3] TIKKANEN 2008 erwähnt kein *ç*, weil es bei MORGENSTIERNE 1949 noch nicht vorkommt.

Vergleichsobjekt gebildet, z. B. *sam-pa gəndər ütüny'og* B10.8 „größtes Feld", *sučog'an-pa ban'igya* „der allerkleinste".

Pronomina

Im Prasun gibt es Personalpronomen, Possessivpronomen und Demonstrativpronomen. Bei den Personalpronomen werden für drei Personen Sg. und Pl., Casus Rectus und Obliquus unterschieden. In der 3. Person wird *uwo/ umu* nur für Personen gebraucht, *su/ əndo* und *ari/ məri* auch für Gegenstände. Eine Unterscheidung nach Genus existiert nicht. Das Pronomen der 3. Person *su/ undo* hat neben der des Personalpronomens auch die Funktion eines nicht-obligatorischen Begleiters (bestimmter Artikel).

Es gibt drei Grundformen von Demonstrativpronomen, diese sind nur zum Teil durch Ferne/ Nähe definiert. Während *ari* Dinge bezeichnet, die in der Nähe oder im Blickfeld liegen, und *əstləg* das Pronomen der Ferndeixis ist, verweist das dritte Pronomen *aləg* auch auf Naheliegendes, wird jedoch im Gegensatz zu *ari* vor allem adjektivisch gebraucht. Es gibt also nur ein zweistufiges System der Distanz, allerdings gilt dies nicht für Pronomina in Verbindung mit Richtungsmorphemen, wo eine fünfstufige Distanzabstufung zu erkennen ist. Sowohl *ari* als auch *əstləg* dienen der Diskursreferenz, nur *ari* der situativen Referenz. Alle genannten Demonstrativpronomen haben eigene Singular- und Pluralformen, ein Obliquus ist nur für *ari* belegt. Ein Reflexivpronomen gibt es nicht, zum Ausdruck subjektbezogener Handlungen dienen die Personalpronomina sowie im Verbalsystem das Passiv. Es gibt keine possessiven Pronominalsuffixe. Eine Reihe von Pronominaladverbien dienen dem Ausdruck lokaler und temporaler Verhältnisse.

Unbestimmte Personen, Dinge oder Mengen werden durch eigene, nicht oder nur entfernt mit Pronomina verwandte Morpheme bezeichnet: „etwas": *čig/ čik, čkig, inty'og,* „einige": *atig kuṇḍ'ī, (atig) kumḍīg, nugi,* „jemand": *nug'ī (wəǰǰəm'ī), atig erna.*

Numeralia

Prasun verwendet das Vigesimalsystem,[4] siehe dazu den Abschnitt „Zahlen" in Band 1, 480ff. Multiplikativa und Komplexivzahlen werden durch Suffigierung gebildet. Approximativa werden durch Voranstellung von *atig* „eins" und das folgende Numerale oder eine Kombination aus zwei Numeralia gebildet. *atig* dient auch als unbestimmter Artikel. Der Ausdruck von Vollständigkeit in Verbindung mit einem Numerale geschieht durch die entsprechende Komplexivzahl:

> *čpoeg wəǰǰimy'en* 9.28 „alle vier Männer", *set'eg pien-'ag* 40.19 „für alle sieben Söhne", *tčög crna* 52.9 „alle drei Personen".

Prasun kennt keine Ordinalzahlen, sondern verwendet zur Angabe der Position innerhalb einer Sequenz zusammengehöriger Elemente Kardinalzahlen und deiktische Ausdrücke. Distributivzahlen werden durch Reduplikation gebildet, z. B. *lü lü wərjə* "je zwei Strumpfbänder", daneben gibt es auch die Konstruktion aus *yās* "jeweils" und Kardinalzahl, z. B. *yās wuṣ təb'əg* „je 6 Gewehre". "je eins" wird durch *intig* ausgedrückt.

---

[4] Vgl. TIKKANEN 2008, 257.

Zählwörter treten sporadisch auf: *ćā* für Extremitäten, Kleidungsstücke, *čuṭ* für Haare, *kuṭug* für Laute und Wörter, *kuẓu* für Bäume, *pul'og* für kleine Gegenstände und Mitglieder einer Gruppe, *puṇḍ'īg* für Früchte, *ẓug* (D.), *ẓūg* für Faden.

Orientierung im Raum

Zur Orientierung im Raum dienen außer den Prä- und Postpositionen vor allem die Richtungsmorpheme.[5] Prasun verwendet 39 Richtungsmorpheme, die vor die Verbalwurzel treten und in Verbindung mit deiktischen Basen Richtungsadverbien bilden, vgl. BUDDRUSS 2005, §23, MORGENSTIERNE 1949, 230f. Kaum ein Satz wird gebildet, ohne dass mindestens eins der Richtungsmorpheme verwendet wird. Die Präfixe lassen sich in zwei Gruppen einteilen. Die erste Gruppe enthält Morpheme, die der Benennung allgemeiner, vom Talverlauf unabhängiger Richtungen dienen: *ti-* „hinein, herein", *(w)i-* „hinaus, heraus", *a-* „hin", *a-* „weg", *wu-* „her", *o-* „um ... herum". Die zweite Gruppe enthält Morpheme, die Formen der umgebenden geomorphologischen Landschaft voraussetzen. Diese beginnen mit den Konsonanten *ž-, n-, s-, w-, l-, b, p-* und sind unterschiedlich vokalisiert, je nach Lage und Richtung im Verhältnis zum Fluss, nach Grad der Abweichung von der Horizontalen, nach Vorhandensein oder Abwesenheit einer nahen Begrenzung sowie nach Art der Umgebung (großräumig-kleinräumig). Einige Morpheme dienen sowohl zur Orientierung in der Landschaft (*sa, so, wa, wo*) als auch zum Ausdruck von Richtung in Bezug auf den Körper (*sa², so², wa², wo²*). Zur Orientierung in einem beschränkten Raum wie zum Beispiel innerhalb des Hauses, dienen dieselben Morpheme, aber die Art ihrer Verwendung weicht ab. Die Verwendung von Richtungsmorphemen, wenn auch nicht in der großen Vielfalt, die das Prasun zeigt, ist typisch für Nuristani-Sprachen, vgl. GRJUNBERG 1980, 265-281, DEGENER 1998, 95-102, STRAND 2010, R. STRAND, *The Kâmviri Directional System*.[6]

Orientierung in der Zeit

Das Verstreichen von Zeit wird mit dem Richtungsmorphem „hoch" bezeichnet: *loć-* „hochkommen", *lapt-, labz-* „hochgehen", *laṭog-* „nach oben gelangen", aber auch mit dem Richtungsmorphem für „links": *atig tiw'īlig wī wāry'egso* „eine Periode verging".

Temporale Relationen werden durch Verbalformen und durch Subordinationsmorpheme ausgedrückt, aber da im Prasun hinsichtlich der Zeitenfolge eine gewisse Tendenz zur Unschärfe des sprachlichen Ausdrucks herrscht, dienen zur Präzisierung des zeitlichen Bezugs oft zusätzliche Mittel, z. B. erscheint neben dem Absolutiv-Morphem *-ī* bzw. dem Subordinationsmarker *-a* das Adverb *čkü* „dann":

> *sət 'əsəs wos'ī čkü okṭ'ešo* 27.5 „Nachdem (du) 7 (Tage) mehr übernachtet hast, dann magst du (mich) fressen!", *kət wuṣuw'iša, čkü werī wer'ī wẹmšo* 32.111 „Du sollst mich stillen, dann wollen wir reden!"

oder die Vorzeitigkeit wird durch ein Abgeschlossenheit ausdrückendes Funktionsverb wie *-ṭk-, büsć-* unterstützt, z. B.:

---

[5] Vgl. PETERSEN 2006.

[6] http://nuristan.info/Nuristani/Kamkata/Kom/KomLanguage/kamdirec.html, aufgerufen 5.12.2015.

üū kür logzon'ig poi-ṭkom'a ari čpiš'a 32.17 „(Erst) wenn dir das Gebären der Kinder bevorsteht, sollst du dies (Glöckchen) läuten!“, *sumiš unz'ū əm iž'īa na anji-ṭkoma* 15.6 „solange ich ihn nicht mit meinen (eigenen) Augen gesehen habe“

Die folgende Aufstellung gibt die wichtigsten Strategien zum Ausdruck von Vorzeitigkeit und Gleichzeitigkeit wieder. Die Morpheme *-a, -dī, -ra, -maš, -o, -omaš, -ī* (s. u. zu „Subordination“, „Konverb“) werden hier nur dann erwähnt, wenn sie durch ein tempus-markierendes Adverbiale ergänzt werden.

1. Im subordinierten Satz

1.1 Vorzeitigkeit: Begrenzung durch einen bestimmten Zeitpunkt am Anfang
a) Nominalisierung durch ein adverbialebildendes Suffix: *-oma laptī, tašče ... -oma, -oma wat'e* „seit“, *-ra-* „wenn, sobald“, z. B.

ī aṭob'oma atē čī wuċ'ū šil'ī aċagəsċ-'am 99.36 „Seit du verschwandest, bist du drei Jahre geblieben und (dann erst zurück)gekommen“, *lāw pog-ra-s'o šū binčiw'og nundugš čiṇḍog-pan sat'ī* B3.1 „Wenn (die Zeit der) Almablieferung gekommen ist, tun wir die in den Eimer eingefüllte *nundug*-Butter in den Buttersack“, *it'ī wosom'a obüŋya te-ptinig-laš* (P.) „Wenn du jetzt übernachtest, wohin wirst du morgen gehen?“

b) Nominalisierung durch das partizipbildende Suffix *-og: -og-pan* „nachdem“, *-og-panya (loċī), -og (wate)* „seit“, *na ... -og-pan tāsig* „bevor“: z. B.

musulm'ān wog-panya loċ'ī astež wuċ'ū A1.27 „28 Jahre, seit (wir) Muslime wurden“, *wəst'ī omog at'e* 103.8 „seit dem Tod (deiner) Frau“, *Māndi na aċog-pan tāsiga ülyum pyej'ī oy'ī šiliga-rē-st* A10.308 „Bevor Māndi kam, warf man Weizen in (den Topf) und aß ihn.“

c) Juxtaposition, z. B.

unz'ū əbəg oy'a pešlegs'ēsum üčüm ayego „Ich hatte mich zum Essen gesetzt, (da) kam ein Erdbeben.“

1.2 Vorzeitigkeit: Begrenzung durch einen bestimmten Zeitpunkt am Ende
a) Nominalisierung durch ein adverbialebildendes Suffix: *tašče ... -oma, -oma laptī* „seit“, „von ... ab“, *-oma tašče* (A7.1), *tašče ... -ṭk-oma* (14.9) „bevor“, *-omaš wišt, -maš wišt* „bis“, *na ...-ogne (tašče), na ...-i-ṭk-oma* „bis“, „solange nicht ...“, Absolutiv + *čkü* „nachdem ...“ z. B.

žešt nuwuniga taščə Māndi ašpur'oma nuwuga-r'ē-səmš A10.301 „Seit Māndi das Pflügen mit Bullen lehrte, pflügen wir“, *šir'ēš tugō turig nosċomaš wišt* D18.10 „bis zum Vieh-sammeln talab in Tugo im Herbst“, *sumbara laṭogm'aš wišt* A6.56 bis der Sommer zu Ende geht", *üo na pul'ogne t'ašče unz'ū ... pulug'asmo* 6.47 „Bevor du sprichst, werde ich sprechen", *sət 'əsəs wos'ī čkü* 8.5 „sieben mehr übernachtet habend dann …" = „in sieben Tagen".

b) Nominalisierung durch das partizipbildende Suffix *-og: -og-pan* „nachdem" (32.100), *na ... og-pan tāsig* „bevor", z. B. *tčī wusċū laṭogog-pan* „nach Ablauf von drei Jahren".

c) Juxtaposition: *okulyāwišt .... itī* (28.4) „bisher ..., jetzt ..."

1.3 Gleichzeitigkeit

a) Nominalisierung durch ein adverbialebildendes Suffix: *na ... -ogne* „während nicht ...", *-oma ... (kilī), kilī ... -oma* „immer wenn", z. B.

wəst'ī na anj'ogne ti-d'īs pyepš'ǖ šily'egso 25.12 „Ohne dass die Frau es sah, ging er in eine Truhe und blieb da", *kil'ī nugi wəǰǰimi-wag əṭ'əg-pan bižičiw'oma əndeš puləg'a lī ċālyočimasto* 16.6 „Immer wenn ich für irgendeinen Mann (einen Brief) auf Papier schreibe, pflegt man mich zum Lesen zu bestellen."

b) Infinitiv + *-pan*:

m'iš iž'ī anjen'īg-pan at'ig üz'ǖ kštyū ... šil'egso 2.11 „Als ihr Auge hinschaute, war (dort) ein ... Eisberg".

2. Adverbiale außerhalb subordinierter Sätze

2.1 Zeitraum

a) Numerale + Nomen: *wōz buṭog lin'ig tčī ənċera ṭkin'īg-əlist* A5.26 „Das Aufteilen der Eichen werden sie innerhalb von drei Tagen beenden."

b) Nomen + *-pan,* z. B. *əm yē wüšö-pan* A11.20 „als mein Vater ein junger Mann war"

c) Adverb: *it'ī* „jetzt", *tašče* „zuerst", *t'ašče ... čkü (6.42), t'ašče ... təkċə* (28.81) „zuerst ... dann", *tülmiga* „schließlich, zuletzt", *wulus* „früher" (27.18)

d) Adverb + Nomen: *wulus ənċera* „gestern", *it'inċera* „heute", *it'ī ob'üŋya* (30.40) „heute morgen", *it'ī waċer'a* (39.46) „heute abend"

e) Adverb + Nomen mit Präposition: *tās'ig tə-mǰ'er* „in früherer Zeit" (21.1).

2.2 Zeitraum mit Begrenzung am Anfang

a) Absolutiv eines Verbs (*lowišt-, labz-* „hochgehen", *lakṣ-* „hochziehen", *loċ-* „hochkommen"): Ablativ + *lakṣī*, Ablativ + *lowištī*, *-og-panya loċī* „seit", „von ... an", Demonstrativum im Ablativ + *labzī* „dann"

b) deiktisches Adverb (*latē* „oben"): Demonstrativum (meist im Ablativ) oder Pronominaladverb + *latē* „von ... an" (vgl. §2.2.4.7)

c) Adverb *čkü, čtī, təkċə, təkċog* „dann", „danach", „später", Pronominaladverb *əstla, əstləgapi* „dann, darauf".

d) Adverb + Postposition *krək-pan* „da, darauf"

3. Periodizität

Nomen + *-pan: tčī iznera-pan* A5.16 „alle drei Winter", „jeden 3. Winter"

Verbum

Das komplizierte Verbalsystem der Prasun-Sprache drückt sich durch die vorwiegend analytischen Muster der Bildung eines finiten Verbs aus, in der die Kategorien perfektiv und imperfektiv sowie aktuell und virtuell morphologisch gekennzeichnet sind. Der perfektive Aspekt wird durch das stammbildende Morphem *-og/ -ag* markiert, zugleich Morphem des Partizips Prät.[7] und Affix vieler, aber nicht aller Vergangenheitstempora. Die temporalen Kategorien (Präsens, Imperfekt, Futur, Präteritum, Perfekt, Plusquamperfekt) sind zum Teil flexibel, während die Unterscheidung der Formen, die dem Ausdruck aktuellen oder virtuellen Geschehens dienen, konsequent erfolgt. Die Unterscheidung von aktuellem und virtuellem Geschehen betrifft alle Tempora und definiert damit für alle Zeitstufen zwei Gruppen: I aktuell, II virtuell. Typisch für die Gruppe II ist die Verwendung des Morphems *-ga-/ -ig* zur Stammbildung, es erscheint in Präsens, Imperfekt, Präteritum, Perfekt, Plusquamperfekt und auch im Imperativ. Innerhalb der Gruppe II wird morphologisch zwischen habituativen oder typischen und suppositiven oder vermuteten Vorgängen unterschieden. Im Präteritalsystem sowie im Futur gibt es eine besondere Form, die als Modus constativus der Bekräftigung einer Aussage dient: Prät. II, Fut.-const., Perf.-const., Plup.-const. Dabei ist das Prät. II des Prasun nicht gleichzusetzen mit der Form, die in anderen Nuristani-Sprachen[8] als „Prät. II" bezeichnet worden ist. Das Prät. II im Prasun dient zur Darstellung zeitlich indifferenten Geschehens, seine Funktion liegt vor allem darin, Äußerungen eine konstatierend-bilanzierende Färbung zu verleihen. Der Aorist, in Prasun ein Modus, dient dem Ausdruck von Wunsch und Möglichkeit und liegt in drei Tempusstufen vor.

Wir unterscheiden sogenannte Verbal-Wurzeln, an die Richtungspräfixe sowie Affixe zur Bildung von Stämmen und zur Kennzeichnung von Tempus, Modus und Genus sowie von Person und Numerus treten. Ebenso verfuhr schon MORGENSTIERNE 1949, 285: „The existence of the numerous prefixes

[7] Vgl. MORGENSTIERNE 1949, §111, 129.

[8] Kati: GRJUNBERG 1980,194) und Ashkun (Wamai): BUDDRUSS 2006, 196 und Buddruss apud BASHIR 2006.

renders it necessary to base the list of verbs on ‚roots'". Iterativ- und Passivstamm werden sekundär aus dem Präsensstamm abgeleitet. Eine Unterscheidung von Maskulinum und Femininum erfolgt morphologisch durch die stammbildenden Suffixe im Präsens und im Aorist. Durch Kombination finiter und infiniter Formen werden periphrastische Verbformen gebildet, z. B. das Futur aus dem Infinitiv und dem Verb „haben" und Perfekt und Plusquamperfekt aus dem Präteritalpartizip und dem Verbum „sein" (itr.) oder „haben" (tr.). Zur Bildung von Tempus-Modus-Formen werden als Hilfsverben ausschließlich „sein" und „haben" eingesetzt. Andere Verben erscheinen als Vektorverben oder „light verbs" im Verbum Compositum.

Durch Suffixe werden die 1., 2. und 3. Person im Singular und Plural ausgedrückt. In der 1. Person Pl. gibt es zur Unterscheidung von inklusiv/ exklusiv zwei unterschiedliche Formen. Die Personalendung eines finiten Verbs bezeichnet das grammatische Subjekt, dieses kann, muss aber nicht explizit genannt werden. Es gibt zwei Sets von Verbalaffixen (Personalendungen), jedes Affix ist genau einer Person, zugleich mehreren Tempus-Modus-Formen zugeordnet, z. B. steht die Endung *-sm* für die 1. Person Sg. in Präsens, Impf. und itr. Präteritum. Nach Genus unterschieden sind die Morpheme der Präsensstammbildung beider Gruppen und das Morphem des Aorists, folglich auch die Formen aller Tempora, deren Hilfsverb eins dieser Morpheme enthält, z. B. das suppositive Futur m. *pəznig-ligaso,* f. *pəznig-ligso,* Futur-Aorist m. *pəznig-lẹ,* f. *pəznig-lī,* Perfekt-suppositiv m. *pəzog-gaso,* f. *pəzog-wigso.* Keine Genusunterscheidung gibt es im Präsens der Gruppe I im Dialekt von Iṣṭewi und bei dem Verb „haben" in allen Dialekten.

Durch Suffigierung werden Verbalnomina gebildet, z. B. Infinitv, Supinum, Absolutiv (Konverb) sowie mehrere Verbalnomina, die adverbiell gebraucht werden. Beim Infinitiv, der als einziges Verbalnomen den Status eines Subjekts oder eines direkten Objekts haben kann, steht das Subjekt des zugrundeliegenden Verbs im Genitiv.

Transitivität und Kausalität

Transitive und intransitive Verben unterscheiden sich morphologisch teilweise durch unterschiedliche Stämme, durch Personalendungen in Vergangenheitsformen der Gruppe I und teilweise durch die Wahl unterschiedlicher Morpheme im Imperativ. Morphologische Kausativa werden mit dem Morphem *–aw-* gebildet.[9] Daneben gibt es eine sekundäre Bildung von denominativen Verben mit kausativer Bedeutung auf *-eli-*, letztere bilden Paare mit den entsprechenden intransitiven Denominativa auf *–ew-*. Häufiger als die morphologische Kausativ-Markierung ist die Unterscheidung kausaler von nicht-kausalen Verben durch die Verwendung von Stämmen, die durch vokalische oder konsonantische Alteration gekennzeichnet sind. Das grammatische Subjekt sowohl transitiver als auch intransitiver Verben wird nur durch die Verbalendung markiert und steht im Kasus rectus, das direkte oder indirekte Objekt unterliegt der differentialen Objektmarkierung.

Partizipien

Das Partizip Prät. auf *–og/ -ag* dient zur Bildung von Vergangenheitsformen im Verbalsystem, erscheint im Relativsatz, im Nebensatz, in adverbialen Ausdrücken von Ort und Zeit und in Kombination mit dem Verb „haben" zum Ausdruck nicht-voluntativen Erlebens.

[9] Vgl. Kati *–vo-* GRJUNBERG 1980, 208, Nishei *–ā-, -awā-* DEGENER 1998, 40.

Das Partizip Präs. II auf *-ga*, f. *-ig* entspricht einem Nomen agentis. Es dient in bestimmten Konstruktionen zum Ausdruck von Absicht und Aufforderung und erscheint in Konstruktionen mit einem Experiencer.

Supinum, Quotativ

Das Supinum wird mit dem Morphem *–a* gebildet. Eine Form *l'īa, lya,* homophon mit dem Supinum von *li-* "sagen", "machen", dient als Quotativ.

Konverb

Sehr häufig ist die Verwendung eines Konverbs oder Absolutivs. Dieses wird mit dem Morphem *–ī* gebildet.[10] Wie in anderen Nuristan- und in indoarischen Sprachen bildet das Konverb adverbiale Nebensätze und dient zur Darstellung einer Reihe sukzessiver Geschehnisse. Der Agens des Hauptsatzes muss nicht identisch mit dem Agens des Absolutiv-Satzes sein, z. B. *mən üšp'eš apl'ī alaptig'a-re-sċ* „Nachdem (ich dir) Seil (und) Axt gegeben (habe), geh (du) dann hinauf!" Ist er aber identisch, so ist der Agens in allen Belegen im Hauptsatz auch grammatisches Subjekt.
In Verbindung mit anderen Morphemen bildet das Absolutiv modale Ausdrücke und Aktionsarten. Das Absolutiv *büsċü* „zurückgelassen habend" dient in Verbindung mit einem weiteren Verb zur Darstellung der resultativen oder konklusiven Aktionsart. Für das negierte Absolutiv steht die Form *na* … *–ognī* (P.)/ *-oŋlī* (I.).

Funktionsverben

Prasun kennt eine Reihe von Funktions- oder Vektorverben, die mit der infiniten Form eines Verbs ein Verbum Compositum bilden. Das Funktionsverb wird morphologisch nach Tempus, Modus und Person festgelegt, während das infinite Verb die semantische Hauptlast trägt. Die Funktion des semantisch herabgestuften Verbs ist vor allem der Ausdruck verschiedener Aktionsarten wie Intensität, Jähheit, Beginn, Fortsetzung oder Vollständigkeit der Handlung. Im Prasun fungieren Verben der folgenden Bedeutung als Funktionsverben: „beginnen", „gehen", „hochgehen", „gelangen", „hinausgelangen", „bleiben, warten", „sitzen", „lassen", „beenden", „ziehen", „schlagen", „hinabtun", „verschwinden lassen".

Bildung einer NP und Wortstellung im Satz

In allen Satztypen gilt die Wortstellung Subjekt-Verb-Objekt. Ein Fragewort steht immer vor dem Verb oder dem Nomen, zu dem es gehört, es muss aber nicht direkt vor dem Verb stehen. Bei der Bildung einer NP gehen Begleiter und Numeralia anderen Satzteilen voran, und zwar in der hierarchischen Reihenfolge Artikel – Numerale – Demonstrativpronomen – Possessivpronomen. Besteht die NP aus mehreren Substantiven, so steht das untergeordnete Element dem Kopf voran. Enthält die NP ein nicht-substantivisches Attribut (Adjektiv, Partizip), so steht das Attribut vor dem substantivischen Bezugswort, wenn es sich um eine restriktive, aber nach dem Bezugswort, wenn es sich um eine appositive Beziehung handelt. Dies gilt insbesondere für die Bildung des Relativsatzes. Relativsätze im Prasun werden mit Hilfe einer nominalisierten Form des Verbs gebildet, die vor oder nach dem Bezugselement (dem Kopf) steht. Solche Relativsätze werden mit den Partizip-Morphemen

[10] Vgl. MORGENSTIERNE 1949, §132, Nishei *-i* DEGENER 1998, §2.12 und *-i* in vielen Sprachen der Region.

-og/-ag und *-ga/-ig* gebildet. Das Subjekt der Verbalhandlung des Relativsatzes steht, wenn es genannt wird, in einem Nicht-Subjekt-Kasus.

Subordination

Subordination wird im Prasun durch mehrere Strategien dargestellt: 1) durch asyndetische Juxtaposition, 2) durch Nominalisierung des Verbs durch ein Nominalisierungs-Morphem, vor allem *-oma, -omaš, -maš* und das Absolutivmorphem *-ī*, 3), durch ein auf das Verb des untergeordneten Satzes folgendes Subordinations-Morphem (*-a, -dī, -ra*). Der subordinierte Satz steht dem Hauptsatz in der Regel voran, bei Verwendung eines Subordinationsmorphems kann er auch nachstehen.[11] Das genaue semantische Verhältnis von Haupt- und Nebensatz bleibt in den meisten Fällen offen.
Neben den genannten Strategien werden Adverbien eingesetzt, um die Art der Relation eindeutig zu machen. Zur Darstellung eines kausalen Verhältnisses dienen die Adverbien *ari-wag, tüdügya, ari-wag tüdügya, ari-wag ... atī* „deshalb". Zu temporalen Verhältnissen vgl. den Abschnitt „Orientierung in der Zeit". Das Adverb *čkü* „dann" wird vor allem in temporaler Funktion verwendet, erscheint aber auch in der Apodosis von Konditionalgefügen und übernimmt hier die Funktion einer Konnektivpartikel (redundant, das das Morphem *–oma* bereits die Subordination kennzeichnet):

> *üo ap'ī ǰī sal'ī sāačelom'a čkü oinig-l'amo* 5.11 „Wenn du auch den Kopf hineinsteckst und (ihn?) hineinschüttelst, dann werde ich essen."

Komplement

Unter Komplement verstehen wir erstens eine VP zur Darstellung des Inhalts einer sprachlichen oder gedanklichen Äußerung, insofern diese von einem Verb regiert wird, d. h. einen Komplementsatz als Sonderform untergeordneter Sätze. Zweitens verstehen wir unter Komplement die notwendige Ergänzung eines Funktions- oder Vektorverbs, semantisch dominierend, formal abhängig von dem Funktionsverb und in einer nominalisierten Form ohne Markierung von Person und Numerus. Prasun kennt verschiedene Arten der Komplementbildung: durch ein Absolutiv (*lī, bī*), durch Verbalnomina (Infinitiv, Partizipien, Supinum) und durch Partikeln (*-a, -dī, -ra*).
Der Infinitiv wird vor allem in Verbindung mit Funktionsverben verwendet, z. B. in Ausdrücken, die den Beginn oder das Ende einer Handlung bezeichnen. Er erscheint in Kombination mit Verben wie *abli-* „geben" in der Bedeutung „lehren zu …", *əzn-* „verstehen zu ..." und in Kombination mit *tiçim-* "planen …".
Das Absolutiv findet sich gleichfalls sehr oft in der Verbindung mit einem Funktionsverb, und zwar erstens in Ausdrücken, die das Fortdauern oder Andauern einer Handlung oder deren Beendigung anzeigen, und zweitens in Ausdrücken, die die Art der Handlung (intensiv, abrupt, ungeschickt) präzisieren. Das Absolutiv der Verben „sagen" und „denken" markiert das Komplement von Verben des Sprechens, Denkens und Wissens.
Mit dem Partizip wird ein Relativsatz gebildet, der mit Verben der Wahrnehmung die Funktion eines Komplements hat, z. B. *atig wəǰǰəm'ī üšt'üb kuẓ'ū-pan ašly'ogš asənǰ'ogo* „Er sah einen Mann unter einem Baum sitzen." Das Part. Prät. als Verbalsubstantiv kann wie der Infinitiv ein Komplement von

[11] Vgl. RÖNNQUIST 2014.

əzn- „können, wissen" sein. Ein partizipiales Komplement bildet auch der Stamm auf *–ga*, der in Verbindung mit dem Verbum *li-* zum Ausdruck einer Aufforderung eingesetzt wird.
Die Morpheme *–a*, *-dī* und *–ra* markieren einen Komplementsatz. Der Komplementsatz folgt auf die Morpheme *–a* und *–di*, die als Affixe an das Verb des Hauptsatzes treten, z. B.

išp'ī büsċog-lam-dī unzū pəzm'a-ra-səm (P.) „Ich habe versprochen, dass ich gehe."
bienjem'asa atig muṣ'ī wul'ə wəǰǰim'ī səl mir tiẓgim'aso (P.) „Er schaut hinab (*bienjem'as-a*) (und sieht, dass) dort ein bartloser Mann Lehm zusammenscharrt."

-dī kann auch am Ende des Komplementsatzes und vor dem übergeordneten Satz stehen, z. B.

unz'ū t-uzm'ū žaptog-wyem-dē üo ṣū laš-ī „Weißt du, dass ich nach Zumu talauf gegangen bin?"

Regelmäßig ist dies der Fall mit *–ra*, z. B.:

əstləg iž'eŋ üteš aš'ǖ omu'iŋ-li-ra əzn'ā-re-ċ 91.5 „Du sollst wissen, (dass) jene Schlange dich beißen und töten wird!"

Verwandt mit dem Komplementsatz ist der adnominale Substantivsatz, der mit einer infiniten Verbalform gebildet wird, z. B. mit dem Absolutiv:

kəṇḍ lī obəg abl'ī ask'al gəndər kodyum so A1.25 „ein Fest auszurichten (und) Brot zu geben, ist eine große Aufgabe"

und häufig mit dem Infinitiv:

ḍəṇḍ wiginīg čār A2.22 „der Brauch, Strafen einzunehmen".

Informationsstruktur
Wie das Prät. II in Ashkun (Bashir 2006, Bashir 2010, 7ff. mit Material aus Buddruss 2006) erscheint das Prät. II im Prasun am Anfang von Märchen, es kann hier und in Erzählungen aus vorislamischer Zeit als Inferential[12] interpretiert werden. Vor allem aber hat das Prät. II konstatierende Funktion, unabhängig davon, ob die Information auf eigener Beobachtung beruht oder aus einer anderen Quelle stammt, und die Stellung am Anfang einer fiktiven Erzählung könnte daher auch eine Spielart dieser Funktion sein. Eine Inferential-Funktion hat möglicherweise die Partikel *-əmro*.
Eine Reportativ-Partikel (wie Kamviri *–mma* oder Waigali *–le*, vgl. Bashir 2006, Bashir 2010, 7-10, Degener 1998, 173ff.) gibt es im Prasun nicht. Dagegen wird im Verbalsystem sehr genau hinsichtlich des Wahrheits- oder Wahrscheinlichkeitsgrades unterschieden:

[12] Vgl. Bashir 2006.

Wirklichkeit (der Sachverhalt ist real): Präsens, Imperfekt, Präteritum, Perfekt, Plusquamperfekt.

Wirklichkeit (Nachdruck: der Sachverhalt ist – doch! - zutreffend): Prät. II, Perf.-const., Plup.-const.

Möglichkeit 1 (der Sachverhalt ist erwartet oder erwünscht): Aorist, Futur

Möglichkeit 2 (der Sachverhalt ist charakteristisch oder regelhaft, aber nicht aktuell): Präsens II, Impf.-hab., Futur, Futur-const.

Möglichkeit 3 (der Sachverhalt wird vermutet): Präs.-suppositiv, Fut.-supp., Perf.-supp.

Der Irrealis (negierte Möglichkeit) wird vor allem vom Impf.-hab., vom Imperfekt und vom Fut.-Impf. ausgedrückt.

Außerdem kann durch Verbalpartikeln (*-pa-, -ž*) die Faktizität weiter differenziert werden.

Im Gebrauch des Verbums „sein“ unterscheidet sich das sogenannte *sa*-Präsens von der Kopula. Das *sa*-Präsens wird nur gebraucht, wenn dem Sprecher der Inhalt der Äußerung neu und unerwartet ist, es hat eindeutig und exklusiv mirative Funktion. Dies gilt auch, wenn der mit *sa-* gebildete Stamm des Verbums „sein“ als Hilfsverb zur Bildung von Perfekt und Präsens II dient: dies geschieht ausschließlich dann, wenn der Sachverhalt unerwartet ist. Im Waigali (Nishei), in Ashkun und im (in Kombination mit einem *–o*-Infix) Kamviri (BASHIR 2010, 3-6, STRAND 2010 realizational mode) scheinen gleichfalls bestimmte Formen des Verbums „sein“ die Funktion zu haben, eine mirative Bedeutung zu vermitteln, außerhalb der Nuristan-Sprachen in der Region zeigen auch die iranischen Sprachen Wakhi und Persisch sowie, weniger relevant für Prasun, verschiedene indoarische Sprachen (BASHIR 2010) ähnliche Muster.

In Prasun erscheint auch die personalendungslose, reduzierte Verbalform in mirativem Kontext (Bashir 2010, 10f.). Allerdings dient dieses grammatische Mittel nicht primär dem Ausdruck von Erstaunen, „to mark sentences which report information which is new or surprising to the speaker“ (DELANCEY 1997, 33), sondern vermittelt, dass der Sachverhalt den Erwartungen des Sprechers widerspricht.

Will ein Sprecher ausdrücken, ein Sachverhalt sei ihm neu oder widerspreche seiner Erwartung, gibt es die Möglichkeit, der Äußerung durch Diskurspartikeln diese Einschätzung hinzuzufügen. Zum Beispiel erscheint die Partikel *-am* (§4.3.6) in *al'īna mund'ū amond'ī ipogs-'am* 61.79 „(Es) ist (ja) von oben an Draht befestigt gebaut!“, als sich durch Zufall herausstellt, warum das Haus im Himmel nicht herabfällt, die Partikel *-amə̃* (§4.3.8) in *üo piẽ lāš-amə̃* „Du hast (also) einen Sohn“, was von dem Muttersprachler dahingehend erklärt wurde, dass der Sprecher „erst später“ erfahren habe, dass es diesen Sohn gab, und die Partikel *–amiž* (4.3.12) in *mu ožnyog-last-'amiž* 90.18 „Diese haben sie (also) getötet!“, als der Sprecher in einem unwill-kürlich belauschten Gespräch herausfindet, wer den zuvor berichteten Mord begangen hat. Die Partikel *–amə̃* dient auch dazu, den Mangel an Kontrolle über den Sachverhalt auszudrücken. All diese Partikeln enthalten das Element *–am-*, alle haben außer der mirativen auch noch andere Funktionen.

Das Morphem *–a* tritt als Suffix optional an Nomina wie an finite Verben und erscheint in allen Arten von Texten. Seine Funktion scheint zu sein, dass es in einer Focus-Background-Struktur das Element kennzeichnet, das nicht im Fokus steht, sondern in den Hintergrund tritt, z. B. *pomˈoṭiga Māndi pomoṭig rē-s* „Die Erzählung [= Hintergrund] ist eine Mandi-Erzählung“, *su əṣṭˈəg sučˈog wəǰǰimˈena intˈig ḍugˈo tu-lˈust aplyˈego* “Der Richter gab allen Männern [= Hintergrund] je einen Stock in die Hand.“ Nicht immer ist das Hintergrund-Element gegeben, markiert wird auch im Textzusammenhang Neues. Gegebenheit spielt keine Rolle in Äußerungen wie *tasigyˈa unzū bižičiŋ na wolasesum, itiˈa bižičiŋ wolˈam* „Früher konnte ich nicht schreiben, jetzt kann ich schreiben“, wo die Zeitangaben einen Kontrast bilden, aber in den Hintergrund treten gegenüber der Information, dass der Sprecher zu schreiben gelernt hat. Durch die Markierung des im Hintergrund stehenden Teils der Äußerung wird der Kontrast zwischen Vordergrund und Hintergrund schärfer, die Dynamik insgesamt größer. Setzt das Morphem eine VP in den Hintergrund, so kann *–a* die Funktion eines Subordinationsmarkers annehmen, z. B. *üo çā na līšaya na aċˈīsəm-rē* „Weil du nicht riefst, kam ich nicht.“ Markiert wird stets das Material, das im Hintergrund steht, dagegen werden fokussierte Elemente gegenüber nicht-fokussierten nicht besonders hervorgehoben.

Diskurspartikeln

Während Fokussierung als Teil der Informationsstruktur nicht besonders markiert wird, dient eine Reihe von Partikeln der Emphase als Ausdruck emotional bestimmten Nachdrucks.

0. Introduction

Prasun (Wasi) belongs to the northern group of Nuristani languages, one of the lesser known families within Indo-European languages. There are two main varieties of the language spoken in the six villages of the Prasun Valley where G. Buddruss was able, in 1956 and 1970, to collect a considerable number of texts. The indigenous language name is Wasi, while the name Prasun traditionally used in publications since G. Morgenstierne's pioneer work in 1949 is taken from Kati, and Paruni from Persian. Prasun has always remained an unscripted language. Neighbouring languages are Kati, Kamviri, Waigali, and Ashkun from the Nuristani language family, apart from these, there are Indo-Aryan (Pashai, Khowar, Gawar-bati, Woṭapuri, Gṛangali, Shumashti, Katar-Kalai, Palula, Kalasha) and Iranian languages (Munji, Parachi, Pashto). Afghan Persian serves as a lingua franca of the region. At the time of G. Buddruss's fieldwork only very few speakers of Prasun could boast of knowledge of any languages other than Nuristani.

The present study, based on material collected by G. Buddruss (most of which has been published in vol. 1) is meant to be a contribution to the knowledge of Nuristani languages. In order to describe the language as comprehensively as possible, terminology and methods established in linguistic studies have been made use of, but without being tied to a specific theoretical framework. Vol. 1 contains a number of mistakes, including blurred words due to some technical error. A list of errata for vol. 1 will be found on pages 36-38. All text passages quoted with interlinear glossing are listed in the index locorum at the end of this volume. The key results of our study will be briefly presented in the summary below.

Prasun typology in a nutshell

Prasun is a predominantly left-branching pro-drop language with SOV word order. Other features are the nominative-accusative construction, postpositions (besides one preposition), converbs and light verbs, a complicated mood-dominant TAM system, several strategies to encode causality and a remarkably rich inventory of directional morphemes. Prasun is mainly concatenative and polyexponential.[13] Flexivity[14] is limited to certain sectors of the verbal system (gender and transitivity based allomorphs), and different oblique case markers in sg. and pl. in the nominal inflexion.[15]

Phonology

The consonant system of Prasun shows the phonemic contrast of voiced and voiceless, dental and retroflex stops and of palatal, dental, and retroflex voiceless affricates.[16] There is comparatively weak evidence of the retroflex affricate which has phonemic status only in the voiceless variant. The voiced affricates /j/, /ǰ/ are phonemes but often change with the corresponding sibilants /z/, /ž/. Retroflex and

---

[13] See B. BICKEL und J. NICHOLS: Exponence of Selected Inflectional Formatives, 2013, und Fusion of Selected Inflectional Formatives, 2013, http://wals.info/, chapter 20 and 21, accessed 24.2.2016, and RÖNNQVIST 2015.

[14] See RÖNNQVIST 2015, 15, referring to allomorphy as dependent on declination systems or conjugation class.

[15] See also http://wals.info/languoid/lect/wals_code_pra for a short typology of Prasun.

[16] There is no mention of ç in TIKKANEN 2008 because it is not found in MORGENSTIERNE 1949.

velar nasals are allophones of the dental /n/. Many consonants are realized with non-phonemic palatalisation, in particular in word-initial position. Vowel prothesis is frequent.

Nominal inflexion, case, gender, number

The singular noun is unmarked. For animate nouns there is an optional plural morpheme *–lug*. After a numeral, the noun is always unmarked. Reduplication of nouns serves to express completeness, e. g. *gul-gul* „the whole valley", *mənǰer-mənǰer* „all times". Gender, following natural gender, is marked only in a few nouns referring to human beings and domestic animals. There is no regular gender motion in adjectives (cf. Kati, Waigali fem. adjectives in *–ĭ*). Nouns are subject to differential object marking: depending on animacy, definiteness, and specifity, both direct and indirect objects take the suffix *–š* for the singular and *–an* for the plural oblique case marking. Besides the oblique case, historically the genitive, there are the historical case markers *–a* of the ablative, and *-a* (sg.)/ *-sna* (pl.) for the vocative. The case markers have undergone a functional extension as follows: *-š/ -an* is used as a genitive in nouns referring to humans and supernatural beings, as well as a general oblique marker; the ablative morpheme appears in possessive and attributive nominal syntagmas. Instead of case marking, relationships within the noun phrase are often defined by word order and the use of pre- and postpositions.

Comparative and Superlative

Comparison is expressed by means of the postposition *-paya*, e. g. *ī-pay'a unz'ū kaṭ'a ayeg'asəm* 17.3 „I am a better shot than you (are)", *wul'us-paya it'ī əžə oḍobog sma* 27.19 „I am fatter now than (I was) before".
The adverb *latē* „above" serves to express a higher score in games: *čpoež-pan lat'ē* A8.5 „over 24".
The superlative is expressed with *sam-pa* or the corresponding plural *samigen-pa*, or *sučog*, all of them meaning "(out of) all", e. g. *sam-pa gəndər ütüny'og* B10.8 „biggest field", *sučog'an-pa ban'igya* „smallest".

Pronouns

The personal pronoun system distinguishes three persons, two numbers (sg., pl.), and two cases (direct, oblique case), with an additional 3rd person form for human animates only. The general 3rd person personal pronoun is also used as a non-obligatory determiner (definite article). There is no gender distinction. There are three basic forms of the demonstrative pronouns, with distinct singular and plural forms and a two case distinction. These are only partly defined by distance. Both *ari* and *aləg* refer to visible or nearby objects, *ari* is used primarily as a noun, *aləg* primarily as an adjective. *əstləg* refers to more distant objects. Both *ari* and *əstləg* are used for discourse deixis, but only *ari* is used for situative deixis. The deictic use of pronouns differs when combined with directional morphemes. There is no reflexive pronoun in Prasun, reference to the subject is expressed with personal pronouns as well as the passive form of the verbal system. There are possessive pronouns but no possessive pronominal suffixes. Pronominal adverbs are used for local and temporal deixis.
For indefinite persons, things, or quantities, non-pronominal lexical morphemes are used: „something", "some" (sg.): *čig/ čik, čkig, inty'og,* „some" (pl.): *atig kuṇḍ'ī, (atig) kumḍīg, nugi,* „somebody": *nug'ī (wəǰǰəm'ī), atig erna.*

Numbers

Prasun numbers follow the vigesimal system,[17] the numbers are listed in vol. 1, 480ff. Multiple and collective numerals are formed with suffixes. Approximate numbers are formed by *atig* „one" followed by a number or by two juxtaposed numbers. *atig* also functions as an indefinite article. Distributive numerals are formed by reduplication, e. g. *lü lü wərjə* "two garters each", but there is also a construction with *yās* "each" and a cardinal number as in *yās wuṣ təbˈəg* „6 guns each". "One each" is expressed by *intig*.

Instead of ordinal numbers, Prasun uses cardinal numbers as well as deictic expressions to identify the position of a given member within a sequence of related items.

Classifiers are used sporadically: *ċā* for extremities and clothing, *čuṭ* for hair, *kuṭug* for sounds and words, *kuẓu* for trees, *pulˈog* for small objects or members of a group, *puṇḍˈīg* for fruit, *ẓug* (D.), *ẓūg* for thread.

Spatial Orientation

The most important means for the expression of spatial orientation is the complex system of directional particles, in addition pre- and postpositions are used.[18] The use of directional morphemes is one of the characteristic features of Nuristani languages[19], but the Prasun system is by far the most complicated. There are 39 directional morphemes in Prasun, there is hardly a sentence without at least one of them, cf. BUDDRUSS 2005, §23, MORGENSTIERNE 1949, 230f. The directional morphemes occur both as verbal prefixes and in directional adverbs. There are two groups of directional prefixes. The first group consists of morphemes which refer to object centered directions, such as *ti-* „in(to)", *(w)i-* „out", *a-* „towards the object", *wu-* „towards the subject", *o-* „around". For the prefixes of the second group, the frame of reference is the Prasun valley. They consist of one of a group of seven consonants *ž-, n-, s-, w-, l-, b, p-* and a vowel depending on the location of a particular object in relation to the river, on the flow direction of the river, degree of deviation from the horizontal, and distance. Some morphemes are used to express location both in the countryside (*sa, so, wa, wo*) and in relation to the body (*sa², so², wa², wo²*). The directional morphemes used within a limited space, like inside the house, are phonetically the same as those for outside, but their use is different.

Temporal Orientation

Passage of time is expressed with a directional morpheme meaning „up(wards)": *loċ-* „come up", *lapt-, labz-* „go up", *laṭog-* „arrive on top", as well as with a directional morpheme referring to "the left": *atig tiwilig wī wāryˈegso* „a period of time passed (literally: turned left)". Chronological order is expressed by verbal forms and by subordination. As the Prasun language is tendentially imprecise about temporal sequence, other linguistic means are used to further specify temporal relationships. Besides the converb morpheme *-ī* or the subordination marker *-a*, for example, the adverb *čkü* "then" will be used:

---

[17] Cf. TIKKANEN 2008, 257.

[18] Cf. PETERSEN 2006.

[19]See GRJUNBERG 1980, 265-281, DEGENER 1998, 95-102, STRAND 2010, R. STRAND, *The Kâmviri Directional System*, http://nuristan.info/Nuristani/Kamkata/Kom/KomLanguage/kamdirec.html, accessed 5.12.2015.

sət 'əsəs wos'ī čkü okṭ'ẹšo 27.5 „after you have spent 7 more nights, you may eat me!", *kət wuṣuw'iša, čkü werī wer'ī wẹmšo* 32.111 „you may breastfeed me, then we shall speak!"

or preceding action will be marked by a functional verb like *-ṭk-, büsċ-*:

üū kür logzon'ig poi-ṭkom'a ari čpiš'a 32.17 „When you are about to give birth (and not before), you shall ring this bell!", *sumiš unz'ū əm iž'īa na anji-ṭkoma* 15.6 „as long as I have not seen him with my (own) eyes".

The most common strategies to express preceding or subsequent action will be summarized below, taking into consideration the subordination morphemes *-a, -dī, -ra, -maš, -o, -omaš, -ī* only if they are accompanied by a temporal adverb.

1. Subordinate sentences
1.1 Preceding events with a fixed time limit at the beginning
a) Addition of a suffix forming adverbials from verbs: *-oma laptī, tašče ... -oma, -oma wat'e* „since", *-ra-* „when", "as soon as":

ī aṭob'oma atē 99.36 „since you got lost", *lāw pog-ra-s'o* B3.1 „when the time of handing over the pasture products has come", *it'ī wosom'a* (P.) „when you stay overnight now"

b) Addition of the participial suffix *-og: -og-pan* „after ...", *-og-panya (loċī), -og (wate)* „since ...", *na ... -og-pan tāsig* „before ...":

musulm'ān wog-panya loċ'ī astež wuċ'ū A1.27 „28 years since we became Muslims", *wəst'ı omog at'e* 103.8 „since (your) wife died", *Māndi na aċog-pan tāsig* A10.308 „before Māndi came".

c) Juxtaposition, e. g. *unz'ū əbəg oy'a pešlegs'ēsum üčüm ayego* „I had sat down to eat (when) there was an earthquake."

1.2 Preceding events with a fixed time limit at the end
a) Addition of a suffix forming adverbials from verbs: *tašče ... -oma, -oma laptī* „since ...", „from... onwards", *-oma tašče* (A7.1), *tašče ... -ṭk-oma* (14.9) „before ...", *-omaš wišt, -maš wišt* „until ...", *na ...-ogne (tašče), na ...-i-ṭk-oma* „until ...", converb + *čkü* „after ...":

žešt nuwuniga taščə Māndi ašpur'oma A10.301 „since Māndi taught how to plow with bulls", *šir'ēš tugō turig nosċomaš wišt* D18.10 „until the cattle gathering in Tugo in autumn", *sumbara laṭogm'aš wišt* A6.56 "until the end of summer", *üo na pul'ogne t'ašče* 6.47 „before you speak", *sət 'əsəs wos'ī čkü* 8.5 „after seven times staying overnight (=seven days hence)".

b) Addition of the participial suffix *-og: -og-pan* „after ...“ (32.100), *na ... og-pan tāsig* „before ...“, e. g. *tčī wusċū laṭogog-pan* „after three years“.

c) Juxtaposition: *okulyāwišt .... itī* (28.4) „so far ..., now ...“

1.3 Simultaneous events

a) Addition of a suffix forming adverbials from verbs: *na ... -ogne* „without”, “while not“, *-oma ... (kilī), kilī ... -oma* „whenever“, z. B.

> *wəstˈī na anjˈogne ti-dˈīs pyepšˈǖ šilyˈegso* 25.12 „Without the woman noticing, he went down into a chest and stayed there”, *kilˈī nugi wəǰǰimi-wag əṭˈəg-pan bižičiwˈoma əndeš puləgˈa lī çālyočimasto* 16.6 „Whenever I write (a letter) on paper for some man, they call me to read it.”

b) Infinitive + *-pan: mˈiš ižˈī anjenˈīg-pan atˈig üzˈǖ kštyū ... šilˈegso* 2.11 „When her eye looked, (there) was an iceberg.“

2. Adverbials (except in subordinate sentences)

2.1 Period of time

a) number + noun: *wōz buṭog linˈig tčī ənċera ṭkinˈīg-əlist* A5.26 „They will complete the distribution of oak trees within three days“,

b) noun + *-pan,* e. g. *əm yē wüšö-pan* A11.20 „when my father was a young man“,

c) adverb: *itˈī* „now“, *tašče* „first“, *tˈašče ... čkü (6.42), tˈašče ... təkċə* (28.81) „first … then“, *tülmiga* „finally”, “at last”, *wulus* „before“ (27.18),

d) adverb + noun: *wulus ənċera* „yesterday“, *itˈinċera* „today“, *itˈī obˈüŋya* (30.40) „this morning“, *itˈī waċerˈa* (39.46) „this evening“,

e) adverb + noun and preposition: *tāsˈig tə-mǰˈer* „in former time(s)“ (21.1).

2.2 Period of time with a fixed time limit at the beginning

a) converb (*lowišt-, labz-* „go up “, *lakṣ-* „pull up“, *loċ-* „come up“): ablative + *lakṣī,* ablative + *lōwištˈī,* ablative + *lowištī, -og-panya loċī* „since“, „from … on“, ablative of demonstrative pronoun + *labzī* „then“,

b) deictic adverb (*latē* „on top“): demonstrative pronoun (often in the ablative case) or pronominal adverb + *latē* „from … on“ (see §2.2.4.7),

c) adverb *čkü, čtī, təkċə, təkċog* „then“, „afterwards“, „later“, pronominal adverb *əstla, əstləgapi* „then”,

d) adverb + postposition *krək-pan* „then", „after that".

3. Periodic events
noun + *-pan: tčī iznera-pan* A5.16 „every three winters", „every third winter".

Verb

The complicated verbal system of Prasun is expressed by the predominantly analytic patterns of its verbal morphology which is based primarily on the differentiation of perfective and non-perfective as well as real and virtual events. The perfective aspect is expressed by an overt marker *-og-/ -ag-* which also forms the past participle[20], it appears in many but not all past tense forms. The temporal categories are partly dynamic, but there is consistent use of forms marking either real or virtual events. All verbal forms are consequently distinguished along modal lines, resulting in two groups: I real, II virtual. The morpheme marking group II is *-ga-/ -ig*, and this applies to present, imperfect, preterite, perfect, and pluperfect tense as also to the imperative. There is a morphological differentiation within group II of habitual or typical and supposed events. In the preterital system as well as in the future, there is a special form (modus constativus) used for emphatic statements. The preterite form of this mood is called preterite II here, but it should not be taken to be formally or functionally identical with forms called preterite II in other Nuristani languages.[21] In Prasun, while the pret. II is basically tense indifferent, its chief function is to present propositions as statements, or established facts. The Prasun aorist, used to express wishes, intentions, and possible events, has a primarily modal function in Prasun. Combined with the infinitive and the pret. participle, it comes in three temporally determined varieties.

MORGENSTIERNE 1949, 285 wrote: „The existence of the numerous prefixes renders it necessary to base the list of verbs on ‚roots'". Prasun verbal roots are combined with directional prefixes and various suffixes marking tense, mood, aspect, person, number and gender to form a finite verb. Passive and iterative stems are derived by affixes from the present stem. Gender distinction is made in the affixes forming the present and aorist stems. Periphrastic verbal forms are formed combining finite and non-finite verbal forms, such as the future tense with the infinitive and „to have", and the perfect and pluperfect with the past participle and "to be" (itr.) or "to have" (tr.). The verbs "to have" and "to be" are the only auxiliaries used to form tense-mood forms, other verbs are used as light verbs in compound verbs.

Affixes are used to mark the 1st, 2nd, and 3rd person in sg. and plural. Inclusive and exclusive distinction is marked on the suffix of the 1st person pl. There are two sets of agreement markers, with each affix corresponding to one person but several tense-mood forms: the affix *–sm,* for example, stands for the 1st sg. present, impf., and pret. itr. Gender marking is shown in present and aorist affixes in the verbal paradigm, and consequently in all forms containing one of these morphemes, e. g. future-supp. m. *pəznig-ligaso*, f. *pəznig-ligso,* future-aorist m. *pəznig-lẹ,* f. *pəznig-lī,* perfekt-supp. m. *pəzog-*

---

[20] Cf. MORGENSTIERNE 1949, §111, 129.

[21] Kati: GRJUNBERG 1980,194), Ashkun (Wamai): BUDDRUSS 2006, 196 and Buddruss apud BASHIR 2006.

gaso, f. *pəzog-wigso.* There is no gender marking in the present of group I in the dialect of Iṣṭewi and in the verb „to have“ in all dialects.
Verbal nouns are formed by suffixation. Only the infinitive may act as a subject or as a direct object. The subject of the verb from which the infinitive is derived appears as possessor (e. g. a possessive pronoun instead of a personal pronoun).

Transitivity and Causality

Transitivity is encoded morphologically through consonant and vowel alterations in the verbal stem as well as differences in the inflexion. Morphological causatives are formed with the morpheme *–aw-*.[22] Denominative verbs are formed with the affixes *-eli-* for transitive-causative, and *-ew-* for non-causal meanings. Causal and non-causal verbs are commonly distinguished by vowel or consonant alteration of the verbal stem. The subject of both transitive and intransitive verbs is marked by the verbal affix only, both direct and indirect objects are subject to differential object marking.

Participles

The past participle, formed with the affix *–og/ -ag,* serves as the past stem in the verbal system, it is also used in relative sentences, in subordinate sentences, in adverbial expressions of time and location, and it is combined with the auxiliary „to have“ to express non-voluntative experiences. The present participle II in *-ga*, f. *-ig* is used as an agent noun, but also has an important role in the verbal system, and is used in certain constructions to express intention or request, and in experiencer constructions.

Supine, Quotative

The supine is a verbal noun formed with the affix *–a*. The form *l'īa, lya*, homophonous with the supine of *li-* "say", "do", is used as a quotative.

Converb

As in many South Asian and Nuristani languages, the converb, in Prasun formed with the morpheme *-ī*,[23] is used adverbially and for the expression of successive events. The agent of the main sentence does not necessarily correspond to the agent of the converb, e. g. *mən üšp'eš apl'ī alaptig'a-re-sċ* „Having given (you) a rope and an axe (agent 1 = I), you (= agent 2) will go up!" If it is the same agent in both positions, it will also be the grammatical subject of the main sentence.
Converbs combine with other morphemes to form modal expressions and aktionsarten. Negation of the converb is done as *na* … *–ognī* (P.)/ *-oŋlī* (I.).

Light verbs

In Prasun verbs with the following meaning function as light verbs: „begin“, „go“, „go up“, „arrive“, „get out“, „stay“, „sit“, „leave“, „finish“, „pull“, „hit“, „put down“, „make disappear“. These combine with a non-finite form of a verb to form a compound verb. The vector verb or light verb is marked for tense, mood, and person, while the verbal noun provides most of the semantic content. Light verbs serve to express aktionsarten like intensity, rashness, beginning, continuation, or completion of an action.

---

[22] Cf. Kati *–vo-* GRJUNBERG 1980, 208, Nishei *–ā-, -awā-* DEGENER 1998, 40.

[23] Cf. MORGENSTIERNE 1949, §132, Nishei *-i* DEGENER 1998, §2.12.

Noun Phrase structure and Word Order

The default word order SOV applies to all types of sentences. Question words precede the verb or noun they refer to. Determiners (including numbers) precede the noun in a NP, in the following order: article – numeral – demonstrative pronoun – possessive pronoun. Of several nouns, the subordinate noun precedes the head noun. Pre-head attributes (adjectives, participles) exhibit a restrictive relationship, post-head attributes exhibit an appositive relationship. This is in particular true for the relative sencence which is formed in Prasun by means of a nominalized form of the verb, using the participial morphemes *-og/-ag* and *-ga/-ig*. If the agent of the relative clause is present, it will be in a non-subject case.

Subordination

Subordination may be expressed by several strategies: 1) asyndetic juxtaposition, 2) nominalisation of the verb, 3) a subordination morpheme following the main verb of the subordinate clause (*-a, -dī, -ra*). The subordinate clause usually precedes the main sentence, but may follow if marked with a subordination morpheme.[24] The semantic relationship between subordinate and main clause is context dependent. Adverbs are used for disambiguation, such as *ari-wag, tüdügya, ari-wag tüdügya, ari-wag ... atī* „therefore" for causal relationships. See above on "Temporal Orientation". The adverb *čkü* „then" is used to mark temporal relationships but is also found in the apodosis of a conditional sentence where it functions as a (redundant) connective particle:

> *üo ap'ī jī sal'ī sāačelom'a čkü oinig-l'amo* 5.11 „If you put your head inside and shake it (?) in, then I shall eat."

Complement

The term complement as used in this grammar is defined 1) as a phrase or clause dependent on a verb of speaking or thinking and expressing the contents of the verbal or mental activity, and 2) as the part of a light verb construction which provides the main semantic content but lacks marking for person and number and is syntactically dependent on the light verb. Nominalized verbal forms used as a complement are converbs (*lī, bī*), infinitives, participles, and supine, yet another strategy to mark a complement is the use of subordinating particles (*-a, -dī, -ra*).

The infinitive is used chiefly with light verbs, e. g. in constructions marking the beginning or end of an action. It is used as a complement of *abli-*, literally „to give", but with an infinitive „to teach to ...", and with *tiçim-* "plan to ...".

Constructions of light verbs with a converb are quite frequent, both in expressions marking either the continuation or the termination of an action, and in expressions specifying the nature or intensity of an action. The converb of the verbs "to say" and "to think" is used to mark the complement of verbs of thinking and speaking.

With verbs of perception the complement is a relative clause formed with a past participle, as in

> *atig wəǰǰəm'ī üšt'üb kuẓ'ū-pan ašly'ogš asənǰ'ogo* „He saw a man seated under a tree."

---

[24] Cf. RÖNNQUIST 2014.

Another participial complement is formed with the present stem in–*ga* which is used in a construction with the verb *li-* to express a request or plea.
A complement clause is formed by the morphemes –*a, -dī,* and –*ra*, as in

bienjem'asa atig muṣ'ī wul'ə wəǰǰim'ī səl mir tiẓgim'aso "As he is looking down (he sees that) a beardless man is scraping up clay."

The complement clause may follow the complement marker, e. g.

išp'ī büsċog-lam-dī unzū pəzm'a-ra-səm (P.) „I have already decided that I go", „I promised to go."

The complement clause may precede the complement marker:

unz'ū t-uzm'ū žaptog-wyem-dē üo ṣū laš-ī „Do you know that I have gone up-valley to Zumu?"
əstləg iž'eŋ üteš aš'ǖ omu'iŋ-li-ra əzn'ā-re-ċ 91.5 „Realize that yonder snake will bite and kill you!"

An adnominal complement clause is formed with a non-finite verb, for example with a converb:

kəṇḍ lī obəg abl'ī əsk'al gəndər kodyum so A1.25 „To arrange (ceremonial) festivities and to give bread (to guests) is a big task."

or the infinitive:

ḍəṇḍ wiginīg čār A2.22 „the custom to collect fees".

Information Structure

Like the Ashkun Pret. II (BASHIR 2006, BASHIR 2010, 7ff. quoting material from BUDDRUSS 2006), the Prasun Pret. II appears at the beginning of fairy tales and in accounts of pre-Islamic lore which seems to point to its use as an inferential marker. However, irrespective of the source of information, the pret. II in narrative contexts is above all used for statements, and its use in fairy tales may well be attributed to this function. There seems to be no reportative particle in Prasun (cf. Kamviri –*mma* or Waigali –*le*, see BASHIR 2006, BASHIR 2010, 7-10, DEGENER 1998, 173ff.). In the verbal system, on the other hand, the extent and type of speaker commitment is clearly distinguished by overt morphological marking of TAM-forms:

reality (the proposition corresponds to reality): present, impf., pret., perf., plup.
reality (emphasis: the proposition does correspond to reality): pret. II, perf.-const., plup.-const.
virtuality 1 (the proposition is expected or desired): aorist, future.

virtuality 2 (the proposition is typically or normally, but not actually realized): pres. II, impf.-hab., fut., fut.-const.

virtuality 3 (the proposition is supposedly true): pres.-supp., fut.-supp., perf.-supp.

irrealis (counterfactual: the proposition is denied possibility): impf.-hab., impf., fut.-impf.

The facticity value may further be specified by verbal particles (*-pa-, -ž*), the particle *-əmro* may have the role of an inferential marker.

Out of the three stems used for the verb "to be", the stem formed with the morpheme *sa* is clearly distinguished functionally from the simple *(ə)s*-form used as a copula. The *sa*-present will be used only if the speaker wants to present the state of affairs as new and unexpected, its function is unambiguously and exclusively mirative, even when it is used as an auxiliary in present and present II formation. Similar uses of particular forms of "to be" were noticed in Waigali (Nishei), Ashkun, and (combined with an *–o*-infix) Kamviri (BASHIR 2010, 3-6, STRAND 2010 realizational mode), as well as in the Iranian languages Wakhi and Persian and some Indo-Aryan languages (BASHIR 2010).
Another strategy which has been described as mirative is the omission of verbal affixes or agreement markers in a finite verb (Bashir 2010, 10f.). A more cautious and maybe more accurate description may be the indication that the situation is contrary to the speaker's expectation.

Discourse particles are used to express that a state of affairs is new or contrary to the speaker's expectation. The particle *-am*, for example, is used in *al'īna mund'ū amond'ī ipog s-'am* 61.79 „(It) has been built secured from above with wire!“ when the secret of the mysteriously hanging house is accidentally revealed, the particle *–amə̃* appears in the statement *üo piẽ lāš-amə̃* „(So) you have got a son", uttered by a speaker who had learnt "only later" of that son's existence, and the particle *–amiž* is used in *mu ožnyog-last-'amiž* 90.18 „(So) these have killed them!" by a speaker who, by chance eavesdropping on a conversation, has just realized who committed the murder. The particle *-amə̃* also serves to express lack of control. All particles, besides marking mirativity, also have other functions.

The morpheme *–a* optionally follows nouns as well as finite verbs. It is used to mark non-focussed, background elements in a focus-background structure, e. g. *pom'oṭiga Māndi pomoṭig rē-s* „The story [the story = background] is a story about Mandi“, *su əṣṭ'əg suč'og wəǰǰim'ena int'ig ḍug'o tu-l'ust aply'ego* "The judge handed out a stick each to all the men [all the men = background]". Note that the *a*-marked elements may in some cases be interpreted as topic but that is no more than a coincidence and does not describe the function of the particle. The backgrounded material is not necessarily given but may feature new information. Neither givenness nor contrastive focus is a relevant criterion in utterances such as *tasigy'a unzū bižičiŋ na wolasesum, iti'a bižičiŋ wol'am* „Formerly I could not write, now I can write“ where the time reference supplies the background to the information about the speaker's new skills. The overt backgrounding adds dynamism to the utterance. Following a VP, the background morpheme functions as a subordination marker, e. g. *üo çā na līšaya na aċ'īsəm-rē* „(Because) you did not call [= background = subordinate clause], I did not come." There is no morphological focus marking in Prasun. Emphasis may be expressed by means of discourse particles.

Corrigenda und Addenda zu Band 1

Corrigenda

p. 16 Statt "almost three months" lies "two months".

p. 16 Streiche: „in the South (Paṣki), but only one in the North (Iṣṭewi)".

p. 22, Zeile 3: streiche *war.*

p. 23 statt 12.9.79 lies 12.9.70

p. 44 statt *lyekša, lyekši* lies *lyekṣa, lyekṣi.*

p. 79 Text 22.62 lies: zog ihn talab hinauf.

p. 135 Text 32.87: statt *Mareš* lies *Mara.*

p. 138 Text 33.4-5: statt *oyẹ̄o, oyˈẹ̄šo* lies *oyio, oyˈišo.*

p. 226 Text 61.84 lies *sū̃a mundˈū.*

p. 233 64.7, 64.12 statt "hinab", "herab" lies: "herauf".

p. 360f. lies *J̌uma Xān.*

p. 466 D16.13 statt *Wwasˈī* lies *Wasˈī.*

p. 506 s. v. *ā* „Wasser": Nebenform von *āw(ə).*

p. 509 s. v. *obˈuċ*: statt *opteg ˈa* lies *optegˈa.*

p. 515 s. v. *aċ-* statt *kaṭˈa wisˈē so* lies *kaṭˈa wišö so* „er ist ein kräftiger junger Bursche".

p. 534 s. v. *alekṣ-*: statt Präs. II (I.) lies Präs. (I.).

p. 536 s. v. *əlar*: streiche „s. *lar*".

p. 539 s. v. *oliž-*: statt *üštyug* lies *üštyub.*

p. 542 oben rechts lies *amgəl* „das Dorf Ramgul".

p. 545 s. v. *amünǰ-*: lies „die Brennessel brannte ihn/ dich".

p. 563 s. v. *apyöri-*: lies *pesċəmˈasmo.*

p. 571 s. v. *uskūg*: [Kt. *âskiˊu*, Kv. *âskˊü*].

p. 581 s. v. *išnˈī:* [Kv. *štˊâňa*].

p. 582 s. v. *išpi-*: statt *bsċog-lam* lies *büsċog-lam.*

p. 591 s. v. *ˈəṣṭa*: statt GM *ˀštˈa* lies GM *əšta.*

p. 592 s. v. *aṣuw-* "stillen": nur P., streiche Pr.

p. 600 s. v. *əṭal*: [Kt., Kv. *âṭˊol*].

p. 601 s. v. *əṭəlˈə göṣ:* [Kv. *âṭlˊa_ṣiŋ*]; s. v. *oṭoṭ-*: lies T. 6065.

p. 603 s. v. *əwˈı:* [Kt., Kv. *uřˊa*].

p. 607 s. v. *awinjəw-*: lies GM *awĩzəmasum.*

p. 615 s. v. *əzn(ə)-*: lies Kt. *zā̃ŕ.*

p. 616 s. v. *ižˈī:* [Kt. *âčˊe*, Kv. *âčˊe*]

p. 616 lies *ižĩ pəṭə* „schielend", *ižĩ pəṭə so* „er schielt", *ižĩ pəṭˈəg, ižĩ pəṭig* „Wimper"[Kt. *âčˊe pâṭol*, Kv. *âčpˊuṭi*], *ižĩ kṣlū* "Augenhöhle".

p. 618 s. v. *ižˈer:* [Kv. *âǰˊara*].

p. 622 s. v. *bab*: [Kt. *břˊop*].

p. 626 s. v. *bən*: [Kv. *bânmˈanüṣ*].

p. 633 s. v. böṣul-: statt *byöṣolˈogo* lies *byöṣulˈogo.*

p. 637 s. v. *byepš-*: statt *īr* lies *īri.*

p. 640 s. v. *biẓaw-*: statt *bizāw-* lies *biẓāw-.*

p. 645 streiche *čəm-* „denken". Nur *ċəm-* „denken"!

p. 646 s. v. *čp-*: [Kv. *čâp′a-*, Kt. *čâp′e-*].

p. 648 s. v. *čiṭ′ə:* [Kv. *čâṭ′a-*].

p. 652 s. v. *dīsnī*: [Kv. *d′isaňi*, Kt. *d′isa·i*].

p. 658 s. v. *gul′āw*: [Kv. *gâl′oa*, Kt. *gul′ava*].

p. 659 s. v. *gəm*: [Kv., Kt. *gř′om*].

p. 663 statt *gōṭ, gūṭ, goṭ* (◊) lies *gọ̄ṭ* (◊ außer I.), *goṭ* (I.).

p. 675 s. v. *kür′og*: [Kv. *kuř′i*, Kt. *křu·′i*].

p. 678 s. v. *kštyup*: [Kv. *kṣt′ü˜*, Kt. *kšty′u*].

p. 679 s. v. *kṣlū* lies *ižĩ kslū* Augenhöhle,

p. 682 s. v. [*kižgā* (LSI). Statt Kt. *kišgō* lies Kv. *k′iṣ go* „wild boar, pig".

p. 684 s. v. *lō:* [Kv., Kt. *l′u*].

p. 690 s. v. *lekṣ-*: statt *ly′ekša* lies *ly′ekṣa*.

p. 694 statt „Stufendecke" lies „Stubendecke".

p. 694 s. v. *lüŋksǖ*: statt *ašwaw′ogo* lies *ašpaw′ogo*.

p. 695 s. v. *lūn′aŋ*: statt *pəm′aso* lies *pəzm′aso*.

p. 696 s. v. *lepo-, lepı-: lepom′aso* wahrscheinlich zu *lēpow/ lēpuw-* p. 700.

p. 702 s. v. *lespili-*: lies „bis oben (von unten) nach oben (gegen das Dach) gedrückt habend".

p. 704 s. v. *löščer-*: statt 26.20 lies 22.20.

p. 712 lies *məl* (P.D.), *məl′əg*. Dem. Pron. Pl. diese (s. §2.2.4).

p. 715 s. v. *münǰü* „Trommel": [GM *mũǰü* drum].

p. 728 s. v. *nienj′ə* "Deckenbalken": [GM *nĩzə* main roof beam].

p. 731 s. v. *nir(ə)m-* statt Buddruss 2005, 40 lies Buddruss 2005, 460.

p. 735 s. v. *nyemk′og*: Zeile 3 lies *na ostom′ognī* „ohne zu schlafen".

p. 764 s. v. *sü* lies *sǖa mund′ū* „Golddraht".

p. 768 statt *salo-* lies *sālo-*

p. 772 s. v. *sānj-*: lies [GM *√-nje*, Prät. *sā̃jakso* he looked up towards the left].

p. 744 s. v. *poma*: [Kv. *př′âma*, Kt. *př′uma*]

p. 772 s. v. *sənǰ′ī:* [Kv. *sunš′a*].

p. 781 s. v. *syepo-*: lies „rechts hinaufgelangen".

p. 783 s. v. *šili-*: streiche T. 7461.

p. 789 s. v. *ṣut*: lies GM statt Gm. [Kv. š′üt, Kt. š′ut, "floor, ground", nicht "wall"].

p. 805 s. v. *tüpso-* lies *zĩš, zĩ-pan*

p. 807 s. v. *trə*: [Kv. *tr′aň*, Kt. *tri′eň*].

p. 807 s. v. *tirem-*: Imp. statt *tirem′isċ* lies *tirem′əs*.

p. 819 s. v. *tižiw-*: statt *muṣit‘* lies *muṣit’* (palatalisiertes *-t*)

p. 820 s. v. *tiẓō-* lies [zu Skt. *rōhati* T. 10862].

p. 832 s. v. *wug*: statt *ög* lies *lög* „beide".

p. 834 lies *wĩǰ-* (P.). (Insekt) beißen. ... *wĩjego* Ameise biss mich.

p. 836 s. v. *wökoṣ-*: statt „linken" lies „rechten".

p. 839 statt *wolob-* lies *wulob-*.

p. 843 streiche *winē-* (P.), *wino-* (Pr.). Stattdessen *winew-* Passiv von *w-* „werden".

p. 848 statt *wǖndob′ogso* lies *wǖṇḍob′ogso*.

p. 851 s. v. *wuptas′eg:* lies *w′ogso*.

p. 857 statt *wọ̈s-* lies *wös-*.

p. 859 s. v. *wusċ′ī*: statt T. 1240 lies T. 11240.

p. 871 s. v. *wuti-* lies *t-ižĩ wutin′īg* „Brille".

p. 883 s. v. *wəẓig:* statt *wəzig wuṣkul* lies *wəẓig wuṣkul*.

p. 892 s. v. *zobeiŋgē:* lies *žobeiŋgē wəǰǰəm'ī.*
p. 893 s. v. *žičiw-*: statt *√-čiəw* lies *√-čiw*
p. 894 statt *zalo-* lies *žalo-*.
p. 896 s. v. *žün, žünċa:* [Kv. *ẓ'uañ,* Kt. *ẓav'a*].
p. 899 s. v. *žüri-*: statt *züry'og* lies *žüry'og.*
p. 900 s. v. *žosċ-*: statt „hinabschicken" lies „hinaufschicken".
p. 916 s. v. graben: statt *√-ku-* lies *√-kuč.*

Anstelle von Kt. ist sehr oft „Kv." zu lesen, wie klar aus den Wörterverzeichnissen in STRAND http://nuristan.info/lngFrameL.html hervorgeht.

Addenda zum Glossar

p. 517 s. v. *ič-* „werfen": vgl. *išč-*.
p. 558 s. v. *apra-*: vgl. GM *√-pürü,* Skt. *puṭa-* T. 8255].
p. 559 s. v. *opri-*: [T. 8255].
p. 578 s. v. *oši-*: T. 8142.
p. 579 s. v. *išč-*: vgl. *ič-*.
p. 617 s. v. *iž'eŋ:* [T. 5110, anders BUDDRUSS 1975].
p. 626 s. v. *binu-*: Inf. *bünig* B10.13.
p. 627 s. v. *banigya*: GM **upakanīyas?*
p. 641 s. v. *ċərn'i* „Distel": [GM *sernī*].
p. 676 s. v. *ks-:* [GM s. v. who?: *kəsər* "which" existiert nicht, stattdessen §95 *kəs'ər-asɔ* lies *ks-ra-so*].
p. 679 s. v. *kṣū* "links": [T. 14401].
p. 704 s. v. *lüšt* „Tochter": [MAYRHOFER 2005, 55-6, WERBA 2005].
p. 712 s. v. *məl* "Haus, Palast": [← Pers.-Arabisch *maḥall?*].
p. 728 s. v. *noanjəw-* „talab legen": [GM *√-nze* „to put, place", T. 7183].
p. 741 s. v. *puks-*: vgl. P. *-ŋkus-*.
p. 746 s. v. pur „Pocken": vgl. Kv. *puř.*
p. 765 s. v. *suč'ū* „(rituell) rein": [Kv. *suč* „be pure! (pre-Islamic)". STRAND: T. 12510, 12511, 12525].
p. 771 s. v. *sun*: vgl. T. 13519.
p. 782 s. v. *šū* "Holztopf": T. 13580.
p. 793 s. v. *tüdüg'a:* [Kati *dugã* „for the sake of" (GM §78)].
p. 829 s. v. *wičit-*: [Z. *ičiṭ-* zu *čiṭə* „dumm"?].
p. 854 s. v. *warəg*: [T. 11550].
p. 909 s. v. „ausbreiten": *√-ntur, -ptur-.*
[GM *indr'ā* „yellow" T. 13990].
pəlwan'ī (P.). schön (von Männern). *gand'a pəlwan'ī wəǰǰəm'ī* „ein schöner Mann"
waċə, w(u)əċ'ə Gräserart.
wösċ- (D.). strömen lassen. 69.82,83,86.
ž'īri (I.). talauf. 79.14.

Brille *t-ižī wutinig.*
einfädeln *saṣi-.*
lesen *pul-*.
opfern *obuy'ū li-, obuyēli-.*
Sonnenseite (des Tales) *üsük šilya ṭā.*

verstehen s. „wissen“.

1. Phonologie

1.1 Die Laute des Prasun

G. Morgenstierne schrieb 1949:

> „There seemed to me to be a greater latitude of variation in the pronunciation of Prasun than in that of any other Kafir or Dardic language with which I am acquainted. In many cases it was, no doubt, my ear which registered differently on different occasions. Especially as regards the vowels circumstances did not allow me to arrive at anything like a satisfactory evaluation of the phonemes and their system, and relevant nuances of pronunciation may have escaped me. The pronunciation ... was very rapid, and final and unstressed syllables were slurred. The lists of phonemes are therefore given with great reservation“[25] -

G. Buddruss machte bei der Feldarbeit sehr ähnliche Erfahrungen. Es folgt eine Darstellung des Phoneminventars. Für die historische Phonologie bleibt der Leser auf MORGENSTIERNE 1949, §55ff. verwiesen, da kaum neue Erkenntnisse vorliegen. Vgl. auch STRAND 2010a.

1.1.1. Konsonanten

Kaum Schwierigkeiten hatte GB bei der Erfassung des Konsonantensystems. Seine Funde stimmen weitgehend mit denen von GM überein[26], nur /ç/ muss hinzugefügt werden, das bei MORGENSTIERNE 1949 noch nicht vorkommt. Siehe zur Phonologie der Nuristani-Sprachen STRAND 2011.

Plosiv	p b	t d		ṭ ḍ		k g
Nasal	m	n		(ṇ)		(ŋ)
Frikativ	w	s z	š ž	ṣ ẓ		
Affrikata		ċ j		ç	č ǰ	
Approximant		l			y	
Flap		r		(ṛ)		
Marginale Laute	(ph, f, φ)					(h)

Unter den Konsonantengruppen, die bei der Besprechung einzelner Konsonanten aufgeführt sind, sind einige, die durch Kontraktion entstanden sind oder die eine Morphemgrenze enthalten. Eigennamen und Lehnwörter sind mit berücksichtigt.

---

[25] MORGENSTIERNE 1949, §19.

[26] BUDDRUSS 2005, 461 „Im Konsonantensystem stimmen meine Funde völlig mit denen von GM (§20) überein (c = [ts], j = [dz]).“

Nasale (außer Retroflexe)

/m/ = [m]

Initial z. B. *münd*

Final z. B. *kodyum*

Intervokalisch z. B. *wamī*

Konsonantengruppen z. B. *līmbəs-, sumbar'a, səmč'ī, wumd-, krəmḍī, ped(ə)m-, pamj'ē, čümǰ'ü, byömküti-, kumlig, ṣiṣəmn'īk, čamrak, tums'u, asmar gul, pyemṣ-, p'imtə, nazm*

-mb- kann zu *-(m)m-* assimiliert werden (*aẓem-* (I.), *aẓəmb-* (P.) „grollen": Präs. (P.) *aẓəmbm'asmo/ aẓəmm'asmo*), vgl. auch *tamak'ū* (P.) „Tabak" ← Pers. *tambākū*. Geminiert (mit Morphemgrenze) erscheint *m* in *nimm'aso* = *nimim'aso* „er melkt". *-zm-* wechselt dialektisch mit *-m-* (P. K. Z. *pizm'a*, Pr.I. *p'īma* „Mist"). P. *-m-* vor Velar entspricht *-n-* in anderen Dialekten: *čimk'ak* (P.), *čink'ak* (K.Pr.), *čiŋkag'ə* (Z.) „Spinne".

/n/ = [n], [ŋ]

Initial z. B. *nim-*

Final z. B. *sən, pan*

Intervokalisch z. B. *aneg*

Konsonantengruppen z. B. *tinkyog, tünċer'ogo, binčew'omo, ganda, trewundr-, nienj'og, kumunǰ, künǰü, tinkyeg, panminy'og, lontur-, bantpaš'ur, müny'og, unzū, iznera*

Dialektvariationen liegen vor von *nd/ ŋ* in *čindalig'ī* (Z.), *čiŋīlig'ī* (P.) „Hagel" und von *mb /nm* in dem unklaren Anruf *sumb'aielan* (D.), *sunmal'eio* (I.). *niǰ-* wechselt mit *ninǰ-* dialektisch im Wort für „nackt" *niǰeŋy'a* (P.Z.), *ninǰ'eŋya* (Z.D.K.I.), vgl. *ǰiŋl'ig* (P.), *ǰīlig'ī* (D.K.) „Ratte". Anlautendes *n-* schwindet nach der Präposition *t-* (§1.4.1).

[ŋ]

Initial -

Final z. B. *ižeŋ, üščuŋ*

Intervokalisch z. B. *ṭiŋ'ə, čiŋel'ik*

Konsonantengruppen: vor *-y- (ibīŋya), vor -r- (ṣiŋr'a, tiŋrēli-*, vgl. *ṣiŋgir)*, vor *-č-* in *tiŋč'ī-tiw'əg* (ON), vor *-š* im Obliquus von Nomen *(iž'eŋš)* und vor Velar (*löŋkus-, tiŋgirēw-)*

Der velare Nasal [ŋ] wechselt intervokalisch und am Wortende mit *ŋg*, z. B. *niǰeŋy'a/ niǰeŋgy'a* (P.) „nackt", *ütyoŋga/ ityoŋ'a* (Z.) „kräftig", *əŋ'ə /əŋg'ə* (P.) „Kohle", *maŋ/ maŋg* (◊) „weiblicher Markhor". In der Konsonantengruppe wechselt *ŋ(g)š* mit *ngš* (Obl. *mal'aŋgš/ mal'angš*). P. *-nVg* steht Obertal *-Vŋ* gegenüber in P.Z.K.D. *wuẓn'ug*, I.Pr. *wuẓ'eŋ* „Salz". Das Infinitiv-Morphem P. *-inig* entspricht I. *-iŋ*, umgekehrt aber erscheint *-ŋg* in P., *g* in I. in *zugoiŋg* (P.), *zug'eigə* (I.). *gn/ ŋn* wechseln in *ḍugnīw-/ ḍuŋnīw-* (P.) „gebären", *wugn-/ wuŋn-* (I.) „in den Sinn kommen". *laŋgni-* (P.) „aufzählen" gehört zur Wurzel *√-gun(i)*, daher *ŋ(g)n* < *g-n* unter Elision des Vokals. Das negative Absolutiv wird in P. auf *-ognī* gebildet, im Obertal auf *-oŋlī*, doch finden sich auch Formen wie (P.)

na abülyˈoŋne, na wilisˈoŋnī. Suprasegmentale Nasalierung ist erkennbar in *obˈüŋya* (◊), *ombˈüga* (Z.). Intervokalisch und in Konsonantengruppen ist also [ŋ] = [ng], mit einer Tendenz zu [nVg] im Untertal gegenüber [Vŋ] im Obertal. [ŋ] kommt am Wortanfang nicht vor. Damit besteht keine Notwendigkeit dafür, ein eigenes Phonem /ŋ/ anzusetzen. [ŋ] ist Allophon von [n] vor Velaren und wechselt mit [ng]. Die Texte verzeichnen deshalb ŋ, so wie es bei der Feldarbeit gehört wurde, aber für die alphabetische Reihenfolge im Glossar wird *ŋ* wie *ng* behandelt.

Plosive (außer Retroflexe)

/p/ = [p]

Initial z. B. *pəzˈogso*

Final z. B. *söpsup*

Intervokalisch z. B. *tüpüti-, ǰīpog*

Konsonantengruppen z. B. *wipċənmˈaso, pčimiso, pkˈīneg, aplimˈamo* (P.), *loplyāwˈə, sapgaw-, čpmˈaso, pφu, apri-, apso-, p(s)ċil, pstorˈē, pšüs, pščˈego, pšlū, pštig, pṣlə, pṣərˈī mač, opt-* (P.), *išpīg, oṣp-, arpan, āspi-, bantpašˈur*

/b/ = [b]

Initial z. B. *büd*

Final z. B. *üštyüb*

Intervokalisch z. B. *abəg*

Konsonantengruppen z. B. *abdüšˈū, tadba, tibǰi, tə-bgˈa (< tə-pəga), čobga, abgīwˈomo, ablyˈẹmšo, ombˈüŋya, wibrəçēwog, wabzˈagso* (I.)

/t/ = [t]

Initial z. B. *tükˈog*

Final z. B. *ṣut*

Intervokalisch z. B. *atig*

Konsonantengruppen z. B. *čtras, čtyog, çtag, wektˈē, ültyˈalug, wimtˈī, intig, loptˈī, əptertinˈig, wəstī, əstlˈəg, əṣta, lüšt, tčī, tkür, trˈezug, ütrˈū*

/d/ = [d]

Initial z. B. *dil*

Final z. B. *büd*

Intervokalisch z. B. *agüdi-*

Konsonantengruppen z. B. *bd, gd, md, nd, rd, žd, db, dm, dr, dn, zd.*

In *üḍol-* (D.) erscheint als intervokalische Variante [VɖV] zu *√-dol*. *-da* ist Allomorph der Partikel *-ra* nach Nasal. Vgl. zu /ḍ/.

/k/ = [k], [x], [ç]

Initial z. B. *kumur*

Final z. B. *üsük*

Intervokalisch z. B. *bək'ag, uk'ū*

Konsonantengruppen z. B. *čkü, kčī, awukč'ī, kċə, ċkir, k(u)ka, byemkilim'aso, çamkaraw-, tinkyo, pkū, krək, čurk'ı, (ə)skal, ksū̃, puks-, ksċōŋ, k(ə)st'ī, kswali, kšu, tüwišk-, kštüb'og, okštyēw-, kščū, lokṣ'ogo, kṣū, kṣlū, wəṣkī, ṭkog, wekt'ē, kōṭkī, šakṭ'a, koṭk'ī, čkwa, tüžküž-, moṭklig, čanḍklak* (I.), *ṭāklag* (P.), *lk* nur im Feennamen *talkõsir* (D.) und im Lockruf *mālk-mālk* (P.), *kp* nur im Ideophon *pakpakpak* und im Namen *kšikpiṭ* (D.).

kr wechselt mit *gr* in *nigr'ī/ nikr'ī, kōgrōṭ'ī/ kokrōṭ'ī.* MORGENSTIERNE 1949, 201 vermerkte eine positionsbedingte Spirantisierung und Palatalisierung: „...final *-k* was frequently pronounced *-x* .... After an *i* final *-k (-x)* was in some cases noted *-ḱ (-x́).*" Auslautendes /k/ erscheint nach *i* und *ü* als [x̌] = der deutsche „ich"-Laut (IPA [ç]): /üs'ük/ = [üsüx̌], Obl. [üsükš], vor stimmlosem Laut /üsük-pan/ = /üs'ük-pan] oder [üsüx̌-pan]; ebenso /išt'īk/ „Stern" = [išt'īx̌], [išt'īk-pan]. /rasik/ „Traube" kann auslautend [k] oder [g] haben, beides ist möglich in *rasik kuk'ī* „Rosine" (nicht *[kuxī]!). Siehe §1.4.5.

/g/ = [g], [γ], [j], [k]

Initial z. B. *gul*

Final z. B. *kürog*

Intervokalisch z. B. *əgal*

Konsonantengruppen z. B. *abgīm'iso, agidim'aso, byelgim'aso, iglig'a, sapgaw'ogo, lək'ərga, wuz'ogrug, tigr'og, tigz'ogo, žiwuzgy'ogsum, wužgēn'ə,* mit auf *g-* anlautendem Morphem auch z. B. *č-g, d-g-, g-l, m-g, s-g,* mit auslautendem Morphem *-og/k* beim Verb auch *g-s, g-m. ǰg* erscheint im Wechsel mit *-žg* (*pižgim, piǰg'im), -gp-* wechselt mit *-p-* in *nəgpuḍu* (P.)/ *nupuḍu* (P.D.I.Z.).

/g/ entspricht [q] im Lehnwort *sundūg* ← *ṣandūq.* Die Verwendung von *gr/ kr* ist nach Dialekt geschieden in *kōgrōṭ'ī* (P.I.), *kokrōṭ'ī* (Z.K.D.Pr.). P. hat *marəg'a* neben *magra* (=Z.D.). Wie BUDDRUSS 2005, 462 notierte, wird „/g/ sehr oft inter- und postvokalisch als *γ* realisiert (so auch GM. §21), nach *i, ü* meist als *γ̌* (klingt wie der deutsche „ich"-Laut, aber stimmhaft)." Intervokalisches und postvokalisch auslautendes /g/ wird nach *o, a, e* regelmäßig [γ] ausgesprochen: /lyogo, lyego/ = [lyoγo, lyeγo] „er sagte", /pəz'og/ = [pəz'ok] „gegangen", /pəz'ogso/ = [pəz'okso] „er ging", /lyogsəmšo/ = [ly'oksəmšo] „wir taten", /aneg-pan/ = [anek-pan] „im Feuer", Obl. Sg. /anegš/ = [an'ekš] „Feuer", /kür'og/ = [kür'oγ] „Hund", (P.) /luz'ug/, (Pr.) /wulz'ug/ = [luz'uγ], [wulzuγ] und so zahllose Beispiele. Nach hellem Vokal intervokalisch und auslautend erscheint /g/ oft als [γ̌] (=IPA [j]): /an'eg/ = [aneγ̌] „Feuer", /əweig/ „Fenster" = [əw'eiγ̌ , əwaiγ̌], Obl. Pl. [əw'aiγ̌en], vor stimmlosem Konsonant als [k]: /kürogš/ = [kürokš], /kürog-pan/ = [kürok-pan] zu /kürog/ „Hund". Zu *gn/ ŋn, ng/ ŋ(g)* siehe unter [ŋ], *zu* /g/ [k] siehe §1.4.5.

Retroflexe

<ṇ> = [ɳ]

Initial -

Final -

Intervokalisch -

Konsonantengruppen: *ḍəṇḍ*

Der retroflexe Nasal *ṇ* (IPA [ɳ]) erscheint ausschließlich in der Verbindung <ṇḍ> und ist als Allophon von /n/ einzustufen. *ṇ* kommt nur in Verbindung mit *ḍ* vor. Schwindet ursprüngliches *ḍ*, erscheint anstelle von *ṇ* der Dental *n: ḍəṇḍ* neben *ḍin, ḍən* (P.) „Strafe". Wechsel von *ṇḍ/ n*, von *ṇḍ/ mḍ/ mr,* von *ṇḍk/ mk/ nk* erscheint in den folgenden Fällen, nur teilweise dialektspezifisch: *ḍəṇḍ/ ḍən* (P.) Strafe, *kuṇḍ'ī/ kumḍ'ī* (P.D.)/ *kumrī* (P.) „Menge", *čimk'ak* (P.)/ *čaṇḍklak* (I.), *čink'ak* (K.Pr.) „Spinne".

/ṭ/ = [ʈ]

Initial z. B. *ṭəṭli-*

Final z. B. *aṭ, wüpuṭ*

Intervokalisch z. B. *aṭi-, wuṭ'us*

Konsonantengruppen z. B. *koṭk'ī, okṭ'i, muṭk'ū, teṭla-wərī, waṭl'ik, ṭəṭlim'aso*

Neben *kṣṭ* erscheint in einigen Obertaldialekten die Variante *kṣt* mit dentalem *t* in *kṣṭal* (◊)/ *kṣṭal (mən)* (I.D.) „Hanfseil". Nur in der deiktischen Basis (P.) *-peṭig* „weit entfernt wird selten *-ṭ-* durch *-ḍ-, ṛ-* oder *-r-* ersetzt, s. Glossar s. v. *wipeṭig* „ganz außen", *bipəḍiga,* (I.) *b'ipriga* „von ganz unten", (P.) *lipeḍig, lopuḍig* „höchst", öfter in anderen Dialekten, vgl. §5.1.6.7. Der Laut *ṛ* erscheint nur in diesen Morphemen. Vgl. auch zu /š/.

/ḍ/ = [ɖ], [dr], [Cɖ], [Cr]

Initial z. B. *ḍu'ī*

Final -

Intervokalisch z. B. *oḍ'ob*

Konsonantengruppen: nur in der Verbindung mit Nasal (*ṇḍ, ḍm, mḍ).*

/ḍ/ erscheint intervokalisch als Variante von *d* in *üḍol-* (D.) „sich spalten" zu *√-dol. ṇḍ* wechselt mit *mḍ* und *mr* in *kuṇḍ'ī, kumḍ'ī* (P.D.), *kumḍ'e* (P.), *kumrī* (P.) „Menge". *ḍm* wechselt mit *rm* in *uḍm'ig* (D.), *urm'ig* (I.) „Sturm". *ḍ* wechselt mit *dr* und *d* in *ḍam* (Z.K.Pr.I.), *dram , dam* (P.) „Zählwort für Äste". Über *ḍ* in der deiktischen Basis *-peṭig* siehe oben zu /ṭ/. *ḍa* ist Allomorph der Partikeln *-ra, -ḍo* von *-ro* nach Nasal.

/c̣/ = [ʈ͡ʂ]

Initial z. B. *c̣amkaraw-*

Final z. B. *brəc̣*

Intervokalisch z. B. *obruc̣ēw-, oc̣um-*

Konsonantengruppen z. B. *c̣n (c̣nəg'u), c̣t (c̣ta), c̣ṭ (c̣ṭə)* und *ṣc̣ (aṣc̣iw-).*

Für *c̣tag* „wieder" notierte GM *čit'ăk* mit palatalem *č.*

/ṣ/ = [ʂ]

Initial z. B. *ṣiŋraw-, ṣut*

Final z. B. *muṣ, niṣ*

Intervokalisch z. B. *wiṣol'ogust*

Konsonantengruppen z. B. *peṣč'ī, aṣc̣og , pəṣk'ī, wəṣkī, uṣko'a, paṣlig əməl, aṣlog, koṣmən'ə, kṣmir, wukṣ'ī, pəṣn'ə, saṣnəm'aso, wuṣp'uṣ, güṣṭ'ū, k(u)ṣṭō, kṣṭal, āw okṣum'aso, amṣen'īg, apṣul'ī*

Das Konsonantencluster -*ṣc̣*- erscheint zu -*c̣*- vereinfacht in *ac̣ur-* (Z.K.D.Pr.I.) gegenüber *aṣc̣ur-* (P.) „reiben, kratzen" und *awuc̣-* (D.Pr.) gegenüber *awuṣc̣-* (P.) „sich stützen auf". *aṣur-* neben *aṣc̣ur-* (P.) „reiben, kratzen" kommt nur in *aṣurn'ig ḍug'o* „Streichholz" vor und ist wohl eine Obertalform.
Obwohl Minimalpaare wie *īṣ* (D.) „Schweiß" : *īš* „Mund", *šū* „Holztopf" : *ṣū* „Nachricht", *√-mṣ* „mischen" : *√-mš-* „überlisten" den Status des retroflexen frikativen Sibilanten /ṣ/ als Phonem eindeutig belegen, gibt es Fälle, in denen *ṣ* mit *š* wechselt, mit nur teilweise auf bestimmte Dialekte beschränkter Tendenz.
Im folgenden werden Fälle von *ṣ/š*-Wechsel lediglich aufgelistet. Vielleicht nur zufällig (?) scheinen der Dialekt von Paṣki (P.) deutlich häufiger als andere Dialekte Zerebralisierung, die Obertaldialekte dagegen eher Palatalisierung zu zeigen.[27]

Phonem	P.	Z.	K.	D.	Pr.	I.	Bedeutung
ṣc̣ ~ ṣč	*peṣč-/ pyeṣc̣-*						(Kopf) senken
	leṣc̣-/ leṣč-						hochstecken, oben anbringen
	biṣč-/ büṣč-						unten befestigen, (Zelt) aufschlagen
ṣc̣ ~ šč	*pešč-/ pyeṣc̣-*		*pyešč-*		*pyešč-*		(Kopf) senken
	ašč-/ aṣc̣-	*ašč-*		*ašč-*	*ašč-*	*ašč-*	sich anheften
	ašč-/ aṣc̣-	*ašč-*		*ašč-*	*ašč-*	*ašč-*	anheften
	tišč-/ tiṣc̣-	*tišč-*	*tišč-*	*tišč-*		*tišč-*	einfügen, zusammenbauen
	wišč-/ wiṣc̣-						(Fingernägel) ausstrecken
	tüšč-, tüṣc̣-		*tüšč-*				kämpfen
	wuṣc̣-	*wušč-*	*wušč-*	*wušč-*	*wušč-*	*wušč-/*	stechen, beißen

[27] Vgl. zu √-šč BUDDRUSS 2005, 460, vgl. auch HEGEDÜS 2012.

						wuš-	
	aṣçəw-	*aṣç(əw)-*	*aṣç(ə)-*	*ašč(e)-*	*ašč(e)-*	*aṣç(ə)-*	kratzen
	peṣç-	*peṣç-*	*pyešč-*	*pyešč-*			
ṣ ~ š	*abdüṣ-*	*abdüš-*	*abdüš-*	*abdüš-*	*abdüš-*	*abdüš-*	lieben
	büduṣ-		*büdüš-*			*büdüš-*	lieben
	oṣuw-		*oṣ(i)-*	*ošü-*	*oṣ(i)-*		verkaufen
ṣk ~ šk	*üṣkyˈöb*	*üṣkyˈöb*	*üṣkyˈöb*	*üškyöb*	*üškyöb*		Brücke
	üṣkyür				*üškyür*		krumm
ṣp ~ šp	*tišp-/ tiṣp-*	*tišp-/ tiṣp-*		*tišp-/ tiṣp-*	*tišp-*	*tiṣp-*	einschlagen, antreiben
	tišpoṭ-/ tiṣpoṭ-	*tüšpoṭ-*			*tišpoṭ-/ tüšpoṭ-*		sich beraten

/ẓ/ [ẓ]

Initial z. B. *ẓət*

Final -

Intervokalisch z. B. *əẓˈī*

Konsonantengruppen z. B. *əẓbən-duṇḍ, puẓḍuṇḍ, əẓgiwˈī, √-ẓgi, aẓm-, üẓnōgˈu, wuẓnu, əẓwˈa*

Für *aẓumtyog* (P.), *aẓümtyog* (K.) wurde - nur in I. - eine palatale Variante *ažümtyˈog* notiert.

[ṛ]

Initial -

Final -

Intervokalisch -

Konsonantengruppen z. B. *bipṛig*

Der retroflexe Flap [ṛ] erscheint nur in der deiktischen Basis *-peṭig* (§5.1.6.7) als Allophon von /ṭ/: *bipṛig, lipṛī, nipṛig* - vgl. *nipeṭig* etc., teilweise im Wechsel mit [r]: *nˈipeṭig, nipṛig* (P.), *niprig*. Das von GM notierte *kaš-puṛik* „knob of an axe" konnte 1970 nicht bestätigt werden.

Sibilanten (außer Retroflexe)

/s/ = [s]

Initial z. B. *səzˈə*

Final z. B. *yüs*

Intervokalisch z. B. *ākimˈaso*

Konsonantengruppen z. B. *sċ* (*bisċˈī*), *sč* (im Obl. von Wörtern auf *-s wie kamisč, müsč*), *čs* (im Voc. Pl. *sēč(s)na*), *ls* (Vok. Pl. *ṣābəlsnā*, im LW *səpˈəlsalˈār*), *ks, sk (əskozˈogo, nəskar), sn (psnēlī, dīsnī), ms* (*üǰumsˈik*), *sm, sl (wuṭasli-), sp (wüspuwˈū), ps, sr (srī, müsremyˈog), st (mōst, lustug)*

Zu *√-sċ* erscheint sehr selten eine stimmhafte Variante *-zj-*: Prät. *bizjˈogo* neben *bisċogo*. Wechsel von *st/št* erscheint in *pušt* (P.) : *pust* (andere Dialekte), *bustˈu* (P.) : *buštˈu* (I.) Ein Dialektunterschied von *st/ ṣṭ* erscheint in *əstəg* (P.) *əṣṭˈəg* (alle Dialekte), allerdings wurde *əstəg* 1970 in Paṣki abgelehnt.

/z/, /j/ und /z/ = [z]

Initial z. B. *zəmˈa*
Final z. B. *mīz, byēz*
Intervokalisch z. B. *pəzˈogso*
Konsonantengruppen z. B. *ībzˈagso, azduw-, awuzgi-, begzˈego, wulzug, tazkira, pizmˈa, nazm, unzū, iznera, wuzrˈa, lawz-.*

Der stimmhafte Sibilant [z] tritt durch Assimilation für /s/ ein, z. B. in 15.19 *čkˈis gəndar [čkiz gəndar]* „noch etwas größer". *bizj-* erscheint selten als stimmhafte Variante für *bisċ-* „zu Boden werfen" in *nepčˈī bizjˈogo* 35.5, vgl. *žepčˈī səl bisċˈogo* 42.72,73.

/j/ = [ʤ]

Initial z. B. *jū*
Final z. B. *munj*
Intervokalisch z. B. *bijag*
Konsonantengruppen: *pamjˈē, pyenjmˈaso, wuljug*

Die Affrikata ⟨j⟩ erscheint am Wortanfang sowie nach l, n, r im Wechsel mit [z]. Am Wortende erscheint *j* nur im Cluster *nj, lj.*

z/j-Alternanz
/z/ steht in Opposition zu /j/, vgl. *oz-* warten : *oj-* herumwerfen. Wie MORGENSTIERNE 1949, §21 bemerkte, wechselt /z/ [z] jedoch mit j [dz] am Wortanfang und nach *l, n, r,* z. B. *zū, jū* „20", *luzˈug* (P.Z.), *wulzˈug* (Pr.), *wuljˈuk* (D.), *üljük* (I.) „Zunge", *munj, munz* „Wiese", *nienj, GM nīj(ə), ninzə* „Vogel", *kirjˈə, kirzˈə* stachlig. Nur in Zahlwörtern mit der Komponente „zehn" wechselt [z] mit j [dz] und ċ [ts], z. B. P. *wišliz*, K.Z. *wišilċ*, Pr. *wišilj* „15".

/š/ = [ɕ], [ʃ]

Initial z. B. *še*
Final z. B. *əndˈeš*
Intervokalisch z. B. *kəšir*
Konsonantengruppen z. B. *kštyū, əməškīg, wuškˈū, sašlˈī, odorˈẹmšo, pšmī tadba, išnˈī, tipšˈī, išpīg, wāštī, onošgˈaso*

/š/ ist das Morphem des Obliquus Sg., z. B. *kundš, abˈəgš, ḍubˈulš, mənš, nəskˈarš, ṣutš.* Nach Konsonant erscheint als Allophon auch /č/, z. B. im Verbalparadigma *sˈēsom(i)š/ sˈēsəmč.* Zu *š/č* im Obliquus und zu Veränderungen in Kombination mit der Präposition *t-* siehe §1.4.1, §1.4.2. *č* für *š* nach *-m-* erscheint auch in *ostomˈog-pa-sumč* 41.28.
Palatalisiertes *št* (P.) entspricht *st* der anderen Dialekte in *pust, pūst* (D.Pr.Z.I.K.) : *pušt* (P.) „Bett". *č* wechselt teilweise mit *š, šč,* z. B. in *kčī/ kščī/ kšī* (P.) „Mandelkern". *šč* (P.) entspricht *č* der anderen

Dialekte in *kščög* (P.Z.), *kčög* (D.I.Pr.) „gut", *kščir* (P.), *kčir'ə* (Z.) „Zauber", *awošč-* (P.), *awoč-* (D.K.Pr.) „(Tür) schließen", *tašč-* (P.), *tač-* (K.D.Pr.I.Z.) „schweigen", *pč-* (◊), *pšč-* (P.Pr.) „tragen", *wišč-* (P.), *wič-* (Pr.I.) „(Spucke) ausstoßen". *šč (< št < st)* wechselt mit *čč* und (I.) *čt* in: *ščöli* (P.I.), *čečölī* (P.I.Pr.), *čəčöli* (I.), ähnlich (unter Elision) *šuč'og* (P.) „alle", mit Kontraktion *ščog* (Z.I.D.), mit Assimilation *čəčog* (Z.Pr.) und Dissimilation *čtyog* (Z.), und *šču(w)-, čču-* „(Bart) stutzen, kämmen".

/ǰ/ = [ʤ], [ʥ]

Initial z. B. *ǰī*

Final z. B. *muǰ la, munǰ*

Intervokalisch z. B. *maǰig*

Konsonantengruppen z. B. *tibǰir, lədǰ* „50", *piǰgim, gulǰ'a, timǰ-, -sənǰ-, ürǰ'ug, masǰ'it, okoǰnīg, lāǰw'ar*

In P. heißt „Mann" *wəǰǰəm'ī,* Plural *wəǰǰ(ə)mīlug,* gegenüber *wərǰimī* der anderen Dialekte.

/ž/ = [ʒ]

Initial z. B. *žim*

Final z. B. *iš'īž*

Intervokalisch z. B. *ižeŋ*

Konsonantengruppen z. B. *üžbore, pīžda, pəžḍuṇḍ'ū, tüžgi-, wužgyan'ə, tüžküž-, ülž'ük* neben *ülǰük* (I.), *žüžm'ī, ožni-, išižwa*

/ǰ/ und /ž/ sind Phoneme, vgl. /ǰī/ „Kopf" : /žī/ „Bogensehne". *ž* wechselt mit *ǰ,* nur teilweise unter Differenzierung nach Dialekt, und zwar im Anlaut (*ǰi(g)n'ī* (P.), *žin'ī* (I.) lang), postvokalisch (*pəžgim, pižgim* (P.Pr.), *piǰg'im* (K.D.I.), *piǰim* (Z.), *okož-, okoǰ-* (◊) „sich drehen"), intervokalisch (*tižir-* (P.), *tiǰir-* (I.). „sich schämen", *tižiw-, tiǰiw-* (P.) „einkneten") und im Auslaut bei Zahlen (*čpulž/ čpulǰ, išilǰ, ləž/ ləḍǰ*).

ž kommt im Auslaut öfter vor, nicht jedoch nach *-n-*. Das einzige Beispiel für *-nž-* im Inlaut ist die Bezeichnung des Kalenderintervalls *monž'ik* neben *m'ožik. ǰ* dagegen erscheint final häufig nach *-n-*. Als Suffix (Diskurspartikel) ist *ǰ* auf die Stellung nach *m* und *n* beschränkt. [ǰ] ist daher in diesen Positionen ein Allophon von /ž/ (durch Epenthese *m-ž > m-d-ž*). [ž] erscheint durch Assimilation für /š/, z. B. *anj'ẹž-dī* (I.) „schau!" (Aorist 2. Sg.) für *anj'ẹš-dī.*

Anstelle der Partikel -ž erscheint manchmal nach *n, m* neben stimmhaftem *-ǰ* das stimmlose Allomorph *-č.*

Frikative (außer Sibilanten)

[pʰ], [f], [φ], [x], [ɣ] [h]

Die Frikative *ph, f, φ* und *x, γ h* kommen nur marginal vor, und zwar als Allophone (sehr häufig [x], [ɣ] von /k/, /g/), in Ideophonen (*pφu, phux ti, φux ti*) und Onomatopoetica (*tφū*), in Kalenderbezeichnungen (*waφ'a, əwačφā*), Ortsnamen (*tφozig niṣ, laγmān)* und Lehnwörtern (*kuluf ← quluf, hak ← ḥaqq, xud'ā, tuxma, kāγaz*). Entlehntes *-h-*, auch *-x-* schwindet oder wird durch *-w-* ersetzt in *liāp ← liḥāf, ǰawāz ← ǰahāz, wurusat ← ruxsat.*

/w/ = [v], [β], [ʋ][28]

Initial z. B. *was'ī*

Final z. B. *gīw* „Ziegenmist"

Intervokalisch z. B. *təw'ā kür*

Konsonantengruppen z. B. *wrək, čkwa, əẓw'a, išižwa, magwuni, asüwm'asmo, lawz-, wilw'ī* zu *wiliw-, čindwol'ui, üšumwiċ'ī, lāǰw'ar.* Einige dieser Verbindungen sind sehr selten, nur in LW, in Pflanzen-, Tier- oder Landschaftsbezeichnungen oder durch Kontraktion entstanden. *pw* kommt vor in */čpu arī/ [čpwari]* „viermal", *wč* bei Lento-Aussprache in *t-ọč'a/ t-owč'a* „von der Reise", *wd* in *üwdye* (P.) neben (Z.P.I.) *üdye* „Webrahmen".

GM schreibt (§22) „initial *w* is a very unstable sound, especially before *u*, but also in other cases ... The character of the original initial, whether *v-, p-* or zero, is apparently irrelevant."

Beispiele für *w-, u:-* (P.K.Z.) *wuḍm'ig* : (D.) *uḍm'ig*, (P.) *wum'ū* : (P. und Obertal) *um'ū* "Walnuss", (P.) *(w)usaṭ* : Z.Pr.I. *uċaṭ* "Gefährte", (P.I.) *(w)uṣ'ug*, (P.I.) *(w)uṭ'us* "Lawine", (D.K.) *(w)uḍm'ik* "Nadelöhr", *wuz'ogur* (alle Dialekte), aber GM *uz'ogur* „Knie".

Beipiele für *wü-, ü-:* (P.) *wüd*, (D.I. *üd* „Krieg", (P.I.D.) *ürü*, (Pr.) *(w)ürǖ* „Silber", (P.Z.P.Pr.) *ürǰug*, (I.) *würǰ'a* „Licht", (P.Z.) *wüšüt*, (D.I.) *üšüt* „Dorf Kštöki".

Beispiele für *wī-, ī:* (P.) *wiš, wüš*, (Z.I.D.K.) *üš* „Gift" (aber: *īš* „Mund", nie **wīš*), (Pr.) *wīž'ə*, (P.) *ižə* „Armband" (aber nur *iži* „Auge", nie **wiži*), (P.) *wišt*, (I.) *išt* „bis", (P.) *wišp'īg*, (P.D.I.) *išp'ig* „Blüte"; - (P.) *wišn'īg*, (K.Pr.I.) *išnig* „Hälfte", (P.) *wilm-*, (D.) *ülm-* „verderben", (P.I.Z.) *winos-*, (D.Pr.Z.) *īnos-* „hinausgelangen" etc.

Beispiele für *wə-, ə-:* (P.Pr.K.I.) *wəz'ag*, (P. auch) *əz'ag* „Ärmel", (Z.D.K.Pr.) *w'əṣə*, (P.I.) *əṣə*, GM *w'iṣə* „Ferse", (D.) *wəz'a*, (P.Z.I.) *əz'a* „heil", (D.K.Z.) *wər'asig*, (P.I.) *rasig* „Traube", (P.Pr.I.) *wəṣta*, (P.D.Z.I.) *əṣta* „Nacht", (D.Pr.Z.) *wəlt'əm*, (P.) *let'em, lətəm*, (I.) *et'em, et'əm* „Zahn".

Beispiele für *we-, e-:* (Z.I.D.Pr.) *wekt'ē*, (P.) *ektē, wet'eg* „Hemd". Übrigens haben prothetische Vokale in unserem Material nie ein anlautendes w, z. B. *üy'ū* „Joch", *üsük* „Sonne", *üyug* „Stall", *uy'ūṣ* „Yakṣa", *ünü* „neu", (I.) *išüdü* „kultisch rein", *uċ'apar* „Rhabarber", (P.) *igīw* „Hügel" etc.

R. Strand (brieflich) hält dieses *w-* vor *u, ü, i* für einen „homorganic non-phonemic on-glide", geschrieben mit kleinem hochgestellten ʷ wie im Kamviri. Danach haben wir mit drei Fällen zu rechnen: 1) initial vowel only, e. g. *unz'u* „I", *üsük* „sun", 2) initial homorganic approximant only, e. g. *wuṇj-* „to look at me", *wüsükti-* „to warm in the sun", 3) either vowel or approximant + vowel in "free" variation, e. g. *(w)usaṭ, (w)üd, (w)uṭus.* - GM und GB haben allerdings keinen "on-glide" gehört und haben den 2. und 3. Fall nicht unterscheiden können.

Auch in anderen Positionen ist /w/ instabil, nur teilweise dialektspezifisch. Beispiele für instabiles /w/ sind intervokalisch: *wipuw'ī* 18.12/ *wipu'ī* 39.50, Aorist *nipuišo,* Infinitiv *apuinīg (√-puw), sius/*

---

[28] STRAND 2010, s. v. *Nurestâni Languages*:: "Among the labials *v* is a spirant, labio-dental in K.km. but bilabial in K.ktv.; in the other languages it is labio-dental before front vowels, bilabial ([w] or [β]) elsewhere." See latest update of "The Evolution of the Nuristâni Languages", http://nuristan.info/Nuristani/NuristaniEvolution.html.

syus/siwus „Schwester“, und im Auslaut: *āw/ ā* „Wasser“, *gulāw/ gulā* „Fluss“, *wāw/ wā* „Großvater“, *gīw/ gī* „Hügel“, *ċāw/ ċā* „Wurfstein“, *lö/ löw* „Holz“, *ṭā/ ṭaw* „Ort“.
Zum Schwund von *w-* nach *t-* s. §1.4.1, zum Schwund von *-w* im Verbalparadigma s. §1.4.3.

Affrikaten (außer Retroflexe)

/ċ/ = [ts]

Initial z. B. *ċə*
Final z. B. *wəċ*
Intervokalisch z. B. *wīċə, wuċ-*
Konsonantengruppen z. B. *təkċə, ċkir, ənċera, olċew'omo, tipċən'ı, turċ'ū, tiprāmasċ'a, ži(t)ċən, wuyoċm'aso*

/ċ/ entsteht durch Stützverschluss *r-ts* < *-r-s* in *parċ'ī* neben *pars'ī* „Persisch“ und durch Dissimilation *-s-ts-* < *-s-s-* in *bus ċur* „Bus-See“ 69.55 für *bus sur* und *ks-ċānj'ogso* für: *ks-sānj'ogso* „wer schaute hinein?“, *ks-ċəs* für *ks-səs* „Wer bist du?“, *al ċən-ī* für *al sən-ī* „seid ihr hier?“, *ps-ċei-r'a* 61.111 für *ps-se(w)-r'a*, vgl. §1.4.3. Der Lautgruppe *-sċ-* im Dialekt von P. entspricht *-s-, -ss-* im Obertal in Formen der Verbalwurzel (P.) *√-sċ*, Obertal *√-ss* „schicken“, z. B. (I.) *ass'eš* 91.22 „du sollst schicken“, P. *tisċ-*, I. *tiss-* „hineinschicken“. Daneben wurde aber auch im Obertal *-sċ-* notiert, z. B. I. *abyesċo* 79.18, D. *ab'esċego* 71.28, möglicherweise durch Dialektmischung. In der Verbalendung der 2. Person Sg. entsprechen einander P. *-sċ*, I. *-ċ*, D. *-s*, vgl. die Paradigmen §2.4.2, §2.4.3, vgl. auch D. *t'emas* „wohin gehst du?“ = P. *temasċ*, D. *aċəgəs* „du kamst“ = P. *aċogəsċ*. Vgl. zu /z/.

/j/

Zu /j/ s. /z/.

/č/ = [tʃ]

Initial z. B. *čoh-*
Final z. B. *nəč*
Intervokalisch z. B. *puč'ug*
Konsonantengruppen z. B. *ččuwəm'aso* (oft [čəču-]), *čkür, kčü, pyēlčiw'ī, səmč'ī, sānčiw'ogo, sapč'ī, čpoig, čtī, čšež, čtrə, lepurčy'ogo, tčī, peṣč'ī, soščor'ī, ščölig,* mit Morphemgenze *aṣkučgasm-ī, sēčlug, pčm'iso, üpüčnig, sēčsna.* Zum Wechsel von *č* und *š* s. zu /š/. Vgl. auch zu /ž/.

/ǰ/

Zur Affrikata ⟨ǰ⟩ s. /ž/.

Approximanten

/l/ = [l][29]

Initial z. B. *li-*
Final z. B. *əməl*
Intervokalisch z. B. *pəl'ē*

[29] Zu *-l-* in Nuristani vgl. KOBAYASHI 2004, §99.

Konsonantengruppen z. B. *wulb'og, olċ-, astilċ, bilč-, Bulç'o, abli-, čpulj, gulǰ'a, nolgi-, moṭklig, ṭāklag, killog'a, ülm'ü, kuml'ig, kilyog'a, žislomlī, wuṭ'asly'ogšo, əstl'a, astilž, sašliwī, kṣlū, wuṣl'ug, taṭlag, wulz'ug,* mit Morphemgrenze *sēčlug, wom'iglug, zülš, səp'əlsal'ār*

/y/ = [j]

Initial z. B. *yuṣ*

Final -

Intervokalisch z. B. *wuy'ogo*

Konsonantengruppen: *by, čy, d, ḍ, gy, ky, ly, my, ny, py, ry, sy, šy, ṣy, ty, ṭy, wy, zy, žy*

Ähnlich dem anlautenden *w-* steht am Wortanfang vor vorderem Vokal /y/ oft im Wechsel mit vokalischem Anfang, z. B. (P.) *yīm/ īm/ wīm* „Last", (P.) *yim'ə/* (I.) *īm'ə* „Schmied", *yimu/ im'ū,* „Ohr", *yīp'ə/ īp'ə* „Kati-Sprecher", (P.D.Pr.) *īw'əg/* (P.Z.K.) *yīw'əg* „Insel", (P.K.Z.) *īw'ig/* (P.) *yīw'ig* „Laus", (P.I.Pr.) *iwī/* (P.Z.D.K.) *yiw'ei, yiwī* „Rinde", *yuṣ/* (I.) *üṣ* „Yakṣa", *yüs/ üs* „Gras", *y'īri/ 'īri* „Pferd", *yir/ īr* „Stein", *ür'og/ y'irog* „Kanal". *yuŋos-* (I.) „herauskommen" entspricht *wüŋos-* (P.), in (D.) wurden beide Formen (< **(w)i-*) notiert. Vor hinterem Vokal gibt es den Wechsel deutlich seltener, vgl. *yēl/ ēl* „Falte", aber kein **āl* neben *yāl, yal* in derselben Bedeutung, *yüṣ/, üṣ,* aber kein **uṣ* neben *yuṣ*, aber auch *yab'ē* neben *ab'ē, ibē "genug", yom'ū* neben *im'ō* (P.) „wenn", *ü(o)m'ū (P.), üom'o (D.), yūwaz* Ersatz ← Pers. *'aważ*. Der Anlaut ist unabhängig von der Etymologie, vgl. *(y)üs < yavasa-, (y)üṣ < yakṣa-, (y)īm'ə < karmin-, īr < giri-. -yag* ist Allomorph für *-wag* „für", fast immer nach *ī-*, aber vgl. auch *əstl'əg-yag* 69.91.

y bezeichnet die Palatalisierung eines Konsonanten, dies geschieht besonders häufig bei *py-, by-, ny-* vor vorderem Vokal, infolgedessen erscheinen die Präfixe *pe-, pö-, be-, bö-, ne-, nö-* häufig in der Form *pye-* usw. Siehe §5.1.3.3.2 zur Palatalisierung von Lokalpräfixen. Abgesehen von den Richtungspräfixen ist nicht überall sicher zu bestimmen, ob Notationen von Cy „represent groups or palatalized consonants. It seems possible that both types exist" (MORGENSTIERNE 1949, §23), vgl. auch Wechsel von *-a/e-* und *-ya-* in (P.) *tig'ašu, tig'ešu, tigy'ašu.*

Flap (außer Retroflexe)

/r/ = [r], [ɾ]

Initial z. B. *raṭ, raw'īg*

Final z. B. *kür*

Intervokalisch z. B. *kür'og*

Konsonantengruppen z. B. *wurbā, pərċə, lüpurč'ogo, oburçēw'ī, purd'ū, wudr'uk, nigr'ī, lək'ərga, purǰū, krək, laprāw-, srī, tərj'ə, čurk'ı, zərkṣə, sirm'a, pərn'ə, sürny'ū, 'arpan, tarxīz, pars'ī, mirš, tərw'až, nükurtūn'ig, trə, wrək, ažürw'oma, wuzr'a, čüry'ög,* mit Morphemgrenze *mirš, arpan.* Geminiertes *rr* erscheint nur in Ideophonen: *tərr, tərrag*

Durch Assimilation ergibt sich *puǰ'u* (I.) gegenüber *purǰ'ū* (P.D.Pr.) „Faden", *wəǰǰim'ī* (P.) gegenüber *wərǰim'ī* (◊ außer P.) „Mann", *tər'až* (D.I.) gegenüber *tərw'až* (P.Z.D.I.) „Dolch". Die Partikeln *ra, ro* haben nach Nasal die Allomorphe *ḍa, da/ ḍo,* z. B. *lipčm'isəm-ḍa* A10.220, *açālyon-ḍa* A10.314, *wisċog-lan-da* 43.12, *üḍolim-da* 69.27, *çāliga-pa-səm-ḍ'o* 71.12.

1.1.2 Vokale

Bei den Vokalen hat GB die gleiche Erfahrung gemacht wie MORGENSTIERNE, der §27 notierte:

> „The variation in the pronunciation of vowels is much greater than is the case with the consonants. Vowels change in quality from village to village and within a single village. Even the pronunciation of single individuals seemed to vary a good deal. Vowels are also affected by neighbouring sounds, by prosodic factors, such as the addition of the final *-e (-ə),* etc."[30]

Mit MORGENSTIERNE 1949 kann das Vokalsystem mit drei Öffnungsgraden *i-e-a, u-o-a,* einer Opposition von hinteren und vorderen Vokalen *i : u, e : o* und einem mittleren Vokal *ə* dargestellt werden, in das folgende Vokaltrapez wurden außerdem /ẹ/ und /ɪ/ aufgenommen.

i	ü	ɪ	u
ẹ	ə		
	e	ö	o
		a, ā	

Durch viele individuelle Varianten ebenso wie durch zahlreiche Homonyme ist es nur selten möglich, ein Wort hinsichtlich des Vokalismus phonologisch eindeutig zu bestimmen. Deshalb wurde in Texten und Glossar auch in klaren Fällen (etwa bei den Lokalpräfixen *bi-, li-* usw. mit den Allomorphen *bü-, lü-*) auf den Versuch einer Normalisierung verzichtet.

/a/ = [a], [ʌ], [ɑ], [ɐ] und /ā/ = [a:], [ʌ:], [ɑ:]

Der phonematische Status von /a/ ist unzweifelhaft, vgl.

ċaw'ə „Ast" : *ċəw'ə* „Sack",
aneg „Feuer" : *īnig* „Fläche"
kaṣ „Beil" : *koṣ* „Weide"

Sowohl /a/ als auch /ā/ sind häufig, beide erscheinen sowohl in offener als auch in geschlossener Silbe. Persisch /ā/, das sich qualitativ von persisch /a/ abhebt, erscheint in Prasun als /o/, manchmal /u/. Im Prasun gibt es im Unterschied zum Persischen einen quantitativen Unterschied, der durch Makron markiert wird, z. B. ⟨a⟩ [a] gegenüber ⟨ā⟩ [a:]. „Sehr unsicher bleibt der phonologische Status der Quantität. … Bei *a* gibt es klare Minimalpaare wie *last* „sie haben" : *lāst* „sie hatten"…, *tap* „schnell" : *tāp* „langsam"."[31] Von allen bestätigt wurden: *walo-* „nach links springen" (√*-lo*) : *wālo-*

[30] Vgl. auch „The relatively short list of allophones given in conventional phonemic descriptions of languages is just the "tip of the iceberg". Fine-grained instrumental analyses of speech, especially recent acoustic studies, reveal that the variation is essentially infinite, though generally showing lawful dependency with respect to the phonetic environment, speech-style, or characteristics of the individual speaker." (R. D. OHALA in: *The Handbook of Historical Linguistics*, edited by B. D. Joseph and R. D. Janda, Oxford u. a.: Blackwell 2003, 671).

[31] BUDDRUSS 2005, 461, siehe auch §2.4.2.

„sich nach links anlehnen" (√-(*a*)*lo*), *ālo-*, *sālo-* „sich aufstützen" : *salo-* „springen", (Pr.) *īriš tišp'ago* „trieb das Pferd an (*dawānd*)" : *tišpāgo* „trieb hinein (*darūn kard*)", (Pr.) *wij'ago* : (Pr.) *wijāgo*, (D.) *ijāgo* (= P. *wijəw'ogo*) „zog (Kleider) aus" und andere Kausativa dieses Typs, z. B. (P.) *bipkəw'ogo* = (Pr.) *bipk'āgo* (nicht **bipk'ogo*) „senkte den Kopf". Die Hauptfehlerquelle bei Versuchen im Felde lag in dem Umstand, dass die Informanten aufgefordert wurden, langsam zu sprechen und deshalb dazu neigten, Vokale „unphonemisch" zu längen, wodurch Varianten des Typs *baz, bāz* „Fleisch" sehr zahlreich wurden, besonders in offenen Silben und vor Pausen, z. B. beim Absolutiv auf *-'ī*. Doppelvokal *āa* und *aa* erscheint durch Vokalprothese bei den Richtungspräfixen *sa* und *wa* (siehe §5.1.2) im Dialekt von P., seltener Z., oft im Wechsel mit *ā: sāačel-/ sāčul-* „nach rechts schütteln", *sānčew-/ sāančew-* „hineinfüllen", *sānj-/ sāanj-* „nach rechts schauen", *sānj-/ sāanj-* „hineinschauen", *sāanjew-* „hineinstecken", *wānj-/ wāanj-* „nach links blicken", *wāšt-/ wāašt-* „nach links gehen", *sapt-/ saapt-* „nach rechts gehen".

Finales *-a* kann unter Auslautglottalisierung ⟨aʼ⟩ = IPA [aʔ] realisiert werden. Diese Glottalisierung ist nicht phonematisch, nicht vorhersagbar und nicht habituell-idiolektisch, sie ist wesentlich häufiger in spontanen Äußerungen als in narrativem Kontext, scheint auf die Partikel *-a* beschränkt und emphatisch-emotional motiviert zu sein, vgl. dazu § 4.2, §4.3.2.

a - ə - e - i

Generell neigt unbetontes /a/ zur zentralen Realisierung [a] ~ [ə], z. B. *pəṭə, paṭ'ə* „schief", *naw'ag, nəw'ag* „Enkel", *nəs'əg, nas'əg* „Gesicht", *wayew-, wəyew-* „sich verbrüdern", *wəz'əl, waz'əl* „Schuh", *kaṭ'ī, kəṭ'ī* „Korn". Der Vokal wird oft palatalisiert zu /e/, auch /ə, i/, wenn ein *y* oder ein *i* vorausgeht: *gyapt-, gyept-* „wegtragen", *yās, yas, yəs* „jeder, eigen", *wer'ī, wər'ī* „Wort" (vgl. Kati *vari*), *latr'ī, letr'ī* „Ding", *mas'ig, məs'əg, məsig* „Mond", *maṭig, məṭig* „Honig". /e/ erscheint nach palatalisiertem Konsonanten, teilweise im Wechsel mit *-ya-*: *tig'ešu / tig'ašu* neben *tigy'ašu, wel'ē / wal'ē* neben *wal(y)e*.

Einen Wechsel im Vokalismus zeigt das Kausativ-Morphem *-Vw*. Neben der Form auf *-aw* in allen Dialekten gibt es eine Variante auf *-e/əw* u. a. nur Paṣki. Dieses kausativbildende Morphem ist nicht zu verwechseln mit dem Formans (P.) *-ew* zur Bildung denominativer intransitiver Stämme.

a - o

a wechselt mit *o* nach Nasal oder Bilabial: *maṭig / moṭ'ig* „Honig", *naw'ag / now'ag* „Enkelsohn", *pam/ poma, pōm'u* „Lamm". Außer in dieser Position kommt Wechsel von *a/o* nur in *bistar- / bistor-* vor, mit einer weiteren Variante *bister-*. *-a-* erscheint im Imperativ *bistar'a, bistar'on*, *-o-* im Absolutiv *bistor'ī, büstor'ī*, *-e-* im Präs. II *bisterigəsčī, bister'igsmo*. Das Muster des *e/o*-Wechsels entspricht vielen Beispielen, wo Formen mit vorderem Vokal *e/ ə* häufig dann notiert wurden, wenn der Vokal in mittlerer unbetonter Stellung auftritt. Im Verbalparadigma wechselt partizipiales *-ag* mit *-og*, z. B. in Text 100 (Z.) stehen *awüčer'ogo, koly'ogo, aščer'ogust* usw. neben zahlreichen Formen mit *-ag-*. Oft lässt sich dies wohl mit Vokalassimilation erklären (*koly'ogo, logz'ogust, ṭog'ogust, oščogust*), vielleicht auch mit Vokaldissimilation (*amǰ'ogo ipog-last*), aber in Fällen wie *apüč'ogso, tül'ogso* scheint diese Erklärung nicht zu greifen.

a - u

Wechsel von *a/u* lässt sich durch Assimilation erklären, und zwar: progressive Assimilation *u* > *a* in *maṇḍ'ag* (◊), *maṇḍ'ug* (P.) (< **maṇḍukka-*), regressive Assimilation *a* > *u* in *sal'ug, sul'ug* (P.), *sul'ug* (P.Z.D.), Schere (vgl. Wamai *sal'u*), *sul'om, sol'om* ← *salām, num'uz* ← *namāz.*

/e/ = [ɛ], [ɛː], /ẹ/ [e], [eː]

/e/ ist in der Regel ein offenes [ɛ]. Die geschlossene Aussprache [e] ist die Ausnahme und wird deshalb markiert: ⟨ẹ⟩. Diese Notation ist regelmäßig in der Aoristbildung, z. B. *pəzẹmšo* lasst uns gehen! So lässt sich ein Minimalpaar /e/ : /ẹ/ bilden:

> *çālem* „ich rief" (Prät. (Z.) 61,8, für *cāl̦vom*) : *çālẹm* „ich will rufen" (Aoriot).

Abgesehen von dieser Form des Typs (P.) *lyogo ~ lyego* „machte, sagte" kommt [ẹ] nur selten vor und wechselt dann mit *i/ ī/ e: iċẹp-, iċip-* „spalten", *dar'ē,* Obl. Pl. *dar'ẹn* „Paar", *mōr'ẹg* „schwarz-braune Ziege", *pəṣnə wanẹ̄* „Feindin", *nīl, nil, nyẹl* „grün, schwarz", *py'ẹna, py'ēna* „von unten", *sīr, sẹr* „Gewichtseinheit", *žīt'īə, žītẹ̄ə* „Mensch im mittleren Alter".

/e/ wird kurz ⟨e⟩ [ɛ] oder lang ⟨ē⟩ [ɛː] realisiert, ein phonematischer Unterschied hat sich nicht feststellen lassen. /e/ ist phonologisch zu unterscheiden von /i/, vgl.

> *alew-* „brennen (itr.)" : *aliw-* „brennen (tr.)",
> *bem* „Geschichte" : *bim* „Boden",
> *īrē* „Euter" : *ir'ī* „Nebenfrau",

dennoch wechselt auch offenes *e* häufig mit *i.*

e - ə - i

Die Neigung zu vorderen und geschlossenen Vokalen scheint besonders in betonten Silben aufzutreten, z. B. *maṭ'ig, maṭeg, maṭəg* „Familie, Hausgemeinschaft", *ḍig'ər, ḍig'er* „schlecht", *nənd'əl, nənd'il, nand'el* „frisch", *nyer'ig, nyer'əg, ner'eg* "einige", *pəṣn'ə, peṣen'e* „Feindschaft". In unbetonten Silben erscheint *ə* als Allophon von *u,* z. B. in *wiṭəl-* „zerbrechen" zu *√-ṭul,* daneben *wiṭel-* mit geschlossenem Vokal besonders häufig vor -*ẹ*- in der folgenden Silbe (Aorist).

e - ei

Der Diphthong /ei/ wechselt mit monophthongem /e/ (meist [[ɛː]), z. B. *ǰein'ī, ǰēnī, murēg, mor'eig* „Oberteil des Kopfes", *šir(y)'ē, širei* „Herbst", *ṣupeig, ṣupēg'ī* „Frau aus Iṣṭewi (*ṣupu*)", *tkei, tkẽ* „(im) Stall", *ẓug'eig* „Glocke", *ẓuŋ(g)ul'eig, ẓuŋgul'ēg* „Glöckchen". *ǰein'ī* hat neben *ǰēnī* eine weitere Variante mit noch stärker geschlossenem Vokal: *ǰin'ī,* der durch Assimilation an das auslautende *-ī* erklärt wird.

e - ü

Ein Wechsel von *ü* und *e* kommt vor z. B. in *čür'e* (◊), *čeryē* (P.) und *čüry'ög, čer'og, čür'eg, čer(y)'eg* „Brotkorb".

/ə/ = [ə]

Wie in vielen Sprachen ist es schwierig, den mittleren Vokal [ə] mit anderen Vokalen zu kontrastieren. *ə* kommt in allen Stellungen mit und ohne Betonung vor, aber sehr häufig mit alternativem Vokalismus. Dass /ə/ im Prasun ein Phonem ist, muss durch die Opposition von *ə* zu anderen Vokalen in bestimmten Morphemen als sicher gelten, dennoch wechselt *ə* außerordentlich häufig, und zwar mit allen anderen Vokalen außer geschlossenem *ẹ, ọ*. Kein Minimalpaar konnte für die Opposition von *ö* und *ə* gefunden werden. Relativ wenige Minimalpaare gibt es für *e : ə* und *i : ə*, relativ viele für *u : ə*. Daraus lässt sich folgern, dass die vorderen Vokale /e/ /i/ /ö/ dem mittleren Vokal [ə] relativ näher stehen. *ə* ist der am häufigsten vorkommende prothetische oder Spross-Vokal. Im folgenden werden einige Minimalpaare zusammengestellt, aber der Befund ist wegen der generell häufigen Homonyme im Prasun nur bedingt aussagekräftig:

i : ə
əp'ag “ON Paprok” : *īp'ok* (P.) “ON. Bagromoṭal”
kaṭ'ī, kəṭ'ī (P.I.) “Korn” : *kaṭ'ə, kəṭ'ə* “Pfahl”
miš “sein” : *məš* (Pr.) “Schafbock”

Aber: *nəṣ, niṣ* “Schnabel”*, at'əg, atig* „ein“, *diš, dəš* „grüne Ebene“, *gəm, gim* „Dorf“, *məs'əg, məsig* „Mond“, *nənd'əl, nənd'il, nendil* „frisch“, *nisp'og* (◊), *nəsp'og* (P.) „Auswurf“, *nyer'ig, nyer'əg* „wieviel“*, žil/ žəl* „Bettdecke“.

ü : ə
büt, büd „Herz“ : *bət* „Reis“
gün „Wohltat“ : *gən* „Topf“
wüz „Buttersack“ : *wəz* „Ärmel“
zü „Frühstück“ : *zə* „Totenfest“

Aber: *oy'əs, oy'üs* „iss!“, *pəgi-, pügi-* „schlafen“, *munǰəs, munǰüs* „Mittag“.

u : ə
ug'um(u), og'um (P.) „Dorfbewohner“: *əg'əm* (◊) „Dach“
guṭ „Unter-Haus“ : *gəṭ* „Aas“
kuṇḍ (I.) „Balken“ : *kəṇḍ* (I.) „Fest“
sun „Gold“ : *sin, sen, sən* „Gewand“
ṣu „Nachricht“ : *ṣə* „Vieh“

Aber: *əm'a* (P.), *um'a* (P.) „o Schwester“, *umb'al, əmb'al* (P.I.) „hart“, *məṣal/ muṣ'el* (D.) „Schafbock“, *naḍəm, naḍum* „ungehörig“, *wəṭ* (◊), *wuṭ* (P.) „Almhütte“.

e : ə
peṣ „Almname“ : *pəṣ* „Name einer Speise“
war'eg (= waryog) „linke Talseite“ : *warəg* „Haus“

Aber: *al'əra, al'era* (◊), *l'əra* (P. 32.112) „oben“, *əšt'əg, ešt'ug* (I.) „jüngerer (Sohn)“, *aṣəw-, aṣew-* (P.) „löchern“, *lətr'ī, latr'ī, letr'ī* (P.D.I.) „Sache“, *neṭ, nəṭ* „Tanz“, *new'ag, nəw'ag* „Enkel“, *pəṣn'ə, peṣen'e*

„Feindschaft", *set/ sət* „sieben", *wer'ī, wər'ī* „Wort".

ei : ə
əw'əg „Laute" : *əweig* „Fenster"
o : ə
ṭə „Fuß" : *ṭo* „Oberschenkel"
lənḍ „kahl" : *lonḍ, lunḍ(u)* „Diener"
woz „Eiche" : *wəz* „Ärmel"

Aber: *omb'üga, əmb'üga* "Morgen", *dop'a, dəp'a* (P.) „Türrahmen", *liləm-* (P.Pr.Z.), *līlom-* (P.K.D.) „worfeln".

a/ ā : ə
əw'ə "Freund" : *āwa* „o Wasser"
krək „so" : *krak* „Trockenobst"
māl „Wein" : *məl* „Palast"
səm'a „Wettstreit" : *səm'ə* „eine Pflanze"

Aber: *ən'ar/ ən'er/ ən'ər* „hungrig", *īp'ə/ īp'a* „Kantiwa", *apter-/ əpter-* „erschrecken", *əstl'a/ əstl'ə* „da", *əw'əg/ əw'āg* „Laute", *kəšir/ kaš'ir* „weiß", *kaṭ'ī/ kəṭ'ī* „Korn", *kaṭ'ə/ kəṭ'ə* „Pfahl", *məč/ mač* „Mann", *nəs'əg, nas'əg* (P.) „ Gesicht", *naw'ag, nəw'ag* „Enkel".

Kein Minimalpaar *ö : ə* konnte gefunden werden, vgl. *üdy'ə* (Z.P.), *üdy'ö* (I.P.), *üwdye* (P.) „Webrahmen", *tačə, tačö* „früher".

/i/ = [i], [i:], /ɪ/ = [ɨ], [ɨ:]

Der phonematische Status von /i/ ist durch die Opposition der Lokalmorpheme *lɪ : le, bɪ : be* und Minimalpaare wie

ič'ī „Knochen" : *üč'ü* „Träne",
īš „Mund" : *üš* „Gift" (Obertal),
əẓ'ī „nass, frisch" : *əẓ'ə* „Winterfutter"

belegt, vgl. BUDDRUSS 2005, 461.
Problematisch ist der Status von ⟨ɪ⟩ [ɨ] (klingt ähnlich wie russisch ы). Der Gegensatz

bī „unten" : *bɪ* „Kiste" : *bü* „innen"

wurde in allen Dialekten klar bestätigt. Ist [ɪ] deshalb als Phonem anzusehen? Ist *ɪ* etwa die jüngere Form von älterem *ui*? GM hat *bu'ī* „box", Lentz hat *sum'ui* „Schafschur" gegenüber 1970 *sum'ɪ* in allen Dialekten, das Wort für „Haar" *ẓui* wurde in P. von einigen Sprechern *ẓɪ*, vor allem in *ẓɪ čuṭ* „einzelnes Haar" (so auch I.) ausgesprochen. Sonst ist *ɪ* oft Allophon von /i/ (so auch bei GM §28):

ċərn'ı „Distel“, *wom'ıg* „Ameise“ usw. [ı] kommt in betonter und unbetonter Silbe in der Mitte und am Ende einer Silbe vor, nicht jedoch am Anfang. Intervokalisches *-i-* wird zu *-y-*, vgl. §1.4.4.

i - ı - ui

ı erscheint im Wechsel mit *i/ ī, ui/ uı,* seltener mit *ü,* z. B. *ċərn'i/ ċərn'ı* „Distel“, *tup'ık/ tupuık* „Kuckuck“, *wom'īg/ wom'ıg* „Ameise“, *zəm'ī/ zəm'ı* „Schwiegersohn“, *sud'ī, sud'ı* „wieder“, *ẓü/ ẓui/ ẓı* „Haar“, *wupüč-/ wupıč-* „küssen“, *wuputi-/ wupıti-* „an sich drücken“ *nopıž'ogo/ lipüž'omo* „ziehen“..

i -ie - e - y

Siehe §5.1.2.3.2.

i - ī - ı - ü - üo

Der phonematische Status von /i/ und /ü/ ist unbestreitbar. Dennoch ist der Wechsel von *i* und *ü* sehr häufig, und zwar in offenen wie in geschlossenen, betonten wie unbetonten Silben, vgl. BUDDRUSS 2005, 461. Teilweise lässt sich die Rundung von *i* > *ü* durch Assimilation erklären, z. B. bei der Bezeichnung des Dorfes Paṣki: *wūṣüt, wuṣit, wūṣüt.* Das Absolutivmorphem hat die Allophone *-i, -ī, -ı* und *-ü/ -ǖ,* letzteres vor allem sehr oft nach vorausgehendem *ü,* z. B. *büsün'ǖ, büsċ'ǖ, bür'ǖ,* vgl. aber *tüẓg'ǖ/ tüẓg'ī.* In den meisten Fällen bleibt die Motivation für den Wechsel unklar. Prothetische Vokale erscheinen fakultativ nach den Präfixen *wi-/wü-* und *ti-/tü-*, z. B.: *windol-/ wündol-:* (P.) *na wüondul'ogne, winḍob-/ wünḍob-:* (Z.) *wüonḍub'ī* und siehe zu *i - ie* im vorangehenden Absatz.

i - ę - e - ə

Es gibt einen gelegentlichen Wechsel von *-e-* und *-i-* sowie von *-ę-* und *-ī-*, z. B. *nigr'ī, negr'ī* früher, *sīr, sęr* ← Pers. *sēr.* Sehr häufig ist der Wechsel von *-i-* und *-ə-* in einsilbigen und in unbetonter Silbe bei mehrsilbigen Wörtern, z. B.: *gič, gəč* (I., Gottesname), *nəṣ, niṣ* „Schnabel“, *žil/ žəl* „Decke“, *čiw'əl, čəw'əl* „breit“, *ṭip'a, ṭəp'a* „Dreifuß“, *wiṭ'ak, wəṭ'ag* „Querleiste“, *nisp'og* (◊), *nəsp'og* (P.) „Spucke“, und die Verben *bidim-, bīdəm-* „schreiten“, *tiçim-, tiçəm-* (◊), *tiçum-, tiçom-* (P.Pr.), *tüçum-* (I.) „nachdenken“, auch die Imperativendung *-ə*, assimiliert an das vorangehende *-i-* in

> *nisp'og na wišči* (P.)
> AUSWURF NEG AUSSTOẞEN-IMP PT
> Spucke nicht!

i - ə - u - ü

i, ə, u und *ü* wechseln in unbetonter Silbe, abhängig von der lautlichen Umgebung, z. B. *minǰüs* (P.), *munǰ'əsu* „Mittag“ < *munǰ + wəs, num'uz, nim'uz* ← *namāz* „Gebet“, *nīw'a, nuw'a, nəwa* „Bulle“, *lipċin-* „aufschütteln“ zu *√-pċun, somištyaw-, somuštyaw-* „hochschlagen“ zu *√-muštyaw, ṣigi-, ṣugi-, ṣügi-* „sich versammeln“, *tiçim-, tiçəm-* (◊), *tiçum-, tiçom-* (P.Pr.), *tüçum-* (I.) „nachdenken“, *wuro-, wir(o)-* „sich bewölken“, *sapüti-, sapiti-, sāpetü-* „hineindrücken, *wuwič-, wūwuč-* „einreiben“ zu *√-wič, niturti-/ nüturti-* „talab gehen“, *lyökudunew-, lyökudinew-* „erbrochen werden (Passiv von *lökud-*). Vgl. §5.1.2.2 Form der Präfixe.

/o/ = [ɔ], [ɔː]

/o/ wird meist als offener Vokal [ɔ] realisiert. Offenes /ā/ (= [ɒ], [ɔ]) des Persischen wird im Prasun mit /o/ wiedergegeben, z. B. *ǰaw'ōz* Flugzeug ← *jahāz*, *nik'o* Heirat ← *nikāh*, *sol'om*, *sul'om* ← *salām*, *mullo* ← *mullā*, daneben auch mit /u/: *num'uz*, *nim'uz*, ← *namāz*, sowie mit -*ā*-, z. B. *ǰawāz*, *ǰawās*, *mullā*. Minimalpaare sind:

> *aǰom*- „beseitigt werden" : *aǰum*- „beseitigen",
> *wičos*- „erwachen" : *wičus*- „wecken",
> *goṭ*, *gūṭ* (P.) „Kuh" : *guṭ* „Unter-Haus",
> *mom* „Schwester" : *mūm* „Fundament",

die Lokalmorpheme *wo : wö*, *lo : lö* und viele andere.

Eine phonematische Längenunterscheidung o [ɔ] : ō [ɔ:] ist nicht auszumachen. Geminiertes [ɔɔ], als Kombination des Lokalpräfixes auf -*o* und prothetischem Vokal (§5.1.2.2), wurde in den Dialekten von P. und D. notiert, oft im Wechsel mit einfachem *o*: *soċ*-, *sooċ*- „rechts kommen", *loċ*-, *looċ*- „hochkommen"; *loonj*-, *lonj*- „hinaufschauen", *soonj*- „rechts hochschauen", *no(o)*- „talab gehen", *noċ*-, *nooċ*- „talab kommen", *nopt*-, *noopt*- „talab gehen", *noošt(i)*- „talab gehen", *sonǰum*-, *soonǰəm*- „trinken".

ọ = [o]

Geschlosseneres [o] wird mit ⟨ọ⟩ bezeichnet. *ọ* erscheint meist im Wechsel mit /u/, z. B. *pust/ pọst* „Bett", *pọṭ'ī/ puṭ'ī* „rot", *kuṣṭ'ọ/ kṣto* „Topf", *gul/ gọl* „Tal", *üküz'o/ üküz'ǭ*. *ọ* erscheint auch unter Ausfall des konsonantischen Anlauts *w*- nach der Präposition *t*-, z. B. *t-ọ̄ču* „auf Reise" *(wəčū)*, *t-ọ̄žīk* „an die Brust" *(wužik)*. Ein klarer Dialektunterschied zeigt sich in I. *goṭ* = [gɔṭ] : P. *gọṭ* = [goṭ] „Kuh". *ọ* ist kein eigenes Phonem, allerdings scheint es eher als Allophon von /u/ anstatt von /o/ zu beurteilen zu sein.

o - ə -e

Unbetontes *o* wird oft zu *ə* oder *e*, z. B. *dop'a/ dəp'a* Türrahmen", *k'iloga/ k'ilega* (nur) so", und in den Verben *leščer-/ leščor-*, *löščer-/ löščor-*, *tüščer-/ tüščor-* zu √-*ščor*, *žičer-/ žüčor-/ žüčer-* zu √-*čor*, *tünċor-/ tünċer-* zu √-*nċor*, *walor-/ waler-* zu √-*lor*. Derselbe Vokalwechsel gilt auch für unbetontes -*u*-, z. B. in den Formen von √-*çom* „denken" und √-*çum* „zu bedenken geben": *çəm*- „denken an", *tiçom-*, *tüçum-*, *tiçim-*, *tiçəm-* „nachdenken", *açim-*, *açəm-* „zu bedenken geben", *oçum-* „sich beraten", *wuçim-*, *wuçəm-* „zu bedenken geben".

/ö/ = [œ], [œ:]

Dass ö ein Phonem ist, geht aus der Opposition der Lokalmorpheme *be-*, *pe-* : *bö-*, *pö-* und *wo-*, *no-*, *so-* : *wö-*, *nö-*, *sö-* hervor. Eine Längenopposition *ö* : *ȫ* ist nicht nachweisbar. In *s'ēpsup/ söpsüp* „Verleumdung" scheint reziproke Assimilation vorzuliegen.

ö - öo - üo - üö

/ö/ wird von einigen Sprechern mit Vokal-Prothese als Doppelvokal [üo], [üö] ausgesprochen, z. B. *wön(i)-/ wyön-*: (P.Z.) *wüon-* „Feldarbeit machen, *wösuw-* „löschen": (P.) *wüösuw'ū*, *wüosum'asmo*, *wüösw'ogo*. Vgl. §5.1.2.2 zu prothetischem Vokal in *lüöndul-*, *löondol-*, ebenso mit den Richtungspräfixen *bi-*, *li-* in *büöli-*, *lüöli-*, vgl. §5.1.2.2.

/u/ = [u], [uː]

/u/ steht in Opposition zu /ü/, /o/, /e/, vgl.

> *m'ūlu* „Wein" : *mülü* „Preis",
> *but* [but, buːt] „Mehl" : *büd* [byt] „Sinn",
> *üčos-* „fliehen" : *üčus-* „vertreiben",
> *wu-* „her" : wo- „links-hinab",
> *zot* „Geburtshaus" : *zut, zūt* „Spanne",
> *kor* „Esel" : *kur* „Furz" : *kür* „Knabe"
> *mulig* „ein Riese" : *melig* „Onkel".

Dennoch gibt es zahlreiche Fälle von *u/o-* und von *u/ü-*Wechsel. [u] ⟨u⟩ und [uː] ⟨ū⟩ bilden keine phonologisch relevante Opposition, wohl aber gibt es die Tendenz zur Längung am Ende des Wortes, auch in offener Silbe und in einsilbigen Wörtern. Zu [ọ] siehe unter /o/.

u - ə - e

In mittlerer unbetonter Stellung wird /u/ oft zu *ə* oder *e* (oder schwindet ganz), e, z. B. *lines-* (I.), *līnəs-* „hochbringen" von *√-nus, lürew-* „hochwenden" von *√-ru(w), loščer-* „emporsteigen lassen" von *√-ščur, wīnċer-* „Loch machen" von *√-nċur, suč'og, səčog'an* „alle", *wušpur-, wušper-* „(mich) belehren".

u - o - ọ

/u/ unterscheidet sich von /o/ durch das Merkmal Geschlossenheit, stärker geschlossenes *ọ, ọ̄* wechselt naturgemäß häufiger mit *u*, z. B. *ḍọg, ḍug* „Milch", *ḍū/ḍō* „Hinterhalt", *kọ̄r/ kūr* „vorderer Haarschopf", *gūr(u)/ gọ̄r(u)* „rotbraun", *gọ̄r/ gūr/ gur* „Grab", *gūṭ'ū, gọ̄ṭ'ū* „Bündel", *kọ̄/ kū* „Berg", *kọ̄ṭ/ kūṭ* „Stimme", *nuṭ/ nọ̄ṭ('u)/ nūṭ'u* „Seifenkraut", *pušt, pọ̄št, pūšt* „Bett". Weniger häufig ist der Wechsel von /o/ [ɔ] und u, z. B. *dumū/ dumō* „Wind", *ḍob'ul/ ḍub'ul* „Brot", *žur-, žor-* „Kummer machen".

/ü/ = [y], [yː]

ü kann durch Kontraktion aus *i + w/u* oder *ü + u* entstehen, z. B. *čǖ* (P.D.), *čū* (I.Pr.), *čüū* (K.) „Dickmilch", *k'īwu* (P.), *küu* (I.) „hell". Minimalpaare belegen den phonematischen Status von /ü/:

> *üt'ǖ* „geblieben seiend" : *it'ī* „jetzt",
> *bı* „Kiste" : *bü* „innen" : *bī* „unten",
> *kkǖ* „Witwe" : *kkī* „hart",
> *mıg* „(Augen)trübung" : *müg* „Gesicht",
> *m'ūlu* „Wein" : *mülü* „Preis",
> *üčǖ* „Träne" : *ič'ī* „Knochen",
> *čü* „Dickmilch" : *čö* „Tee".

ü - i

Erwartungsgemäß kann /ü/ nicht durch [i] [iː] ersetzt werden und umgekehrt, wie GB an zahlreichen Beispielen überprüfen konnte:

> *lüšt* „Tochter“ (nie **lišt*), *žišt* „Großmutter“ (**žüšt*), *(w)īm* „Last“ (**(w)üm*), *ič'ig* „Knöchel“ (**üčüg*), *üjṻ* „Hirse“ (**ij'ī*), *ül* „Bauch“ (**il*), *ištīk* „Stern“ (**üštük*), *üštyüb* „Baum“ (**ištyüb*, **ištyib*), *ižī* „Auge“ (**üžṻ*), *ižeŋ* „Schlange“ (**üžeŋ*), *ṣiŋ* „Horn“ (**ṣüŋ*), *tčī* „drei“ (**tčü*), *purd'ī* „Alte“ (**purd'ṻ*), *Dīsnī* Npr. (**Düsnṻ*), *dizg'a* „Schöpfer“ (**düzga*), *ḍigər* „schlecht“ (*ḍügər*), *dilig'ī* „Ratte“ (**dülig'ī*), *üsük* „Sonne“ (**isik*).

Dennoch wechseln *i* und *ü* häufig (besonders in Richtungspräfixen, vgl. §5.1.2.2), und ein Minimalpaar wie *√-štiw* „trocknen“ : *√-štüw* „loben“ wird durch konkrete Beispiele wie *ištiw-* „austrocknen“, aber *aštiw-* neben *ištüw-* „loben“ geschwächt. Zudem gibt es nicht wenige semantisch klar unterschiedene Homonyme, z. B. *büz'ṻ*, *bızṻ* „Pfeilspitze“, *büz'ṻ*, *biz'ṻ* „scharf“, *büz'ṻ* „Obergewand“.

ü - u

Der Wechsel von *u* und *ü* ist häufig durch Assimilation bedingt, z. B. *u* > *ü* nach oder vor *i/y/ü* in *syus/ syüs* „Schwester“, *nusi-/ nüsi-* „hören“, *niturti-/ nitürti-* „talab gehen, *büjum-* „hinabbewegen“, Abs. *büjüm'ṻ*, *čüj'ṻ/ čüjū* „Schwiegervater“, *müs'og/ musug'ū* „Mäuschen“.

1.1.3 Vokalgruppen

Folgende Vokalcluster kommen vor: *ai, ei, iə, oi, öi, ui, üə, üo, üö.* Die Frage ist, ob es sich um Diphthonge handelt. Nichttrennbare Einheiten liegen in Gruppen mit *-i* vor, /ai/, /ei/, /oi/, vermutlich auch /öi/, /ui/, diese gelten deshalb als Diphthonge. Dabei bleibt offen, ob diese monophonematisch oder biphonematisch zu werten sind. Für die monophonematische Wertung spricht die Parallelität mit Monophthongen, z.B. (D.) *žüṭo-/ žüəṭo-.* Für die biphonematische Wertung spricht die teilweise notierte eindeutig in zwei Einheiten zerlegbare Aussprache, z. B. *pui/ pu'ī, ṣupo'ig/ ṣupcig.* Für die biphonematische Analyse, die wir hier favorisieren, spricht aber auch, dass bei der Analyse der Diphthonge als jeweils eine Einheit noch /ei/, /ai/, /oi/ und weitere Diphthonge zum Phoneminventar hinzuzufügen wären, was sich kaum rechtfertigen lässt, denn in fast allen Fällen handelt es sich um idiolektische Varianten einfacher Vokale. Minimalpaare für die Opposition zu Monophthongen lassen sich theoretisch für die Verben mit auslautenden Diphthongen bilden, deren zweiter Teil /i/ ist, nämlich *ai-* schlagen : *oi-* „essen“ : *o-* „sich drehen“, aber tatsächlich unterscheiden diese sich in den belegten Formen auch der Bildung nach, vgl. *om'aso, om'iso* dreht sich : *oyəm'aso, oyəmiso* „isst“ und *ayəm'aso* „schlägt“. Schließlich spricht für die biphonematische Wertung, dass durch das - durch Prothese bedingte - Vorkommen von Vokalgruppen *aa, oo* die mögliche Silbenstruktur CVVC bereits etabliert ist und dass die Regel der Ersetzung von intervokalischem *-i- (ai-ogo > ay'ogo)* durch *-y-* (§1.4.4) auch hier anwendbar ist.

ai

Der Diphthong ai erscheint in der Interjektion *ai* und in dem Verb *ai-* „schlagen“. *ai* wechselt mit *ei* in *mülügair/ mülüg'eir, xaim'a/ xeim'a.*

ei

ei wechselt mit ē, e, ɪ, i, vgl. ǰein'ī/ ǰin'ī/ ǰēnī, murēg/ mor'eig, ẓuŋgul'eig/ ẓuŋgul'ēg, əw'ɪ/ əw'ei. Es wechselt mit *o'i in ṣupo'ig/ ṣupeig* „Frau aus Iṣṭewi *(ṣupu)*“, wo offenbar eine Kontraktion von *-u/-o* und *-i* stattgefunden hat.

iə

iə erscheint in zwei veralteten Wörtern: (P.D.) *žiə/ žī* groß, (D.) *tüəŋ'ogso/ tiəŋ'ogso,* außerdem einmalig mit dem Präfix *pe-* in (P.) *piəsċəm'asmo = pyesċ-.*

oi

Die Vokalgruppe *oi* kommt in allen Dialekten vor, z. B. in Formen des Verbs *oi-* „essen“: (P.) *ps-oig'ā-re-st,* (P.Pr.) *oinig-lam(o),* (I.) *oiniŋ,* im Inf. und im Aorist f. von Wurzeln auf *-o: apċo-/* (I.) *apċoiŋ, apso-/* (P.) *apsoin-lamo,* (I.) *apsoiŋ-lam, aro-/* (P.) *aroinig, ayo-/* (P.) *ayoin'īg-lamo, omo-/* (P.) *omoin'ig-lam,* (I.) *omoiŋ-liš, apo-/ apoiš'a* sowie Abs. *ap'oi.* I. hat kontrahiertes *ö* gegenüber P. *oi* in (P.) *ayoin'īg-lamo,* (I.) *na ayön-l'amo.* Dialektaler Wechsel von *oi/ ei* erscheint (nicht regelmäßig) in (Pr.) *omeiŋ-iliš,* (I.) *omoiŋ-liš,* (P.) *zugoiŋg, zugoiŋg,* (I.) *zug'eigə. oi* erscheint neben *oe, ei* in (P.) *čpoeg, čpoig, čpeig* „alle vier“.

ou

ou kommt nur in *ou* (P.) „ja“ vor, offensichtlich eine schnellsprachlich kontrahierte Form von *og'ō.*

öi

Der Diphthong *öi,* im Wechsel mit *e, ö,* scheint häufiger im Obertal zu sein: *üt'eš* (◊)/ *ütyöiš* (I.) „dich“, *kšöižeŋ* (I.) „Wurm“, *wyöny'uk* (Pr.)/ *wȫn'uk* (I.)/ GM *wyöin'uk* „Laus“. In Paṣki kommt *öi* nur in Verbindungen mit √-i vor, z. B. *pöim'aso.*

öo

öo ist nur in Z.I. belegt: zu *löondol'ogso* siehe §5.1.2.2.

ui

ui wird teilweise als Doppelvokal *u-i* gesprochen. *ui* wechselt mit *ɪ, ṻ,* z. B. *tup'ɪk/ tupuɪk* (P.), *pui/ pu'ī, čindwol'ui/ čindwol'ī.* Vgl. §1.1.2 zu [ɪ].

üə

üə wurde nur in Texten von Din Mohammad im Dialekt von D. notiert, dort wechselt es mit *ü: tüŋ'ogso/ tüəŋ'ogso, žüṭo-/ žüəṭ'ogso, lüṭo-/ lüəṭ'e, lüṭoē.*

üo

üo entspricht */ö/* in *wöni-/wüon-/wyön-* (P.) „Feldarbeit machen“, *wösuw-, wüosaw-, wüös(u)w-* „(Feuer) löschen“. Aber *üo* kann auch /ü/ entsprechen, und nicht in allen Fällen ist die Zuordnung zu einem der beiden Vokale zweifelsfrei, so in in *lüo-* (sich) nach oben bewegen. Zu prothetischem *-o-* in *wündol-/* (P.) *wüondul-* „nach außen sichtbar werden“, und *wiṇḍob-/* (Z.) *wüoṇḍub-* „schwellen“ vgl. §5.1.2.2.

üö

Der Diphthong *üo* erscheint in Beispielen im Dialekt von P. und einmal von Z., und zwar in *lüö-* (vgl. *lüo-*) „sich nach oben bewegen“, *lüöndol-* „nach oben sichtbar werden“, *büöli-* „(Fuß) niedersetzen“, und in *wösuw-/ wüosaw-/ wüös(u)w-* „löschen“. *üö* wechselt einmalig, als idiolektische Variante des Sprechers von Text 2 mit *e* in *würeli-/ würüöli-.*

1.1.4 Assimilation

Besonders in Verbalformen kann es zu weitgehenden Assimilationen bei den Vokalen kommen, die manchmal für den Fremden das Verständnis erschweren. Beispiele:

> *župkus'ẹša* (32.82,83) „du mögest talauf ziehen lassen" von Präfix *ži-* und *√-pkus*
> *wuplūgasno, wuplyūg'asno* (31.5) „ihr sollt mir geben" = *wupligasno* zu *√-pli*
> *bonig sno* (21.28) „ihr seid zu denken" = *binig sno*
> *aṣuw'ugo* (32.114) „sie stillte" = *aṣuw'ọgo*
> *lüpüž-, lipüž-* „hochziehen", *lopož-* „heraufziehen", *wupuž-* „an sich ziehen" zu *√-püž*
> (P.Z.) *onuš-* „verderben" (tr.), (P.Pr.Z.I.) *winiš-* „vernichten" zu *√-nuš*

Es wurde sichergestellt, dass solche Verbformen keine Versprecher sind, sondern höchstens idiolektische Augenblicksbildungen. Wir haben solche und viele ähnliche Formen in „präphonemischer" Schreibung belassen.

1.1.5 Nasalvokale

Nasalierung kommt nicht nur, aber besonders häufig am Wortende vor. 1956 wurden mehr nasalierte Formen notiert als 1970, und einige nasalierte Formen erscheinen nur bei GM. Daraus lässt sich möglicherweise schließen, dass die Neigung zu nasalieren zwischen ca. 1930 und 1970 abnahm. Nur wenige Morpheme scheinen ohne Nasalierung gar nicht vorzukommen, darunter v. a. die Diskurspartikel *-'amə̃, üštyũ* „Säule", *wīə̃* „Buttermilch", *kə̃* „blind", *kə̃* „Pfeil". Sonst wird in der Regel nasaliert z. B. bei *ižĩ* „Auge", *zĩ* „Tür" und bei den Lokaladverbien *ažẽ, satẽ, žatẽ, žitiẽ, atĩ, lĩ,* (I.), *žã,* aber es gibt auch Belege für unnasaliertes *iž'ī, zī, až'ē, sat'ē, žat'ē, žit(y)'ē, 'ati, žā* (teils in unterschiedlichen Dialekten). Variation zwischen vorhandener und fehlender Nasalierung gilt in sehr vielen Fällen, z. B.

> *yã/ yā* „Schuld", *čir'ə/ čir'ẽ* „Aprikose(nbaum)", *k'əšə/ kəš'ẽ* „Mehltopf", *wẽyım/ wıyəm* „Pfiff", *yas'ə/ yas'ə̃/ yas'ẽ* „Gürtel", *iš'ī/ īšə/ išə̃* „Wassermühle", *ižə̃/ iž'ī/ īžə* „Armband", *də/ də̃* „Schuld", *dumũ/ dum'ū* „Wind", *kur'u/ kur'õ* „Rache", *ṭõ/ ṭō* „Donnern", *wuẓõ/ wuẓ'o* „Ellbogen", *zõ/ zō* „Mist".

Nasalierung wechselt mit [ŋ] in *naŋ,* Obl. *nãša* (D.) „Name eines Gottes", *iž'eŋ/ ižẽ* (D.), *žeŋ* „Schlange", *kiriŋ, kirĩ* (I.) „Gebrüll des Stiers". Zu dem in allen Dialekten häufigen *piẽ* „Sohn" wurden einige Plural-Formen mit /n/ notiert: *piẽlug/ pi'enlug,* außerdem Obl. Pl. *pien.* Die Nasalierung ist bei diesem Befund als zwar häufige Artikulationsvariante, aber nicht als phonologisch relevant zu beurteilen.

1.1.3 Akzent

MORGENSTIERNE 1949, §30 schrieb:

> „I have not been able to find out the rules determining the place of stress. My notation of stress is not always consistent, and I am not in a position to say anything about its functional value."

Viele Versuche von G. Buddruss, Minimalpaare für Vokalquantität und Betonung (stress) zu finden, führten auch aus Zeitmangel zu keinen klaren Ergebnissen (vgl. §1.1.2 zu /a/, §2.4.2, §5.1.5). Obwohl viele Nomina einen festen Akzent zu haben scheinen (siehe Glossar) und es klare Muster der Akzentuierung in der Verbalmorphologie gibt (Akzent auf den stammbildenden Morphemen *-ma-*, *-ga-*, *-og-*, *-i(s)-* und auf der Imperativendung sowie häufig Verschiebung des Akzents auf *-se(w)-*), lässt sich kein eindeutiger Nachweis für die phonologische Relevanz des Akzents führen. Zu oft gibt es Ausnahmen, z. B. ist die übliche Akzentuierung *ˈīri* „Pferd", aber auch *irˈī* kommt vor, so dass sich kein Minimalpaar zu *irˈī* „Nebenfrau" bilden lässt. „Nacht(s)" heißt *ˈəṣṭa* und *əṣṭˈa*, „Bruder" *əwˈə* und *ˈəwə*, neben *lužˈu* „Gott" steht (P.) *lˈūžu*, neben *itˈī* „jetzt" steht (I.) *ˈitī*, GB und GM verzeichnen nur *imˈī* „Frau des Bruders", während STRAND (2011) *ˈimi* „wife's brother" nennt. Meistens ist die häufige Postposition *-pan* unbetont, aber es gibt auch zahlreiche Beispiele, vor allem nach einem Partizip auf *-og*, in denen der Akzent von dem voranstehenden Nomen auf *-pan* verschoben wird. Ähnliches gilt für die Postposition *-ag* „für", die mal den Akzent auf sich zieht (*wisċog-ˈag, əm-ˈag, yās-ˈag*), mal unbetont bleibt (*ˈəm-ag, mišˈin-ag, ˈənċer-ag*). Die Verbalendung der 3. Person Sg. im Prät. lautet *-ˈogo*, *-ˈogso*, aber für das Verb *əpter-* „erschrecken" lautet die Form regelmäßig *əptˈerogso*. Adverbiale, die mit dem Morphem *-oma* (§2.5.7) gebildet werden, tragen den Akzent in der Regel auf der ersten Silbe des Suffixes, z. B. *ātülyˈoma*. Steht in der Silbe vor dem Morphem aber ein Partizipialsuffix *-og* oder *-ga/ -ig-*, so verschiebt sich der Akzent auf die letzte Silbe, z. B. *sanjog-womˈa, oyˈīg-womˈa*. Der einzige notierte Fall, in dem bei Endbetonung kein Partizip, stattdessen immerhin eine Konstruktion aus Absolutiv und Funktionsverb, vorausgeht, ist *poi-ṭkomˈa* (Text 32.17). Zur regressiven Akzentverschiebung nach dem Verbalpräfix *a-*. vgl. §2.4.1.7. Manchmal erfolgt in den „Zitationsformen" (§2.1.4) progressive Akzentverschiebung auf das Suffix.

1.2. Silbenstruktur

Die Tabelle zeigt die Silbenstruktur des Prasun (C = Konsonant, V = Vokal):

Struktur	Mögliche Phoneme in bestimmten Positionen
V	
CV	C- = p b t d ṭ ḍ k g m n s z š ž ṣ ẓ ċ j ç č ǰ w l y r ph, φ, x, h
CVC	-C = t d p b ṭ ḍ k g x γ m n ŋ s z š ž ṣ ẓ x ċ ç č w l r
CVV(C)	VV = aa, āa, oo, Diphthong
CVCC	-CC = ṇḍ, nd, nt, nj, nǰ, ŋ(g), mb, rg, rn (? nur in **gürn*), rr, rs, rš, lf, lj, lk, gš/ kš, st, št, šk, zm
CVCCC	CCVCš, CCVCč

CCV(C)	CC- = ċp, čč, čk, čp, çn, çt, kč, kš, kċ, kk, ks, kt, kṭ, pċ, pk, pφ, ps, pš, pṣ, šč, ṣp, tč, tk, tφ, ṭk, št (? - nur in *štü* neben *üšty'ū*), by, dy, gy, ky, ly, my, ny, py, sy, ty, wy, zy, žy, br, tr, dr, kr, gr, sr, wr
CCCV(C)	CCC- = ksċ, kst, ksw, kšč, kšt, kṣl, kṣm, kṣṭ, kkw, čkw, čky, psċ, psn, pst, pšč, pšl, pšm, pšt, pṣl, pṣṭ, tčk, tšč
CCCCV(C)	CCCC- = kštr, kšty, pšty

Anmerkungen

Die Tabelle berücksichtigt Prasun-Wörter unabhängig von der Herkunft, also auch Lehnwörter. Nicht berücksichtigt werden Konsonantengruppen, die eine Morphemgrenze enthalten.

CyV ist oft Allophon von CV, *y* zeigt dann einen stark palatalisiert realisierten Konsonanten an, z. B. *byömküti-, čkyür, gyöṣ, nyej-, kštyū.* In einigen Fällen wurde auch CiV anstelle von CyV notiert, z. B. *pie-k- = pye-k- = pe-k-,* vgl. §5.1.2.3.2. Sehr oft erscheint auslautendes *-t* (teilweise < *-ti*) deutlich palatalisiert vor vokalischem Affix, z. B. *wuṣüt* „(Bewohner von) Paṣki", Obl. Pl. *wuṣityen, lüšt* „Tochter", Obl. Pl. *lüštyen,* Ablativ *t-uṣitya* „aus Paṣki", *čit* „Wille": Abl. *čitya, wišt, okulyāwišt* „bisher", Abl. oder Partikel *-a* (§4.2) *okulyāwištya, žišt* „Großmutter": Voc. *ž'ištya.* Diese Varianten wurden in Texten und Glossar in der Regel nicht normalisiert.

Am Anfang eines Wortes bzw. einer Silbe können alle Konsonanten stehen außer *ŋ* und *ṛ.* Gemination von Konsonanten kommt nur in bestimmten Verbindungen vor: *čču(w)-* (neben: *čəč(ū)-, šču(w)-, tčūw*) „(Bart) stutzen", *čerr* (Ideophon), *kka* (neben: *kuk'a, kik'a*) „kräftig", *kkū* (neben *kək'ū*) „hart", *kill'ī* „ so", zu *mm* mit Morphemgrenze siehe §1.1 zu /m/. Zu Vokalgemination siehe §1.1.2 zu /a/, /o/. Die Anzahl von zwei Konsonanten am Ende der Silbe wird nur überschritten, wenn der letzte Konsonant das Morphem des Obliquus *-š* ist, z. B. *lustš.* Dies wird bestätigt durch den Sprossvokal ə/e/i/o/u/o vor dem konsonantischen Anlaut des stammbildenden Morphems *-ma/ ga-* z. B. in: *bisċəm'aso, biṣçəgāst, lekṣim'ismo, sokṣom'asmo, lyökṭum'aso, büsügnim'asmo, büsümnim'asmo, pömǰum'aso, pyemṣəm'aso, līŋǰəm'aso, liṣeŋǰ(i)m'asmo, pyepšom'asa, naptem'asmo, lōpurčəm'aso, lawərjəm'asmo, pyeščiga-r'ē-səmš, tüščum'asto, laṭkeg'asum.*

1.3 Prothese und Anaptyxe

Prothese ist grundsätzlich relativ häufig, lässt sich jedoch vor allem an bestimmten Morphemen und teilweise in bestimmten lautlichen Umgebungen beobachten, vgl. GM §63 „There is a strong tendency to develop prothetic vowels, usually *u (ü)* or *i.*" Beispiele sind:

> (I.) *išüdü* „kultisch rein", *iyas* „jeder", *ižeŋ* „Schlange" (?), *üy'ū* „Joch", *üyug* „Stall", *uyūṣ* „Riese, Yuṣ", *üsük* „Sonne", *ünü* „neu", *ülüm* „Rauch", *iw'īmas* „du gehst hinaus" (MORGENSTIERNE 1949, Text 9.100).

Ein prothetischer Vokal erscheint optional beim Verbum *la-* „haben", als Hilfsverb bei der Perfekt- und Futurbildung ebenso wie als Vollverb, z. B. *ašüŋ-əla, wutamtyog-əlast'o, ašpān'īg-əlī, āšuwīnīg-əlist, at'əs ǰī al əlisum* 54.72, *arī əl'ī* D16.10 und viele andere Beispiele in den Texten. Eine Motivation für die Verwendung des Vokals oder seine Auslassung ist nicht zu erkennen, vgl.

čār əlist A2.22,33 : *čar list* A2.12 "haben den Brauch",
čit əlist A3.70 : *čit liš* 21.14, *čit la* A1.8 "sie haben/ du hast/ er hat den Willen",
buṭog əlist A4.7, A5.2 *buṭog list* A4.6 "haben Anteil".

li- „machen", „sagen" wird oft mit prothetischem Vokal realisiert, doch nicht im Absolutiv, hier wird *lī* „gemacht/ gesagt habend" regelmäßig von *əlī*, dem Prät. II von *la-* „haben" unterschieden:

at'ig lüšty'og əlī A10.146 „hatte eine Tochter", *čar əlī* A3.46 „hatte den Brauch", *kodyum əlī* D16.6 „hatte Arbeit", dagegen: *kodyum lī* D27.2 „Arbeit gemacht habend".

Bei *la-* als Hilfsverb ist keine Verwechslung möglich, vgl. *īp'og-lī* A10.281 „hatte gebaut" (√la).

Ein Vokal erscheint oft vor *ra, re, dī* und anderen Partikeln. Ob es sich um einen anaptyktischen oder prothetischen Vokal handelt, ist zu erörtern. Der Vokal erscheint sehr oft nach Konsonantengruppen, z. B.

lẹmš-(i)rē A10.372
ẓuwamš-(i)re 93.6
büšl'ẹmš(i)-dī 69.17
ablẹmš(i)-dī 98.30
bẹst(i)-dī A2.23
sāg-lam-ǰ(ə)-ra 38.65

aber auch nach einfachem Konsonanten, z. B.

omog-(ə)ra-ċ'o 88.15
kür-mür (ə)re 90.31
üteš (ə)re əneš 54.32
šüdüg ('i)rē-s A11.5
aniptog-ədī A10.55 und auch sonst *-ədī* sehr oft nach *-og/-eg* des Partizips Prät.

Kein Vokal erscheint in der Regel nach *-m, -n, -Vš,* z. B

bity'ẹm-dī 32.44,
pəz'ẹn-dī 32.57
ašpaw'ẹš-dī 91.22

Der Vokal kann betont sein, z. B.

ozmis('i)-ra 42.50
əznogš('i)-čü 48.7
aplig'a-na-m'ə-ra 36.13

Da *əre, ədī* auch nach Vokal erscheint, z. B.

> *wuz'i əd'ī* 54.75,
> *wīdī ədī* 57.39,
> *unz'ū əd'ī* 65.45
> *undo (ə)rē-st* 83.6

da *-mši* (wie in *büšl'ẹmši-dī* 69.17) nicht am Ende eines Satzes vorkommt, wohl aber aber *mš*, z. B. *aṣkoč'ogsumš* 82.13, kann man vermuten, dass es sich hier und auch in den anderen Fällen um einen prothetischen Vokal handelt. Die Schreibungen in der Textedition, *-(i)re, -(ə)re, -(i)-dī, -ədī* usw., wurden nicht normalisiert, dennoch handelt es sich nicht um unterschiedliche Phänomene. Zu Prothese bei Verbalwurzel mit Richtungspräfix s. §5.1.2.3.2.
Um Epithese könnte es sich theoretisch bei dem vokalischen Auslaut von (I.) *lyāċi* „du machst", *oblyāċi* „du gibst mir" handeln. Da aber in den Belegen jedesmal ein konsonantisch anlautendes Wort folgt, lässt sich auch dieser Vokal leicht als Sprossvokal erklären: *krək lyāċ (i) tes* (I.) „Tätest du doch", *in'eš oblyāċ (i) tes* (I.)"Gäbst du mir doch!"

1.4. Morphonologie

1.4.1. Präposition *t-*
Vor konsonantischem Anlaut tritt ein anaptyktischer Vokal zwischen die Präposition *t-* und das davon regierte Nomen, z. B.

> *ti-ǰī, ti-g'ī, ti-wer'ī, īpok ti-gim, ti-gī, ti-müg oznig, ti-bim, ti-dis, ti-w'īt, tə-bən, tə-bəṭ, tə-kċə, tə-bəs, tə-gəg, tə-gəm, tə-mənig, tə-wəs, tə-wəṭ, to-munǰ, to-gul, to-guṭ, to-guz, to-lusta, to-ẓum, to-wuzık, tu-ḍur, tu-gul, tu-lust, tu-guṭ, tü-büd, tü-güčü, tü-müg, tü-müšt'ǖ.*

Wie die Beispiele zeigen, richtet sich die Qualität des Vokals in der Regel nach dem ersten Vokal des Folgewortes. **ta-* kommt nicht vor: *tə-was'ī, to-wasī, ti-gaṭ, t-kala.* Vor *-u-* steht neben *tu-* sehr oft *to-*. Ausnahmen widersprechen nicht der Regel: *tə-diš, tə-puštya, to-güčü.*
Bei mehrsilbigen Wörtern kann ein mittlerer Vokal schwinden: t-CVCV(C) > t-CCV(C), stattdessen tritt der Vokal direkt hinter die Präposition, z. B.

> *ti-mčal* „im Pferch" *(məčal), tə-bg'a* „auf der Schlafstelle" *(pəga*, unter Assimilation *p > b), tü-znū* „nach Wama" *(zün'ū), tu-ṣpū* „in Iṣṭewi" *(ṣupū), tu-ḍgū* „in den Abgrund" *(ḍug'ū).*

Nach *m-* schwindet ein weiterer Nasal durch Assimilation:

> *tə-mǰ'er* „zu der Zeit" *(mənǰer), ti-mǰa üg'ü* „Mittelfinger" *(munǰ).*

Der Vokal bleibt erhalten in *t-kūẓ'ū, t-kalā, t-kuṣl'og, t-ṣābəl.*
Auf die Präposition folgende Konsonantengruppen mit *č-* werden unter Deaffrikation und Einfügung

eines Sprossvokals wie folgt vereinfacht: *t-čp* > *t-šp, t-čk* > *t-šk,* z. B. *ti-šp'ū* „auf der Gasse" *(čpū), tü-škür* „am Fels" neben *ti-čkyür (čkür), tišper'og* „geschützter Platz" (*čpər).*
Anlautendes *n* schwindet durch progressive Assimilation, z. B.

> *nəskar* „Gesicht" - *t-əskar* „ins Gesicht", *niŋir'ə* „dunkel" - *tiŋrēli-* „verdunkeln", *nīṣ* „Tal" - *t-īṣ* „im Tal", aber *nij̆eg* „Waschstelle" - *t-inj̆ēg* (nicht **t-ij̆ēg*) „an der Waschstelle".

Anlautendes *w-* schwindet nach *t-*, teilweise unter Senkung des Folgevokals, z. B.

> *wužīk* „Brust" - *t-ọž'īk* „an die Brust,
> *wuṣüt* „Paṣki": *t-uṣüt* „in P.",
> *wut* „Weg": *t-ūt* „auf dem Weg",
> *wuti* „Stirn": *t-ūtī, t-ọ̄tī* auf die Stirn,
> *warəg* Haus: *t-arəg* „im Haus",
> *wuċū* „Jahr": *t-uċ'ū* „im Jahr",
> *wüċ'ǖ „Dewa", t-üċü* „in Dewa"

In Lento-Aussprache erscheint das *w-*, z. B. *wəčū* „Reise": *t-'ọču neben to-wəč'ū* "auf Reisen", *wut* „Weg": *to-wut* neben *t-ūt* „auf dem Weg". Der Vokal *a-/ ā-* erscheint gesenkt in *ā(w)* „Wasser" - *t-əw* „im Wasser", *t-əwa* „aus dem Wasser" („from within the water").

1.4.2. Obliquus auf *-š*
Das Morphem des Obliquus *-š* hat[32] das Allomorph *-č,* z. B.

nach r: *mirč/ mirš*
nach *b: üštyubč* (phonetisch [-pt͡ʃ])
nach *m: čamš / čamč*
nach *n: gənč*[33]
nach *l: gulč, kīlč*
nach Sibilanten: *muṣč, göṣeš/ gyöṣč, kamisč, nəsč, dizč, wəzč, müsč (= müs'eš)*
sowie nach *ṭ: čuṭč* (phonetisch [-ut͡ʂ]).

1.4.3. Schwund des Stammauslauts *-w*
Das auslautende *w* eines Verbalstamms schwindet durch Assimilation vor konsonantischem Anlaut des folgenden Morphems, z. B.

> *bižičiw-* „schreiben", 1. Person Präsens *bižičim'asəmo,*
> *lāraw-* „füllen", 1. Pers. Präs. II: *lārāg'asmo,*
> *pyej-* „hinabwerfen", Passiv-Stamm *p(y)ejinew-* „fallen", 3. Pers. Sg. f. *pyejinem'iso*
> *diz-* „schaffen": Passiv *diznew-* „geschaffen werden", 3. Pl. Präs. Pass. *diznēmasto* „sie

[32] Durch Stützverschluss -Cš > C-t-š.

[33] MORGENSTIERNE 1949, 200: „Note obl. *-š* > *-č* after *n, m, b, r.*"

werden geschaffen“
üti- „hinstellen“: Passiv *ütinew-*, Pass. Fut.-const. *ütünēnig-əlist* „sie werden aufgestellt werden“

In Lento-Aussprache kann das *w* im Dialekt von P. erhalten sein:

(P.) *biẓaw-: biẓa(wə)gasesumš, müšüw-: müšüwum'asmo.*

Das Imperfekt von „sein“ *sew und von „haben“ lāw* verliert den Auslaut vor konsonantischem Anlaut des folgenden Morphems:

Imperfekt 1 *pəzgāsēsum,* 2 *pəzgasesċ/ pəzgasewəs(ċ),* 3 *pəzgasew,*
sew vor *-ra: se-ra* (34.37), oft *sē-ra, auch sei-ra, sew* vor *-dī: tülogs'ē-dī* (81.19) usw.,
lāw vor *-ra: na oyog-lā-ra* „wenn er nicht gegessen hätte“

Das Passivmorphem P. *-inew-* erscheint vor Vokal manchmal als *-iny-*, z. B.

(P.) *oščiny'ogso* 22.63 für *oščinewogso, apliny'ogso* für *apliniw'ogso*

in den anderen Dialekten hat es regelmäßig die Form *-in(y)-,* z. B. (I.) *latin'ogso* 94.34 = P. *latinew'ogso.*

1.4.4. Glide
An auf *-i-* oder *-ə-* auslautende Verbalstämme tritt eine vokalisch anlautende Endung oft unter Einschub eines Glides *-y- (√-i: biy'ogo, bi'ogo)* oder unter Ersetzung des Vokals durch den Semivokal *-y- (√-püti: apüty'omo, √-i: by'ogo, oi-əs > oyəs, li-ogo > lyogo)* oder unter Erweiterung des Glides zu einer Silbe *-yV-* (Beispiele aus P.: *√-p(ə): lēpıyəm'aso, lipıy'ī, √-m(u): mu(y)im'asmo*). Der auslautende Vokal kann auch assimiliert werden, sehr oft im Absolutiv, z. B. *√-i: bǖ* neben *biy'ī, bi'ǖ, √-püti: apüt'ü, √-gi: žag'ī neben žagy'ī.*

1.4.5. Auslautverhärtung?
Morgenstierne 1949 §25 bemerkte zum Auslaut: „In final position I have noted all consonant phonemes except *j, ḍ, ẓ, y* and possibly *w.* Voiced stops are, however, rare … and may denote unvoiced lenes, as variants of final tenues. In the pronunciation of S final stops seemed to have lost their plosion … Note also the variation between *-k* and *-ge (-γe),* e. g., in *anek* U *aneγ* Z, *anekh* LSI, *anegë, °γe* S fire …“ Dieser Wechsel von auslautendem [k] oder [x] und [g] oder [ɣ], [j̊] ist in allen Dialekten zu beobachten. Dabei erscheint der stimmlose Velar [x] sehr viel häufiger vor stimmlosem Anlaut des folgenden Wortes, der stimmhafte Velar ⟨γ⟩ = [ɣ], nach *-i-* meistens [j̊], vor stimmhaftem und vokalischem Anlaut. In den Texten wurde der Konsonantismus phonemisiert, also /büd/ (vgl. Zitationsform *büdü*); die folgenden Beispiele beziehen sich auf noch nicht phonemisierte Schreibungen in der handschriftlichen Fassung von GB:

> *opozıγ ḍur'ū, opozıγ gul'ig : opoz'ık tu-ḍur,*
> *opož'og wəst'ī : opož'ok so,*
> *išp'īg likṣ'ego : wišpīk-pan,*
> *t-ištig atig : ištīk-pan.*

Allerdings gibt es, wenn auch weniger häufig, Gegenbeispiele, z. B. stimmhaft-stimmlos

> *čig ṭiŋ'ə* 43.4, *etig-pan, āstor'og-pan* C7, *tü-müg ṣuguniŋ-lamo* 76.16 (*müg/k* T. 10174),

und stimmlos-stimmhaft

> *čik lekṣ'ī* 25.58, *gək išpū̃.*

čkəs < *čig-əs* ist kein Gegenbeispiel, weil hier der Auslaut *-g* unter Elision des Vokals an das vorangehende stimmlose *č* assimiliert wurde.

Außer bei den Velaren *k/g* lässt sich ein Schwanken von auslautendem stimmhaften und stimmlosen Plosiv auch bei *b/p* und *d/t* und bei *ṇḍ/ ṇṭ* und bei *z/s* in Lehnwörtern beobachten (allerdings sind die Beispiele viel seltener):

> *oḍ'ob/p* „dick“: *oḍ'ob ḍob'ul : oḍ'op ügū̃* (1956), vgl. *oḍob'og,*
> *üštyüb* „Baum“: Obl. *üštyupč, üštyöpša* (1956),
> *bab/p* „Bruder“: *bap* 30.104 (vor wörtlicher Rede), *bab piẽ* (1970), Pl. *bablug* 8.32, Obl. *bapš* 30.85, Obl. Pl. *b'aban* 80.34,
> */büd/* „Sinn“, 1956 durchaus [büt], GM *büt, büdü* (letzteres als Zitationsform).
> *kəṇḍ/ kəṇṭ* (beide I.), *kəṇḍ'ə* (P.) „Verdienstfest“,
> *ǰawāz/ ǰawās* „Flugzeug“ ← *ǰahāz,*
> *tarxīz* „Entlassungsschein“ ← *tarxīs.*

Liegt eine - tendenzielle - Auslautverhärtung vor oder eine Auslauterweichung?
Der Wechsel betrifft vor allem einzelne Plosive im Auslaut von Wörtern, für Konsonantengruppen liegt nur das Beispiel mit *ṇḍ* vor. Selten erscheint der stimmlose velare Plosiv [k] vor dem Pluralmorphem *lug:* [pšiklug] (I.) „Katzen“, öfter [t]: *wuṣitlug, butlug, ẓetlug.* Vor dem Morphem des Obl. Pl. *-an* kommt [k] in *krəkan* „solche“ vor, demgegenüber ist der Obl. Pl. auf *-gan,* mit auslautendem [g/k] > [g γ]/ V_V außerordentlich häufig, z. B. *inǰöligalugan* (GM *lūg/k* Pluralsuffix §80), *kür'ogan (kürog,* GM *kür'ok, kür'ux), bižičiw'ogan, ütüny'ogan, maṭəgan* (GM *m'āṭek), yugan (yug, yüg, üy'uk,* alle Obl. Pl. [-γan], vgl. §1.1.1 zu /k/, /g/*).* Eine Sonorisierung von *-t, -p* vor Kasusmorphem lässt sich nicht beobachten. Es gibt keinen Wechsel des Stammauslauts von Verbalwurzeln vor stimmhaften oder vokalischen Affixen.
Für auslautendes /-g/ des Infinitiv-Morphems [inig/k] in P. spricht die Entsprechung *-iŋ* in den anderen Dialekten, auch die erst 1970 auftretende kürzere Form *-in* bei der Futurbildung in P.
Doch sind hier zwei Vorgänge zu unterscheiden, Auslautverhärtung einerseits und Assimilation

andererseits. Es scheint eine Tendenz zur Auslautverhärtung zu geben, die dort greift, wo ein Wort in Pausa steht (z. B. beim Abfragen von Wortschatz durch den Feldforscher, sofern nicht die vokalisch endende Zitationsform verwendet wird) oder wo es durch die Auslaut-„Verstärkung" besonderes Gewicht erhalten soll. Betroffen sind Plosive, in viel geringerem Maße Frikative und Sibilanten. Im Kontext entfällt diese Auslautverhärtung, stattdessen erfolgt häufig Assimilation an den folgenden Anlaut. So erklärt sich das Nebeneinander von [g]/[k]/[γ]/[x] usw., [t]/[d] und [b]/[p]. Für diese Erklärung spricht auch der Umstand, dass 1970, wo GB schon sehr viel vertrauter mit dem Prasun war, generell häufiger der Auslaut [g]/[γ] notiert wurde als 1956. Beispiele für Assimilation (Sandhi) gibt es auch anderswo, z. B. bei Sibilanten

> *ˈəz-dī* „du bist" (61.49) für *əs(ċ)-dī, žayˈoz-dī* (P.) für *žayos-dī* (Imp. von *žayo-*), *wolin-laž-dī* A10.242 für *wolin-laš-dī, lẹž-dī* „wenn du sagst" für *lẹš-dī.*

Bei /g/, /k/ scheint die Assimilationsbereitschaft besonders ausgeprägt zu sein, allerdings gibt es auch mehr Beispiele für velaren als für dentalen oder labialen Auslaut.

In den Texten und im Glossar haben wir die Partizipialendung /og/, /ag/ und die Infinitivendung /inig/ vereinheitlicht, haben jedoch bei Wörtern, wo der Auslaut /-g/ oder /-k/ nicht klar ist, auf eine konsequente Phonologisierung verzichtet. Steht stimmloser Plosiv zwischen Vokalen oder vor stimmhaftem Anlaut, so wird angenommen, dass dies die übliche Form darstellt, z. B. *krəkan*, daher *krək*, nicht *krəg.*

2.1 Morphologie des Nomens

2.1.1 Genus

MORGENSTIERNE 1949 §69 bemerkte: "In P the existence of nominal gender is very doubtful." Während am Verb zwischen Maskulinum und Femininum unterschieden wird, auch am Partizip, z. B. Part. Präs. II (P.) *oigˈa*, f. *oyˈīg*, sind Adjektive wie Substantive im allgemeinen nicht nach grammatischem Geschlecht unterschieden, z. B. gilt *dəpˈə* „mager", *nïǰeŋgˈī* „nackt" für m. und f. gleichermaßen, und auch die bei GM noch als „*čiṭˈe*, f. *čiṭˈī* stupid" verzeichnete Unterscheidung wurde von GBs Mitarbeitern nicht bestätigt: *čiṭˈə* „dumm", *čiṭˈə wəstˈī* „dumme Frau". Ebenso gibt es keine Genus-Unterscheidung bei *pumˈok* „kleines Lamm", *werisaṭ* „außerehelicher Liebhaber" und *žüt* „Leopard". Für *wutā* „Priester, Priesterin" wurde im Dialekt von D. ein abweichender Vokativ notiert: *wutˈe* „Priesterin!" (f.) im kafirischen Disni-Hymnus (Text 70), der allerdings sprachlich nicht vollkommen durchsichtig ist. Ob es eine eigene Femininform von *pūṭ* „rot" gibt, wie bei GM notiert (*pūṭu* m., *pūṭi* f.. red), ist zweifelhaft. 1956 wurde in P. eine Unterscheidung zwischen *guṣˈū* m. und *guṣˈī* f. „dumm, stumm" behauptet, in Z. aber gibt es einen Textbeleg, der die maskuline Form für eine Frau verwendet: *o guṣu kšu nuni wəstia* 100.62 „dumme unverständige Frau!" 1970 gibt es eine Reihe von Beispielen mit *guṣˈī* f.: *guṣˈī wəstˈī* „stumme Frau", *guṣˈī kür* „stummes Mädchen", *o guṣˈī wˈəstia* „o du dumme Frau!", und ebenfalls aus der Feldforschung von 1970 stammt der Hinweis auf eine eigene Form *ləṇḍˈī* f. zu m. *ləṇḍ* „kahl". Ob im Fall von *guṣˈī* ein Dialektunterschied vorliegt, oder ob im Zeitraum zwischen 1956 und 1970 die Genus-Unterscheidung unter Einfluss der

Nachbarsprachen eine stärkere Bedeutung bekommen hat, bleibt unklar. Dennoch gibt es für einige Begriffe eine reguläre Differenzierung nach m. und f., und zwar in Bezeichnungen von Menschen und Haustieren. Schon bei GM belegt ist *purd'ī* „alte Frau“ : *purd'ū* „alter Mann“. Erst von 1970 dagegen liegen Belege für die Genusunterscheidung von Herkunftsbezeichnungen vor:

> *was'ī* m. : *wasīg* „Mann/ Frau aus Prasun“, *əməš* m. : *əməškīg* f. „Mann, Frau aus Amšoz“, *əṭəm'ə* m. : *əṭəm'īg* f. „Mann/ Frau aus Waigal“, *ṣāb'əl* m. : *ṣabəl'ig* f. „Mann/ Frau aus Munǰan“, *sətr'ə*, m. : *sətr'īg* f. „Paschtune/in“, *zün(y)'u* m. : *zün'īg* f. „Mann/ Frau aus Wama“, *īp'ə* m. : *īp'īg* f. „Mann/ Frau aus Kantiwa“, *sēč* m. : *sečig* f. „Mann/ Frau aus Pronj“, *ṣup'ū* m. : *ṣupo'ig* “Mann/ Frau aus Iṣṭewi“, *wüċ'ǖ* m. : *wüċǖwug'ū* „Mann/ Frau aus Dewa“, *zum'ū* m. : *zum'eig/ zumēgi* f. „Mann/ Frau aus Zumu“, *wüšüt* m. : *wüšütyug'ū* „Mann/ Frau aus Kštöki“, *wuṣüt* m. : *wuṣütig* „Mann/ Frau aus Paṣki“.

Außerdem wurde 1970 Femininmotion bei der Berufsbezeichnung *yəm'ə/ īm'ə* „Schmied“, *yimīg* „Frau des Schmiedes“ notiert. Regelmäßig unterschieden werden Rinder, Ziegen und Schafe in Bezeichnungen, die sie nach Aussehen klassifizieren:

	M.	F.
Ziegen	kaw'ēg göṣ	kaw'ēg(ī)
	mičē göṣ	mič'ē
	māl göṣ	māl'əg
	məŋaċ göṣ	məŋaċ'ə
	mōr göṣ	mōr'ẹg
	nīl göṣ	nīl'ig
	nās göṣ	nāsik
	pil'ir guṣ'u göṣ	pil kšog
	pinǰē göṣ	pinǰ'ē
	pštyog göṣ	pštyog
	ram göṣ	r'amək
	tar guṣ'u göṣ	tar tkog
	tar göṣ	tar'əg
		nis'ī
Rinder	koṇḍ'a	koṇḍ'ī
	koṇḍog-wəċə žešt	koṇḍ'og-waċ'ī
	kš'umāl	kš'umālī
	laç žešt	laç
	loč-tar žešt	lōč-tarī
	lāç-tar žešt	lāç-tar'ī
	nīl (žešt)	nīl'ī
	pəgi-tar žešt	pəg'ī-tarī
	ramtar žešt	ramtarī

	šī-tar žešt	šī-tar'ī
	tar-žešt	tar'ī
	wəċ'ə žešt	waċ'ī
	waž žešt	wažī
	wuže-waž žešt	wuẓe-wažī
Schafe	kšt(u)r'ū	kšt(ü)r'ǖ, kštrī
	tərč'ī məš'ə	tərč'ī
	wur'ət məš'ə	wur'ət
	zīr məš'ə	zīr

Für „hornloses Rind“ gibt es außer dem nach Genus unterschiedenen *koṇda/ koṇḍī* auch eine gemeinsame Form *koṇḍī: koṇḍ'ī gọ̄ṭ* „hornlose Kuh“ (f.), *koṇḍī žešt* „hornloser Stier“. Eine Unterscheidung von weiblichem und männlichem Tier wird auch bei der Wildziege gemacht, allerdings durch zwei heterogene Lexeme: *maŋ* „Markhor-Weibchen“, *wurj'ū,* (K.I.D.), *ẓuẓ'ū* (P.) „Markhor-Bock“.

Weibliche Lebewesen werden in der Regel durch Verbalaffixe markiert, sofern das möglich ist (P. *ma/ mi, ga/ ig*), z. B.

su byer wugunēm'iso 47.10 „die Ziege (f.) fällt mir ein“

aber in einigen allgemeinen Aussagen erscheint die maskuline (oder default-) Form:

wəst'ī ənċera gun'īg kodyum-pan pəzg'āsto „Frauen gehen (m.) jeden Tag zur Arbeit.“
wəstīlug ṣānīgāsto „Frauen menstruieren (m.).“
wəstilug kür logzəg'āsto „Frauen gebären (m.) Kinder.“
kakag wəẓig pölim'aso „Das Huhn legt (m.) Eier.“

„Kuh“ oder „Rind“ ist nicht oft mit einer Verbalform belegt, die eine Unterscheidung von f. und m. zulässt. Im allgemeinen, vor allem wenn es nicht auf das Geschlecht ankommt, wird die maskuline Form verwendet, vgl.

atig īr gọ̄teš alog'ogso, omom'aso lī amj'om (P.)
EIN STEIN KUH-OBL TREFFEN-PRT-3SG STERBEN-PRS3SG SAGEN-CP SCHLACHTEN-PRT-1SG
Ein Stein traf die Kuh, in der Erwartung, sie werde sterben, schlachtete ich sie.

gọ̄ṭ lüm'ī at'ī manj'əg apċinm'aso (P.)
KUH SCHWANZ NEHMEN-CP MÜCKE ABWEHREN-PRS-3SG
Die Kuh wehrt Mücken mit dem Schwanz ab.

aber „Kuh“ kann auch mit einem als Femininum kennzeichnenden Verb verbunden werden:

gọ̄ṭ ḍuŋnīmˈiso (P.)
KUH GEBÄREN-PRS-3SG-F
Die Kuh kalbt

gọ̄ṭ bō limˈiso/ limˈaso (P.)
KUH *BŌ* MACHEN-PRS-3SG-F/ PRS-3SG
Die Kuh (f./ m.) muht.

Die feminine Personalendung erscheint - sehr selten - bei Gegenständen: *na omˈiso* 24.32 „Sie (= der personifizierte Mühlstein) dreht sich nicht", *aṭopinewigso* 42.88 „Sie (= die Nadel) wird gestochen werden (= wird dich stechen)" (vgl. zu *aṭopinewigso* §2.9.1).

2.1.2 Numerus

Prasun kennt zwei Numeri, Singular und Plural. Der Plural wird mit einem Morphem *-lug* gekennzeichnet, allerdings wird mindestens ebenso häufig der Plural allein durch die Verbalendung ausgedrückt. Bereits MORGENSTIERNE (1949, 221), ebenso G. Buddruss, konnte nicht das im LSI genannte Pluralmorphem *-kil(i)* bestätigen. Das Pluralmorphem *-lug* ist nicht obligatorisch, vgl. *wərǰəmˈīlug əstˈī re kür-mür (ə)re* 90.31 „Männer (*-lug*), Frauen (-∅) und Kinder (-∅)", aber *wiǰǰimīlug re wəstilug re kürlug* A1.10 in gleicher Bedeutung durchaus mit dem Pluralmorphem, Pl. Obl. *inǰˈöligan* neben *inǰöligalugan*. Nach Zahlwörtern steht im Casus Rectus stets die unmarkierte Form:

sət ǰī 54.67 „sieben Köpfe", *sət Marˈeš lüšt* 55.4 „Maras sieben Töchter", *tčī wəǰǰəmī* A2.2 „drei Männer" (nicht **tčī wəǰǰəmīlug*).

Wird der Obliquus markiert, erscheint die Pluralform:

asən ččög wərǰimyˈena 90.20 „eure drei Männer"
čpulċ wərǰimyˈen 90.54 „14 Männer" (nicht **čpulċ wərǰimīš*).

In Kombination mit deiktischen Basen (vgl. §5.1.6) sind oft sowohl das Pronomen als auch das dazugehörige Nomen als Plural markiert, z. B.

əndˈo məlwālig wəstilug (P.)
ART-3PL DEM-3PL-LINKS FRAU-PL
die Frauen weiter links

Es folgt eine Aufzählung von Kategorien, in denen *-lug* oft verwendet wird.
1) Bezeichnungen für Menschen allgemein oder nach Geschlecht differenziert:

dizīstoglug „Geschöpfe, *wēmilug* „Menschen" (veraltet), *wərǰimīlˈug* „Männer, Menschen", *wəstīlug* „Frauen", *ḍuilug* „junge Mädchen", *kürlug* „Kinder"

2) Verwandtschaftsbezeichnungen:

maṭlug „Familienangehörige", *bablug, wayelug, əwəlˈug* „Brüder, Freunde", *sīwuslug* „Schwestern", *yēlug* „Väter", *nanlug* „Mütter", *muṣlug* „Gatten", *mˈeliglug* „Onkel", *piẽlug* „Söhne", *kürlug* „Kinder, Knaben"

3) Herkunfts- und Zugehörigkeitsbezeichnungen von Menschen und Bezeichnungen ihrer sozialen Organisationen:

ugˈumulug, gəmlug, tə-gim wərīlug „Dorfleute", *wuṣit gəmlug, wuṣütlug* „Leute von Paṣki", *ištyēwənīlug* „Nuristanis (vorislamisch)", *wüšütlug* „Leute von Kštöki", *ṣupūlug* „Bewohner von Iṣṭewī", *wüċˈũlug* „Bewohner von Dewa", *yˈūrup ċālug* „Europäer", *wiṭiglug, goŋlug* „(Unterteilungen innerhalb der Dorfgemeinschaft)"

4) Bezeichnungen von Lebewesen nach Merkmalen von Aussehen, Verhalten oder Funktion:

asən kogˈalug „(Leute) wie ihr", *ī kogˈalug* „Leute wie du", *ütrˈa kogalug* „solche wie den Bären", *ǰi kuṇḍulˈug* „barhäuptig", *ižerlug* „schamlos", *ərˈī wunilug* „Reiter", *byez wunilug* „Kranke", *kawunilug* „Arbeiter", *magwunilug* „Töter des Vorjahres", *tə-gəm əstˈəglug* „Dorfälteste", *ṣəpagwerīlug* „Hirten", *išnˈīlug* „Diebe", *imlug* „Schmiede", *səminǰ pəlēlug* „Mitglieder der Almgemeinschaft von *səminǰ*", *wosīlug* „Gemeinschafts-Arbeiter", *inǰöligalug* „Dorfvorsteher", *koṭkˈilug* „Soldaten"

Hierher gehören auch zahlreiche Plurale von Partizipien:

Part. Präs. II von „sich hinstellen": *ültyˈalug, ütügalug,* von „sitzen": *šilyalugan,* von „finden": *wuẓalug*
Part. Prät. von „lehren": *apeṣˈoglug,* von „wissen": *əznˈoglug,* von „schaffen": *dizˈoglug,* von „übrigbleiben": *bišilyoglug*
Part. Prät. Iter. von „geben": *wuplyˈočˈeglug,* von „sprechen": *kolyočoglˈug*

5) Bezeichnungen von nichtmenschlichen Lebewesen:

lužũlug „Götter", *yüṣlug, ṣəlug* „Vieh", *gōṭlug* „Kühe", *byerlug* „Ziegen", *wāmilug* „Schafe", *pšiglug* „Katzen", *ṣillug* „Wölfe", *žütlˈug* „Leoparden", *womˈiglug* „Ameisen"

6) Bezeichnungen von Körperteilen:

üllug „Bäuche", *kṣṭallug* „Gedärme", *īšlug* „Münder", *ǰīlug* „Köpfe"

7) Bezeichnungen von Lebensmitteln und Futterpflanzen:

ob'əglug „Brote“, *butlug* „Mehl“, *ḍūglug* „Milch“, *wiə̄lug* „Buttermilch“, *kətilug* „Körnerfrüchte“, *kəṭīlug* „Korn“, *pew'oṭlug* „Obst“, *wozlug* „Eichen“, *üštyublug* „Bäume“, *wuṣulug* „Medikamente“

8) Bezeichnungen von Gegenständen:

lətrīlug „Sachen“, *werīlug* „Worte, Dinge“, *žicənlug* „Kleider“, *ṭiŋəlug* „Geld“, *ob'əglug* „Geräte“, *āṭlug, gənlug, künǰülug* „Töpfe“, *dīslug* „Truhen“

9) Bezeichnungen von Orten und Gebäuden:

išəlug „Mühlen“, *mēmlug* „Fundamente“, *ṭālug* „Orte“

10) Bezeichnungen von Tätigkeiten:

kodyumlug „Werke, Zeremonien“, und mit dem Infinitiv: *lad išpiŋlug* „Gericht halten“, *lust lyenjiŋlug* „Gebet“

11) mit einer Zahl:

astlug, āsteglug „Die Acht“ 1) Kalender-Intervall, 2 „acht Dörfer“

Wann für das direkte oder indirekte Objekt die Obliquusform verwendet wird, wird §3.1 beschrieben. Das Pluralmorphem kann mit dem Morphem des Obl. Pl. *-an* kombiniert werden, z. B. *byez wunilugan (/wuni-lug-an/)* neben *byez uny'en (/wuni-an/)* „Kranke“, *gəmlugan* neben *g'əman, maṭlugan* neben *m'aṭen, ḍuil'ugan* neben *ḍuw'en, werīlug'an* neben *weri'en.* Besonders bei den Bezeichnungen von Lebensmitteln fällt auf, dass oft nicht zählbare Vielheiten wie Milch, Mehl oder Obst mit dem Pluralmorphem versehen sind. Die Überprüfung der Textbeispiele bestätigt aber nicht den Verdacht, bei *-lug* könne es sich um die Markierung von Kollektiva oder von weniger spezifizierten Vielheiten handeln. Dagegen sprechen Beispiele wie *əm bablug* 22.3 „meine Brüder“, A3.20 *yās wiṭiglug yās goŋlugan* “für jeden *wiṭig* und jeden *goŋ*“, A10.121 *undō nānlug … bīnjəmasta* mit *-lug*, aber, wenige Sätze später, A10.137 *əndō nan bīnjəm'asta* „als die Mütter hinunterschauen“ ohne *-lug*, sowie die Kombination eines Pluralnomens auf *-lug* mit Numerale, vgl. *āst wəǰǰəmīlug* A3.33, dagegen *āst wəǰǰəmī* A3.34 „acht Männer“ im selben Kontext. Die Verwendung des Morphems scheint also mit bestimmten lexikalischen Bedeutungen häufiger vorzukommen, ist aber nicht obligatorisch und impliziert keine abweichende Bedeutung gegenüber dem unmarkierten Nomen mit Pluralbedeutung.

Ein Plural-Nomen kongruiert mit einem Verb in der Pluralform. Dies gilt ausnahmslos für Bezeichnungen von Lebewesen, z. B.

wayelug ač'agəst 100.14 „Die Brüder kamen."
ṣillug … sor'ogust 29.4 „Wölfe kamen rechts."
yüṣlug ačer'ogust 69.40 „Die Yuṣ gingen weg."
ṣəlug purga-rē-st C19.3 „Das Vieh erkrankt an *pur*."

Das Verb steht im Plural, auch wenn das Plural-Morphem *-lug* fehlt, z. B.

ərǰəm'ī čapt'ī-st 99.15
MENSCH VIEL SEIN-PRS-3PL
Menschen gibt es viele.

undo tə-gəm wərǰəm'ī … lust lyenj'ost 93.18
DIE IN DORF MENSCH … HAND ERHEBEN-PRT-3PL
Die Menschen im Dorf …. erhoben die Hände.

wəǰǰəm'ī üt'eš sumoṭmast-'amə̄ 49.2
MENSCH DICH ERNÄHREN-PRS-3PL PT
Die Menschen ernähren dich doch.

əm ṣə ps-oig'ā-re-st 25.34
MEIN VIEH WAS ESSEN-PRS II-PT-3PL
Was wird mein Vieh fressen?

koṭkī „Heer" kommt mit und ohne Pluralmorphem vor, das Verb steht meist im Plural, vgl. Fn. zu Text 90.31. Nie erscheint das Plural-Morphem nach einem Numerale, das Verb aber steht im Plural:

nuw'eigzū wərǰəm'ī ṣigy'ost 94.32
180 MANN SICH-VERSAMMELN-PRT-3PL
180 Mann versammelten sich.

Das Verb steht im Plural, wenn von einer Gruppe aus mehreren einzelnen Lebewesen die Rede ist:

am p'inig wa am ič'ür wa am wəst'ī ičümog ast-'ī 103.4
MEIN SÖHNCHEN UND MEIN KAMEL UND MEINE FRAU WOHLAUF SEIN-PRS-3PL Q
Sind mein Söhnchen und mein Kamel und meine Frau wohlauf?

yā re nan əd'ī om'ost 98.2
VATER PT MUTTER AUCH STERBEN-PRT-3PL
Vater und Mutter starben.

Ein Nomen (unbestimmtes Zahlwort) wird als Plural behandelt, wenn es eine unbestimmte Anzahl von Lebewesen bezeichnet:

nug'ī ask'al lyenǰəg'a w'ə-dē mišin čit rē-s A2.28
JEMAND VIEL SAMMELN-PRSP II SEIN-PRT II PT PRN-PL-OBL SINN PT-SEIN-PRS-3SG
Wenn jemand ein Viel-Sammler ist (*wə* für *wəst* §2.4.1.4), (dann) steht ihm (Pl.) das frei.

Das Verb steht im Plural, wenn das Nomen von einem Substantiv begleitet wird, das ein Kollektivum bezeichnet:

atig kuṇḍ'ī kürlug ǰigm'ast 39.37
EIN ANZAHL KIND-PL SPIELEN-PRS-3PL
Eine Schar Kinder spielt.

Bezeichnet das Nomen einen unbelebten Gegenstand, so steht ebenfalls oft das Verb im Plural, z. B.

əndeš obəglug ṭiŋəlug ask'al anig-last 43.41
MIR SACHE-PL GELD-PL VIEL KOMMEN-FUT-3PL
Mir werden viele Sachen und Gelder zukommen.

pēwoṭ üštüblug ugum'a-wag ast A2.27
OBST BAUM-PL DORFGEMEINSCHAFT FÜR SEIN-PRS-3PL
Die Obstbäume sind für die Dorfgemeinschaft.

üteša sost'og ušpyöš īšlug ārow'ẹst-odo A10.261
DIR PT ALLE AXT MUND-PL SICH-ZUWENDEN-AOR-3PL PT
Dir sollen sich die Münder aller Äxte zuwenden.

šir'ē poma parəglug āwoč'ī apyöščor'ī aščorgāsto D21.2
HERBST GELANGEN-ADV BLATT-PL REIFEN-CP HINABGEHEN-CP WEGGEHEN-PRS II-3PL
Wenn der Herbst anlangt, werden die Blätter reif und fallen herunter.

auch wenn kein Pluralmorphem verwendet wird, z. B.

mülüa mərī rē-st: ... A3.42
PREIS PT DEM PT-SEIN-PRS-3PL
Dies sind die Preise: ...

Nur wenige Beispiele mit unbelebtem Subjekt liegen vor, so dass nicht sicher ist, ob die Plural-Markierung des Verbs obligatorisch ist. Im folgenden Beispiel regieren die unbelebten Nomina (mit und ohne Pluralmorphem) ein Verb im Plural (*ps-pa-sto*), darauf folgt der die genannten Begriffe zusammenfassende Quantor *suč'og* „alles“, der ein Verb im Singular (*ipīnēga-rē-s*) regiert:

kṣṭolug rē šünǰoglug rē tōčī rē lö āṭlug ps-pˈa-sto sučˈoga Wasˈī to-gul ipīnēga-rē-s D16.32
KṢṬO-PL UND *ŠÜNǰOG*-PL UND *TŌČĪ* UND HOLZ TOPF-PL WAS-PT-SEIN-PRS-3PL ALLES PT PRASUN IN TAL BAUEN-PASS-PRS II-PT-3SG
Holztöpfe, *kṣṭo, šünǰog, tōčī,* welche (Gefäße) es auch sein mögen, alles wird im Prasun-Tal hergestellt.

2.1.3 Kasus

Neben dem Casus rectus kennt das Prasun (in allen Dialekten) ein Morphem *-a* für den Ablativ und ein Morphem *-š*, Pl. *-an* für den Obliquus sowie ein Morphem *-a*, Pl. *-sna* für den Vokativ. Der Obliquus wird nur in bestimmten Fällen gebraucht (vgl. §3.1), ebenfalls der Ablativ, sonst herrscht der Gebrauch von Postpositionen sowie der Präposition *t-* vor.

Kasus	Singular	Plural I	Plural II
Rectus	-	-	-lug
Obliquus	-š	-an	-lugan
Ablativ	-a		
Vokativ	-a, -	-sna	

Die Morpheme *-š* und *-an* des Obliquus dienten ursprünglich dazu, den Genitiv zu markieren *(-š < -asya, -an < -ānām)*, diese Funktion ist noch deutlich bei Bezeichnungen von Menschen oder Göttern, z.B.

māreš nīl munj (P.) "Maras Grüne Wiese", *kaṭˈaš wəstˈī* 32.94 „Frau eines Mächtigen", *miš yeš nəm* 51.8 „seines Vaters Name", *əstəgˈeš wəstˈī* 52.26 „Frau des Richters", *sučog ogumulugˈana rēis* A4.12 „der Präsident aller Dörfler"

ütrˈū „Bär" zeigt im Obliquus neben der alten Genitivbildung *ütrˈeš* die Form *ütrˈūš* mit mit dem *-ū* des Nominativs. *müs, müsˈū* „Maus" zeigt neben *müsč* den Obliquus *müsˈeš,* dies kann ein alter Genitiv sein, könnte aber auch auf Sprossvokal in der Konsonantengruppe *–s-š* zurückgeführt werden (vgl. §1.4.2).
Neben dem Genitiv auf *-š* gibt es einen Genitiv auf *-e*, der für den Namen des Gottes Mara belegt ist:

Marē to-munj 8.53, 32.44, „auf Maras Wiese", *Mārˈē (Mārˈeš) munj* A3.20 neben *Māreš nīl munj* 32.49 „Maras (grüne) Wiese", *Marˈē wəstˈī* 32.47 neben *Mareš əṣṭˈī* 32.48 „Maras Frau"

sowie in der Ortsbezeichnung *wutˈē čpu* (I.) „Priestergasse" zu *wuta* „Priester".
Der Ablativ[34] auf *-a* ist gut bezeugt, z. B.

[34] Dessen Existenz im Prasun wurde von MORGENSTIERNE 1949, §74, noch bezweifelt.

to-guṭa āw legəzon 79.20
IN-UNTERHAUS-ABL WASSER HOCH-HOLEN-IMP-PL
Holt Wasser aus dem Unter-Haus hoch!

t-üštyuba pyȫl'ogso (P.)
IN BAUM-ABL HINABSPRINGEN-PRT-3SG
Er sprang vom Baum.

ti-dis'a l'eċī 30.20
IN TRUHE-ABL HOCHKOMMEN-CP
aus der Truhe heraufgekommen

atəs ob'uċa A4.12
ANDER SEITE-ABL
andererseits

im Vorderglied fester Verbindungen z. B. mit „aus dem Wasser" = „Wasser-", „aus dem Gift" = „Gift-":

t-əwa nyenj'og „Wasservögelchen", *t-əwa misü* „Fisch", *t-iša wīdī* „Gifteidechse"

und in Verbindung mit der Postposition *-pa(n): -pana,* mit hiatusüberbrückendem Glide *-paya,* z. B.

atig-p'ana āšt-pan wišt aŋgny'omo (P.)
EIN POST-ABL ACHT POST BIS ICH-ZÄHLTE
Ich zählte von 1 bis 8.

su mülüg'air ī wəst'ī-paya wugy'es 9.23
DER EDELSTEIN MEINE FRAU POST-ABL HERNEHMEN-IMP
Nimm den Edelstein von deiner Frau!

ī-pay'a unz'ū kaṭ'a ayeg'asəm 17.3
DEIN POST-ABL ICH STARK SCHIEßEN-PRS II-1SG
Ich schieße besser als du.

ps-panya (P.)
WAS POST-ABL
woraus (hergestellt)?

ṭə „Fuß" (< *ṭə̄*) hat den Ablativ *ṭəna* „mit dem Fuß". Das Morphem *-a* in Ablativfunktion ist nur im Singular belegt. Vgl. auch §4.2.

Die Funktion eines Instrumentalis hat das Suffix *–ā* z. B. in

lət'əma tüpčəs (P.)
ZAHN-ABL KAUEN-IMP
Kau mit den Zähnen!

ṣə luz'ūga wuẓnug lüspūm'asto (P.)
VIEH ZUNGE-ABL SALZ AUFBRAUCHEN-PRS-3PL
Das Vieh leckt das Salz mit der Zunge auf.

An einigen Stellen scheint der Ablativ genitivische Funktion übernommen zu haben, und zwar bei Bezeichnungen von Kindern und Tieren sowie von Sachen, z. B.

g'ọṭa ügür'uk „Huf der Kuh" („Huf von der Kuh"), *žešt'a ü'ū* „Buckel des Stieres", 17.22 *ütr'ua čamš* „Fell des Bären", 69.39 *küra çā bəs* „Geräusch der Stimme eines Kindes", vgl. auch *ẓula mund'ū* 61.84 „Kupferdraht" („Draht von Kupfer")

sowie vor der Postposition *–(w)ag* „für" in *ninjā-wag əptertinig* „Vogelscheuche" zu *ninj'ə* „Vogel", vgl. den Gebrauch der Possessiv- = Genitiv-Form des Pronomens vor *–(w)ag.*

Das Morphem *-a* verbindet ein Attribut mit seinem Bezugswort, wie in

n'īla y'īri 32.10 „schwarzes Pferd, Rappe", *sünea wəṭ* 71.2 „Goldflügel", *ütr'a koga-lug'an* 17.14 „den Bärengleichen".

Da hier die Interpretation als Genitiv oder Ablativ keinen Sinn ergibt, ist das Morphem wohl eher als Binde- oder Fugenvokal für Nominalsyntagmata zu beschreiben. Dass es sich um eine Entwicklung des Ablativmorphems handelt, kann kaum bezweifelt werden.
Die Verwendung des Ablativmorphems in Adverbien ist in vielen Sprachen belegt und so auch im Prasun, z. B. *üščüm'oga* „wohlbehalten" in der formelhaften Begrüßung *üščüm'oga aċ'ogosċ-ī?* „Bist du wohlbehalten gekommen?", *kīlyoga* „nur so" (wörtlich: *kī lyoga* „so machend"). Der Ablativ in seiner ursprünglichen Kasus-Funktion ist oft noch deutlich in festen, bereits adverbial verwendeten Verbindungen wie *əm lusta* „auf eigene Faust" (*lust*), 6.8 *miš čitya* „nach ihrem Willen" (*čit*).

Der Vokativ wird mit dem Morphem *-a* im Singular, *-sna* im Plural gebildet. Es gibt keinen Genus-Unterschied, nur einmalig erscheint eine möglicherweise feminine Vokativ-Endung *-e* in einem fragmentarischen kafirischen Lied (*wut'e* 70.2 (D.) „Priesterin!"):

kür „Knabe" - *ō k'üra* „o Knabe!"
wəǰǰim'ī „Mann" - *wəǰǰimi'a* „Mann!"
wəst'ī „Frau" - *w'əstia* „Frau!"

ebenso

purd'īg - o purdiga, žišt - ž'ištya, gəndər yē -gəndər y'ēa, way'ə - w'eya, melig - meliga, müs'og - o müs'oga, məṣal - məṣala, wis'eri - wis'eria, wuẓ('ū) - wuẓ'a, pəl - p'əla, kiċ - kīċa, buṣ'u - buṣ'a, dur - d'ura, guṣ'ī - guṣ'ea, ā(w) - āwa

und im Plural:

wō kür'esna „o ihr Knaben!"
wō yim'əsna „ihr Schmiede!"
n'ānsəna „ihr Mütter!"
wa was'īsna „ihr Prasun-Bewohner"
wō əṭəm'əsnā „ihr Waigalis!"
wō zünyūsna „ihr Leute von Wama!"
wō wüṣütsna „ihr Leute von Paṣki!"
wō wüšütsna „ihr Leute von Kštöki!"
wō wüċüsna „ihr Leute von Dewa!"
wō ṣābəlsnā „ihr Munjanis!"
wō sečsna „ihr Leute von Pronj!"
wō ṣupūsna „ihr Leute von Iṣṭewi!"
wō zum'ūsna „ihr Leute von Zumu!"
wō əməšna „ihr Leute von Amšoz!"
wō mullōsnā „ihr Mullas!"
wayesna „Brüder!"
wō siw'ussəna, siw'usċəna „Schwestern!"
wō wəǰǰəm'īsna „Männer!"

Der Vokativ wird auch mit Eigennamen gebildet: *Bumal'ia, D'īsnia, Kim'ēa, Gew'iṣa, M'āndea/ M'āndia, Naŋa.* Die Betonung spielt eine untergeordnete Rolle, vgl. (P.) *m'eliga/ mel'iga/ mēlig'a* "Onkel!" Nur in P. wurden eigene Formen für den Vokativ Sg. einiger Verwandtschaftswörter verzeichnet:

nan „Mutter" - *ən'a* (P.), *n'ana* (I.D.)
mom „Schwester" - *əm'a* (P.)
yei „Vater" - *īya* (P.)
yā „Vater" - *y'ēa* (I.)
bab „älterer Bruder" - *ba, əb'a* (P.)
wā(w) „Großvater" - *əw'a* (P.)

Vokative kommen auch ohne morphologische Markierung vor, z. B. *now'ag, nəw'ag* „Enkel!" neben *nəw'aga, p'ienig* „Söhnchen!" neben *p'ieniga, p'īniga, o šeig* „o Scheich!" neben *o šeiga,* (I.) *yā* „Vater!" neben *y'ēa, o Lūn'aŋ* in der Anrede an die Flussgöttin.

Historisch sind im Prasun die folgenden Entwicklungen erkennbar:

Genitiv > a) zur Markierung des Genitivs von Menschen in der Possessivkonstruktion
> b) zur Markierung des Obliquus (DOM)

Ablativ > a) Ablativ
> b) Possessiv bei Kindern, Tieren, Sachen
> c) Fugenvokal im Nominalsyntagma

Dativ > *-e* Genitiv nur von Mara.

2.1.1 Suffix *-ə*, *-u*, Zitationsform

Nur im Singular von Nomen finden sich die Suffixe *-ə* und *-u*. *-u* erscheint nur in Wörtern, die in der vorausgehenden Silbe ein *u* oder *o* enthalten, z. B.

ugˈumu/ ogˈum „Dorfgemeinschaft"
guṭu/ guṭ „Unter-Haus"
noṭu/ noṭ „Seifenkraut"
mˈōst(u) „Rotz"
kund(u) „Körper"
būt(u) „Mehl"
gǭṭ(u) „Kuh"
müsˈū/ müs „Maus"
musugˈū/ müsˈog „Mäuschen"
muṣˈū/ muṣ „Ehemann"

Für *-u* lässt sich keine von *-ə* abweichende Funktion feststellen, daher darf man vermuten, dass es sich um Allomorphe ein und desselben Suffixes handelt. Die Form auf *-ə* kommt selten im Text vor, öfter aber als Lemma, z. B.

watəlˈə/ watˈəl „Brett"
abəgˈə/ abˈəg „Brot"
nīnjˈə/ ninj „Vogel"
kətrˈə/ kətər „Dolch"
mirˈə/ mir „Lehm"
yālˈə/ yāl „Linie"
wəẓəgˈə/ wəẓig „Ei"
bəsˈə/ bəs „Geruch"
nəmˈə/ nəm „Name"

ferner sind mehrere Lemmata bei GM mit dem Suffix verzeichnet, die bei GB nur ohne *-ə* vorkommen, z. B. *mīz* (◊), GM *mˈīzə* Urin. MORGENSTIERNE (§70) vermutete, „It is possible that the final *-e (-ə)*, which is apparently devoid of any function, was originally an equivalent of the oblique *-a, -ə* of other Kafir languages." BUDDRUSS (2005, 462) nannte die Form „Zitationsform": „Der Vokal erscheint nur in isolierten Zitaten, etwa beim Abfragen von Vokabeln, fehlt aber im Kontext." Eine

Funktion außerhalb derjenigen als Zitationsform ist nicht nachweisbar. Die suffigierte Form wird aber anscheinend nicht konsequent bei allen Lemmata als Zitationsform verwendet. Formen auf *-ə* und *-u* erscheinen außerdem gelegentlich auch im Textzusammenhang, z. B.

> *kətr'ə wikṣ'ogo* 30.49 „zog den Dolch (*kətər*)“
> *atig zāṭ'ə sumiš agidy'ogo* 13.2 „ein Verwandter *(zāṭ)* fragte ihn“
> *wuz'ī ənd'ēa əẓag'ə ajiga-rē-st* A9.1 „man sät Gerste oder *əẓag*“
> *pij'ir tə-b'əṭə liščinīg-əlist* A7.63 „werfen Bällchen an das Felsdach *(bəṭ)*“
> *wətəl'ə ip'ogo* 61.19 „fertigte ein Brettchen *(wat'əl)*“
> *atig noṭu saly'og kstī* 26.4 „ein Beutel gefüllt mit Seifenkraut *(nuṭ)*“
> *ūm'ū lögṻ oložog-ast* 26.29 „diese beiden *(lög)* haben sich gedreht“
> *tu-g'uṭu lines'og-la* 79.14 „hat (Wasser) im Unter-Haus *(guṭ)* herauftreten lassen“

Für die Zahl „sechs“ wurde *wuṣ('ū), wuṣ'u, w'uṣu* angegeben, aber im Text steht immer das unsuffigierte *wuṣ (wuẓ),* außer in 27.7, 28: *wuṣ('ū) čiry'eg ob'əg* „sechs Körbchen Brot“. Vermutlich lautete die zunächst diktierte Form *wuṣ čiry'eg ob'əg,* beim Überprüfen des Aufgenommenen sagte der Informant verdeutlichend *wuṣ('ū).* Überhaupt scheint es eher so, dass die Markierung einer Zitationsform als Sonderfall einer überdeutlichen Aussprache mit paragogischem Vokal zu bewerten ist. Zum Akzent s. §1.1.3.

2.1.5 Echobildungen

Echo-Bildungen kommen vor, scheinen aber nicht allzu häufig zu sein:

> *sostog-mostog wuṣu* „allerlei Medizin“
> *kür-mür* „Kinder“

Zu Dopplungen von Richtungspräfixen s. §5.1.5.

2.1.6 Steigerung

Durch postpositionale Konstruktion erfolgt die Bildung von zwei Stufen der Steigerung. Die einfache Steigerung in Verbindung mit einem Vergleichsobjekt (Komparativ) geschieht durch die Verbindung mit der (lokalen) Postposition *-paya*:

> *əm-paya kaṭ'a* 25.15, A13.30 „stärker als ich“,
> *ī-pay'a unz'ū kaṭ'a ayeg'asəm* 17.3 „ich schieße besser als du“,
> *wul'us-paya it'ī əžə oḍobog sma* 27.19 „ich bin jetzt dicker als früher“.

Zum Ausdruck einer höheren Punktzahl im Spiel wird das Adverb *latē* „oben“ in Verbindung mit der Postposition *-pan* eingesetzt:

> *čpoež-pan lat'ē* A8.5 „höher als 24“.

Die höchste Stufe (Superlativ) wird mit der Postposition *-pa* und meistens dem auf diese Funktion beschränkten *sam* oder der Pluralform *samigen-pa*, manchmal einem anderen Wort für „alle" als Vergleichsobjekt gebildet:

> *sam-pa gəndər ütüny'og* B10.8 „größtes Feld", *sam-pa ban'igya wəy'ə* A10.31 „kleinster Bruder", *sam-pa banigya sī(w)'us* A10.58, 80.7 „kleinste Schwester", *sam-pa ban'igya pkur* B10.9 „kleinstes Feld", *səm-p'a ḍigər* 76.26 „ Schlechteste",
> *samig'an-pa žie süč'ū* 62.9 „der Höchste und Reinste", *samigen-pa gəndər'ə* „der allergrößte",
> *sučog'an-pa ban'igya* „der allerkleinste".
> *sučog səlug-pana Səminǰ sə ganda rē-s* A7.132 „Von allen Almen ist die Seminǰ-Alm die beste."

2.2 Pronomen und Determinative

Person und Numerus werden durch die Verbalmorphologie ausgedrückt, z. B.

> *na oy'igsmo* 5.8
> NEG ESSEN-PRS II-F-1SG
> Ich (∅) esse nicht.

Die Verwendung des Personalpronomens als Subjekt ist fakultativ, häufig zur Betonung, im Kontrast „du/ ihr .... ich/ wir", z. B.

> *ü'ū na pəzg'a-wi-ṭkoma unz'ū na pəzn'ig-lam* 6. 30
> DU NEG GEHEN-PRS II-SEIN-CP-BEENDEN-ADV ICH NEG GEHEN-FUT-1SG
> Wenn du nicht gehen willst, werde ich nicht gehen.

Auch das direkte Objekt transitiver Verben muss nicht genannt werden:

> *su wəǰǰim'ī wipč'ego, … tigz'ogo, su mirč aply'ego* 6.12,13
> ART MANN ∅ HINAUSBRINGEN-PRT-3SG … EINBRINGEN-PRT-3SG, ART KÖNIG-OBL ∅ GEBEN-PRT-3SG
> Der Mann brachte [sie = die Frau] hinaus … er brachte (die Kleider) herein, er gab [sie = die Kleider] dem König.

Es gibt kein Reflexivpronomen, die Rückbeziehung auf das Subjekt wird durch das entsprechende Personal- oder Possessivpronomen, durch Richtunspräfix oder durch ein Nomen (*kund* „Körper") ausgedrückt:

> *miš tü-büd krək b'ogso* 2.23 „dachte so in seinem Sinn", *əndeš ṣiṣiwog-ra aṣçəwəm'asmo* (P.) „wenn es mich juckt, kratze ich (mich)", *unz'ū əm nəskarč āw līsiw'omo/ lǖsiw'omo* „ich

reinigte mir das Gesicht mit Wasser", *miš t-arəg pčego* 6.25 „brachte in sein Haus", *su mir lüšt səmiš luṇḍ'īš ānj'ī pul'ogo* 28.41 „die Königstochter sprach zu ihrer Dienerin", *əndomišin to-munǰ* 43.46 „untereinander", *asən-ag ps-letr'ī pčiga-pa-sən-r'o* 28.76 „was ihr für euch auch mitnehmen wollt",
wupudy'ogo 15.18 „drückte an sich („drückte her")",
kundš āw wusty'ogo 6.17 „er wusch sich („den Körper")"

Differenziert wird nach Numerus, aber nicht nach Genus. Prasun kennt keine enklitischen Personalpronomen.[35] Deixis wird durch Demonstrativpronomen und Ableitungen davon ausgedrückt, dabei ist hinsichtlich der Abstufung von Distanzgraden zu unterscheiden zwischen Demonstrativa ohne Richtungsmorpheme einerseits (§2.2.4) und in der Verbindung mit Richtungsmorphemen (§5.1.6) andererseits: in den Texten, v. a. im narrativen Gebrauch, sind nur zwei Distanzgrade eindeutig erkennbar, dafür wird hier der anaphorische Gebrauch der Demonstrativa deutlich, und wir unterscheiden zwischen Personal-, Possessiv- und Demonstrativpronomen. In der Verbindung mit deiktischen Basen, die dem Feldforscher in den Texten nur in sehr geringem Ausmaß, dafür aber desto stärker auf Wanderungen im Gelände begegneten, wo es auf die präzise Bezeichnung z. B. von mehr oder weniger entfernt liegenden Feldern oder anderen Geländemerkmalen geht, gibt es dagegen mit denselben Morphemen fünf Distanzgrade. Auch dort besteht allerdings keine absolute Sicherheit in Bezug auf die Demonstrativa der Nahdeixis *aləg* und *ari* (§2.2.4). GB hörte verschiedene Meinungen, ob *aləg* näher sei als *ari* oder umgekehrt, und schloss, dass es sich um sehr geringe Unterschiede der Nähegrade handele.

2.2.1 Personalpronomen

Kasus	Singular					Plural			
	1.	2.	3.a.	3.b.	3.c.	4.	5.	6a.	6.b.	6.c.
Rectus	unz'ū	üo	uwo, wu	su	ari	as'ə	müo	um'u, mu	undo, əndo	məri
Obliquus	ənd'eš, I. ineš, D. əneš	üt'eš, I. ütyöiš	uw'uš	miš	ariš	as'ə	as'ən	um'an	mišin	məryen

Für die 3. Person im Singular und Plural stehen jeweils mehrere Formen zur Verfügung, außer *su/ undo* und *uwo/ umu*[36] auch das deiktische Demonstrativum *ari/ məri* (s. §2.2.4). Zu den Demonstrativpronomen *aləg* „dies" s. §2.2.4.3, zu *əstləg* „jenes" s. §2.2.4.5. *miš, mišin* fungieren sowohl als Obliquus (Dativ, Akkusativ) als auch als Genitiv von *su* und *undo*, dies gilt nicht für die

[35] Zum Gebrauch von Pronominalsuffixen in der Hindukusch-Region P. Di Carlo 2011.

[36] Mit kleinen dialektalen Unterschieden: (P.Pr.) *uwo*, (K.D.I.) *wu*, (P.) *ūm'ū*, (I.) *mu, mo*.

anderen Formen (siehe (§2.2.2). Neben Sg. *miš*, Pl. *mišin* erscheinen auch die zusammengesetzten Obliquus-Formen Sg. *səmiš* aus *su + miš*, und Pl. *undomišin* aus *əndo + mišin*, z. B.

miš ānjemasmo „Ich sehe ihn/ sie."
səmiš ānjemasmo „Ich sehe ihn/ sie."

mišin ašpur'o „Lehre sie!"
undomišin ašpur'o „Lehre sie!"

Die Pronomen *su/ əndo* und *ari/ məri* werden nicht nur für Personen verwendet, Referenten können auch Gegenstände sein:

səmiš-pan kuẓ'ū-pan 28.36 „darauf, auf die Unterseite" (= auf die Unterseite des Kessels), *mišin* 30.53 = Augen, *səmiš* 33.34 = Sack, *səmiš* 34.56 = Baum, *ariš* 26.4 = Beutel, 31.1 = Schuh, *mərī* 43.58 = Dinge

uwo/ umu wird dagegen nur für Personen gebraucht, insofern kann man in diesem Fall von einer Differenzierung nach Animatheit sprechen. *uwo/ umu* ist das betonte Personalpronomen der 3. Person (belebt), *su* ist neutral. *su* wird adjektivisch als Begleiter eines Nomens und substantivisch als Personalpronomen (z. B. 33.18 *su koly'ogo* „er sagte") verwendet. *uwo* ist vor allem Vertreter eines Nomens, es wird nur selten adjektivisch verwendet:

uwū-pan ap'i pəzmasmo (P.) „Ich gehe mit ihm/ ihr."
umū api pəzm'amo (P.) „Wir gehen mit ihnen."
uw'ūš anjəm'asmo (P.) „Ich sehe ihn/ sie (Sg.)."
um'an aplimaso (P.) „Er gibt ihnen."
um'an anjəmasəmo (P.) „Ich sehe sie (Pl.)."

aber auch

uwū wəǰǰəmī (P.) „der Mann"
umū wəǰǰəmīlug (P.) „die Männer"

Teilweise erscheinen *uwo/ umu* und *su/ undo* austauschbar, vgl.

uwo ənd'eš əptertēg-la (P.) „Er hat mich erschreckt."
su ənd'eš ašliw'ogo (P.) „Er setzte mich."

ūm'ū lögǖ 26.29 „die beiden"
undo lögen tiṣil(y)'ə (P.) „Versöhne die beiden!"

umū api pəzm'amo (P.) „Wir gehen mit ihnen."
əndō api pəzm'amo (P.) „Wir gehen mit ihnen."

und in manchen Fällen lässt sich wahrscheinlich *uwo* durch *ari* ersetzen, vgl.

wu zün'ǖ so (D.) „Er ist Wamai."
ari zünyo so (P.) „Er ist Wamai."

wobei hier nicht geklärt werden kann, ob (D.) ?*ari zün'ü so* und (P.) ?*uwo zünyo so* ebenso akzeptabel wären. Aber es gibt auch Fälle, in denen *ari* auf keinen Fall durch *uwo* oder *su* ersetzt werden kann, so bei deiktischer Ausdrucksweise wie in

ari bab jī so „Dies ist der Kopf des Bruders."

und in der Kataphora, z. B.

ari pulogo „Er sagte dies (folgende): …."

Und es gibt Fälle, in denen *su* wahrscheinlich zumindest ungewöhnlich wäre:

üu re unzū re „du und ich"
ūwo rē unzū dī D4.2-3 „er und ich"
?su rē unzū „er und ich"

su rē unzū lässt sich ohne weitere Feldforschung zwar nicht ausschließen, aber nicht nur kommt es in dieser Kombination nicht vor, sondern überhaupt kommt **su rē* …"er und …" nicht vor. *su dī* erscheint nur in der Bedeutung „auch er", niemals „er und …". Damit bestehen für die dritte Person die folgenden Möglichkeiten der Differenzierung:

	belebt	unbelebt
unbetont	su	su
betont	uwo	
Deixis	ari	ari

Auch in den Nachbarsprachen Kati und Waigali ist das Personalpronomen der 3. Person mehrfach besetzt, jedoch stets und ausschließlich differenziert nach Nah-/ Ferndeixis, nicht nach Animatheit.

2.2.2. Possessiva

1.	2.	3.	4.	5.	6.
əm	ī	miš	as	as'ən	mišin

Neben dem einfachen Possessivpronomen *miš/ mišin* wird für die 3. Person eine Kombination aus Personalpronomen und Possessivpronomen verwendet, homophon mit dem Obliquus:

Sg. *sumiš, səmiš (su + miš),*
Pl. *əndomišin (əndo + mišin),*

ebenso *ari miš, məri mišin* usw.. Ein Unterschied in der Verwendung hat sich nicht feststellen lassen:

miš nān = səmiš nān „seine Mutter"
mišin nan = əndomišin nan „ihre Mutter (eorum mater)"

Für die dritte Form des Personalpronomens *uwo/ umu* steht keine eigene Possessivform zur Verfügung. Soll ein possessives Verhältnis ausgedrückt werden, so geschieht dies ausschließlich durch die Kombination aus Personalpronomen und Possessivpronomen. Dasselbe gilt auch für Possessivformen der Demonstrativpronomina, vgl. §2.2.4.

uwū miš nān
PRN-3SG POSS-3SG MUTTER
seine/ ihre Mutter (eius mater)

umū mišin nān
PRN-3PL POSS-3PL MUTTER
ihre Mutter (eorum mater)

Die Possessivform des Pronomens wird vor Postpositionen und nachgestellten Adjektiven oder Adverbien gebraucht:

əm-ag 8.64, *ī-yag* 8.65, *as-ag* 21.26, 32.51, *asən-ag* 28.76,34.20, *undomišʹin-ag* 49.6 „für mich, dich, uns, euch, sie"
əm-pa 2.3, *ī-pan* 6.35, *as-pan* 28.69, *əndomišin-paya* 49.4 „bei, von mir, dir, uns, ihnen"
mišin koga 9.30, *asən kogʹalug* 22.46 „wie sie, ihr"
əm ityoga lī 53.26, *ī ityogalug* 53.26 „wie ich, du"
səmiš tüdügya 19.6 „deswegen, ihretwegen"
əm takċə 32.115 „hinter mir"
səmiš təkċə A7.22 „nach ihm"

Einige Ausdrücke erfordern die Verwendung des Possessivums: ... *kurõ wikṣi-* „Rache nehmen" (aber ohne Possessivum *kuru li-* „Rache nehmen"), ... *lusta* „(mit eigener) Hand", „selbst", ... *čit(ya)* „(nach) ... Willen", ... *tam koli-* „lügen", ... *tü-büd* „in ... Sinn", z. B. *asʹən təm pulgʹā-gasən* 17.15 „ihr lügt wohl". Vgl. §2.2.4.

2.2.3 Artikel

Das Pronomen der 3. Person *su/ undo* hat neben der des Personalpronomens auch die Funktion eines bestimmten Artikels. Der Artikel ist nicht obligatorisch. Er wird in allen Dialekten fast nur als Determinativ von Lebewesen bezeichnenden Nomina verwendet, auch für personifizierte Dinge in

su žim tur 34.32 „die Eisenkette"
su āw 37.8 „das Wasser",

und für Eigennamen:

su Bābā Gurgur 25.9
su Giw'iṣ 81.1

Deshalb kommt der Artikel viel öfter in narrativen Texten als in Berichten über die materielle Kultur vor.
Der Artikel kann auch Bezeichnungen unbelebter Gegenstände begleiten, vgl.

(P.) *su müčü-pan* 30.76 „an dem Baumstumpf", (D.) *su bem* 57.49 „die Geschichte", (Z.) *su ṣiŋ'iç* 61.31 „der Röhrenknochen", (I.) *su sir* 94.4 „die Ebene"

Der Artikel steht in der Normal-Form (Nominativ) am Beginn einer NP, z. B.

əndo as piẽ 18.30
ART-PL UNSER SOHN
unsere Söhne
su tity'e mir-pa 6.39
ART-SG INNEN KÖNIG POST
zu dem König innen

su ožnyog-lašo lī atyog wəst'īš 11.7
ART TÖTEN-PRF-2SG SAGEN-CP BESCHULDIGEN-PRTP FRAU-OBL
die Frau, die beschuldigt wurde, getötet zu haben

su nity'e tə-b'əṭ sašliw'og siw'usč 8.27
ART TALAB IN FELSHÖHLE HINEIN-SETZEN-PRTP SCHWESTER-OBL
die talab in die Felshöhle hinein-gesetzte Schwester (*sa-* hier wohl *sa*², §5.1.2.2)

Der Artikel im Plural steht am Beginn einer Aufzählung:

əndo ṣil re ẓuw'ī re ütr'ū re žüt əd'ī 44.14
ART-PL WOLF PT FUCHS PT BÄR PT LEOPARD AUCH
die (Tiere:) Wolf und Fuchs und Bär und Leopard

aber er kann auch innerhalb einer Aufzählung nur eins von mehreren Nomina begleiten:

yei re nan re əndo wayelug 43.57
VATER PT MUTTER PT ART-PL BRUDER-PL
Vater, Mutter und die Brüder

Die mit Artikel versehene NP kann Teil einer größeren NP sein:

atig əndo tčeg ˈənċera to-munǰ wəs 51.10
EIN ART-PL DREI TAG IN MITTE TAG
einer der drei Tage

Als unbestimmter Artikel dient das Zahlwort *atig* „eins", das für Lebewesen ebenso wie für Unbelebtes verwendet wird, z. B.

atig purdˈī 25.12 „eine alte Frau"
atig psċul čī 22.41 „eine alte Hose"
atig nəs wakṣog wəstˈī 32.96 „eine Frau, der die Nase abgeschnitten wurde"

Nicht verwendet wird der Artikel zur Bezeichnung von Zugehörigkeit zu einer Klasse oder Gattung:

unzˈū wəstˈī səm 24.26
ICH FRAU SEIN-PRS-1SG
Ich bin eine Frau.

su kür ǰēnˈī sew 30.6
ART KIND *JEINI* SEIN-IMPF-3SG
Das Kind war eine *ǰeini.*

vgl. den unbestimmten Artikel in

atig wəstˈī wyenju-wonjugˈasəm bī aċˈogsum. itī üū atig žüžmˈī əsċ 32.7
EIN FRAU ICH-SEHE-MICH-UM DENKEN-CP KOMMEN-PRT-1SG. NUN DU EIN FRAU SEIN-PRS-2SG
Ich kam, um mich nach einer Frau umzusehen. Nun bist du eine Frau.

wo es nicht um die Zugehörigkeit zu einer Klasse von Lebewesen geht, sondern um die Qualifikation als Ehefrau. Eine Kombination des adjektivisch gebrauchten (Artikels) *su* mit dem Demonstrativum liegt vor in

undo əstləg wərǰəmˈī 67.10 „jene Menschen", *undˈō əstləg ṣaluga* A7.86 „jenes Vieh", (aber kein **su ari*)

Der Artikel wird nicht bei allen Sprechern in gleichem Ausmaß eingesetzt. Abdur Rahim verwendet *su* als Artikel insgesamt sparsam. Regelmäßig erscheint er, wenn die gewöhnliche SOV-Stellung durch Nachstellen des Subjekts verändert ist, z. B. 32.45 *... lyogo su kür* „... sagte der Knabe", 32.56 *... üty'ogso su nan* „(es) stellte sich die Mutter hin." Bei mehreren der übrigen Textbelege von Abdur Rahim ist der anaphorische Verweischarakter von *su* deutlich, z. B. *üyūš ... su üy'ūš* 21.21 „Turm ... den Turm", *wuẓe nend'əl wəst'ī .... su wuẓe nend'əl wəst'ī* 32.17 „schwarze blühende Frau ... die schwarze blühende Frau". In den Texten anderer Sprecher aus Paṣki wie Durmat ist dies ähnlich, aber die deiktische Komponente ist viel weniger deutlich, dafür ist der Gebrauch von *su* auf innerhalb des Textes bekannte Begriffe ausgeweitet. Eher sparsamen Gebrauch des Artikels machen auch die Texte aus Dewa von Din Mohammad und Lal Mohammad.

2.2.4 Demonstrativa

Die folgenden Demonstrativpronomen und Pronominaladverbien werden unterschieden:

Sg.	Obl.	Pl.	Obl.	Adverb
ari	ariš	məri	məryen	ar
a				a
aləg		mələg	mələgan	aləg
al		məl		al
əstləg, sələg		mɛslɛk (GM §85)		əstlə, əstləg
əstlə				

Nach dem Grad der Entfernung stehen in Opposition *aləg, ari* (näher) : *əstləg* (ferner), vgl. zur davon abweichenden Differenzierung in Verbindung mit deiktischen Basen §5.1.6.1. Im situativen Kontext wird als Mittel der Deixis *ari* meistens substantivisch, *aləg* meistens adjektivisch verwendet. *əstləg* wird für die Ferndeixis, vor allem aber als Pronomen der Diskurs-Referenz eingesetzt.

Stehen mehrere Determinative oder Pronomen nebeneinander, so gilt die folgende Reihenfolge: Artikel - Numerale - Demonstrativpronomen - Possessivpronomen. Ein Numerale geht dem Demonstrativpronomen voraus, z. B.

> *tšč̌ö mərī wəǰǰəm'ī* 52.31
> DREI DEM MANN
> diese drei Männer

so auch in der Verbindung von *lög* und *məri* (*lög mar'en* 32.51), kontrahiert zu *l'emrī* (82.3) „diese beiden". Der Artikel geht dem Numerale voraus, z. B.

undo lög munǰ'ī 9.34
ART BEIDE ZEUGE
die beiden Zeugen

Der Artikel geht dem Demonstrativum voraus, z. B.

undo əstləg wərǰəm'ī 67.10
ART DEM MENSCH
jene Menschen

und'ō əstləg ṣalug A7.86
ART DEM VIEH-PL
jene Tiere

Das Demonstrativpronomen (oder der Artikel) geht dem Possessivpronomen voraus, z. B.

al am aṭč 102.4
DEM POSS-1SG TOPF
diesen meinen Topf

und'a ī ḍ'obul 104.5
DEM PT POSS-2SG BROT
deine Brote

Das Determinativ steht in der Regel unmittelbar vor dem Nomen. Die auffällige Syntax in

səmiš üpüčo k'ūču-pan 43.49
POSS-3SG FLIEHEN-ADV LOCH POST
durch sein Loch fliehend (?)

guṣ'ū səmiš-ag 43.62
DUMMER POSS-3SG FÜR
für den Dummen

ist wohl durch Anakoluth zu erklären.

Soll ein possessives Verhältnis ausgedrückt werden, in dem der Possessor durch ein Demonstrativum bezeichnet wird, so ist dies nur in der Kombination Demonstrativpronomen + Possessivpronomen möglich (vgl. zur Kombination von Personalpronomen + Possessivpronomen §2.2.2). Das Demonstrativpronomen stimmt im Numerus mit dem Possessivum überein, steht aber im Casus rectus (Beispiele alle aus P.):

ari miš nān (kein **ariš*)
DEM POSS MUTTER
seine Mutter

məri mišin nān
DEM-PL POSS-PL MUTTER
ihre Mutter (eorum mater)

mələg mišin nānān
DEM-PL POSS-PL MUTTER-OBL-PL
ihre Mütter (eorum matres)

Hierbei gibt es Überschneidungen mit der lokalen Verwendung der Demonstrativa (§2.2.4.7), vgl.

əstləg miš nān (P.)
DEM POSS MUTTER
a) dort seine Mutter
b) die Mutter von jenem

aləg miš nān (P.)
DEM POSS MUTTER
a) hier seine Mutter (*īnjā mādaraš*)
b) die Mutter von diesem

2.2.4.1 *ari*

1) *ari* (GM "iste") wird fast ausschließlich substantivisch gebraucht, aber es gibt auch Belege für adjektivisches *ari/ məri* als Begleiter eines Nomens, und zwar mit einem Numerale z. B.:

lög mər'ī kumlig pol'ug-wag 36.10
BEIDE DEM MAULBEERE CLF FÜR
wegen dieser zwei Maulbeeren

vgl. *tščö mərī wəǰǰəm'ī* 52.31 „diese drei Männer" (s. o.). Mit *ari* wird auf den folgenden Inhalt verwiesen, z. B.

su iž'eŋ ari koly'o: „…" 91.7
ART SCHLANGE DEM SPRECHEN-PRT-3SG
Die Schlange sprach dies: „…"

mülüa mərī rē-st: … A3.42
PREIS PT DEM PT-SEIN-PRS-3PL
Dies sind die Preise: ...

ari wird für Personen und Gegenstände verwendet, die in der Nähe oder im Blickfeld von Sprecher und Hörer liegen:

čəčel mar tip'ī tu-l'ust aply'ego D'īsnīš: ar'i lepč'ī … 2.19
WEICH WOLKE EINDRÜCKEN-CP IN HAND GEBEN-PRT-3SG DISNI-OBL: DEM HOCHTRAGEN-CP
Er drückte eine Regenwolke Disni in die Hand: „Diese hochgetragen habend …“

nyel maryen 30.100
UNTEN DEM-PL-OBL
die (Leoparden) dort weiter talab

ar'ī likṣ'e-dī 27.23
DEM HOCHZIEHEN-IMP PT
Diese (Axt, die ich dir eben hinunterwerfe) heb auf!

Dies gilt auch für den Patiens in der Konstruktion des Partizips auf *-ga* mit *li-* zum Ausdruck einer Aufforderung (s. §2.9.3.11):

arīš amǯuga lyego 6.11
DEM-OBL TÖTEN-PRSP II SAGEN-PRT-3SG
Er befahl sie zu töten.

Mit *ari* (mit dem *a*-Morphem *arya*, vgl. §4.2) wird etwas Naheliegendes oder Sichtbares identifiziert:

ary'a atog anig tiliw'og müč'ū əsa 27.22
DEM PT EIN FEUER VERBRANNT HOLZKLOTZ IST PT
Das ist ein vom Feuer verbrannter Holzklotz.

ari əm piẽ s-am'až 32.103
DEM POSS SOHN SEIN-PRS-3SG PT
Das ist ja mein Sohn!

am gul ari so... ari am gul so 80.46
POSS LAND DEM IST … DEM POSS LAND IST
Mein Land ist dies ... dies ist mein Land.

Mit *ari* wird auf etwas verwiesen, was im Diskurs-Kontext unmittelbar vorher erwähnt wurde:

ənd'o wikṣinīg kodyum alogēlig'a mər'ī rē-st A2.4
ART HERAUSZIEHEN-INF WERK ERLEDIGEN-PRSP II DEM-PL PT-SEIN-PRS-3PL
Die Organisatoren der Wahlhandlungen sind diese (eben genannten).

məryen tīpārogaya tkūawit'ē wəǰǰimī linig čār əl'isəmš A3.45
DEM-PL-OBL ZUSAMMEN PT *TKŪAWIT'Ē* MANN SAGEN-INF BRAUCH HABEN-PRT II-1PL
Diese (eben aufgezählten Dörfler) zusammen nannten wir *tkūawitē*-Männer.

ari koga lyog-'e 61.23
DEM WIE SAGEN-PRT-3SG Q
Sagte er so etwas?

Auf entweder sogleich zu Erwähnendes (21.1, 50.4) oder eben Erwähntes (15.2, 47.4) verweist auch *ari-wag, ari-wag tüdügya, ari tüdüga* „deswegen". In der Erzählung Text 22 erscheint *ari*, als die Szene von einem Protagonisten zu einem anderen wechselt:

ar'i mir lüšt .... nopıž'ogo 22.62
DEM KÖNIG TOCHTER ... TALABZIEHEN-PRT-3SG
Sie, die Königstochter ... zog ihn talab hinauf.

2.2.4.2 *a*

Das Demonstrativum *a,* auch *ə* verweist wie *ari* auf Sichtbares, z. B.

a sund'ug ḍig'ər s-ē ba bag s-ē ba 33.48
DEM KISTE SCHLECHT SEIN-PRS-3SG Q ODER GUT SEIN-PRS-3SG Q ODER
ob diese Kiste schlecht ist oder gut

a wərǰəm'ī tāsig ašü'aċ-əmož 77.36
DEM MENSCH VORHER BEIẞEN-PRS II-2SG PT
Diesen Menschen hättest du früher beißen sollen!

ps(e)mis'a a wəstī 42.90
WAS-PRS-F-3SG PT DEM FRAU
Was macht sie denn, diese Frau?

ü'ū wəst'ī-kür a ǰinit'ī al'ikṣə 77.47
DU MÄDCHEN DEM MESSER HOCHZIEHEN-IMP
Du Mädchen, zieh dies Messer!

ə ps-werī sa 18.8
DEM WAS DING SEIN-PRS-3SG PT
Was ist das?

wie auch auf nicht Gegenwärtiges, aber aus dem Kontext Identifizierbares, z. B.

a mosig wuẓa wiŋ 81.25
DEM MOND SCHWARZ WERDEN-INF
dieses Dunkelwerden des Mondes

a kürog čam 98.41
DEM HUND FELL
dieses Hundefell

Es gibt keinen Beleg dafür, dass *a* wie *ari* für Identifizierungen („das ist ...") oder kataphorisch („wie folgt") verwendet werden kann. Es scheint außerdem einen semantischen Unterschied zu geben: in all den Beispielen geht es um Unangenehmes oder Verächtliches; man darf vermuten, dass die Wahrscheinlichkeit für die Verwendung von *a* gegenüber *ari* in solchen Kontexten größer ist. In den Texten von1970 liegt kein Beispiel für *a* vor. Vgl. zu *a* als Adverb §2.2.4.7.

2.2.4.3 *aləg*

aləg (GM „hic") verweist auf Nahes, im Blickfeld Liegendes und aus dem unmittelbar zuvor Mitgeteilten Identifizierbares, es wird vor allem adjektivisch gebraucht,[37] z. B.

aləg wərǰimī 1.5 „dieser Mann", *aləg wəstī* „diese Frau", *aleg piẽ* 34.19 „dieser Sohn", *aləg štüš* 25.51 „diese Säule", *məl ǰigyan lətr'ī* 71.28 „diese Spielsachen", *maləg omog wəǰǰəm'ī* 50.3 "diese toten Menschen", *maləg opož'og kürlug* 89.24 „diese schönen Knaben", *məlәg sur ütüny'ogan* A1.27 „diese Gotteslandfelder", *məlәg wəstilug* „diese Frauen", *məlәg kəṭīlug'a* A7.5 „diese Getreide(vorräte)", *məlәg kody'umana* A3.52 „diese Aufgaben"

seltener substantivisch (Beispiele alle aus P.).

aləg ḍigər ċo „Das ist schlecht."
məlәg ḍigər ast „Diese (Dinge) sind schlecht."
aləg anjəm'asmo „Ich sehe dies."
unzū məlәg'an wīnji-wunjəmasmo „Ich schaue mich nach diesen hier um."
unzū məlәg apī pəzm'asmo „Ich gehe mit ihnen", „Sie und ich gehen."

Ein von *aləg* begleitetes Nomen kann durch *werī* „Sache" ersetzt werden, z. B.

oj'ī aləg wer'īš bišl'eg-lam 41.19
NUR DEM SACHE-OBL ÜBRIGLASSEN-PRF-1SG
Nur dieses (Kind) habe ich behalten (vgl. auch §2.5.1.2)

ebenso *aləg wer'īš* „diese Sache" 38.47 = den Sack, 43.34 = Mann, 52.28 Rechtsangelegenheit.

[37] Vgl. MORGENSTIERNE 1949, §87 „*alek* ... is only recorded as an adj."

lög und *məl* verbinden sich zu *löməl, čī* und *məl* zu *čemel*, z. B.

> *löməl əẓag ḍobˈulan* A10.242 „diese beiden Hirsebrote", *löməl əzˈa* 99.20 „diese beiden Säcke", *čˈemel Əpag wˈunyen* 90.18 „diese drei Paprok-Leute"

2.2.4.4 *al* „dies", „hier"

Das Morphem *al* fungiert sowohl als Demonstrativpronomen „dies" als auch als Lokaladverb „hier". Die Unterscheidung ist nur eine Frage der Übersetzung:

> *üˈū al ps-limā-rˈa-sċ* 43.39
> DU DEM WAS-MACHEN-PRS-PT-2SG
> Was machst du denn hier?
> Was als dies machst du denn?

> *al t-uru žˈīš atˈümǰo* 38.7
> DEM IN BOGEN BOGENSEHNE-OBL EINSCHNEIDEN-IMP
> Zernag diese Bogensehne!
> Zernag die Bogensehne hier!

> *üo əndeš al mənˈəgš čkəs wüǰulˈēlyə* A10.346
> DU MIR DEM SEIL-OBL ETWAS LOCKERN-IMP
> Du lockere mir etwas das Seil hier!
> Du lockere mir etwas dieses Seil!

Auch in der Kombination mit einem Possessivpronomen sind beide Übersetzungen möglich:

> *al am aṭč* 102.4 „diesen meinen Topf"/ „meinen Topf hier", *al ī üšpyˈöš atˈī* 88.19 „deine Axt hier"/ „diese deine Axt", *al əm syus-pan* 39.28 „bei meiner Schwester hier"/ „bei dieser meiner Schwester"

al wird adjektivisch und substantivisch verwendet. *al* erscheint oft in Verbindung mit bestimmten Verben, und zwar

+ √-pli „geben" > „dies herausgeben, abgeben":

> *al wˈuplyon* 31.8 „Gebt mir diese (Schnabelkanne als Ersatz)!", *al ˈaplyẹno* 21.28 „Ihr werdet dies (Fleisch) wohl weggeben."

+ √a/ aċ- „kommen" > „herkommen":

> *üo al ps-ag āmə-rˈa-sċ* 2.25 „Warum kommst du hierher?", *al aċ am-pa* 77.4 „Komm her zu mir!", *al ˈaċī* 34.58, 35.9, 43.12,56 „hergekommen seiend", weitere Beispiele in 2.15, 26.21, 14.5, 38.62

+ √-šili- „sitzen", *oz-* „bleiben" > „hier sitzen, warten, bleiben"

al psēi ašly'eg 19.10 „Warum hast du dich hierher gesetzt?", *al ozmasċ-'ī* 27.17 „Wartest du hier?", *al ps-ozim'a* 34.39 „Was wartest du hier?"

+ „sein" > „anwesend sein"

əm wəst'ī al se-r'a 35.9 „weil meine Frau hier war/ ist (*sew*)", *wəstī-kür al ċo* 42.12 „Das Mädchen ist hier", *warəg'a way'i al r'ē-sum* 35.16 „Als ein anderer (= Ersatz-) Bruder bin ich hier".

al erscheint oft im Kontext von Körperteilen:

at'əs jī al əlisum 54.72 „hier habe[38] ich noch einen Kopf", *iš al ap'ı wunj'ū* 61.114 „Mach deinen Mund hier auf und zeig ihn her!", *īš al āpıyə* A10.269 „Mach den Mund hier auf!", *al am nəskar-p'an* 88.13 „hier an meinem Gesicht"

al erscheint in der Anrede in

üo al w'əstia 104.26 „Du hier, Frau!"

vgl. ebenfalls in der Anrede *aləg üč'üm wərǰəm'ī* 77.4 „Guter Mann hier!" (wörtlich: „dieser gute Mann").

2.2.4.5 *əstləg*

Das Demonstrativpronomen *əstləg* (GM *eslek* "ille, hier mit „jener" übersetzt) hat die Nebenform *sləg, sələg*. Die Pluralform *məslek* ist bei MORGENSTIERNE 1949, §85 verzeichnet, konnte von GB aber nicht bestätigt werden, stattdessen wurde auch im Plural die Form *əstləg* verwendet. Es wird in der Regel adjektivisch gebraucht, z. B.

əstləg üštyüb-panya 67.7 „aus jenem Baum", *əstl'əg zāṭ* 13.4 „jener Verwandte", *əstləg wəsti* „jene Frau", *əstləg wəstilug* „jene Frauen"

aber auch für den substantivischen Gebrauch liegen einige Beispiele vor:

əstl'əg-yag atig warəg üp'ǖ 69.91
DEM FÜR EIN HAUS BAUEN-CP
für jenen (Yuṣ, seinen Ziehvater) ein Haus gebaut habend

əstləg ḍigər ċo (P.)
DEM SCHLECHT SEIN-PRS-3SG
Jenes ist schlecht.

[38] Prät. II.

əstləg ḍigər ast (P.)
DEM SCHLECHT SEIN-PRS-3PL
Jene (Dinge) sind schlecht.

Ist kein Nomen vorhanden, so tritt stattdessen sehr oft *weri* „Sache" ein, z. B.

əstləg wer'ī „jene Sache" 18.16 = Bällchen, 43.38 = Mann, 67.8 = die Göttin Disni, *əstl'əg tə-gəm wurī* 38.70, *undo tə-gəm wur'ī* 38.55 „jene (Leute) im Dorf" = „jene Dorf(leute)"

Steht *əstləg* allein, so hat es die Funktion eines lokalen und temporalen Adverbs „dort, dann". Aber auch sonst vereint *əstləg* temporale und lokale Bezüge, vgl.

əstl'əg wer'ī-pan 3.3, 43.35, 32.43 „dort" (evtl. auch „dann")
slərī-pan (< əstləg werī-pan) 14.5 „darauf"
sələg ənćer'a 34.31"an jenem Tag"

In fast allen vorliegenden Beispielen verweist *əstləg* im Diskurskontext auf einen bereits erwähnten Referenten, z. B.

atig wəǰǰəmī … əstl'əg wəǰǰəm'ī 43.7 „ein Mann … jener Mann", *əstl'əg weč'ī sət piẽ logz'ogo* 71.4 „Jene (kurz zuvor eingeführte) Fee brachte sieben Söhne hervor", *əstl'əg küreš wučil'ī* 80.30 „sich jenen (kurz zuvor erwähnten) Knaben auf den Rücken geladen habend", *əstl'əg opož'og kürlugan* 89.23 „jene (eben erwähnten) schönen Knaben", *wal'ē wərǰəm'īš … əstl'əg wərǰəm'īš* A1.13 „einen anderen Mann … jenen Mann", *əstl'əg üluzog'a … nəm rē-s* C10.3 „Jener (eben beschriebene) Brei heißt …", *əstləg kīly'a dū nəm rē-s* A7.69 „Jener Käse heißt *dū.*"

ebenso mit der Nebenform *sələg:*

səl'ig ṭ'āša 28.72 „jenen Ort (den du eben genannt hast)"

In der Erzählung (Diskurs-Referenz) wird *əstləg*, in der wörtlichen Rede (situative Referenz) *aləg* verwendet:

əstl'əg opož'og kürlugan … pyenj'ī unz'ū ari bigs'esum: ‚…maləg opož'og kürlug ….' 89.23f.
DEM SCHÖN KNABE-PL-OBL … HINABSCHAUEN-CP ICH DEM DENKEN-IMPF-HAB-1SG … DEM SCHÖN KNABE-PL
„Nachdem ich auf jene schönen Knaben hinabgeschaut hatte, pflegte ich dies zu denken: ‚…Diese schönen Knaben ….'"

2.2.4.6 *əstlə*

əstlə erscheint als Nebenform von *əstləg* in (D.) 71.30 *əstl'ə wer'ī-pan* „dabei, zu dem Zeitpunkt".

In Texten aus Paṣki ist *əstlə* immer Adverb, unterschieden von dem Pronomen *əstləg*. Einige Beispiele aus Z. und I. lassen sich aber sowohl adverbiell als auch pronominal verstehen:

əstlə wəstʹī werʹī kolyʹog 61.118
DEM FRAU WORT SPRECHEN-PRTP
jene/ die dort von der Frau gesprochenen Worte

əstlə ṭʹā-pan ctag ačʹī 92.11
DEM ORT POST WIEDER KOMMEN-CP
wieder an jenen Ort/ dort an den Ort gekommen.

2.2.4.7 Pronominale Adverbien

Lokaler Bezug		Temporaler Bezug	
a hier			
ar hier			
arpan hier			
al hier	*ala* von hier		
aləg hier			*aləg latʹē* von jetzt ab
səl dort			*səla latē* von da an
əstləg dort			*əstləga latʹē, əstləgʹa ločī* von da an *əstləgʹapī, əslegʹapi* dann, da
əstlə dort	*əstlʹa* von dort	*əstlʹə* damals	*əstlʹa* dann, *əstlʹa latʹē, əstlʹa lašilʹeg, əstlʹa labzī* dann, nach einiger Zeit, von da an
əstlʹī, əslʹī ebendort			

Bemerkungen
Neben dem Gebrauch von *a* als Demonstrativpronomen gibt es auch den als Lokaladverb, z. B. *a ti-ǰʹī* 32.62 „hier an den Kopf". In manchen Fällen sind beide Interpretationen möglich.
ar erscheint einmal in 58.21 *to-gul ar žyenjʹogso* „Er schaute talauf hier auf das Land." Der Bezug von *ar* und von *arpan* ist auf ein dem Sprecher naheliegendes oder aus dem situativen Kontext bekanntes Objekt. *arpan* „hier" ist ein Lokaladverb. Vermutlich ist *arpan* kontrahiert aus *ari-pan*, aber im Text ist *ari-pan* in der Bedeutung „hier" nicht belegt, vielmehr ist in *ari-pan* 28.43 der Referent von *ari* ein Kessel, *ari-pan* bedeutet „in diesem (Kessel)", in *ari-pan* 77. ist er ein Schaf, *ari-pan* bedeutet „zu diesem (Schaf)".
Beispiele für *al* „hier" sind z. B. in 19.10, 26.21, 34.58, ebenso *ʹala* 64.8. 69.44. Vgl. §2.2.4.4 zu *al* als Demonstrativpronomen.

aləg „hier" bezieht sich auf einen aus der Situation heraus identifizierbaren Ort, z. B. in 8.23 auf die Höhle, wo der Sprecher gerade seine Schwester abgesetzt hat, in 23.2 auf das Dorf Paṣki, wo der Text aufgenommen wurde. *aləg lat'ē* 30.31 verweist auf die vom Augenblick der Äußerung gesehene Zukunft, *səla lat'ē* 30.31 auf die vom erzählten Zeitpunkt aus gesehene Zukunft.
əstləg „dort" bezieht sich auf einen durch den Erzählkontext bestimmten Ort, z. B. 64.6, 88.2. *əstləg'a* in 18.33 scheint ebenfalls einen lokalen Bezug zu haben:

> *əstləg'a tüpog-p'an* 18.33
> DORT-ABL HINEINGELANGEN-PRTP POST
> als wir von dort zurückkehrten

obwohl sich ein temporaler Bezug („als wir dann zurückkehrten") nicht völlig ausschließen lässt. Ausschließlich temporal sind Verbindungen mit *lat'ē, loċ'ī* (wörtlich: von dort nach oben) und das häufige *əstləg'apī.*
əstlə hat lokalen Bezug z. B. in 18.12, temporalen z. B. in 98.41. Mit dem Ablativ-Morphem *-a* hat *əstl'a* temporalen Bezug z. B. 21.14, 31.12. Lokaler Bezug von *əstl'a* ist nur in 17.11 und 17.22 belegt, in beiden Fällen wäre auch die Übersetzung „dann" denkbar.
səl verweist auf einen im Kontext erwähnten Ort, z. B. 28.13,15, 30.55,76, 35.2 und passim, ebenso bezieht sich *səla lat'ē* 30.31 „von da an" auf einen im Kontext der Erzählung bestimmten Zeitpunkt.[39]

2.2.5 Fragedeterminativa

Als Fragedeterminativ dient
ps- „was für …", z. B.

> *ps-latr'ī* 22.28 „was für ein Ding"
> *ps-wəǰǰim'ī əsċ'a* 22.45 „Was für ein Mann bist du?"

teš „was für" (Genitiv von *ks-* „wer"), z. B.

> *teš wəǰǰim'ī* 39.17 „was für ein Mann"
> *mir teš kog'a so* 51.3 „Welcher Art ist der König?"

nyo „welch", z. B.

> *nyō wəs-pan* A5.23 „an welchem Tag"

nyereg „wieviel", z. B.

> *nyerig ṭiŋ'ə* 33.33 „wieviel Geld"

---

[39] Es ist theoretisch nicht auszuschließen, dass *səl* aus dem Richtungsmorphem *sa* und der deiktischen Basis *–l* (§5.1.6.5) besteht, doch ist dies semantisch nicht plausibel.

ner'eg maŋ 53.23 „wieviele Markhors"

Vgl. zu Fragesätzen §3.2.2.

2.2.6 Quantoren

Zum Ausdruck der Vollständigkeit stehen die Adjektive *suč'og, sučog'a* „alle, alles, ganz", *sust'og* „alles mögliche, allerlei" zur Verfügung. *sučog* hat die Varianten *čtyog, ščog, sučuga* die Varianten *šəčug'a, ščoga.* In der Regel steht das Adjektiv vor dem Nomen, doch kann es auch als Apposition folgen, vgl.

wəǰǰim'en sučog'an 10.3 „die Männer alle", *suč'og wəǰǰim'ena* 10.4 „all den Männern"

Ein Personalpronomen steht voran: *as'ə sučug'ana* 43.59 „uns allen".
sučog('a) wird substantivisch gebraucht, z. B.

səčog'an 10.7,9 „allen (= allen Männern)", *səmiš sučog'aš* 42.38 „sein ganzes (= ganzes Essen)", *sučog'a ḍuŋnīw'oma* B9.4 „wenn alle (= alle Ziegen) Junge werfen", *suč'oga* D16.32 alles (= alle Arten von Töpfen)"

Auch *sust'og* kann adjektivisch und substantivisch verwendet werden:

sust'og lətr'ī 36.8 „allerlei Dinge", *sostog l'ego* 54.42 „Er tat alles Mögliche."

Der Ausdruck der Vollständigkeit in Verbindung mit einem Numerale geschieht durch die entsprechende Komplexivzahl:

čpoeg wəǰǰimy'en 9.28 „alle vier Männer", *set'eg pien-'ag* 40.19 „für alle sieben Söhne", *tčög erna* 52.9 „alle drei Personen", *səteg'en* 55.5 „alle sieben"

Vollzähligkeit wird auch durch Gemination ausgedrückt, z. B.

t-areg-t-areg 83.7 „in allen Häusern", *mənǰer-mənǰer-'ag* 88.32 „für alle Zeiten" (vgl. *suč'og mənǰerā-wag* A4.9 „für die gesamte Lebenszeit")

und durch das Hilfsverb *ṭk-* „beenden", z. B.

əstləg'apī byez wunilugan wuṣ ablī-ṭko 95.5
DANN KRANKER-PL-OBL MEDIZIN GEBEN-CP-BEENDEN-PRT-3SG
Dann gab er allen Kranken Medizin.

Einen negativen Quantor („kein") gibt es nicht. Strategien zum Ausdruck des Nichtvorhandenseins sind die Negation des Verbs, z. B.

Ṣāb'əl nāst 33.46
MUNJANI NEG-SEIN-PRS-3PL
Es sind keine Munjanis da.

wer'ī na pul'ogo 25.16
WORT NEG SPRECHEN-PRT-3SG
Er sprach kein Wort.

auch verstärkt durch *atig* „ein“, *atig … dī* „auch einer“, „(nicht) einmal einer“, mit dem Verb im Plural:

atig wəǰǰəmī na əskoznig ast 22.33
EIN MENSCH NEG SEHEN-INF SEIN-PRS-3PL
Kein Mensch ist zu sehen.

atig warna dī Wasi wərīša na əzn'og-last 95.9
EIN PERSON AUCH PRASUN SPRACHE-OBL PT NEG KENNEN-PRF-3PL
Keiner hat die Wasi-Sprache gelernt.

die gleiche Funktion erfüllen das Verb *wule-* „nicht haben“, z. B.

oyenig ab'əg wulē-rē-s 18.29
ESSEN-INF BROT NICHT-HABEN-PRS-PT-3SG
Er hat kein Brot zu essen.

kaṭig'a wul'eso 25.23
KRAFT PT NICHT-HABEN-PRS-3SG
Er hat keine Kraft.

sius wul'est 30.1
SCHWESTER NICHT-HABEN-PRS-3PL
Sie haben keine Schwester.

und in attributiver Stellung die adjektivischen Morpheme *nun'ī* und *wule* „nicht habend“, „-los“:

wāmī nənīlug B8.1 „(Leute, die) keine Schafe haben“
wəst'ī wəl'ē wəǰǰəm'ī D6a3 „frauenloser (= unverheirateter) Mann“

2.3 Nominalkomposita

2.3.1 Was ist ein Kompositum?

Nach Payne[40] muss ein Kompositum die folgenden formalen und semantischen Kriterien erfüllen:

formal criteria

(1) a stress pattern characteristic of a single word, as opposed to the pattern for two words,

(2) unusual word order

(3) morphophonemic processes characteristic of single words

(4) morphology specific to compounds,

semantic criteria

(5) the meaning of the compound is either more specific or entirely different than the combined meanings of the words that make up the compound.

Im Prasun kann eine beliebige NP aus einem Nomen als Kopf (head) und einem weiteren Nomen als modifizierendem Adjunkt gebildet werden, z. B. *purdī warəg* „Haus der Alten". Weder lässt hier die Wortstellung eine Unterscheidung zwischen „Haus der Alten" (zwei Nomina mit possessivem Verhältnis) und „Alten-Heim" (Kompositum) zu noch gibt es morphologische, morphophonemische oder morphosyntaktische Unterschiede. Der Akzent scheint im Prasun eine untergeordnete Rolle zu spielen, nur in wenigen Fällen lässt sich eine phonologische Funktion dafür festhalten. Daher ist es oft schwierig oder unmöglich, ein Kompositum von einer ad hoc gebildeten NP zu unterscheiden. Für das Französische, wo es ähnliche Definitionsprobleme bei der Kombination von Adjektiv + Nomen gibt (*premier ministre* „Premierminister" oder „erster Minister (der den Raum betritt)"?) hat Bernard FRADIN (2009) das Kompositum auf der Basis eines Grundsatzes von Danielle Corbin neu definiert. Danach ist die Bildung eines Kompositums weder semantisch noch syntaktisch bestimmt, sondern hebt sich von anderen Konstruktionen morphologisch ab. Nur ein solches Syntagma, das nicht auf der Basis der grammatischen Regeln einer Sprache frei gebildet werden kann, kann deshalb als Kompositum bezeichnet werden. Im Französischen fallen NP wie *premier ministre* oder *nature morte* („Stilleben" oder „tote Natur") folglich nicht unter den Begriff eines Kompositums. Ihre Sonderbedeutung lässt sich auch als Lexikalisierung erklären, ohne dass von Komposition gesprochen werden muss. Fradins Definition lässt sich mit wenigen Modifikationen gut auf das Prasun anwenden.

2.3.2 Methode zur Klassifikation von Komposita im Prasun

Im Prasun, wo nur in eingeschränktem Umfang Kasusmarkierung eine Rolle spielt und die Akzentuierung keinen eindeutigen Hinweis gibt, ist es zunächst einmal nicht einfach zu entscheiden, ob eine Kombination verschiedener nominaler Elemente ein Kompositum ist oder nicht. Wenn nach semantischen Gesichtspunkten ein Kompositum vorliegt, z. B. *ül kṣlū* „Becken (anatomisch)", eigentlich „Bauch-Schüssel", unterscheidet es sich in keiner Weise morphologisch von NP wie *mel'ig it'ī* „das Messer des Onkels" oder *mir ṭiŋ'ə* „das Geld des Königs". Um dennoch nicht willkürlich oder womöglich aufgrund der deutschen Entsprechung bestimmte Syntagmata als Komposita zu bestimmen, soll untersucht werden, ob es Syntagmata im Prasun gibt, die sich morphologisch oder

[40] PAYNE 2010, Kapitel 5, pp. 92-3.

syntaktisch von anderen, nicht-kompositionellen Syntagmata deutlich abheben. Nur solche Syntagmata können Komposita sein. Zu diesem Zweck stellen wir zunächst verschiedene Syntagmata zusammen. Diese werden nach Kategorien eingeteilt, wobei die Klassifizierung möglichst sprach-unspezifisch sein soll, um zu vermeiden, dass die verwendeten Kategorien bereits die Entscheidung determinieren. Im nächsten Schritt ist zu untersuchen, ob innerhalb dieser Kategorien ein Unterschied zwischen einem Kompositum und einem freien oder spontanen Syntagma besteht. Nach SCALISE UND BISETTO (2009) lassen sich Komposita, unabhängig von der Sprache, in der sie vorkommen, nach den folgenden Kategorien klassifizieren:

endocentric subordinate	endocentric attributive	endocentric coordinate
exocentric subordinate	exocentric attributive	exocentric coordinate

Diese Klassifikation berücksichtigt das Verhältnis von jeweils zwei Kompositumsgliedern zueinander[41] sowie die Frage, ob das Kompositum den Kopf (head) des Syntagma enthält (endocentric) oder nicht (exocentric). Wie das Verhältnis zu einem außerhalb des Kompositums liegenden Kopf zu beschreiben ist, z. B. als possessiv, bleibt dabei außer Acht, auch ist die Reihenfolge der Kompositionsglieder nicht maßgeblich, womit vermieden wird, dass Komposita wie z. B. italienisch *lavapiatti* und Sanskrit *kālajña-* in unterschiedliche Kategorien eingeteilt werden. Termini wie z. B. Bahuvrīhi, die für das Sanskrit geprägt wurden, aber in der Linguistik vielfach, wenn auch nicht einheitlich, verwendet werden, können bei dieser Klassifikation unberücksichtigt bleiben, da sie - im Falle des Bahuvrīhi als attributive-exocentric - unter eine der genannten Kategorien subsumiert werden können. Wie sich im Verlauf der Untersuchung zeigen wird, gibt es auch im Prasun die Kompositionstypen Tatpuruṣa, Karmadhāraya, Dvandva und Bahuvrīhi, allerdings sind diese Bezeichnungen nur auf wenige Syntagmata anwendbar.

2.3.3 Sechs Typen möglicher Komposita

(1) subordinierend -endozentrisch (*tatpuruṣa*)

Einen großer Teil dieser Gruppe bilden NS, die ein Zugehörigkeitsverhältnis beschreiben, sei es possessiv oder auf die Herkunft, Lage, Ursache oder das Material bezogen, z. B.

> *kak'ag wuẓ'ig* „Hühner-Ei“, *lust 'īnig* „Hand-Fläche“, *kurī w'əzī* „Kalb(sfell)-Beutel“, *čī ċā* „Hosen-Bein“, *baz buṭ'og* „Fleisch-Stück“, *īr bəṭ* „Fels-Höhle“, *žim k'ə̃čə* „Eisen-Haken“, *žim tal* „Eisen-Kessel“, *kiċ waz'əl* „Haar-Schuh“, *üz'ǖ kšty'ū* „Eis-Berg“, *anig ülüm ksü* „Feuer-Rauch-Wind“, *üšpy'eš pār* „Axt-Wunde“, *luž'ū to-m'unǰ* „inmitten der Götter“.

Hierher gehören auch Syntagmata, deren erster Bestandteil angibt, wofür der Begriff des zweiten Bestandteils bestimmt ist:

---

[41] subordinate = head - complement, attributive = noun-head modified by an adjective, a noun or a verb, coordinate = connected by „and“.

ülüm gün „Weizen-Truhe“, *wuzı ow'ī* „Gersten-Sieb“, *žeštya tə-wəṭ* „im Bullen-Stall“, *byer t-kei* „in den Ziegen-Stall“, und mit einem Infinitiv: *ṭoben'ig ṭā* „Ort zum Umkommen“, *ašliŋ ṭā* „Sitz-Platz“, *gəm lin'ig ṭāw* „Ort zum Dorfgründen“

Der determinierende Teil des Syntagmas kann die Präposition *t-* enthalten (vgl. §2.1.3), z. B.

tə-gəm wər'ī/ tə-gəm wəǰǰəm'ī „Dorfleute“, *t-iša wīdī* „Gifteidechse“ („Eidechse aus in Gift“), *t-əwa nyenj'og* „Wasservögelchen“, *t-əwā misü* „Fisch“, *t əwā kurī* „Otter“ (GM, vgl. auch Dameli *aobác·ʰ o*), *ī to-wut'ī tər* „Lichtglanz auf deiner Stirn“

Zwischen die beiden Bestandteile kann ein Lokaladverb treten, vgl. *tī* „innen“ in

tə-wəṭ k'odyum „Arbeit im Stall“ und *t-arəg tī kodyum* „Arbeit im Haus drinnen“

In diese Gruppe gehören auch Orts-, Personen- oder Sprachbezeichnungen, die einen Eigennamen enthalten, nach dem sie benannt sind, z. B. *Čtras ḍurū* „Ebene von Chitras“, *atig Wulum yüṣ* „ein Yuṣ von Wulum“, *Wasi wərī* „Prasun-Sprache“.
Ist der Kopf (das Determinatum) ein Verbalnomen, so kann das untergeordnete Glied das direkte Objekt der Verbalhandlung bezeichnen, z. B.

'üs tomı wutilig'a „Grasballen-Träger“, *əw'əg čip'a* (I.) „Lautenspieler“

Eine Reihe von Syntagmata enthält eine Komponente, die den adjektivischen Kopf determiniert, indem sie einen bestimmten Bereich absteckt, innerhalb dessen die Bedeutung des Kopf-Begriffs wirksam ist, z. B.

iži wuskozg'a „mit dem Auge sehend“, *ǰi kuṇḍ'ū* „unbedeckt hinsichtlich des Kopfes = barhäuptig“, *ǰi ləṇḍ* „kahl hinsichtlich des Kopfes“, *ǰī čəw'əl* „breit hinsichtlich des Kopfes“, ebenso *īš pəṭə* „schiefmündig“, *īžī pəṭə* „schiefäugig“, und als Bezeichnungen von Tieren, z. B. *ǰī g'ūru* „braunköpfig“

Einen verbalen Bestandteil enthalten Ausdrücke wie

ül larogsum „Ich bin satt (wurde voll hinsichtlich des Bauches)“
ül ozogsmo „Ich habe Hunger (warte hinsichtlich des Bauches)“
mit Negation *ül na lar'ogsum* „Ich bin nicht satt“

Diese Ausdrücke sind nur mit dem Verbalaffix (*-sum, -smo* usw.) nachgewiesen, möglich wäre daher auch eine Analyse als Kombination aus nicht-verbalem, aus Nomen und Partizip gebildetem *ül larog* „satt“, *ül ozog* „hungrig“ (mit exozentrischem Bezug anstatt „voller Bauch“ etc., vgl. §3.5 zur Relativsatzbildung) und Kopula. Wir bevorzugen die Analyse als verbales *larogsum, ozogsmo* wegen der Rarität von derartigen Syntagmata des Bahuvrihi-Typus.

Hierzu gehören auch die Verbindungen mit *wule* „leer", „-los" und *nuni* „-los", z. B. *müṣü wulᐟə* „bartlos", *yᐟā nuni nᐟan nuni* „vater- und mutterlos".

(2) subordinierend - exozentrisch
kein Beispiel

(3) attributiv - endozentrisch (*karmadhāraya*)
Auch in dieser Kategorie stehen Syntagmen, die einen Eigennamen enthalten. Der Unterschied zu einem subordinierenden Verhältnis besteht darin, dass hier der Name den Kopf selbst bezeichnet, z. B.

> *su Pyeṣ-münd üšᐟog* „der Jüngling Peṣ-Münd"

Weitaus häufiger sind NS, deren erstes Glied ein Adjektiv ist, z. B.

> *nila (y)ᐟīri* „schwarzes Pferd, Rappe", *sünea wəṭ* „Gold-Flügel", *waleᐟa əweig* „anderes Fenster", *ǰin itᐟī* oder *ǰinᐟīti* „langes Messer", *tiliwᐟog abᐟəg* „verbranntes Brot"

Solche Syntagmata können mit dem Morphem *wuni* „habend" verbunden werden, das sinngemäß auf das gesamte Syntagma zu beziehen ist:

> *sünea iži wuni* „goldäugig", *süne kən wūnᐟī piẽ* „goldlockiger Sohn", *sünea kürenǰig wunᐟī lüšt* „Tochter mit Goldvorderschopf"

Zwei Nomina in attributivem Verhältnis gibt es bei Namen von Bäumen, deren erstes Glied sowohl die Frucht als auch den Baum bezeichnen kann:

> *kumlig üštyᐟöb* „Maulbeer-Baum", *əwᐟa üštyüb* „Apfelbaum",

außerdem *munǰ iznera* „Mittwinter" (als Bezeichnung einer bestimmten Jahreszeit, im Gegensatz zu *iznera to-munǰ* „mitten im Winter")

Man könnte ferner Verbindungen eines Eigennamens mit *nəm* „Name" in der Bedeutung „namens ..."[42] als attributiv-endozentrisch auffassen, wobei hier der Kopf der Eigenname ist und das vordere Glied bildet. Beispiele sind häufig, z. B.

> *atig Mᐟāndi nəm-pan* 79.13 „bei einem namens Mandi", *əwəg čipᐟa Wurumkie nəmš* 80.25 „einen Lautenspieler namens Wurumkie"

---

[42] Vgl. Karl HOFFMANN: Zur Parenthese im Altpersischen. *Münchener Studien zur Sprachwissenschaft* 9, 1956, 79-86.

(4) attributiv - exozentrisch (*Bahuvrīhi*)
Für NS dieser Kategorie gibt es nur relativ wenige Beispiele. Zwei davon stehen in einem vorislamischen Hymnus aus Iṣṭewi:

kodyum-wur'oṭ Diwog 87.6 „Diwog, dessen Werk gelingt" (vgl. *wuroṭ wogso* „(die Arbeit) gelang"),
imǰ'ī-išt'ara Diw'og 87.3 „Diwog mit einem Paar bestickter Stoffbänder" (*imǰī* „zweiteilig", *ištara* „Stoffband")

Ein weiteres Beispiel ist *wulə-ṭə* „barfuß". Im Dialekt von Paṣki kommen solche Syntagmata nur in Bezeichnungen für Tiere vor, z. B. *ǰī-g'ūru* „Braunköpfig". Zu überlegen ist, ob das Morphem *wuni* in Verbindungen wie *sünea kürenǰig wun'ī* „Gold-Schopf-habend" ein Adjektiv und als solches ein Kompositumsglied ist oder nicht oder ob es ein Suffix ist (siehe unten §2.3.4.2). Einige attributiv-exozentrische Syntagmata enthalten ein Suffix:

ī-mül'üg „deinen Wert habend" (*mülü* „Preis")
wuẓe-šir'ag „einen schwarzen Turban habend" (*šir* „Turban")

(5) koordinierend - endozentrisch (*karmadhāraya*)
Diese Gruppe umfasst NS, deren zwei Bestandteile unterschiedliche Merkmale des gemeinten Begriffs bezeichnen, z. B.

ī wuz'a-kür „dein Hirtenknabe" (sowohl Hirte als auch Kind)
wuz'a-wəǰǰem'ī „Hirte" (sowohl Hirte als auch Mann, Angestellter)
ülu ū-əwə „Bärenbruder" (sowohl Bruder als auch ein Bär)

Alle Belege bezeichnen Lebewesen. Häufig bezeichnet das erste Glied des Syntagmas das Geschlecht, das zweite eine Klasse von Lebewesen, z. B.

wəstī-kür „Mädchen" (Frau-Kind)
muṣ-kür Junge (Mann-Kind)
muṣ-kak'ag „Hahn" (Mann-Huhn)

(6) coordinate - exocentric (*dvandva*)
Das Syntagma besteht aus zwei semantisch zusammengehörigen Komponenten. Die Bedeutung besteht in der Summe der Einzelteile, z. B.

yā-nan „Eltern" (Vater + Mutter)
k'ō-wuru „Pfeil und Bogen"

Morphologisch können sich diese Syntagmata vom üblichen Gebrauch abheben, z. B. *nü-lüšt* zu *nan* „Mutter" und *lüšt* „Tocher" und durch Lexikalisierung eine spezialisierte Bedeutung annehmen:

nü-lüšt „Frauen eines Hauses (Mutter + Tochter)". Zu dieser Gruppe (wenn auch nicht zum *dvandva*-Typus) gehören auch reduplizierte Formen (vgl. §2.2.6), deren iterativ-distributive Funktion zum Ausdruck des lückenlosen Erfassens einer Gesamtheit dient:

> *gul-g'ul lọižūlug'an* 2.26 „die Götter des ganzen Tals" (oder: „aller Täler")

sowie Zusammensetzungen aus zwei verwandten Richtungsmorphemen (vgl. §5.1.6.3), z. B. *sat-watē* (I.) = *sat'ē re wat'ē re* "rechts und links (z. B. des Flusses)", ebenso *lit-bit'ē* (I.) "oben und unten".

2.3.4 Welches Syntagma ist ein Kompositum?

Maßgeblich für die Bestimmung eines NS als Kompositum ist eine morphologisch-syntaktische Abweichung von gleichbedeutenden freien Syntagmata. Ob dieses Kriterium bei den oben zusammengestellten Typen von NS erfüllt wird oder nicht, soll im folgenden erörtert werden.

2.3.4.1 Lexikalisierung

Es gibt viele subordinierend-endozentrische NS wie

> *lust 'īnig* „Handfläche" (Hand + Deckel)
> *čī ċā* „Hosenbein" (Hose + Zweig)
> *güčü tur* „Wirbelsäule" (Rücken + Kette)
> *gəndar ya* „Großvater" (groß + Vater)

deren Bedeutung gegenüber derjenigen einer bloßen Kombination der beiden Bestandteile eingeschränkt oder auf eine andere Weise abweichend ist. Da sich die neue Bedeutung jedoch ohne Mühe durch Lexikalisierung erklären lässt und morphologisch keine Abweichung von einer ad-hoc-Bildung zu erkennen ist, werden diese NS hier nicht als Komposita betrachtet. Ähnliches gilt für attributiv-endozentrische Bildungen: ob unter *ǰin'īti* (aus *ǰi(g)nī* „lang" + *iti* „Messer") ein „langes Messer" oder ein „Langmesser" als eine bestimmte Messersorte zu verstehen ist, geht aus der Verbindung nicht hervor, und in *kumlig üštyüb* „Maulbeerbaum" ist kein Unterschied zu beliebig neu zu bildenden NS dieser Art zu erkennen, ebensowenig wie in subordinierenden oder attributiven NS, die mit einem Eigennamen gebildet werden. Diese NS gelten daher nicht als Kompositum.

2.3.4.2 *nunī, wulə* „-los", *wuni* „habend"

wuni „habend" ist ursprünglich wohl ein Possessivsuffix, entsprechend Skt. *-vant*. Die Etymologie von *nunī* „nicht habend" ist unklar, man könnte aber vermuten, dass es sich um ein Syntagma aus der Negation *na* und *wuni* handelt, was allerdings voraussetzt, dass *wuni* bereits als potentiell freies Morphem verstanden wurde. Dass *nunī* und *wuni* freie Morpheme sind, belegen folgende Textbeispiele:

> *sār'ī-wār'ī nuni'a šil'egost* 31.3
> RECHTS-LINKS-SICH-WENDEN-CP ∅ NICHT-HABEND PT SITZEN-PRT-3PL
> Nachdem sie überall gesucht hatten, blieben sie ohne [das Gesuchte].

nug'ı wənī r'a-sto moṭ'ig pyesċ'ī wišiž liga-r'ē-st C2.3
IRGENDEIN ∅ HABEND PT-SEIN-PRS-3PL HONIG HINABSCHICKEN-CP *WIŠIŽ* MACHEN-PRS II-PT-3PL
Wenn jemand [Honig] hat, tut er Honig hinein und macht (so) *wišiž.* (zum Plural vgl. §2.1.2)

Semantisch in dieselbe Kategorie fällt *wule/ wulə* „-los“, wörtlich „leer“, z. B.

uzü wul'e „eisfrei“, *nan wule* „mutterlos“

Die Syntagmata mit *wuni, nunī* und mit *wulə* heben sich formal nicht von anderen determinativen oder subordinierenden NS ab, mit Ausnahme ererbter Verbindungen, deren erstes Glied nicht mehr oder selten als freies Morphem vorkommt und deren Bildung daher nicht durchsichtig ist: *kawuni* „Arbeiter“ (*ka* „Arbeit“), *magwuni* „Töter des Vorjahres“. Dasselbe gilt für Syntagmata, die aus einem attributiv-endozentrischen NS und dem Morphem *wuni* zusammengesetzt sind, z. B.

wuẓe jī „schwarzer Kopf“ - *wuẓe jī wun'ī* „Mensch“ („schwarzen Kopf habend“; Interpretation unsicher, s. Fn. zu Text 30.30),
wuẓe büzu „schwarzes Gewand“ - *wuẓe büzu wunī* „schwarz-gewand-et“,

auch wenn es sich historisch betrachtet um Bahuvrihis handelt. Ein formaler Hinweis darauf, dass weder *nunī* noch *wulə* Komposita bilden, ist auch der Umstand, dass der erste Bestandteil der Syntagmata mit *-a* oder mit dem Kasusmorphem *-š* suffigiert werden kann, z. B.

jōar'a wul'ə re-st A9.3
MAIS PT LEER PT-SEIN-PRS-3PL
Sie haben keinen Mais.

əw'əg čip'aš nun'e 80.24
LAUTE SPIELER-OBL NICHT-HABEND
keinen Lautenspieler habend

wazəlš nunia 31.7
SCHUH-OBL NICHT-HABEND PT
ohne den Schuh

2.3.4.3 Präposition *t-*
Die Präposition *t-* „in“ tritt bei Eigennamen und anderen Zugehörigkeitsverhältnissen zwischen die beiden Bestandteile des Syntagmas, also vor das Determinatum:

žeštya tə-wəṭ „im Bullenstall“
Pəzgim t-əm'əl „*əməl* der Pəzgim(sippe)“
Erim tu-ḍūr „auf der Erim-Ebene“

Dies ist nicht anders als bei attributiven NS aus Adjektiv und Nomen, z. B. *lug t-kū, kṣu t-kū* „auf die rechte Schulter, auf die linke Schulter", *əm lug t-üm'ū* „in mein rechtes Ohr", und daher kein Hinweis auf Komposition. Bei den Stallbezeichnungen, die jeweils nur in Verbindung mit der Präposition *t-* belegt sind, fällt nun auf, dass im Gegensatz zu z. B. *žeštya tə-wəṭ* „in den Bullenstall", das nach dem genannten Muster konstruiert ist, die Präposition beim „Kuhstall" vor dem Syntagma steht:

tə-gā-wəṭ „im Kuhstall"

Da *gā* zudem nicht das übliche Wort für „Kuh" ist (sonst: *gōṭ*), muss in diesem Falle von einem Syntagma ausgegangen werden, das nicht nur durch Lexikalisierung eine spezialisierte Bedeutung angenommen hat, sondern sich auch morphologisch von vergleichbaren Formationen unterscheidet. Hier haben wir also eindeutig mit einem Kompositum zu tun und schreiben daher *tə-gā-wəṭ*.
Anders verhält es sich bei den NS, wo das Determinans selbst eine Lokalität bezeichnet, die mit der Präposition *t-* ausgedrückt wird. Hier regiert die Präposition nicht das Syntagma (das nicht als Kompositum zu werten ist), sondern eins seiner Glieder und steht folgerichtig nur vor diesem:

lög tə-gəm wərǰimy'en 93.15 „den Menschen beider Dörfer"
tə-wəṭ k'odyuman A3.62 „die Stallarbeiten"
t-əwa nyenj'og 43.28 „Wasservögelchen" (vgl. §2.1.3)

Die Präposition tritt zwischen zwei Bestandteile eines Syntagmas in einigen Fällen von Eigennamen, von denen mindestens der eine Bestandteil wiederum aus einem Eigennamen besteht, der sonst nicht vorkommt. Sie betrachten wir aus diesem Grunde als Komposita:

Il-tə-münǰa „aus Il-Münǰ"
Līl-ti-münd „in Lil-Münd"
Topik-ti-wīt' „nach Topik-wit".

2.3.4.4 Suffigierung attributiver Syntagmata
Verbindungen wie *wuẓe büzü wuni* „schwarz-gewandet" sind historisch gesehen Komposita, mit dem Possessivsuffix *wuni (*vant)* zur Verstärkung eines possessiven Bahuvrihi-Kompositums. Bei synchroner Betrachtung lässt sich diese Interpretation nicht halten, weil *wuni* sich zu einem freien Morphem mit der Bedeutung „habend" entwickelt hat und das Syntagma sich deshalb nicht mehr vom üblichen Muster der nicht-kompositionellen Syntagmabildung abhebt (§2.3.4.2). Ein Suffix, das die Funktion hat, den Wechsel von einem attributiv-endozentrischen („schwarzes Gewand") zu einem attributiv-exozentrischen („schwarz-gewandet") Syntagma zu markieren, ist auch das Suffix *-ag/ -og*, das offenbar in dieser Funktion noch produktiv ist:

ī-mül'üg „(jemand), der deinen Wert hat" (*ī mülü* „dein Preis"),
wuẓe-šir'ag „(Māndi) mit dem schwarzen Turban" (*wuẓe šir* „schwarzer Turban")
nazər'og (P.) „feige (*na zər* „nicht Herz")

**mülüg, *širag, *zərog* kommen außerhalb solcher Syntagmata nicht vor. Damit sind diese Verbindungen eindeutig morphologisch gekennzeichnet, und zwei der Merkmale nach Payne sind erfüllt, nämlich 1) semantische Veränderung durch den Übergang von einem endozentrischen zu einem exozentrischen Verhältnis, wobei alle Syntagmata eine possessive Bedeutung aufweisen, und 2) das Suffix als morphologisches Merkmal, das auf die Komposition beschränkt ist. Folglich stufen wir diese NS, bei denen durch Suffigierung (Belege ausschließlich mit *-ag, -og*) aus einem attributiv-endozentrischen Syntagma ein attributiv-exozentrisches Syntagma wird, als Komposita ein.

2.3.4.5 Andere attributiv-exozentrische Syntagmata (Bahuvrihi)

Komposita sind auch attributiv-exozentrische Syntagmata, die aus zwei Komponenten ohne zusätzliches Suffix zusammengesetzt sind, da ihre Bedeutung („... habend") deutlich von der üblichen solcher Syntagmata abweicht:

wulə ṭə „leerer Fuß" : *wulə-ṭə* „unbekleideten Fuß habend" = „barfuß"

2.3.4.6 Koordinierende Verhältnisse

Soll ein Verhältnis ausgedrückt werden, das durch „und" beschrieben werden kann, ist außerhalb bestimmter fester Verbindungen der Einsatz einer Konjunktion oder Postposition oder einer Kombination aus diesen erforderlich, z. B. *y'ē-pan nan əd'ī* „Vater und Mutter" im Gegensatz zu *yā-nan* „Eltern". Alle koordinierenden Syntagmata, ob vom exozentrischen Typus wie *k'ē-wuru* „Pfeil und Bogen" oder *nü-lüšt* „Frauen einer Hausgemeinschaft (Mutter und Tochter)" oder vom endozentrischen Typus wie *wəsti-kür* oder *išnye-wəǰǰəmī* sind daher Komposita.

2.3.5 Kompositionstypen in Prasun

Damit haben sich von den eingangs zusammengestellten Typen von Nominalsyntagmen nur wenige als Komposita erwiesen:

Subordinierend-endozentrische Komposita (Tatpuruṣa):

Zusammensetzungen, deren Komponenten außerhalb der Syntagmata nicht oder eingeschränkt verwendet werden und die morphologisch abweichen.

Attributiv-exozentrische Komposita (Bahuvrihi):

Mit einem Suffix versehene Tatpuruṣa-Komposita possessiver Bedeutung, einzelne Lexeme auch ohne Suffigierung.

Koordinierend-endozentrische Komposita (Karmadhāraya):

Bezeichnungen von Lebewesen, wobei die Komponenten des Syntagmas unterschiedliche Merkmale bezeichnen.

Koordinierend-exozentrische Komposita (Dvandva):

Feste Verbindungen kopulativer oder koordinierender Bedeutung.

Diese Arten von Komposita veranschaulicht an Beispielen die folgende Tabelle:

subord.-endozentrisch (Tatpuruṣa)	*gā-wəṭ* Kuhstall	*Il-tə-münǰ* Il-Münǰ
attrib.-exozentrisch (Bahuvrihi)	*wuẓe-šir'ag* schwarz-beturbant	*wulə-ṭə* barfuß
koord.-endozentrisch (Karmadhāraya)	*muṣ-kakag* Hahn	*wuz'a-kür* Hirtenjunge
koord.-exozentrisch (Dvandva)		*k'ə̃-wuru* Pfeil und Bogen

2.4 Morphologie des Verbs: Finites Verb

2.4.1 Allgemeines

2.4.1.1 Wurzeln und Richtungspräfixe

Der Verbalstamm in allen Dialekten besteht aus einer Wurzel, teilweise ergänzt durch ein Präfix und/ oder ein stammbildendes Suffix. Das Präfix ist ein Lokalmorphem (Richtungspräfix), zusätzlich erscheint teilweise das Präfix *a-* (§2.4.1.7). Verbalstamm und Personalendung finiter Verben geben Aufschluss über Tempus, Aspekt und Modus. Transitive und intransitive Verben werden in den Vergangenheits-Formen durch die Personalendung morphologisch unterschieden, andere morphologische Unterschiede betreffen den Verbalstamm (s. §2.4.1.5 zu Transitivität und Kausalität). Nur geringfügige dialektale Unterschiede bestehen zwischen den Dialekten von Paṣki, K., D,, Pr. und Z. Erheblichere Abweichungen bestehen dagegen im Dialekt von Iṣṭewi, daher werden im folgenden die Verbalparadigmen von Paṣki und Iṣṭewi gesondert aufgeführt.

2.4.1.2 Stammbildung

Der Stamm des allgemeinen Präsens wird in P. durch Suffigierung der Wurzel mit *-ma-,* f. *-mi-* gebildet.[43] In Iṣṭewi besteht der Präsensstamm aus der Wurzel und dem Morphem *-a*. Der Stamm des Präs. II wird in P. mit dem Suffix m. *-ga-*, f. *-ig-* gebildet, in I. mit m. *-a-, -ā-,* f. *-ig-*. Der Stamm des Präs. II ist gleichlautend mit dem Partizip Präsens II.

Der Imperfekt-Stamm besteht aus dem Präsensstamm, auf den das Morphem *-se(w)-* (zu -w s. §1.4.3) folgt, er entspricht damit dem Präsensstamm + dem Stamm des Impf. von „sein“ (vgl. §2.4.4.2).

Das Merkmal des Aoriststammes ist der Vokal m. *-ẹ-*, f. *-i-*. Zum Aorist s. BUDDRUSS 2005, §8:

---

[43] MORGENSTIERNE, NTS 17, 1954, §92 vgl. Waigali Ptc. Präs. und Pashai 1. pres. ptc. in *-mana.* BUDDRUSS 2005 §9 < **mna?* Vgl. auch das *-n-* des Präsensstammes in Kati , Kv. (MORGENSTIERNE 1929, 217 Skt. *-āna-*, GRJUNBERG 1980, §158, STRAND, http://nuristan.info/Nuristani/Kamkata/Kom/KomLanguage/kamverb.html „progressive aspect“)? aber STRAND 2010: „perhaps this form shares an origin with the K.km. directional zone marked with *-ma* (see above), depicting outward motion.“

> „Der Vokal *-e* geht auf *-aya-* zurück: *-em* < **ayami*, *-eš* < **ayasi* usw.; der Vokal *-i* des Femininums ist sekundär aus dem Präsens ... übernommen: 1. Sg. *pəz'em*, f. *pəz'im* „ich will gehen". - 2. Sg. *pəz'eš*, f. *pəz'iš*. - 3. Sg. *pəz'ē*, f. *pəz'i*. - 1. Pl. *pəz'emo* „wir wollen (mit dir) gehen", *pəz'emš(o)* „lass uns (ohne dich/ euch) gehen!". - 2. Pl. *pəz'en*. - 3. Pl. *pəz'est*."

Der Präteritalstamm (Prät.) entspricht dem Partizip des Präteritums (§2.5.1.2). Er ist nicht ererbt, sondern wird analytisch durch Anfügung des Morphems *-og-*/ *-ag*, an die Wurzel gebildet. In P. und I. lautet das Suffix regulär *-og-*, aber es gibt auch einige Belege für -ag-: (P.) *aw'isċago* 6.51, *əzn'ago* 32.83, *apč'ago* 10.1, (I.) *ibz'agso* 80.65, *pəzagso* 103.1. In den Dialekten von Pr.D.Z.K. lautet das Suffix regulär *-ag-*, aber oft wurde auch *-og-* notiert, vgl. §1.1.2 *a* - *o*. Zu den einzelnen Formen s. Glossar. Durch Palatalisierung erscheint /og/ oft als /eg/, /yeg/ (IPA *[(j)eg]*), z. B. *lyego* neben *lyogo* „er machte".

Der Stamm des Prät. II wird mit dem Morphem *-i-* gebildet, s. §2.4.1.3.

Ein Passivstamm wird mit dem Morphem *-inew-* (P.), *-in(y)-* (D.Z.Pr.K.I., selten P.) gebildet.

Mehrere Stammformantien können miteinander kombiniert werden, so im Perfekt-supp. das Morphem *-og/-ag* + das Morphem *-ga-*.

Zwischen Wurzel und stammbildendes Suffix kann ein Morphem *-oč(i)-* zur Iterativbildung treten (vgl. §2.7.6), z. B.

> (P.) *ẓumas'ew* pflegte zu weinen : *ẓuw-'oči-ma-sew* pflegte immer wieder zu weinen (47.3)

ebenso mit anderen finiten und auch mit infiniten Formen, z. B. das Adverbiale *aply-'oč-oma*. Vgl. BUDDRUSS 2005, §17, MORGENSTIERNE 1949, §134 (dort *gəzō čimaso* = *gəz-oči-ma-so* „he is occupied in (uses to) bring it back" etc.).

2.4.1.3 Personalendung

Außer im Imperativ werden alle finiten Verbformen mit einer von zwei Personalendungen gebildet, die Person und Numerus kennzeichnen. Endung I basiert auf dem Verbum „sein", Endung II setzt die Primärendungen des alten Präsens-Aorist-Systems fort (vgl. §2.4.12; BUDDRUSS 2005, 463).

	Endung I	Endung II
1	-sm(o)	-m(o)
2	-sċ(o)	-š(o)
3	-s(o)	-(o)
4a	-m(o)	-mš(o)
4b	-səmš(o)	
5	-sn(o)	-n(o)
6	-st(o)	-st(o)

In I. ist die Endung der 2. Person Sg. *-ć*, in den anderen Dialekten des Obertals oft *-ć*, in D. oft auch *-s*, vgl. §1.1.1 zu /ċ/, vgl. Anm. 202 zu Text 19, Anm. 1325 zu Text 78.32. Die Verteilung der Endungen auf die finiten Formen ist nicht vollkommen gleich in allen Dialekten.
Das Impf. nimmt die Endung I außer in der 3. Pers. Sg. Diese lautet P. *-sew*, I. *-aw* (ohne *-s-*). Das Passiv wird wie ein intransitives Verb behandelt. Das Präs. Passiv hat in P. und in Iṣṭewi die Endung I, in Paṣki also entsprechend dem allgemeinen Präsens, in Iṣṭewi entsprechend dem Präs. II.
An das stammbildende *-i-* des Prät. II tritt beim itr. Verb Endung I, beim tr. Verb aber Endung I in der 1. und 6., und Endung II in der 2., 3. Person. Das Verbum „haben" verwendet im Impf. und im Prät. II die Endung I für die 1., 4. und 5., aber die Endung II für die 2. und 3. Person.

	Endung I	Endung II
Präs.	P.	I.
Präs. II	P.I.	
Aor.		P.I.
Imperf.	P.I.	
Präteritum itr.	P.	
Prät. tr.		P.
Prät. II itr.	P.I.	
Prät. II tr.		P.I.
la- „haben" Präs.		P.I.
wule- „nicht haben" Präs.		P.I.
la- Präs. II	P.I.	
la- Prät.	(P.I.)	(P.I.)
la- Prät. II	(P.I.)	(P.I.)
(ə)s- „sein" Präsens	P.	
ga- „sein" Präs. II	P.	
(ə)s- „sein" Impf.	P.	
w- „sein" Prät.	P.	

Mehrere Verbalformen werden mit Hilfsverben gebildet, und zwar das Futur aus dem Infinitiv und “haben”, Perfekt und Plusquamperfekt-Formen aus dem Präteritalpartizip und dem Verb “haben” für transitive, “sein” für intransitive Verben. Als analytische Bildung lassen sich auch das Präsens II und das habituative Impf. beschreiben, die das Partizip Präs. II mit Präsensformen des Verbs „sein" kombinieren (für Präsens und Imperfekt ist diese Analyse bei synchroner Betrachtung nicht möglich, weil der Präsensstamm nicht unabhängig als Partizip auftritt).
Das auslautende Morphem *-o* ist in der 3. Sg. Präsens und Prät. immer vorhanden, es sei denn, es wird durch eine Partikel ersetzt, vgl. GM §104 „The final *-o* is facultative in all forms except the 3rd sg." Die übrigen Formen kommen mit und ohne finales *-o* vor, dies gilt auch für *la-* „haben" und für Formen, die das Hilfsverb „haben" enthalten. Das Morphem erscheint vor allem am Ende von Sätzen oder VP, auch im untergeordneten Satz, wenn dieser juxtaponiert (§3.4.1 „Balancing und Deranking", Beispiele a-f) oder durch ein Infix (*-ra-*) gekennzeichnet ist (§3.4.11). Es entfällt, wenn das Verb einer

Diskurs-, enklitischen Koordinations- oder Subordinationspartikel direkt vorausgeht, und vor der Interrogativpartikel.

2.4.1.4 Reduzierte Form

Die Morphologie des finiten Verbs wird unter bestimmten Umständen durch Verlust der Personalendung reduziert oder herabgestuft (deranking). Dies geschieht
1) vor den Subordinationsmorphemen *-dī, -ra* (§3.4.10, §3.4.11), dem Koordinationsmorphem *-dī* (§3.3.2), vor den Morphemen *-re* (§4.3.30) und *-dyapa* (§4.3.22) sowie in eingeschränktem Maße vor Postpositionen (s. §2.5.1 zum Partizip Prät.),
2) in Aufforderungssätzen mit dem Präs. II-Stamm und *li-*, s. §2.9.3.4,
3) im Relativsatz (§3.5),
4) bei der Koordination von Verbalphrasen (§3.3.2),
5) zur Markierung von Widerspruch zur Erwartungshaltung (§4.1).

2.4.1.5 Transitivität und Kausalität

Transitivität

Im Prasun wird Transitivität ausschließlich morphologisch am Verb definiert. Transitive und intransitive Verben erhalten unterschiedliche Verbalaffixe in der Flexion der Vergangenheitstempora Präteritum, Perfekt und Plusquamperfekt. Im Imperativ werden die Morpheme *-ə, -u* gewöhnlich für transitive Verben verwendet. Zu Transitivität von Verbalstämmen und zur Kausativbildung siehe unten zu „Kausalität", vgl. auch §1.1.2, §2.9.1. Eine Unterscheidung anhand von Kasusmarkierung und Adpositionen ist nicht möglich, da die Markierung (DOM) weitgehend optional erfolgt.

Kausalität

Kausalität wird dadurch definiert, dass die Verbalhandlung eine kausale Komponente enthält, dass also eine bestimmte Verbalhandlung durch einen externen Agens verursacht wird. Kausalität ist damit nicht identisch mit Kausativum, letzteres ist eine mögliche Strategie des Ausdrucks von Kausalität, Prasun kennt mehrere solche Strategien.
Das Kausativum wird im Prasun durch ein Affix definiert, das an die Verbalwurzel tritt. Dies ist das Morphem *-aw-*:

> *pəgi-* „sich hinlegen", *pəgaw-* „sich beschlafen lassen", *√-gi* „gehen, *√-gaw-* „gehen lassen", *opr-* „sich verstecken, *opraw-* „verstecken", *oi-* „essen", *ayaw-* „füttern", *√-ps* „fallen", *-psaw-* umstoßen, *üšt-* „aufstehen", *üštyaw-* „aufheben", *āguti* „sich auf die Schulter laden", *āgutāw-* „anderen aufladen", *wūṇḍukti-* „bedauern", *wuṇḍuktāw-* „(jmdn.) betrügen, enttäuschen"

Von Wurzeln auf *-i-* wird das Kausativum auch auf *-iw-* gebildet, Beispiele liegen nur in den Dialekten von P. und Pr. vor:

> *aštiw-* (P.) „trocknen", *tiliw-* (P.Pr.) „verbrennen", *tüžgiw-* (P.) „schütteln"

Ebenfalls auf *-iw-* wird das Kausativum „versammeln, füllen“ von √-nč gebildet, z. B. (P.) *wānčiw-*; möglicherweise liegt ursprünglich auslautendes *-i-* vor.

Nur in P. erscheint selten *-ew/ -əw* mit kausativer Funktion, und zwar von Verben mit auslautendem Cluster aus Nasal + *ǰ:*

> *√-mǰ* „anziehen“, *amǰew-* „jemandem anziehen“
> *ānj-* „hinhalten“, *ānjew-* „hinhalten“
> *awinj-* „hinausblicken“, *awinjəw-* „hinausblicken lassen“

Bei der Doppelung eines Verbs (§5.1.5.3) scheint nur der zweite Teil das Kausativ-Morphem zu enthalten: *wiči-wučaw-* „hin- und hergehen lassen“, „(Wetter) wechseln (tr.)“ zu √-č[1] „gehen“, kausativ √-čaw „gehen lassen“; allerdings ist gut möglich, dass das *-w* von *wičiw-* vor dem Folgekonsonanten getilgt wird (§1.4.3).

Die Kodierung transitiver/ intransitiver Verben z. B. durch unterschiedliche Vokalisierung des Verbalstammes (etwa *wičos-* „erwachen“ : *wičus-* „wecken“) wird dagegen nicht als Kausativbildung, wohl aber - falls eine kausale Komponente erkennbar ist - als Markierung von Kausalität beurteilt. Um einschätzen zu können, welche Strategien im Prasun verwendet werden, um kausale und non-kausale Verben zu kennzeichnen, und um die Vergleichbarkeit mit anderen Sprachen zu erleichtern, wurde die Liste von Verben in HASPELMATH et al. (2014)[44] verwendet. Auch wenn in dieser Liste sprachunabhängige Gültigkeit angestrebt wird, ist sie für das Prasun nicht uneingeschränkt anwendbar. Z. B. ist „freeze“ (non-causal) gut dokumentiert, aber für aktives Einfrieren bestand in Prasun weder eine Notwendigkeit noch die technische Möglichkeit, daher ergab sich bei der Feldforschung auch keine Gelegenheit, das entsprechende Wort aufzunehmen. Für „close“ (tr.) liegen zahlreiche Entsprechungen vor, nicht aber für „close“ (itr.). Unsere Liste enthält deshalb von den 20 bei Haspelmath vorgesehenen nur 15 Verb-Paare (core events), von denen einige durch mehrere Prasun-Verben repräsentiert werden. Das Passiv, das Haspelmath dem causative coding zuordnet „since the situation is presented as having been caused by an external agent“ ist nur in einem Fall relevant, nämlich bei „füllen“ (FILL), das im Passiv die Bedeutung „sich versammeln, sich einfinden“ hat. Letzteres sollte wegen der Bedeutungslosigkeit eines externen Verursachers und wegen der abweichenden lexikalisierten Bedeutung eher als Antikausativ eingestuft werden, es wird in der Tabelle nicht berücksichtigt.

	non-causal		causal		
	itr.	tr.	equipollent	labile	causative
BOIL	*üloṣ-* (P.)		*üluṣ-* (P.)		
	uṣ- (K.D.I.)			*uṣ-* (K.D.I.)	

[44] M. HASPELMATH, A. CALUDE, M. SPAGNOL, H. NARROG and E. BAMYACI (2014). Coding causal-noncausal verb alternations: A form-frequency correspondence explanation. *Journal of Linguistics*, 50, pp 587-625 doi:10.1017/S0022226714000255.

DRY	*ašti-* (P.I.)		*ašti-* (Pr.)	*aštiw-* (P.)
WAKE UP	*wičos-* (P.), *üčos-* (D.)	*wīčus-* (P.), *īčus-* (D.)		
GO/ PUT OUT (fire)	*wös-* (◊)		*wös-* (P.I.K.)	
MELT	*wili-* (P.Pr.), *wiliw-* (P.)			*wiliw-* (P.)
STOP	*ṭog-* (◊)		*ṭk-* (◊)	
TURN	*√-r(i), ari*			*√-ru(w), ar(u)w-.*
BURN	*ālew-* (P.)	*āliw-* (P.)		
	tili- (P.Pr.)		*tili-* (I.D.)	*tiliw-* (P.Pr.)
FILL	*√-nč*			*-nčiw-* (P.)
RISE/ RAISE	*üti-* (P.Pr.I.)		*üti-* (P.Pr.I.)	*ütiw-* (P.)
	alič- (P.)			*aličiw-* (P.), *ilčaw-* (I.)
	üšt- (◊)			*üštyaw-* (◊)
ROCK	*√-čol*	*√-čul*		
	√-pčon	*√-pčun*		
	√pčod	*√-pčud*		
	aṣkili- (P.I.)		*aṣkili-* (P.I.)	
	tüžgi- (P.)		*tüžgi-* (Z.)	*tüžgiw-* (P.)
CONNECT	*aṣç-* (P.Z.)		*aṣç-* (P.Z.)	
GATHER	*ṣigi-* (P.I.)	*ṣugu-* (P.I.).		
	√-ẓgi	*√-ẓguw*		
OPEN	*ap-* (P.Pr.Z.)	*api-* (◊)		
BREAK	*√-ṭol*	*√-ṭul*		
	√-zol	*√-zul(i)*		
SPLIT	*√-čob*	*√-čVp*		
	√-dol	*√-dul*		
	wyukṭ- (P.)		*wyukṭ-* (P.)	

Insgesamt zeigt Prasun eine Präferenz für äquipollente Kodierung, daneben ist bei den von Haspelmath et al. gewählten Verben häufig die labile/ ambivalente Kodierung, die aber durch die morphologisch eindeutig als transitiv/ intransitiv definierende Präteritalendung nur bedingt ambivalent ist. Die Bildung des Kausativs (und des Antikausativs, s. o.) ist demgegenüber weniger verbreitet, am stärksten im Dialekt von Paṣki, und zwar neben der erwähnten Kausativbildung mit dem Morphem *-aw* vor allem in Form der sekundären Opposition von nicht-kausalem Verb auf *-ew* und kausaler Entsprechung auf *-eli.* Ursprünglich auf die Bildung von Denominativa mit den Formantien *w-* „werden" und *li-* „machen" beschränkt (z. B. *üšč'um* „gut", *üščumēli-* „Gutes tun"), weitet sich diese Strategie auch auf andere Verben aus, vgl.

> *wugnēli-* (P.) „(jmdn.) erinnern) : *wug(u)nēw-* (P.) „in den Sinn kommen" neben *wugn-* (P.I.) „in den Sinn kommen", *√-gun,*
>
> *windilēli-* (P.) „klar, sichtbar machen" : *windilēw-* (P.) „rein, klar werden" neben *windol-* „nach außen sichtbar werden" : *windul-* (P.) „nach außen sichtbar machen",

əbrēli- (P.) „beschämen“: *əbrəw-, əbrēw-* (P.) „sich schämen“,
al(o)gēli- (P.) „erfolgreich erledigen“ : *alugew-* (P.) „gelingen“ neben *alog-* „gelingen“ *√-log.*

Die folgende Tabelle zeigt Muster der Kausalitätskodierung:

Vokalische Alternation	Konsonantische Alteration	Suffigierung
u - o *√-po : √-pu(w)* *√-ċor : √-ċur*	***k - g*** *√-ṭog : √-ṭk*	**-a/āw-, (außer P. auch) -a/ā-** *āṣo-* : *āṣaw-* *nigi-* : *nigaw-* *pəgi- : pəgaw-* *wos-* : (I.) *wosa-*
i - u(w) *ṣugi- : ṣugu-* *√-r(i) : √-ru(w)*	***b - p*** *√-ċob : √-ċVp* *√-ṭob : √-ṭVp*	***-ew- : -eli-*** *əbrew- : əbrēli-* *kučew- : kučēli-* *gənderew- : gənderēli-*

2.4.1.6 Kongruenz

Prasun ist im Gegensatz zu anderen Nuristan-Sprachen (Waigali, Kati, Ashkun) eine Akkusativsprache. Es gibt morphologische Unterschiede zwischen transitiven und intransitiven Verben, aber keinen Unterschied in der Beziehung des Verbs zum Agens/ Subjekt. Der Agens/ das Subjekt ist immer zero-markiert, der Patiens kann (vgl. §3.1) markiert werden. Zu Abweichungen vgl. §2.8.3, §2.9.1, §2.9.3.11. Zu Genus- und Numerus-Kongruenz vgl. §2.1.1, §2.1.2.

In seinem Vergleich unterschiedlicher Alignment-Arten in den dardischen (HKIA = Hindukush Indo-Aryan) und benachbarten Sprachen bemerkt LILJEGREN 2014, 164 zur Einführung von Kasusmarkierung am Patiens in iranischen Pamirsprachen:

> “The resulting system seems to be particularly prone to rid itself of any remaining ergative alignment and drift towards accusative alignment, and it is probably no coincidence that it is in this particular region we find the only purely accusatively aligned HKIA languages in close proximity (at least historically) to Nuristani Prasun, which also lacks any traces of ergativity (Edelman 1983:56). There is in fact no firm evidence that HKIA Khowar and Kalasha (representing the first wave of Indo-Aryan northward expansion (Morgenstierne 1932:51) would ever have developed the type of split ergativity that was in place already in MIA and that has characterized most other Indo-Aryan languages at some stage ever since.”

Liljegren betont auch, dass “most likely, Persian has stood as an important, perhaps the most important, subareal model for the languages in this part of the Hindukush, well beyond the borders of Afghanistan.” Dabei sollte berücksichtigt werden, dass auch das akkusativische System des

Neupersischen gegenüber dem mittelpersischen Split-Ergative-System eine Neuerung darstellt. Denkbar wäre also auch eine areale Stärkung der Agens-Subjekt-Rolle und die damit verbundene Aufgabe eines möglicherweise früher vorhandenen Ergativ- zugunsten eines Akkusativ-Systems, von dem Persisch und andere iranische Sprachen ebenso wie die nicht-iranischen Sprachen Prasun, Khowar und Kalasha betroffen gewesen wären. Die Voraussetzung für dieses Szenario wäre allerdings abgesehen von dem für Prasun nicht beweisbaren Vorhandensein eines früheren Ergativ-Systems,[45] dass diese Entwicklung relativ früh stattgefunden oder zumindest eingesetzt haben müsste, denn nach den Quellen des Frühneupersischen hatte bis zum 9. Jahrhundert die östliche Variante des Persischen im wesentlichen die Züge des heutigen Neupersisch angenommen.

2.4.1.7 Das Verbal-Präfix a-

Außer den Richtungspräfixen (siehe §5.1) kann vor die Verbalwurzel ein Präfix *a-, ā-* treten, das nicht identisch mit dem Lokalmorphem *a-* ist, vgl.

ašpur- „(jemand) lehren“
wušpur- „(mich) lehren, (mir) zeigen“
awušpur „(mich) lehren, mir mitteilen“

Während die Richtungspräfixe außer als Doppelpräfixe (§5.1.5) untereinander nicht kombinierbar sind, kann *a-* mit einem Richtungspräfix verbunden werden, außer dem genannten *a-wu-špur-* z. B.

a-bü-šli-
a-HINAB-SITZEN
sich niedersetzen

Auffällig ist die Akzentverschiebung, z. B.

a-	*awˈipton*	*alˈekṣe*	*alˈičiwī*	*awˈuplyon*
∅	*laptˈon*	*lekṣˈe*	*ličiwˈī*	*wuplyˈon*

Wenn kein Richtungspräfix vorhanden ist, kann nicht mit Sicherheit entschieden werden, ob es sich bei anlautendem *a-* um ein Richtungsmorphem *a-* „hin“ oder *a-* „weg“ (§5.1.2.2) oder um das hier besprochene Präfix *a-* handelt, so etwa in *apš-* „(am Draht) abrutschen“, vgl. *pəš-* „(auf Schnee) ausrutschen“.

Das Präfix kann an transitive und intransitive Verben treten. Es kommt oft in wörtlicher Rede, aber auch in narrativem Kontext und in Sachtexten vor. Kein Verb mit dem Präfix *a-* hat die Funktion eines Vektorverbs. Das Morphem ist kein Argument oder Adjunkt. Es verändert nicht die Bedeutung (truth condition) der Aussage. Es hat keine deutliche deiktische Funktion. Es verändert nicht

---

[45] Der Verweis auf Prasun bei E. BASHIR in HOCK UND BASHIR 2016, 452, fn 17: „... Kalasha and Khowar ... appear not to have passed through an ergative stage ... whereas Prasun may have (see Morgenstierne 1949)” ist attraktiv, aber durch keinen Nachweis gestützt.

bestehende semantische Rollen noch fügt es neue hinzu. Es liegt kein Beleg für eine negierte Form mit dem Präfix vor. Versuche von G. Buddruss, die Funktion des Suffixes vor Richtungspräfix zu klären, stießen auf völlige Gleichgültigkeit der Informanten. Im selben Text kommt dasselbe Verb manchmal in kaum verändertem Kontext vor, einmal mit dem Präfix, einmal ohne. Bei den beiden folgenden Beispielen handelt es sich um denselben Ort als Ziel der Bewegung, im ersten Beispiel ist auch der Agens derselbe:

A7.46-47 (P.)

(a) *š'ūša ogut'ī nat'ē Üu gul napčin'īg-əlist.*

EIMER-OBL PT SCHULTERN-CP TALAB ÜU TAL TALABTRAGEN-FUT-CONST-3PL

Den Eimer werden sie sich aufladen und talab zum Üu-Tal talab tragen.

(b) *šūš rē kīly'an dī nat'ē Üu gul nat'ē pul'og anapčin'īg-əlist.*

EIMER-OBL PT KÄSE-PL-OBL AUCH TALAB ÜU TAL TALAB PARTEI TALAB-TRAGEN-FUT-CONST-3PL

Den Eimer und die Käse werden sie talab zur Talab-Partei vom Üu-Tal tragen.

81.13-15 (I.)

(c) *iž'eŋ woš'ī alibz'ī*

(d) *iž'eŋ woš'ī libz'ī*

SCHLANGE SICH-VERWANDELN-CP HOCHGEHEN-CP

in Gestalt einer Schlange hinaufgegangen

Es gibt Fälle, in denen die Verwendung des Präfixes mit einer lexikalischen Veränderung verbunden ist. Das präfigierte Verb behält dann in den meisten Fällen seine Grundbedeutung. Das unpräfigierte Verb dagegen wird teilweise in übertragener oder in spezialisierter Bedeutung verwendet, z. B.

labz- „hinaufgehen" (= *alabz-*), aber auch „(Zeit) vergehen",
lekṣ- „(Zahn, Keil, Hemd) hoch-, herausziehen" (= *alekṣ-*), aber auch „(Brüllen) ausstoßen"

Das Präfix wird häufig in Befehls- und Wunschsätzen verwendet, z. B.

aloċəs „Komm herauf!" *(a-lo-√ċ),*
al'ičəs „Steh auf!" *(a-li-√č-),*
al'ekṣe „Zieh hoch!" *(a-le-√kṣ-)*

auch in der mit infigiertem Negativum ausgedrückten Form:

abüšlüg-na-sm-'ī 56.12

NIEDER-SITZEN-PRS II-F-NEG-1SG Q

Ich will mich niederlassen!

Sehr oft steht in der Aufforderung die präfigierte Form. Folgt jedoch innerhalb derselben Äußerung die Aussage, dass diese Handlung ausgeführt wird, verwendet der Erzähler die einfache Form des Verbs:

> *„üu aišt'ǖ ailt'ǖ wekt'ē alekṣ'ī təman awij'ī ninǰ'eŋi w'ī čkü tə-p'ust lobz'əs!" l'oyo. - su mir lüšt išt'ǖ wekt'ē lekṣ'oyo* 91.14-15
> DU AUFSTEHEN-CP SICH-STELLEN-CP HEMD HOCHZIEHEN-CP HOSE AUSWERFEN-CP NACKT WERDEN-CP DANN IN BETT HOCHGEHEN-IMP SAGEN-PRT-3SG. - ART KÖNIG TOCHTER AUFSTEHEN-CP HEMD HOCHZIEHEN-PRT-3SG
> „Steh auf (*a-išt-*), stell dich hin, zieh das Hemd aus (*a-lekṣ-*), wirf die Hose ab, werde nackt, und dann geh hinauf ins Bett!", sagte er. - Die Königstochter stand auf (*išt-*) und zog sich das Hemd aus (*lekṣ-*).

> *tərw'až al'ekṣe! ... tərw'až lekṣ'i-re* 65.38-9
> DOLCH HOCHZIEHEN-IMP ... DOLCH HOCHZIEHEN-PRT II-3SG PT
> „Zieh (aus meinem Ohr) den Dolch heraus (*a-lekṣ-*)!" - Er zog den Dolch heraus (*lekṣ-*).

> *„pul'ug alöpš'ē̢o!" ... pul'ug löpš'ogso* 38.66
> KORN HOCHGEHEN-AOR-3SG ... KORN HOCHGEHEN-PRT-3SG
> „Das Korn soll hochkommen (*a-löpš-*)!" ... Das Korn kam hoch (*löpš-*).

> *su lüštš kol'īa: „aleptiš'a..." l'īa. su lüšt lept'isa* A10.160
> ART TOCHTER-OBL SPRECHEN-PRT II-3SG HOCHGEHEN-AOR-F-2SG PT ... SAGEN-QUOT. ART TOCHTER HOCHGEHEN-PRT II-3SG
> Sie sprach zu der Tochter: „Du sollst (ins Bett) hinaufgehen (*a-lept-*), ..." - ... Die Tochter ging hinauf (*lept-*).

> *„uy'ūš al'ičiwə!" ... ličiw'ogo.* 22.8
> KORB-OBL HOCHHEBEN-IMP ... HOCHHEBEN-PRT-3SG
> „Heb den Korb auf (*a-ličiw-*)!" ... Er hob ihn auf (*ličiw-*).

> *„unz'ū an'eptẹm-dī ..." ... su kür nept'ī ...* 30.38-39
> ICH TALABGEHEN-AOR-SG PT ... ART KNABE TALABGEHEN-CP ...
> „Ich will talab hinabsteigen (*a-nept-*) und ..." ... Der Knabe stieg talab hinab (*nept-*)...

> *„aneptəs-ra" .... nyept'isa* A10.38-40
> TALABGEHEN-IMP PT ... TALABGEHEN-PRT II-3SG
> „Geh talab hinunter (*a-nept-*)!" .... Er ging talab hinunter (*nept-*).

> *„'apyeċ!" ... na pyeċ'agso* 100.20
> HERABKOMMEN-IMP ... NEG HERABKOMMEN-PRT-3SG
> „Komm herab (*a-pyeċ-*)!" - Sie kam nicht herab (*pyeċ-*).

„e Lūn'aŋ, asāšilē! ...“ Lūn'aŋ sāšil'ego 32.44-45

O LUNANG RECHTS-SETZEN-IMP ... L. RECHTS-SETZEN-PRT-3SG

„Lunang, setz (uns) rechts ab (*a-sāšil-*)! ....“ Lunang setzte sie rechts ab (*sāšil-*).

„atipšəs!“ ... tak tüpš'ogso su lüšt 69.27

HINEINGEHEN-IMP ... ID HINEINGEHEN-3SG DAS MÄDCHEN

„Geh hinein (*a-tipš-*)!“ ... das Mädchen ging hinein (*tipš-*).

Auch wenn die Aufforderung in Form eines Absolutivs erscheint, wird nur das erste Verb präfigiert:

„al'ičiwī büšliw'on“ ... ličiw'ī büšliw'ogust 32.56

HOCHHEBEN-CP NIEDERSETZEN-IMP-PL ... HOCHHEBEN-CP NIEDERSETZEN-PRT-3PL

„Richtet mich auf (*a-ličiw-*) und lasst mich sitzen!“ ...Sie richteten sie auf (*ličiw-*) und brachten sie zum Sitzen.

„an'eptī ...žeċ!“ ... nept'ī ... aċ'ogso 30.89

TALABGEHEN-CP ... TALAUFKOMMEN-IMP ... TALABGEHEN-CP ... KOMMEN-PRT-3SG

„Geh talab hinab (*a-nept-*) ... und komm talauf (zurück)!“ - Sie ging talab hinab (*nept-*) und ... kam (zurück).

Es handelt sich nicht um eine allgemeine Regel, denn in ähnlichem Kontext erscheinen an beiden Stellen unpräfigierte Formen:

„əm-pa tüpšüs!“ ... su lüšt ... tüpš'isa A10.11-12

MICH POST HINEINGEHEN-IMP ... ART MÄDCHEN HINEINGEHEN-PRT II-3SG

„Geh in mich hinein!“ ... Das Mädchen ging ... hinein.

(vgl. oben Beispiel 69.27 in einer anderen Version der gleichen Erzählung)

“peċ!” lyost. Kim'ē pyeċ'ogso 80.21

HERABKOMMEN-IMP SAGEN-PRT-3PL K. HERABKOMMEN-PRT-3SG

„Komm herunter!“ sagten sie. Kime kam herunter.

„ü'ū təkċ'ə pyebz'əs!“ .... pyebz'agso M'āra, təkċə Bumal'ī dī pyebz'agso 100.85

DU DANACH HINABGEHEN-IMP ... HINABGEHEN-PRT-3SG M., DANACH B. AUCH HINAB-GEHEN-PRT-3SG

„Geh du hinterher hinab!“ ... Mara ging hinab, hinterher ging auch Bumali hinab.

oder Präfigierung bei beiden Verben:

„ī yiw'ig awij'e-ra!“ ... Bābā Gurgur maṇḍ'ug lekṣ'ī awij'ogo 25.17-18

DEIN LAUS HINAUSWERFEN-IMP PT .... B. G. FROSCH HOCHZIEHEN-CP HINAUSWERFEN-PRT-3SG

„Wirf deine Läuse heraus!“ - Bābā Gurgur zog den Frosch hervor und warf ihn hinaus.

Eine Folge von präfigiertem Verb und demselben Verb ohne Präfix innerhalb desselben Kontexts kommt auch vor, wenn die Äußerung keine Aufforderung enthält:

gəndər əz'ət ... al'abzī lāl tə-bən latin'ogsa ... su əz'ət labz'ī tə-bən latin'ogso 94.33-34
GROß FELSEN ... HOCHGEHEN-CP OBEN IN WALD HOCHSTELLEN-PASS-PRT-3SG PT ... DER FELSEN HOCHGEHEN-CP IN WALD HOCHSTELLEN-PASS-PRT-3SG
„Falls der große Felsblock... hinaufgegangen (*a-labz-*) und oben in den Wald gelegt worden ist...“ ... der Felsblock wurde, hinaufgegangen (*labz-*), in den Wald hochgelegt.

„wək'aš aleks̩'am-odo“ .... ək'a leks̩'omaš 92.7 (I.)
KEIL-OBL HOCHZIEHEN-PRS-1SG PT ... KEIL HOCHZIEHEN-ADV
„Ich ziehe den Keil heraus (*a-leks̩-*) ...“ ... Beim Keil-Herausziehen (*leks̩-*)...

as̩ç'og t̩āš awaks̩'ī wijiga-rē-səmš. na waks̩'ī wolog-r'a-sto ... C24.28-29
BEIßEN-PRTP ORT-OBL ABSCHNEIDEN-CP HINAUSWERFEN-PRS II-PT-1PL. NEG ABSCHNEIDEN-CP KÖNNEN-PRT-PT-3PL
Die Stelle, (wo die Schlange) gebissen (hat), schneiden wir weg (*a-waks̩-*) und werfen sie hinaus. Wenn man (sie) nicht wegschneiden (*waks̩-*) kann,...

atig yus̩ žonos'isa ... atig siwušč at'ī anipč'īa ... su yus̩ sudı žonos'isa. ... atəs siwušč at'ī sud'ī nipč'īa A10.5-7
EIN YUS̩ TALAUF-ERSCHEINEN-PRT II-3SG ... EIN SCHWESTER-OBL NEHMEN-CP TALAB-TRAGEN-PRT II-3SG ... ART YUS̩ WIEDER TALAUF-ERSCHEINEN-PRT II-3SG ... ANDER SCHWESTER-OBL NEHMEN-CP WIEDER TALAB-TRAGEN-PRT II-3SG
Talauf erschien ein Yus̩ ... Er nahm eine Schwester und trug sie talab (*anipč-*) ... Der Yus̩ erschien wieder talauf ... er nahm eine weitere Schwester und trug sie talab (*nipč-*).

Generell gilt, dass von zwei unmittelbar aufeinanderfolgenden Verben nur das erste mit dem Suffix versehen wird. GB fragte die folgenden Beispiele für „hinauf-, herab- etc. krempeln, -falten“ mit verschiedenen Richtungspräfixen ab:

asawurčī sasċə
anawurčī nasċə
alowurčī losċ'u
alawurčī lasċə
abüwurčī bisċə

In allen Fällen wurde die Präfigierung des zweiten Elements (**asasċə* usw.) abgelehnt.

Kein Präfix *a-* ist zulässig in Kombination mit deiktischen Basen (§5.1.6) außer der der größten Nähe *-te*, z. B. gibt es kein **anilig*, **anibeŋge* usw. Deiktische Basen mit *-te* können das Präfix enthalten, wenn daneben ein Pronomen, nicht aber, wenn in derselben NP eine weitere deiktische Basis mit einem anderen Morphem als *-te* vorkommt, vgl.:

aləg awatˈē wəstī „diese links nahe befindliche Frau“
watˈē (kein **awatˈē*) *wābˈeŋge wəǰǰəmī* „der drüben links befindliche Mann“.

Auch wenn es größtenteils optional verwendet zu werden scheint, stellt sich die Frage nach der Funktion des Suffixes. Die zwei Varianten des folgenden Belegs unterscheiden sich nur dadurch, dass der Sprecher im zweiten Fall der Experiencer ist, im ersten Fall nicht:

wüoṇḍubˈī sāl saksogs-ˈama 54.48
ANSCHWELLEN-CP HINEIN HINEINSTEIGEN-PRT-3SG PT
(Seine Wunde an der Hand) schwoll an und stieg weiter hoch (*saks-*).

wüṇḍobˈī asaksˈogso 54.52
ANSCHWELLEN-CP HINEINSTEIGEN-PRT-3SG
(Meine Wunde) schwoll an und stieg weiter hoch (*a-saks-*).

In dem obengenannten Beispiel 81.13-15

(c) *ižˈeŋ wošˈī alibzˈī*
(d) *ižˈeŋ wošˈī libzˈī*
SCHLANGE SICH-VERWANDELN-CP HOCHGEHEN-CP
in Gestalt einer Schlange hinaufgegangen

besteht der Unterschied zwischen beiden Aussagen darin, dass in (c) das Subjekt in eigenem Interesse zu einem selbstgewählten Ort geht, in (d) das Subjekt eine andere Person bezeichnet, die ihm folgt. In 28.73 spricht derselbe Sprecher zunächst von einem „Ort, um aufs Dach zu steigen“ (*lept-*), danach von seinem eigenen Besteigen (*a-lept-*) des Daches:

əgəm leptinˈig ṭā tye so? ... ,alˈeptī azˈan liga-pa-sum 28.73
DACH HOCHGEHEN-INF ORT WO SEIN-PRS-3SG … HOCHGEHEN-CP GEBETSRUF MACHEN-PRS II-PT-1SG
Wo ist der Ort, um aufs Dach zu steigen? ... Hinaufgestiegen, will ich den Gebetsruf machen.

Eine Aufforderung, in der das Morphem besonders häufig erscheint, setzt von Natur aus die willentliche und bewusste Handlung des Sprechers ebenso wie die des Angesprochenen als des handelnden Subjekts voraus. Nicht nur Aufforderungen aber, sondern fast alle Belege betreffen Aussagen, wo die Handlung willkürlich (volitional) ist, und zwar bezogen auf den Agens der Handlung. Demgegenüber sind die Formen ohne *a-* unmarkiert (nicht explizit volitional oder non-volitional). Die einzige mögliche Ausnahme ist 54.52, wo das (nicht genannte) Subjekt die Wunde ist:

wündob'ī asaks'ogso 54.52 „(Meine Wunde) schwoll an und stieg weiter hoch."

Falls die Funktion des Präfixes ist, Volition auszudrücken, könnte im Falle von 54.52 die Motivation für seine Verwendung darin bestehen, einen Kontrast herzustellen zwischen dem Anschwellen der Wunde und der völligen Unfähigkeit des Sprechers, darüber Kontrolle auszuüben, etwa „(die Wunde) schwoll an (sozusagen auf eigene Initiative, ohne mein Zutun und ohne dass ich etwas dagegen hätte tun können)". In 25.18, wo im Anschluss an die entsprechende Aufforderung ausnahmsweise auch die folgende Handlung mit dem Präfix versehen wird

„*ī yiw'ig awij'e-ra!*" ... *B. G. manḍ'ug leksˈī awij'ogo* "Wirf deine Läuse heraus! - B. G. zog den Frosch hervor und warf ihn hinaus."

könnte ausschlaggebend sein, dass der Angesprochene nicht die geforderten Läuse, sondern einen Frosch hinauswirft, der Aufforderung demnach eine eigene Willensäußerung entgegensetzt. Zugleich wird in allen Äußerungen mit *a-* eine Handlung dargestellt, die in eine bestimmte Richtung geht. Das gilt für die Aufforderungssätze (komm!, geh!, zieh heraus! etc.), aber auch für für die anderen Beispiele (*√-pč, √-bz, √-kṣ, √-j, √-ks(o), √-wurč, √-šili* „transportieren", „gehen", „ziehen", „werfen", "steigen", „hoch etc. -krempeln", „sich nach unten, rechts etc. -setzen"). In einigen Fällen gibt die Richtung zugleich den Benefiziär (oder Malefiziär) der Handlung an, aber dies scheint nur eine sekundäre Wirkung der Gerichtetheit zu sein, nicht die primäre Funktion des Morphems. Schließlich erscheint *a-* eher, wenn die Handlung auf einen eng definierten Raum begrenzt ist, sei es als Ziel einer Bewegung oder auf einen nahe gelegenen Ort. So scheint die Verwendung des Morphems vor allem durch Volition bei gleichzeitigem Vorhandensein einer Bewegung in Richtung auf ein Ziel motiviert zu sein, daneben aber auch durch „Beschränkung" auf eine Person oder auf einen Ort. Diese Beschreibung erklärt die Redundanz in einer Folge von gleichbedeutenden oder zusammengehörigen Verben und das Fehlen des Morphems in Ausdrücken, die bereits eine präzise Lokalisierung enthalten oder die eine metaphorische Verwendung („(Zeit) vergehen") voraussetzen. Der Ursprung des Morphems dürfte identisch mit dem des Richtungsmorphems *ā-, a-* „hin zu ..." sein.

2.4.1.8 Negation

Die Negation des finiten Verbs erfolgt durch *na*. Dieses steht meistens vor dem Verb:

na nōn'ig-lam 24.14 „Ich werde nicht talab kommen", *na oy'og-lamo* 30.26 „Ich habe nicht gegessen", *na wuskozog-lam* 78.19 „Ich habe nicht gesehen."

Enthält das Verbum ein nominales Element, d. h. ist es aus Verbalnomen (Infinitiv, Partizip) und einem Hilfsverb gebildet, kann das Negativum zwischen das stammbildende Affix (*ga/ ig, og/ ag, inig/ iŋ*) und das Hilfsverb („haben", „sein") treten, z. B.

alogēwin'ig-na-la 24.18 „Es wird nicht gelingen."
alugēwin'ig-na-lam 32.42 „Es wird mir nicht gelingen."
an'ipčinig-nā-lam 32.41 „Ich werde nicht talab tragen."
wos'og-nāsć „Du hast nicht übernachtet.

In einem Fall wurde dieselbe Aussage im Dialekt von I. mit vorangestelltem, im Dialekt von P. mit eingefügtem *na* notiert:

> *obüŋya pəziŋ-pa-lam-raya itʹī na əznog-lam-ǰ-(i)rʹa* (I.)
> MORGEN GEHEN-FUT-PT-1SG PT PT JETZT NEG WISSEN-PRF-1SG PT PT
> *ibüŋya pəznʹīg-pa-lam-ḍaya itʹī əznog-nā-lam-ǰ-(i)rʹa* (P.)
> MORGEN GEHEN-FUT-PT-1SG PT PT JETZT WISSEN-PRF-NEG-1SG PT PT
> Ob ich morgen gehen werde, weiß ich jetzt noch nicht.

Während die Infigierung des Negativums in Aussagesätzen nur schwach belegt ist, ist sehr häufig die mit infigiertem *-na-* negierte Frage zur Bekräftigung der Aussage oder Aufforderung (§3.2.2). Hier steht das Negativum stets nach dem nominalen Element einer analytisch (periphrastisch) konstruierten Verbalform, z. B.

> *pəzga-na-sən-ʹı* „Werdet ihr nicht gehen?“,
> *lyog-na-gas-ei* „Wird er wohl nicht gearbeitet haben?“ (= er hat wahrscheinlich gearbeitet).

Die Negation steht vor dem Komplement (Absolutiv) von „können“ in

> *na lī wolʹiŋ-lašo* 75.27 „Du wirst (es) nicht tun können.“ (I.)

aber nach dem Komplement (Infinitiv) in

> *okṭənīg na wolnʹig-(ə)liš* A10.236 „Du wirst nicht fressen können.“ (P.)

2.4.2 Verbalmorphologie im Dialekt von Paṣki

Als Muster für die Bildung dienen die Verben *pəz-* „gehen“ (itr.), *li-* „machen“ (tr.), *ip-* „bauen“ (tr.), *amǰ(u)-* „töten“ (tr.). (+) bedeutet, dass diese Form vor einer Partikel vorkommt, z. B. *pəzgas-əmrož*, nicht *pəzgas* (nur *pəzgaso*) daher in der Tabelle *pəzgas(+)*. In Klammern ( ) stehen optionale Varianten, z. B. *pəzga-gast(o)* = *pəzga-gast* und *pəzga-gasto*. Nicht belegte Formen sind mit * gekennzeichnet oder fehlen im Paradigma.

Formen des Präsens (P.)

Das Präsens wird mit dem Morphem m. *-ma-*, f. *-mi-* und der Personalendung aus Formen des Verbums „sein“ gebildet. In der 1. Person Plural des allgemeinen Präsens und des Präs. II werden eine inklusive oder allgemeine (4a = Personen 1 + 2, + 3) und eine exklusive (4b = Personen 1 + 2) Form unterschieden.[46] Die exklusive Form erscheint in der Aufforderung eines Mannes an andere in Text 14.5 und D23. In Text 8.40 verwendet der Sprecher die exklusive Form in der Anrede an seine Mutter: *asə mīz krək ligʹasəmšo* „So pinkeln wir“, wo der Bezug nicht recht klar ist: bezieht sich der Sohn auf Männer unter Ausschluss der Mutter, oder bezieht er sich auf sich und die Mutter und löst

[46] Vgl. OSADA 2004 zur Kategorie inklusiv/ exklusiv in Südasien.

dadurch ihr Lachen aus? Eine Genusunterscheidung ist für die 1. Person Pl. nur an einer Stelle im Aorist *pəgaw'imšo* 28.69 belegt, wo sich die Form auf zwei Frauen bezieht.

Das Präs. II wird mit dem Morphem *-ga-*, f. *-ig-* gebildet. Siehe unten zum Unterschied zwischen *gā* und *ga*, zwischen *ig* und *īg*.

Die dritte Person kommt fast ausschließlich mit dem schließenden *-o* vor: *pəzmaso* (in der Regel kein *pəzmas*), aber einmal Präs. II *lēgās* A12.11. Kein *-o* steht im Präsens vor einer Partikel, wie z. B. in *pyembarmas-'amež* 21.34 (kein **pəzmaso-amež*).

Ein extrem seltenes Präs. III, gebildet mit einer Kombination der Morpheme des Präs. (*ma/ mi*) und des Präs. II (*ga/ ig*), ist nur für die 1. Person Sg. nachgewiesen: *pəzgāmasəm*, f. *pəzīgmismo*, es bleibt in der Tabelle unberücksichtigt.

Vgl. zur Funktion der Präsens-Formen §2.9.3.4.

	Präsens (generell-aktuell)		Präsens II	Präsens-supp.
1	pəzmasəm, f. pəzmisəm	pəzmasmo, f. pəzmismo	pəzgas(ə)m(o), f. pəzigs(ə)m(o)	pəzga-gasmo
2	pəzmasċ, f. pəzmisċ	pəzmasċo, f. pəzmisċo	pəzgasċ(o), f. pəzgisċ(o), pəzigəsċ	pəzga-gasċ, f. pəzig-wigisċ
3	pəzmas(+), f. pəzmis(+)	pəzmaso, f. pəzmiso	pəzgas(o), f. pəzigs(o)	pəzga-gaso, f. pəzig-wigs(+)
4a	pəzm'am	pəzmamo	pəzgām(o)	pəzga-gamo
4b	pəzmasəmš	pəzmasəmšo	pəzgasəmš(o)	
5	pəzmasən, f. *pəzmisən	pəzm'asno, f. *pəzmisno	pəzgas(ə)n(o), f. pəzigsən	pəzga-g'asən
6	pəzmast, f. pəzmist	pəzmasto, f. pəzmisto	pəzgast(o)	pəzga-gast(o)

Zum Unterschied zwischen ga/ ig und gā/ īg

Als GB gegen Ende der Feldarbeit in P. das Material über Präs. II überprüfte, las er Fazal den Satz vor:

> *wəǰǰīmī wə-di omog'āso*, f. *omo'īgso* „Da er ein Mensch ist, wird er/ sie sterben" = „ist er/ sie sterblich".

GB fragte, ob *gā* wirklich richtig sei. Fazal bestand darauf, denn *omog'aso, omo'igso* würde heißen „er/ sie wird bald/ schnell sterben". GB und Fazal suchten nach weiteren Beispielen für *gā/ īg* im Gegensatz zu *ga/ ig* und fanden nach stundenlangem Probieren die folgenden Beispiele, die zeigen, dass *gā/ īg* die (natürliche oder sonstige) Regelhaftigkeit eines Geschehens ausdrückt, *ga/ ig* dagegen ihr baldiges oder sofortiges Eintreten.

1a) *izner'a zəm'a sodg'āso*
WINTER SCHNEE FALLEN-PRS II-3SG
Im Winter schneit es.

1b) *əd'ali kodyum lyu, əg'al sodg'aso*
SCHNELL ARBEIT MACHEN-IMP REGEN FALLEN-PRS II-3SG
Arbeite schnell, es wird gleich regnen!

1c) *ədali nimī tišp'āwə, zəm'a sodgas'a t-arəg pəzẹmšo*
SCHNELL MELKEN-CP EINTREIBEN-IMP, SCHNEE FALLEN-PRS II-3SG PT IN HAUS GEHEN-AOR-1PL
Schnell gemolken habend, treib (die Kühe) ein; wenn/ da es gleich schneien wird, wollen wir ins Haus gehen.

2a) *wasī gul wəǰǰəmī nimg'āsto, wəstī na nimgā-di*
PRASUN TAL MANN MELKEN-PRS II-3PL, FRAU NEG MELKEN-PRS II PT
Im Prasun-Tal melken die Männer, nicht die Frauen melken.

2b) *nimg'asto* „sie werden gleich melken“

3a) *wəstilug kür logzəg'āsto, wəǰǰəmīlug na logəzg'ā-dī*
FRAU-PL KIND GEBÄREN-PRS II-M-3PL MANN-PL NEG GEBÄREN-PRS II PT
Frauen gebären Kinder, Männer nicht.

3b) *wəst'i kür logz'īgso*
FRAU KIND GEBÄREN-PRS II-F-3SG
Eine Frau gebiert Kinder.

3c) *wuž'ū likṣ'ī wəstī wüṭob'īgso, wüzgun'īgso*
SCHWER HOCHZIEHEN-CP FRAU FEHLGEBURT-HABEN-PRS II-3SG FEHLGEBURT-HABEN-PRS II-3SG
Wenn sie Schweres hebt, bekommt die Frau eine Fehlgeburt.

3d) *wəst'īš īm na atily'u, kür logz'igso, wiṭob'igso*
FRAU-OBL LAST NEG AUFLADEN-IMP, KIND GEBÄREN-PRS II-3SG FEHLGEBURT-HABEN-PRS II-3SG
Lade der Frau keine Last auf, sie wird bald gebären (ist hochschwanger), wird (sonst) Fehlgeburt haben!

4a) *wəstīlug ṣānīgāsto*

FRAU-PL MENSTRUIEREN-PRS II-M-3PL

Frauen menstruieren.

4b) *aləg wəstīlug ṣānīg'asto* „Diese Frauen werden bald ihre Tage bekommen."

5a) *əpterg'āso, wəst'ī əpter'īgso*

FÜRCHTEN-PRS II-3SG, FRAU FÜRCHTEN-PRS II-F-3SG

Er ist furchtsam, die Frau ist furchtsam (*tarsnāk ast*).

5b) *su tubuloŋnī (w)ə-dī əpt'ergaso, əpt'erigso (= əpt'erin-layo)*

PRN ALLEIN SEIN-PRT II PT FÜRCHTEN-PRS II-3SG, FÜRCHTEN-PRS II-F-3SG (FÜRCHTEN-FUT-3SG)

Wenn er/ sie allein ist, wird er/ sie schnell in Furcht geraten.

6a) *šiša (w)'ə-dī ozolg'āso*

GLAS SEIN-PRT II PT BRECHEN-PRS II-3SG

Da es Glas ist, ist es zerbrechlich.

6b) *pyel'a awəra na byej'ə, ozolg'aso*

TASSE DRAUẞEN NEG HINABWERFEN-IMP BRECHEN-PRS II-3SG

Wirf die Tasse nicht draußen hinunter, sie wird zerbrechen.

7a) *wəst'ī ənċera gun'īg kodyum-pan pəzg'āsto, su dī pəz'īgso*

FRAU TAG JEDER ARBEIT POST GEHEN-PRS II-3PL PRN PT GEHEN-PRS II-F-3SG

Frauen gehen (m.) jeden Tag zur (Feld)arbeit, auch sie geht.

7b) *wəst'ī t-īšə pəz'īgso*

FRAU IN MÜHLE GEHEN-PRS II-F-3SG

Die Frau wird gleich zur Mühle gehen.

8ab) *wuṣ'ū na wunjug'āso, itī api na wunjug'aso (= na wunjin-layo)*

MEDIZIN NEG HERGEBEN-PRS II-3SG, JETZT AUCH NEG HERGEBEN-PRS II-3SG (NEG HERGEBEN-FUT-3SG)

(Grundsätzlich) gibt er mir keine Medizin, auch jetzt wird er sie mir nicht geben.

9) in Berufbezeichnungen: *wuṣeligā wəǰǰəmī so, wuṣelīg wəstī so* „Er/ sie ist Medizingeber(in)."

10ab) *nikr'ī noċoč'īgso, itī di noċ'igso*

FRÜHER TALABKOMMEN-ITER-PRS II-F-3SG JETZT PT TALABKOMMEN-PRS II-F-3SG

Früher kam sie (regelmäßig) talab her, auch jetzt wird sie gleich kommen (*xāhad āmad*).

11) *unz'ū atig psnū dī īšnī werī na kolig'āsmo (= na kolinīg-lisəm)*
ICH EIN STÜCK PT FALSCH WORT NEG SPRECHEN-PRS II-1SG (NEG FUT-CONST-1SG)
Ich lüge grundsätzlich nicht ein Wort.

12) *obəg apligās-əmro/ aplīgs-əmro, itī psē na wunj'ogso*
BROT GEBEN-PRS II-3SG PT/ GEBEN-PRS II-F-3SG PT JETZT WARUM NEG HERGEBEN-PRT-3SG
Sie gab doch (regelmäßig) Essen, warum gab sie jetzt nicht?

13) Langes *gā* erscheint auch bei einer emphatischen Antwort, die gleichsam eine natürliche Regelmäßigkeit impliziert, z. B.

əndo gatərēw'og-gast-ī? - g'āst-ij, gāž (< gāst-ž)
PRN-PL ERMÜDEN-PRF-SUPP-3PL Q - SEIN-PRS II-3PL PT
Werden sie wohl müde geworden sein? - Sie sind es sicher.

14) Langes *gā* erscheint in mathematischen Gleichungen für das Resultat, z. B.

lū-pana lū dī čpū g'āso „2 + 2 = 4", weitere Beispiele in Text D10.

15) Hierher gehört auch

am üty'oga gul wiṭogog-pan atig-əs na wāst 78.5 (I.)
MEIN GLEICH PT WELT HINAUSGELANGEN-PRTP POST EIN NOCH NEG SEIN-PRS II-3PL
Noch so einen wie mich gibt es nicht, (auch) wenn man ans Ende der Welt gelangt ist.

Fazal hatte I. *wāst* mit P. *wəgast* glossiert, verbesserte dann aber zu P. *na gāst* „gibt es (Pl.) (in der Regel) nicht", *na gast* dagegen übersetzte er *na xāhad būd*.
Es blieb zu wenig Zeit, diese Sätze mit anderen Informanten zu überprüfen. Mehrere Befragte stimmten zu, gaben aber keine weiteren Beispiele. GB war nicht sicher, ob sie das Problem verstanden hatten.

Formen des Futurs (P.)

Das Futur wird aus dem Infinitiv und Formen des Verbums „haben" gebildet.[47] Entsprechend der Bildung des Infinitivs (vgl. §2.5.4) steht in den Texten von 1970 (sowie in anderen Dialekten außer P.) anstelle von *-(i)nig-* sehr oft *-(i)n-*.
Vgl. zur Funktion der Futur-Formen §2.9.3.6.

---

[47] „haben" ist hier Hilfsverb, hat aber auch die Funktion eines Modalverbs, da das Futur sehr oft Notwendigkeit ausdrückt.

	Futur	Futur-const.	Futur-supp.	Fut.-Impf.
1	pəz(i)nig-lˈam(o)	ipinˈig-lˈisəm	pəzinig-ligˈasum, f. pəznig-ligsmo	pəznig-lāsəm
2	pəzinig-laš(o)	ipinig-liš	pəznig-ligasċ, f. pəznig-ligisċ	
3	pəzinig-la(yo)	ipinig-līa	pəznig-ligaso, f. pəznig-ligso	pəznig-lāw
4	pəz(i)nig-lamš(o)	ipinig-lisəmšo	pəznig-ligasəmšō	
5	pəznig-lan(o)	ipinig-lisən(a)	pəznig-ligasən	
6	pəzinig-last	ipinig-list(a)	pəznig-ligast	

Formen des Imperfekts (P.)

Das Imperfekt wird mit dem Morphem *ma/ mi*, das habituative Imperfekt mit dem Morphem *ga/ ig*, und dem Imperfekt des Verbums „sein" gebildet. Zur Funktion s. §2.9.3.5.

	Imperfekt	Imperfekt-hab.
1	pəzmasˈesum, f. pəzmiseˈsum	pəzgāsēsum, f. pəzigsesum
2	pəzmasesċ	pəzgasesċ, pəzgasewəs(ċ)
3	pəzmasew, f. pəzmisˈew	pəzgasew, f. pəzigsew
4	pəzmasesumš(o)	pəzgasesumš
5	*pəzmasesən	*pəzgasesən
6	pəzmasˈēst	pəzgasest

Formen des Aorists (P. und I.)[48]

	Präsens		Futur	Perfekt
1	pəzẹm,	pəzẹmo,		
	f. pəzim	f. pəzimo		
2	pəzẹš,	pəzẹšo,	(I.) pəziŋ-lẹš	lyog-wẹš
	f. pəziš	f. pəzišo		
3	pəzẹ,	pəzẹ(+),	(P.) pəznig-lẹ,	lyog-wẹ
	f. pəzi	pəzẹ(y)o,	f. pəznig-lī(+)	
		f. pəziyo		
4	pəzẹmš	pəzẹmšo,		
		f. pəzimšo		
5	pəzẹn	pəzẹno		
6	pəzẹst	pəzẹsto	linig-lẹst(+)	

Zur Klassifizierung des Aorist als Modus s. §2.9.3.1, zur Funktion §2.9.3.3. Treffender als „Aorist", die Bezeichnung, die auch von MORGENSTIERNE 1949 verwendet wird, wäre z. B. „Konjunktiv".

Formen des Präteritums (P.)

Das Präteritum wird aus dem Präteritalstamm (§2.4.1.2) und der Personalendung gebildet. Transitive und intransitive Verben unterscheiden sich durch unterschiedliche Endungen im einfachen (generellen) Präteritum. Zu den Funktionen der Präteritalformen s. §2.9.3.7.

	Präteritum tr.	Präteritum itr.	Prät. II tr.	Prät. II itr.	Prät.-hab.
1	amǰ'om(o)	pəzogsum, pəzogsmo	l'isum	pəzīsəm	
2	amǰ'ogš(o)	pəzogusċ(o)	liš	pəzisċ	pəzg'a-wəsċ
3	amǰ'ogo	pəz'ogso	līa, lī(+)	pəz'isa,	liga-wəs(+),
				pəz'is(+)	pəzga-wəsa
					f. lig-wəs(+)
4	amǰ'omš(o)	pəzogsəmiš, pəzogsəmšo	lisəmšo	pəzīsəmš	
5	amǰ'ogun(o)	pəz'ogsən, pəzogsn(+)	lisən	pəzīsən	
6	amǰ'ogust(o)	pəz'ogust(o)	list(a)	pəzīst(a)	pəzg'ā-wəsta,
					pəzga-wəst(+)

48 BUDDRUSS 2005, §8: „die Paradigmen bei GM. § 108 von *pəz-* „gehen" sind ein Gemisch aus Formen des Prs. und Aor."

In der 2. und 3. Person Sg. verwendet das Prät. II transitiver Verben die Endung II (ursprünglich: Präsens/ Aorist-Endung). BUDDRUSS 2005, §14, erklärt das *-i-* als Formans des Absolutivs.

Formen des Perfekts (P.)

Das Perfekt wird aus dem Präteritalstamm (dem Präterital-Partizip) und dem Präsens des Verbums „sein“ bei intransitiven, des Verbums „haben“ bei transitiven Verben gebildet. Das Hilfsverb beim itr. Perfekt wird meist mit Stimmabsatz artikuliert (*-og'ast),* auch wenn dies in der Text-Edition nicht immer notiert ist. Das Perf.-const. wird aus dem Partizip Prät. und dem Prät. II von „haben“ gebildet (diese Form ist nur mit transitiven Verben belegt). Das Perf.-supp. besteht aus dem Partizip Prät. und dem Präs. II (dem *ga*-Präsens) des Verbums „sein“. Das Perf.-hab. wird nicht aus dem Präteritalstamm, sondern aus dem Partizip des Präs. II gebildet, dieses wird mit dem Perfekt von „sein“ (*wog'əso*) verbunden. Zu den Funktionen der Perfekt-Formen s. §2.9.3.8.

	Perfekt tr.	Perfekt itr.	Perf.-const.	Perf.-hab.	Perfekt-supp.
1	lyog-lam(o)	pəzog'əsum, pəzog'əsmo	lyog-lisəm		lyog-gasəm, lyog-lyāsəm (I.), f. lyog-ligsəm
2	lyog-laš(+)	pəzog'əsċo	lyog-liš(+)		pəzog-gasċ(o), f. pəzog-wīgisċ
3	lyog-la(yo)	pəzog'əso	lyog-lia, lyog-(ə)li(+)	pəzga-wog'əso	pəzog-gas(o), f. pəzog-wigso, lyˈog-gaso, lyog-gas(+) lyog-ligas(+), lyog-wigs(+)
4	lyog-lamšo	*pəzog'əsəmš	lyog-lisimš		pəzog-gam, lyog-gam(+)
5	lyog-lan	*pəzog'əsən	lyˈog-lisən		
6	lyog-last(o)	pəzog'ast(o)	lyog-list	pəzgˈa-wog'əst	lyog-gast, pəzog-gast(+)

Formen des Plusquamperfekts (P.)

Das Plusquamperfekt wird aus dem Präteritalstamm (dem Präterital-Partizip) und dem Imperfekt des Verbums „sein“ bei intransitiven, des Verbums „haben“ bei transitiven Verben gebildet. Das Plup.const. verwendet dieselben Hilfsverben im Prät. II., das Plup.-hab. im Plusquamperfekt (im

Plup.-hab. sind nur Belege für intransitive Verben vorhanden). Plup.-const. und Perf.-const. transitiver Verben sind homophon. Zur Funktion s. §2.9.3.9.

	Plusquamperfekt tr.	Plup. itr.	Plup.-const.	Plup.-hab.
1	lyog-lās(ə)m(o)	pəzogsesum	pəzog-wəsum	
2	lyog-lāš(+)	pəzogsesċ	pəzog-wəsċ	
3	lyog-lāw	pəzogsew	pəzog-wəs(a)	pəzga-wogsew
4	lyog-lāsəmš(+)	pəzogs'ēsəmšo	pəzog-wəsəmšo	
5	lyog-lāsn(+)	*pəzogsesən		
6	lyog-lāst(o)	pəzogsest	pəzog-wəsta	

Muster der Imperativ-Bildung (P. und I.)

Der Imperativ wird für die 2. Person Sg. und Pl. gebildet. Es gibt grundsätzlich zwei Arten der Bildung eines Imperativstammes: Imp. I aus dem einfachen Stamm (Präfix + Wurzel) und Imp. II aus dem Präsensstamm II (Präfix +Wurzel + m. *ga*, f. *ig*).
Der Imperativ wird mit *na* negiert, z. B.

> *na pəz, na pəz'əs* „geh nicht!", *na le* „tu nicht!", *na ožin'üs* „töte nicht!", *muṣ na əzn'ə, muṣ na zneg'ā-rē-wəs, muṣ nā-znīg-rē-wəs* „zürne nicht!", *na okṭ'əs, na oyəs* „friss nicht!", *na ẓuw'us* „weine nicht!", *miša na abüly'ū* „kümmmere dich nicht darum!", *na wüŋkusga-rē-wə*" lass nicht fallen!", *na tümj'on* „schneidet nicht!"

a) Imp. I

Der Plural des Imp. I endet auf *-n*, und zwar *-an* (Z.Pr.), *-on* (P.I.), *-ən*, z. B.

> *wugy'on* „nehmt!", *bistar'on* „breitet aus!", *bižič'on* „schreibt!", *pəz'on/ pəz'an* „geht!", *ašly'on* (P.), *ašl'en* (Pr., < *ašlian*) „setzt euch!", *wubly'on-ra* (90.32) „gebt her!", *ibzan-da* (38.61) „geht hinaus!", *wumty'on* (94.19) „hört mir zu!", *šily'on-ra* (94.26) „bleibt!"

Im Singular gibt es die folgenden Endungen: ∅, *-a, -ə, -u, -(ə)s*. Außerdem erscheint *-e* als Allophon sowohl von *-ə* als auch von *-i-a*. Der Vokal der Endung *-(ə)s* (< **-sva*) wird nach dem Vokalismus der Verbalwurzel euphonisch angepasst. Gelegentlich erscheint als Variante für *-(ə)s* auch *-(ə)sċ*, z. B.

> 34.41 *šilisċ* 34.47 *pəgy'asċ*, 32.62 *əpter'əsċ*

Auf die Personalendung kann eine Diskurspartikel wie *-ei, -ig, dī, -ra, -ž, -āra* folgen (vgl. §4.3).

Der einfache Stamm erscheint bei der transitiven Wurzel *√-kṣ*[49] und bei vokalisch oder auf *-uw*, *-ay* auslautenden transitiven Stämmen:

√-ti (at'i, üt'ū-ra, awit'i neben *aty'a),*
aš(u): aš'u,
ṣugu(w): ṣugu,
sapṣuw-: sapṣū,

außerdem wird er von intransitiven Verben gebildet, z. B.

√üšt(i)- (üšt, aüšt),
√-ċ (aċ, leċ, atiċ), löṣki- (löṣki-ra),
√-bəċ (nebəċ, nobuċ),
√-nj (bienj nīnj-dei, pienj),
√-pt (aby'ept-ədī),
√-bz (apyebz-ed'ī),
√-pəz (pəz)
√-št(i) (sāšt),
√-wišti (niwišt)

Die Endung *-ə* und die Endung *-u* treten vor allem an transitive Verben:

biprāw'ə „verstecke!", *lawərj'ə* „wickele hoch!", *pyepaṭ'ə* „füll ein!", *bižičiw'ə* „schreib!", *ašpaw'ə* „vernichte!", *gəz'ə* „bring!", *nim'ə* „melke!", *na ṭəp'ə* „verlier nicht!", *zī waǰəm'ə* „schließ die Tür!", *pyēsuw'ə* „wasch!", *nesċə* „schick talab!", *əzn'ə* „wisse!", *at'awə* „antworte!"

ožin'ū „töte"", *asy'ū* „verbrenne!", *w'ulyu* „gib mir!", *kol(y)'ū* „sprich!", *yim'ū wuty'u* „hör mir zu", *wüspuw'ū* „feg aus!", *tümod'ū* „binde!", *wuskuz'ū* „zeig mir!", *opry'ū* „versteck!"

-ə tritt an ein intransitives Verb in:

ni tim'əṣə „Zürne nicht!", (P.) *əndeš ü'ū na timəṣə-r'a* 53.27 „zürne du mir nicht!"

Auf *-a* enden Imperative der itr. Wurzel *√-r(i): as'orya-dī* neben *as'oryes-dī*, und einiger tr. Stämme:

awili- (awilya),
bistar- (bistar'a),
√-koṣ- (ab'ekoṣa),

---

[49] Im Falle von *aw'ikṣ* (54.49) neben üblichem *awikṣ'e* (54.35) „öffne (den Verband)!" könnte *aw'ikṣ ānj'ẹmo* kontrahiert für **aw'ikṣə ānj'ẹmo* sein.

√-li (pelia', wuly'a neben w'ulyu),
√-ti (al'atya, ality'a, apety'a, as'atya, aty'a, az'itya, bity'a, nity'a, daneben auch *ati, yim'ū wuty'u),*
√-tili (ōtily'a).

Es ist nicht in jedem Fall eindeutig bestimmbar, ob *-a, -a'* eine Personalendung ist oder eine Diskurspartikel (§4.3.2).
-(ə)s erscheint vor allem bei intransitiven Verben, aber auch bei bestimmten transitiven Verben (dazu s. u.). Der Imperativ des Passiv-Stammes wie des Iterativ-Stammes endet immer auf *-(ə)s.* Beispiele sind:

pəz-: pəz'əs „geh!", *amṣ-: amṣ'əs* „iss!", *wupti-: wupt(y)'əs* „glaub mir!", *andul-: na andul'us* „verlier nicht!", *üpüčü-: üpüčüs* „flieh!", *wiṣom-: wüṣom'us* „ruh dich aus!", *ilgi-: ilgy'es* „kauf!", *somṣ- somṣ'us* „trink!", *anj'očəs* „Schau immer wieder an!",
pewišt'očəs, byöšty'očəs „Geh hinab!",
at'inewəs „werde gestellt!", *pyesċinewəs* „werde hinabgegossen!"

b) Imp. II
Der Stamm des Imp. II ist gleichlautend mit dem Part. Präs. II auf m. *-ga,* f. *-ig.* Der Imp. Pl. endet auf *-gasna, -gāsna.* Im Sg. erscheinen die Endungen *∅, -wə, -wəs.* Die endungslose Form des Imperativs (= Partizip Präs. II) erscheint häufig in der Form *-ga li-* „auffordern zu ...", s. §2.9.3.11. Die Endung *-wəs* wird vor allem für itr., die Endung *-wə* vor allem für tr. Verben verwendet, z. B.

intransitiv:

noog'āwəs m., *noċīgwəs f.* „Komm talab her!" (vgl. §5.1.4)

transitiv:

wugnēliga-rē-wə „erinnere mich!"
na wüŋkusga-rē-wə A10.151 „lass nicht fallen!"
gəzg'awə/ *gəzga-r'ē-wə* „bring!"
nirug'awə 8.67 „wende talab!"

Aber es gibt auch Beispiele von *-wəs* mit tr. und *-wə* mit itr. Verb, z. B.

tr. *muṣ na zneg'ā-rē-wəs/* f. *nā-znīg-rē-wəs* zürne nicht!
itr. *pəzg'awə* geh!, *aga-rē-wə* komm!

Sehr oft tritt zwischen Stamm und Endung die Partikel *re,* z. B. *pəzga-re-wəs.*

Aussagen von Muttersprachlern bestätigen einen semantischen Unterschied zwischen der einfachen und der *ga*-Form des Imperativs:

pyenj'əs „schau jetzt!“ - *pyenjig-ī* f. „schau später!“ (vgl. §2.9.3.11)
pəz'əs „geh jetzt!“ - *pəzg'awə(s)* „geh später!“

Die Bedeutung „später“ wird von folgenden Beispielen gestützt:

əm wəǰǰim'en liwit'ī gəzga-rē-wə 21.6
MEIN MANN-PL-OBL LEIHEN-CP BRINGEN-IMP II-PT
Meine Männer, ausgeliehen habend, bring (später) zurück!

wird in dem Moment gesagt, in dem die Männer leihweise übergeben werden, ähnlich

əm uṣug liwit'ī gəzga-r'ē-wə „Meinen Kamm, ausgeliehen habend, bring zurück!“
əm latr'ī liwit'ī gəzga-rē-wə „Bring meine Sachen, ausgeliehen habend, (zurück)!“
(aber: *wər'ī gəz'ə* 61.58 „Bring (jetzt) das Wort!“)

inü lət'əm leṣçega-rē-wə
NEU ZAHN HOCHSTECKEN-IMP II-PT
Setz (nachdem du den Zahn gezogen hast) einen neuen Zahn ein!
(aber: *əndeš t-kuṣl'og leṣç'əs* A10.369 „Setz mich (jetzt) in die Achselhöhle!“)

Allerdings wird auch in

aləg aṭš ī üs'ǖ bür'ǖ gəz'ə 100.44
DIES TOPF-OBL DEIN BLUT HINABFÜLLEN-CP BRINGEN-IMP
Diesen Topf füll mit deinem Blut und bring (ihn dann zurück)!

mit dem Imperativ I die Rückgabe des Topfes erst „später“, nach Verstreichen eines vollen Tages und nach der Befüllung, erwartet. Außerdem kann die Bedeutung „später“ auch der Partikel *re* zugeschrieben werden. Festzuhalten ist, dass die Aufforderung mit Imp. II deutlich weniger drängend, vermutlich auch höflicher ist.

	Imperativ I aus dem Primärstamm	Imperativ II mit -ga-
	Singular	
itr.	∅	-ga, f. -ig
itr.	-a, -aʿ[50]	
itr.	-(ə)s	-ga-(re)-wəs, f. -ig-(re)-wəs
tr.	∅	-ga
tr.	a, -aʿ	
tr.	-ə, -əʿ	-ga-(re)-wə
tr.	-u, -uʿ	
	Plural	
	-an (Z.), -on (P.), -ən	-gāsna

Bestimmte Verbalwurzeln verwenden bestimmte Imperativendungen, siehe Glossar. Aber von einigen Verben sind auch mehrere Varianten des Imperativs nachgewiesen, z. B.

„aufstehen“: *üšt/ ištüs,*
„kommen“: *aċ/ aċ'əs,*
„bauen“: *īp'ə/ ip'u,*
„sich fürchten“: *'əpterəs/ əptərə,*
„gehen“: *aby'ept-ədī/ apyeptəs-r'a, pəz'əs/ pəz,*
„verkaufen“: *oṣuw'ə/ ōṣəw'ū,*
„sehen“: *bienj/ bienjəs, pienj/ pyenj'e-dẹ/ pienjəs,*
„sieben“: *āwužə/ awuž'u,*
„(Böses) antun“: *tirem'əs / tirem'ə,*
„(talauf) tragen“: *žopč'ə/ žopč'ū‘* (im selben Text),
„sammeln“: *tüẓguw'ə/ tüẓguw'u,*
„(Bettdecke) umlegen“: *tüw'ǖ/ tüw'əs,*
„(Strumpfband) wickeln“: *ōwurjəs/ lawərj'ə,*
„töten“: 1956 *ožin'ū/ ožin'üs,* 1970 nur *ožnyu,*
„zürnen“: 1956 *tim'əṣə,* 1970 *timəṣ'əs,*
„sehen“: 1956 *pyenj'e, lyenj'ə,* 1970 nur *-əs.*

Der Imperativ auf *-(ə)s* wird von intransitiven Verben und von bestimmten transitiven Verben gebildet. Die betroffenen tr. Verben gehören zu bestimmten Wortfeldern, nämlich

„essen“: *oi-, odor-, okṭ(u)-, oṭoṭ-, opč(u)-, tüpč(u)-, sokuli-, amṣ-, somṣ-, sasċ-, sopṣul-, wui-, wunǰum-, sonǰum-,*

[50] Für *-a* nach *i,y* auch *-e.* Zu –a vgl. auch §1.1.2 zu /a/ und §4.3.2.

„(Kleider, Schmuck) anlegen“: *timǰ-, pemǰ-, oli-, osni-, ayas-,*

„an sich nehmen“: *āguti-* „(Gewehr) schultern“, *wučil(i)-* „(Kind) auf den Rücken nehmen“, *wutili-* „(mir) aufladen“, *ilgi-* „kaufen“, *wugi-* „nehmen, kaufen“, *wuẓo-* „finden, bekommen“,

„bewusst Sinneserfahrungen machen“: *√-nj- „sehen nach, achten auf“, √-mbəs* riechen, *nusi-* „zuhören“, *titil(i)- „fühlen“*

außerdem: *tiṇüdi-* „(Augen) schließen“, *wusti-* „sich waschen“, *giliš-* „schlagen“. Von *oli-*, wörtlich „herum-tun“ wird zum Wortfeld „essen“ der Imp. (P.) *olyüs* „steck (Tabak) in den Mund!“ gebildet, aber dasselbe Verb bildet mit kontextuell motiviert anderer Bedeutung den Imperativ (I.) *oly'u* „leg (den Türriegel) um!“ Die Belege stammen aus zwei verschiedenen Dialekten. Auch bei anderen Verben lässt sich nicht immer entscheiden, ob die Unterschiede in der Imp.-Bildung semantisch oder dialektbedingt sind, vgl.

tiçim- „überlegen“: (P.) *tiçim'ə,* (Pr.) *tiçum'əs,* (I.) *tiçəmüs,*

osti- „(in Jackenbausch) stecken“: (P.) *ostyüs,* (Pr.) *ostyū,*

tirem- „antun, zufügen“: (P.) *krək ḍig'ər na tirem'əs* 24.41, (I.) *atig krək ḍigər na tīremis* „tu nicht so ein Schlechtes an!“, aber (P.) auch *üo ḍigər na tirem'ə* „tu nichts Schlechtes!“,

omond- „verbinden“: (P.) *ī pārč gandā lī ōmond'u/ ōmond'us* „verbinde deine Wunde gut!“

Daraus, dass die Imperativ-Endung nicht 1:1 einer Wurzel zugeordnet werden kann und daraus, dass die Verteilung von *-əs* für itr., *-ə* für tr. Verben nicht konsequent durchgehalten wird, wie die genannten Beispiele zeigen, lässt sich folgern, dass die Wahl der Imperativbildung auch, aber nicht ausschließlich lexikalisch determiniert ist.

Die Verwendung einer bestimmten Imperativ-Endung ist mit stärkerem oder schwächerem Nachdruck verbunden. GB hörte, wie eine Frau dreimal nach ihrem Kind rief: zuerst *aċ!* „Komm!“, dann drängender *aċ'a'!*, schließlich, ärgerlich, *aċəs-'eg!* Vgl. auch §4.3.5.

Man könnte vermuten, dass die Auswahl der Imperativ-Endung mit semantischen Rollen zu tun hat. Im Falle von *-əs* ist offenbar die Rolle des Experiencer stark gewichtet. In anderen Fällen ist dies weniger klar. Zwar erscheint die Endung *-u* viel öfter als *-ə*, wenn die Verbalhandlung auf den Sprecher bezogen ist (*wu-* „zu mir/ uns“) oder ein anderer Partizipant Benefiziär ist, aber das gilt keineswegs durchgehend und reicht nicht aus, dieses Morphem semantisch von *-ə* abzugrenzen. Nicht bestätigen lässt sich auch ein möglicher Verdacht, dass die Wahl der Endung *-ə* oder *-u* vom Grad der Transitivität (high- vs. low-transitive)[51] abhängig sei.

2.4.3 Verbalmorphologie im Dialekt von Iṣṭewī

Das Paradigma des Dialekts von I. unterscheidet sich vor allem in den Präsens- und Präteritalformen von den anderen Dialekten. Das Perfekt- und Plusquamperfekt-Paradigma zeigt kaum Unterschiede zu

[51] Nach HOPPER and THOMPSON 1980.

dem der anderen Dialekte, nur tritt im Perf.-supp. anstelle von P. *-ga-* überall I. *-wa-* ein, z. B. I. *lyog-was(o)* = P. *lyog-gaso*, und in der 2. Person Sg. lautet die Endung I. *-ċ* anstelle von P. (und den übrigen Dialekten) *-sċ*. Keinen Unterschied scheint es im Imperativ zu geben. Für diese Formen gilt daher §2.4.2. Eine Unterscheidung von inklusiv/ exklusiv in der 1. Plural ist (zufällig?) nicht belegt. Der Unterschied zwischen Präsens und Präs. II wird durch die Endung markiert.

Formen des Präsens (I.)

	Präsens		Präsens II	Präsens-supp.
1	pəz'am	pəz'amo, pəz'āmo	pəz'āsəm, f. pəz'igsəm pəzasmo, f. pəzigsmo	pəzaw'āmo
2	pəzaš		pəzāċ(o), f. pəz'igiċ	
3	pəz'a	pəz'ayo	pəz'āso, pəza-re-s, f. pəz'igso	pəza-waso, lya-was(+), f. lig-wigs(+)
4	pəzamš		pəz'āsəmš(o), pəzasəmšo	
5	pəz'an	pəzano	pəz'āsən, pəzasn(+)	
6	pəz'ast	pəzasto	pəz'ast	

Formen des Futurs (I.)

	Futur	Futur-const.	Futur-supp.	Futur-Impf.
1	pəziŋ-lam(o)		pəziŋ-lyam	pəziŋ-lasəm
2	pəziŋ-laš	pəziŋ-liš	pəziŋ-lyaċ, f. pəziŋ-ligiċ	
3	pəziŋ-la(yo)	pəziŋ-(ə)li(+)	*pəziŋ-lyāso	
4	pəziŋ-lamšo		pəziŋ-lyāsəmšo	
5	pəziŋ-lan		pəziŋ-lyāsən	
6	pəziŋ-last		pəziŋ-lyast	

Formen des Imperfekts (I.)

Nur im Präsens f. und in der 3. Person Sg. ist eine Unterscheidung zwischen dem allgemeinen Imperfekt und dem habituativen Imperfekt möglich, vgl. I. *šily'asew* = P. *šiligasew/ šilimasew*.

	Imperfekt	Imperfekt-hab.
1	pəzasesum	pəzasesum, f. pəzigsesum
2	pəzaseċ	pəzasēċ, f. *pəzigsēċ
3	pəzāw, pəzaw	pəzasew, f. *pəzigsew
4	pəzasˈesumš	
5	*pəzasesən	
6	pəzasest, pəzasewest	

Formen des Präteritums (I.)

	Präteritum trans.	Präteritum itr.	Prät. II	Prät.-hab.
1	lyom(o)	pəzogsum	pəzˈisəm, lisəm	
2	lyoš(o)	pəzoguċ	līš	
3	lyō(yo)	pəzˈogso	pəzis(+), li(+)	pəza-wəsa
4	lyom(i)š	pəzogsəmiš		
5	lyon	pəzˈogsən		
6	lyost(+)	pəzost(o)		

2.4.4 haben und „sein" in Prasun

2.4.4.1 haben

„haben" dient zum Ausdruck eines Besitzverhaltnisses (vgl. §3.6), mit oder ohne Verwendung eines Possessivpronomens, z. B.

unzˈū atig ˈīri lam 14.6
ICH EIN PFERD HABEN-PRS-1SG
Ich habe ein Pferd.

Māra … nənūnī lamšo A1.2
M. … GOTT HABEN-PRS-1PL
Unser Gott ist Mara.

ari ˈam kuri lam, ī kurˈi nˈāso 104.15
DEM MEIN KALB HABEN-PRS-1SG DEIN KALB IST-NICHT.
Das ist mein Kalb, dein Kalb ist es nicht.

Das Verb „haben" dient in verschiedenen Konstruktionen als Hilfsverb, z. B. bei der Futurbildung. Vgl. §2.5.1, §2.9.1 und §2.9.3.11 zu Konstruktionen mit Partizipien und zur Markierung des Experiencers. „haben" ist in keiner aspektuell perfektiv markierten Form belegt. „Das Verbum *la-* wird im Präsens wie ein alter Aorist flektiert, was schon GM 292 mit Pers. *dāram* (nicht **mē-dāram*)

‚ich habe' verglichen hat" (BUDDRUSS 2005, §10), synchron wird es als Präsens behandelt, doch wird es ohne das Morphem *-ma-/ -mi-* (P.) gebildet.[52] „Besondere Feminin-Formen gibt es nicht" (BUDDRUSS 2005, §10), aus eben diesem Grund, außer im Singular des Präs. II (P.). Negiert wird mit *na.* Es gibt keine Dialektunterschiede in der Konjugation von *la-*, außer im Präs. II. Das Präs. II von *la-* „haben" ist in P. homophon mit dem Präs. II von *li-* „machen"/ „sagen".

	Präsens		Präs. II (P.)	Präs. II (I.)	Imperfekt		Präteritum II
1	lam	lamo	ligˈasəm, f. ligsmo	lyam	lˈāsəm		līsəm, lisum
2	laš	lˈašo	ligasċ, f. ligisċ	lyaċ	lāš	lāšo	līš, liš
3	la	layo	ligas(o), f. līgs(o)	lyaso	lāw, lāy(-amə̄)	lāyo	līa, (ə)lī
4	lˈamiš, lamč, lamš	lamšo	ligasəmšo	lyasəmšo	lˈāsəmš		lˈīsəmš
5	lan	lano	ligasən	lyasən	lˈāsən		līsən
6	last	lˈasto	ligast	lyast	lāst, lāwəst	lāsto	lˈīsta

Auf die Frage nach einem Futur von „haben" wich der Mitarbeiter F. aus. Zur Bezeichnung von haben auf der Zeitstufe der Zukunft wurde das Präs. II verwendet: (P.) *unzū ligˈasəm-ǰ* „ich werde haben", homophon mit „ich werde tun", ebenso Präs. II in (P.) *itˈī na layo, čkü dī na ligas/ligaž* „Jetzt hat (Präs.) er nicht, auch dann wird er nicht haben (Präs. II)."

2.4.4.2 sein

Das Verbum „sein" dient als Kopula, zum Ausdruck von Sosein oder Vorhandensein und als Hilfsverb.

Es wird von mehreren Stämmen gebildet: *(ə)s-, sa-, ga-, w-,* die zur Bildung verschiedener Tempora und Modi eingesetzt werden. In I. entspricht das Präs. II *waso* dem Präs. II beider Stämme in P.: *gaso* und *wəgaso.* Ansonsten gibt es nur geringe Dialektunterschiede, die aus der Tabelle hervorgehen.

[52] Gleiches gilt für *wule-* (P.) „nicht haben".

	Präsens	Präs. II	Präs.-supp.	Impf.	Impf.-hab.	sa-Präs.
1	(ə)səm, (ə)smo, -smo	gasəm, gasmo		sēsəm, sesm(+)	ga-sēsəm(+) (P.), wa-sēsəm(+) (I.)	
2	(ə)sċ, (ə)sċo, -sċ (I.) əċ(o)	gˈasċo, (ə)gasċ, f. wigisċ(o)		sēsċ, sēwəsċ		sasċo(-do)
3	(ə)so, s(+), -s	gaso, gāso, f. wigso, wigs(+)	gā-gˈaso	sēw		sˈaso(-do)
4	(ə)səmš, (ə)səmšo, -səmš	gamš(o),[53] ga-na-mš(+)		sēsəm(i)š		
5	(ə)sən, -sən	gˈasən, *gasno		sˈēsən, sēsn(+)		
6	ast(o), -st	gāst(o), gast		sēst, sēwəst		sasto(-do)

	Präs. II (I.)	Präs. II (P.)	Präs.-supp. (P.)	Aor.	Imp.	Prät. II
1	wam			wẹmo		wˈəsəm
2				wẹš	wəs	wəsċ
3	waso, wa(+)	wəgˈas(o)	wəga-gˈaso	wẹ(+), wˈẹyo		wəs(+)
4				wẹmš(o)		wəsəmš
5						wəsən, wəsn(+)
6	wāst	wəgast				wəst(+)

Die Negation des Verbum substantivum erfolgt durch das Negativum *na*, kontrahiert zu *nāsəm* usw., z. B. *nˈāso* „ist nicht", *nāsn-ı* „seid ihr nicht?" Das Negativum tritt im Präs. II vor das Verbum, z. B. *na gasmo* 30.30, oder es tritt - in negierten Fragen mit Aufforderungcharakter - zwischen den Stamm *ga-* und die Personalendung, z. B.

[53] 65.46 *gamčū* wohl für *gamš-ču*, vgl. 65.45 *wˈayə ga-na-mš-ˈ(i)ra.*

üu re unz'ū əd'ī w'ayə ga-na-mš-'(i)ra 65.45
DU UND ICH AUCH BRUDER SEIN-PRS II-NEG-1PL Q PT
Du und ich, wir wollen doch Brüder sein!

Erscheint die reduzierte, personalendungslose Form des Verbs (§2.4.1.4), so bleibt vom negierten Verbum substantivum nur das Negativum sichtbar, z. B. steht *nā-rē* A10.15 für *nāst + rē* „sie sind nicht", *n'a-yē* 42.79 für *nāso + ē* „ist nicht?"

Das *(ə)s*-Präsens fungiert als Kopula oder verbum substantivum, z. B.

unz'ū atig wərǰəmī səm, wəst'ī n'āsəm
ICH EIN MANN SEIN-PRS-1SG, FRAU NEG-SEIN-PRS-1SG
Ich bin ein Mann, keine Frau.

ps-wəǰǰəm'ī ə-r'a-sċ 27.14
WAS MENSCH SEIN-PT-PRS-2SG
Was für ein Mensch bist du?

apyepton-r'a, om'og s-ē-ba[54] *əza s-ē* 33.10
HINABGEHEN-IMP-PL PT TOT SEIN-PRS-3SG Q ODER LEBENDIG SEIN-PRS-3SG Q
Geht hinunter, ob sie tot ist oder lebendig!

lug wer'ī əso 11.17
RECHT WORT SEIN-PRS-3SG
Es ist Wahrheit.

ari šiš'a so (P.)
DIES GLAS SEIN-PRS-3SG
Dies ist Glas.

atig wəǰǰəm'ī so. nawuẓog'a so 53.1
EIN MANN SEIN-PRS-3SG ARM SEIN-PRS-3SG
Es ist ein Mann. Er ist arm.

sučog səlug-pana Səminǰ sə ganda rē-s A7.132
ALL ALM-PL POST-ABL S. ALM GUT PT-SEIN-PRS-3SG
Von allen Almen ist die Səminǰ-Alm am besten.

---

[54] Oder: *om'ogs-ē-ba* STERBEN-PRT-3SG Q ODER „ob sie starb".

aləg wəǰǰəmī tubuloŋnī ˈə-dī əptˈerin-layo (P.)
DIESER MANN ALLEIN SEIN-PRS PT FÜRCHTEN-FUT-3SG
Weil dieser Mann allein ist,[55] wird er sich fürchten.

Das *(ə)s*-Präsens dient dazu, das Vorhandensein eines Gegenstands oder einer Person auszudrücken:

kür nˈāso 34.22
KIND NEG-SEIN-PRS-3SG
Kein Kind ist da

ti-zˈī kakˈag wuẓig ˈəso 25.5
IN TÜR HUHN EI SEIN-PRS-3SG
An der Tür ist ein Hühnerei.

atig ižˈeŋ so 61.112
EIN SCHLANGE SEIN-PRS-3SG
Eine Schlange ist da.

al ċən-ī ba nāsn-ī (P.)
HIER SEIN-PRS-2PL Q ODER NEG-SEIN-PRS-2PL Q
Seid ihr hier oder nicht? (Vgl. §1.1.1 zu /ċ/)

Es dient als Hilfsverb bei der Bildung verschiedener Tempora. Als Personalendung ist es Teil des Präsens und des intransitiven Präteritums. Das *(ə)s*-Präsens ist nicht auf die Gegenwart beschränkt. Ist durch den Kontext klar, um welche Zeitstufe es sich handelt, wird es auch als Vergangenheitstempus verwendet, z. B.

unzˈū ičimna ənċera tu-ṣpū səm (wˈəsəm, sˈēsəm) (P.)
ICH GESTERN-ABEND TAG IN IṢṬEWI SEIN-PRS-1SG (SEIN-PRT II-1SG, SEIN-IMPF-1SG)
ich war gestern in I.

üo wulus ənċera t-uṣpū əsċ-ˈī ba nāsċ-ī (P.)
DU FRÜHER TAG IN IṢṬEWI SEIN-PRS-2SG Q ODER NEG-SEIN-PRS-2SG Q
Warst du gestern in I. oder nicht?

unzˈū üwˈö sumbara tu-ṣpū rˈē-səm (P.)
ICH VORIGES-JAHR SOMMER IN I. PT-SEIN-PRS-1SG
Vorigen Sommer war ich in I.

---

[55] ˈə- ist hier die personalendungslose (reduzierte) Form vor dem Subordinationsmarker *dī*.

əm nan əz'a wəs'a unz'ū əsk'al əwaš rē-səm D28.2
MEINE MUTTER LEBENDIG SEIN-PRT II-3SG PT ICH VIEL FROH PT-SEIN-PRS-1SG
Als meine Mutter am Leben war, war ich sehr glücklich.

Das selten vorkommende erweiterte Präsens mit *sa-*[56] ist teilweise austauschbar mit dem *(ə)s*-Präsens:

lowun'ī s'asċ-odo 54.16
lowun'ī 'əsċo 54.16
GÖTTIN SEIN-PRS-2SG PT
Du bist eine Göttin.

lü gəm sast 93.2
lü gəm ast 93.2
ZWEI DORF SEIN-PRS-3PL
Zwei Dörfer sind (dort).

In 54.16 folgt die Äußerung auf eine unerwartete negative Erfahrung, deren Ursache und deren Heilung in der Gesprächspartnerin gesehen wird. In 93.2 handelt es sich um eine Wahrnehmung des Protagonisten der Erzählung: *atig wərǰəm'ī pəz'o atig ṭ'ā-pan ap'ogso. lü gəm sast (ast)* „Ein Mann gelangte, indem er ging, an einen Ort. Zwei Dörfer sind (dort)."
Sehr häufig erscheint das sonst seltene *sa*-Präsens, selten das *(ə)s*-Präsens, in Verbindung mit der Partikel *-do* (§4.3.21), z. B.

gand'a wəǰǰəmī/wəst'ī sasċ-odo (P.)
GUT MANN/ FRAU SEIN-PRS-2SG PT
Du bist ein guter Mann/ eine gute Frau.

üo wəǰǰəm'ī sasċ-odo, wəstī nasċ-ədī (P.)
DU MANN SEIN-PRS-2SG PT, FRAU NEG-SEIN-PRS-2SG PT
Du bist doch ein Mann, nicht eine Frau.

atig w'arna Mareš um'ı bij'og wərǰimīl'ug ‚ül lar'ogsomo' liŋ na s'as-odo 89.14
EIN PERSON MARA-OBL SAAT HINABWERFEN-PRTP MENSCH-PL BAUCH FÜLLEN-PRT-1SG SAGEN-INF NEG SEIN-PRS-3SG PT
(Unter) den von Māra gesäten Menschen ist nicht die Rede (von) ‚Ich bin satt'.

Das letzte Zitat 89.14 ist eine von mehreren gültigen Aussagen zum Zweck eines „Wahrheitszaubers" (*satyakriyā*). Alle beginnen mit *əznīn'ogso* „es wurde erkannt" (frei übersetzt: „es ist klar"), wie in

[56] Angeblich sei es in P. veraltet, doch wurde es von dem Informanten, der diese Auskunft gab, selbst verwendet.

əznīnˈogso: wərǰəmˈī dizˈoglug türü-wǖrˈǖ aptüŋ na sˈas-odo 89.19
WISSEN-PASS-PRT-3SG MENSCH GESCHÖPF-PL SICH-EINWENDEN-CP-SICH-AUSWENDEN-CP GLAUBEN-INF NEG SEIN-PRS-3SG PT
Es ist klar: Menschengeschöpfe dürfen, wenn sie (auch) miteinander leben, einander nicht vertrauen.

əznīnˈogso: wəstīlug es muṣlugan ‚ibˈē so' bī na šilya sˈast-odo 89.25
WISSEN-PASS-PRT-3SG FRAU-PL JEWEILS GATTE-PL-OBL GENUG ES IST DENKEN-CP NEG SITZEN-PRSP II SEIN-PRS-3PL
Es ist klar: Frauen denken niemals über die eigenen Gatten: ‚Es ist genug'.

Mit *əznˈīnogso* beginnt auch die Äußerung in 93.22, wo am Schluss der Erzählung eine aus dieser abzuleitende Wahrheit formuliert wird:

əznˈīnogso al söpsup kodyum al na tigaṭˈoŋlī wüčoriŋ kodyum umbˈal sˈas-odo 93.22
WISSEN-PASS-PRT-3SG DEM VERLEUMDUNG WERK DEM NEG ÜBEREINSTIMMEN-CP-NEG AUSGEHEN-INF WERK ÜBEL SEIN-PRS-3SG PT
Es ist klar: Dieses Werk der Verleumdung, dieses Werk, auseinanderzugehen, ohne sich zu einigen, ist ein Übel.

Das *sa*-Präsens erscheint demnach, soweit der Kontext der Belege bekannt ist, in Fällen, wenn dem Sprecher der Inhalt der Äußerung neu ist, wenn eine neue Erkenntnis eintritt oder wenn eine (unerwartete) Schlussfolgerung aus (bekannten) Tatsachen gezogen wird, und muss als morphologische Markierung von Mirativität verstanden werden.[57] Dass die Mirativität nicht von der Partikel *-do*, sondern durch das Verb ausgedruckt wird, zeigt der Vergleich von

luwənˈī sasċo A10.45,67 (vgl. 54.16 oben) „Du bist eine Göttin!"

mit

sius ˈəċ-odo 80.21 „Du bist (unsere) Schwester!"

In A10.45,67 und in 54.16 ist die Erkenntnis neu und überraschend, in 80.21 wurde zwar kurz vor der Äußerung der Nachweis geführt, dass es sich tatsächlich um die Schwester handelt, die Tatsache ist aber an sich weder neu noch unerwartet, zumal die Angesprochene sich bereits vor dem Nachweis als Schwester zu erkennen gegeben hat. Die Einschätzung des *sa*-Präsens als mirativisch wird bestätigt von der etwas verwirrenden Erklärung „was ich vergessen hatte" im folgenden Beispiel:

löṣkyag-sˈasəm (I.)
HUSTEN-PRF-1SG
Ich hustete (was ich vergessen hatte).

[57] Zu Mirativität in Nuristan- und anderen Sprachen des afghanisch-pakistanischen Grenzgebietes siehe BASHIR 2010. Vgl. auch §4.1.

Hier erscheint das *sa*-Präsens als Hilfsverb mit einem Partizip. Beispiele für diese Verbindung liegen nur im Dialekt von Iṣṭewi vor, und zwar im Präs. II *pəzˈa-sasum*, f. *pəzig-sasum* (sonst: *pəzˈa-səm, pəzˈig-səm*) und im Perfekt *pəzog-sˈasum, löṣkyag-sˈasəm* (sonst: *pəzog-ˈəsum, löṣkyag-ˈəsəm*):

> *pəzˈa-sasum* (f. *pəzig-sasum*) *unzˈū!? üskū̆ üo pəzəs!* (I.)
> GEHEN-PRS II-1SG ICH SELBST!? SELBST DU GEHEN-IMP
> (Immer) soll ich gehen!? Geh du selbst!

> *unzˈū pəzog-sˈasum?! ibē ḍigər werī sew! unzˈū na pəzoŋlī üčümeilyom* (P.)
> ICH GEHEN-PRF-1SG?! GENUG SCHLECHT WORT SEIN-IMPF-3SG! ICH NEG GEHEN-CP-NEG GUT-TUN-PRT-1SG
> Ich bin gegangen (soll gegangen sein?)! Das war ein sehr böses Wort. Ich tat gut daran, dass ich nicht gegangen bin!

Auch die beiden letzten Beispiele lassen sich mit der Deutung als Mirativ-Form vereinbaren. Die Sprecher äußern Verwunderung über einen Sachverhalt, der von ihnen abgelehnt wird; indem sie darauf hinweisen, die bezeichnete Situation sei ihnen neu und widerspreche ihrer Erwartung („das ist unerhört"), geben sie ihrer Weigerung Ausdruck, dem Gesprächspartner zuzustimmen.
Ähnlich ist es im letzten Beispiel, in dem der Sprecher seine Vermutung ausdrückt, die vorgesehene Handlung (den Arzt holen) werde nicht durchführbar sein. Auch hier ersetzt *sasċ* die Kopula als Hilfsverb (*abyegəzga-sasċ/* sonst: *abyegəzgasċ, abyegzəga-rē-ga-sasċ,* sonst: *abyegzəga-rē-gasċ,* f. *abyēgzig-rē-wig-sasċ,* sonst: *abyēgzig-rē-wigisċ*)

> *wuṣēligāš abyegəzga-sasċ-ž-ī/ abyegzəga-rē-ga-sasċ-(i)ž-i?* D26.3
> ARZT-OBL HERABHOLEN-PRS-2SG PT Q/ HERABHOLEN-PRS-SUPP-PT-2SG PT Q?
> Wirst du den Arzt herabholen?

w- ist sowohl einer der Stämme des Verbums „sein" als auch der Stamm des Verbums „werden". Klar unterschieden sind beide Verben im Prät. II. *wˈəsa* „er war/ ist" dient zur Bezeichnung eines Zustandes oder einer charakteristischen Eigenschaft, z. B.

> *ari šišˈa wˈə-dī ozolgˈa-liš-imrož* (P.)
> DIES GLAS SEIN-PRT II PT BRECHEN-PRSP II-HABEN-PRT II-2SG PT
> Weil es Glas ist (*wə* endungslose Form für *wəs*), zerbricht es dir leicht.

oft am Anfang einer Erzählung, z. B.

> atig *nienjˈog wˈəsa* 37.1 „Es war (einmal) ein Vogel."

wˈisa „er wurde" dagegen dient zur Bezeichnung eines Prozesses, z. B.

lög drī w'ista A10.348
BEIDE PAAR WERDEN-PRT II-3PL
Sie wurden ein Paar.

Nur von „werden" werden Formen des Futurs gebildet:

Futur (I.) *pselī wiŋ-əla* 94.27 „Wie wird es werden (zustandekommen)?"
Fut.-const. (P.) *əmm'ābəg winig-liā* 36.11 „wird Weizenbrot werden"

Das Prät. *w'ogso* bedeutet „wurde", es steht im Gegensatz zum Imperfekt *sew* „war" und dient auch als Hilfsverb in Verbindung mit *-ga*, s. §2.9.3.11. Auch die anderen Formen mit dem Perfektiv-Marker *-og-* gehören zu dem Verb *w-* „werden":

(P.) Perf. **wogəsum, wogəsċ, wogəso, *wogəsəmš, *wogəsən, *wogast,*
Plup. *wogs'esum, *wogsēsċ, wogsew, wogs'ēsomiš, *wogsēsən, wogs'est/ wogs'ewest.*

Diese Formen von „werden" erscheinen nicht in der oben angegebenen Tabelle für Formen von „sein". In den anderen Formen ist der Unterschied nicht immer klar, und teilweise, wie beim Aorist, wird dieselbe Form sowohl für „sein" als auch für „werden" eingesetzt.

2.5 Morphologie des Verbs: Infinite Formen

2.5.1 Partizipien

Prasun kennt zwei Partizipialbildungen, das Part. Präs. II auf *-ga/ ig* und das Part. Prät. auf *og/ ag*. Beide sind sowohl Nomina in attributiver und prädikativer Verwendung als auch an der Bildung von Tempusformen beteiligt und dienen der Relativsatzbildung (§3.5).

2.5.1.1 Partizip Präs. II auf -ga/ -ig

Ein Partizip ist gleichlautend mit dem Stamm des Präsens II, im Dialekt von P. mit dem Morphem *-ga/ -gā*, im Dialekt von I. mit *-a/ -ā*. Im Femininum lautet das Morphem *-ig* (vgl. §2.4.1.2, 2.4.2). Das Partizip Präs. II ist homophon mit der reduzierten (personalendungslosen) Form des Präs. II (vgl. §2.4.13, 2.9.3.11) und dem Imp. II (§2.4.2). Das Partizip dient attributiv und prädikativ der Charakterisierung des Bezeichneten, es dient nicht zur Angabe einer momentanen Tätigkeit, außer falls diese die handelnde Person kennzeichnet, z. B.

wuṣelig'a „Medizinmachender, Arzt"
tipt'ī-wuptīčig'a 5.1 „einer, der immer hinein- und hinausläuft"
pəṣn'ə lig 11.2 „die Feindschaft habende (Frau)"
wəǰǰəmī oyəg'a (P.) „Menschenfresser"
na əznəg'a kor so (P.) „Er ist ein unwissender Esel."
wəst'ī pogga ast (P.) „Die Frauen weben (typischerweise)." (*-ga* m., nicht **-pogig!*)

wāl pəzg'a wəǰǰəmī əm yē so, wāl pəz'īg wəst'ī əm nan ċo „Der Mann, der dort drüben geht, ist mein Vater; die Frau, die dort drüben geht, ist meine Mutter."

Zum Einsatz des Partizip Präs. II zum Ausdruck von Absicht, Aufforderung, vorgetäuschtem Handeln und Experiencer-Konstruktionen siehe §2.9.3.11.[58]

2.5.1.2 Partizip auf -og

Ein Partizip Prät. auf *-og* (m. und f.) wird von transitiven und itr. Verben gebildet, vgl. MORGENSTIERNE 1949, §129. Anstelle von *-og* erscheint bei einzelnen Verben, aber nicht überall, im Obertal *-ag*, z. B. *aċ-* „kommen": P. *aċog*, Pr.D. *aċag*, *pəz-* „gehen": P. *pəzog*, Pr. *pəzag*. Vor das Suffix kann das Iterativ-Morphem (§2.4.1.2) treten, z. B. *koly-oč-og-l'ug* „die immer wieder gesprochenen (Worte)". Das Partizip auf *-og* ist zugleich der Verbalstamm der perfektiven Tempora Präteritum, Perfekt und Plusquamperfekt.[59] Es ist daher gleich der reduzierten Verbalform ohne Personalendung in den entsprechenden Tempora (vgl. §2.4.1.3). Das Partizip wird attributiv verwendet, z. B. *om'og wəǰǰim'ī* 33.19 „tote Menschen" zu *omo-* „sterben", ebenso in substantivischer Funktion, *ostom'og-pan* 32.61 „bei dem Eingeschlafenen" zu *ostom-* „einschlafen". Das Morphem *-og* bewirkt duch Verzicht auf Markierung von Genus und Person eine Valenzreduktion gegenüber dem finiten Verb. Der Referent des Partizips kann daher verschiedene semantische Rollen übernehmen: es ist beim transitiven Verb der Patiens, der Ort der Verbalhandlung oder der Benefiziär, beim intransitiven Verb der Agens, der Ort oder der Benefiziär, außerdem bildet es als personalendungsloses Verb einen Relativsatz (§3.5). Das Part. Prät. kann auch vom Passiv-Stamm gebildet werden, z. B.

> *wiṭig warəglug'a timṣī-wumṣ'inēwog rē-st* A3.15
> *WIṬIG* HAUS-PL PT VERMISCHEN-PASS-PRTP PT-SEIN-PRS-3PL
> Die Häuser des *wiṭig* sind durcheinandergemischt.

vgl. *timṣ'ī-wumṣ'og* B7.9 „(weiß und braun) gemischt" (Zeichnung eines Rinds). Die Bedeutung ist nicht grundsätzlich verschieden, aber durch das Passiv-Morphem wird das Fehlen eines Agens betont. Tritt der Agens eines Partizips von einem tr. Verb auf, so erscheint er in einer Nicht-Subjekt-Form (vgl. §3.5.9), z. B. in Form des Possessivpronomens.

---

[58] Unklar STRAND 2010: "A 'static participle' in *-gâ* (f. *-ik*) is perhaps functionally comparable to past participles with the evidential enclitic *sta* in the core languages."

[59] Das Suffix *-og* in dieser Funktion hat keine Entsprechung in anderen Nuristan-Sprachen. Fraglich ist, ob iranischer Einfluss vorliegt. Vom Präsensstamm abgeleitete Verbalnomina auf *-ag* im Westmitteliranischen haben die Funktion eines Nomen agentis oder Nomen actionis oder bezeichnen Ort oder Ergebnis einer Handlung (D. DURKIN-MEISTERERNST: *Grammatik des Westmitteliranischen (Parthisch und Mittelpersisch)*, Wien 2014, 156), außerdem gibt es eine im Mitteliranischen auftauchende Nebenform des Partizips Perfekt auf *-ag*, „die zunächst wohl rein adjektivisch gebraucht wurde" (T. JÜGEL: *Die Entwicklung der Ergativkonstruktion im Alt- und Mitteliranischen*, Harrassowitz 2015, 90). Dieses *-ag* hat einen festen Platz im Verbalparadigma des Neupersischen, wird aber nicht vom Präsens-, sondern vom Präteritalstamm (historisch < *-t-*) abgeleitet.

Partizip Prät. als Nomen actionis

Im folgenden Beispiel mit dem intransitiven Verb *ozol-* „brechen" spricht gegen die denkbare Interpretation von *ozol'og* als Attribut „gebrochen" von „Fuß" nicht zuletzt die Wortstellung: ist „gebrochen" nachgestellt, so sollte es sich um einen nicht-restriktiven Relativsatz handeln (vgl. §3.5.7), dies widerspricht aber dem Kontext, in dem es um Heilmittel für gebrochene Gliedmaßen geht:

> *tə ozol'og-wag wuṣ'a* C23.6
> FUß BRECHEN-PRTP FÜR MEDIZIN
> Heilmittel für Fuß-Bruch
> ?Heilmittel für einen Fuß, der gebrochen ist

Im folgenden Fall ist die Interpretation als Attribut „Wasser, das (nachgestellt - appositiv!) herabgeflossen ist" unwahrscheinlich, wenn nicht unmöglich:

> *nəs-pan ā(w) pyöṣol'oga nəṣ'əm nəm rē-s* C24.16
> NASE POST WASSER HINABFLIEßEN-PRTP PT SCHNUPFEN NAME PT-SEIN-PRS-3SG
> Das Herabfließen von Wasser an der Nase heißt „Schnupfen".
> *Wasser, an der Nase herabgeflossen, heißt „Schnupfen".

Das Partizip auf *-og* entspricht hier und in den folgenden Beispielen einem abstrakten Verbalnomen.[60] In einigen Fällen wäre die Interpretation als Verbaladjektiv denkbar, in anderen ist sie aber offensichtlich auszuschließen.

> *i plē om'og-ag* 103.9
> DEIN SOHN STERBEN-PRTP FÜR
> über das Sterben deines Sohnes
> ?über deinen Sohn, der gestorben ist

> *sumiš üčümeily'og-ag* 92.17
> SEIN GUTES-TUN-PRTP FÜR
> für seine Wohltat
> für das von ihm Wohlgetane

> *miš ipog mülü'a* D16.8
> SEIN BAUEN-PRTP LOHN PT
> Lohn für seine Reparatur (dafür, dass er repariert hat)
> ?Lohn für das, was er repariert hat

---

[60] Vgl. das Nomen actionis auf *-eg* in Nishei, DEGENER 1998, §2.16. Der Ursprung des *-og* zur Bildung eines Abstraktums ist nicht unbedingt mit dem des *-og* zur Bildung des Partizips identisch.

žim ččüw'og mülü'a D16.4
EISEN EISEN-BEARBEITEN-PRTP LOHN PT
Lohn der Eisenbearbeitung
*Lohn für das bearbeitete Eisen

əndeš killog'a oy'og ḍigər sə-r'a 30.96
MICH SO ESSEN-PRTP SCHLECHT SEIN-IMPF-3SG PT
weil es schlecht wäre, (wenn du) mich einfach so frisst
*weil das mich so Gefressene schlecht wäre

Gujur'an atig sumbar'a asċog-wag A7.136
GUJUR-PL-OBL EIN SOMMER SCHICKEN-PRTP FÜR
dafür, dass wir die Gujur einen Sommer lang hinschicken/hingeschickt haben
*für das Geschickte von einem Sommer der Gujur

əz'a wī pəz'og 'as-ag ps-wot so 35.21
LEBENDIG WERDEN-CP GEHEN-PRTP UNS FÜR WAS NUTZEN IST
Was nützt es uns, lebendig zu werden und wegzugehen?
*Was nützt uns, lebendig geworden, das Gegangene?

asə ṣupṣ'ī wuẓog-pay'a nuveigz'u kur'ī žokol'ẹša 8.66
WIR SCHWESTERSOHN FINDEN-PRTP POST-ABL 180 KALB TALAUFTREIBEN-AOR-2SG
Weil wir einen Schwestersohn gefunden (haben), sollst du 180 Kälber talauf treiben.
*Wir: vom Schwestersohn, dem Gefundenen, sollst du 180 Kälber talauf treiben.

Zugleich entspricht das Partizip auf *-og* in all diesen Fällen einer reduzierten Verbalform, damit wird dieselbe Strategie der Herabstufung verwendet wie vor Subordinationsmarkern (§3.4) und im Relativsatz (§3.5). In dieser Funktion kann das Partizip Prät. als Komplement auftreten, vgl. *üpōk* (= *ipog*) in MORGENSTIERNE 1949, §129 *üpōk äzneg'asto* „they know how to prepare". Es erscheint ferner häufig in adverbialen Ausdrücken mit einer Postposition, vor allem in temporalen und lokalen Ausdrücken (vgl. §3.5.8: Locus), z. B.:

wīš əjog-pan B1.16 „nach dem Loswerfen" (*aj-* „werfen")
krək pulog-pan 6.48 „nachdem (er) so gesprochen hatte" (*puli-* „sprechen")
anomog-p'an „als (er) anfing" (*anom-* „anfangen")
atig kuṇḍ'ī wəs optog-p'an 45.5 „nachdem einige Tage herumgegangen waren" (*opt-* „herumgehen")
gul pyeṭ'ogog-pan 2.30 „beim Tal hinab-geendet" = „am tiefstgelegenen Tal-Ende"

Verbindung mit „haben“

Durch das Verb *la-* „haben“ in Verbindung mit einem Part. Prät. kann ausgedrückt werden, dass einem Experiencer etwas widerfährt, es findet also eine Argumentvermehrung statt (vgl. in ähnlicher Weise die Verbindung von *la-* mit dem Part. Präs. II zum Ausdruck körperlicher Erfahrung §2.9.3.11):

> *žužu wiṇḍob'og la* 30.72
> ZITZE SCHWELLEN-ITR-PRTP HAT
> Sie hat geschwollene Zitzen

> *müṣü āċog l'ayo, kaṭ'a wiš'ē so* (P.)
> BART KOMMEN-ITR-PRTP HAT, STARK JÜNGLING IST
> Ihm ist gerade der Bart gesprosst, er ist ein kräftiger junger Bursche.

So muss wohl auch (Pr.) *ks-aċag-pu-last'o* im folgenden Beispiel (38.37) interpretiert werden, denn handelte es sich um ein Perfekt, so müsste dies von dem itr. Verb *aċ-* mit „sein“ gebildet werden, also *ks-aċag-pu-ast*, vgl. Perf. *aċog'ast* (19.9), ein etwa denkbares hiatusüberbrückendes *-l-* (**ks-aċag-pu-l-ast*) ist sonst in Prasun unbekannt. Unklar ist, worauf sich die Pluralendung bezieht, die in dieser Konstruktion auf den Experiencer verweisen sollte (in der Entsprechung, die im Dialekt von P. mitgeteilt wurde, steht stattdessen der Sg.: *ks-aċog-pu-la*); da weder zu der Sprecherin noch zu ihrem Vater, zu dem sie spricht, noch zu beiden zusammen als mögliche Experiencer die 3. Person der Endung passt (zu erwarten wäre die 1. Sg. der Pl. oder die 2. Sg.), sind vielleicht die beiden Töpfe gemeint, die von dem Protagonisten der Erzählung heimlich geleert wurden: *muṭ'ig kuṣṭo-pan īš'iž kṣṭo* (38.35) „Honigtopf und Išiž-Topf“ (zu Kongruenz von unbelebtem Nomen und Verb vgl. §2.1.2).

> *wəṣṭ'a ks-aċag pu-last'o lesp'ū̆ ašpaw'ag-last* 38.37
> NACHT WER KOMMEN-PRTP-PT-HABEN-PRS-3PL AUFBRAUCHEN-CP VERSCHWINDEN-LASSEN-PRF-3PL
> Nachts wer auch immer (zu ihnen = Töpfe?) gekommen ist, er hat (sie) geleert.

Auch im folgenden Beispiel ist möglicherweise *bišleg lam* nicht als Perfekt *bišl'eg-lam* „ich habe übriggelassen“ zu interpretieren, sondern als Experiencer-Konstruktion:

> *oj'ī aləg wer'īš bišl'eg lam* 41.19
> NUR DEM SACHE-OBL ÜBRIGLASSEN-PRTP HABEN-PRS-1SG
> Nur dieses (Kind) ist mir geblieben.

2.5.2 Absolutiv

Das Absolutiv oder Konverb[61] wird aus dem Verbalstamm durch das Morphem *-i, -ī* gebildet. Das Absolutiv dient in Verbindung mit anderen Morphemen zur Bildung verschiedener modaler Ausdrücke und Aktionsarten, z. B. mit den Hilfsverben *-ṭk-, liš-, tuw-, wol-*. Siehe §2.5.7 zu *-og-i-ṭkoma*. Vgl. §3.4.4 zum Absolutiv im Nebensatz.

Eine mit dem Absolutiv gebildete Verbalphrase steht in der Regel vor dem finiten Verb eines Satzes, z. B.

su wəst'ī wužokṭā wī atig piẽ logz'ia A10.350
ART FRAU SCHWANGER WERDEN-CP EIN SOHN GEBÄREN-PRT II-3SG
Die Frau wurde schwanger und gebar einen Sohn.

gəndar wer'ī wočuw'ī ṭəp'ā-pan t-inig aty'ego 5.14
GROß TOPF LINKS-TRANSPORTIEREN-CP DREIFUß POST IN FEUER SETZEN-PRT-3SG
Einen großen Steintopf stellte sie nach links hoch und setzte ihn auf dem Dreifuß ins Feuer.

sur t-ügyog bišl'ī ẓuwa liš'egso 75.9
SEE IN RAND NIEDERSITZEN-CP WEINEN-SUP BEGINNEN-PRT-3SG
Sie setzte sich am Rand des Sees nieder und begann zu weinen.

oder vor einer infiniten Verbform, wie in

atil'ī tür'ǖ tip'oma 80.28
UMDREHEN-CP SICH-HINEINWENDEN-CP HINEINGELANGEN-ADV
als sie sich umdrehten, sich zurückwandten und hineingelangten

Der Absolutiv-Satz kann auch nachgestellt werden, z. B.

su mel'ig tak wirēw'ogso, ps(e)mis'a a wəstī bī 42.90
ART ONKEL ID SICH-WUNDERN-PRT-3SG, WAS-MACHEN-PRS-F-3SG DEM FRAU DENKEN-CP
Der Onkel wunderte sich, (weil er) dachte: „Was macht sie, diese Frau?"

su yuṣ piẽ koly'ogo: „....“ ly'ogo su kür meligš āṇj'ī 42.51
ART YUṢ SOHN SPRECHEN-PRT-3SG … SAGEN-PRT-3SG ART KNABE ONKEL-OBL ANSEHEN-CP
Der Yuṣ-Sohn sprach: „....“, sagte der Knabe zu dem Onkel.

---

[61] Die Bezeichnung „Absolutiv“ für diese infinite Verbalform in subordinierender Funktion oder Konverb ist in der Indologie etabliert, daneben ist die englische Bezeichnung conjunct participle geläufig, die aber nicht mit dem lateinischen participium coniunctum gleichgesetzt werden darf. Nicht gemeint ist die Casus-Absolutus-Konstruktion, in der typischerweise ein Nomen mit einem kongruierenden Partizip verbunden wird. Vgl. zur Definition Haspelmath and König (eds.), *Converbs in cross-linguistic perspective.* Berlin 1995, darin Martin HASPELMATH: The converb as a cross-linguistically valid category, 1-55, Walter BISANG, Verb serialization and converbs - differences and similarities, 137-188, und H. H. HOCK in HOCK UND BASHIR 2016, 578f.

atig wərǰəmī büt'ūčāst om'oe 80.48
EIN MANN NIEDERLEGEN-PRS-ITER-3PL STERBEN-CP
Sie pflegen einen Mann niederzulegen, nachdem er gestorben ist.

Mehrere Absolutiv-Sätze können aufeinander folgen (clause chaining construction), z. B.

su yuṣ apı (1) lēċ'ī su wəstī-pan t-arəg (2) šil'ī waċəra „Māndi āg'aso" (3) lī (4) əpt'erī su yüṣ to-gut pyeptig'a-rē A10.319
ART YUṢ AUCH HOCHKOMMEN-CP ART FRAU POST IN HAUS SITZEN-CP ABENDS MANDI KOMMEN-PRS II-3SG SAGEN-CP FÜRCHTEN-CP ART YUṢ IN UNTERHAUS HINABGEHEN-PRS II PT
Der Yuṣ (1) hochgekommen seiend, mit der Frau im Haus (2) gesessen habend, abends ‚Māndi kommt' (3) gesagt habend, (4) erschrocken seiend, ging der Yuṣ hinunter ins Unter-Haus.

In dem letzten Beispiel wird der Agens, der sowohl das Absolutiv als auch das Verb des Hauptsatzes regiert, mehrmals genannt, möglicherweise wegen der Länge der Konverb-Konstruktion. Zugleich zeigt die Einbettung der Absolutive in den Satz *su yuṣ ... pyeptig'a-rē*, dass es sich eindeutig um Subordination (§3.4.4), nicht etwa um Koordination oder um eine andere Konstruktion handelt.

2.5.3 Negatives Absolutiv

Das negierte Absolutiv hat die Form *-ognī* (Variante *-ogne*) in Paṣki, *-oŋlī* in Iṣtewī. Zur Konstruktion eines negierten Absolutiv-Satzes wird das negative Absolutiv mit der unmittelbar vorangehenden Negation *na* kombiniert, z. B.

na ostom'ogne 6.31 „ohne einzuschlafen" (*ostom-*), *na würēly'ognī* 18.41 „ohne klar zu machen" (*würēli-*), *na ly'oŋlī* 76.5 „ohne zu machen" (*li-*)

2.5.4 Infinitiv

Der Infinitiv wird mit dem Morphem *-(i)nig* (P.D.K.), *-in* (P.D.), *-(i)nig, -niŋ, -iŋ* (Z.), *-iŋ* (Pr.I.) gebildet. In P. erscheint die Form *-(i)n* 1956 so gut wie ungebräuchlich zu sein, viel häufiger erscheint sie in den Texten von 1970. Der Infinitiv ist temporal und modal indifferent. Aus dem Infinitiv wird mit dem Hilfsverb „haben" das Futur gebildet.
Der Infinitiv kann als Verbalsubstantiv die Rolle des Subjekts übernehmen, z. B.

ẓ'ūwenig čobis-re 56.5 (D.) „Weinen (*ẓuw-*) ertönte."
liŋ na s'as-odo 89.14 (I.) „Sagen (*li-*) ist nicht (üblich/ möglich)."
māli'a tā'īl linig səmiš kodyum rē-s A3.59 (P.) „Steuern zu entrichten (*tāīl li-*) ist seine Aufgabe."

In der Subjektrolle wird der Inf. manchmal durch *weri* „Sache" oder *kodyum* „Werk" erweitert, der Inf. ist dann formal ein Attribut zu *weri/ kodyum:*

aləg mūnd liŋ werī ... kodyum so A1.22
DEM MÜND MACHEN-INF SACHE ... WERK SEIN-PRS-3SG
Diese Sache, (jmdn.) zum Münd zu machen, ist Brauch.

... wüčoriŋ kodyum umbʹal sʹas-odo 93.22
AUSGEHEN-INF WERK HART SEIN-PRS-3SG PT
Das Werk, ... auseinanderzugehen, ist (von) Übel.

Der Inf. übernimmt die Rolle des Objekts, z. B.

kaṭʹa oiniŋ səm-pʹa ḍigər bityʹog-lamo 76.26
STARK ESSEN-INF VON-ALLEM SCHLECHT NIEDERSETZEN-PRF-1SG
Sich gewaltsam Besitz anzueignen, habe ich als das Schlimmste bestimmt.

lust lyenjinig gəzgʹasto 65.36
HAND ERHEBEN-INF BRINGEN-PRS II-3PL
Sie werden Gebete darbringen.

Der Inf. kann ein „inneres Objekt“ bilden:

Tüžmu tūrig tisċənig rē Tugō tūrig tisċənig ədʹia atig ənċera tisċəga-rē-st A7.127
T. EINSAMMELN-INF PT T. EINSAMMELN-INF AUCH PT EIN TAG EINSAMMELN-PRS II-PT-3PL
Das Einsammeln (*turig tisċənig*) des Viehs von Tüžmu und das Einsammeln von Tugo - sie sammeln (*tisċ-*) an einem (und demselben) Tag das Vieh ein.

Der Inf. ist Komplement z. B. von

abli- „geben“ in *žešt nuʹiŋ ablyʹost* 94.9 (I.) „lehrten mit Stieren zu pflügen“
tiçim- “planen” in *ḍu liŋ tüçumʹost* 90.6 (I.) „planten, einen Hinterhalt zu legen“
əzn- „wissen, verstehen“ in *bižičinig əznəgasċʹ-ei* (P.) „Kannst du schreiben?“

Der Infinitiv kann attributiv gebraucht werden (s. oben zu NP mit Infinitiv + *weri, kodyum*):

begir wogzo liŋ piē 74.29
BANKERT GEBÄREN-PRT-3SG SAGEN-INF SOHN
der Knabe, von dem zu sagen (ist): sie gebar einen Bankert

ḍog nimʹiŋ šʹū 74.9
MILCH MELKEN-INF EIMER
Melk-Eimer

Der Inf. kann prädikativ gebraucht werden:

war'əg tak wir'ēnig so 29.20
HAUS ID SICH-WUNDERN-INF SEIN-PRS-3SG
Das Haus ist zum Wundern.

at'ig 'īšə̄ nirəman'ig so 24.2
EIN MÜHLE BAUEN-INF SEIN-PRS-3SG
Man muss eine Mühle bauen.

əm aŋ'ānig aləg wər'ī l'amo 31.29
MEIN BETRÜGEN-INF DEM SACHE HABEN-PRS-1SG
Dies ist mein listiges Spiel.

am ǰiginig ari lamo 71.23
MEIN SPIELEN-INF DEM HABEN-PRS-1SG
Dies ist mein Spiel.

Wie das letzte Beispiel zeigt, steht der Agens der Verbalhandlung im Genitiv (hier: Possessivpronomen). Mit dem Inf. wird ein Gerät bezeichnet, z. B.

ti-müg oznig „(Gerät zum) im-Gesicht-Sehen“ = „Spiegel“
mük pyenjiŋ „(Gerät zum) Gesicht-Hinabsehen“ = „Spiegel“
arum(o)n'īg “(Gefäß) zum (Milch-)Erwärmen”

oder der Ort der Verbalhandlung

bipun'īg 5.11 „hinaus-gelangen-lassen“ = „weit außen“
güčü tenig 38.54 „(Ort) zum Rücken-Hinlegen“

Der Inf. drückt eine Fähigkeit oder Bestimmung aus, er entspricht funktional einem Gerundivum, z. B.

aw'ičinig ok'um 69.14
HERAUSKOMMEN-INF BEFEHL
Erlaubnis herauszukommen

türom'iŋ čam 38.8
SICH-WÄRMEN-INF FELL
Fell zum Warmwerden

pəziŋ wuta na la 90.29
GEHEN-INF WEG PT NEG HABEN-PRS-3SG
hat keinen Weg, um zu gehen

ṭobenig gul 42.16
UMKOMMEN-INF TAL
Tal des Umkommens (Tal, in dem der Wanderer umkommt)

Mit *čar* „Brauch“ drückt der Inf. eine häufige oder gewohnheitsmäßige Tätigkeit aus:

nusiŋ čar la A1.5
HÖREN BRAUCH HABEN-PRS-3SG
Er pflegt zu hören.

Als Adverb lexikalisiert sind *te-pčinig/ te-pčiŋ* „wohin zu bringen“ im Sinne von „wozu“, z. B.

te-pčiŋ gəz'oš 98.41
WO-TRAGEN-INF BRINGEN-PRT-2SG
Wozu brachtest du es?

und *yab'enig* „genügend“ vom denominalen Verb *yabe-* „genug sein“, vgl. *yab'ē* „genug“.
Der Inf. des transitiven Verbs regiert ein direktes Objekt, das ihm voransteht, z. B.

anig ay'iŋ ḍug'o (P.)
FEUER SCHLAGEN-INF STOCK
Streichholz

wun'u saliŋ uṣko'a 90.14
TANNENNADEL HINEINTUN-INF KORB
Tragkorb zum Hineintun von Tannennadeln

kščī agüsnig wurū C26.1
KERN ZERSTAMPFEN-INF MÖRSER
Mörser zum Zerstampfen von Kernen

Mārеš nəm əzniŋ ṭā A1.1
MARA-GEN NAME KENNEN-INF ORT
Ort, um Mara zu verehren

Das direkte Objekt entfällt, wenn es gleich dem Bezugswort ist:

oyenig ab'əg wulē-rē-s 18.29
ESSEN-INF BROT NICHT-HABEN-PRS-PT-3SG
Es gab kein Brot zum Essen. (**ab'əg oyenig ab'əg* „Brot zum Brotessen“)

Der Inf. ist Bestandteil einer Reihe von Konstruktionen mit Hilfsverben zum Ausdruck von Modalität und von bestimmten Aktionsarten, vgl. §2.7 und §2.8.
Nur einmal ist ein Inf. in Verbindung mit *li-* zum Ausdruck einer Aufforderung belegt (vgl. die häufige Konstruktion mit *-ga + li-* §2.9.3.11):

səmiš aṭəpon'ig ly'og-la 32.61
IHN UMBRINGEN-INF SAGEN-PRF-3SG
Sie hat befohlen, ihn umzubringen.

2.5.5 Supinum

Ein Supinum wird mit dem Morphem *-a* gebildet. Es erscheint, um einen Zweck oder eine Absicht auszudrücken, z. B. mit Verben der Bewegung

jī ly'ekṣa pəz'ogso 8.3
KOPF WASCHEN-SUP GEHEN-PRT-3SG
ging sich den Kopf waschen

kə̄ išč'a pəz'og 8.37
PFEIL SCHIEßEN-SUP GEHEN-PRTP
zum Pfeil-Schießen gegangen

unz'a kəṭī ošy'a pčim'asmo (P.)
ICH PT KORN MAHLEN-SUP TRAGEN-PRS-1SG
Ich trage Korn zum Mahlen.

ob'əg ably'a pč'egəst yās t-arəg'ə 99.49
BROT GEBEN-SUP TRAGEN-PRT 3PL JE IN HAUS
Um (ihnen) Brot zu geben, brachten sie sie jeder in sein Haus.

oder mit einem Verb des Sprechens:

ob'eg oy'a çālyo 78.29
BROT ESSEN-SUP RUFEN-PRT-3SG
rief zum Essen

Das Supinum wird mit verschiedenen Vektorverben verwendet, vgl. §2.7. Das Supinum steht attributiv vor einem Nomen zum Ausdruck dessen, dass die Verbalhandlung vollzogen werden kann oder muss, und zwar an dem Bezugswort (*əweig* „Fenster"):

akṣ'a əw'eig 100.96
ZIEHEN-SUP FENSTER
Schiebefenster

oder durch das Bezugswort (*əṣṭəg* „Ältester“)

> *undomišin ti-jī kodyum alj'a əṣṭəg so* A1.11
> PRN-PL-OBL IN KOPF ARBEIT ANWEISEN-SUP ÄLTESTER SEIN-PRS-3SG
> Er ist der Älteste, ihnen Arbeit aufzutragen.

Homophon und vermutlich dem Ursprung nach identisch mit dem Supinum ist der Quotativ oder Reportativ *l'īa, lya.* Er steht am Ende wörtlicher Rede, wenn diese von einem anderen Sprecher wiedergegeben wird:

> *üo psē koly'ogš əndeš ,tāsig īrī na l'ayo' lya* (P.)
> DU WARUM SPRECHEN-PRT-2SG MICH VORHER PFERD NEG HABEN-PRS-3SG QUOT
> Warum sagtest du über mich: „er hatte früher kein Pferd“ (= dass ich kein Pferd gehabt hätte)?

> *üo psē koly'ogš əndeš ,kodyum na ly'ego' līa* (P.)
> DI WARUM SAGEN-PRT-2SG MICH ARBEIT NEG MACHEN-PRT II-3SG QUOT
> Warum sagtest du von mir: „er arbeitete nicht“ (= dass ich nicht gearbeitet hätte)?

2.5.6 *-o*

Das Morphem *-o* (BUDDRUSS 2005, §20 „Adverbialpartizip“) tritt an den Verbalstamm zum Ausdruck simultanen Handelns. Das solchermaßen gebildete Adverbiale steht immer in Verbindung mit einem weiteren Verb, das entweder finit ist oder im Absolutiv steht. Diesem Verb geht das *-o*-Syntagma stets voraus, aber nicht unbedingt unmittelbar. Der Aktant beider Verben ist in der Regel identisch.
Ein *-o*-Morphem findet sich fast immer in Verbindung mit einem Verb der Bewegung wie „kommen“, „holen“, „hinterhergehen“, einmal aber auch mit „(Brote) schmieren“. In Verbindung mit dem Verb *č-* „gehen“ bildet das *-o*-Adverbiale das Iterativ, s. §2.4.1.2. Ob *-o-* auch Bestandteil des Morphems *-oma* (§2.5.7) ist, ist unklar.
-o markiert die Gleichzeitigkeit. Zugleich drückt es oft die Umstände aus, unter denen das Geschehen des finiten Verbs stattfindet, es hat damit nicht nur temporale, sondern auch eine modale Komponente. Das *-o*-markierte Verb kann die Art der Bewegung modifizieren, z. B.

> *gul aẓuẓ'o Əspər'əg aċ'agso* 54.10
> WELT ZITTERN-LASSEN-ADV Ə. KOMMEN-PRT-3SG
> Indem er die Welt zum Erzittern brachte, kam Əspərəg.

> *tak üküz'o əstl'ə āċ'ogso* 31.41
> ID EILEN-ADV DEM KOMMEN-PRT-3SG
> Eilend kam jener.

Das *-o*-Adverbiale kann aber auch eine andere, gleichzeitig stattfindende Tätigkeit bezeichnen, z. B.

„...' *lyo ütr'ū trap āċ'ogso* 21.17 „,...' sagend kam der Bär."
so kür püly'o aṣkoč'ogso 42.42 „Der Knabe folgte ihm schreiend."
M'āndi 'īriš tiṣp'o ükiz'agso 54.68 „Das Pferd antreibend, eilte Māndi (davon)."
su ban'igya nan ānj'o aṣkoč'isa A10.78 „Die kleine Mutter folgte ihm, nach ihm schauend."

Das *-o*-Adverbiale kann aus demselben Verbalstamm gebildet werden wie das finite Verb:

čkü ċtag ač'o ač'o ščeġzū wərǰimy'en ščeġzu üs wuč'o dobul-ṗan ač'i-ṭko 74.25
DANN WIEDER SCHMIEREN-ADV SCHMIEREN-ADV 60 MANN-PL-OBL 60 *ÜS* SCHMELZBUTTER BROT POST SCHMIEREN-CP-BEENDEN-PRT-3SG
Dann, indem sie wieder schmierte und schmierte, schmierte sie allen 60 Männern 60 *üs* Schmelzbutter auf das Brot.

2.5.7 *-oma*

Das Morphem lautet *-oma*, in Z.D. auch *-ama*: D. *'ama* 68.7, Z. *wiṭel'ama* 61.3, *aċ'ama* 61.61, 100.29, aber Z. auch *bienj'oma* 100.17, D. auch *nyenj'oma* 69.53. *-oma* bildet ein Adverbiale oder „static present participle" (GM §131, BUDDRUSS 2005, §19) in temporaler, konditionaler kausaler Funktion, z. B.

pšig na w'oma müsog wuš əg'ās (P.)
KATZE NEG WERDEN-ADV MAUS FRECH SEIN-PRS II-3SG
Wenn die Katze nicht da ist, wird die Maus frech.

Es tritt an den Verbalstamm oder - möglicherweise, siehe unten Absatz 6) - an das finite Verb im Präteritum. Der Aktant des *-oma*-Syntagmas und der des finiten Verbs im selben Satz oder Satzgefüge müssen nicht gleich sein, vgl.

unz'ū žü-nosom'ā, üy'ū krëk i-bī ōzōgus (Pr., MORGENSTIERNE 1949, 330)
ICH TALAUF-ERSCHEINEN-ADV DU SO DENKEN-CP BLEIBEN-PRT-2SG
Als ich talauf erschien, dachtest du so.

Das Morphem *-oma* tritt
1) an den einfachen Verbalstamm (sehr häufig), z. B.

p'oma von *po-* „anlangen"
ātüly'oma von *ātüli-* „aufladen"

2) an das Hilfsverb *-ṭk-*, das mit dem Absolutiv des Hauptverbs eine kompletive oder egressive Aktionsart bildet (§2.7.15), z. B.

sumiš unz'ū əm iž'ia na anji-ṭkoma na aptig'asmo 15.6
DEM-OBL ICH MEINAUGE PT NEG SEHEN-CP-BEENDEN-ADV NEG GLAUBEN-PRS II-1SG
Solange ich ihn nicht mit meinen (eigenen) Augen gesehen habe, glaube ich es nicht.

3) an den Präteritalstamm auf *-og* (selten), vgl. auch §2.9.3.10:

atig bužʹī əŋʹə sāančewogomʹa səmiš sānčewʹī ṭiŋə aplinig čar last 33.34
EIN SACK KOHLE EINFÜLLEN-PRT-ADV DEM-OBL EINFÜLLEN-CP GELD GEBEN-INF BRAUCH HABEN-PRS-3PL
Wenn man einen Sack mit Kohle gefüllt hat, haben sie den Brauch, ihn mit Geld gefüllt (zurück)zugeben.

4) an *-og-w-* (selten)
-og-woma kommt in der Protasis von irrealen Konditionalsätzen vor (§2.9.3.10):

üo tāsʹig ičimnʹa krək na lyog-womayʹa unzū dī krək na linig-lʹisum 42.91
DU VORHER GESTERN-ABEND SO NEG TUN-PRTP-SEIN-ADV ICH AUCH SO NEG TUN-FUT-CONST-1SG
Wenn du vorgestern abend dies nicht getan hättest, würde auch ich dies bestimmt nicht tun.

unzʹū na sānjʹognī ʹagəzī sanjog-womʹa čaptʹī lətrʹī sʹēsta 99.29
ICH NEG HINEINSEHEN-CP-NEG HERBRINGEN-CP HINEINSEHEN-PRTP-SEIN-ADV VIEL DING SEIN-IMPF-3PL PT
Wenn ich (die Säcke), ohne hineinzuschauen, gebracht und dann hineingeschaut hätte, wären viel (mehr) Dinge (darin).

Wegen des Futurs in der Apodosis ist der folgende Satz eher nicht irreal zu verstehen (vgl. zu möglichen Formen des Ausdrucks von Irrealis §2.9.3.10). Allerdings wäre denkbar, dass *əznin-laš* als das in der Apodosis irrealer Konditionalgefüge häufige Fut-Impf **əznin-lāš* zu verstehen ist:

üo werī na wušpurog-woma tena əznin-laš? (Obertal, rhet. Frage)
DU SPRACHE NEG LERNEN-PRTP-SEIN-ADV WOHER KENNEN-FUT-2SG
Wenn du die Sprache nicht gelernt hast/ ?hättest, woher wirst/ ?würdest du sie verstehen?

Die Belege für *-ogoma* und *-og-woma* stammen aus Erzählungen des jungen Schmieds Rasul Khan (der gelegentlich abweichende Dialektformen verwendete: Texte 33 + 42), von Jan Mohammad aus Iṣṭewi (Text 90 *-ogoma*) und von Nur Mohammad aus Zuzum (Text 99 *-og-woma*). Unerwartet ist die Akzentuierung *sāančewogomʹa, sanjog-womʹa, lyog-womayʹa* gegenüber *aṣuwʹoma, pyeptʹoma, bižičiwʹoma, ḍuŋnīwʹoma* u. a. Ob es sich um Obertalformen handelt, ist unklar. Das Suffix *-og* unterstreicht die Abgeschlossenheit des Vorgangs der Protasis.

5) an *-ogi-ṭk-* (sehr selten)
Während *-ṭk-* sich bei finiten Formen nur mit dem Absolutiv verbindet, also kein *-og*-Suffix beteiligt ist, erscheint vor dem Morphem *-oma* auch die Form *-og-i-ṭk-*, vermutlich durch Reanalyse des dem Morphem vorausgehenden Stammes: 1) *pul-oma ~ pul-i-ṭk-oma,* 2) **wuskoz-og-oma ~ wuskoz-og-i-ṭkoma.* Beide Belege stammen aus Texten von Sher Mohammad II aus Paṣki.

wuskoz'ogi-ṭkom'a, wušpurgasċ-r'a 52.6
SEHEN-PRT-CP-BEENDEN-ADV
Falls du sie gesehen hast, zeig sie mir!

atig mar'əš əd'ī žim ṣum'ū-pan saṣy'og ānjog'i-ṭkoma čapt'ī tiky'ē üpüčüg'asēsċ 49.11
EIN FALKE-OBL AUCH EISEN SPIEß POST AUFGESPIEßT SEHEN-PRTP-CP-BEENDEN-ADV VIEL WEIT FLIEHEN-IMPF-HAB-2SG
Falls du auch (nur) einen Falken auf dem Bratspieß aufgespießt gesehen hättest, würdest du sehr weit wegfliehen.

6) an finite Formen im Präteritum (?)
Das einzige Textbeispiel mit dem Morphem *-oma* in Verbindung mit finiten Formen ist Text 21, eine Erzählung von Abdur Rahim. Vielleicht könnten die drei Formen, die alle in einem einzigen Satzgefüge (21.36) erscheinen, ein indirekter Beleg dafür sein, dass Formen auf *-og-oma* Teil der Alltagssprache und auch nicht auf das Obertal beschränkt sind, denn diese könnten das Muster für eine Analogiebildung abgegeben haben, etwa: **lyogoma* von *lyogo* „er sagte", folglich *lyogšoma* von *lyogšo* „du sagtest". Einschränkend ist allerdings zu bemerken, dass aufgrund der schwachen Beleglage ein Zweifel angebracht ist, ob es sich hier überhaupt um das Morphem *-oma* handelt. Der Kontext ist hochdramatisch, es handelt sich um Vorwürfe des Sprechers an seinen Vater, von dem er sich ungerecht behandelt fühlt. Daher kann es sein, dass das Morphem nicht *-oma*, sondern *-amɔ̃* ist, das funktional in diesen Zusammenhang gut passen würde.

gand'a na lyogšom'a
GUT NEG MACHEN-PRT-2SG-ADV
weil du nicht gut handeltest,
üo ī gandar kō bit'ī ī k'odyum wer'ī əzn'ī šilyegosċ'oma,
DU DEIN GROß STUHL HINABSTELLEN-CP DEIN WERK SACHE KENNEN-CP SICH-SETZEN-PRT-2SG-ADV
weil du deinen großen Stuhl aufstelltest und dich, auf deine eigenen Angelegenheiten bedacht, setztest,

'əm piẽ na amasċ'amaž' na lyogšom'a,
MEIN SOHN NEG KOMMEN-PRS-2SG PT NEG SAGEN-PRT-2SG-ADV
weil du nicht sagtest, 'Mein Sohn, du kommst ja nicht',

əm büd wuẓ'ewogso,
MEIN SINN SCHWARZ-WERDEN-PRT-3SG
verdüsterte sich mein Sinn,

ənd'eš ü'ū na wugnelyogšom'a
MICH DU NEG HERDENKEN-PRT-2SG-ADV
weil du nicht an mich dachtest

-oma verbindet sich mit dem Morphem *-a* (§4.2) zu *-omaya*, z. B.

piẽ logz'omaya ščöli somoṭo-r'a, lüšt w'omaya ožin'ū 42.3
SOHN GEBÄREN-ADV PT GUT AUFZIEHEN-IMP PT TOCHTER WERDEN-ADV TÖTEN-IMP
Falls sie einen Sohn gebiert, zieh ihn gut auf, falls es eine Tochter wird, töte (sie)!

Das Morphem *-oma* ist Bestandteil des lexikalisierten *ly'ema, lema* (zu *li-* „tun, sagen"), etwa „Gut", „Also gut", ebenso *koma* (kein Verbalstamm **k-* im Prasun).
Ein Adverbiale auf *-oma* wird mit *tašče* „vorher" kombiniert, z. B.

mum'uk žonos'oma t'ašče A7.1
MUMUK TALAUF-ERSCHEINEN-ADV VORHER
ehe (der Kalenderabschnitt) *mumuk* talauf hergelangt

2.5.8 -omaš

Durch das Morphem *-omaš* wird aus dem Verbalstamm ein Adverbiale gebildet, z. B. *pəz-* „gehen": *pəz-omaš*, *lečega-w-* „hochheben (*lečew-*) wollen" (vgl. §2.9.3.11): *lečega-w-omaš*. *-omaš* kann mit dem Hintergrund-Marker *-a* (§4.2) suffigiert werden, z. B. *byenj'omaš: byenj'omaša*.
Möglicherweise enthalten sowohl *-maš* als auch *-omaš* das Morphem *-ma* (produktiv nur zur Bildung des Präsensstamms, vgl. Fn. zu §2.4.1.2) sowie das Kasusuffix *-š* (< *-asya*, zur Markierung des Genitivs in einigen Fällen und produktiv zur Objekt-Markierung, s. §2.1.3), darüber hinaus enthält *-omaš* offenbar das Suffix *-o* (§2.5.6).
Im Gegensatz zu *-oma* wird *-omaš* ebenso wie das verwandte *-maš* nie für konditionale, sondern ausschließlich für temporale Subordination verwendet. Syntagmata mit *-omaš* benennen den Zeitpunkt, zu dem ein Geschehen stattfindet („in dem Moment, als..."), z. B.

səl pəz'omaš üt'eš wer'īš ašpur'īgsmo 7.3
DORT GEHEN-ADV DICH WORT-OBL LEHREN-PRS II-F-1SG
Wenn du dort(hin) gehst, werde ich dich (ein bestimmtes) Wort lehren.

miš yei om'ōmāš 28.3
SEIN VATER STERBEN-ADV
als sein Vater starb

zī-pan tipt'omaša 42.33
TÜR POST EINGEHEN-ADV PT
als sie durch die Tür hineingingen

təm'an wij'omaš iž'eŋ üpüč'ū ... 91.16
HOSE AUSWERFEN-ADV SCHLANGE FLIEHEN-CP
Als sie die Hose abwarf, floh die Schlange, ...

In Verbindung mit *wišt* „bis" drückt das Morphem aus, dass die Handlung einen zeitlichen Endpunkt markiert:

> *wəstˈī gəzī warəg lī miš-ag buṭˈog wukṣˈī miš t-arəg tiptˈomaš wišt miš yē wiṭig-pan rē-s* A3.17
> FRAU HOLEN-CP HAUS MACHEN-CP POSS-3SG FÜR ANTEIL HERZIEHEN-CP POSS IN HAUS EINTRETEN-ADV BIS POSS VATER *WIṬIG* POST PT-SEIN-PRS-3SG
> Nachdem er geheiratet hat, ein Haus gebaut hat, für sich einen Anteil (als Erbe) an sich genommen hat, ist er, bis (zum Zeitpunkt, da) er in sein Haus eintritt, im *wiṭig* seines Vaters.

2.5.9 -maš

Wie *-omaš* (§2.5.8) bildet *-maš* aus dem Verbalstamm ein Adverbiale zum Ausdruck der Gleichzeitigkeit, z. B.

> *su wazīr piẽ yei āmˈaš pəzˈī ,ī lüšt sabˈak na pulˈigsoʼ lyˈogo* 6.49
> ART WESIR SOHN VATER KOMMEN-ADV GEHEN-CP DEIN TOCHTER LEKTION NEG SPRECHEN-PRS II-F-3SG SAGEN-PRT-3SG
> Als der Vater kam, ging der Wesirssohn und sagte: ‚Deine Tochter lernt nicht.'

Der Agens der Verbalhandlung steht wie im finiten Satz im Nominativ (Casus rectus):

> *unzˈū t-ūt nigyō pəzmˈaš atig wəǰǰəmˈī lüṭˈogso* (P.)
> ICH IN WEG TALABGEHEN-ADV GEHEN-ADV EIN MANN SICHTBAR-WERDEN-PRT-3SG
> Als ich talab ging, tauchte ein Mann auf.

Obwohl sich die beiden Morpheme *-omaš* und *-maš* semantisch nicht vollkommen voneinander abgrenzen lassen, scheint die Verwendung von *-maš* eine gewisse Unschärfe zu suggerieren. Wird *-maš* eingesetzt, wenn der dadurch gebildete Temporalsatz eine zeitliche Dauer oder eine wiederkehrende Handlung bezeichnet oder wenn der genaue Zeitpunkt einer erwarteten Handlung noch unsicher ist, so gibt *-omaš* eher einen bestimmten Zeitpunkt an. Ist der Agens zu dem zugrundeliegenden Verb z. B. die Bezeichnung für eine Jahreszeit oder einen jahreszeitlichen Brauch, wird *-maš* verwendet. Eine Verbindung mit dem Iterativstamm ist ausschließlich für *-maš*, nicht aber für *-omaš* belegt. Es folgen einige Beispiele für den Gebrauch von *-maš*:

> *üsük pülimˈaš lug t-imũ münǰü bəs ayˈego* ... 69.35
> SONNE AUFGEHEN-ADV RECHTS IN OHR TROMMEL TON SCHLAGEN-PRT-3SG
> (falls), wenn die Sonne aufgeht, im rechten Ohr ein Trommelton erklingt

> *unzˈū wəstˈī-ta āmˈaš krək wüšˈö sēsm-am* 100.111
> ICH FRAU NACH KOMMEN-ADV SO JÜNGLING SEIN-IMPF-1SG PT
> Als ich auf Brautschau ging, war ich so ein Jüngling.

purdˈī ašpurmˈaš Wuṣˈum awˈeig-pan üomˈū pyetyˈogo 61.56
ALTE LEHREN-ADV WUṢUM FENSTER POST OHR HINABSTELLEN-PRT-3SG
Während die Alte ihn lehrte, lauschte Wuṣum durch das Fenster hinab.

lü wuscˈū lāṭogmaš əndo āst wəǰǰəmˈī wurˈī wikṣin čār last A2.3
2 JAHR HOCHGELANGEN-ADV ART 8 MANN *WURĪ* WÄHLEN-INF BRAUCH HABEN-PRS-3PL
Wenn (jeweils) zwei Jahre vergangen sind, pflegen die acht Männer die *wurī* zu wählen.

səmiš müṣü əṣkilmˈaš su byer wugunēmˈiso 47.10
POSS BART ZITTERN-ADV ART ZIEGE HER-EINFALLEN-PRS-F-3SG
Wenn sein Bart zittert, fällt mir die Ziege ein.

miš ipog mülüˈa intig üs būt aliga-rˈē-səmš ōwušmˈaš apˈı D16.8
POSS BAUEN-PRTP PREIS PT JE *ÜS* MEHL GEBEN-PRS II-PT-1PL MAHLEN-ADV AUCH
Als Lohn für seine Reparatur geben wir ihm je ein *üs* Mehl, auch beim Mahlen.

atig wuṣˈū apligˈa wəǰǰəmˈī killˈī imnˈə pəzˈočimaš miš nəskˈarš pučˈug tiprāmasˈew 50.1
EIN ARZNEI GEBEN-PRSP II MANN IMMER FRIEDHOF GEHEN-ITER-ADV POSS GESICHT-OBL TUCH VERHÜLLEN-IMPF-3SG
Ein Arzt verhüllte, immer wenn er zum Friedhof ging, sein Gesicht (mit einem) Tuch.

tu-gul soptomˈaš üzü bəs čaptˈī pömˈaso (P.)
IN TAL RECHTS-HOCH-GEHEN-ADV EIS WIND VIEL HERABKOMMEN-PRS-3SG
Wenn man das rechte Seitental hochsteigt, kommt von oben starker Eiswind.

əbəg oyəmˈaš īš tīṣpəmˈaso (P.)
BROT ESSEN-ADV MUND EINSCHLAGEN-PRS-3SG
Beim Essen schmatzt er.

Ein *-maš*-Adverbiale kann mit *wišt* „bis ..." verbunden werden, z. B.

itˈī atig wuscˈēmāš wišt na wulyˈogo D1.2
JETZT EIN JAHR-VERGEHEN-ADV BIS NEG HERGEBEN-PRT-3SG
Bis jetzt, wo ein Jahr vergangen ist, gab er es mir nicht zurück.

woz buṭog līmˈaš wištya asˈa ṣəlugenˈa yüs binuga-rˈē-səmš A5.25
EICHE ANTEIL MACHEN-ADV BIS PT WIR PT VIEH-PL-OBL PT GRAS HINABWERFEN-PRS II-PT-1PL
Bis wir (in jedem Jahr) die Eichen aufteilen, füttern wir die Tiere mit Gras.

2.6 Verzeichnis der Verbalwurzeln

Vorbemerkungen

Die Bezeichnung „Wurzel" bezieht sich ausschließlich synchron auf Prasun-Verbalwurzeln (vgl. §2.4.1.1.), sie bezieht sich auf den Grundbaustein eines Verbalstammes, an den Richtungs- und stammbildende Affixe treten können. Solche Wurzeln können, müssen aber nicht auf indo-iranische Verbalwurzeln zurückgehen, sie können z. B. auch auf Verbalkomposita beruhen, wie in √*ẓumli* „auf den Schoß setzen", das aus einer Kombination aus dem Nomen *ẓum* und dem Verb *li-* besteht und mit zwei Richtungspräfixen vorkommt. Das Wurzelverzeichnis enthält, ohne Vollständigkeit anzustreben, auch Denominativa. Einige dieser denominativen Verben werden mit Suffixen gebildet wie *√-šireli* „Turban binden" aus *šir*, bei anderen dient das unsuffigierte Nomen auch als Verbalstamm, wie z. B. *wəleg-* „eng sein", *ḍig(ə)r-* „schlecht werden". Das einzige Beispiel für die Verbindung eines suffixlosen denominativen Verbalstamms mit einem Richtungspräfix ist das gut dokumentierte *√-munǰ* „eindringen" falls es zu Recht von *munǰ* „Mitte" abgeleitet ist.

Das Wurzelverzeichnis enthält auch Verbalstämme, deren Analyse unsicher ist und bei denen auf die Bestimmung einer Wurzel verzichtet wurde. In ( ) Klammern gesetzte Wurzeln stammen aus dem Verzeichnis von MORGENSTIERNE 1949, sie sind sehr unsicher oder zu streichen.

Bedeutung und Dialektzugehörigkeit wird nur gelegentlich angegeben, v. a. wenn die Bedeutung stark von der Grundbedeutung (von Wurzel und Richtungsmorphem) abweicht. In [ ] gesetzt sind Wörter, die gehört wurden, aber nicht in Texten oder Sätzen belegt sind. K.R. bedeutet: „Keine (weiteren) Richtungspräfixe", das Wort kommt also nur in der angegebenen Form vor.

Vokale in Klammern bezeichnen solche, zum Teil durch Svarabhakti begründeten, Vokale, die nur vor mit Konsonant anlautenden Morphemen vorkommen, vor vokalisch anlautenden Morphemen aber entfallen, z. B. *tüpč(u)* „kauen": Präs. *tüpčum'aso*, Prät. *tupċ'ogo* (nicht **tüpčuogo*), *tipč(ə)-* „hineintragen": Präs. *tipčəm'aso*, Prät. *tipč'ego*, *opč(ə)-* „herumtragen": Präs. *opčəm'aso*, Aor. *opč'ẹmo*, Imp. *opč'ə*, Prät. *opč'ogo*, *bisċ(ə)-* „hinabsenden": Präs. *bisċəm'aso*, Prät. *bisċ'omo*, *büsċ(u)-* „beenden": Präs. *büsċūm'aso*, Prät. *büsċ'omo*, *aps(o)-* „umstürzen": Fut. (P.) *apsoin-lamo.*

Einige Wurzeln kommen in mehreren Varianten vor:

Einschub von *-l-* in Obertal-Dialekten: *gi-/ -lgi-* „gehen", *üti-/ -lti-* „sich hinstellen", *√-tiw/ √-ltiw* „stellen", *üčos-/ ülčos-* „fliehen";

Einschub eines Nasals: *dur-/ -ndur-* „lecken lassen", *ṣüdi-/ √-mṣidi, √-mṣüdew, √-mṣüdieli* „kneten", *√-mbəs* zu dem Nomen *bəs* „Geruch";

Wechsel von *n/ ŋ: √nus, √-nos/* (vor allem Obertal) *√-ŋus, √-ŋos* „erscheinen"/ „erscheinen lassen";

Wechsel von *č/ šč* (*šč* vor allem P.): *čor-/ ščor* „gehen", *čur-/ ščur-* „befördern";

Wechsel von *ṭ/ t* (nicht klar, möglicherweise in *ti-/ ṭi-* „stellen", *wutužew-* (P.)/ *wuṭož-* (Pr.) „entkommen") und ḍ/ d (*√-dol* „sich spalten" (P.), aber *üḍol-* (D.));

dialektspezifischer Wechsel von č/ ṭ: √-čki (I.), √-ṭki (andere) „laufen";

Wechsel von *d/t* (*adiw- / atüw-* „Feuer machen");

Kontraktion unter Schwund eines intervokalischen *-w-: √-wVš/ √-š* „zerstampfen, zerreiben", *√-wič/ √-č* „schmieren", *tič-/ tiwič-* „(Nägel) einschlagen", *ōwuč-/ oč-* „umrühren", *√-wišt(i)/ √-št(i)*

„(vorsichtig, langsam) gehen", *liwiz-/ liiz-*„gähnen", *aiti-, awiti-* „häuten", *√-čiwilli/ √-čilli* „Vieh treiben";

wohl durch Metathese *√-liw* (nur P.) neben *√-wil(i)* „schmelzen", *√-z(üw)* neben *√-wiz* „gähnen", *√-wiž* in *žawiž-* neben *√-žiw,* vielleicht *√-pṣ* neben *√-ṣp.*

Wurzel, Verb	Bedeutung und Beispiele	Bemerkungen
√zero itr.	„Richtung ... gehen, kommen": *a-, ā-* „kommen" (GM *ā*), *o-, byē-, alā-, alye-, (a)lo-, (a)nī-, (a)pe-, no(o)-, pö-, (a)sa-, so-, tē-* „wohin gehen", *ti-, awā-, (a)wi-, wo-, le-, li-, lö-, (a)ži-, žo-* Vgl. *gya-, gyā-* (P.) „bringen" aus *gī + a/ā-*	Verbalisierte Richtungspräfixe. *wi-* erwähnt T.12223
√zero tr.	*sā-* (Pr.) „hineintun", *bü-* (K.) „nicken", hierher wohl auch GM *ižipaṭek bi'omo* „I winked", GM s. v. √-bi.	
(√i)	GM, LSI *inik* „to be", *emaso* „I became" (?), = √-w, Inf. *(w)inig, imaso* „er wird"	s. √-w
√-i	„schlagen", „werfen": *ai-/ay-, īy-, iy-, bi(y)-, löy-, noy-, pöi-, pēy-, piey-, pȫy-, say-, sai-, wuy-, žöi-, žay-, žoy-;* (D.) *lai-* „Schluckauf haben" *[pyöinēm'aso* „wird hinabgeworfen", *tiy'omo* „ich warf hinein", *büïnem'aso* „wird herabgeschlagen", Imp. *tiy'u', loi-, löi-, lai-, lēy-, nöi-, soi-]*	GM √-i „to shoot". Nicht immer zu trennen von dem Material der √-yV(w).
√-o ?	*lüo-* „nach oben greifen", *tüo-* „einschlagen".	*lüo-, tüo-* kaum √zero, eher √-yV(w)?
oi-	*oi-* „essen". K.R.	GM *oyu/o-* T.10507
ablā-	*ablā-* (Z.D.Pr.K.) „schleifen". K.R.	Vgl. *aplāw-*. GM *ablan'ik* „whetstone" zu √-bla.
abüli-	*abüli-* "*sich* zu Herzen nehmen". K.R., kein **wubüli-*	*a- + bü* „innen" + *li-*
iber-	„sich wundern"	GM √-berē
ačip-	*ačip-* (I.K.D.Pr.) „schnappen"	Vgl. *ašip-* (P.). T.1026
adi- (Pr.)	*adi-* „Feuer machen". In P. ungebräuchlich, s. √-tiw^3.	GM √-di „make fire"
agui-	*agui-* „leisten, schaffen"	
√-(a)lo	„sich anlehnen": *ālo-, salo-, walo-, [nālo-]-*; Text 99.58 (Z.) lies *wāl'ogso* statt *wal'ogso.* „sich stürzen, legen auf": *žalo-, bilo-*	T.1354 *ālagaya-*?
√-öli ?	*lust lüöli-* „Hand auflegen", *büöli-* „Fuß niedersetzen", *[beöli-, neöli-, naöli-, saöli-, sooli-, tiöli-, waöli-, wiöli-, wooli-, wiöli-, žaöli-, žooli-]*	Kaum *ö* prothetisch vor √-li „tun".
√-ilgi	„kaufen": *ilgi-, igli-*. K.R.	T.254
ülos- itr.	„kochen"	

üluṣ- tr.	„kochen, erhitzen“	
√ültyu		s. √-lti
īp(o)-	*īp(o)-* „bauen“. K.R.	GM *üpə-* T.10503
upā(w)-	*upā(w)-* „scherzen“. GM *upā-* “to cheat”. K.R.	
aplāw- P.	*aplāw-* „schleifen“. K.R.	Vgl. *ablā-*
√es	GM „to be“	s. §2.4.4
√es	GM „to throw, send“	s. √-sċ
əsċəw-	„Teig auf Backblech legen“	Zu √-sċew?
osti-, ošti- tr.	„in Jackenbausch stecken“	√-s/šti? oder *īs* „Jackenbausch“ + *ti-*?
ostom-	*ostom-* itr. “einschlafen”, tr. „zum Schlafen bringen“. K.R.	GM < *ava-supta-*, aber T.868 < **avastumbh-*
aš-, aiš-	„zerstampfen“	s. √-wVš
üš(č)-	*üš(č)-* (I.) „sich streiten“. K.R.	GM √-šo „to scold“?
ašip- tr. (P.)	„greifen, verprügeln“. Andere Dialekte: *ačip-*	Vgl. √-čip
išp-	*išp-* tr. (P.Z.I.) „zurechtmachen, beschließen“, *(w)išp-* „zuschneiden“, *išp-* itr. (P.) „sich einigen“	
išüp(u)-	*išüp(u)-* itr. „sich schämen“, tr. „beschämen“. K.R.	
uṣ-	„kochen“	s. √-ṣu
əṣç(əw)-	„sich freuen“. K.R.	*s. (w)əṣç-, (w)əṣçəw-*
oṣ(i)-, ošü-	K. Pr. *oṣ(i)-*, D. *ošü-* “verkaufen”. K.R.	GM *ou-šu-*, √-šu „to sell“
aṣ(u)log-	„lahmen“	√-ṣlog?
oṣuw-	(P.) *oṣuw-, aṣuw-* “verkaufen” K.R.	Vgl. *oṣ(i)-*
a(w)iti-	„häuten“: *aiti-* (P.I.Z.D.Pr.), *āti-* (K.) *awiti-* (P.)	zu √-ti[2] oder √-witi?
üti-, ütiw-	*üti-* itr. “aufstehen”, Kausativ *ütiw-* tr. K.R.	T.1907. Vgl. √-lti
awoč-	*awoč-* „reifen“. K.R.	T.7654, Skt. *pacyate*
āwušaw-	„außer Atem kommen“	Vgl. *wuš-*
īz-	*īz-* „futuere“. GM *īzə-* “to copulate”. K.R.	< *ibhya-*?
oz-	1. „bleiben“, 2. „suchen“. K.R.	zu T.12605? BUDDRUSS 2005, 455, GM §105.
əzn(ə)-	*əzn(ə)-* „wissen“. K.R.	GM *äzne-* T.1091
üzew- (P.)	„Buttersack füllen“	von *üzū* „Buttersack“
aẓem- tr.	*aẓem-, āẓem-* (I.) „grollen, zürnen“	√-ẓemb, T.1308?
aẓəmb- tr.	*aẓəmb-* (P.) „grollen, zürnen“	Vgl. *aẓem-*
b-	*b-* „denken“, mit Prothese *ib-*. K.R.	Nicht zu √w (GM).
√-b	„gehen“: *ab-, aib-, byeb-, lāb-, leb-, lob-, nab-,*	

	ne(o)b-, p(y)eb-, sab-, sob-, s(y)eb-, wab-, wob-, w(y)eb-, žeb-, žib-, žob-	
(√bi)		s. √zero
√-bəċ (P.)	„gehen", nur Imp.: *byebəċ, lebəċ* (Pr. *lebəs*), *lobəċ, nebəċ, nobəċ, žibəċ, abəċ.*	Imp. Sg. zu √-b. Imp. Pl. *-pton* von √-pt.
√-bdüš	„sich verlieben": (nicht in P.) *abdüš-, büdüš-*	Vgl. √-bduṣ
√-bduṣ-	„sich verlieben": *abdüṣ-, abduṣ-, lebduṣ-, [bübdüṣ-, byebdüṣ-, labdüṣ-, nabdüṣ-, nibdüṣ-, nyebdüṣ-, pebdüṣ-, sobdüṣ-, wobdüṣ-, wabdüṣ-, sabdüṣ-, žebdüṣ-, žibdüṣ-]*	Vgl. √-duṣ, √-bdüš
√-bgi	(I.) *obgi-* „beschlafen"	s. √-pəgi
√-bgiw	„(Seil) drehen": (P.) *abgü(w)-, abgiw-*	
(√-bl)	GM *tu-bloug-nisəm* „I have been left alone" - corr. *tubul'oŋnī səm* "ich bin allein"	
√-bli[1]	"geben": *abli-, obli-, wubli-, lebli-, nobli-, (w)ubli-, žibli-, [webli-, sebli-].* Nicht in P., dort √-pli.	GM √-pli, -bli. T.8655.
√-bli[2]	„befördern": (D.K.) *nibli-, nabli-,* (D.K.Pr.) *žibli-*	Vgl. √-blya, √-bl(y)aw
√-bülus	(I.) *üblüs-* „säubern"	Vgl. √-pülus
√-blya	(D.) *oblya-* „umrühren", (Pr.Z.K.) *žiblya-* „talauf schicken"	Vgl. √-bli[2], √-bl(y)aw, √-plyaw
√-bl(y)aw	"befördern": (I.) *nablaw-, niblyaw-, nabl(y)aw-*; *oblyāw-* „umrühren". Hierher wohl (I.) *oblyawa* „Schwindel"	GM √-blyay- „to stir (soup). Vgl. √-bli[2], √-plyaw
√-bra (I.)	„sich schämen"	Vgl. √-breli, √-brew
(√-berē)		s. *iber-*
√-bruç	"ohnmächtig werden": *obruç-* (Pr.I.P.)	
√-bruçew	„ohnmächtig werden": (P.) *obruçēw-*	Vgl. √-bruç
√-brəçew-	„Lügner (*brəç*) werden": (P.) *wibrəçew-*	
√-breli (P.)	„beschämen"	
√-brew (P.)	„sich schämen": *əbrəw-, obrew-*	Vgl. √-breli, √-bra
√-bos	„flüstern": *abos-, löbos-*	
büsċ(u)-	„beenden", „lassen"	s. √-sċ[3]
√-büti (I.)		s. √-püdi
√-baṭ	*baṭ-* (I.) „sammeln".	Vgl. zu √-paṭ „gießen"
(√-biya)		s. √-waw
√-bz	„gehen": *abz-, (a)byebz-, (a)labz-, (a)libz-, nabz-, nebz-, lobz-, žabz-, (a)žibz-, žebz-, aibz-, (w)ibz-, obz-, lebz-, anabz-, (a)nibz-, pebz-, (a)pyebz-, sabz-,*	GM *bzə-* "to go". Nur im Obertal, präfigierte Form von √-pəz, in P. entspricht

	s(y)ēbz-, sobz-, tibz-, tebz-, wabz-, webz-, tebz-, tibzʹī-wibz-, g(y)ebz- “forttragen, mitnehmen”.	√-pt.
√-ċ	“kommen”: *aċ-, awiċ-, aseċ-, asoċ-, peċ-, tiċ-, woċ-, žiċ-, žoċ-, abeċ-, oċ-, aleċ-, aloċ-, aneċ-, apeċ-, asaċ-, atiċ-, (a)žeċ-, biċ-, byeċ-, beċ-, leċ-, liċ-, loċ-, neċ-, noċ-, saċ-, soċ-, syēċ-, wiċ- [wūċ-* “zu mir kommen”*]*	T. 1044
√ ċob itr.	„sich spalten“: *atīċob-, oċob-, pyeċob-, wiċob-, pyöċob-, wāċobī-saċob-, žaċobī-naċob-, [naċob-, neċob-, soċob-, woċob-, žoċob-, žoċobi-nyēċob-]*	Vgl. √ *ċop*
√-ċüni	*aċüni-, aċini-* „buttern“, GM *ċünə-* „to churn“. K.P.	T.12565
√-ċəp, ċVp tr.	„spalten, reißen“: *ċəp-, iċ(ẹ)p-, (a)laċip-, āċip-, awaċep-, awuċep-, (a)wīċəp-, bīċəp-, oċəp-, laċəp-, liċəp-, wuċup-, saċəp-, pyēċəp-, wāċəpī-sāċəp-, wiċipī-wuċup-* *[(a)tiċəp-, löš woċəp-* „Holz spalten“, *noċəp-, soċəp-, loċəp-, neċəp-, žiċəp-, žeċəp-, žoċəp-]*	Vgl. √-ċob GM √-ċepe „to tear“, T.5039
√-ċor itr.	„geworfen werden“, „fallen“: *byēċor-, löċor-, pyēċor-, pyöċor-*	Vgl. √-ċur
√-ċur tr.	„werfen, spritzen“: *pyēċur-, pyēċer-, aċer-, aċur-, oċur-, l(y)öċur-, wiċer-, awiċur-, wuċur-, žeċer-, [žiċur-, niċur-, neċur-, saċur-, soċur-, tiċur-, waċur-, woċur-]*	Vgl. √-ċor
√-ċiw	*aċiw-, waċiw-* „(Tür) sich einen Spalt öffnen“	
√-č^{1} itr.	„gehen“: *ač-* „weggehen“, *(w)ič- = (w)üč-* „angehen, möglich, erfolgreich sein“, *alič-, anāč-, ažič- b(i)eč-, byeč-, lač-, leč-, lič-, loč-, neč-, nič-, noč-, nā-na-č-, pyeč-, sači-wač-, sa-sa-č-, tič-, tiči-wuč-, wač-, wuč-, (w)iči-wuč-, wawač-, žač-, žeč-, žič-, žoč-, žačī-nač-, žači-noč-.*	Vgl. √-čaw.
√-č^{2} tr.	„gehen lassen“, „schieben“: *abič-, ič-* „(aus)werfen, schießen“, *(a)lač-, sač-, wuč-*	Vgl. √-čaw, siehe auch √-šč^{3}!
√-č^{3} (I.)	*bič-* “hinunterstecken“	Vgl. √-šč^{2}
√-č^{4}	„reiben, schmieren“: (P.Z.I.D. 69.42) *ač-*, (P.) *wuč-*. Vgl. Fn. zu Text 42.21.	GM √-ač „to smear“ T. 169. Vgl. √wič^{1}. √-č „reiben“ nur 1956.
√-č^{5} tr.	(I.D.Pr.) *oč-* „umrühren“	s. √-wuč
√-č^{6} tr.	„schließen“ (außer P.): *(a)wač-, āwič-, (a)woč-*	Vgl. √-šč^{4} (P.)
√-č^{7} tr.	*tič-* (P.) „(Nägel) einschlagen“	Vgl. √-wič^{2}
čob-	„tönen“. K.R.	BUDDRUSS 1975. Vgl. *čip-*

čču-, ččuw-	*čču-, ččuw-, šču(w)-* „Bart stutzen“	
√-čki (I.)	„laufen“: *wüčki- [nüčki-, lački-, byöčki-, žüčki-]*	andere Dialekte: √-ṭki
√-čil(i)	„auf den Rücken laden“: *ačil(i)-, pyēčil-, wučil(i)-* Keine anderen Präfixe. GM *čīl-* „to take on the back“	Kati *čil* “back”, Kv. *čil piṭ* “ridge”
√-čol	*wüčol-* „sich schütteln“, *wučol-* „sich ekeln“	Vgl. √-čul. T.4715
√-čul	„schütteln“: *āčul-, ačəl-, awüčel-, sāačel-, sāčul-, wüčul-, wüčül-*	Vgl. √-čol
(√-čum)	nur in *üčˈum* „Erdbeben“, s. Glossar	
√-čip	„schlagen“: *ačip-, očip-, očup-, lāčip-, lēčip-, ličip-, ločip-, löčip-, tičəpī-wučip-, wučip-, [byēčip-, pyēčip-, načip-, ničip-, žičip-, žečip-, žočip-, wičip-].* GM *očip-.*	GM: vgl. Skt. *ākṣipya-.*
čip-	*išpū č(i)p-* „Flöte spielen“, *əwəg čipˈa* „Lautenspieler“. K.R., aber vgl. √-čip „schlagen“	Vgl. √čob-
√-čor itr.	„gehen“: *ačer-, ačor-, očer-, očor-, byečer-, byečor-, nečer-, ničor-, pöčor-, pyečor-, asačir-, (a)sočir-, tüčer-, tüčor-, wačer-, žačor-, žičer-, žüčor-, žočor-, žočer-, wičer-, wüčor-*	Vgl. √ščor, √-čur. GM √čo/ər. Skt. *car-*, T.4686? GM Text VII.98 *ˈā-ċerekso* “he-was-finished”
√-čur tr.	„gehen lassen, befördern“: *awičur-, awičer-, ličer-, nüčer-, pyečer-*	Vgl. √-čor. Etymologie unklar wegen P. *–ščor-, -ščer-* „gehen“.
√-čos[1] itr.	„fliehen“: *üčos-, (w)ičos-, wūčos-, [lāčos-, nočos-, ločos-, lečos-, ličos-, tičos-, žačos-, žočos-*], Nebenform D.I.K.Pr.Z. *ülčos-* (= P. *üčos-*)	Vgl. –čus[1], √-lčos
√-čos[2] itr.	„erwachen“: *üčos-, wičos-, wüčos-*	Vgl. √-čus[2]. GM √-čo/üsə
√-čus[1] tr.	„in die Flucht jagen“: *üčus-* (P.*), [lāčus-, nočus-, ločus-, lečus-, ličus-, tičus-, žačus-, žočus-]*	Vgl. -čos[1]
√-čus[2] tr.	*(w)īčus-* „wecken“	Vgl. √-čos[2]
√-čaw, √-čVw	„gehen lassen, treiben“: *abīčəw- aličiw-, ilčaw-, lačiw-, lečiw-, līčiw-, ličiwī-bīčiw-, ničiw-, pyēčiw-, pyöčiw-, sačiw-, tičiw-, (a)wičiw-, wočiw-, wočuw-, wučiw-, wočəw-, žičiw-, žičiwī-nīčiw-, wiči-wučaw-, [anˈočuw-, ažˈožuw-, asˈočuw-, nočiw-, (a)sočiw-]*	Kaus. zu √-č[1], vgl. √-č[2]
√-čiwilli, √-čilli	„(Vieh) treiben“: *əčəlli-* (P.), *čiwilli-* (I.), „sich aufregen“ (tr.): *očüwilli-* (P.), *očülli-* (I.D.Pr.)	
√-ç tr.	1) saugen, 2) sich stützen	s. √-ṣ(u), √-ṣç tr.
√-çali	„rufen, schreien“: *çali-, çāli-, açāli-, beçali-, laçāli-, niçāli-, tiçāli-, waçal(i)-, wiçali-; püçali-* „*pü* schreien“	*çā* „Ruf“ + *li-* T.14823
√-çVm tr.	„denken an“, „nachdenken, planen“: *çəm-, tiçom-,*	Tregami *çum-*

	tüçum-, tiçəmı-wuçum-, oçumi-wuçum-	
√-çVm tr.	„zu bedenken geben“: *açim-, açəm-, wuçim-, wuçəm-, oçum-* „sich beraten“	
çn(e)-	*çn(e)-* „niesen“. K.R.	GM *čne-*, T.3758
√-çur	„kratzen“	√-şçur
(√-di)		s. *adi-*
√-dol itr.	„sich spalten“: *widol-* (P.), *widil-*	T.6216. Vgl. √-dul, √-ḍol
√-dul tr.	*widil-* (P.) “spalten”	Vgl. √-dol
√-dəm	„geben“: *adəm-, wudum-, [žadəm-, žedəm-, žodəm-, wadəm-, wodəm-, wīdəm-, nadəm-, nīdəm-, nedəm-, sadəm-, sodəm-]*	
√-dVm	„stellen, setzen“: *bidim-, ledom-, līdəm-, p(y)edəm-, tīdəm-* (P.) „(Gürtel) umbinden“	
√-dor itr.	*tüdor-* „lecken“, *tüdorī-wudor-, tündur'ī-wundur-*	Vgl. √-dur
√-dor tr.	„(Brei) essen, lecken“: *odor-, wudor-, tīdor-, tüdor-, tüdorī-wudor-*	GM √-dure „to lick“ Vgl. √-dor itr.
√-dur tr.	*ādur-* „lecken lassen“	Vgl. √-dor, √-ndur
√-duṣ itr.	„wählen, sich verlieben“: *aduṣ-, saduṣ-, leduṣ-, [laduṣ-, liduṣ-, waduṣ-]*	Vgl. √-bduṣ
√-diz	„(er)schaffen“: *diz-, tidiz-*	T.14621 ← Kati
√-ḍog itr.	„rollen“: *ḍog-, žiḍog-, pyēḍog-*	Vgl. √-ḍug
√-ḍug tr.	„rollen“: *(a)ḍug-, anyeḍug-, (a)žiḍug-, wiḍug-, [žaḍug-, žeḍug-, byēḍug-, niḍug-, neḍug-, saḍug-, tiḍug-, waḍug-, woḍug-]*	Vgl. √-ḍog
ḍig(ə)r-	*ḍig(ə)r-* (D.I.) „schlecht werden“, zu *ḍigər* „schlecht“	T.5524.6
ḍigrēli-	„schlecht machen“	Vgl. *ḍig(ə)r-*
ḍigrew-	„schlecht werden“	Vgl. *ḍig(ə)r-*
ḍugniw- itr.	(P.) „gebären, Junge werfen“. K.R.	Vgl. *ḍuŋni-*
√-ḍol	*üḍol-* (D.) „sich spalten“. In P. abgelehnt.	Vgl. √-dol.
ḍuŋni- tr.	(P.Z.D.I.) „gebären“. K.R.	Vgl. *ḍugniw-*
√-ga tr.	*laga-* (Z.) „hochbringen“, *žiga-* (Z.D.) „talauf befördern“	Vgl. √-gaw, kausativ zu √-gi[1]
√-gi[1] itr.	„gehen“: *(a)lagi-, ažigi-, begi-, lagi-, legi-, ligi-, logi-, nagi-, negi-, (a)nigi-, nogi-, p(y)egi-, sagi-, sogi-, tigi-, wagi-, wagi-, wegi-, wigi-, wogi-, žagi-, žigi-, žogi-, žögi-, žigī-nigi-; wuləgi-,* besser: *wulə gi-* „leer ausgehen“. Nebenform (I.) *-go-* in *wüg'on* 80.29, *wügoiŋ.*	Vgl. √-ga, √-gaw. GM *–gə*, Skt. *gata*? T.4028. GM *wa-i-gə, sa-i-gə-* mit prothet. *–i-*

√-gi[2] tr.	„ergreifen“, „kaufen“: *agi-*, *wigi-*, *wugi-*. Hierher: (Z.) *aneg wüg-* „blitzen“?	GM *–gy-*, *gü-* „to seize“. K. *ga-*, T.4236?
(√-güč)	GM *tü-güčü* nicht Absolutiv, corr. „auf dem Rücken“	
√-güdi	„fragen“: *āgüdi-*, *wugudi-*, *[lögüdi-*, *pyögüdi-*, *wagüdi-*, *sagüdi-*, *nagüdi-*, *nogüdi-*, *žagüdi-*, *žogüdi-]*	GM √güḍi. Kati *kudō-*, Kv. *kud'oa-* . T.3929.3
√-gun itr.	„in den Sinn kommen“: *agun-*, *wugn-*, I. *wuŋn-*	T.4191? Vgl. √-guneli
√-gun(i)	„zählen, erzählen“: *aŋgun(i)-*, *aŋn(u)-*, *aguni-*, *laŋgni-gun(i)-*	Kv. *gâň'e* „count“, T.3993
√-guneli tr.	*ug(u)neli-* „denken an“, *wugneli-* „jmdn. erinnern“	Vgl. √-gun.
√-gunew itr.	„in den Sinn kommen, denken an“: *agunēw-* (P.), *ügünew-* (K.D.), *wug(u)nēw-*	Vgl. √-gun.
(√gr-)	GM *nigri aċ* „come quickly“ corr. *nigr'ī* “früher”	
√-güs	„zerstoßen“: *(a)güs-*, *bügüs-*, *pyēgüs-*	
√-guti	„schultern“: *āguti-*, *oguti-* (P.), *ogiti-* (I.)	T.4509. Vgl. √-gut(y)aw
√-gut(y)aw	*āgutāw-* (P.) „anderen auf die Schultern laden“	Kaus. zu √-guti
√-gaṭ	*gəṭ-* „binden“, *tigaṭ-* „übereinstimmen“	T. 4353
√-gaw tr.	„transportieren, gehen lassen“: *lagaw-*, *lēgaw-*, *ligaw-*, *(a)negaw-*, *(a)nigaw-*, *segaw-*, *sogaw-*, *tigaw-*, *wigāw-*, *žigaw-*, *žigawi-nigaw-*, *lagawi-byegaw-* Vgl. *nirogaw-* (P.). talab wenden (**niruwī gaw-?*).	Vgl. √-ga. Kaus. zu √-gi.
(-gy)	GM „to go/ put to sleep“: s. √-pəgi.	
(√gyaċ)	GM **gī aċ-* “bring”. Vgl. *gya-*, *gyā-* (P.) „bringen“.	Vgl. *g(y)ebz-*, *gyapt-* bei √-bz, √-pt
√-gz	„holen, bringen“: *gəz-*, *agəz-*, *begz-*, *(a)leg(ə)z-*, *nogz-*, *nyegəz-*, *pyegz-*, *tigz-*, *tyegz-*, *wegz-*, *žegz-*, *(a)žogz-*, *[lagz-*, *wigz-*, *žagz-*, *sagz-*, *sogz-]*. *logz-*, *wogz-* „gebären“. GM *gzu-* „to bear“	
(√guzə)	GM „to girdle“ *o(g)zu-*, corr. *ōwuz-*	
√-j	„werfen“: *əj-*, *aj-*, *(a)byej-*, *oj-*, *alej-* „erbrechen“, *apyej-*, *awaj-*, *bij-*, *(a)lej-*, *lij-*, *loj-*, *nyej-*, *pej-*, *saj-*, *soj-*, *(a)tij-*, *tyej-*, *waj-*, *woj-*, *wuj-*, *wiji-wuj-*, *žaj-*, *(w)ij-*, *awij-* „hinauswerfen, (Kleider) ausziehen“, *[nej-*, *noj-]*, Pass. *bijinew-* „niederfallen“	GM *–jə* „to put, place“. Vgl. √-jəw
√-jəw (P.)	*wījəw-* „Kleider ausziehen“, *wujəw-* „her-werfen“	Vgl. √-j
(*ǰoċ-*)	GM, LSI „come“, lies *žo-ċ* “komm her talauf!”	
ǰig(i)-	*ǰig(i)-* „spielen“, auch *čigi-*. K.R.	GM *ǰig(i)-*, vgl. Ashkun *čiko* “to be cheated?
(√-ǰügü)	GM „to move, stir“. s. *–žgi-*	

√-ǰuleli- tr.	*wüǰuleli-* „lockern“, vgl. *lüǰülēliga* „Wurm (Auflockerer)“	
√-ǰulew- itr.	*wüǰulew-* „locker werden“	
√-ǰom itr.	„sich bewegen“: *alejom-, aliǰom-, anaǰom-, apyeǰom-, asaǰom-, awaǰom-, awöǰom-, ažaǰom-, büǰom-, loǰom-, lüǰom-, naǰom-, waǰəm-, wī-wīǰom-, [asoǰom-, aniǰom-, noǰom-, byeǰom-, laǰom-, žaǰom-, žeǰom-, žiǰom-]; aǰom-* „verdorben sein“	Skt. *dram-* T.6621? Vgl. √-ǰum
√-ǰum tr.	„bewegen“: *abüǰum-, ažaǰum-, büǰum-* „erledigen“, *loǰum-, naǰüm-, saǰum-, aǰum-* „beseitigen“, *waǰum-, woǰəm-* „Tür schließen“	Vgl. √-ǰom
(√ǰur)	GM, LSI „his heart burnt“	s. √-žor[1]
√-ǰiw (P.)	„vor Augen erscheinen“: *aǰiw-, [wuǰiw-]*	
√-ki[1]	„schlagen“	s. √-kV(y)
√-ki[2] itr. ?	„aufwallen“	s. *(w)iki-*
√-ki[3] ?	*wiki-* „rein, frei werden“	
√-kı itr.	*bik(ı)y-* „unten faulen“, *tikiy-* „(ver)faulen“	
√-kı tr.	*tikiy-* „verfaulen lassen“	
√-k(o)č itr.	„gekocht werden, garen“: *awukč-, tükoč-*	Vgl. √-k(u)č
√-k(u)č tr.	*tük(u)č-* „kochen“	GM √k-čə. K. *kščō.* Vgl. √-kčiw.
√-kiči (P.)	„sammeln“: *līkiči-, tīkiči-*	
kiči-	*kiči-* itr. „schmerzen“, tr. „Schmerz verursachen“	
√-kuč, P. auch *k(u)šč-*	„graben“: *kuč-, bükuč-, likuč-, lükč-, [lokuč-, bēkuč-],* GM *kučə-* „to dig“	T.3489
kučēli-	GM *kučēli-* „to make a hole“	Denom. zu *kūču* Loch
√-kčiw tr.	*tükčiw-* (P.) „kochen“	Vgl. √-k(u)č tr.
√-kud	„spritzen, gießen“: *kud-* (Pr.) „erbrechen“, *ākud-, awükud-, lēkud-, wokud-, wukud-, lēkud-, lökud-* (P.) „erbrechen“, *[bēkud-, lokud-, pekud-, žakud-, žokud-, žekud-, nakud-, nokud-, nekud-]*	
√-kil(i)	„Vieh treiben“: *asokili-, byēkil-, lākil-, nikil(i)-, nokul(i)-, nyēkil-, pyēkili-, sākili-, sōkili-, wākil(i)-, wekil(i)-, žekil-, žikil(i)-, žokil(i)-, [nekili-]*	Skt. *kālaya-* T.3091?
koli-	*koli-* „sprechen“. GM *kolyu-* „to speak“. K.R.	*ko* < *kathā*? T.27047 + *li-*
√-kul	„(Almosen) geben“: *akul-, ākul-, wukul-*	
√-kuli	*sokuli-* „in den Mund stecken“	
kim-	*kim-* „dreschen“, GM *kimə-* „to thresh“. K.R.	Kati *křame-.* T.3579, 3578

√-kür[1]	„berühren“: *kür-, akür-, bükür-, lōkür-, wukür-*	
√-kür[2]	„trunken werden“: *akür-, [bēkür-, nakür-, nokür-, žakür-]*	
√-kirj, √-kirjew	nur in (I.) *wikirj-*, (P.) *wikirjew-* „erregt, hastig sein“	
√-kurti itr.	„sich stellen, (hin- ein- etc.)treten, verweilen“: *kurti-, bükurti-, nikurti-, sakurti-, tükurti-, wikurti-, žokurti-, [wakurti-, nokurti-, lakurti-]*	Vgl. √-kurtu, √-kurtuw
√-kurtu tr.	*kurtu-* (I.) „veranlassen, sich aufzustellen“	Vgl. √-kurti, √-kurtuw
√-kurtuw tr. (P.)	„sich stellen, treten, lagern lassen“: *bükurtow-, nikurtuw-, žokurtuw-*	Vgl. √-kurti, √-kurtu
√-ks(o) itr.	„aufsteigen“: *asaks-, ks(ī)-, leks-, liks-, löks-, loks(o)-, pyöks(o)-* „herabrieseln“, *saks-, wüks, [wāks-]-* „(Wunde) sich ausbreiten“	T.3857 **khas-*? Vgl. √-ksü
(√kos-)	GM, LSI „to fall“?, nicht identifiziert.	
√-ks(ü) tr.	„steigen lassen, streuen“: *ks(ü)-, aksü-, liks(u)-, saksü-*	Vgl. √-ks(o)
√-kušč		s. √-kuč
√kštyew-	*okštyēw-* (P.) „rundherum bis zum Rand voll werden“	
√-kṣ tr.	„ziehen“: *kṣ-, akṣ-, aikṣ-, okṣ-* (P.). „(Kartoffel) schälen“, *abīkṣ-, abyekṣ-, alekṣ-, alikṣ-, awakṣ-* „wegschneiden“, *awikṣ-, awokṣ-, awukṣ-, bikṣ-, byekṣ-, lakṣ-, lekṣ-* „hochziehen“, „Kopf waschen“, *likṣ-* „hochziehen“, „beginnen“, *lokṣ-, nekṣ-, nikṣ-, nokṣ-, pekṣ-, sakṣ-, sokṣ-, [nakṣ-, žakṣ-], tikṣ-* „hereinziehen, lieben“, *wakṣ-* „abschneiden, (Tür) schließen“, *(w)ikṣ-* „hinausziehen“, „öffnen“, „wählen“, *wokṣ-, (w)ukṣ-, žikṣ-, žokṣ-, žekṣī-nekṣ-*	GM *kṣə-* „to pull“. Vgl. √-kṣew[1], √-kṣ itr.
√-kṣ itr.	*okṣ-* (P.) „sich drehen, herumgezogen werden“	
√-kṣ(u)	„schwimmen“: *āw wukṣ(u)-* (P.) *okṣu-* (D.I.)	
√-koṣ tr.	„streichen, scharren, fegen, treiben“: *koṣ-, abekoṣ-, akoṣ-, ākoṣ-, ōkoṣ-, atükoṣ-, awakoṣ-, ažekoṣ-, bekoṣ-, bikoṣ-, likoṣ-, lükoṣ-, awökoṣ-, lokoṣ-, lökoṣ-, nyekoṣ-, (a)pyekoṣ-, (a)sakoṣ-, asokoṣ-, sakṣi-wakṣ-, tikoṣ-, tükoṣ-, tükoṣʹī-wukoṣ-, wakoṣ-, wikoṣ-, wökoṣ-, wukoṣ-* „(ein Gerät) schärfen“, *wukoṣ-* „(Nase) schneuzen“, *wükoṣ-, wükoṣī-wūkoṣ-, wikoṣʹī-wukoṣ-, žokoṣ-, žakoṣī-nakoṣ-, žekoṣī-nekoṣ-, žokoṣī-nekoṣ-* „(Fleisch) zerkleinern“,	GM √-koṣo „to scratch? throw?“ K. *kṣe-*, Kt. *kaṣ-*, T.2972

	žokoṣi-nakoṣ-, žokoṣi-nyekoṣ-	
√-kṣew[1] (P.)	*awakṣew-* (P.) „wegziehen"	Vgl. √-kṣ
√-kṣew[2] (P.)	„(auf-, an)hängen, -stecken": *akṣew-, sakṣew-*	
√-kṭ(u)	„reißen": *lukṭ(u)-, likuṭ(u)-, lyukṭ(u)-, pyökṭ(u)-, tyukṭī-wukṭ-, wyukṭ-, wukṭ-, sakṭ(u)- tyukṭ-, [lökṭu-, awīkṭu-]* „fressen": *okṭ(u)-* (P.)	< *kṭu, Skt. **utkart-* T.1712? Vgl. √-ṭot.
√-kıy	„faulen" s. √-kı	
√-kV(y) tr.	„schlagen": *aki-, akıy-, ākayə-, oki(y)-, ako-* (I.), *wiki(y)-* „zerhacken", *wuki-, wukuy-, [pekıy-, bekıy-, lo-, li-, na-, ža-]*	
√-küz	*īkīz-, üküz-* „laufen, eilen", *lüküz-* „hochlaufen"	GM *küz-* „to run", 1970 in P. abgelehnt
√-kož itr.	„sich drehen, schwanken": *okož-, tüköži-wukož-*	
√-kuž tr.	„drehen": *okuž-, tükuži-wukuž-*	
kūž-	*kūž-* „mit Geschenk erfreuen"	GM *kūžə-* „to honour"
la-	*la-* „haben", s. §2.4.4.1	GM *la-*. T.6747 *dhar-*
√-li[1]	„machen, tun": *li-* „tun, sagen", *abüli-* „zu Herzen nehmen", *oli-* „drehen, (Ohrringe) anstecken", *awuli-, büli-, byöli-, löli-, lüli-, noli-, n(y)öli-, nüli-, peli-, pöli-, sali-, soli-woli-, tili-, wali-, wili-, woli-, želi-, žöli-, nöli-žöli-, [žili-, soli-], ali-* „anwenden, zufügen", *wuli-* „mir geben". Hierher *oli-* „saugen"?	GM *lye/u*, Skt. *dhā-, dā-*, T.6145
√-li[2]	*tili-* (Pr.) „brennen" itr.; *tili-* (I.D.). „verbrennen" tr.	Vgl. √-liw, √-lew
√-lo[1] itr.	„springen": *alo-, bülo , byölo , lölo-, lülo-, nalo-, pyelo-, (a)pyölo-, salo-* (A10.115), *walo-, wilo-, wulo-, tülo-, žalo-, žülo-* „entstehen", *wülo-* „(Hand etc.) verstaucht werden", *[lōlo-, želo-, žolo-, nelo-, nolo-]*	Vgl. √-low
√-lo[2]	„sich lehnen", s. √-(a)lo	
√-lu ?	*wul(ū)-, wuluw-* „schmerzen", GM √-lu „to hurt"	T.6494, 14326
√-lob itr.	„sich hängen an, packen": *alob-, lob-, olob-, wolob-, [salob-, solob-, lolob-]*	T.10954, 10956. Vgl. √-lub
√-lub tr.	„hängen lassen, aufhängen": *alub-, lub-, pyölub-, wolub-, wülub-*	Vgl. √-lob
√-lċ	*(lust) olċ-* "umarmen" (nicht: GM *ulċ-*)	GM *–lċ-*. Vgl. √-lċew
√-lċew (P.) tr.	*alċew-* „retten", *olċew-* „umarmen", *tilċəw-* „(Hände) falten"	Vgl. √-lċ
√-lč	*bilč-* (I.) „(Holz) aufhäufen"	Vgl. √-lčew

√-lčos	„fliehen"	s. √-čos
√-lčew (P.)	„aufhäufen": *alčew-, bilčew-, lelčew-, pyelčiw-, wilčew-, [nalčew-, nolčew-, salčew-, solčew--, walčew-, wolčew-, želčew-, žalčew-, žolčew-, tilčew-, lolčew-]*	Vgl. √-lč
√-lgi itr.	„gehen, kommen": *ilgi-* „tagen < „hinaufgehen" (?), *byelgi-, lolgi-* (P.), *nolgi-*. Kein **nalgi-*.	Vgl. √-gi
√-lgi tr.	„befördern": *ilgi-, byelgi-, [pelgi-, nelgi-, žalgi-, želgi-, walgi-, salgi-]*	
√-log	„treffen, gelingen": *alog-, bilog-, bülog-, wulog-, olog-* „(Ziel) verfehlen", *[walog-, salog-, solog-, žalog-, želog-, žolog-, nalog-, nilog-, nelog-, nolog-, tilog-, wilog-]*	GM √-ləg „to (be) hit", Skt. *lag-*, T.10895
√-logeli (P.)	„Ausreden gebrauchen; gut erledigen" tr.: *al(o)gēli-*	Vgl. √-logew
√-logew (P.)	„gelingen" itr.: *alogew-, wulogēw-*	Vgl. √-logeli. Vgl. √-log.
√-lj, √-lij	*alij-* (P.Z.I.), *alj-* (I.), *aliz-* (Z.) „befehlen"	
√-lm ?	nur in (P.) *wilm-*, (D.) *ülm-* "verderben" itr.	
√-lom	*liləm-, līlom-* „worfeln"	GM √-lemo
√-lor	„springen": *alor-, bilor-, byelor-, lalor-, lelor-, lülor-, lolor-, nalor-, nilor-, pyelor-, pyölor-, salor-, salori-walor-, walor-, waler-, wilor-, wolor-, wulor-, žalor-, žolor-*	Vgl. *wīlər-*
lis- itr.	*mīz lis-* „Harndrang haben"	T.10994?
√-lis tr.	„lassen": *alis-, atilis-, salis-, solis-, tilis-, tilis'ī-wilis-, wilis-* „hinauslassen, vergessen", *wulis-, [wolis-, lolis-, žalis-, žolis-, želis-, žilis-, belis-]*	s. zu √-sċ. Vgl. √-los
√-los[1]	„(eilig) gehen, entkommen, fehlgehen": *alos-, olos-, bilos-, lalos-, lölos-, tilos-, walos-, wülos-, wilos-*. Kein *wulos-*.	T10994. Itr. zu √-lis (für *lus-*)?
√-los[2]	*ālos-* „gewaltsam ergreifen"	
liš-	*liš-* „angreifen, beginnen". K.R. Zweifelhaft: *giliš-* „schlagen, werfen", *gī* „genommen habend" + *liš-*?	
√-lti itr.	Pr.I.D. *ülti-, ilti-, ailti-* „sich hinstellen"	GM √ültyu. < **ud-āsthita?* T.1936? Vgl. √-ltiw, √-ti
√-ltiw tr.	Pr. *ültiw-* „aufstellen"	
(√lat̩)		s. √-t̩og
√-lew itr.	„(ver)brennen": (P.) *ālew-, līlew-, wīlew-*	Vgl. √-liw[1], √-li
√-liw[1] tr.	„(ver)brennen": *aliw-, tiliw-*	Vgl. *tili-* √-li, √-lew
√-liw[2] (P.)	„Richtung ... tun, stecken": *āliw-, aliw-, oliw-,*	Vgl. √-li[2]

tr.	*büliw-, laləw-, pyeliw-, saliw-, soliw-, tiliw-, waliw-, wuliw-, [löliw-, nöliw-, naliw-, pöliw-* „pāyān zadan“, *woliw-, žaliw-, žoliw-, želiw-]*	
√-liw³ itr.	„schmelzen, tauen“: (P.) *wiliw-*	s. √-wil(i)
√-liw³ tr.	„schmelzen“: (P.) *wiliw-, wuliw-*	s. √-wil(i)
√-low (P.) tr.	*wülow-* „(sich Hand etc.) verstauchen“	Vgl. √-lo¹
√-läy ?		s. *wəleg-*
√-liz		s. √-lj
(√-lozə)	GM „to run“: in P. abgelehnt.	
√-lož itr.	„laufen“: *olož-, tüložʹī-wülož-, (w)ilož-, (w)ül(y)ož-*	GM *lözə-* „to run“.
√-luž tr.	„laufen lassen“: *oliž-, ülöž-, ülüž-, awülüž-* „jagen“, *lāliž-, noliž-, nöliž-, nüliž-, wüliž-, žöliž-, žiliž-, žülüž-, [böliž-, lāliž-, woliž-, soliž-, noliž-, nīliž-, noliž-].* Kein **želiž-*.	Vgl. √-lož
√-mo	„sterben“. Meist mit prothet. Vokal *omo-*. K.R. GM *mə/ō-* „to die“	Kt. *(u)mŕe,* T.10386
√-mu	„töten“: *mu-*, meist *omu(y)-, omui-* mit Vokalprothese	T.10066
√-m(u)	„messen“: *am-, mu(i)-, sam(u)-*	
√-m(u)	„(aus)richten“: *amu-, sam(u)-, samı-wam(u)-, žamı-namu-*	
√-mbəs	„riechen“: *ambəs-, līmbəs-, nīmbəs-, [sambəs-, wāmbəs-]*	*bəs* „Geruch“ T.9223.4 oder T.11592?
√-mduw (P.)	„(Wunde) verbinden“: *amduw-, wumdəw-*	Vgl. √-monduw, √-mo(n)d
√-mǰ¹	„anziehen, bedecken“: *amǰ-, apömǰ(u)-, (a)wumǰ-, pömǰ-, pemǰ(u)-, timǰ-, tümǰ-*	GM √-mǰu, Kt. *amč-* T.1260. Vgl. √-mǰew
√-mǰ²	„gießen, schütten“ (Obertal): *[nimǰ-, žimǰ-, bemǰ-, nomǰ-, žomǰ-, somǰ-, žemǰ-, womǰ-]*	Vgl. √-mǰəw
√-mǰ(u)	„schneiden, schlachten“: *amǰ(u)-, omǰu-, limǰ-, lümǰ-, timǰ-, (a)tümǰ-, tümǰi-wumǰ-, tümǰī-omǰ-, wumǰ-, lümǰü-amǰ-* (79.24). Kein Kaus. **amǰew-*	GM √-mǰü, cf. Parachi mač „to cut, hurt“?
√-mǰew¹ tr.	„jmdm. anziehen“: *amǰew-, wumǰuw-, wumǰəw-, umǰiw-*. Kein **pömǰəwʹogo*	Vgl. √-mǰ¹
√-mǰəw² (P.)	„gießen, schütten“: *amǰəw-, lomǰəw-, nemǰəw-, pyömǰəw-, tümǰəw-*	Vgl. √-mǰ²
√-mkili¹ itr.	„sich rasch bewegen“: *byemkili-, lamkili-, lemkili-, lomkili-, somkili-, žamkili-, žemkili-, [somkili-, womkili-]*	
√-mkili¹ tr.	*omkili-* (P.I.) „rasch herumbewegen“, *[nemkili-,*	

	tümkili-]	
√-mkili² tr.	„greifen, stecken": *lümkil-, lyömkili-, pyömkili-, žemkil(i)-*	Vgl. √-mkiti
√-mkiti	„(vorsichtig) legen, stecken": *byömküti-, lümküti-, pyömküti-, somkiti-, žemkiti-, žemküti-, [žomkiti-, womkiti-, wamkiti-, lomküti-, nomkiti-]*	Vgl. √-mkili²
√-mini	„(Gemüse) schälen, enthülsen": (P.) *omini-, wīmini-*	
√-mo(n)d	„binden": *omo(n)d-, amo(n)d-, bimond-, bümond-, limond-, lömond-, timo(n)d-, wumd-, [bemond-, lāmond-, lemond-, namond-, žamond-, wamond-]*	GM *mõdə- < bandh-*, T.9139. Vgl. √-mduw, √-monduw
√-monduw	„binden": (P.) *omondu(w)-*	= √-mduw, vgl. √-mo(n)d
√-munǰ itr.	„eindringen": *amünǰ-, lemünǰ-, samünǰ-, wumunǰ-, [somunǰ-, bemunǰ-, namunǰ-, nimunǰ-, nemunǰ-, wamunǰ-, žemunǰ-, žamunǰ-, žomunǰ-, žimunǰ-]*	Zu *munǰ* „Mitte", Skt. *madhyama-* T.9810?
√-munǰ tr.	„eindringen lassen": *amünǰ-, lemünǰ-*	
munǰī-	GM √*munǰī* „to be a witness". 1970 nicht üblich	Denom. von *munǰī* "Zeuge"
√-mor	„reiben": *amor-, omor-, bimar-, pyemor-, timor-tümori-mor-*	T.9870
√-mš	*amš-* (I.) „überlisten"	Vgl. √-mšəw
(*mušly-*)	*mušly-* T.10181 ist irrtümlich, aus GM *muṣlü-* „to be vexed, angry" = *muṣ li-*	
√-mušt	*somušt-* (Z.) „mit der Faust schlagen"	
√-muštyaw (P.)	„(mit der Faust) schlagen": *omištyaw-, lomuštyāw-, samištyaw-, somištyaw-, somuštyaw-, [namuštyaw-, nomuštyaw-, nimištyaw-, nemištyaw-, wamuštyaw-, wimuštyaw-, žamuštyaw-, žimuštyaw-, žomuštyaw-, timuštyaw-]*	Vgl. √-mušt. GM √-muṣtya- „beat with the fist (*müšt*)", K. *müšt, muṣṭ-*, Kv. *mřüšt*, T.10221
√-mšəw (P.)	„betrügen": *amšəw-, wumšəw-*	Vg. √-mš
√-mṣ	„mischen": *amṣ-, məṣ-, pyemṣ-, samṣ-, timəṣ-, timṣī-wumṣ-*, Abs. *məṣ'ī* „zusammen"	GM *mšī-* „to mix". T.10137
√-mṣ	„(Dick)flüssiges essen": *amṣ-, somṣ-*	
√-məṣ	nur in *timəṣ-* „ärgerlich werden", GM √-miṣ „to scold"	T.558
√-mṣidi	„kneten": [*pyömṣidi-*]	Vgl. √-ṣüdi
√-mṣüdew	*tümṣüdew-* (P.) „eindringen"	Vgl. √-mṣüdieli, √-ṣüdi
√-mṣüdieli	„kneten": *pyemṣüdieli-, pyömṣidieli-*	Vgl. √-mṣüdew, √-ṣüdi
√-mti	„hören": *amti-, lemti-, pyemti-, somti-, timti-, wimti-* "hinauslauschen; argwöhnisch sein", *imti-* „schweigen", *wumti-* „herhören; glauben", *žimti-*	GM *–mti-* „to listen". Vgl. *ümū ti-* „hören"

√-n(u)	„(Futter) vorwerfen“: *binu-, bünyu-, [bönumˈasmo, benu-, lonu-, nanu-, nonu-, sanu-, sonu-, wonu-, žanu-, žinu-, žonu-, wanu-]*	
√-nċor itr.	„durch etwas gehen“: *lönċor-, tünċor-, tünċer-, winċor-*	Vgl. √-nċur
√-nċur tr.	„Loch machen“: *onċer-, onċur-, lönċur-, pyönċer-, tünċur-, tünċer-, winċur-, wīnċer-, [ninċur-, nenċur-, sonċur-, wonċur-, žinċur-, ženċer-]*	√-nċor
√-nč	„versammeln, füllen“, Pass. „sich versammeln“: *onč-, wānč-, binč-, sānč-, tinč-, wānč-, (w)inč-*	Vgl. √-nčiw
√-nčiw (P.)	„füllen, versammeln“: *ānčiw-, inčiw-, ončiw-, ončew-, ončuw-, ənčiw-, wānčiw-, binčiw-, lenčiw-, nānčiw-, p(y)enčiw-, sānčew-, sānčiw-, tīnčəw-, wānčiw-, winčīw-*	Vgl. √-nč
√-ndol[1] itr.	„erscheinen“: *löndol-, lündol-, wündol-, žēndol-, [pöndol-, böndol-, žindol-, nendol-, nondol-, nāndol-]*	GM *–ndol-* „to appear“. Vgl. √-ndul[1], √-ndilew
√-ndol[2] itr.	*andol-* „verloren-, zugrundegehen“	Vgl. √-ndul[2]
√-ndul[1] tr.	„sichtbar machen“: *löndul-, lündul-, windul-, žēndul-, [žīndul-, nendul-, pēndul-, wāndul-, sāndul]*	Vgl. √-ndol[1], √-ndileli
√-ndul[2] tr.	„verlieren, vernichten“: *andul-, āndul(i)-, bündol-, bīndul-*	Vgl. √-ndol[2]
√-ndileli (P.)	*windilēli-* „klar machen“	Vgl. √-ndul[1], √-ndilew
√-ndilew (P.)	*windilēw-* „klar werden“	Vgl. √-ndol[1], √-ndileli
√-ndur	*tü(n)duri-wu(n)du-* "(sich den Mund) lecken"	Vgl. √-dur
√-ŋguni		s. √-guni
√-ŋgaw	„betrügen“: *aŋgaw-, aŋā(w)-, wuŋaw-, wuŋgāw-*	
√-ŋkos itr.	„(durch)kommen, fallen, verabschiedet werden“: *biŋkos-, loŋkos-, löŋkos-, niŋkos-, wüŋkos-, wiŋkos-, wüŋks-*	Vgl. √-ŋkus
√-ŋkus tr.	„fallen lassen“, „verabschieden“: *biŋkus-, loŋkus-, lönkus-, niŋkus-, nöŋkus-, pyöŋkus-, wiŋkus-, žiŋkus-, [nöŋkus-, saŋkus-]*	√-ŋkos, vgl. √-pkus
√-ŋos itr.	*wüŋos-* (P.), *wiŋos-* (D.) *yuŋos-* (I.D.) „herauskommen“	Vgl. √-ŋus, √-nos
√-ŋus tr.	*wüŋus-* (I.), *yuŋus-* (I.) „herauskommen lassen“	Vgl. √-ŋos, √-nus. Unklar: GM *yuŋgusə* „to pick“
√-nj[1] itr.	„sehen“: *ānj-, anj-, (a)bienj-, binj-, b(y)enj-, lānj-, lenj-, (a)lienj-, līnj-, (a)lonj-, nānj-, nōnj-, nyenj-, nīnj-, p(y)enj-, sānj-, seenj-, soonj-, tienj-, tyenji-wonj-, wānj-, wi(e)nj-, ienj-, wōnj-,*	GM √-nje „to see, look“, T.7440

	wyenji-wonj-, žānj-, žinj-, ž(y)enj-, žonj-, žinjī-ninj-	
√-nj[1] tr.	"zeigen" (I.Z.Pr.): *ānj-, awunj-, wonj-, wunj-*	Vgl. √-nj[1] itr., √-njəw (P.)
√-nj[2] tr.	"halten, setzen, stellen" (Z.I.D.Pr.K.): *ānj-, byenj-, bienj-, lenj-, nōnj-, noanj-, nienj-, nyenj-, seenj-, tyenj-, žānj-* "(Pfeil) anlegen", *ži(e)nj-*	Vgl. √-njəw. GM *√-nze* „to put, place", √-jə. T.7183].
√-nj[3] itr. (P.)	"geben": *ānj-, anj-, wunj-, [lonj-, benj-, nenj-, žānj-, žonj-]*	Vgl. √-njəw
√-njəw[1] (P.)	„zeigen": *wunjuw-, ānjew-, lānjəw-, (a)lēnjəw-, lienjew-, awinjəw-, awonjəw-, [wonjəw-, sānjəw-]*	Vgl. √-nj[1]
√-njəw[2] (P.)	„halten", "stellen": *anjew-, byenjəw-, lānjəw-, lēnjəw-, noanjəw-, nyenjəw-, pyenjew-, sāanjew-, tyenjew-, wi(e)njəw-, woamjəw-, žanjəw-, žienjəw-*	Vgl. √-nj[2]
√-njəw[3] itr.	"geben" (P.): *wunjəw-*	Vgl. √-nj[3]
√-nǰ	*anǰ-* „jäten", *anōnǰ-* „(Schafe) talab absondern", *līnǰ(i)-* „auflesen", *lyenǰ-* „sammeln", *sonǰ(u)-* „(Erbsen) essen", *wīnǰ-* „(Vieh) aussondern", [wie *wīnǰ-: alānǰ-, alonǰ-, abenǰ-, asanǰ-, awanǰ-, ažonǰ-, žīnǰ-, ženǰ-, sanǰ-, wānǰ-, penǰ-, lonǰ-*]	
√-nǰ ?, √-nǰe(w) ?	*inǰe(w)-* (P.) „(Schlange) züngeln", *wīǰ-* (P.) „(Insekt) beißen"	
√-nǰili	nur in (P.) *ānǰili-* „zu Fall bringen"	T.7215. Vgl. √-nǰiw.
√-nǰum	„Dickflüssiges essen", „trinken": *sonǰum-, wūnǰum-*	GM √*-nǰüm. Skt. *nicamana-* T.7177
√-nǰəm	nur in *wunǰəm-* (P.) „hinter sich herkommen lassen"	
√-nǰiw	„fallen": *ānǰiw-, anǰiw-, pyenǰiw-*	GM √-nǰi, T.7215? Vgl. aber zu *pəz-* „gehen"! Vgl. √-nǰili
nim-	„melken". K.R.	GM *nim-*
√-nom	„sich bücken", „beginnen": *ānom-, anom-, (a)bünom-, byönom-, žānom-, žonom-, [nanom-, winom-, tinom-]*	T.5956?
√-nəmti-	*anəmti-* „zeigen"	*a +nəm + ti-* s. √-ti (Bildung: vgl. √-ẓumli-)
√-nos itr.	„erscheinen": *nos-, ānos-, anos-, lānos-, lenos-, linos-, lonos-, lönos-, nanos-, nenos-, ninos-, nonos-, nyönos-, pyenos-, senos-, sonos-, tünos-, (w)inos-, wünos-, wonos, wunos-, žinos-, ženos-, žonos-*. GM *anek yünosokso* „the fire crackled" = *wünosogso* „war draußen zu bemerken"	GM √-nos. Vgl. √-nus
√-nus tr.	„erscheinen, gelangen lassen": *ānəs-, inos-, benes-,*	Vgl. √-nos

	byenus-, lēnəs-, lines-, lonus-, ninis-, sonis-, sonus-, winəs-, wonus-	
√-nusi	„hören“: *nusi-, anusi-.*	GM *nusi-*. Vgl. √-nus?
√-noš itr.	*onoš-* „verderben (itr.), kaputtgehen	T.7027? Vgl. √-nuš
√-nuš tr.	„verderben (tr.)“: *niš-, onuš-, winiš-*	T.7087? Vgl. √-noš
√-ntur (P.)	*lontur-* „(Bettdecke) hochziehen“, *wintur-* „(Falten im Teppich) glätten“, *wuntur-* „auf mich zu ausbreiten“, [*antur-, nantur-, nintur-, santur-, sontur-, wantur-, wontur-, žantur-*]	
nu(w)-	„pflügen“. GM *nũ* „to plough“. K.R.	Vgl. *wüni-*
√-niž	„waschen“: *winiž-, iniž-.*	T.7185
√-ṇḍob	„schwellen“: *āṇḍob-, tũṇḍob-, wüṇḍob-, wiṇḍob-, [büṇḍob-, lüṇḍob-].* GM *yüṇḍo-bokso* corr. *wüṇḍob-ogso.*	< **puṇḍ-* T.8377.7, GM s. v. √yüṇḍ
√-ṇḍukti	„bedauern“: *āṇḍukti-, wūṇḍukti-*	Vgl. √-ṇḍuktāw
√-ṇḍuktāw	„(jmdn.) betrügen, enttäuschen“: *āṇḍuktāw-, wuṇḍuktāw-* (P.I.)	Kaus. zu √-ṇḍukti-
√-po itr.	„gelangen“: *po-, apo-, ōpo-, bipo-, byepo-, byöpo-, lapo-, lepo-, lipo-, lopo-, lüpo-, napo-, nepo-, nipo-, nopo-, pyepo-, sapo-, sopo-, syepo-, tipo-, wapo-, (w)ipo-, wopo-, wupo-, žapo-, žepo-, žipo-, žüpo-, žopo-*	GM √-pōu „to arrive“, Skt. *prāp-*, T.8943. Vgl. √-pu, √-puw
√-po tr.	„gelangen lassen“: (Z.) *tüpo-*, (Pr.K.) *apo-*, (D.) *sapo-*	Vgl. √-pu, √-puw, √-po
√-pu tr.	„gelangen lassen“: (I.) *apu-, lepu-, nip(u)-*	Vgl. √-po, √-puw
√-p(ı) tr., (P.) auch √-piy(ə) tr.	„drücken“: (P.) *tip-, nap-, lep-, wap-, žap-;* (P.) *bīpıyə-, lēpıy-, līpıy-* „öffnen“: (◊) *ap(ı)-, alāp(ı)-, atīp-* (P. *īš at'ipə* „öffne den Mund!“); (P.) *apiy-, [žopiyə-, wopiyə-, nopiyə-, napiyə-, žapiyə-, alapiyə-]*	GM √ṭipə. Vgl. √-piy(ə), vgl. √-p(ə)
√-p(ə)[1]	„in die Hand geben“. Vgl. *tip'ī* „Handvoll“. [*sap-, sop-, wip-, žap-, žep-, žip-, nep-*]	
√-p(ə)[2] itr.	*ap-* (P.Pr.Z.) sich öffnen, aufgehen	
p(y)ebz-	(K.D.Z.I.Pr.) „glauben, vertrauen“ K.R.	wohl nicht zu √-bz „gehen“
p(y)ebzəw-	(P.) „glauben, vertrauen“ K.R.	Vgl. *pyebz-*
√-pċo	*apċo-* (I.) „fallen auf, sich hinauflegen auf“	Vgl. √-ps(o), √-pċaw
√-pċon itr.	„sich schütteln“, „fallen“: *tipċon-, wipċon-*	Vgl. √-pċun
√-pċun tr.	„schütteln“, „werfen“: *abipċin-, apċin-, bipċin-, lipċin-, lopċən-, sopċən-, tipċən-, (a)wipċin-*. Kein	Vgl. √-pċon

	*lepċin-.	
√-pċaw	*īpċaw-, ipċaw-* (I.) „hinstoßen, fallen lassen"	Vgl. √-pċo, √-psaw
√-pč, (P.) auch √-pšč	„tragen, bringen": *pč-, apč-, (a)bipč-, (a)lapč-, (a)lipč-, (a)napč-, (a)nepč-, (a)nipč-, anopč-, opč-, (a)pyepč-, (a)sapč-, (a)tipč-, (a)wapč-, (a)wipč-, (a)wopč-, (a)žapč-, (a)žepč-, (a)žipč-, (a)žopč-, b(y)epč-, lepč-, lopč-, sopč-, žepč'ī-nepč-, te-pč-* „wohin bringen, was anfangen mit ....", (P.) *(a)pšč-*	GM *p(iš)či-* „to carry, bring"
√-pič	„küssen": *apič-, apüč-, wupüč-, wupıč-*	GM √-pıči/u, vgl. Ormuṛi *pǭč* „kiss"?
√-pč(u)^1	„kauen": *apču-, opč(u)-, tüpč(u)-*	Lentz *ōpčinik* „food" (GM 298) corr. „Obst essen"
√-pč(u)^2	*opč(u)-* (P.) „Mund verziehen, lächeln"	= √-pč(u)^1?
√-püč(i)	„fliehen": nur in *üpüč-* (prothetisches *ü*). K.R.	GM √-püči-, T.8727
√-pčod itr.	„zittern": *apčod-*. Kein **opčod-*	
√-pčud tr.	„schütteln": *apčud-*	
√-püdi itr.	„sich drücken": *āpüdi-, ōpüdi-, lopüdi-, tipüdi-.*	Vgl. √-püdi tr., √-püti
√-püdi tr.	„drücken": (P.) *lopüdi-, wupudi-,* (P.Pr.D.) *tipedi-, [wopüdi-].* Kein **bipüdi-.* Vgl. *sabüti-* (I.) „fest hineintun"	Vgl. √-püti
√-poḍ	*opoḍ-* (D.Z.I.) „zuwachsen"	< pravardh-? aber vgl. *purdu* „alt"! Vgl. √-poḍew
√-poḍew	*opoḍew-* (P.) „zuwachsen"	Vgl. √-poḍ
pog-	„weben". K.R.	
√-pəgi	„liegen, sich schlafen legen": *pəgi-, bipəg(y)i-, ǰigī-pəgi-* „sich vergnügen, Geschlechtsverkehr haben", *lāpəgyi-, napəgi-, pyepəgi-, žepəgi-, [napəgi-, nepəgi-, bepəgi-, žapəgi-, žopəgi-, wapəgi-, wopəgi-, sapəgi-, sopəgi-, nopəgi-]*	GM √-gy „to go to sleep". Synchron kein Präfix *pə-*, sondern viele eigene Präfixe
√-pəgaw	„veranlassen, sich zu legen": *pəgaw-, bepgaw-, nipgaw-, nopgaw-, nepgaw-, lapgaw-, lopgaw-, pepgaw-, sapgaw-, žipgaw-, žepgaw-, žapgaw-, žopgaw-, sopgaw-, wopgaw-.* Kein **lipgaw-, *lepgaw-*	Kaus. zu √-pəgi
(√pɛjə)	GM „to cook, boil", corr. „(in Topf) hinabwerfen"	s. √-j
(√-poǰ?)	GM *isčum o-poǰogsō* „better". corr. *opožog so* "ist schön"	
√-pk(i)	„den Kopf bewegen": *bipk(i)-, lipki-, (ǰī) pk-* „nicken"	Vgl. √-pkew
√-pkus	„gehen lassen, verabschieden": *puks-, byepkus-,*	Vgl. √-ŋkus

	nipkus-, žipkus-, župkus-, [žapkus-, žopkus-]	
√-pkew (P.)	*bipkiw-* „(den Kopf) senken“, *pkəw-* „nicken“	Vgl. √-pk(i)
√-pli (P.)	„geben“: *pil(i)-, apli-, opli-, (a)sapli-, (a)wipli-, (a)wupli-, lēpli-, pyepli-, wapli-, žepli-, [nopli-, nepli-, lopli-, bepli-, žipli-, žöpli-, žapli-, wopli-, sopli-]*	GM √-pli. T.8655. √-pli selten außer P. Vgl. √-bli[1].
√-pul	„sprechen“: *pul-, āpul-, löpul-, wupul-*	GM √-pulu „tell, say, call“
√-püli[1] itr.	„leuchten“: *püli-, pili-, lēpüli-*	
√-püli[1] tr.	*lēpuli-* (P.) hochleuchten lassen	Vgl. √-püli[1]
√-püli[2] tr.	„aufschreien, weinen“: *püli-, wapüli-*	*pü* + √-li
√-plul	nur in *əndeš tiplulm'aso* „mir kommt Brechreiz“	
√-plom	„blasen“: *saplom-, tiplom-*	T.8670
√-pülos itr.	*pülos-, pilos-* „glänzen“	
√-pülus tr.	„glänzen lassen, säubern“: *pülüs-, tüpülus-, wüpülus-* (P.), *üblüs-* (D.), [*wapülus-, wopülus-, sopülus-, bepülus-, lüpülus-, lopülus-, nepülus-, napülus-, nopülus-, nipülus-, žapülus-, žepülus-*]	I. √-bülus
√-plyaw	„schicken, bewegen, bringen“: *loplyāw-, napl(y)aw-, neplyaw-, niplyaw-, loplyaw-, žeplyaw-, žiplyaw-, [wiplyaw-, tiplyaw-].* *oplyaw-* „umrühren“. Hierher wohl (P.) *oplyag'a* „Schwindel“	Vgl. √-bl(y)aw. Bei GM ist das Material z. T. unter *-pli, -bli.*
√-pri tr.	„verstecken“: *apri-, opri-*	GM *pürü-* „to hide“, T.8255. Vgl. √-prāw
√-por	„etwas/ jmd. gewachsen sein“: *apor-, opor-, wupor-*. GM aus LSI *a-pōrgasme/o* „I may/ shall be (?)“, gemeint: *aporgasmo* “ich bin jmdm. gewachsen”?	GM *par-* „to win“, Skt. *pāraya-*, T.8106
√-pra (D.Z.), √-pray(ə) (Pr.)	„verstecken“ tr.: *apra-, bipra-* (D.Z.), *apray-* (Pr.)	Vgl. √-prāw, √-pri
√-purč	„wickeln, wenden“: *lepurč-, löpurč-, lüpurč-, tüpurčī-wupurč-*	Vgl. √-wurč, √-ruč
√-prāw tr.	„verstecken“, alle (P.) außer *tipraw-* (P.I.): (P.) *aprāw-, opraw-, biprāw-, laprāw-, lēprāw-, loprāw-, nēprāw-, pyeprāw-, sapraw-, [bepraw-, nopraw-, napraw-, žapraw-, žopraw-, wapraw-]*	Vgl. √-pri, √-pra
√-ps	*awips-* (Z.) „umwerfen“	Vgl. √-psaw, √-ps(o)
√-ps(i) tr.	„strecken“: (Pr.) *lips-, pyeps-*	
√-ps(o) itr.	„fallen“: *(a)ps(o)-, īps(o)-, ops(o)-, p(y)eps(o)-,*	Vgl. √-pċo, √-psċ

	tüpso-, wapso-, wüpso-, žaps(o)-, [napso-, žipso-, žepso-, sapso-, nipso-, nepso-, nopso-, bepso-, lopso-]. Kein **lepso-*	
√-psċ (P.) itr.	„fallen“: *psċ-, apsċ-.* - GM √ps(ċ?) “to leave behind, lose” (T8310) corr. *büsċ-*	Vgl. √-ps(o), √-pċo
√-psaw tr.	„fallen lassen, werfen“: *byepsaw-, sapsāw-, wapsāw-, (w)ipsaw-*	Vgl. √-ps, √-pċaw. Kaus. von √-ps(o).
√-pš[1] itr.	„(vorsichtig, langsam) gehen“: *pš-, (a)pyöpš-, (a)tipš-, byepš-, byöpš-, lepš-, lipš-, lopš-, (a)löpš-, napš-, p(y)epš-, sapš, wipš-, üpš-, wopš-, w(y)öpš-, žapš-, žepš-, žöpš-, [wapš-, nepš-, nopš-, sopš-].* Kein **lepš-*, kein **tepš-* „wohin gehen“	GM √-pṣə „to creep, go“. Vgl. √-pšüw, √-pš tr.
√-pš[2] itr.	„rutschen, fallen“:*p(ə)š-, apš-, awipš-, awupš-*	= √pš[1]? Vgl. √-pšüw
√-pš tr.	„gehen lassen“ (I.): *üpš-, sapš-, tipš-*	Vgl. √-pš itr.
√-pš(o)	*löpš(o)-* (I.) „heben, hochgehen lassen“	Vgl. √-pšew
√-pšč (P.)		siehe √-pč
√-pšew tr.	„gehen lassen“ (P.): *löpšew-, sapšəw-, tüpšəw-, [nepšew-, žepšew-, sopšew-, wopšew-]*	Vgl. √-pš(o)
√-pšüw itr.	*pšüw-, apšüw-* (P.) rutschen	Vgl. √-pš
√-pṣ	„schlagen“: (P.Pr.) *lepṣ-, löpṣ-*	Metathese von √-ṣp(o)?
√-puṣ	Nur *ipuṣ-* „vergessen“, *i* kein Präfix, sondern prothetischer Vokal. GM √-puṣ „to forget“.	Skt. *pramṛṣ-* T.8730
√-pVṣ	„lehren“: *apiṣ-, ap(e)ṣ-, (w)upoṣ-, wupuṣ-*	
√-pṣol[1] itr.	*byepṣol-* (P.) „hinunterfließen“	Vgl. √-pṣul[1]. Vgl. √-ṣol?
√-pṣol[2] itr.	*löpṣolog sumul'ū* „hochgeschnürter (?) Baumstamm“	Vgl. √-pṣul[2]
√-pṣul[1] tr.	„fließen lassen“: *apṣul-, byepṣul-, sapṣul-, sopṣ(u)l-*	Vgl. √-pṣol[1]. Vgl. √-ṣul?
√-pṣul[2]	„festziehen“: *lopṣul-, sopṣul-*	Vgl. √-pṣol[2]
√-pṣuw	*sapṣūw-* (P.) „(ins Auge) spritzen“, *[wapṣuw-, žapṣuw-, žepṣuw-, žipṣuw-, žöpṣuw-, napṣuw-, nipṣuw-, pöpṣuw-]*	
√-pt (P.)	„gehen“: *abipt-, apt-, opt-, bipt-, (a)b(y)ept-, (a)lapt-, (a)lept-, lipt-, lopt-, napt-, (a)n(y)ept-, (a)nipt-, nopt-, (a)p(y)ept-, sapt-, sopt-, saptī-wapt-, te-pt-* „wohin gehen“, *(a)tipt-, tiept- tiptī-wipt-, tiptī-wupt-, wapt-, (a)wipt-, wyept-, žapt-, žept-, (a)žipt-, žopt-, [wopt-]; gyapt-, gyept-* „wegtragen, mitnehmen“ (aus *gī + -pt-*)	GM √-ptə „to go“. Präfigierte Form von √-pəz, < **patta-* T.7731. Vgl. √-bz
√-pti itr.	„glauben“: *apti-, wupti-.* GM *aptyogust* „they confided“.	

√-püti	„drücken“: *apüti-, opüti-, awapīti-, bīpüti-, bepiti-, pöpüti-, pyepüti-, sapüti-, tipiti-, tüpüti-* „beschützen“, *wuputi-; [žapiti-, žipiti-, wipüti-, napüti-, nipitü-, nepiti-, wapiti-, sopüti-, žopiti-, lipiti-]*	Vgl. √-püdi
√-pter itr.	„erschrecken“: *apter-, əpter-, wipter-*	GM √aptar. Vgl. *əpterti-, əpterw-* von √-ti, √-w
√-ptur	„ausstrecken, ausbreiten“: *liptur-, saptur-, wuptur-, [žiptur-, niptur-]*	
√-pterti tr.	„erschrecken“: *əpterti-, apterti-, wupterti-*	Von √-pter + √-ti
√-pterw itr.	„erschreckt werden“: *apterw-*	Von √-pter + √w
√-paṭ	„gießen, schütten“: *paṭ-* (P.), *apaṭ-, ōpaṭ-, bepaṭ-, byepaṭ-, bipaṭ-, pipaṭ-, p(y)epaṭ-, sapaṭ-, sāpaṭ-, wupaṭ-, žopaṭ-, [tipaṭ-, wipaṭ-, wapaṭ-, sopaṭ-, nopaṭ-, žapaṭ-].* GM *-baṭə* „to pour into“.	
√-poṭ	*opoṭ-* (Z.), *opuṭ-* (I.) „sich umdrehen“	Vgl. √-poṭew
√-poṭew (P.)	*opoṭew-, opuṭew-* „sich umdrehen“	Vgl. √-poṭ
√-puw tr.	„gelangen lassen“: (P.) *pow-, puw-, apuw-, opuw-, bipuw-, lēpuw-, nepuw-, nipuw-, pyepuw-, sapow-, tipuw-, wipuw-, žopow-*	Vgl. √-po, √-pu
√-piy(ə) tr.	„drücken“	s. √-p(ı)
pəz-	„gehen“. Mit Präfix: (P.) √-pt, Obertal √-bz	GM √pəzə. T.7777 *padya-*[62]
√-pož	in *(w)upož-* „entstehen“. Hierher? *wupožog, opožog* „schön“	T.1814
√-püž	„ziehen“: *püž-, biepüž-, lepož-, lipüž-, lopož-, löpiž-, (a)löpüž-, nopız-, sepüž-, wupuž-, [wopuž-, wopüž-, wipüž-, žopüž-, žapüž-, žepüž-, žipüž-, tipüž-, lopüž-, pepüž-, bepüž-].* Kein *pöpüž-.*	
(√r- ??)	GM p. 299 *rεso* lies *re-so* §4.3.30	
√-r(i) itr.	„sich wenden“: *abyer-, abyör-, byöri-, b(y)eri-, ari-, ori-, üri-, ažüri-nüri-, börü-, bür-, abüri-, (a)lāri-, (a)lori-, löri-, (a)lüri-, lürī-biri-, (a)nari-, niri-, (a)nüri-, (a)nori-, n(y)öri-, nyeri-, pyeri-, (a)pyöri-, sār(i)-, (a)sori-, sari-wari-, sörü-würü-, tiri-, (a)türi-, türü-wür(i)-, wari-, wor-, (a)wori-, wur(i)-, (a)würi-, wiri-, žāri-, žeri-, žöri-, (a)žüri-.*	Skt. *vṛt-* T.11352. Vgl. √-ru(w), √-r(i) Hierher? *wür(i)-* “klar werden”, *(w)ir-* “sich wundern”, *würi-* „waschen“

[62] *pəz-* wurde von MORGENSTIERNE 1949, 210 von *padya-* (?) hergeleitet, zu T. 7777 (akzeptiert von BUDDRUSS 2005). Strand stellt den Präterital-Stamm Kati *pet-* zu T. 7731, √pad. Dass bei *pəz-* < **padya-* (?) keine Palatalisierung > ǰ/ž stattgefunden hat, lässt sich angesichts von *opož-* „entstehen“ schwer erklären. Zu einem anderen Herleitungsversuch siehe Glossar p. 762.

√-ri	"füllen": *ari-, biri-, bürü-, lāri-, suri-, türi-, türü-*	GM √tür- „to fill", poss. < *t-ür* < *pūraya-* T.14698
√-r(u) tr.	„wenden": *or-, ažor-, (a)lür-, pyör(u)-, sār-, sor-, tir-, tür-, wār-, wor-, wur(u)-.* Hierher? *tir-* (Z.K.P.I.) „einreiben"	Vgl. √-ru(w), √-r(i)
√-ro itr.	„voll werden, sich sammeln": *aro-, oro-, biro-, büro-, lāro-, wiro-, woro-, türo-* = *türog w-* „(Fuß) einschlafen (*pur šudan*)". Hierher? *wuro-, wiro-* (P.) „sich bewölken"	GM *lār(o)* „satisfied", T.6890, 14655, 14698
√-r(o) tr.	*lār(o)-* „füllen, satt machen"	Vgl. √-raw, √-ro
√-roč itr.	*oroč-* (I.) „sich herumwinden"	
√-ruč tr.	„wickeln, winden": *oruč-, löruč-, pyöruč-*	Vgl. √-purč, √-wurč
√-rod	„schlagen (mit Stock)": *orod-* (*o-* = prothetisch?), *birod-, pyörod-, narod-, sarod-, tirod-, warod-, wurod-, žarod-*	GM √orod, T.809
√-rǰ(i) itr.	„leuchten": *norǰ-, sorǰ-, würǰ(i)-*	Vgl. *ürǰug*, GM *yürǰük*, T.10833
√-rǰ(u) tr.	*würǰ(u)-* (P.) „hell machen", „(Feuer) entfachen"	
√-rm	„bauen": *nir(ə)m-* (kaum Präfix „talab"?), „(an)tun": *tir(e)m-, tirəm-*	Kaum zu T.10633 oder T.1307
√-rom itr.	„warm werden": *orom-, bürom-, türom-*	
√-rum	„wärmen": *arum-, bürüm-, birum-, türum-, würüm-, [bērum-, lürum-, nirum-, sorum-, sarum-, worum-, warum-, nerum-, žarum-, žerum-]*	
(√-ris)	GM *wi-ris'āgo* „he dropped" corr. √-lis, *wilis-* „herauslassen"?	
√-raw (P.I.D.)	*lāraw-, larā(w)-* „satt machen, füllen", *wurāw-* „(Tiere) sich versammeln lassen"	Vgl. √-ro, √r(o)
√-r(u) tr.	*ār-* (K.P.), *ar-* (I.) „trüben, verschleiern"	Vgl. √-ruw
√-ru tr.	*aru-* (I.Pr.), *abyeru-* „abwenden"	
√-ru(w) tr. (P., einmal D.)	„wenden": (P.) *abīruw-, abyeruw-, lürew-, ārow-, ar(u)w-, ōruw-, ažürw-, bīraw-, büruw-, lāruw-, löruw-, lürew-, lüruw-, nār(u)w-, niruw-, nüruw-, noruw-, pyöruw-, sāruw-, (a)soruw-, tīrow-, türuw-, war(u)w-, wur(u)w-, würuw-, žar(w)-, žiruw-, (a)žoruw-, žüruw-* (*mük žüruw'ī žienj-, nüruwi nienj-, türuwī tienj-, würuwī wienj-, sāruw'ī sāanj-, löruwī lēenj-, lüruwī lienj-* „das Gesicht wenden und schauen"). [Kein **lēruw-*, aber *löruw-, böruw-, neruw-*], (D.) *aruw-*. Hierher? (P.) *tīrow-* „einreiben"	Vgl. √-r(i), √-r(u)

√-ruw tr.	*ār(u)w-* (P.) „trüben“	Vgl. √-r(u)
(√-s)	GM in *wī-saksəmo* „I went out“, corr. *wiċagsmo* “I came out” √-ċ	
√-si	“reinigen”: *osi-*	Vgl. √-siw²
√-sċ¹ tr., (I.Pr.) auch √-s(s)	“schicken“,”werfen, schießen”: (ə)*sċ-, asċ-, isċ-, osċ-, (a)tisċ-, (a)wisċ-, (a)bisċ-, (a)b(y)esċ-, (a)lasċ-, (a)lesċ-, (a)lisċ-, losċ-, nesċ-, nisċ-, nosċ-, p(y)esċ-, sasċ-, (w)isċ-, tisċ-, tuscī-wusc-, wosċ-, (w)usċ-, wisċī-wusċ-, žesċ-, žisċ-, žosċ-, [*P. *wasċ-, žasċ-, sosċ-];* *ass-, os(s)-, tis(s)-, niss-, pess-, wiss-.* GM Text IX.66 *alis-* „release“ = P. *alisċ-*, √-sċ.	Vgl. √-sċew. GM √es „to throw, send“. Verbindung mit Skt. *sṛj-* (BUDDRUSS 2005, 460) ganz unsicher. *aš-* < *asya-* T.789 kaum richtig
√-sċ² itr.	„eilen“:*əsċ-* (D.) itr.	Vgl. √-sċəw “eilen”
√-sċ² tr.	„eilen“: *əsċ-* (D.) itr.	Vgl. √-sċəw “eilen”
√-sċ³ ? tr.	nur in *büsċ-* “beenden, aufhören”	GM *bü-sċu-* “to leave behind”
√-sċew tr.	„schicken“: (P.) *bisċəw-, tüsċəwʹī-wusċəw-, wusċəw-*	Vgl. √-sċ¹
√-sċuw (P.)	Nur *gul wusċuw-* “sich Land aneignen, es urbar machen”	
√-sċəw (P.) itr.	„eilen“: *pyēsċəw-, əsċəw-, isċiw-, osċəw-, [žesċəw-, žosċəw-]*	Vgl. √-sċ²
√-sċəw tr.	„antreiben“: (P.) *əsċəw-*	Vgl. √-sċəw itr., √-sċ²
√-sod itr.	„(Niederschlag) fallen“: *pyesod-, sod-, tisod-*	Vgl. √-sud. GM *sō̆-d-.*
√-sud tr.	*sud-, səd-* (P.I.Z.) „(Schnee, Regen) fallen lassen“	Vgl. √-sod, √suduw
√suduw tr.	*sudūw-* (P.) „ausströmen lassen“	Vgl. √-sud
√sü(g)ni	*büsügni-, büsüni-, büsumni-* „nachdenken“	GM: √sü(g)nü/i „to think“. Tatsama Skt. *saṃjña-*? Vgl. √-sü(g)naw.
√-sü(g)naw	(I.) *asünaw-*, (P.) *büsügnāw-* „sich beraten“	Kaus. von √-sü(g)ni.
√-ski tr.	„werfen“: *əski-, aski-, iski-, biski-, pyesk(i)-, tiski-, wiski-, [beski-, žaski-, žiski-, žoski-, loski-, liski-, waski-, woski-, saski-, neski-,* kein **löski-, *pöski-],* *soski-* (P.) „Feuer machen“	
√-sko (P.)	„eilen“: *losko-, wusko-*; „fallen“: *bisko-, tīsko-, wīsko-; [wasko-, žasko-, žesko-, sasko-, nasko-, nesko-, pesko-, lasko-, besko-]*	
√-sko	nur *tisko-, tüsko-*, Kaus. (P.) *tüskāw-*, (Pr.K.D.) *tüska-* „kämpfen“	Vgl. √-šč⁷
√-sker	„springen“ (von Wasser, Vögeln): *lesker-, tisker-,*	Vgl. Fn. 1562 zu Text

	žesker-, [žisker-, žosker-, besker-, pesker-, nesker-, wisker-, wosker-, sosker-, lasker-, losker-]	90.52.
√-sükti	*isükti-* (Pr.), *tüsükti-* (P.Pr.) „hinaus, wegwerfen“	
√-skoz itr.	„sehen, wahrnehmen“: *əskoz-, skoz-, wuskoz-, wəskoz-, [kein *askoz-]*	GM √-skoz „to regard“. Nicht **us-koz-* T.314, nicht genau Kati *kċ-*, < *sam-kāśaya-*. Vgl. √-skuz
√-skuz tr.	„zeigen“: *əskuz-, askuz-, wuskuz-, wüskuz-*	Vgl. √-skoz
√-süli	„mischen“: *tüsüli-, tüsülü-wusüli-*	
√-sumti tr.	„treffen, passen“, „werfen, schießen“: *asumti-, asəmti-, asümti-, bisumti-, pyesumti-, sasumti-, sasəmti-, [sosumti-, nasumti-, nesumti-, nosumti-, žasumti-, wasumti-]*	GM √-zümti, -sümtye „to beat“
√-sumti itr.	*asümti-* (P.) „gelingen, Erfolg haben, passen“	
sumoṭ-	„schützen, aufziehen“. K.R.	GM *sumoṭə-*, T.13190
√-sni	*osni-* (P.) „sich umbinden“	Vgl. √-snāw[1]
√-sənǰ tr.	„sehen“: *asənǰ-, asinǰ-, lāsənǰ-, lisenǰ-, wusənǰ-, žisənǰ-*	
√-snāw[1]	„(um)binden“: *asnāw-*, *wusnāw-*	Vgl. √-sni
√-snāw[2]	„bewässern“: (P.) *āw wisnāw-, žasnāw-, nasnāw-, [wasnāw-, žesnāw-, wosnāw-, sasnāw-, nesnāw-, besnāw-]*	
(√*sünyāl-)	GM „to collect“, s. Glossar s. v. *sünyālʹī*	
√-spi tr.	„hauchen, blasen“: *āspi-, [bispi-, bespi-, lespi-, lospi-, laspi-, žaspi-, žospi-, žespi-, žispi-, naspi-, nospi-, nispi-, waspi-, wospi-, saspi-, sospi-, wispi-, tispi-, pespi-, ospi-* „nach allen Seiten blasen“ *]*	GM √-spy „to blow“
√-spi/ -spu tr.	„ausfegen“: *üspi-* (K.D.), *wüspi-* (Pr.I.), *wüspu-* (I.), „Schluss machen“: (Pr.I.) *lespi-, lüspu-*	Vgl. √-spuw
√-spili	„drücken“: *lespili-, p(y)ēspili-, pespeli-, saspili-, žaspili-, [sospili-, žespili-, waspili-, wospili-, naspili-, nespili-, bispili-]*	
√-spuw tr. (P.)	„Schluss machen“: *lespuw-, löspuw-, lüspuw-, bīspuw-,* „kehren, säubern“: *tüspūw-, wīspuw-, wüspuw-, [naspuw-, nospuw-, žaspuw-, žospuw-, waspuw-, saspuw-, sospuw-, wospuw-,* kein **lispuw-, *büspuw-*]	Vgl. √-spi/ -spu
√-sor	„sich bewegen, fließen“: *sor-, p(y)esor-, žüsor-*	T.15250

√-ss		s. √-sċ
√-sta	"waschen": *asta-* (Z.D.)	Vgl. √-sti, √-stāw
√-sti	"waschen": (Pr.D.P.) *wusti-, wəsti-*	Vgl. √-sta
√-stor	"(aus)breiten", „bedecken": *astor-, āster-, ostor-, bistar-, büstor-, lastor-, pyēstor-, wuster-, wustor-, [wüstor-, nastor-, sastor-, žastor-]*	GM √-storo „to spread out", T.1507
√-stāw	„waschen": *wustāw-* (P.), *astāw-* (P.I.K.)	Vgl. √-sta, √-sti
√-siw[1] tr.	„versengen": (P.) *asiw-, wusiw-,* Nebenform (Pr.P.) *asy(u)-*	
√-siw[2] tr.	„reinigen": (P.) *āsiw-, os(e)w-, līsiw-, losiw-, pyēsew-, pyesuw-, sōsiw-, wōsiw-, [nesiw-, žesiw-,* kein **sasiw-, *wasiw-]*	Vgl. √-si
√-š itr. (I.)		s. √-šč[1]
√-š tr. (I.)	*war aš-* „an der Reihe sein"	Zu √-šč[2]? siehe dort.
√-š tr.	*aš-* (P.K.D.I.Z.), *aiš-* (Pr.), *oš(i)-* (I.K.D.Pr.)	GM √-ṣü „to crush". s. √-wVš
(√-ši?)	GM: *wišinik.* s. Glossar s. v. *wiščin'ig*	
(√-šo, -ṣo)	GM: „to scold". 1970 nicht bestätigt.	s. Glossar s. v. *üš-, üšč-*
√-šu	„nähen": *aš(u)-, aš(ü)-* (◊ außer P.)	GM *ašyu-*, T.1494, 13444. Vgl. √-šiw
(√-šu)	GM „to sell"	s. *oṣ(i)-, oṣu(w)-*
√-šč[1] itr., Obertal oft √-š, -č-, (P.Z.) √-ṣç	"sich anheften": *ašč-, aš-* (P.D.Pr.Z.I.) „fassen, lieben, beißen", *tüšč-* (Pr.) „einstecken", *wušč-* (außer P.) „beißen", *üšč-* (I.P.) „gelingen", (P.Z.) *aṣç-,* (P.) *tüṣç-, wuṣç-* (I.) *aš-* „fassen", *wuš-* (I.) „beißen"	Grundbedeutung etwa „to be attached", mit verschiedenen Assimilationen aus **ṣačč-* (T.13085).
√-šč[2] tr., auch (P.Z.) √-ṣç, √-ṣč, (I.) √-š, √-č	„anheften": *ašč-* (P.D.Pr.Z.I.), *ošč-* (Z.P.I.), *pyešč-* (K.D.), *sašč-, bišč-* (◊), *tišč-* (P.D.K.Z.I.) „einfügen, bauen", Passiv *oščin(y)-* (P.) „sich herumlegen", (I.) *biš-, bič-,* (P.Z.) *aṣç-, p(y)eṣç-,* (P.) *biṣç-* 1) hinunterstecken, 2) beginnen", (P.) *leṣç-, tiṣç-, wiṣç-, saṣç-,* (P.) *biṣč-, büṣč-, leṣč-, p(y)eṣč-*	Vgl. zu √-šč[1]. Vgl. √-ṣç tr.
√-šč[3] tr., auch Obertal √-č, P. √-ṣç	„werfen, schießen" (P.): *išč-, lišč(i)-, wišč-* „spucken", hierher? (P.) *niṣç-* „talab schießen" (Pr.I.) *wič-* „spucken", (Pr.D.I.Z.K.) *ič-*	Vgl. zu √-šč[1]. Vgl. auch √-č[2]
√-šč[4]	„schließen" (P.): *awašč-, awošč-, wašč-, žašč-, [(a)našč-]*	Vgl. zu √-šč[1]. Vgl. √-č[6]

√-šč[5] tr., auch √-ṣč, √-ṣç	*pyešč-, pyeṣç-* (P.) „gießen, fallen lassen", *peṣč-* (P.), *p(y)ešč-* (P.K.Pr.), *pyeṣç-* (P.) „(Kopf) senken", *p(y)ešč-, peč-* „*üščuŋ* machen"	Vgl. zu √-šč[1].
√-šč[6] itr.	(P.) *tüšč-* „hineintun"	Vgl. zu √-šč[1].
√-šč[7], √-š, √-ṣç itr.	(I.) *üš-, üšč-* „beschimpfen, streiten", (P.K.) *tüšč-*, (P.) *tüṣç-* „kämpfen"	Vgl. zu √-šč[1]. Vgl. √-sko.
√-ščili	„einstecken": (P.) *aščili-, oščili-*	
√-ščöli	„gerade richten": (P.) *aščöli-, biščöli-, saščöli-*	
√-ščor itr.	„gehen" (P.Z.): *alöščor-, alüščor-, anaščor-, asoščor-, aščer-, aščor-, oščor-, biščer-, böščor-, laščer-, leščer-, leščor-, liščer-, loščer-, löščor-, naščor-, neščer-, nyeščor-, niščor-, nöščor-, p(y)eščer-, peščor-, a)pyöščor-, saščer-, soščor-, tüščer-, tüščor-, (a)wiščor-, wüščor-, woščor-, žeščer-, žüščer-, žoščer-, žoščor-, žöščor-*	Vgl. √-čor, √-ščur
√-ščur tr.	„gehen lassen, befördern": (P.) *awüščur-, büščur-, loščer-, niščur-, saščur-, soščur-, tüščer-, [beščur-, peščur-, neščur-]*	Vgl. √-ščor, √-čur
√-ščew	„schaben, glätten": (P.) *lüščəw-, pyöščəw-, oščəw-*	
šču(w)-	„Bart stutzen"	s. *čču-*
šüdüw- (P.)	„(rituell) reinigen"	
√-šil(i)/ -šli- itr., P. auch ščil(i)-	„sich setzen": *šil(i)-, aš(i)l-, āšil-, biš(i)l-, (a)büšl(i)-, lāš(i)li-, lašili-, lešli-, lošli-, nošli-, pyešli-, sašli-, tišil-, tišli-, wašli-, žišli-, žošli-*, P. *ščil(i)-*	GM √-šil "to sit", T.13432
√-šil(i)/ -šli tr.	"setzen" *ašl-, ašil-, bišl(i)-, asāšil-, bišl(i)-, büšl(i)-, sašli-, sašil-, tišli-, tišil(i)-, wušli-*	Vgl. √-šiliw
šül-	(P.Pr.) "kalt werden", = *šül w-*	denominativ
√-š(i)lu(w)	"setzen": *büšlu-* (D.)	Vgl. √-šil(i)
√-šiliw (P.)	"setzen": *šiliw-, büšliw-, bišliw-, ašliw-, sašliw-, büšliw-, bišliw-, sošliw-, tišliw-, wušliw-, wušlew-*	Vgl. √-šil(i)
√-šp	"schlagen": *ašp(i)-, əšp-, sašpi-, sošpi-, tišp-*. Zu GM *špīnik* „whip" s. Glossar s. v.	Von √-ṣp(o) oft nicht sicher zu unterscheiden
√-špa	„treiben" (Z.I.Pr.P.): *ašpa-, lašpa-, tišpa-*	GM √-špā „to remove". Vgl. √-špaw
√-šp(i)	„hinübergehen": *išpi-, ašpi-, ošpi-, ažišpī-nišpi-, nešpi-, sošpi-, tüšpi-, wīšp-, žešp(i)-, žišp-, žošpī-nošp-*	
-š(i)p-	s. unter *ašip-, išp-, wišp-*	

√-špur tr.	„lehren“: *wušpur-* „lernen“, *ašpur-, awušpur-, wušpur-, wušper-*	GM *špurə-*, T.13843a
√-špuṭ	„Mist verteilen“: *wüšpuṭ-, [žišpuṭ-, sašpuṭ-, wašpuṭ-, nišpuṭ-, böšpuṭ-]*	
√-špaw	„treiben“: (P.Pr.I.) *ašpaw-, awišpaw-, lašpaw-, lošpaw-, sašpāw-, tišpaw-, tišpow-, wišpaw-, žešpaw-*	Vgl. √-špa
√-šireli-	„Turban binden“: *ašireli-, ošireli-*	Denom. zu *šir* „Turban“
(√čučt ?)	s. Glossar s. v. *čoç*	
√-št(i)[1]	„gehen (langsam, vorsichtig)“: *ošti-, ošti-wušt-, awāšt-, awišt-, bišti-, bešti-, byöšti-, lāšti-, lešt(i)-, našt(i)-, noošt(i)-, pyešt-, sāšt-, sāšti-wāšt(i)-, tüšti-* „eingehen, erlöschen“, *wāšt-, wešti-, wišti-, wošti-, žāšt-, žišt-, žošt-, [ašti-, lößti-, bešti-]*	< *-wišt-?* Vgl. √-wišt(i)
√-št(i)[1] tr.	*žišti-ništi-* (D.) „talauf- und talab gehen lassen“	Vgl. √-štiw
√-šti[2] itr.	„trocken werden“: *išti-* (I.Pr.D.), *ištye-* (P.Z.), *ašti-, aišti-, wišti-, sāšti-* (P.) „heiser werden“	T.1855
√-šti[3] tr.	„trocknen“: *ašti-, āšti-* (Pr.)	Vgl. √-štiw, √-šti[2]
√-šti[4]	„aufstehen“: *aüšt-, aišt-, üšt-, üšti-, išt-.* GM *üšti-*	K. *uṣṭ-* T.1900. Vgl. √-štya(w)
√-štüb	*aštüb-* (P.) „anstoßen“, *waštub-* (P.) „(Herz) klopfen“	
√-štiw[1] (P.)	„gehen, fließen lassen“: *žištiw-, lāštiw-* „hochgehen lassen, schimpfen“, *[pöštiw-, löštiw-, ništiw-, wištiw-]*	Vgl. √-št(i)[1]
√-štiw[2] itr.	„trocken werden“: *ištiw-, ištew-* (P.D.) (*i-* = prothetisch)	Vgl. √-šti[2], √-štiwew, √-štyew
√-štiw[2] tr.	„trocknen“ (P.): *aštiw-, āštiw-, āštew-, tištiw-, wištiw-*	Vgl. √-šti[3]
√-štüw tr.	„loben“: *aštüw-, aštiw-, ištüw-*	Skt. *stu-*
√-štiwew itr.	*ištiwew-* (P.) „austrocknen“ (itr.) (*i-* = prothetisch)	Vgl. √-štiw[2]
√-štya	(Z.) *üštya-* „aufstehen lassen“	Vgl. √-šti[4], √-štyaw
√-štyon, (Pr.) √-štun	*wištyon-, wüštun-* „(Herz) klopfen“, *lüštyon-, lüštun-* „seufzen“	
√-štyaw	„aufstehen lassen“, (P.) *üštyaw-*, (I.) *üštaw-*, *[žištyaw-* „taraf-e bālā rawān kardan“, *ništyaw-, waštyāw-, woštyaw-, saštyaw-, neštyaw-, lüštyaw-, loštyaw-, laštyaw-]*	Vgl. √-šti[4]
√-štyew itr.	(P.) *ištyēw-* „trocknen“	Denom. zu *ištī* „trocken“
√-štyeli tr.	(P.K.) *ištyēli-* „trocknen“	Vgl. √-štyew, √-štiw[2]
√-šiw[1]	„gehen (*rawān šudan*)“: (P.) *wüšüw-, [bēšiw-,*	Vgl. √-šiw[2]

	nešiw-, lāšiw-, sašiw-, sošiw-]	
√-šiw[2]	„gehen lassen", nur im Plural: *[žašiw-]*	Vgl. √-šiw[1]
√-šiw[3] (P.)	„nähen": *ašiw-, ašüw-*	Vgl. √-šu
√-šuw (P.)	*ašuw-* „ableisten, (Pflicht) beenden"	
√-šiž itr.	„tropfen, fließen": *byöšiž-, büšiž-, büšüž-, pöšiž-, wüšiž-, wüšüž-, wušüž-, [pēšiž-, sašiž-, wašiž-, lōšiž-, nešiž-]*	GM √žeš- „to drip"
√-šiž tr.	„tropfen, fließen lassen": *byöšiž-, büšiž-, p(y)öšiž-, wüšiž-, ašižī-wušižog, [pēšiž-, sašiž-, wašiž-, lōšiž-, nešiž-].* Hierher? *āšiž-* „Teig auf Backblech tun"	
√-ṣi	„stecken", „befestigen": *lēṣi-, saṣi-, sāṣi-, tīṣi-, wiṣ(i)-* „(Wasser) absperren), *[soṣi-, žöṣi-, nöṣi-]*	
√-ṣo	„sich ducken, verstecken": *āṣo-, löṣo-, p(y)öṣo-*	Vgl. √-ṣaw
√-ṣ(u) tr., √-ç, √-ṣç	„saugen": *āṣu-* (P.), *wuṣ(i)-, wuṣ(u)-* (P.K.D.I.). Pr.K.D.I auch *wuç-*, P. auch *wuṣç-*.	GM √ṣu „to suckle, suck". T.13885. Vgl. √-ṣuw
√-ṣu tr.	„saugen lassen, stillen": (D.) *aṣu-*	Vgl. √-ṣuw
√-ṣu ?	nur *(w)uṣ-* tr., *uṣ-, wuṣ(u)-* itr. „kochen"; *(w)u-* prothetisch?	GM √-ṣū, Skt. *śrā-*, T.12681? T.2695? T.1861?
(√-ṣü)		s. √-wVš
√-ṣç itr.	„sich anheften"	s. √-šč[1]
√-ṣç (P.)	„saugen"	s. √-ṣ(u)
√-ṣç, √-ç tr.	„sich stützen, klammern": *awuç-* (D.Pr.), *awuṣç-* (P.)	s. zu √-šč[1]. Oder √-wuç?
√-ṣç tr., √-ṣč		s. √-šč[2], √-šč[5]
√-ṣç(ə)	„kratzen": (K.I.Z.) *aṣç(ə)-*	Vgl. √-ṣçəw
√-ṣçur, √-çur, √-ṣur	„kratzen": (P.) *aṣçur-, loṣçur-, wuṣçur-, [tiṣçur-, woṣçur-, wiṣçur-, saṣçur-, soṣçur-],* (P.) *aṣur-* (Z.K.D.Pr.I.): *açur-*	
√-ṣçəw	„kratzen": (P.Z.) *aṣçəw-, [*(P.) *saṣçəw-, peṣçəw-]*	Vgl. √-ṣç(ə)
√-ṣçiw	nur *aṣçiw-* (P.) „(Pfeil) geraderichten"	
√-ṣüdi, D. *šüdi-*	„kneten": *ṣüdi-, peṣüdi-, pöṣüdi-, pöṣidi-*, (D.) *šüdi-*	Vgl. √-mṣidi, √-mṣüdieli, √-mṣüdew
ṣigi-, ṣugi-	„sich versammeln"	s. √-ẓgi
ṣugu- tr.	(P.I.) „sammeln"	Vgl. *ṣuguw-*, √-ẓguw
ṣuguw- tr.	(P.) „sammeln"	Vgl. √-ẓguw
√-ṣki itr.	nur *löṣki-* (P.Pr.I.) „husten"	GM √-škü. Vgl. √-ṣkāw
√-ṣkoč[1] itr.	„hinterherlaufen": *aṣkoč-, wuṣkoč-*	Vgl. √-ṣkuč[1]
√-ṣkoč[2] itr.	„(Feuer) leuchten": (P.) *woṣkoč-, wüṣkoč-*	Vgl. √-ṣkuč[2]

√-ṣkuč[1] tr.	„folgen lassen, mitnehmen“: *aṣkuč-, wuṣkuč-*	Vgl. √-ṣkoč[1]
√-ṣkuč[2] tr.	„Feuer schüren, leuchten lassen“: *aṣkuč-, wüṣkuč-, [waṣkuč-, saṣkuč-, žaṣkuč-, naṣkuč-]*	GM ṣkuču- „to make fire“. Vgl. √-ṣkoč[2]
√-ṣkučew	*aṣkučew-* (P.) „hinterhergehen lassen“	Vgl. √-ṣkoč[1], √-ṣkuč[1]
√-ṣkili itr.	„wackeln, zittern“: *aṣkili-, i/əṣkil(i)-*, kein * *wuṣkili-*	Vgl. √-ṣkili tr.
√-ṣkili tr.	*aṣkili-* (P.I.) „schütteln“	Vgl. √-ṣkili itr.
√-ṣkāw tr.	nur *lüṣkāw-* (P.Pr.) „husten (lassen), sich räuspern“	Vgl. √-ṣki
√-ṣil(i) ?	nur tiṣil(i)- „(sich) versöhnen“	
√-ṣol itr.	„gehen, gleiten“: *lüṣol-, niṣol-, pyeṣol-, pyöṣol-, saṣol-, tüṣol-, tiṣol-, wāṣol-, (a)wiṣol-, wüṣol-, [oṣol-, böṣol-, löṣol-, laṣol-, loṣol-, löṣol-, žiṣol-, žeṣol-, naṣol-]*	Vgl. √-ṣul[1], vgl. √-pṣol
√-ṣul[1] tr.	„gehen, gleiten lassen“: *biṣul-, böṣul-, pyöṣul-, saṣul-, wiṣul-* „ausbrüten“, *[löṣul-*, kein **beṣul-]*	Vgl. √-ṣol, √-pṣul
√-ṣul[2]	*oṣul-* (P.Z.) „füllen“	
√-ṣom itr.	„ausruhen“: nur (P.) *wiṣom-*, Obertal auch *üṣom-*	GM *-ṣəm* „to rest“ T.11949
√-ṣom tr.	nur *wiṣom-* „zufriedenstellen“	
√-ṣn	*aṣn-* (P.D.) „Wolle zupfen“, *saṣn-* (P.) „zerkleinern“	
ṣiŋraw-	*ṣiŋraw-* „sich freuen“, *ṣiŋgir-* „sich brüsten“	GM *šiŋgra-* „rejoice“
√-ṣp(o)	„schlagen“: *ṣp-, əṣp-, aṣp-, oṣp-, biṣp-, b(y)eṣp-, laṣp-, tiṣp(o)-, wuṣp-, žeṣp-, žoṣpī-noṣp-, [leṣp-, niṣp-, neṣp-, noṣp-, loṣp-, saṣp-, soṣp-, wāṣp-, woṣp-, wiṣp-, zaṣp-]*	Verschieden von √-šp
√-ṣur	„kratzen“	s. √-ṣçur
ṣiṣa- tr.	(D.K.) *ṣiṣa-* „jucken“	
ṣiṣ(əw)- itr.	(I.) *ṣiṣ-*, (P.) *ṣiṣəw-* „jucken“	
√-ṣaw	„verstecken“: *āṣaw-, oṣāw-, tiṣaw-, wuṣaw-*	Kaus. zu √-ṣo
√-ṣew ?	nur (P.) *aṣəw-, aṣew-* „Loch machen“	
√-ṣuw tr.	„säugen“: *aṣuw-* (P.Pr.), *wuṣuw-* (P.)	Vgl. √-ṣu
√-ti[1] itr.	„sich stellen, hintreten“: *üti-, ütü-, (a)büti-, byeti-, nati-, neti-, noti-, peti-, pöti-, sati-, tüti-, wati-, witi-, žati-, žiti-, žüti-* Hierher? *əgal lütim'aso* „Regen hört auf“	Vgl. √-lti
√-ti[1] tr.	„stellen, legen“: *ti-, ati-, oti-, üti-, awāti-, (a)biti-, büti-, b(y)öti-, (a)lati-, aliti-, nati-, anatü-, neti-, (a)niti-, pāti-, (a)peti-, (a)sati-, soti-, titi-, tüti-, wati-, (a)witi-, wuti-, žati-, žeti-, (a)žiti-, žoti-, titi-wuty'og* (P.) „hier und dort verteilt, gesprenkelt“, *asċo ti-* (D.)	GM *ti-* „to place“, Skt. *sthita-*. Vgl. √-tiw, √-ti, √-ṭi, vgl. √-pterti-

	„stauen“. *aṣozti-* (P.) „Wacholder (*ṣoz*) opfern“, *wüsükti-* (P.) „draußen in die Sonne (*üsük*) legen“	
√-ti² tr.	„nehmen, packen“: *ati-* Hierher? „(Fell) abziehen“: *a(w)iti-* Hierher? „beschuldigen“: *ati-, wuti-* (P.Pr.)	GM √-ṭi (-ti?) „to seize, take“
tač- itr.	„schweigen“. *tač-* (außer P.), *tašč-* (P.). K.R.	GM √tač „be silent“
√-til(i)¹ tr.	“auf den Rücken laden”: *atil(i)-, ātül(i)-, bötili-, lōtili-, wutili-, wutüli-, [wotili-, bötili-, lotili-, notili-, nötili-, sotili-, žotili-, žötili-]*	GM *wutili-* „take on my back“
√-til(i)² itr.	„fühlen, tasten“: *atili-, ātili-, lōtili-, titil(i)-, wutili-, [notili-, nitili-, žotili-, žātili-]*	
√-tili³ itr.	“sich wenden”: *atili-, otili-*	
√-tili³ tr.	*otili-* (P.I.K.Pr.) „umdrehen, schwingen“.	
*tili-*⁴ itr.	“brennen” (P.Pr.)	GM *tili-* „make, catch fire“. Kaum zu T.5736?
*tili-*⁴ tr.	“brennen” (I.D.)	Vgl. *tili-*⁴ itr., *tiliw-*
√-tol itr.	„anschwellen“: *tol-, alütol-, wutol-*	Vgl. auch √-ṭol²
√-tul	*atul-, ātul-* (P.D.) „wägen“, „überlegen“	T.5884
(√-tul)		s. √-ṭol
tilew- itr.	“brennen” (P.)	Vgl. *tili-*⁴
tiliw- tr.	“brennen” (P.Pr.)	Vgl. *tili-*⁴
√-tamti	„festnehmen“: *atamti-, wutamti-*	Vgl. √-ti²
timəyə-	„eindrücken“, vgl. *təməyʹag* „Holzhaken“?	
tün(i)- tr.	“bauen” (P.D.)	Vgl. *tünow-, tünyaw-*
tüŋ- (D.) itr.	„gedeihen“	
tünow-	“bauen” (I.)	
tünyaw- tr.	“bauen” (P.)	Kaus. zu *tüni-*
(tür-)	GM „to fill“. Richtig: *t-ür-*, oder *tü-r-*	s. √-ri, √-ro
tīr- (K.) tr.	„(Gürtel) festbinden“	zu √-r(i/u) „wenden“?
√-turti	„(los)gehen“: *byöturti-, lāturti-, lēturti-, loturti-, löturti-, lüturti-, niturti-, pöturti-, pyöturti-, žüturti-*	nur mit Plural-Subjekt
t(e)ratog-	„sich aufregen, abmühen“. K.R.	
√-turtuw	„befördern“: *turtūw-, tüturtuw-*	Kaus. zu √-turti
turtūw- (P.)	„viel (Holz) holen“, verschieden von √-turtuw. K.R.	
tīrēw- (P.) tr.	„(Gürtel) festbinden“	Vgl. *tīr-* (K.)
tüskoṭ-	„verwirrt werden“. K.R.	

tüsümb(a)-	„fertig werden“. K.R.	
tašč-	„schweigen“	s. *tač-*
tišpoṭ-, tiṣpoṭ-	„sich beraten“. K.R.	√-špoṭ, -ṣpoṭ ?
√-tāw	„setzen, stellen“ (P.): *bitāw-, lotəw-*. Hierher? *atāw-* (P.) „auf-, beladen“. Hierher? *atāw-* (P.), *ātā(y)-* (Pr.) „antworten“.	Kaus. zu √-ti^1
√-tiw^1	„stellen“. *apötiw-, ütiw-, itiw-, (a)watüw-, awütiw-, byötiw-, lyötiw-, titiw-, (a)tütiw-, wutiw-* „erobern“, *žütiw-, lotəwī-byötiwog. asčo tiw-* (P.) „stauen“	Vgl. √-ltiw, √-ti^1
√-tiw^2 tr.	*wutiw-* (P.) „für sich behalten, ergreifen“. Hierhier? *watüw-, awatüw-* (P.) „(Gift) ausdrücken“	
√-tiw^3	„Feuer machen“ (P.): *atiw-, (a)tüw-, [bētiw-, nütiw-, lotiw-, witiw-, titiw-, sotiw-, satiw-, lötiw-, watiw-, wotiw-, žatiw-, žütiw-]*	Vgl. *adi-* (Pr.)
tüw(i)-, tiw-	(P.I.) „anziehen, sich bedecken“	
tiwo- itr.	(P.) „eilig beginnen“. K.R.	
tēwəyə-	„schmerzen“	
√-tyāw ?	„zurückfordern“: *awityaw-, wūtyāw-*	
√-tužew	„gewachsen sein, jmdm. entkommen“: (P.) *atužew-, wutužew-*	Vgl. *wuṭož-* (Pr.) „entkommen“
√-ṭi^1 tr.	„setzen, stellen“: *aṭi-, ā(a)ṭi-, biṭi-, pyeṭi-, pyöṭi-, wāṭi-, [bēṭi-, böṭi-, laṭi-, leṭi-, aliṭi-, saṭi-, žaṭi-, naṭi-]*	Unterschied zu √-ti^1 nicht klar.
√-ṭi^2 tr.	„lösen, trennen“: *alīṭi-, oṭ(i)-, leṭi-, wiṭi-*	
√-ṭo^1 itr.	„fassen, greifen“: *aṭo-, biṭo-, büṭo-, byeṭo-, (a)laṭo-, leṭo-, loṭo-, lüṭo-, neṭo-, niṭo-, pyeṭo-, (a)pyöṭo-, saṭo-, soṭo-, tiṭo-, waṭo-, (a)wuṭo-, ažeṭo-, žüṭo-, [woṭo-]*	
√-ṭo^2 itr.	*leṭo-* „sich erheben“, *lüṭo-* „zum Vorschein kommen“	
√-ṭob itr.	„verderben“, „verloren gehen“: *ṭob-, aṭob-, laṭob-, löṭob-, pyeṭob-, pyöṭob-, wiṭob-, wüṭob-*	Vgl. √-ṭVp
ṭəbol-, ṭəbəlew-	„nass werden“: *ṭəbol-* (Pr.), *ṭəbəlēw-* (I.)	Vgl. *ṭəpəlēw-*, von *ṭəpəl* (P.), *ṭəbəl* (außer P.) „nass“
√-ṭog	„fertig werden“, „anlangen“: *ṭog-, aṭog-* „gelangen“, „jmd. etwas antun“, *al(y)eṭog-, oṭog-, beṭog-, (a)laṭog-, aleṭog-, loṭog-, lüṭog-, naṭog-, (a)niṭog-, (a)pyeṭog-, (a)saṭog-, saṭogī-waṭog-, tüṭog-* „sich (ver)einigen“, *(a)waṭog-, (w)iṭog-, (a)wuṭog-, žaṭog-, (a)žiṭog-, žaṭogī-naṭog-, žüṭogī-nüṭog-*. GM	GM falsch √tog-, √*laṭ. Vgl. √-ṭk

	laṭog-ˈogsto „they made an agreement" nicht zu *lad* „Frieden"	
√-ṭk	„fertig machen", „gelangen lassen": *ṭk-, aṭk-, oṭk(o)-, laṭk-, lāṭk-* „fertig machen; zustimmen", *leṭk-, loṭk-, saṭk-, tiṭk-, wiṭk-, wuṭk-, žaṭk-, žiṭkī-niṭk-*	GM *ṭka-* ungenau „to be finished with". Vgl. √-ṭog
√-ṭki	„laufen": *wüṭki-* (P.K.D.Pr.)	in I. stattdessen √-čki
√-ṭkow	(P.) *wuṭkow-* „festnehmen, ergreifen"	tr. zu √-ṭki? Vgl. √-ṭk?
√-ṭol[1] tr. ?	*iṭelˈī-wuṭol-* (◊ außer P.). (Himmel) stellenweise bewölkt sein. GM s. v. √tul-?: *itili-wutulˈōgo*	
√-ṭol[2] itr.	„stürzen, brechen": *ṭol-* „(Lawine) losbrechen", *biṭol-, büṭol-, byeṭol-, byöṭol-, löṭol-, lüṭol-, p(y)eṭol-, p(y)öṭol-, tüṭol-, wuṭol-, wüṭol-, [wōṭol-, soṭol-, naṭol-, žoṭol-, nöṭol-, žeṭol-, žöṭol-; alüṭol-* „aufwallen".	Vgl. √-ṭul
√-ṭul tr.	„brechen, einstürzen lassen": *āṭəl-, oṭul-, sāṭəl-, tīṭəl-, (a)wiṭəl-, wiṭel-, wuṭul-, wuṭəl-, wīṭəlī-wuṭol-, žoṭul-,* GM *wīṭilagəst* „they opened (the box)"	Vgl. √-ṭol[2]
√-ṭVp	„verlieren", „vernichten": *ṭip-, ṭəp-, aṭ(ə)p-, wiṭip-, wīṭəp-,* GM *ṭipˈamo* „I lost"	Vgl. √-ṭob
√-ṭVp, √-ṭip	„stechen": *ṭip-, aṭəp-, aṭip-, saṭip-, tīṭəp-, wuṭup-*	
(√ṭipə)	GM *ṭipomˈasəm* I shut my hand	s. √-p(ı)
ṭəpəlēli-	(P.) „nass machen"	zu *ṭəpəl* „nass"
ṭəpəlēw-	(P.) „nass werden"	Vgl. *ṭəbol(ew)-*
√-ṭasli	„Vieh für die Almperiode übergeben": *āṭasli-, wuṭasli-, āṭaslī-wuṭasli-*	
√-ṭot	„fressen": *oṭot-, aṭot-*	GM √-ṭuṭa „to bite off". T.1065. Vgl. √-kṭ(u)
ṭəṭ(l)i-	*ṭəṭli-* (Z.Pr.K.), *ṭəoṭi-* (I.D.) „baden", GM *ṭəṭi-*	
√-ṭuw	„befördern": (P.) *āṭuw-, wūṭuw-, žāṭuw-, [naṭuw-, loṭuw-]*	Vgl. √-ṭo[1]
√-ṭož ?	*wuṭož-* „mir entkommen" (Pr.)	Vgl. -√-tužew?
√-w „werden"	K.R.	GM *w-* §106, dort *pōksu* zu √-po, *aṭobˈogso* zu √-ṭob
√-wa tr.	„bedecken, anziehen": *awa-* (Z.), GM √biya „to cover oneself"	Vgl. √-w(i), √-waw
√-w(i) tr.	„anziehen, sich umlegen": *tīw-, tüw(i)-* (P.I.)	Vgl. √-wa, √-waw
wui-	„trinken"	s. *wuy(ə)-*
wuċ- (Z.)	„spalten"	Vgl. *wiċēli-?*
wuċu-	*wuċu(w)-* (I.), *wuċēw-* (P.) „sich entzünden"	denom. zu *wuċu* „Wunde"
wiċēli- (P.)	„zerteilen"	denom.; vgl. *wuċ-*

√-wič^{1}	„schmieren“: *awič-, ōwuč-, bīwič-, wuwič- = wūwuč-*	Vgl. √-č^{4}
√-wič^{2} tr. (P.)	„einschlagen, anbringen“: *awič-, āwič-, nāwič-, pyēwič-, sawič-, sowič-, tiwič-, wāwič-, wowič-, žāwič-, biwič-* „(durch Zerschlagen der Hoden) kastrieren“, *līwič-* „(Pferd) beschlagen“	Vgl. √-č^{7}
√-wič^{3} tr.	„(Weg, Gewand) schließen“: (P.) *awič-, wuwuč-*	
√-wič^{4} tr.	nur in (P.) *āw lēwič-* „Wasser hochschopfen“	
√-wič^{5} tr.	„öffnen, aufbinden“: (P.Pr.) *(a)wič-, (a)wüč-,* (D.) *üč-*	oder √-č?
√-woč	„reif werden“: *awoč-, žāwočī-nāwoč-,* GM (L.) *awuč-*	T.7654
√-wuč tr.	„umrühren“: *wuč-*(P.Z.), *ōwuč-* (P.)	Vgl. √-č^{5}
√-wud	„salzen“: (P.) *āwud-, pyēwud-*	
wedi-	„lachen“, GM *wyöidə-*	T.11663
wuǰīli-	“an mich/ uns/ dich denken”. K.R.	
(w)iki- itr.	„aufwallen“: (P.) *wiki-*, (D.) *iki-*	√-ki?
wikəw- (P.)	„aufwallen lassen“	Vgl. *(w)iki-*
wikə(y)- (I.)	„aufwallen lassen“	Vgl. *(w)iki-*
√-wil(i)- itr.	„schmelzen“, „sich lösen“: (P.Pr.) *wili-*, I.) *wiwil-*, (P.) *wiliw-*	T.11906 (11862?) s. √-liw^{3}
√-wili ?	(P.) *āwili-* „(Topf mit Deckel) schließen“	
√-wol	„können“: *wol-, wāwol-, lāwol-*	GM √wol, T.9166
wule-	(P.) „nicht haben“	zu *wule* „leer“
√-wəl ?	(P.) *wīwəlēw-* , (I.) *wīl-* „sexuell erregt sein“	
wəleg- (P.)	„eng sein“, denom. zu *(w)əlēg,* GM *aläyi* „eng“	GM √-läy (?)
wīlər- tr.	„(Ei) legen, (Küken) ausbrüten“	tr. *√-lur zu √-lor?
wüni-, wön(i)-	*wüni-* (I.) „pflügen“ (vgl. √-*nu(w)!*), *wöni-, wüon-* (P.D.Z.) „Feldarbeit machen“	
winǰer(ew)-	„sexuell erregt werden“: *wīnǰer-* (I.), *winǰerew-* (P.)	√-nǰer(ew) ?
wuptəw-	„(mich, ihn) zufriedenstellen“	Kaum √-ptəw?
wepeṭ-	(I.) „sich erregen“	Vgl. *wīpeṭew-*
wīpeṭew-	(P.) „staunen“	Vgl. *wepeṭ-*
√-wir ?	in *liwirnīg* (P.), *līriŋ* (I.) „Trichterzunge hochstellen“	
(w)ir-	„sich wundern“: *wir-, ir-,* (P.) *wirew-*. K.R.	Zu √-r(i) itr.? Vgl. *iber-*?
wuro- itr.	„sich bewölken“	s. √-ro itr.
wür-	„klar, deutlich werden“, GM *yür-* „to appear“. K.R.	Zu √-r(i) itr.? Vgl. *würeli-,*

		würew-
würi-	*würi-* (P.), GM *yüri-* „(sich die Hände) waschen, reinigen"	Zu *wür-* „klar werden"? √-r(i) itr.?
würi-	„arm, schwach werden". K.R.	
√-wurč	„falten, krempeln": *alöwurč-, (a)tiwurč-, awurč-, ažawurč-, büwurč-, lāwurč-, sāwurč-, tüwurč-, wōwurč-, [büwurč-, asawurč-, anawurč-, alōwurč-, alāwurč-* (vgl. §2.4.1.7)*]*	Vgl. √-purč, √-ruč
√-wurj	„(Strumpfband) binden": *ōwurj-, lawərj-, wuwərj-*	
würeli- tr.	„klar machen, erkunden".	Vgl. *wür-, würew-*
würew- itr.	(P.) „klar werden"	Vgl. *wür-, würeli-*
wurož-	„schluchzen". K.R.	
wos-	„übernachten". GM √wōzə. K.R.	T.11435
wös- itr.	„(Feuer) erlöschen"	T.11992?
wös- tr.	„(Feuer) löschen". GM √yösu 1970 abgelehnt.	Vgl. *wösuw-*
wusti-, wustāw-	„(sich) waschen"	s. Vgl. √-sta, √-sti, √-stāw
wösuw- tr.	(P.) „(Feuer) löschen"	Vgl. *wös-*
wuš-	„atmen". K.R.	Vgl. *āwušaw-*
√-wVš oder √-wiš	„zerstampfen, mahlen": *awiš-, āwiš-, awuš-, owiš-, owuš-*, GM *ōwiṣ-* „to grind"	T.8142? GM: vgl. *išī* „water mill". s. √-š
√-wišk ?	in *tüwišk-* „(Hemd) nähen"	
wišp- itr.	„blühen"	Vgl. *(w)išpīg* „Blüte"
√-wišt(i)	„(vorsichtig) gehen": *awišti-, owušti-, žowišt(i)-, ōwušti-wušti-, ažowišt-, žowišt-, žowišt(i)-, lēwišti-, lōwišti-, niwišti-, pewišti-, tiwišti-, žiwišt(i)-, žowišti-*	Vgl. √-št(i)[1]
(w)uṣ(u)-	„kochen"	s. √-ṣu
(w)əṣç-	(Z.D.K.) "sich freuen". K.R.	GM *əṣi-* "to rejoice"
(w)əṣçəw-	(P.Z.) "sich freuen". K.R.	
√-witi ?	in 1) *a(w)iti-* „häuten", 2) *liwit(i)-* „borgen"	
(w)ütoŋ-	(P.I.Pr.) „sich anstrengen"	
wuṭ-	(P.) „(jmdm.) zukommen"	
√-wāw tr.	„bedecken, anziehen": *awaw-, awāw-, biwaw-, tiwāw-, wuwāw-, [wiwāw-, nowāw-, nawāw-, sawāw-, sowāw-, wawāw-, wowāw-, žawāw-, žowāw-].*	√GM *awanig* s. v. -biya „to cover oneself". Vgl. √-wa, √-w(i)
√-way(ə)	*away-, awayə-, wuway-* (P.) tränken	Vgl. *wuy(ə)-*

√-way ?	In *tiway-*, *tiwəy-*, GM 302 *tiwaī-* "kauen"	GM: √waī, ti-wa-√i?
√-wayə ?	*awayə-*, *awiy-* „rasieren"	
wuy-, *wəy-*	„scheren"	GM √*ya?
wuyə-	„weben" K.R.	
wuy(ə)-	„trinken", GM *wī-* „to drink"	T. 8209. Vgl. √-way(ə)
√-wiz[1] tr.	„(Seil, Spindel) drehen": *āwiz-*, *līwiz-*, *lāw(ə)z-*	
√-wiz[2] itr.	„gähnen": *liwiz-*, *liiz-*, *āwüz-*	Vgl. √-z(üw)
√-wuz[1] tr.	„aufladen, schultern": *awuz-*, *ōwuz-*, *owoz-*, *wāwəz-*	s. Glossar s. v. *ōwuz-*
√-wuz[2] tr.	„fressen": *owuz-*, *[awuz-]*	
√-wuzgi itr.	„ein-, überholen": *awuzgi-*, *niwuzgi-*, *žiwuzgi-*	
wuzaw- (P.)	„als Hirte arbeiten". Denom. zu *wuz'a* „Hirte"	GM *wuzā* „to herd"
√-wiž[1] itr.	„hängen": *byöwiž-*, *büwüž-*, *awiž-*	GM √-žī
√-wiž[1] tr.	„(auf)hängen": *awiž-*, *āwuž-*, *büwüž-*, *byöwiž-*, *pyöwiž-*, *pyewiž-*, *lēwiž-*, *lōwiž-*, *löwiž-*, *sawiž-*, *žawiž-*, *[žewiž-*, *žöwiž-*, *nawiž-*, *nowiž-*, *nöwiž-*, *lüwiž-*, *sowiž-*, *wawiž-*, *pewiž-]*	
√-wiž[2]	„drücken": (Z.) *žawiž-*	s. √-žiw
√-wuž	in *āwuž-* „(Mehl) sieben"	
√-wuẓ ?	„mähen": *wuẓ-* (P.K.), *uẓ(u)-* (I.Pr.P.)	oder √-ẓu q. v.
√-wuẓew ?	(I.) *tiwuẓew-* „grollen", Denom. zu *wuẓe* „schwarz"?	
(√*ya)	s. Glossar s. v. *wuy-* „scheren"	
√-yo itr.	„Absichten haben auf ...": *ayo-*, *biyo-*, *wuyo-*, *wīyo-*, *žayo-*	Nicht immer sicher abzugrenzen von √-i
√y(V)	„werfen, schießen, schlagen": *bi(y)-*, *büy(u)-*, *pöy(u)-*, *say-*, *tio-*, *tüyu-*, *wīy(u)-*, *wüyu-* „blitzen", *woy(u)-*, *wuy(u)-*, *[*„Gewehr, Bogen abschießen": *loyu-*, *lüyu-*, *noyu-*, *wayu-*, *böyu-*, bei Bogenschützen kein **neyu-*, **žeyu-*, da für Bogen zu weit, nur *nöyu-*, *žöyu-]*	s. auch √-i (Abgrenzung nicht immer möglich), √-yV(w)
√-yoċ	„schnitzen, schneiden": *wayoċ-*, *wuyoċ-*, *wuyeċ-*, [kein **sayoċ-*]	
(√yüṇḍ)		s. √-ṇḍob
(√yür(-))	GM √yür- „appear"s. *wür-*; √yüri "wash" s. *würi-*	
√-yas tr.	„gürten": *ayas-*, *(a)wuyas-*, *noyās-*	Vgl. *yas'ə* "Gürtel"
√-yas itr.	*nōyās-* (P.) „sich talab gürten, beginnen (zu tagen)"	
√yösu		s. *wös-*
√-yaw	„zu essen geben": *ayaw-*, *sayaw-*, *wuyaw-*, *[soyaw-*,	Kaus. zu *oi-* „essen"

	woyaw-, pēyaw-, nayaw-, žoyaw-, žeyaw-, kein**pöyaw-, *nöyaw-*, aber *neyaw-]*	
√-y(V)w	„werfen, schießen“: (P.) *nöyuw-, wiyu(w)-, laiyəw-* „aufstoßen“	Vgl. √-i, √-y(V)
(√-z?)	GM „to girdle oneself“	zu √-wuz[1]
√-za tr.	*aza-* (Z.D.) „schneiden“	GM √-za „to saw“. s. √-zaw
(√-zgyü)	GM „to yawn“. *azgyü-* 1970 unbekannt	Vgl. √-z(üw)
√-z(üw) itr.	„gähnen“:*āzü(w)-* (P.), *āzī-* (K.)	Vgl. √-wiz[2]
√-zil(i)	„(hinein-, hinaus-)tun“: *sāzil-, tizil(i)-, tīzəli-wüzül(i)-*	
√-zol itr.	„brechen“: *zol-, ozol-, lāzol-, tizol-, wīzol-, [žazol-, žezol-, nazol-, nezol-, pezol-, bezol-]*	Vgl. √-zul
√-zul(i) tr.	„brechen“: *azili-, azül-, ozil(i)-, ozul-, tüzül(i)-*	GM √zülə. Vgl. √-zol
√-zaw (P.) tr.	„schneiden“: *azaw-, ozaw-, bezaw-, bizāw-, lazāw-, lēzāw-, pēzāw-, [žazaw-, nazaw-, wazaw-, sazaw-, pezaw-, lizawī-bizawī, sazawī-wazawī,* kein **bözaw-]; ažezawī-anozaw'ī, alazaw'ī-abyēzawī* (P.) „überkreuz“	Vgl. √-za
(√-žī)		s. √-wiž[1]
√-ž(u)	„stoßen“: (I.D.K.) *až-, āž-, ažü-, wuž-, žaž-*	Vgl. √-žiw
√-žič tr.	„schreiben“: (I.K.D.Pr.) *bižič-, nežič-*	Vgl. √-žičiw
√-žičēli	(Pr.) *žičēli-* „schnitzen“	Vgl. √-žičiwēli
√-žičew itr. (P.)	„(Reste von Wasser in einer Pfütze) sich farbig abzeichnen“: *sožičēw-, [wožičew-, bežičew-, pežičew-, žežičew-, nežičew-]*	Wahrscheinlich zu √-žičiw
√-žičiw tr. (P.)	„schreiben“, „schnitzen“: *žičiw-, bižičiw-, ližičiw-, nežičew-, pyēžičiw-, žažičiw-, [wažičiw-, sažičiw-,* kein **žižičiw-,* kein **bežičiw-]*	GM √žiči. T.4810. Vgl. √-žič, √-žičew
√-žičiwēli	(P.) *žičiwēli-* „schnitzen, sticken“	Vgl. √-žičēli, √-žičiw
√-žgi itr.	(P.) *tüžgi-* „sich schütteln“	GM √-ǰügü „to move, stir“
√-žgi tr.	(Z.) *tüžgi-* „schütteln“	
√-žgiw tr.	(P.) *tüžgiw-* „schütteln“	
√-žüli tr.	„stoßen“: (P.) *ažül(i)-, [bēžül(i)-, ložül(i)-, nažül(i)-, nēžül(i)-, pēžül(i)-, tižül(i)-, žožül(i)-, žežül(i)-, wažül(i)-, wožül(i)-, wižül(i)-, žažül(i)-,]*	Vgl. √-nǰili
√ž(o)n(i)	nur *ožni-* “töten”	GM √-žnü, T.13963
√-žir	nur *tižir-, tiǰir-* „sich schämen“	T.14187
√-žor[1] itr.	„Kummer haben“: (P.) *žor-*, GM √ǰur-, *žorə-*	T.5304. Vgl. √-žur

√-žor[2] itr.	"verdaut werden": (P.) *ažor-, wužor-*	Skt. *jvar-*?
√-žur tr.	„Kummer machen": (Z.) *žur-*	Vgl. √-žor[1]
(√žeš-)	GM „to drip"	s. √-šiž
√-žiw[1] tr.	„stoßen, drücken": (P.) *āžüw- ažiw-, tüžiw-, wužiw-, žažiw-, [pöžiw-, böžiw-,* kein **bežiw-; ležiw-, žöžiw-, wüžiw-, nöžiw-, wožiw-, sožiw-, sažiw-, nažiw-]*	Vgl. √-ž(u), √-wiž[2]
√-žiw[2] tr.	„(Mehl) kneten": (P.) *tižiw-, tījew-*	Zu √-žiw[1]?
√-ẓa tr.	„begraben, verstecken": (K.D.Pr.Z.) *abüẓa-, ōẓa-, biẓa-, pyeẓā-*	Vgl. √-ẓaw
√-ẓo	nur in *wuẓo-* „finden"	GM √-ẓō, T.10624
√-ẓo	nur in *tiẓo-* „zuwachsen"	T.10862
√-ẓu	*(w)uẓ(u)-* „mähen"	oder √-wuẓ ? GM √-ẓū, T.10645
√-ẓgi itr.	„Schwindelgefühl haben": (P.) *beẓgi-, ti(e)ẓgi-*	
√-ẓgi itr.	„sich versammeln", „gelangen": *büẓgi-, naẓgi-, niẓgi-, noẓgi-, nöẓgi-, nüẓgi-, pyöẓgi-, saẓgi-, tüẓgi-, tiẓgi-, žaẓgi-, žiẓgi-, žoẓgi-, žöẓgi-, [böẓgi-, kein *neẓgi-]*	Ohne Präfix: *ṣigi-, ṣugi-*. GM √šügy, -žg-. Vgl. √-ẓguw
√-ẓguw tr.	„sammeln", „befördern": *naẓgow-, noẓgow-, pyöẓguw-, saẓguw-, tiẓgiw-, (a)tüẓguw-, žoẓguw-, [žüẓguw-, žaẓguw-]*	Ohne Präfix: *ṣugu(w)-*. Vgl. √-ẓgi
√-ẓul	„berühren", mit dem Finger drücken": *aẓul-, [büẓul-, löẓul-, pöẓul-, böẓul-, saẓul-, waẓul-]*	
√-ẓm	nur *azm-* „sich bekannt machen", „lernen"	< *rambh-*, T.10633
√-ẓəm(b) ?	s. *aẓem-, aẓəmb-*	
√-ẓumli	„auf den Schoß setzen": *aẓumli-, wuẓumli-*	Von *ẓum* „Schoß" + *li-*
√-ẓumti	„zum Trocknen ausbreiten", nur *aẓumti-*, Part. Prät. P.K.) *aẓumtyog*, aber (I.) *ažümtyog*	
√-ẓaw	„begraben, verstecken": (P.I.D.Z.) *ẓaw-, biẓaw-, oẓaw-, leẓaw-, līẓaw-, p(y)eẓaw-, tiẓaw-, [beẓaw-, žeẓaw-,* kein **žöẓaw-, neẓaw-, noẓaw-, soẓaw-, woẓaw-]*	Vgl. √-ẓa
ẓuw-	„weinen". K.R.	GM √ẓū, T.10840.2
√-ẓoẓ	*aẓoẓ-* (P.I.Pr.Z.) „zittern"	GM √-ẓuẓu. T.5522, T.14537. Vgl. √-ẓuẓ
√-ẓuẓ	*aẓuẓ-* (P.I.Pr.Z.) „schütteln, erzittern lassen"	Vgl. √-ẓoẓ

2.7 Konstruktionen mit Funktionsverben

Funktionsverben (Vektorverben, light verbs)[63] werden mit bestimmten infiniten Verbalformen verbunden, und zwar mit dem Absolutiv, mit dem Adverbiale auf *-o* oder mit dem Supinum. Sie dienen vor allem dem Ausdruck verschiedener Aktionsarten. Es gibt keinen Hinweis auf die Verbindung von Funktionsverben mit der Informationsstruktur.

2.7.1 ānom- „beginnen"

Sup. + *ānom-*: intensiv-ingressiv (schnell oder gewaltsam etwas beginnen, Belege nur mit „fressen")

okṭ'a anom'ogso 31.25 „begann zu fressen"

2.7.2 aš̌paw- „verschwinden lassen"

Abs. + *ašpaw-*: intensiv, total

aneg saṣç'ī ašpaw'ə „Zünde (endlich) Feuer an!"
let'əm lekṣ'ī ašp'āwə „Zieh den Zahn!"
aw'ikṣī ašp'āga-rē-st C24.31 „ziehen (Gift) völlig heraus"
āw āštew'ī ašpaw'ogo D3 „trocknete das Wasser auf"

2.7.3 oz- „bleiben"

Abs. + *oz-*: durativ, progressiv (mit Zustandsverb)

ašl'ī ozm'iso 40.27 „Sie sitzt (dort)."
pešl'ī ozm'aso 69.75 „sitzt (dort) unten"
bī ozasən-ḍ'aya 93.15 „wenn ihr denkt"
zī wupuž'ī at'ī ozm'iso 100.86 „zieht die Tür zu und hält sie fest"
āw ākudg'am bī ozmast 100.99 „Sie sind im Begriff, Wasser zu spritzen."
„..." ibī ozmaso (Pr., MORGENSTIERNE 1949, 330) „du denkst: ..."[64]

Inf. + *oz-*: progressiv, perdurativ (mit Bewegungsverb)

žapoenig oz'ogust 27.26 „Sie näherten sich talauf."
wopon'ig oz'ogso 32.76 „Sie war dabei, nach links zu gelangen."
miš tə-gəm žopon'ig oz'ogso 43.44 „Er näherte sich talauf seinem Dorf."

---

[63] Zur Abgrenzung von Hilfsverb und light verb s. Melanie SEISS: On the Difference between Auxiliaries, Serial Verbs and Light Verbs. *Online Proceedings of the LFG09 Conference*, 2009, CSLI Publications. http://web.stanford.edu/group/cslipublications/cslipublications/LFG/14/papers/lfg09seiss.pdf (aufgerufen am 16.07. 2015).

[64] Nicht: "thou mayest have thought" MORGENSTIERNE p. 232, auch MORGENSTIERNE, Text VIII, 10 nicht "he may be (?) giving", sondern "he does not give", "he persists in not giving". Zum Gebrauch des Präsens in der Erzählung vgl. §2.9.3.4.

2.7.4 büsċ- „lassen", „vollenden"
Als Funktionsverb markiert *büsċ-* die kompletive Aktionsart
mit dem Inf.:

> *unz'ū kodyum lin'īg büsċūmasmo* (P.)
> ICH ARBEIT MACHEN-INF BEENDEN-PRS-1SG
> Ich höre auf zu arbeiten, schließe die Arbeit ab.

und mit dem Absolutiv:

> *kṣṭō osī büsċü pəz'agsəm* (K.)
> TOPF REINIGEN-CP BEENDEN-CP GEHEN-PRT-1SG
> Nachdem ich den Topf fertig gereinigt hatte, ging ich.

Wenn das Absolutiv von *büsċ-* vor dem negierten finiten Verb steht, hat *büsċ-* die Funktion, die Nichterfüllung der benannten Handlung zu bezeichnen, z. B.

> *unzu kodyum limasēsum, büsċü na lyom* (P.)
> ICH WERK MACHEN-IMPF-1SG, BEENDEN-CP NEG MACHEN-PRT-1SG
> Ich wollte es tun, beendete nicht.

> *su t-š'al pəznīg-law, zəma əskal sei-r'a büsċü na pəz'ogso* (P.)
> ER IN STALL GEHEN-FUT-IMPF-3SG, SCHNEE VIEL SEIN-IMPF-3SG PT BEENDEN-CP NEG GEHEN-PRT-3SG
> Er wollte zum Stall gehen, da viel Schnee war (*sei* s. §1.4.3), ging er am Ende nicht.

2.7.5 bi(y)- „nach unten schlagen"
Inf. + *biy-*: ingressiv

> *aċünig büy'ista* A10.30
> BUTTERN-INF HINABSCHLAGEN-PRT II-3PL
> Sie begannen zu buttern.

*2.7.6 *č(u)- „gehen"*
Ohne Richtungspräfix erscheint *č-* (T. 4939, vgl. √-č[1] §2.6) nur mit dem Adverbiale auf *-o* (§2.5.6) zur Bildung des Iterativs (vgl. §2.4.1.2).

2.7.7 √-kṣ „ziehen"
Inf. + *likṣ-* „hochziehen": ingressiv

> *neṭ linīg likṣ'ego* 19.24
> TANZ MACHEN-INF HOCHZIEHEN-PRT-3SG
> Er begann zu tanzen.

Inf. + *wukṣ-* „her-ziehen“: ingressiv

üd liŋ wukṣ'o 79.3 (I.)
KRIEG MACHEN-INF HERZIEHEN-PRT-3SG
begann Krieg zu führen

2.7.8 lagi- „hinaufgehen“

Abs. + *lagi-* „mit der Handlung fortfahren“

aẓm'ē lagy'ost 88.4 (I.)
BEFREUNDET-SEIN-CP HINAUFGEHEN-PRT-3PL
Sie fuhren mit der Freundschaft fort.

2.7.9 liš- „beginnen“. Vgl. šili-.

Abs. + *liš-*: durativ,[65] kompletiv (eine Handlung beginnen, ausführen und weiter fortführen)

okṭ'i liš'egso 31.20 „fraß (auf)“
aṭoṭ'ī liš'egso 41.13 „fraß (auf)“
oyī liš'egso 68.1 „war dabei zu essen“
k'odyum lī lišegso 65.12 „Sie war dabei, ein Werk zu tun.“

Supinum + *liš-*: ingressiv, inchoativ. Vgl. *šili-.*

nima liš'egso 69.3 „begann zu melken“
oṭoṭ'ā liš'egso 41.7 „begann zu fressen“

2.7.10 po- „gelangen“

Inf. + *po-*: „die Handlung fast zum Abschluss bringen, kurz davor sein zu ...“

žip'oeŋ p'oe 93.9
TALAUFGELANGEN-INF GELANGEN-CP
kurz davor, talauf anzulangen

wəǰǰimilugan ožin'ī-ṭkin'ig p'ogust 35.13
MANN-PL-OBL TÖTEN-CP-BEENDEN-INF GELANGEN-PRT-3PL
Sie töteten fast alle Männer.

üs'ük oštenig pogso 28.18
SONNE UNTERGEHEN-INF GELANGEN-PRT-3SG
Die Sonne war kurz vorm Untergehen.

---

[65] MORGENSTIERNE 1949 §126 „Durative Present (?)“ *orod-īlišek-səm* I am beating (*orodī lišegsəm*), *ẓū-ālišek-səm* I am weeping (*ẓuwa lišegsəm*).

üū kür logzon'ig poi-ṭkom'a 32.17
DU KIND GEBÄREN-INF GELANGEN-CP-BEENDEN-ADV
sobald dir das Gebären der Kinder bevorsteht

zot pəz'iŋ p'ogso 74.14
GEBURTSHAUS GEHEN-INF GELANGEN-PRT-3SG
Sie stand davor zu gebären.

2.7.11 peli- „hinabtun"

Absolutiv + *peli-*: die Handlung in ungeschickter Weise ausführen

pse-lī pely'oš-ra (I.)
WAS-MACHEN-CP HINABTUN-PRT-2SG
Was machtest du denn (*če ajab kār tu kardī*)?

se-lī pyēlim'aso (P.)
WAS-MACHEN-CP HINABTUN-PRS-3SG
Was macht er denn?

... *lī pelẹ̄ ba* 92.16
SAGEN-CP HINABTUN-AOR-3SG ODER
Will er (durch seine mehrdeutigen Zeichen) etwa ... sagen?

t-əweig lesċ'ī pel'īgəċō 78.11
IN FENSTER HOCHSCHICKEN-CP HINABTUN-PRS II-2SG
Du wirst (versehentlich) durch das Fenster hinaufschleudern (*ki našawad* ...).

2.7.12 pəz- „gehen"

Adverbiale auf *-o* + *pəz-*: evolutiv

məs'əg puṇḍ'ī wō pəzm'aso (P.)
MOND VOLL WERDEN-ADV GEHEN-PRS-3SG
Der Mond nimmt zu.

məsəg banigya wō pəzm'aso (P.)
MOND KLEIN WERDEN-ADV GEHEN-PRS-3SG
Der Mond nimmt ab.

gənderēw'o pəzm'aso 34.11
WACHSEN-ADV GEHEN-PRS-3SG
Er wird immer größer.

čkwa čkwa wüṭol'ō pəzm'aš A11.22
WENIG WENIG EINSTÜRZEN-ADV GEHEN-ADV
während er nach und nach immer mehr einstürzte

saks'ō pəz'ī C24.32
HINEINGEHEN-ADV GEHEN-CP
immer weiter hineingegangen

2.7.13 šili- „sitzen", „bleiben"

Absolutiv + *šili-*: durativ, iterativ, „die Handlung ausführen und fortführen, immer weiter tun"

seps'upša su na tigaṭiŋša tak ašpaw'ī šily'ẹmš-odo 93.18
VERLEUMDUNG PT ART NEG ÜBEREINSTIMMEN-INF-OBL PT ID VERSCHWINDEN-LASSEN-CP SITZEN-AOR-1PL
Wir wollen dabei bleiben, die Verleumdung (und) die Zwietracht zu verdammen!

ninǰ'eŋ wī šil'egso 98.6
NACKT WERDEN-CP SITZEN-PRT-3SG
Er blieb nackt.

ǰō'ar ḍobul atī amṣ'ī šiliga-rē-st C9.6
MAIS BROT NEHMEN-CP ESSEN-CP SITZEN-PRS II-PT-3PL
Sie essen immer Maisbrot.

čkwa üs'ǖ wünos'ī šil'egso 100.46
WENIG BLUT HINAUSERSCHEINEN-CP SITZEN-PRT-3SG
(Immer noch nur) wenig Blut trat heraus.

mit Negation

su žün kəšir na w'ognī šilm'aso 100.53
ART TEPPICH WEIß NEG WERDEN-CP-NEG SITZEN-PRS-3SG
Der Teppich wird und wird nicht weiß.

bī na šilya-s'ast-odo 89.25
DENKEN-CP SITZEN-PRS II-SEIN-PRS-3PL PT
Sie denken nie.

Das Funktionsverb kann im Iterativ stehen, z. B.

tüzül'ǖ šil'eča 80.33
ZERBRECHEN-CP SITZEN-ITER-PRS PT
weil er immer wieder zerbricht

Dasselbe Verb erscheint auch als Vollverb, vgl. Absolutiv von *ostom-* und finites Verb *šili-* in

> *ostomˈı šilˈegsum* 39.29
> SCHLAFEN-CP SITZEN-PRT-1SG
> Ich schlief ein und blieb (hier, anstatt das Haus zu verlassen).
> = zwei Handlungen „einschlafen" und „bleiben",

aber Absolutiv von *pəgi-* und *šili-* als Funktionsverb

> *psewˈī pəgˈī šilyˈočimisċ* 100.35
> WARUM LIEGEN-CP SITZEN-ITER-PRS-F-2SG
> Warum bleibst du liegen?
> = 1 Handlung (nicht: warum legst du dich hin und bleibst).

Supinum + *šili-:* ingressiv, inchoativ. Vgl. *liš-*

> *awičˈa šilˈegso* 1.6 „begann zu reiben"
> *tepte šil'egso* 2.11 „begann hineinzugehen"

2.7.14 tiwo- „beginnen"

Abs. + *tiw-*: ingressiv, „schnell oder abrupt beginnen"

> *ẓuwˈī tuwˈogso* 32.106 „begann zu weinen"
> *žiċˈen wijˈī tiwˈogso* 11.18 „begann die Kleider auszuziehen"
> *oyˈī tüwˈos* „Beeil dich mit dem Essen!"
> *žüžˈü wuṣˈī tüwoˈisa* A10.318 „begann sofort an der Brust zu saugen"

2.7.15 ṭk- „beenden"

Absolutiv + *ṭk-:* resultativ („(schon) abgeschlossen haben"), vgl. MORGENSTIERNE 1949, §132:

> *lyekṣˈi-ṭkogo* 8.3 „war fertig mit Waschen"
> *okṭı-ṭkˈogo* 31.18 „fraß auf"
> *pəgˈi-ṭkī* 39.4 „(schon) schlafen gegangen"
> *ānjogˈi-ṭkoma* 49.11 „wenn du (schon) gesehen hättest"

2.7.16 wüṭog- „hinausgelangen"

Abs. + *wüṭog-*: intensiv

> *əṣçˈī wüṭogˈogust* 100.105
> SICH-FREUEN-CP HINAUSGELANGEN-PRT-3PL
> Sie wurden äußerst erfreut.

2.8 Konstruktionen zum Ausdruck von Modalität

2.8.1 Definition

Unter Konstruktionen der Modalität wird hier eine Reihe sprachlicher Strategien unter Verwendung nicht gebundener Morpheme verstanden, die das Prasun für Aussagen über Möglichkeit, Notwendigkeit oder Wunsch bereithält.[66] Mittel zum Ausdruck von Modalität sind Modaladverbien, Modalpartikeln und Modalverben. Einige Verben („sein") können nur in Verbindung mit der infiniten Form eines Verbs (Infinitiv, Absolutiv)[67] verbunden auftreten, um die Funktion eines Modalverbs zu erfüllen, andere (*wol-*) erscheinen auch als Vollverb mit modaler Funktion, die Handlung, in Bezug auf die durch das Modalverb die Beziehung definiert wird, liefert der Kontext. *woš-* „wollen" ist ausschließlich als Vollverb belegt. Modalität ist nicht identisch mit der grammatischen Kategorie Modus, und obwohl „Wollen", „Dürfen" usw. auch durch temporal-modale Verbalformen wie Aorist, Präs. II und Futur ausgedrückt wird, werden solche Formen in diesem Abschnitt nicht berücksichtigt.

2.8.2 Wollen

2.8.2.1 *woš-* „wollen", „einverstanden sein" ohne Komplement

siusč wuskoz'a pəz'ogust. ban'igya way'ə na woš'ogso 30.2
SCHWESTER-OBL SUCHEN-SUP GEHEN-PRT-3PL. KLEIN BRUDER NEG WOLLEN-PRT-3SG
Sie gingen die Schwester besuchen. Der kleine Bruder wollte nicht (mitgehen).

əstl'a su mulig ṣə buṭog lego. na woš'ogust 38.93
DANN ART MULIG VIEH ANTEIL MACHEN-PRT-3SG NEG WOLLEN-PRT-3PL
Dann teilte der Mulig Vieh auf. Sie wollten es nicht (annehmen).

2.8.2.2 „..." *b-* „denken, beabsichtigen, wollen" + wörtliche Rede (mit dem Verb in der 1. Person)

su wəstī ... akoṣ'igsum b'oma 42.72
ART FRAU ... ABWISCHEN-PRS II-1SG DENKEN-ADV
als die Frau (ihm das Gesicht) abwischen wollte

bienjeg'asəm b'oma 34.61
HINABSCHAUEN-PRS II-1SG DENKEN-ADV
in der Absicht, hinabzuschauen

---

[66] HANSEN/ DE HAART in Björn Hansen/ Ferdinand de Haan: *Modals in the Languages of Europe.* Berlin 2009, 511: "We understand the notion 'modality' in a relatively narrow sense, including only necessity, obligation, possibility, permission, probability and volition and excluding discussion of such topics as evidentiality and (ir)realis."

[6767] Vgl. Gebrauch des Infinitivs mit Modalverben im Kati (GRJUNBERG 1980, §246), des Absolutivs im Waigali (DEGENER 1998, §5.4.1.9).

čig türomg'asəm bī 39.25
ETWAS WARM-WERDEN-PRS II-1SG DENKEN-CP
um etwas warm zu werden

čkü pəzg'asəm bogsesum 39.28
DANN GEHEN-PRS II-1SG DENKEN-PLUP-1SG
Ich hatte vorgehabt, dann zu gehen.

2.8.2.3 „werden"
Zur Verbindung von *-ga* und *w-* zum Ausdruck von „wollen/ im Begriff sein zu" siehe §2.9.3.11.

2.8.2.4 *tü-büd* ... „gemäß jmds. Willen"

asən tü-büd psə-pčiga-pa-sən-ro 28.78
EUER IN SINN WAS-TRAGEN-PRS II-PT-2PL PT
was immer ihr mitnehmen wollt

2.8.2.5 *üžnye* „falls ..."
üžnye in Verbindung mit dem Präsens-II-Stamm des Verbums „sein" und der seltenen Partikel *-dyē* drückt einen irrealen Wunsch aus.

'üžnye əm nan əz'a wa-dy'ē (I.)/ *'üžnye əm nan əz'a wigi-dy'ē* (P.)
FALLS MEINE MUTTER LEBENDIG SEIN-PRS II PT
Wäre doch meine Mutter am Leben!

'üžnye əm yē əz'a ga-dy'ē (P.)
FALLS MEIN VATER LEBENDIG SEIN-PRS II PT
Wäre doch mein Vater am Leben!

Vermutlich handelt es sich um verkürzte Konditionalsätze, und *-dyē* ist ursprünglich identisch mit *dī* (+ *a*), s. §3.4.10 zu *dī, dye*, vgl. *-dye* im Nebensatz:

üžny'ē sod'ẹ-dye ṭəpəlēwin-lamšo (P.)
FALLS STRÖMEN-AOR PT PT NASS-WERDEN-FUT-1PL
Falls es regnet, werden wir nass werden.

2.8.2.6 *tes/ teso*
Zu (I.) *tes*, (P.) *tēso* in Wunschformeln siehe Glossar s. v. *tes* und §2.9.3.10.

2.8.3 Müssen, Sollen

Infinitiv + „sein", „werden"

Das grammatische Subjekt ist der Infinitiv, das Verbum „sein" als Modalverb steht in der 3. Person Singular, der Agens der Verbalhandlung wird nicht genannt:

> *oman'ig əžə* 8.29
> STERBEN-INF SEIN-PRES-3SG PT
> (Man/ ich) muss sterben.

> *Mareš ür'e tünən'ig əžə* 58.6
> MARA-GEN TANZHAUS BAUEN-INF SEIN-PRS-3SG PT
> Māras Tanzhaus muss (ich/ man) bauen.

> *səmiš-ag lust lyenjinig so* 66.9
> POSS-3SG FÜR HAND AUFHEBEN-INF SEIN-PRS-3SG
> Für ihn muss man beten.

> *pəzn'īg wogso* 21.15
> GEHEN-INF WERDEN-PRT-3SG
> (Wir) müssen gehen.

Dass der Infinitiv, nicht das direkte Objekt eines transitiven Verbs, das Modalverb regiert, zeigt das folgende Beispiel mit dem Patiens *ariš* im Obliquus:

> *ariš ki muiŋ w'əs-əmož* 77.49
> DEM-OBL SO TÖTEN-INF SEIN-PRT II-3SG PT
> Diesen musste man töten./ Dieser war zu töten.

benig (P.), *biŋ* (I.Pr.), der Infinitiv des intransitiven Verbs *b-* „denken", bildet mit vorausgehendem finitem Verb ein Syntagma in der lexikalisierten Bedeutung „wie", „als ob (die Verbalhandlung stattfände)":

> *oyəm'iso benig wī* 100.75
> ESSEN-PRS-F-3SG DENKEN-INF WERDEN-CP
> als ob sie äße

> *tüskom'aso biŋ wī* 38.78
> KÄMPFEN-PRS-3SG DENKEN-INF WERDEN-CP
> so tuend, als ob er kämpfte

Das finite Modalverb „sein“ kongruiert mit dem Bezugswort der durch *benig/ biŋ* gebildeten NP:

> *aplyẹno bonig sno* 21.28
> GEBEN-AOR-2PL DENKEN-INF SEIN-PRS-2PL
> Von euch muss man annehmen, dass ihr geben werdet.
> (Wörtlich: „Ihr seid (Personen, von denen) zu denken (ist): ihr werdet geben“. Zu *bonig* vgl. §1.1.4)

Das Bezugwort muss nicht identisch mit dem Subjekt des vor dem Infinitiv stehenden und von ihm abhängigen finalen Verbs sein. Im folgenden Beispiel ist das Bezugswort das (nicht explizit genannte) „du“, entsprechend steht das Modalverb *sċo* „du bist“ in der 2. Person Sg. Das Subjekt des abhängigen Satzes innerhalb der NP ist *kor* „Esel“, damit kongruiert das Verb *so* in der 3. Person Sg.

> *kor so benig sċo* (P.)
> ESEL SEIN-PRS-3SG DENKEN-INF SEIN-PRS-2SG
> Du bist wie ein Esel.

Mit dem Negativum verbunden, drückt der Infinitiv + „sein“ ein Verbot aus, im folgenden Beispiel in der Frage:

> *iče'a na aċin-s-'ī* 71.17
> GAST PT NEG KOMMEN-INF SEIN-PRS-3SG Q
> Darf ein Gast/ dürfen Gäste nicht kommen?

Zur Konstruktion mit dem persischen *bāyad* siehe §2.9.3.3.

2.8.4 Können

2.8.4.1 *wol-* „können, in der Lage sein zu“ + Inf.
Das Negativum *na* steht vor dem Modalverb.

> *ožin'īg na wol'ognī* 42.5
> TÖTEN-INF NEG KÖNNEN-CP-NEG
> ohne sie töten zu können

> *unz'ū wut lin'ig na wol'ogsum* 2.6
> ICH WEG MACHEN-INF NEG KÖNNEN-PRT-1SG
> Ich konnte keinen Weg machen.

> *unz'ū bižičinig na wolg'asmo* 16.3
> ICH SCHREIBEN-INF NEG KÖNNEN-PRS II-1SG
> Ich kann nicht schreiben.

wəst'īlug təpt'ər pəzn'īga na wolga-rē-st A11.5
FRAU-PL NAH GEHEN-INF PT NEG KÖNNEN-PRS II-PT-3PL
Frauen können nicht in die Nähe gehen.

2.8.4.2 *wol-* „können" + Absolutiv

psē pul'ī wol'iŋ-laš 38.4
WIE RUFEN-CP KÖNNEN-FUT-2SG
Wie wirst du sie heiraten können?

Das Negativum *na* steht vor dem Hauptverb, seltener zwischen Haupt- und Modalverb.

üu löməl əẓag ḍob'ulan k'ūču na lī wolisć-iž A10.242
DU BEIDE HIRSE BROT-OBL-PL LOCH NEG MACHEN-CP KÖNNEN-PRT II-2SG PT
Du konntest die beiden Hirsebrote nicht durchlöchern.

əm bižičiw'ogš na pul'ı wolm'asto 16.6
MEIN GESCHRIEBEN-OBL NEG SPRECHEN-CP KÖNNEN-PRS-3PL
Sie können, was ich geschrieben habe, nicht lesen.

na at'ī wologn'ī 19.24
NEG PACKEN-CP KÖNNEN-CP-NEG
ohne sie packen zu können

na gəz'ī wolog-ra-sn'a 32.55
NEG HOLEN-CP KÖNNEN-PRT-PT-2PL PT
wenn ihr nicht holen könnt

bić'ī na wol'ogust 61.70
HERABKOMMEN-CP NEG KÖNNEN-PRT-3PL
konnten nicht herabkommen

2.8.4.3 *wol-* „können" ohne Komplement

üu na wol'i-ṭkoma at'əs wəǰǰim'ī wolnīg-n'ā-last 2.7
DU NEG KÖNNEN-CP-BEENDEN-ADV ANDER MENSCH KÖNNEN-INF-NEG-HABEN-PRS-3PL
Wenn du (es) nicht kannst, werden andere Leute (es) nicht können.

„wikṣ'igsmo" bī bienj'ogso, na wol'ogso 32.48
ÖFFNEN-PRS II-F-1SG DENKEN-CP HINABSEHEN-PRT-3SG, NEG KÖNNEN-PRT-3SG
„Ich will sie öffnen", dachte sie und schaute hinab, sie konnte es nicht.

2.8.4.4 *apor-* „vermögen, können"

apor- als Vollverb bedeutet „können", „nicht weiter wissen, nichts einwenden können" (Textbelege z. B. 9.34, 80.44), „jemand oder einer Herausforderung gewachsen sein" (z. B. 17.14, 32.26, 69.31, 79.24). Die Verwendung als Modalverb scheint eher die Ausnahme zu sein, *apor-* wird dann mit dem Infinitiv konstruiert:

mənš re üšpeš re lečinig na aporm'aso 25.29
SEIL-OBL PT AXT-OBL PT HOCHHEBEN-INF NEG KÖNNEN-PRS-3SG
Er vermag das Seil und die Axt nicht hochzuheben.

2.8.4.5 *čit* „Wille, Sinn"

Während *wol-* meist in negierten Aussagen oder in der Frage vorkommt, wird in der positiven Aussage oft *čit la-* „(seinen) Willen haben" oder adverbiell *čitya* „(nach) Wunsch" verwendet.

əstl'əg wərǰəm'ī ütüny'ogan səmiš čit la A1.8
DEM MANN FELD-PL-OBL SEIN WILLE HABEN-PRS-3SG
Jener Mann kann mit den Feldern tun, was er will.

'ī čit na laš-'ī 2.26
DEIN WILLE NEG HABEN-PRS-2SG Q
Es steht dir doch frei!

ətrap apı ütünyog ap'ī na ra-s'o č'itya īpinig rē-s D15.4
WIESE AUCH FELD AUCH NEG PT-SEIN-PRS-3SG WILLE-ABL BAUEN-INF PT-SEIN-PRS-3SG
Wenn (dort) weder Wiese noch Feld ist, kann man nach freiem Willen bauen.

2.9 Zum Verbalsystem

2.9.1 Transitivität

Die meisten transitiven Verben (s. §2.4.1, vgl. §2.4.2 Muster der Imperativbildung) enthalten zwei Argumente A(gens) und P(atiens). Aber dies gilt nicht immer. Morphologisch transitiv sind auch:

očüwilli- „sich aufregen, aufbrausen"
oçum- „sich beraten"
olċew- „jmdn. (+ Obl.) umarmen"
trewundr- „schnell laufen"

Das häufige *əsċəw-* „eilen" ist in den Texten von 1956 stets intransitiv: Prät. *əsċəw'ogso*, aber 1970 transitiv: Perf. *əsċəw'og-last* A10.394, Prät. *əsċəw'omo,* Imp. *əsċəw'ə.*

Transitive Verben können für spontane, unwillkürliche Handlungen verwendet werden, oft in unpersönlichen Ausdrücken wie „(Schnee) schmelzen“, „(Milch) gerinnen“, „(Erdbeben) kommen, ausbrechen“:

> *zəmˈa āliwˈogo* „Der Schnee schmolz“, *zəma na āliwog-əlˈayo* A6.50 „Schnee ist nicht geschmolzen.“
> *ogāwˈogo* „(Milch) gerann.“
> *üčum ayˈego* „Es gab (wörtlich: schlug) ein Erdbeben.“
> *anig löyˈogo* „Feuer schlug hoch.“
> *īṭelˈī-wuṭolˈogo* „Der Himmel war stellenweise bewölkt.“

Beim sprachlichen Ausdruck unwillkürlicher Erfahrungen mit einer Person als wahrnehmender oder empfindender Handlungsteilnehmer gibt es mehrere Strategien der syntaktischen Zuordnung semantischer Rollen. Zur Kodierung des Experiencers s. §3.7; hier folgt eine Übersicht über semantische Rollen in (grammatischer) Subjektposition.

(1) Subjekt = Agens

Das syntaktische Subjekt ist eine Person als Sitz des Auslösers einer körperlichen Empfindung. Das Verb ist tr., der Stimulus ist das grammatische Objekt, der Experiencer wird durch das Präfix bezeichnet.

> *ps-bəs wuyˈogun* A10.208
> WAS GERUCH HERSCHLAGEN-PRT-2PL
> Wie riecht ihr (mir)?

> *iš-pan bəs wurˈoš-odo* 88.30
> MUND POST GERUCH HERWENDEN-PRT-2SG PT
> Du stinkst (mir) aus dem Mund!

> *bəs wurˈū* (P.)
> GERUCH HERWENDEN-IMP
> Lass mich an dir riechen!

(2) Subjekt = Instrument

Das Mittel, das zu der Sinneswahrnehmung führt (der Stimulus), ist syntaktisches Subjekt, das Verb ist tr., der Experiencer steht im Obl.

> *əndeš anˈeg wuliwˈogo* (P.)
> MICH FEUER SCHMELZEN-PRT-3SG
> Mir wurde zu heiß am Feuer.

(3) Subjekt = Stimulus

Der Stimulus ist syntaktisches Subjekt, der Experiencer steht, soweit vorhanden, im Obliquus oder wird durch Verbalpräfix markiert (*wu-* „mir/ uns", *a-* „dich/ ihn usw.").

3a) intransitives Verb

linig'ī amünǰogso (P.)
BRENNESSEL EINDRINGEN-PRT-3SG
Die Brennessel brannte (dich).

wəst'īš səz'ə amünǰ'ogso (P.)
FRAU-OBL NADEL EINDRINGEN-PRT-3SG
Die Frau stach sich mit der Nadel.

ib'ē p'ogso 78.17
ANGST GELANGEN-PRT-3SG
(Ich) habe Angst (bekommen).

Das Verb steht im Infinitiv, „kommen" ist Hilfsverb in

gund əsċ'iŋ aċagəž(i) 78.10 (I.)
FURZ LASSEN-INF KOMMEN-PRT-3SG PT
Ich muss furzen.

3b) transitives Verb

iš'ī ošiŋ bəs wuy'ogo (I.)
MÜHLE MAHLEN-INF GERÄUSCH HERSCHLAGEN-PRT-3SG
Mahlgeräusch der Mühle kam mir zu Ohren.

werī bəs wuy'ogo (P.)
WORT GERÄUSCH HERSCHLAGEN-PRT-3SG
Ich hörte Sprechgeräusch.

(t-imu) wuy'ogo (P.)
(IN OHR) HERSCHLAGEN-PRT-3SG
Ich hörte.

3c) Verb im Passiv

səz'ə üt'eš aṭəpinem'aso (P.)
NADEL DU-OBL STECHEN-PASS-PRS-3SG
səz'ə üteš aṭopinewigso (P.)

NADEL DU-OBL STECHEN-PASS-PRS II-F-3SG
Du stichst dich an/mit der Nadel

səzə əndeš wuṭupinew'ogso (P.)
NADEL ICH-OBL HER-STECHEN-PASS-PRT-3SG
Ich stach mich (beim Nähen).

Bemerkenswert ist das feminine Genus von *aṭopinewigso.* Das Verb kongruiert mit *səz'ə* „Nadel", und in der Tat gibt es ein weiteres Beispiel im Präsens, wo *səz'ə* als Femininum behandelt wird:

səzə ḍigrəm'iso (f.) neben *səzə ḍigrəm'aso* (m.) „Die Nadel ist schlecht."

Ein grammatisches Geschlecht für Dinge wie Nadeln ist dennoch ungewöhnlich, vgl. in dem fast gleichlautenden Beispiel oben die maskuline Form *aṭəpinem'aso.* Dies lässt eine alternative Deutung zu: Dem grammatischen Subjekt *səz'ə* fehlen einige der üblichen Subjekt-Eigenschaften eines transitiven Verbs wie Belebtheit und die Rolle eines Agens. Dies führt einerseits zur Kodierung des Verbs als Passiv, andererseits könnte es dessen Markierung als Femininum motiviert haben, um auf die Sprecherin als logisches Subjekt (Agens) hinzuweisen.[68] Ähnlich verhält es sich im folgenden Beispiel unten. Der Patiens ist der Angesprochene, er wird mit dem Kasussuffix des Obliquus markiert (*üteš* „dich"). Grammatisches Subjekt ist *səz'ə* „Nadel". Das Verb steht in der 3. Person Passiv, ist zusätzlich aber als Femininum markiert und kennzeichnet damit offensichtlich *səz'ə* als Femininum, verweist aber möglicherweise auch auf die Sprecherin, die insofern die Agens-Rolle innehat, als sie mit dieser Äußerung den Gesprächspartner bedroht.

a səz'ə üteš aṭopinewigso 42.88
DEM NADEL DICH STECHEN-PASS-PRS II-F-3SG
Diese Nadel wird dich stechen.

(4) Subjekt = Experiencer
Das Subjekt erscheint in Form eines Nomens oder Pronomens oder wird durch die Verbalendung vertreten.
4a) intransitives Verb zum Ausdruck des Stimulus

undo əskal šül'ǖ omeinig p'ogust 39.86
SIE VIEL FRIEREN-CP STERBEN-INF GELANGEN-PRT-3PL
Sie starben fast vor Kälte.

---

[68] Vgl. B. BICKEL, Y. P. YADAVA: A fresh look at grammatical relations in Indo-Aryan. *Lingua* 110, 2000, 343-373, hier p. 350 "Non-nominative agreement is obligatory with arguments, but the same marking is optionally also used to index other participants, whether they are overt in the clause or taken from the wider context." Vgl. auch E. KEENAN and M. S. DRYER, in T. Shopen (ed.): *Language Typology and Syntactic Description*, 2nd ed., New York: CUP 2007, 336.

skal tāp wogsumšo 39.83
SEHR WARM WERDEN-PRT-1PL
Uns wurde sehr warm.

unz'ū šül wogsum-dī C1.3
ICH KALT WERDEN-PRT-1SG PT
wenn ich friere/ wenn ich erkältet bin

4b) transitives Verb

it'ī at'ī az'ago 54.34
MESSER NEHMEN-CP SCHNEIDEN-PRT-3SG
Mit einem Messer schnitt er (sich in den Finger).

4c) Zu „haben mit dem Partizip Präs. II s. §2.9.3.11, zu „haben" mit dem Partizip Prät. s. §2.5.1.2. Die Personalendung von „haben" kann auch außerhalb der Partizipialkonstruktionen den Experiencer ausdrücken:

ari miš wəst'ī liš-imrož 27.27
DEM SEINE FRAU HABEN-PRT II-2SG PT
Das war doch seine Frau (vor der du unnötig Angst hast).

it'ī ḍig'ər pu-laš-'ī ps-pu-laš-(e)r'o 54.48
MESSER SCHLECHT PT-HABEN-2SG Q WAS PT-HABEN-2SG PT
ob es das Messer war, das dir Leid zugefügt hat, oder was auch immer

(5) Subjekt = Patiens
Das Subjekt ist der Körperteil, der von der Handlung affiziert wird. Das Verb ist itr., der Experiencer bleibt ungenannt (vgl. §3.7.4).

ṭə zologsew 77.24
FUß BRECHEN-PLUP-3SG
Ich hatte mir den Fuß gebrochen.

(6) Subjekt = ∅
Ein grammatisches Subjekt ist nicht vorhanden. Der Experiencer steht im Obl. oder wird durch Präfix bezeichnet. Das Verb hat die Form der 3. Person Sg.

6a) intransitives Verb

əndeš mīz lism'aso (P.)
MIR URIN LASSEN-PRS-3SG
Ich muss pinkeln. (Die genaue Bedeutung von *lis-* ist unklar, auch ist nicht sicher, ob das Verb intransitiv ist.)

Für *šül* „kalt" gibt es zwei Konstruktionen. Geht es um objektive Kälte, so ist *šül* grammatisches Subjekt: *aw'əra šül ċo* (P.) „Draußen ist es kalt." Geht es dagegen um subjektiv empfundene Kälte, ist das grammatische Subjekt die Person, die die Kälte spürt, z. B. *šül w'ogsum* „ich friere", „mir wurde kalt". Da es im folgenden Beispiel um subjektive Kälte geht, ist *šül* nicht als grammatisches Subjekt einzustufen. Aber auch der Experiencer hat nicht die Subjektposition inne, da für unbestimmte Referenten die 3. Person Plural zu erwarten wäre. Es ist folglich auch hier von einem zero-Subjekt auszugehen. Vgl. §2.9.2.

šül winog'aso 38.9
KALT WERDEN-PASS-PRS II-3SG
Es wird (einem) kalt werden.

6b) transitives Verb

ənd'eš tiplul'ogo (P.)
MIR BRECHREIZ-BEKOMMEN-PRT-3SG
Mir wurde übel.

əndeš lətəm lekṣoma ḍigər wunjin-lay-'amə̃ (P.)
MIR ZAHN HOCHZIEHEN-ADV SCHLECHT HERSEHEN-FUT-3SG PT
Wenn man den Zahn zieht, werde ich hässlich aussehen.

əndeš āwušām'aso (P.)
MICH ATEMNOT-HABEN-PRS-3SG
Ich komme (beim Bergsteigen) außer Atem.

ineš wustr'og-la (P.)
MICH DÜRSTEN-PRF-3SG
Ich habe Durst (bekommen).

wəǯǯəm'īš wuster'ogo (P.)
MANN-OBL DÜRSTEN-PRT-3SG
Es dürstete den Mann.

Ein Experiencer muss nicht vorhanden sein, hier bei einer Aussage über das Wetter:

īṭel'ī-wuṭol'ogo „(Es) war stellenweise bewölkt."

Bei *wulug ti-* „Würmer haben" ist das Verb *ti-* „setzen, stellen" tr., *wulug* „Wurm" ist grammatisches Objekt. Ein grammatisches Subjekt scheint nicht vorhanden zu sein, obwohl im ersten Beispiel theoretisch *atig gōṭa* „eine Kuh" als Subjekt analysiert werden könnte („eine Kuh hat in den Fuß Wurm gesetzt").

atig gōṭa ṭə-pan wul'ug ty'og-layo (P.)
EIN KUH-ABL FUẞ POST WURM STELLEN-PRF-3SG
In einem Fuß der Kuh steckt der Wurm.

ṭə zol'oma wul'ug ty'eg-law 77.24
FUẞ BRECHEN (ITR.)-ADV WURM STELLEN-PLUP-3SG
Als ich mir den Fuß gebrochen hatte, war er wurmig geworden.

2.9.2 Passiv

Das Passiv dient vor allem zur Valenzreduzierung. Die Folge der Passivierung ist die Entfernung des Agens aus der Subjekt-Rolle. Es liegt im Prasun kein Beleg einer Passiv-Konstruktion vor, in dem überhaupt der Agens der Verbalhandlung (als Nicht-Subjekt, z. B. im Obliquus) genannt wird, man kann annehmen, dass nur agens-lose Konstruktionen möglich sind.

su tə-was'ī logzīnēw'ogso (P.)
ER IN PRASUN GEBÄREN-PASS-PRT-3SG
Er wurde in Prasun geboren.

ožninen'igš unz'ū əw'aš ċəm 11.13
TÖTEN-PASS-INF-OBL ICH FROH SEIN-PRS-1SG
Ich will gern getötet werden.

ižī na asənǰin'ogso 100.24
AUGE NEG SEHEN-PASS-PRT-3SG
Man sah nichts vor Augen.

Im folgenden Beispiel ist die Wolke (mit Postposition *-pan*) instrumental, nicht ursächlich:

mar-pan abrawīn'ogso 74.13
WOLKE POST VERHÜLLEN-PASS-PRT-3SG
Sie wurde in die Wolke eingehüllt.

Instrumental ist auch das morphologische Subjekt „Nadel" in

səzʹə ütʹeš aṭəpinemʹaso (P.)
NADEL DU-OBL STECHEN-PASS-PRS-3SG
Du stichst dich an/mit der Nadel.

Für dasselbe transitive Verb wird in

səzʹə üteš aṭopinewigso (P.)
NADEL DU-OBL STECHEN-PASS-PRS II-F-3SG
Du wirst dich an/mit der Nadel stechen.

das feminine Genus verwendet (s. dazu §2.9.1). Das Passiv wird für unwillkürliche (non-volitional) Vorgänge[69] verwendet:

ḍobul itʹī tilinemʹaso (P.)
BROT JETZT VERBRENNEN-PASS-PRS-3SG
Das Brot verbrennt jetzt.

tilinʹogso ʹīblya 98.34
VERBRENNEN-PASS-PRT-3SG KUCHEN
Es verbrannte der Kuchen.

əṣṭa əwərnya pəgyema šül oščinʹāsa (I.)
NACHT DRAUßEN SCHLAFEN-ADV KÄLTE HERUM-HEFTEN-PASS-PRS II-3SG PT
Wenn man nachts draußen schläft, friert man.

ižī āruwīnēwog-rʹa-so C24.7
AUGE VERSCHLEIERN-PASS-PRT-PT-3SG
wenn der Blick getrübt ist

üštyöb-pan zəmʹa atinyʹog ʹəžə (P.)
BAUM POST SCHNEE LEGEN-PASS-PRTP SEIN-PRS-3SG PT
Auf dem Baum liegt Schnee.

und für Vorgänge, die der Kontrolle desjenigen entzogen sind, dem sie widerfahren:

yē lust tu-lust aplinyʹogso 22.64
VATER HAND IN HAND GEBEN-PASS-PRT-3SG
Die Hand des Vaters wurde (ihr) in die Hand gegeben.

---

[69] Vgl. A. MALCHUKOV & A. OGAWA: Towards a typology of impersonal constructions. A semantic map approach. A. Malchukov & A. Siewierska (eds.) *Impersonal constructions: a cross-linguistic perspective.* Amsterdam: Benjamins. 2011. 19-56, besonders 36ff.

k'odyum lim'aš azānogso 54.52
ARBEIT MACHEN-ADV SCHNEIDEN-PASS-PRT-3SG
Während ich arbeitete, wurde (der Finger) geschnitten (= habe ich mich geschnitten).

Passivierung erfolgt, wenn der Agens identisch mit dem Patiens ist, z. B.

aw'iptī aṣunew'ogso 42.54
HINAUSGEHEN-CP VERSTECKEN-PASS-PRT-3SG
ging hinaus und versteckte sich

am'ondune al'eċəs 56.7
ANBINDEN-PASS-CP HOCHKOMMEN-IMP
Binde dich an und komm hoch!

iž'eŋ ṭə-pan oročin'ogso 77.13
SCHLANGE FUß POST UMWICKELN-PASS-PRT-3SG
Die Schlange wand sich um das Bein.

Die Passivierung kann eine Bedeutungsverschiebung zur Folge haben, z. B.

„geworfen werden" ⇒ „fallen":

awijin'ogso 61.122 „fiel zu Boden" (*uftīd*)
wekt'ē aċ'ī bij'īnogso 100.105 „das Hemd kam und fiel herab"
pyċjenīw'ogso 37.9 „fiel hinab" (*zū uftēd*)

„gefüllt werden" ⇒ „sich versammeln, sich einfinden":

žačor'ī inčiny'ost 90.34 (I.) „Sie gingen talauf und versammelten sich (dort)."
üy'ūš tak ončüny'ogust 18.26 (P.) „Sie fanden sich im Turm ein (wurden dem Turm gefüllt)."
ḍurū-pan binčīnēw'ogust (P.) „Sie versammelten sich unten in der Ebene."

Neben der lexikalisierten kann die ursprüngliche Bedeutung weiterexistieren:

uy'ū ončinew'ogso „Der Korb wurde voll (hier nicht: versammelte sich)."
unz'ū gọṭ tkē tijenīw'oma 32.104 „wenn ich in den Kuhstall geworfen werde (hier nicht: falle)"
Das Passiv wird von einem itr. Verb gebildet in

üšt'üb ċtag opoḍ'ēnē šil'egso 100.23
BAUM WIEDER NACHWACHSEN (ITR.)-PASS-CP SITZEN-PRT-3SG
Der Baum war wieder zu-/nachgewachsen.

šül winog'aso 38.9 (vgl. §2.9.1)
KALT WERDEN (ITR.)-PASS-PRS II-3SG
Es wird einem kalt werden.

Hier findet keine Valenzreduktion statt noch eine Bedeutungsveränderung, das Passiv unterstreicht aber die Spontaneität/ Unwillkürlichkeit des Vorgangs.

2.9.3 Zum Gebrauch von Tempus und Modus

2.9.3.1 Allgemeines

Vielfalt der Formen
Schon bei der Feldarbeit stellte die schiere Anzahl von Verbalformen ähnlicher Funktion (siehe dazu §2.4) eine besondere Herausforderung für den Sprachforscher dar:

> „The verbal system is only very imperfectly known, but it seems to be rather complicated, and it differs considerably from that of the other Kafir languages."[70]

Während die Bemühungen G. Buddruss', verschiedene Zeitstufen und -folgen bestimmten Tempusformen zuzuordnen, oft zu wenig befriedigenden Ergebnissen führte, zeigte sich eine verwirrende Vielfalt von annähernd gleichbedeutenden, im selben Kontext oft gleichermaßen zulässigen, Verbalformen. Um dem Ausländer, der ihre Sprache zu lernen versuchte, die Funktion dieser Formen zu verdeutlichen, verwendeten die Muttersprachler persische Ausdrücke von zunächst geringem Erkenntniswert wie *pēštar* „früher", *ḥatman* „sicherlich", *mubāḥasa* „Disput".

Fast alle Tempora und auch der Imperativ kommen - abgesehen von der Unterscheidung transitiver und intransitiver Verben - in mindestens zwei Formen vor:

	Form I	Form II	Form III	Form IV
Präteritum	-og-so, -ogo	-isa, -ia		
Perfekt	-og-əso, -og-la	-og-gaso, -og-ligaso	-og-lia	
Plusquamperfekt	-og-sew, -og-lāsəm	-og-wəsa, -og-lia	-ga-wog-sew	
Präsens	-ma-so	-ga-so		
Imperfekt	-ma-sew	-ga-sew		
Futur	-nig-la	-nig-lia	-nig-ligaso	-nig-lẹ
Futur-Imperfekt	-nīg-law, -iŋ-lasəm			
Aorist	pəzẹ(o)	-og-wẹ	-nig-lẹ	
Imperativ	-, -a, -ə, -u	-əs	-ga	-gawə

Darüber hinaus finden sich weitere Formen basierend auf dem mit *ga* gebildeten Stamm.

---
[70] MORGENSTIERNE 1949, 229.

Das Schema zeigt eine gewisse morphologische Regelmäßigkeit. Im Perfekt, Plup. und Futur ergeben sich verschiedene Formen aus der Kombination mit den Hilfsverben „sein“ und „haben“ in der ersten und zweiten Form des Prät. Im Präsens und im Imperfekt wird jeweils eine Form mit dem Morphem (P.) *-ma-*, die zweite Form mit dem Morphem (P.) *-ga-*[71] (f. *-ig*) gebildet. Dasselbe Morphem *-ga-* erscheint aber auch in Formen des Präteritums, des Perfekts und des Plusquamperfekts sowie des Imperativs. Es gibt also grundsätzlich zwei Systeme: 1) die Unterscheidung von Formen mit *-ga-* und ohne *-ga-* (Präs., Impf., Fut., Prät., Perf., Plup., Imp.), 2) die Unterscheidung von Formen auf der Basis von Präteritum I und II (Prät., Fut., Perf., Plup.). Beide Systeme sind miteinander verbunden, die Prät. I/ II- Unterscheidung bezieht sich aber nicht auf das Präsens-System (Präs., Impf.). Die drei Formen des Aorists lassen sich in keins der beiden Systeme einordnen. Dagegen ist der Aorist in ein drittes System integriert, das durch das Vorhandensein oder Fehlen des Morphems *-og-* konstituiert wird.

Morphologisch-semantische Entsprechungen

Die Analyse der Verben im Kontext (Details s. u.) zeigt, dass die Verwendung verschiedener Formen für ein und dasselbe Tempus nicht zufällig oder gleichgültig ist, sondern dass die formale Unterscheidung eine funktionale Entsprechung findet.

Deutlich ist die Verwendung des Morphems *-og-/* teils auch *-ag-* für Formen, die zeitlich einen Bezug zur Vergangenheit haben, nämlich Präteritum, Perfekt und Plusquamperfekt, dazu auch eine periphrasti-sche Form aus dem Partizip auf *-og-* und dem Aorist, ebenfalls mit Bezug zur Vergangenheit. Wird *-og-* als Tempus-Marker verstanden, so ergibt sich allerdings die Schwierigkeit, dass alle anderen, nicht mit *-og-* gekennzeichneten, Formen sich eindeutig einer zeitlich definierten Nicht-Vergangenheit zuordnen lassen sollten. Genau dies gelingt aber nicht durchgehend. Einige Formen, die kein *-og-* enthalten, sind in der Nicht-Vergangenheit (Gegenwart oder Zukunft) situiert, andere haben gar keinen zeitlichen Bezug.

Alle diese Formen kennzeichnen aber Handlungen oder Zustände, die als solche, im Ablauf, ohne Rücksicht auf ihren Anfang oder ihr Ende, dargestellt werden. Formen, die das *-og-*Morphem enthalten, stellen dagegen Situationen dar, die von außen als abgeschlossene Vorgänge betrachtet werden. Dazu passt auch die Verwendung des Präteritums (mit *-og-*) für performative Aussagen (§2.9.3.8), die sich allenfalls sehr bedingt als auf die Zeitstufe Vergangenheit bezogen interpretieren lassen. Damit erweist sich das Morphem *-og-* als perfektiver Aspekt-Marker. Die Formen, die dieses Morphem enthalten, stellen Situationen dar, die in dem vom Beobachter ins Auge gefassten Zeitintervall enthalten sind. Der imperfektive Aspekt, also der verbale Ausdruck zur Bezeichnung von Situationen, innerhalb von deren zeitlichen Rahmen das ins Auge gefasste Zeitintervall eingeschlossen ist, ist dagegen unmarkiert.

Tatsächlich stellt im folgenden Beispiel das Prät. II *ablīst* (ohne *-og-*) weder eine Handlung als abgeschlossen dar noch gibt es Auskunft über den Zeitbezug, die Äußerung wird erst durch das Adverb *itʲī* „jetzt“ eindeutig in der Gegenwart verortet. Gleiches gilt für das ebenfalls ohne *-og-* Marker gebildete Prät.-hab. *ablya-wəst*, das durch das Adverb *tāsig* in der Vergangenheit verortet wird:

---

[71] Zur Alteration von *ga* und *gā* vgl. §1.1.2 und §2.4.2.

tāsig obəg ablya-wəst, it'ī na ablīst (I.)
VORHER BROT GEBEN-PRÄT-HAB-3PL, JETZT NEG GEBEN-PRT II-3PL
Früher pflegte man Brot zu geben, jetzt gibt (gab?) man es nicht (mehr).

Ein Tempus ist demnach weder das Prät. noch das Prät. II. Die Kategorie Aspekt beantwortet aber nur zum Teil die Frage, warum es zwei Formen des Präteritums gibt, das mit *-og-* gekennzeichnete Präteritum und das nicht mit *-og-* gekennzeichnete, also offenbar nicht perfektive Präteritum II. Dieses Prät. II erscheint auch in narrativen Texten, und in einigen Texten von 1970, in denen von Geschehnissen in vorislamischer Zeit berichtet wird, ist es das vorherrschende Erzähltempus. Vor allem aber erscheint es, anders als das generelle Prät., außerhalb von erzählerischen Kontexten. Offensichtlich geht die morphologische mit einer funktionalen Unterscheidung einher, doch ist diese nicht ausschließlich aspektuell bestimmt. Stattdessen spielt die Einschätzung des Sprechers zum Realitätsbezug der Aussage eine Rolle (Genaueres s. §2.9.3.7), es handelt sich demnach eher um eine modale Unterscheidung, die wir mit der Bezeichnung „konstativ" wiedergeben.
Das zweite Morphem, das einen Teil der Formen deutlich von anderen abgrenzt, ist das Morphem *-ga-*. Im Präs. und Impf. (in allen Dialekten außer I.) können einige Funktionen sowohl von mit *-ga-* als auch von mit *-ma-* gebildeten Formen übernommen werden, doch gibt es auch deutliche Unterschiede:

Gewohnheit (pflegte zu tun): *-ma-*Imperfekt, *-ga-*Imperfekt
Absicht (wollte tun): *-ma-*Imperfekt, *-ga-*Imperfekt
Progressive Vergangenheit (was doing): *-ma-*Imperfekt
Irrealis (hätte getan): *-ga-*Imperfekt

Gegenwart (tut): *-ma-*Präsens, *-ga-*Präsens
Gegenwart (tut momentan): *-ma-*Präsens
Gleichzeitigkeit der Handlung in narrativen Texten (tut, tat): *-ma-*Präsens
Absicht, Aufforderung, Zukunft (wird tun): *-ga-*Präsens
Vermutung (wird wohl tun): *-ga-*Präsens

Die mit *-ga-* gebildeten Formen des Präsens und Imperfekts bezeichnen im Unterschied zu den mit *-ma-* gebildeten Formen keine aktuellen Vorgänge. Sie sind nicht auf die Zeitstufe Gegenwart beschränkt:

tāsiga əsk'al ayiga-rē-st A8.33
VORHER VIEL WERFEN-PRS II-PT-3PL
Früher machte (macht?) man (Speerwerfen) viel.

Sie bezeichnen dagegen Vorgänge, die gewohnheitsmäßig oder regelmäßig stattfinden oder die für den Handlungsträger charakteristisch sind, wobei die Zeitstufe nur eine Nebenrolle spielt.[72] Außerdem dienen Formen mit -*ga*- dem Ausdruck von vermuteten oder erwarteten Vorgängen. Damit ist -*ga*- als ein Morphem beschrieben, das zur Kennzeichnung modaler Unterschiede dient. Doch ist diese nicht identisch mit der modalen Unterscheidung der beiden Präteritum-Formen.
Ähnliches wie für die Präsentien auf -*ga*- gilt auch für die mit -*ga*- gebildeten Formen in den Vergangenheitstempora und im Futur, obwohl hier deutlich weniger Beispiele zur Verfügung stehen. Am deutlichsten ist die suppositive Funktion, die nur mit -*ga*-Formen gebildet wird.

> Zukunft: Futur ohne -*ga*-
> Aufforderung/ Wunsch: Futur ohne -*ga*-
> Vergangenheit: Prät./ Perf./ Plup. ohne -*ga*-, Prät./Perf./ Plup. mit -*ga*-
> Vermutung: Perf. mit -*ga*-, Fut. mit -*ga*-

Nicht einfach ist die Interpretation des Morphems -*ma*-, das in den meisten Dialekten, nicht aber in I., den Stamm des generellen Präsens und des Imperfekts bildet. Es kann sein, dass das Morphem, etymologisch vielleicht auf ein partizipbildendes Suffix zurückgehend, ursprünglich die progressive oder habituelle Aktionsart kennzeichnete. Möglich ist aber auch, dass es zunächst den imperfektiven Aspekt bezeichnete, im Gegensatz zu den -*og*-markierten Formen des perfektiven Aspekts, aber auch zur Spezifizierung gegenüber den aspektuell unmarkierten Formen. Man kann vermuten, dass bei der Ausbildung des stark modal geprägten Verbalsystems die Funktion (ob Aktionsart oder Aspekt) dahingehend uminterpretiert wurde, primär einen Modus (in diesem Fall: indikativ) und allenfalls sekundär den Aspekt oder die Aktionsart zu kennzeichnen. Im gegenwärtigen System scheint die primäre Funktion die zu sein, die betroffenen Formen deutlicher von den modal verschiedenen, phonetisch nur durch den Konsonanten -*g(a)*- abweichenden Formen des Präs. II und Impf.-hab. abzugrenzen. Dies wird dadurch bestätigt, dass im Dialekt von Iṣ̈tewi keine Differenzierung anhand des stammbildenden Suffixes erfolgt, dass dort aber Präs. und Präs. II durch die unterschiedlichen Personalendungen deutlich voneinander geschieden sind und eine zusätzliche Markierung folglich redundant ist.

---

[72] Nach der Definition von E. HEDIN (The type-referring function of the Imperfective. In: *Tense and Aspect in the Languages of Europe*, ed. by Östen Dahl, Berlin/ New York 2000, 227-264) könnte es sich um eine aspektuale Unterscheidung handeln, die sie als Opposition von Typus („type") und Einzelfall („token") beschreibt. Nach dieser Deutung wird der perfektive Aspekt verwendet, „when reference is made to situations as tokens, as instantiations of situations in time", der imperfektive Aspekt dagegen, „when reference is made to situations as types, when they are considered in a non-temporal perspective as abstractions not existing in time but corresponding to the denotative content of some verbal expression" (p. 228). Verwenden wir diese Definition, so müssten die mit *ga* gebildeten Formen den imperfektiven Aspekt (Typus) repräsentieren. Diese Kategorisierung erweist sich aber absurd, weil umgekehrt eine Deutung der mit *ma* gebildeten Formen als „Einzelfall" die Bestimmung der zweifellos und typisch imperfektiven Formen des Präsens und Imperfekts als perfektiv nach sich zöge. Gerade mit dem Formans *ga* gibt es zudem zahlreiche Bildungen, die sich mit der Kategorie Aspekt nicht erfassen lassen. Siehe zu einer Diskussion der Kategorien Tempus und Aspekt auch KLEIN 1994.

Tempusunterscheidung erfolgt durch die Verwendung unterschiedlicher Personalendungen. Die explizite Unterscheidung von Zeitstufen betrifft nur die Endungen, die auf den Verben „sein“ und „haben“ basieren, nicht aber die Endungen, die von den alten Primärendungen des Präsens-Aorist-Systems abgeleitet sind (§2.4.1.3). Das heißt nicht, dass bei jeder Form, die ein Morphem im Präsens enthält, ein Gegenwartsbezug gegeben wäre; relevant ist die Opposition zwischen dem spezifischeren Vergangenheitsbezug (mit der Vergangenheitsform von „sein“ oder „haben“) und dem generelleren Fehlen eines ausdrücklichen Vergangenheitsbezuges.

<table>
<tr><td rowspan="2">Nicht-Vergangenheit</td><td rowspan="2">so, la</td><td>Präs., Präs. II</td></tr>
<tr><td>Perf., Perf.-hab., Prät. itr.</td></tr>
<tr><td rowspan="2">Vergangenheit</td><td rowspan="2">sew, lāw</td><td>Impf., Fut.-Impf., Impf. II,</td></tr>
<tr><td>Plup., Plup.-hab.</td></tr>
</table>

Das Verbalsystem kennt also die Kategorien Tempus, Aspekt und Modus, wobei die temporale Kategorie am unschärfsten definiert ist, die aspektuale Kategorie nur perfektive Formen durch morphologische Markierung erfasst und die modale Kategorie dominant erscheint, jedoch durch verschiedene Subkategorien zunächst unübersichtlich ist. Vor diesem Hintergrund ist das folgende Zitat von G. Lazard (1998, 245) wegweisend:

> „Nous avons recensé ... sous l'étiquette de “virtuel” une série de notions diverses: prospectif, désidératif, débitif, potentiel, inceptif, éventuel, habituel, subjonctif, optatif. Elles ont en commun de s’opposer à l’idee d’un procès réel, accompli ou en cours au moment de référence, en quoi elles relèvent du virtuel. Elles peuvent paraître disparates. Le prospectif ou futur est ordinairement considéré comme un temps, le subjonctif et l’optatif comme des modes, l’inceptif et l’habituel comme des aspects ou modes de procès. Mais les distinctions courantes entre temps, mode et aspect sont loin d’être claires, ou, plus exactement, ce sont des distinctions conceptuelles, qui se reflètent rarement telles quelles dans les systèmes verbaux des langues. Ceux-ci sont constitués par les oppositions sémantiques qui s’établissent entre les diverses formes verbales et par les combinaisons admises entre les catégories ainsi définies. Ils ne sont généralement pas structurés par la trinité temps/aspect/mode: une même forme, par exemple un futur, peut, selon les emplois, relever plutôt du concept de temps, de celui de mode ou de celui d’aspect. Chaque langue a ses catégories, qui ne coïncident pas avec les catégories de pensée.”

Modus im Prasun

Typisch für das Verbalsystem des Prasun ist eine gewisse Unschärfe der zeitlichen Bestimmung einerseits, andererseits große Variabilität und Präzision in Hinblick auf den Bereich und das Ausmaß, in dem ein Sachverhalt gültig ist. Dies führt uns zu der Folgerung, dass die scheinbare Abnormität im Prasun nur darin besteht, dass die Gewichtung der Kategorien von der in den bekannteren indoarischen und iranischen Sprachen abweicht. Dementsprechend bietet sich nicht die Kategorie Tempus, sondern die Kategorie Modus als leitendes Element für die möglichst umfassende Beschreibung des Prasun-Verbalsystems an. Allerdings fällt dann manches in die Kategorie Modus, was üblicherweise anders bestimmt wird. Selbstverständlich ist wie in anderen Verbalsystemen keine Form allein modal, sondern stets auch temporal und aspektual bestimmt. Nach unserer Klassifikation besitzt das Prasun vier Modi, nämlich den Imperativ, den Aorist, den Indikativ und den „modus virtualis oder Möglichkeits-Modus“.

Indikativ/ Realis	Virtueller Modus	Aorist	Imperativ

Der Indikativ (oder: Realis) bezeichnet ein Geschehen, das wirklich stattfindet, ob in der Vergangenheit, Gegenwart oder Zukunft.

Der traditionell so bezeichnete „Aorist“ dient dem Ausdruck des Möglichen und Erwünschten, zur Bildung siehe §2.4.1.2. Seiner Funktion nach fällt der Aorist in die Kategorie Modus (und wäre mit „Konjunktiv“ zutreffender benannt), folglich können seine verschiedenen Formen anderen Kategorien zugeordnet werden. Die Kombination des Aorists von „haben“ mit dem Infinitiv, parallel zu anderen Kombinationen des Infinitivs mit „haben“, wird deshalb hier als Aorist-Futur bezeichnet, die Kombination des Part. Prät. mit dem Aorist von „sein“ wird als Perfekt-Aorist bezeichnet (die Bezeichnung stützt sich auf die Form, die Funktion dieser Form ist nicht klar), der einfache Aorist ist entsprechend gleichbedeutend mit „Präsens-Aorist“.

Der virtuelle Modus, in allen Formen markiert durch das Morphem *ga,* ist äußerst vielfältig, stets handelt es sich um Handlungen, die regelmäßig oder regelhaft oder möglicherweise, nicht aber aktuell stattfinden:

> „J'entends par „virtuel“ toute catégorie linguistique impliquant référence à une situation qui es conçue sans être posée comme réelle: ce peut être une situation future, désirée, possible, éventuelle, habituelle, etc.”[73]

Der Indikativ und der Modus virtualis enthalten jeweils zwei Unterkategorien. Die erste Form des Indikativs ist der allgemeine oder aktuelle Indikativ, im Präsenssystem gibt es nur diese Form des Indikativs.[74] Die zweite Form des Indikativs, nur im Präterital-System (Prät., Perf., Plup.) und im Fut. vorhanden, impliziert eine Bekräftigung der Aussage. Wir werden deshalb diesen Modus als Constativus bezeichnen. Damit erhalten wir für die zwei Arten der Präteritalbildung die modal regierte Bestimmung als „generell-aktuell“ einerseits, „konstativ“ andererseits.

modus indicativus (realis)	
allgemeiner/aktueller Indikatv	Konstativ
Präsens	-
Impf.	-
Fut.-Impf.	-
Fut.	Fut.
Prät.	Prät.
Perf.	Perf.
Plup.	Plup.

[73] Lazard 1998, 237f.

[74] Zur seltenen Form *pəzgamaso* siehe §2.9.3.4.

Der Möglichkeitsmodus enthält die Unterkategorien „habituativ“ und „suppositiv“.

modus virtualis	
Habituativ	Suppositiv
Präs.	Präs.
Impf.	-
-	Fut.
Prät.	-
Perf.	Perf.
Plup.	-

Unter „Habituativ“ wird im allgemeinen eine Aktionsart, zuweilen auch ein Aspekt verstanden. Zu morphologisch markierten Aktionsarten, nämlich zur Darstellung der unterschiedlichen Art und Weise des Ablaufs der Handlung, vgl. §2.7. Hier wird Habituativ davon abweichend als Modus verstanden, d. h. nicht die Art einer Handlung oder ihre Ansicht als ganzheitlich oder im Verlauf wird dargestellt, sondern der Geltungsbereich der Aussage wird festgelegt. Es handelt sich um zeitstufenindifferente Vorgänge, und zwar einerseits Handlungen, die zum Habitus des Handelnden in dem Sinne gehören, dass sie in irgendeiner Weise für ihn charakteristisch sind, andererseits Handlungen, die gewünscht oder intendiert werden, wobei die Festlegung auf eine bestimmte Zeit nur aus dem Kontext erfolgt. Dies ist die erste Variante des virtuellen Modus, und damit verwandt ist die zweite: Handlungen, bei denen ebenfalls nicht die tatsächliche Ausführung angesprochen wird, sondern die Vermutung, dass sie stattfinden wird oder stattgefunden hat, daher die Bezeichnung „Suppositiv“.
Der Suppositiv wird vom Präsens, vom Futur und vom Perfekt gebildet. Im Suppositiv wird ein vom Sprecher vermuteter Sachverhalt ausgedrückt. Durch das Morphem *-ga-* gehört er formal zum Habituativ und ist zeitstufen-indifferent, zugleich aber steht er dem Aorist nicht nur semantisch nahe, sondern erscheint auch wie der Aorist (und anders als die anderen Modi) in drei Formen für die Zeitstufen Gegenwart, Vergangenheit und Zukunft. Hierbei liegt vermutlich eine Analogiebildung vor.

	Präsens	Futur	Perfekt
Suppositiv	Supp. Präsens	Supp. Futur	Supp. Perfekt
Aorist	Aorist Präsens	Aorist Futur	Aorist Perfekt

Der Imperativ wird in jeweils mehreren Formen im Indikativ und im Modus Virtualis gebildet.

Indikativ	Virtueller Modus
pəz, pəzə/a/u, pəzəs	pəzga, pəzgawə, pəzgawəs

Das System wird in §2.9.3.2 zusammenfassend in tabellarischer Form dargestellt, darauf folgt in §§2.9.33-2.9.3.11 die Besprechung einzelner Formen. Zum Imperativ siehe §2.4.2.

2.9.3.2 Übersicht über das Verbalsystem (Formen im Dialekt von P.)

	Indikativ (Einzelfall)		Virtuell, Möglichkeitsform (Typus)		Aorist
	generell-aktuell		habituativ	suppositiv	
Imperativ	*pəz, pəzə/a/u, pəzəs* geh!		*pəzga, pəzgawə, pəzgawəs* geh!		
Präsens	*pəz-ma-so* geht		*pəz-ga-so* geht, ging (typisch), wird/ will/ soll gehen	*pəzga-gaso* geht wohl, wird wohl gehen	*pəzẹo* wird/ soll gehen
			pəz-ga-ma-so will/ kann gehen		
Imperfekt	*pəz-ma-sew* pflegte zu gehen, war dabei zu gehen, wollte (eigentlich) gehen		*pəz-ga-sew* pflegte zu gehen (hab.); ginge/ wäre gegangen (irr.), wollte eigentlich gehen		
Fut-Impf	*pəznig-lāw* ginge (irr.), wollte (eigentlich) gehen				
	generell-aktuell	konstativ			
Futur	*pəznig-la* wird/ soll/ will gehen, geht regelhaft	*pəznig-lia* wird (sicher) gehen, geht regelhaft		*pəznig-ligaso* (wo, wie) wird wohl gehen?	*pəznig-lẹ* wird wohl gehen
Präteritum		*pəzisa/ lia* ging/ machte (doch!), würde gehen (irr.)	*pəzga-wəsa* pflegte (typisch) zu gehen		
	pəzogso/ lyogo er ging/machte			*pəzog-gaso* ist wohl gegangen, *amǰog-ligaso* hat wohl getötet	*amǰog-wẹ* hat getötet
Perfekt	*pəzog-əso/ lyog-la* ist gegangen, hat gemacht	*lyog-lia* hat doch gemacht	*pəzga-wog-əso* ist gegangen		
Plusquam-perfekt	*pəzog-sew/ lyog-lāw* war gegangen, hatte getan	*pəzog-wəsa/ lyog-lia* war gegangen, hatte/ habe (doch!) gemacht	*pəzga-wog-sew* war gegangen		

2.9.3.3 Aorist

Aorist (Konjunktiv) Präsens

Der Aorist Präsens (zur Bezeichnung vgl. §2.9.3.1 „Modus in Prasun") ist sehr häufig. Der Aorist dient zum Ausdruck einer wahrscheinlichen oder möglichen Handlung, z. B.

> *üo ps-kolẹšo nye na ligasmo* (P.)
> DU WAS SAGEN-AOR-2SG NEIN NEG SAGEN-PRS II-1SG
> Was immer du sagen magst, ich sage (prinzipiell) nicht nein.

> *ˈaplyẹno bonig sno* 21.18
> GEBEN-AOR-2PL DENKEN-INF SEIN-PRS-2SG
> Von euch muss man denken: ihr werdet geben.

zum Ausdruck einer Aufforderung, z. B.

> *obˈüŋya koṭkˈī ličˈẹn-ra* 21.10
> MORGEN ARMEE AUFSTEHEN-AOR-2PL PT
> Morgen früh sollt ihr in den Kampf ziehen!

> *lẹš-ˈa* 22.20
> SAGEN-AOR-2SG PT
> Du sollst sagen!

Der Aorist erscheint im Nebensatz (markiert durch *-a, -ra, -dī*, vgl. §3.4), behält dabei seine Funktion des Ausdrucks von Erwartung, Wunsch oder Forderung, z. B.

> *würewˈẹn-ḍa, wəstˈī šilˈigsəmrož* 22.48
> KLAR-SEIN-AOR-2PL PT FRAU SITZEN-PRS II-F-1SG PT
> Gebt euch zu erkennen, (dann) heirate ich (den Gesuchten)/ wenn ihr euch zu erkennen gebt, heirate ich (den Gesuchten).

> *aneg assˈẹš-dī* 91.22
> FEUER ANLEGEN-AOR-2SG PT
> du sollst Feuer legen, (dann ....)/ wenn du Feuer legst, ...

In der ersten Person dient der Aorist zum Ausdruck einer Absicht, z. B.

> *čoi uṣˈẹmo*, f. *čoi uṣˈimo* „Ich will Tee kochen!"
> *anjˈẹmšo* 14.5 „Wir wollen ansehen!"

Der Aorist drückt einen Wunsch aus, mit Negation auch die Hoffnung, die Handlung möge nicht stattfinden:

> *dizgˈa na lˈẹo* (P.)
> GOTT NEG MACHEN-AOR-3SG
> Gott behüte (Pers. *xudā nakunad* möge Gott nicht tun)!

Sehr selten und nur von F., der zwei Jahre in Kabul gelebt hatte, wurde 1970 das persische *bāyad* als Adverb zusammen mit dem Aorist verwendet, anscheinend nach persischem Muster (Pers. *bāyad bexuram* „ich muss essen“):

> *əndeš wulūmˈasa bāyad unzˈū wuṣˈu oyˈẹm* (P.)
> MICH SCHMERZEN-PRS-3SG PT *BĀYAD* ICH MEDIZIN ESSEN-AOR-1SG
> Wenn ich Schmerzen habe, muss ich Medizin einnehmen.

Aorist (Konjunktiv) Futur
Der Aorist des Futurs (zur Bezeichnung vgl. §2.9.3.1) kommt sehr selten, nur in argumentativen Textsorten, nur in der Apodosis eines Konditionalgefüges und nur in Verbindung mit der Partikel *-dyapa* vor. Es scheint sich um sichere Annahmen zu handeln, um rhetorische Fragen, die eine bejahende Antwort voraussetzen:

> *wikṣˈomaš əndeš wušiŋ-lẹž-dyapa* 77.5
> HERAUSZIEHEN-ADV MICH BEIßEN-FUT-AOR-2SG PT
> Während/ wenn ich dich herausziehe, wirst du mich (doch sicher) beißen?!
> (*wušiŋ-lẹž-dyapa* paraphrasiert durch *na wušiŋlaš-ī* NEG BEIßEN-FUT-2SG Q).

> *unzˈū səmiš-pan kodyum lyẹm-dē, əndeš baxšiš wuplenīg-lẹ-dyapa* (P.)
> ICH IHN POST ARBEIT TUN-AOR-1SG PT MIR BELOHNUNG HERGEBEN-FUT-AOR-3SG PT
> Wenn ich für ihn arbeite, wird er mir (doch sicher) eine Belohnung geben?

> *unzˈū səmiš-pan kodyum lim-dē, əndeš baxšiš wuplenīg-lī-dyapa (wuplenīg-lẹst(i)-dyapa)* (P.)
> ICH IHM POST ARBEIT TUN-AOR-F-1SG PT MIR BELOHNUNG GEBEN-FUT-AOR-F-3SG PT (GEBEN-FUT-AOR-3PL PT)
> Wenn ich (f.) für sie arbeite, wird sie (werden sie) mir (doch sicher) eine Belohnung geben?

Aorist (Konjunktiv) Perfekt
Zunächst rätselhaft ist die Form des Verbs in

> *amǰog-wˈey-ī* 6.52 „hat er sie (wohl) umgebracht“

Im Falle eines weiblichen Agens würde laut Auskunft von Muttersprachlern *amǰog-wī-(y)ī* für *amǰog-wˈey-ī* eintreten. Soll nicht zu **amǰog-wˈīg-ī* emendiert werden, muss [weyī] daher als Aorist *wẹy-ī* interpretiert werden. *-og-wẹ*, f. *-og-wī* ist demnach die Endung des Perfekt-Aorists (zur

Bezeichnung vgl. §2.9.3.1). Als Alternative für *amǰog-wey-ī* wurde *amǰog-ligas-ē*, f. *amǰog-līgs-ē* (§2.9.3.8) genannt. Demnach wäre der Perf.-Aor. funktional (annähernd) gleich dem Perf.-Suppos. auf *-og-liga-*. Außerdem ähnelt er nach dem folgenden Beispiel aus Iṣṭewi mit der Variante *wušpurog-laš* funktional dem Perfekt Indikativ:

> *sumiš ožniŋš'a üu wušpurog-wẹš, üteš ožniŋš'a su wušpurog-wẹ̄ (wušpurog-la)* 91.29
> IHN TÖTEN-INF-OBL PT DU MICH-LEHREN-PRF-AOR-2SG, DICH TÖTEN-INF-OBL PT ER/SIE MICH-LEHREN-PRF-AOR-3SG (PRF-3SG)
> Sie zu töten hast du mich gelehrt, dich zu töten hat sie mich gelehrt.

Ein weiteres Beispiel für den seltenen Perf.-Aor. im Dialekt von P. ist

> *it'ī ganderēlyog-wẹž-dī župkus'ẹša* 32.83
> NUN GROß-MACHEN-PRF-AOR-2SG PT TALAUF-VERABSCHIEDEN-AOR-2SG PT
> Nun, da du mich großgezogen hast, magst du mich talauf ziehen lassen!

mit der Variante *gandarēlyog-na-laš-ī* (Perfekt-Indikativ) „hast du nicht großgezogen/ du hast doch großgezogen!" bei fast unverändertem Kontext kurz danach in Satz 85 desselben Textes. Ohne textuellen Kontext erscheint der Perf.-Aorist in den folgenden Beispielen:

> *unz'ū t-uzm'ū žaptog-wyẹm-dē üo ṣū laš-ī* (P.)
> ICH IN ZUMU TALAUF-GEHEN-PRF-AOR-1SG PT DU KUNDE HABEN-PRS-2SG Q
> Weißt du, dass ich nach Zumu gegangen bin? (erwartete Antwort: nein.).

> *unz'ū aċog-wyẹm kodyum lia, killoga aċog-nāsəm* (P.)
> ICH KOMMEN-PRF-AOR-1SG ARBEIT MACHEN-SUP SO KOMMEN-PRF-NEG-1SG
> Ich bin gekommen, um zu arbeiten, nur so bin ich nicht gekommen.

Trotz vieler Versuche gelang es G. Buddruss nicht, weitere Beispiele zu erfragen. Eine genauere funktionale Eingrenzung dieser extrem seltenen Form ist nicht möglich.

2.9.3.4 Präsens

Präsens (Indikativ; generelles, aktuelles Präsens)

Das generelle Präsens wird im Handlungsgefüge narrativer Texte für Parallelhandlungen verwendet, und zwar, wenn mehrere Handlungen gleichzeitig verlaufen (z. B. 80.50 *šily'a-di,* 6.18 *müṣü ččum'aso*), oder wenn eine Situation dargestellt wird, während der die Handlungskette nicht fortgeführt wird, so einige Male am Ende einer Erzählung, in dem auf das Erzählte zurückgeblickt, jedoch nichts zum Erzählstrang hingzugefügt wird, z. B.

> *wəst'ī wyöd'ü tak omoyəmiso* 27.30 „die Frau lacht sich tot", *neṭ lim'iso ... ko šilm'iso* 31.29-30 „sie tanzt, ... sie bleibt so", *ga lim'aso* 26.32 „er singt ein Lied", *su bem ari sa*

57.49 „dies ist (= war) die Geschichte", *žiṭogm'aso* 71.40 „gelangt (als Folge der erzählten Vorgänge) talaufwärts"

Es erscheint häufig nach Verben der Wahrnehmung (z. B. „sehen") oder der Bewegung (v. a. *-po-* „gelangen"), noch häufiger steht das Verb der Wahrnehmung selbst im Präsens. Auch das Verb *oz-* „bleiben, warten" erscheint in der Regel im Präsens. Es handelt sich hier keineswegs um historisches Präsens, also einen Perspektivwechsel zum Aufbau von Spannung, der nicht nur inhaltlich bestimmte Voraussetzungen hat, sondern in der Regel auch über mehrere Satzeinheiten hinweg in der Schilderung einer oder mehrerer Handlungsabläufe durchgehalten wird, während der die unmittelbare, gegenwärtige Wahrnehmung einer in der Vergangenheit angesiedelten Situation suggeriert wird. Im Prasun wird das Präsens nicht für besonders spannende Teile der Erzählung gebraucht, und ein Perspektivwechsel findet nicht statt. Das Präsens dient hier der Darstellung von Situationen, die gleichzeitig verlaufen, ohne den Handlungsverlauf voranzubringen. Diese Verwendung des Präsens illustriert der folgende Auszug (6.13-19) aus einem hauptsächlich im Präteritum erzählten narrativen Text:

at'ig byerš amǰ'ogo, su büz'ü-pan re su təm'anš re us'ü ly'ego. tigz'ogo, su mirč aply'ego. su wəst'īš niǰaŋgya awīšpaw'ī wīsċ'ogo. su wəst'ī atig kuml'ig üšty'üb-pan lept'ogso. su wəst'ī nyenj'ogso:	Er schlachtete eine Ziege, auf das Obergewand und an die Hosen spritzte er Blut. Er brachte (die blutigen Kleider) herein, er gab sie dem König. Die Frau warf er nackt hinaus und ließ sie frei. Die Frau stieg auf einen Maulbeerbaum. Die Frau schaute talab:
Präsens: atig wəǰǰim'ī ir'ī-pan ašl'ī am'aso.	 ein Mann kommt, auf dem Pferd sitzend.
žogy'ō žop'ogso. 'īrīš kumlig kuẓ'ū-pan amənd'ogo. su byept'ī 'ā-pan pešl'ogso. kundš āw wusty'ogo, loċ'og-ədī bišly'ogso. ti-müg ozn'ig leks̩'ego.	Indem er talauf ging, kam er talauf an. Das Pferd band er unter dem Maulbeerbaum an. Er stieg schräg hinab (zum Fluss), er setzte sich im Wasser nieder. Er wusch sich, er kam herauf (aus dem Fluss) und setzte sich hin. Er zog einen Spiegel hervor.
Präsens: it'ī müṣü ččum'aso, ti-müg ozn'ig-pan pyenjim'aso.	 Nun kämmt er (sich) den Bart, er sieht nach unten in den Spiegel:
atig wəst'ī n'əskar lüöndul'ogso. su wəǰǰəm'ī tap üšty'üb-pan lyenj'ogso.	Das Gesicht einer Frau erschien (im Spiegel). Der Mann schaute an dem Baum senkrecht nach oben.

Der Wechsel zum Präsens innerhalb einer Vergangenheitserzählung ist nicht auf die Beschreibung statischer oder progressiver Vorgänge beschränkt. Das Präsens kann auch für einmalige, eventive Situationen und telische Verben verwendet werden. Aber auch hier werden gleichzeitig verlaufende Situationen dargestellt, die den Handlungsverlauf nicht voranbringen:

ap'oma, əz'ag olew'ī sačim'aso. paṣ'ū̄-pan anj'ī əz'ag sačim'aso. „ps-wyenjem'a?" su yuṣ pul'ogo 25.24-5

GELANGEN-ADV ÄRMEL HERUMDREHEN-CP ZUM-KÖRPER-HIN-BEWEGEN-PRS-3SG. WALD POST HINSEHEN-CP ÄRMEL ZUM-KÖRPER-HIN-BEWEGEN-PRS-3SG. WAS HINAUSSEHEN-PRS DEM YUṢ SPRECHEN-PRT-3SG

Als er anlangt, krempelt er die Ärmel auf. Er blickt auf den Wald und krempelt die Ärmel auf. „Wonach schaust du denn aus?" sprach der Yuṣ.

In deskriptiven und argumentativen Texten wird das generelle Präsens für Aussagen verwendet, die sich auf progressive Handlungen in der Sprecher-Gegenwart oder auf tatsächliche Handlungen in der unmittelbar nächsten Zukunft beziehen oder die zeitlich indifferent sind, z. B.

ps-wolumaso üt'eš? ... ül wolumaso 1.2-3

WAS-SCHMERZEN-PRS-3SG DICH ... BAUCH SCHMERZEN-PRS-3SG

Was tut dir (in diesem Moment) weh? - Der Bauch tut weh.

mir am'aso 6.7

KÖNIG KOMMEN-PRS-3SG

Der König kommt (jetzt, gleich) (is coming)!

it'ī unz'ū t-ārəg pəzm'ā-re-sum 9.3

JETZT ICH IN HAUS GEHEN-PRS-PT-1SG

Jetzt (gleich) gehe ich nach Hause.

išn'ī wer'ī kolim'aso 9.12

FALSCH WORT SAGEN-PRS-3SG

Er lügt (= er hat mit seiner bereits erfolgten, aber immer noch aufrecht erhaltenen Aussage gelogen).

Das Präsens erscheint am Anfang von Erzählungen, sehr oft mit dem Verbum „sein", oft mit der Vorstellung der Protagonisten oder einer bestimmten Situation zur Einführung in die folgende Erzählung, z. B.

atig si'us-pan atig way'ə dī 'əsto 19.1

EIN SCHWESTER POST EIN BRUDER AUCH SEIN-PRS-3SG

Es sind eine Schwester und ein Bruder.

sət'ə way'ə ast 30.1

SIEBEN BRUDER SEIN-3PL

Es sind sieben Brüder.

tās'ig üs'ük re mas'ig ədī n'āsto 54.1 (Z.)
FRÜHER SONNE PT MOND AUCH NICHT-SEIN-PRS-3PL
Früher gab es nicht Sonne und Mond.

atig tə-mǰer öl Māk'a ast Wasilug 94.1 (I.)
EIN IN ZEIT GROß MAKA SEIN-PRS-3PL PRASUN-PL
Zu einer Zeit waren die Prasun-Leute im Großen Maka.

Es handelt sich um Informationen, die für das Verständnis des Folgenden notwendig sind, die selbst aber noch keine Handlungskette begründen. Die Beispiele 30.1 und 19.1 leiten märchenhafte Erzählungen ein, die vorwiegend gebrauchte Form ist das Präteritum. Die beiden letzten Beispiele (54.1 und 94.1) beziehen sich eindeutig nicht auf die Gegenwart, sondern auf eine vergangene Zeit, verdeutlicht durch die adverbiellen Ergänzungen „früher", „zu einer Zeit". MORGENSTIERNE urteilte deshalb (p. 292), bezogen auf das Verb „haben": „The aor. [gemeint ist Präsens] is used as a present (cf. Prs. *dāram*), but sometimes as corresponding to a preter." In dem dort zitierten Textbeispiel ist *so* "sie ist" eindeutig das Präsens von "sein", *lāyo* „she had" wahrscheinlich ebenfalls ein Präsens (*layo*) von „haben", weniger wahrscheinlich ein Imperfekt:

atig-pan atig nan so. atig lüštyog lāyo (MORGENSTIERNE 1949, 332)
EIN POST EIN MUTTER SEIN-PRS-3SG. EIN TÖCHTERCHEN HABEN-(IMPF-3SG)/ PRS-3SG
Es ist eine Mutter. Sie hat/ hatte ein Töchterchen.

Ohne Kontext kann der Zeitbezug aus der Verwendung des Präsens allein nicht abgeleitet werden. In allen Fällen dagegen beschreibt das Präsens Situationen, deren tatsächliches Stattfinden im Kontext nicht in Frage gestellt wird, auch wenn es sich um verallgemeinernde Aussagen handelt:

əm tü-büd tiçəm'omaya ... əskal lima-ra-st B10.11
MEIN IN SINN ÜBERLEGEN-ADV PT ... VIEL MACHEN-PRS-PT-3PL
Meiner Meinung nach setzt man ... (den Preis) zu hoch an.

unz'ū šül wogsum-dī bus'ug tī sonǰumm'asmo C1.3
ICH KALT WERDEN-PRT-1SG PT *BUSUG* STELLEN-CP ESSEN-PRS-1SG
Wenn ich friere, mache ich *busug* und esse es.

Im Gegensatz zum Präsens II kann das Präsens nicht Fähigkeiten oder Neigungen abbilden, also nicht: „ich esse typischerweise *busug*", sondern: „ich esse (unter bestimmten Umständen) *busug*."

Präsens II (habituatives Präsens)

Das Präsens II dient zur Darstellung habituell-regelhafter Handlungen und Vorgänge. Erzähltechnisch wird es in narrativen Texten für Einschübe des Erzählers, Erklärungen oder Kommentare verwendet. Die Handlungen sind typisch für denjenigen, der sie ausführt, z. B. beinhaltet die Aussage von

aləg wərǰem'ī ẓuw'iš rē ṭu čobg'aš rē əpt'ergaso. əpt'erwī t-arəg'a na wyepteg'aso 25.2
DIESER MANN FUCHS-F-OBL PT DONNER TÖNEN-PRSP II-OBL PT FÜRCHTEN-PRS II-3SG.
FÜRCHTEN-CP IN HAUS-ABL NEG HINAUS-GEHEN-PRS II-3SG
Dieser Mann fürchtet die Füchsin und den Donner. Vor Angst geht er nicht aus dem Haus.

nicht nur, dass der Mann sich (jetzt, mehrmals, immer) fürchtet, sondern dass seine Furcht ein wesensmäßiges Merkmal ist. In

su piẽ miš ti-wer'ī na anjeg'aso 28.2
DER SOHN SEIN IN WORT NICHT SEHEN-PRS II-3SG
Der Sohn hört nicht auf ihn.

geht es nicht darum, dass der Sohn in einer bestimmten Situation nicht auf seinen Vater hört, sondern dass dies sein übliches Verhalten ist, auch wenn es Ausnahmen geben mag. In

kil wučo sorg'oso (=sorg'aso) 62.14
KÄSE SCHMELZBUTTER FLIEẞEN-PRS II-3SG
Es trieft Käse (und) Schmelzbutter.

wird die charakteristische Fülle eines bestimmten heiligen Hains dargestellt.
Zum Unterschied zwischen *ga/ ig* für (regelhafte und) bevorstehende Situationen im Gegensatz zu *gā/ īg* für regelhaftes Geschehen vgl. §2.4.2.

Das Präsens II wird für regelhafte Vorgänge, z. B. in Rezepten (C2.1, 3, C6.2, C8.2) verwendet, vgl. die Variante im folgenden Beispiel, in der anstelle des Präs. II *čar la-* „zu tun pflegen“ erscheint:

moṭig nənī ra-sto, osċ'ī wuč'ō pyesċ'ī odorg'āst (odorin čār lasto) C4.5
HONIG NICHT-HABEND PT-SEIN-PRS-3PL NUR SCHMELZBUTTER HINABSCHICKEN-CP ESSEN-PRS II-3PL (ESSEN-INF BRAUCH HABEN-PRS-3PL)
Wenn man keinen Honig hat, tut man nur Schmelzbutter hinein und isst es (so).

Es erscheint in Aussagen über übliche, zeitunabhängige Sachverhalte, vgl. BUDDRUSS 2005, 464 (dort „Extratemporalis“): „Ihre Hauptfunktion ist ... der Ausdruck eines generellen, außerzeitlichen oder allgemein gültigen Sachverhaltes“, z. B.

līnig'ī wumunǰg'aso (P.)
BRENNESSEL MICH-BRENNEN-PRS II-3SG
Die Brennessel brennt mich (durch ihre Natur).

išt'ī lõ ganda anigg'aso (P.)
TROCKEN HOLZ GUT BRENNEN-PRS II-3SG
Trockenes Holz brennt gut.

wəǰǰəm'ī (w)'ə-dī omōgāso (f. *omoīgso*) (P.)
MENSCH SEIN-PRT II PT STERBEN-PRS II-3SG (STERBEN-PRS II-F-3SG)
Da er/ sie ein Mensch ist, stirbt er (*wə/ə-* für *(w)əs-*, §2.4.1.4)

Das Präsens II bezieht sich nicht unbedingt auf gegenwärtige Sachverhalte. Im Text A11, in dem es um einen Brauch der vorislamischen Zeit geht, wird fast durchgehend das Präs. II verwendet, z. B.:

... atiga-r'ē-s ... asċiga-rē-s ... liga-rē-st ... aṣoẓtiga-rē-ṣt A11,1-4
... stellte auf ... spritzte (Blut) ... man sagte .... sie opferten Wacholder

In A10.349 wurde das (habituative) Präs. II (hier die reduzierte Form ohne Personalendung) von dem Informanten mit dem habituativen Imperfekt glossiert: *pyeptig'a-re-sew* „er pflegte hinabzugehen“:

əpt'erī su yüṣ to-guṭ pyeptig'a-rē A10.349
FÜRCHTEN-CP ART YUṢ IN UNTERHAUS HINABGEHEN-PRSP-PT
Aus Angst pflegte der Yuṣ ins Unter-Haus hinabzugehen.

Der Vergangenheitsbezug kann durch ein Adverb verdeutlicht werden:

tāsiga əsk'al ayiga-rē-st A8.33 “Früher machte man (Speerwerfen) viel.“

In A9 geht nur aus dem Kontext und aus dem Adverb *it'ī* „jetzt“ am Ende der Passage hervor, dass sich die beschriebenen Verhältnisse auf die vorislamische Zeit beziehen:

1. Mān-t-üṇy'og ajin'īg kəṭ'ea ənd'ēa üǰ'ǖ əndōa wuɛ'ī ənd'ēa əẓag'ə ajiga-rē-st. 2. ulyum'a na ajiga-rē-st. 3. ǰōar'a wul'ə re-st, ǰōar'a it'ī ün'ǖ um'ı aċog-rē-s A9.1-3
1. MANDI IN FELD WERFEN IN GETREIDE SONST *ÜǰÜ* SONST GERSTE SONST *ƎẒAG* WERFEN-PRS II-PT-3PL. 2. WEIZEN PT NEG WERFEN-PRS II-PT-3PL. 3. MAIS PT LEER PT-SEIN-PRS-3PL, MAIS PT JETZT NEU SAAT KOMMEN-PRT-PT-3SG
Als Getreide zum Säen auf dem Māndi-Feld sät(e) man (Präs. II) entweder *üǰü*-Hirse oder Gerste oder *əẓag*-Hirse. Weizen sät(e) man (Präs. II) nicht. Mais hatten (Präs.) sie nicht, Mais kam (Prät.) jetzt als neue Saat.

Entscheidender als der Zeitbezug scheint zu sein, dass die beschriebenen Vorgänge typisch oder regelhaft sind oder waren. In den genannten Beispielen mit Vergangenheitsbezug erscheint überall das Morphem *-re-*, dessen genaue Funktion ungeklärt ist (s. §4.3.30).

Im Gegensatz zu den genannten Fällen scheint die Handlung in den folgenden Beispielen mit reduzierter Form und *-re-* im Kontext weder gewohnheitsmäßig noch typisch zu sein. In beiden Fällen sind Wahrnehmungsverben beteiligt, also Verben, die in narrativem Kontext oft im Präsens stehen. Beide Belege stammen aus Text A10, der als Haupttempus das Prät. II verwendet. Die Motivation für die Verwendung des Präs. II bleibt hier unklar:

su yüṣ-pan su wəstˈī ədī išpˈista, su kür amtigˈa-rē A10.358
DER YUṢ POST DIE FRAU AUCH SICH-EINIGEN-PRT II, DER KNABE HÖREN-PRSP II-PT
Der Yuṣ und die Frau einigten sich, der Knabe hörte es (kraft seiner Natur, weil er über übernatürliche Fähigkeiten verfügt?).

su nˈana su küreš āṣuwˈē ānjig-re A10.84
DIE MUTTER PT DER KNABE-OBL HEIMLICH ANSEHEN-PRSP II-PT
Die Mutter schaute heimlich den Knaben an (gewohnheitsmäßig, in mütterlicher Sorge?).

In wörtlicher Rede wird das Präs. II oft im Sinne eines Kohortativ oder Adhortativ verwendet, z. B.

ütyˈeš čig werˈī askuzˈigsmo 6.60
DIR ETWAS SACHE ZEIGEN-PRS II-F-1SG
Ich will dir etwas zeigen.

wəstˈī anusˈigso 19.16
FRAU HÖREN-PRS II-F-3SG
Die Frau soll es hören.

ibüŋya kščög gasċo/ wigisċo (P.)
MORGEN GUT SEIN-PRS II-2SG/ SEIN-PRS II-F-2SG
Möge es dir (m./ f.) morgen besser gehen!

aləg zˈīnig-pan na žayogˈasċ 65.22
DIES TÜR POST NEG ABSICHTEN-HABEN-PRS II-2SG
Du sollst diese Tür nicht anfassen!

əm ašpurˈog werˈī pulgˈā-re-sċ 7.4
MEIN LEHREN-PRTP WORT SPRECHEN-PRS II-PT-2SG
Du sprichst (= du sollst sprechen) das Wort, das ich dich gelehrt habe!

nanunˈē ḍigˈər üščum alogēligˈaso (P.)
GOTT SCHLECHT GUT GELINGEN-LASSEN-PRS II-3SG
Gott möge das Böse gut machen!

sowie für Aussagen, die sich auf zukünftige Vorgänge beziehen, z. B.

neptega-re-s 25.25 „(Der Fluss) wird talab hinabgehen."
üzü kštū wiligˈaso 2.20 „Der Eisberg wird schmelzen."

Das Präs. II, meist in Verbindung mit der Partikel *-əmrož*, erscheint in Äußerungen, die ein erwünschtes, aber nicht realisiertes Verhalten des Gesprächspartners thematisieren. Ob sich die

Äußerung auf die Sprechergegenwart oder -Vergangenheit bezieht, wird allenfalls aus dem Kontext klar:

> *krək lī ... pəṣ ligəsċ-imrož* 61.20
> SO MACHEN-CP ... *pəṣ* MACHEN-PRS II-F-2SG PT
> So soll(te)st du *pəṣ* kochen/ hättest du *pəṣ* kochen sollen!

> *andəž kō wunjigəsċ ˈəmrož* A13.5
> MICH SO HERSCHAUEN-PRS II-F-2SG PT
> Du soll(te)st so mich anschauen/ hättest so anschauen sollen!

Die Verwendung des Präs. II, nicht aber des allgemeinen Präs., impliziert auch in argumentativem Kontext sehr oft, dass die Handlung den Handlungsträger charakterisiert, z. B.

> *sabˈak na pulˈigso* 6.49
> LEKTION NEG SAGEN-PRS II-F-3SG
> Sie lernt nicht (sie ist faul).

So ist vermutlich auch die Aussage in 8.40 zu verstehen, nämlich als Nennung einer Männer charakterisierenden Eigenschaft (vgl. dazu auch §2.4.2 Formen des Präsens):

> *asə mīz krək ligˈasəmšo* 8.40
> WIR URIN SO MACHEN-PRS II-1PL
> So pinkeln wir.

Der Unterschied zwischen dem Präsens und dem Präs. II scheint vor allem darin zu liegen, dass das Präs. II den Handlungsträger charakterisiert oder die Handlung als potentiell oder als zukünftig darstellt, das generelle Präs. die Handlung in einer bestimmten Situation situiert und sie als aktuell darstellt.

Präsens III

Nur wenige Belege, außerhalb von Texten und nur im Dialekt von Paṣki, liegen für ein drittes Präsens vor, das mit *-ga-* und *-ma-* (f. *-ig-* + *-mi-*) gebildet wird: *pəzgāmˈasmo*, f. *pəzˈīgmˈismo.*[75] Angesichts der üblichen analytischen Bauweise des Verbs darf man annehmen, dass die Funktionen der beiden Morpheme *ga* und *ma* die Semantik dieser Form konstituieren. Für eine ausführliche Beschreibung reichen die Belege aber nicht aus.

> *unzˈū dī pəzgˈā-ma-səm* D22.3
> ICH AUCH GEHEN-PRS III-1SG
> Ich will auch gehen (d. h.: im aktuellen Fall bin auch ich ein geeigneter Träger)

---

[75] Nicht damit gleichzusetzen ist *pəzgā-wəmˈasmo*/ f. *pəzˈīg-wimismo, pəzˈig-wīmisəm-ra* „ich will gehen" (*dil-i man be raftan ast*), das aus dem Präs.-II-Partizip mit dem Hilfsverb *w-* „werden" gebildet wird (§2.9.3.11).

unz'ū apı pəzg'āmasəm-ra (P.)
ICH AUCH GEHEN-PRS III-1SG PT
unz'ū apı pəz'īgmism-odo (P.)
ICH AUCH GEHEN-PRS III-F-1SG PT
Ich will auch gehen (*man ham raftanī mēšawam* „Auch ich will/ werde gleich/ muss gehen").

Präsens-Suppositiv

Der Präsenssuppositiv *(-ga-gaso*, fem. *-ig-wigso*) bezieht sich auf gegenwärtige, zukünftige oder zeitlich neutrale Handlungen, er drückt Annahme und Vermutung aus:

ānz'ẹmšo müo kaṭ'a w'iṭkoma. ənd'ē as'ən təm pulg'ā-gasən 17.15
SEHEN-AOR-1PL IHR STARK SEIN-CP-BEENDEN-ADV SONST EUER LÜGE SAGEN-PRS-SUPP-2PL
Wir wollen es sehen, wenn ihr stark seid. Sonst lügt ihr wohl.

atig purd'ī atig uy'ū bit'ī kog salig-wigs'a 22.4
EINE ALTE EIN KORB HINABSTELLEN-CP MIST HINEINTUN-PRS-SUPP-F-3SG PT
Eine alte Frau tut wohl, nachdem sie einen Korb abgestellt hat, Mist hinein.

ü'ū ič'imna ... anipt'ī aptogs'ēsċ-ədī, it'ī sud'ı krək lig'a-əg'asċ 22.56
DU GESTERN-ABEND ... TALABGEHEN-CP WEGGEHEN-PLUP-2SG, NUN WIEDER SO MACHEN-PRS-SUPP-2SG
Da du gestern abend ... talab fortgegangen warst, wirst du nun wohl wieder so handeln.

ps-pərċ'ə ksüg'a-əgasa 26.14
WAS STAUB AUFSTEIGEN-PRS-SUPP-3SG PT
Was für ein Staub mag da wohl aufsteigen?

psei šilig-wigs-r'ā 26.28
WARUM SITZEN-PRS-SUPP-F-3SG PT
Warum bleibt sie wohl (zu Hause)?

it'ī əd'ī aċig-wigs-ē 29.24
JETZT AUCH KOMMEN-PRS-SUPP-F-3SG Q
Wird sie wohl auch jetzt kommen?

kodyum liŋ-la-ī? - lya-waž,[76] *ṣu na lamo* (I.)
ARBEIT MACHEN-FUT-3SG Q - MACHEN-PRS-SUPP-3SG PT, KUNDE NEG HABEN-1SG
Wird er arbeiten? - Er wird wohl, ich weiß nicht.

---

[76] entsprechend P. *liga-gas(o), liga-gaž.*

əm pəzˈiŋ-ag büd wi-ṭkoma pəzawˈāmo (I.)
əm pəzinˈīg-wag büd wi-ṭkoma pəzga-gˈāmo (P.)
MEIN GEHEN-INF POST SINN WERDEN-CP-BEENDEN-ADV GEHEN-PRS-SUPP-1PL
Wenn du willst, dass ich gehe, werden wir wohl gehen (Pers. *albatta*).

üzˈog (wə)gˈa-pa-dī-rē-gˈaso (gā-pa-dī-gˈaso) D24.3
GESCHWÜR SEIN-PRS-SUPP-PT-PT-PT-3S (SEIN-PRS-SUPP-PT-PT-3SG)
Es wird vermutlich ein Geschwür sein.

Es wird in der rhetorischen Frage verwendet:

žim ozolga-gas-ei (P.)
EISEN BRECHEN-PRS-SUPP-3SG Q
Wird Eisen (etwa) brechen?

pyelˈa ozolga-gas-ei - na, na ozolgaso (P.)
TASSE BRECHEN-PRS-SUPP-3SG Q - NEG NEG BRECHEN-PRS II-3SG
Wird die Tasse wohl zerbrechen? Nein, sie wird nicht zerbrechen.

wukulˈig-wigs-ˈē 98.13
MIR-SPENDEN-PRS-SUPP-F-3SG Q
Wird sie mir wohl Almosen geben?

üo krək kodyum liga-rē-gˈasċ-iž-ī - gandˈa wəsˈa, na lī wolnˈig-nā-laši-rˈa (P.)
DU SO ARBEIT MACHEN-PRS-SUPP-PT PT Q - GUT SEIN-PRT II-3SG PT, NEG MACHEN-CP KÖNNEN-FUT-2SG-NEG PT
Wirst/ willst du diese Arbeit machen? Das wäre gut. Du wirst es (aber) nicht tun können.

Präsens *-ma-*	aktuell, generell, gleichzeitig
Präsens II *-ga-*	regelhaft, charakteristisch, zeitlich indifferent, Aufforderung, Wunsch
Präs.-supp. *-ga-ga-*	Vermutung, rhetorische Frage

2.9.3.5 Imperfekt

Imperfekt (Indikativ)
Das allgemeine Imperfekt (*-ma-sew*) hat meistens einen temporalen Bezug zur Vergangenheit, aber in erster Linie dem Ausdruck dauernden, wiederholten und unabgeschlossenen Geschehens.
Das Imperfekt bezeichnet andauernde, wiederkehrende oder gewohnheitsmäßige Handlungen oder Zustände in der Vergangenheit, z. B.

atig wəǰǰem'ī ənċer'a gun'īg wuṣ ḍob'ul ilgimas'ew 13.1
EIN MANN TAG JEDEN SECHS BROT KAUFEN-IMPF-3SG
Ein Mann kaufte jeden Tag sechs Brote.

tāsig unz'ū atig wərǰəm'ī-pan wām'ī s'ēsum 77.22
VORHER ICH EIN MENSCH POST SCHAF SEIN-IMPF-1SG
Früher war ich das Schaf bei einem Menschen.

tāsig süsm'a limas'ēst. ... atig čür'ē əb'əg limas'ēst, atig üs gul'ū bitīmas'ēst, to-munǰ bit'ī lust lyenjəmasēst. lyenjəw'ī büsċ'ǖ čkǖ oyəmas'ēst. ... wərič'og-pan wučō pyesċ'ī al'əra üščuŋ pyȫl'ī məṣinig lī əb'əg at'ī amṣəmasēst. C3.2-7
VORHER *SÜSMA* MACHEN-IMPF-3PL. .... EIN KÖRBCHEN BROT MACHEN-IMPF-3PL, EIN ÜS-GULU HINABSTELLEN-IMPF-3PL, IN MITTE HINABSTELLEN-CP HAND HEBEN-IMPF-3PL. HEBEN-CP LASSEN-CP DANN ESSEN-IMPF-3PL. ... TOPF POST SCHMELZBUTTER HINABSCHICKEN-CP DARAUF QUARK HINABTUN-CP MISCHSPEISE MACHEN-CP BROT NEHMEN-CP ESSEN-IMPF-3PL
Früher pflegte man *süsma* zu machen. ... Man machte ein Körbchen Brot, man legte ein *üs-gulū* (Schmelzbutter) hinein, stellte es in die Mitte und erhob die Hände (zum Gebet). Nach dem Beten aß man (es). ... Man tat in den Topf Schmelzbutter, tat darauf Quark, machte Mischspeise und aß es mit Brot.

atig byer l'asəm, səmiš əskal əw'aš s'ēsum 47.8
EIN ZIEGE HABEN-IMPF-1SG SIE VIEL FROH SEIN-IMPF-1SG
Ich hatte eine Ziege, die liebte ich sehr.

kak'ag wuẓ'iga tās'ig Wasī to-gul na sēst C13.1
HUHN EI PT VORHER PRASUN IN TAL NEG SEIN-IMPF-3PL
Hühnereier gab es früher im Prasuntal nicht.

wulus'a oḍob'og s'ēwəs-dī ity'a dəp'ogəsċ-'amiž 27.18
FRÜHER PT DICK SEIN-IMPF-2SG PT NUN PT MAGER-SEIN-PERF-2SG PT
Früher warst du dick, jetzt bist du mager geworden!

... oplyāw'ī tükuč'ī wukṣ'ī bitimasēst. šünǰ'og at'ī tōċī-pan lökoṣ'ī alərа wuč'ō pyēsċ'ī ... üzǖ lī odormas'ēst. C4.3-4
UMRÜHREN-CP KOCHEN-CP HERZIEHEN-CP HINABSTELLEN-IMPF-3PL. TÄSSCHEN NEHMEN-CP SCHÜSSEL POST HOCHSCHÖPFEN-CP DARAUF SCHMELZBUTTER HINABSCHICKEN-CP .... KALT MACHEN-CP ESSEN-IMPF-3PL
Man ... rührte (den Brei) um, ließ ihn köcheln, zog ihn (vom Feuer) und stellte ihn hin. Man schöpfte ihn mit einem Holztässchen in eine Schüssel, tat darauf Schmelzbutter, ... ließ ihn abkühlen und aß ihn.

Das Imperfekt wird verwendet, wenn ein Sachverhalt in die Vergangenheit zurückreicht und in der Sprechergegenwart andauert.

> *unzū ütrū sesum* 88.28
> ICH BÄR SEIN-IMPF-1SG
> Ich war (und bin) ein Bär.

> *unz'ū əm t-arəg Nand'el Mənǯ'əm s'əsum* 32.5
> ICH MEIN IN HAUS N. M. SEIN-IMPF-1SG
> Ich war/ bin in N. M. zu Hause, ich komme aus N. M.

> *killa əm lüšt kəl se-ra lič'is! üa əm piẽ wogusċ-'(i)ra, ari'a əm lüšt sē-d'ī ī-wag wəst'ī aply'ẹm-ra* 34.37
> SO MEINE TOCHTER MANNSTOLL SEIN-IMPF-3SG PT AUFSTEHEN-IMP! DU MEIN SOHN WERDEN-PRT-2SG PT, DIES PT MEINE TOCHTER SEIN-IMPF-3SG PT DEIN FÜR FRAU GEBEN-AOR-1SG PT
> Weil meine Tochter so mannstoll war/ ist, steh auf! Weil du mein Sohn wurdest, und diese hier meine Tochter war/ ist, will ich sie dir zur Frau geben.

> *ī ti-ǯī wer'ī ps-ċei-r'a* 61.111
> DEIN IN KOPF DING WAS SEIN-IMPF-3SG PT
> Was war/ ist das Ding auf deinem Kopf? (zu *ċei-ra* s. §1.1.1 /ċ/, §1.4.3)

Das Imperfekt wird verwendet, wenn eine auch in der Gegenwart wiederholt stattfindende Handlung von dem Sprecher bereits thematisiert wurde:

> *at'əs ḍob'ul awij'očimasesm-'amiž* 13.6
> ANDERES BROT HINAUSWERFEN-ITER-IMPF-1SG PT
> Ein anderes Brot pflegte ich (und pflege ich, wie erwähnt, immer noch) doch hinauszuwerfen.

Wichtiger als die Zeitfolge ist offenbar der Umstand, dass die Handlung wiederholt oder regelhaft ist. Bestätigt wird die zeitliche Indifferenz des Impf. durch seine Verwendung im Nebensatz unter Verwendung des subordinierenden Morphems *-ra.* Die Zeitstufe wird durch den Kontext festgelegt.

> *əm-ag ḍigər sē-ra unzū na aċiga-rē-səm* (P.)
> MEIN FÜR SCHLECHT SEIN-IMF-3SG PT ICH NEG KOMMEN-PRS II-PT-1SG
> Wenn es für mich schlecht ist (wäre? ist? sein wird? *war), werde ich nicht kommen.

> *su t-š'al pəznīg-law, zəma əsk'al se-ra büsċü na pəz'ogso* (P.)
> ER IN STALL GEHEN-FUT-IMPF, SCHNEE VIEL SEIN-IMPF PT LASSEN-CP NEG GEHEN-PRT-3SG
> Er wollte zum Stall gehen, (aber) weil viel Schnee war, ging er schließlich nicht.

Das Impf. dient zum Ausdruck des Verlaufs („was doing“), erzähltechnisch oft zur Beschreibung eines andauernden Vorgangs als Hintergrund zu einer zweiten Handlung:

mir ... ob'ıg bity'og warəg-p'an anjəmas'ew. anj'oma Ay'āz ... tümǰimas'ew. mir ... tipt'ogso 15.8-9
KÖNIG ... SACHEN HINABSTELLEN-PRTP HAUS POST SEHEN-IMPF-3SG SEHEN-ADV AYAZ ... ANZIEHEN-IMPF-3SG KÖNIG ... EINTRETEN-PRT-3SG
Der König ... schaute (Impf.) in das Schatzhaus. Als er schaute, war Ayaz ... dabei, (die Kleider) anzuziehen (Impf.). Der König ging ... hinein (Prät.).

unz'ū lö gī āmaċ'esum. ... pərċ'ə ksǖ lept'ogso 26.22
ICH HOLZ MIT KOMMEN-IMPF-1SG. STAUB WIND AUFSTEIGEN-PRT-3SG
Ich kam gerade (Impf.) mit Holz. Staubwind stieg auf (Prät.).

unz'ū əbəg oyəmas'ēsum(-ra) üčüm ayego (P.)
ICH BROT ESSEN-IMPF-1SG (PT) ERDBEBEN SCHLAGEN-PRT-3SG
Als ich beim Essen war (Impf.), kam (Prät.) ein Erdbeben.

unzu kodyum limas'ēsum(-ra), atig pižgim aċ'ogso (P.)
ICH ARBEIT MACHEN-IMPF-1SG (PT) EIN GAST KOMMEN-PRT
Als ich arbeitete (Impf.), kam (Prät.) ein Gast.

Das Impf. wird verwendet, um Handlungen zu bezeichnen, die beabsichtigt oder begonnen, aber nicht beendet wurden (vgl. auch unten zum habituativen Imperfekt):

unzu kodyum limasēsum, büsċü na lyom (P.)
ICH ARBEIT MACHEN-IMPF-1SG, BEENDEN-CP NEG MACHEN-PRT-1SG
Ich wollte es tun (Impf.), ich beendete es (Prät.) nicht.

Das Imperfekt kann mit dem Präsens wechseln (Beispiele liegen nur mit „sein“ vor):

am p'inig wa am ič'ür wa am wəst'ī ičümog ast-'ī (s'est-ī)? ... ičüm'og sest 103.4
MEIN SOHN UND MEIN KAMEL UND MEINE FRAU WOHLAUF SEIN-PRS-3PL Q (SEIN-IMPF-3PL Q)? ... WOHLAUF SEIN-IMPF-3PL
Sind/ waren mein Söhnchen, mein Kamel und meine Frau wohlauf? ... Sie waren wohlauf.

üo t-uṣüt sēsċ (əsċ) unzū apan kodyum lyem (P.)
DU IN PAṢKI SEIN-IMPF-2SG (SEIN-PRS-2SG) HIER ARBEIT MACHEN-PRT-1SG
Als du in P. warst, arbeitete ich hier.

Das Imperfekt kann mit dem Prät. II wechseln, und zwar (mit dem Verb „sein"):

unz'ū t-uṣüt sēsəm (wəsəm) əskal kodyum limas'ēsəm (P.)
ICH IN PAṢKI SEIN-IMPF-1SG (SEIN-PRT II-1SG) VIEL ARBEIT MACHEN-IMPF-1SG
Als ich in P. war, arbeitete ich viel.

üo t-uṣüt sēsċ (wəsċ) unzū apan kodyum lyem (P.)
DU IN PAṢKI SEIN-IMPF-2SG (SEIN-PRT II-2SG) HIER ARBEIT MACHEN-PRT-1SG
Als du in P. warst, arbeitete ich hier.

Das Impf. wird zum Ausdruck des Irrealis (§2.9.3.10) verwendet, z. B.

šiš'a w'ə-dī ozolg'aso. žim sew-ədī ...(P.)
GLAS SEIN-PRT II PT BRECHEN-PRS II-3SG. EISEN SEIN-IMPF-3SG PT ...
Weil es Glas ist, bricht es. Wenn es Eisen wäre ....

əndeš killog'a oy'og ḍigər sə-r'a, əndeš ... tükč'ī oy'əs 30.96
MICH SO ESSEN-PRTP SCHLECHT SEIN-IMPF-3SG PT, MICH KOCHEN-CP ESSEN-IMP
Weil es schlecht wäre (*sə-ra* = *sew* + *ra*, s. §1.4.3), mich einfach so zu fressen, friss mich, nachdem du mich gekocht hast.

unz'ū na sānj'ognī 'agəzī sanjog-wom'a čapt'ī lətr'ī s'ēsta 99.29
ICH NEG HINEINSEHEN-CP-NEG BRINGEN-CP HINEINSEHEN-PRT-ADV VIEL DING SEIN-IMPF-3PL
Wenn ich (die Säcke), ohne hineinzuschauen, gebracht und (dann) hineingeschaut hätte, wären viel (mehr) Dinge (darin).

Imperfekt-Habituativ
Das Impf.-hab. wird für eine charakterisierende Handlung in der Vergangenheit verwendet. Das Verhalten der Menschen wird als Beleg für die Grausamkeit des menschlichen Geschlechts angeführt, es erklärt sich aus dem bloßen Umstand, dass sie Menschen sind:

əndeš wərǰəmīlug aċ'ī ċā wakṣ'asest...dəwərj'ə wī çtag aċ'ī wakṣ'asest. 77.33-34 (I.)
MIR MENSCHEN KOMMEN-CP AST ABREIßEN-IMPF-3PL ...HEIL WERDEN-CP WIEDER KOMMEN-CP ABREIßEN- IMPF-HAB-3PL
Mir pflegten die Menschen, nachdem sie gekommen waren, die Äste abzureißen (*wakṣ'asest* glossiert mit P. *wakṣəgasest*). Nachdem (die Äste) nachgewachsen waren, pflegten sie wieder zu kommen und sie abzureißen.

Das Verb zeigt, dass der genannte Mann eine Funktion ausübte, die ihn dafür qualifizierte, nach der Islamisierung eine wirtschaftliche Neuordnung vorzunehmen:

musulm'ān wog-panya loċ'ī astež wuċ'ū wog-pan atig Ṣup'ū wəřǰəm'ī Bōkil nəm mīr tü-müg Amīr Abdurrahmān-pan šilyasēw A1.27 (I.)
MUSLIM WERDEN-PRTP POST HOCHKOMMEN-CP 28 JAHR WERDEN- PRTP POST EIN IṢṬEWI MANN BOKIL NAME KÖNIG IN GESICHT A. A. POST SITZEN-IMPF-HAB-3SG
Als 28 Jahre vergangen waren, seit (wir) Muslime wurden, saß ein Iṣṭewi-Mann namens Bokil vor dem König Amir Abdurrahman.

Das Impf.-hab. erscheint, wenn die Handlung in der Vergangenheit begonnen hat und sich auf die Gegenwart auswirkt, und zwar auch, wenn die Handlung einmalig ist:

tyen'a agasesċ'a? 8.56
WOHER KOMMEN-IMPF-HAB-2SG
Woher kamst du denn? (fragen die Onkel in der Unterwelt den Knaben, der aus der Menschenwelt zu ihnen kommt.)

Die Erklärung dafür, dass hier nicht das Perfekt verwendet wird, liegt darin, dass das Impf.-hab. anders als das generelle Impf. zur Charakterisierung des Handlungsträgers dient. Die Frage zielt weniger auf den Herkunftsort als vielmehr darauf, dass das Erscheinen eines Menschen an sich ungewöhnlich ist, also etwa „Was für ein Mensch bist du, dass du woher (= aus der anderen Welt) gekommen bist?“

Das Impf.-hab. erscheint zum Ausdruck einer beabsichtigten, aber nicht durchgeführten Handlung (vgl. oben zum generellen Imperfekt):

unz'ū əb'əg oyəgas'ēsəm-ḍa gul üč'um ay'ego (P.)
ICH BROT ESSEN-IMPF-HAB PT TAL ERDBEBEN SCHLAGEN-PRT-3SG
Als ich essen wollte (*pēš az xurdan*), kam ein Erdbeben.

unz'ū čkəs lig'asēsəm-ra gul üčüm ay'ego (P.)
ICH NOCH-ETWAS MACHEN-IMPF-HAB-1SG PT TAL ERDBEBEN SCHLAGEN-PRT-3SG
Als ich weiterarbeiten wollte (*fikr-am būd*), kam ein Erdbeben.

Es wird zum Ausdruck eines irrealen Wunsches verwendet:

əndeš nikr'ī wulig'asēsċ (P.)
MIR FRÜHER MIR-GEBEN-IMPF-HAB-2SG
Hättest du mir doch (früher) gegeben (*kāš ki marā medādī*)!

Das Impf.-hab. ist die am besten belegte Art, den Irrealis auszudrücken, dazu §2.9.3.10.

Impf. Indikativ *-ma-sew*	Gewohnheit, Wiederholung, Verlauf, Absicht
Impf. Habit. *-ga-sew*	Eigenschaft, Absicht, Irrealis

2.9.3.6 Futur

Futur-Imperfekt

Das Fut.-Impf. (*pəznig-lāw*) wird für Äußerungen verwendet, die eine beabsichtigte, aber nicht durchgeführte Handlung bezeichnen:

su pəznīg-lāw, zəm'a əsk'al sei-ra büsċü na pəz'ogso (P.)
ER GEHEN-FUT-IMPF, SCHNEE VIEL SEIN-IMPF PT BEENDEN-CP NEG GING
Er wollte gehen (hätte gehen müssen), da bereits viel Schnee war (*sei* für *sew*), ging er nicht.

Es dient dem Ausdruck des Irrealis, s. §2.9.3.10.

Futur (Indikativ)

In narrativen Texten kommt außerhalb der wörtlichen Rede nur sehr selten ein Futur vor. In der Mandi-Erzählung aus Zumu erscheint das Futur in der kommentierenden Einleitung des Erzählers, die auf mündliche Überlieferungen verweist, steht also jenseits der eigentlichen Erzählhandlung:

gul ganda (w)in-la 61.4
WELT GUT WERDEN-FUT-3SG
Die Welt wird gut werden.

In deskriptiven Texten von 1970 und in allgemeinen Aussagen außerhalb von Texten bezeichnet das Futur als gnomisches Futur regelhafte Handlungen und Vorgänge:

tībz'oma ščog'a tibziŋ-last A1.24
EINGEHEN-ADV ALLE PT EINGEHEN-FUT-3PL
Beim Einziehen (ins Sippenhaus) werden (= dürfen) alle einziehen.

ī-yag unz'ū lāw pyesċin'īg-lamo B1.4
FÜR-DICH ICH ALMABLIEFERUNG HINABSCHICKEN-FUT-1SG
Ich werde (laut Abmachung) für dich Almablieferung (ins Tal) hinunterschicken.

atig erna wəǰǰəm'ī wīš oy'i-ṭkoma omoinig-lasto (P.)
EIN PERSON MENSCH GIFT ESSEN-CP-BEENDEN-ADV STERBEN-FUT-3PL
Ein (jeder) Mensch, wenn er Gift gegessen hat, wird sterben.

Der Zeitbezug ist Gegenwart oder Zukunft (Nicht-Vergangenheit), doch kann das Fut. auch Vorgänge der Vergangenheit bezeichnen. Dies ist der Fall in Text 83a, wo zur Darstellung von Bräuchen kafirischer Zeit durchaus das Futur gebraucht wird (*büǰūmiŋ-last, neṭ liŋ-last, ničoriŋ-last, liŋ-last*). Der Gebrauch des Futurs erklärt sich durch die Regelhaftigkeit der geschilderten Handlungen, die Verortung in einer vergangenen Zeit ist aus dem Kontext ersichtlich.

Häufig erscheint das Futur in argumentativen Texten. Hier hat es oft modale Bedeutung („wollen", „müssen"). Es dient zum Ausdruck einer Annahme oder Erwartung. Der zeitliche Bezug ist manchmal die Zukunft, sehr oft aber die Gegenwart.

iti'a tāsig kāfir kodyum na wiŋ-la A1.30
NUN FRÜHER KAFIR WERK NEG WERDEN-FUT-3SG
Nun wird (= soll) es zum früheren Kafir-Tun nicht (mehr) kommen (Gegenwart und Zukunft)

luž'ū tu-m'unǰ kaṭ'a wikṣ'ī lesċ'ẹma üū pse na wol'ogne al 'ānig-el'aš? 2.15
GOTT IN MITTE STARK HERAUSZIEHEN-CP HOCHSCHICKEN-ADV DU WARUM NEG KÖNNEN-CP-NEG HIER KOMMEN-FUT-2SG
Wenn ich unter den Göttern die Mächtig(st)e auswähle und nach oben schicke, warum wirst du, ohne (etwas ausrichten) zu können, hierher (zurück)kommen? (Gegenwart, Resultat vergangener Handlung: die Angesprochene ist bereits zurückgekommen).

ī ḍigər ṭə bidim'o əm sur-pan ps-ag ānīg-(e)l'aš 2.25
DEIN SCHLECHT FUẞ AUFTRETEN-ADV MEIN SEE POST WAS FÜR KOMMEN-FUT-2SG
Warum wirst du auf deinen unreinen Füßen zu meinem See kommen? (Gegenwart, Resultat, die Angesprochene ist bereits da).

yomū omoinig-pu-lašo 8.23
WANN STERBEN-PT-FUT-2SG
wann auch immer du sterben wirst (*har waqt ki murdan bāšī*) (Zukunft)

wīš oyog-l'ā-raya omoin-la-ž (P.)
GIFT ESSEN-PRF PT PT STERBEN-FUT-3SG PT
Wenn er Gift gegessen hat, wird er (wahrscheinlich) sterben. (Zukunft)

üo ür'og ipīn'ig na wolin'īg-laša (P.)
DU KANAL BAUEN-INF NICHT KÖNNEN-FUT-2SG PT
Du wirst einen Kanal nicht bauen können. (Gegenwart, Zukunft)

Das Futur hat in solchen Kontexten eine dem Aorist vergleichbare Funktion und kann ihn teilweise ersetzen:

psē nopt'ẹš (noptiŋ-laš)? 77.44 (I.)
WAS-TUN-CP NEG GLAUBEN-AOR-2SG (FUT-2SG)
Warum wirst du mir nicht glauben? (vgl. Anm. 1304 zu Text 77)

So kann das Futur auch in einer Aufforderung stehen, oft in Verbindung mit einer Diskurspartikel:

čig asən nan d̦ūg nim'ī gəznīg-lan-ǰ-(i)r'a A10.386
WENIG EURE MUTTER MILCH MELKEN-CP BRINGEN-FUT-2PL PT PT
Ihr werdet (doch) etwas Milch eurer Mutter melken und (her)bringen!

əndeš al'ürī pščin-laš-'amə̄ A10.215
MICH HOCH TRAGEN-FUT-2SG PT
Du wirst mich doch nach oben tragen!

Sehr viele Beispiele gibt es für das Futur zum Ausdruck des Wollens oder Müssens, z. B.:

ənd'eš üt'eš c̦alyeg-l'a, pəznig-lamš 2.27
MICH DICH RUFEN-PRF-3SG, GEHEN-FUT-1PL
Mich (und) dich hat er gerufen, wir werden (= müssen) gehen

unz'ū əm lusta ānīg-lam 2.29
ICH MEIN HAND-ABL KOMMEN-FUT-1SG
Ich werde (= will) auf eigene Faust kommen

unz'ū ps-bem gəzn'īg-lam 6.42
ICH WAS GESCHICHTE HOLEN-FUT-1SG
Was für eine Geschichte werde (= soll) ich erzählen?

Futur-Konstativ
Das Fut.-const. (*pəznig-lia*) wird in den vorliegenden narrativen Texten außerhalb der wörtlichen Rede nicht verwendet. In deskriptiven Texten erscheint es häufig zum Ausdruck von regelhaften Handlungen (gnomisches Futur), z. B.

yab'ē lyog-əlast'o, ugum'a obuča lü wəǰǰəm'ī inǰöliga wele ütünēnig-əlist A2.37
GENUG SAGEN-PRF-3PL DORFGEMEINSCHAFT SEITE-ABL ZWEI MANN *INǰÖLIGA* ANDER AUFSTELLEN-PASS-FUT-CONST
(Wenn) sie abgetreten sind, werden von Seiten der Dorfgemeinschaft zwei andere Männer als *inǰöliga* aufgestellt (werden).

but pyesċ'og muṭur'a bipeṭ'ig bišiln'īg-(ə)lī. muṭ'urča kṣṭō-pan pyölū̄ d̦obul at'ī amṣin'īg-lisəmš B3.2-3
MEHL HINABSCHICKEN-PRTP *MUṬUR* PT UNTEN HINABSITZEN-FUT-CONST-3SG. *MUṬUR*-OBL PT TOPF POST HINABTUN-CP BROT NEHMEN-CP ESSEN-FUT-CONST-1PL
Das *muṭur*, das (wir) als Mehl hineingeworfen (haben), wird sich ganz unten (im Topf) absetzen. Das *muṭur* tun wir in einen Topf und essen es mit Brot.

Das Fut.-const. ist das vorherrschende Tempus in Text A12, der einen vorislamischen Brauch beschreibt (vgl. den Gebrauch des Futurs in Text 83a). Von Prasun-Sprechern wurde die Funktion des

Fut.-const. mit dem persischen Adverb *ḥatman* „sicherlich, bestimmt" wiedergegeben, seine Verwendung impliziert stärkeren Nachdruck oder sicherere Erwartung als die des generellen Futurs. Das Fut.-const. wird daher auch verwendet, um das Ergebnis einer Rechnung zu konstatieren:

čpoeg goŋ tipar'oga čpoež küj'ū winīg-əlist A3.4
VIER *GOŊ* ZUSAMMEN PT 24 HAUSHALT WERDEN-FUT-CONST
Alle vier *goŋ* zusammen bilden (4x6 =) 24 Hausgemeinschaften.

In wörtlicher Rede wird das Fut.-const. zu sicheren Voraussagen gebraucht, z. B.

mir pušt-pan nopt'ẹ-dī ,əd'ali noċ!' iln'ig-līa 22.20
KÖNIG BETT POST TALABGEHEN-AOR PT EILENDS TALABKOMMEN-IMP SAGEN-FUT-CONST-3SG
Der König wird (sicher) talab ins Bett gehen und sagen: „Komm eilends talab!"

əndeš krək ligā-womaya unz'ū na aċinig-(ə)l'isəm (P.)
MIR SO SAGEN-PRSP II-SEIN-ADV PT ICH NEG KOMMEN-FUT-CONST-1SG
Wenn du mir so (etwas) sagen willst, werde ich (bestimmt) nicht kommen.

üo ür'og ipinīg-laš-ī - og'ō, ipin'īg-lisəm (P.)
DU KANAL BAUEN-FUT-2SG Q - JA BAUEN-FUT-CONST-1SG
Wirst du den Kanal bauen? - Ja, ich werde ihn sicher (*hatman*) bauen!

Der Unterschied zum einfachen Futur ist nicht immer deutlich, vgl.

üo krək na pol'i-ṭkoma üt'eš gī aptin'īg-layo 7.7
DU SO NEG SPRECHEN-CP-BEENDEN-ADV DICH MIT WEGGEHEN-FUT-3SG
Wenn du nicht so sprichst, wird sie dich entführen (Fut.).
na ličiwog-əlaš'o üo ḍig'ər-pan aṭogn'īg-əliš 22.6
NEG AUFHEBEN-PRF-2SG DU SCHLECHT POST TREFFEN-FUT-CONST-2SG
(Wenn) du ihn nicht aufhebst, wirst du in (eine) üble (Lage) geraten (Fut.-const.),

jedoch wird das Fut.-const. im Gegensatz zum generellen Futur nicht zum Ausdruck von Können, Wollen, Sollen verwendet, sondern nur für Aussagen, die im allgemeinen oder nach Meinung des Sprechers sicher sind. Zum irrealen Gebrauch des Fut.-const. s. §2.9.3.10.

Futur-Suppositiv
Der Futursuppositiv (*-inig-ligaso, f. -inig-ligso*) wird sehr häufig zum Ausdruck des Zweifels (Pers. *šakk*) oder der vagen Annahme eingesetzt. Innerhalb von narrativen Texten erscheint er nur in wörtlicher Rede:

teš wəǰǰim'ī ər'ē-gaso tena aċ'ī pəgen'ig-ilīgaso 39.17
WESSEN MANN PT SEIN-PRS II WOHER KOMMEN-CP LIEGEN-FUT-SUPP-3SG
Was für ein Mann wird es wohl sein, woher gekommen wird er da wohl liegen?

Əmiš tu-lust'a psele omonig-ligasċ'a 21.37
WAIGAL IN HAND-ABL WAS-TUN-CP STERBEN-FUT-SUPP-2SG PT
Warum solltest du durch die Hand der Waigal-Leute sterben?

unzū čkü ipin'īg-lig'āsəm (P.)
ICH DANN BAUEN-FUT-SUPP-1SG
Ich werde später vielleicht bauen.

ps-liŋ-əligso (I.)
WAS MACHEN-FUT-SUPP-F-3SG
Was wird sie denn wohl machen?

Fut. Indikativ *-inig-la*	Erwartung, Wunsch, Sollen, gnomisches Futur
Fut. Constativ *-inig-lia*	Regel, sichere Voraussage, gnomisches Futur
Fut. Suppositiv *-inig-liga-*	Zweifel, Vermutung

2.9.3.7 Präteritum

Präteritum (Indikativ-generell)

Das allgemeine Prät. ist das vorherrschende Tempus der Erzähltexte von 1956, - wörtliche Rede innerhalb eines Erzähltextes ist dabei nicht berücksichtigt, da es sich dabei nicht um die narrative Form handelt. Zahlreiche Beispiele für das Prät. finden sich in den narrativen Texten 1-104. Der Zeitbezug ist in den Erzählungen in der Regel die (reale oder fiktive) Vergangenheit. Unterbrochen wird die Erzählung im Präteritum häufiger vom Präsens (bei gleichzeitigen Handlungen), gelegentlich vom Perfekt (zusammenfassend), so z. B. in den Texten 2, 6, 7, 32, vgl. §2.9.3.4, §2.9.3.8. Für gewohnheitsmäßige Vorgänge kann das Prät.-hab. verwendet werden, z. B. in 5.1, 8.19, die fortlaufende Handlung jedoch steht im Präteritum.

Ob die Handlung punktuell oder durativ ist, ist nicht entscheidend, obwohl mehr punktuelle Handlungen im Prät. stehen. Aber auch eine durativ-iterative Tätigkeit kann im Prät. stehen. Dies widerspricht nicht der Einschätzung dieser mit dem Morphem *-og-* gebildeten Form als aspektuell perfektiv, denn es handelt sich in A10.414 um eine die Erzählung abschließende Aussage, die sich auf eine Situation in vorislamischer Zeit bezieht, die also jedenfalls als in ihrer Gesamtheit von außen betrachtet zu verstehen ist:

kī tüloži-wülož'ogust A10.414
SO EINLAUFEN-CP-AUSLAUFEN-PRT-3PL
So lebten sie dahin.

Wird wie in 25.42 eine statische Situation wie „nicht können" im Präteritum dargestellt, so geschieht dies deshalb, weil eben diese Unfähigkeit die Handlung der Erzählung voranbringt, und weil nicht die Schwäche als Eigenart des Protagonisten ausgedrückt werden soll, sondern die im Kontext momentan nicht realisierte Handlung des Hebens in ihrer Gesamtheit betrachtet werden muss:

> *su yuṣ ob'üŋya buṭ'og lī aw'ipči bitim'aso. Bābā Gurgurš anj'ī ī buṭ'og pčig'a lim'aso. Bābā Gurgur atig toċ'īš lečinig na wol'ogso* 25.42
> DEM YUṢ MORGEN ANTEIL MACHEN-CP HINAUSTRAGEN-CP HINABSTELLEN-PRS-3SG. BG-OBL ANSEHEN-CP DEIN ANTEIL TRAGEN-PRS II SAGEN/ MACHEN-PRS-3SG. BG EIN TOPF-OBL HOCH-BEWEGEN-INF NEG KÖNNEN-PRS-3SG
> Der Yuṣ teilt am Morgen (seine Habe), bringt (einen Teil) hinaus und legt ihn hin. Baba Gurgur fordert er auf, seinen Anteil fortzutragen. Baba Gurgur konnte nicht einen Topf hochheben.

Im nicht-narrativen Kontext kann das Präteritum eine als geschlossenes Ganzes gesehene Situation der rezenten Vergangenheit bezeichnen, die der Sprechergegenwart unmittelbar vorangeht und eine Wirkung auf sie hat (vgl. Prät. II, vgl. Perfekt). Diese Verwendung des Präteritums ist für telische Verben belegt, oft ergibt sich eine resultative Konnotation:

> *ī buta binč'ī ṭkagš-ī* 61.36
> POSS MEHL PT HINABFÜLLEN BEENDEN-PRT-2SG Q
> Hast du all dein Mehl (in die Gefäße) gefüllt?

> *pselī aċogs-ap-ra* 92.12 (I.)
> WAS-MACHEN-CP KOMMEN-PRT-3SG PT PT
> Warum mag er gekommen sein?

> *psē aċogū? ... kī aċ'ogsum-ǰ* 28.15-16
> WARUM KOMMEN-PRT ... SO KOMMEN-PRT-1SG PT
> Warum bist du gekommen? .... Ich bin so gekommen.

> *ps-wer'ī gəz'agš* 61.45
> WAS WORT BRINGEN-PRT-2SG
> Was für ein Wort hast du gebracht?

Ein Verb im Präteritum kann in dieser Funktion im Kontext eines die Sprechergegenwart bezeichnenden Adverbs auftreten:

> *it'ī ob'üŋya nənun'ī ... wuply'ogo* 32.41
> JETZT MORGEN GOTT ... HERGEBEN-PRT-3SG
> Heute morgen hat mir Gott ... gegeben.

ite'a pər'a nune'a ibz'agsumš 61.130 (Z.)
NUN PT SORGE OHNE PT HINAUSGEHEN-PRT-1PL
Jetzt wurden wir sorgenfrei.

Das Präteritum erscheint in Äußerungen über körperliche Befindlichkeiten, auch hier mit deutlichem Bezug zur Sprechergegenwart:

ül oz'ogsmo A10.167
BAUCH WARTEN-PRT-1SG
Ich habe Hunger.

gund əsċ'iŋ aċagəž(i) 78.10 (I.)
Furz lassen-inf kommen-prt-3sg pt
Ich muss furzen.

Für den performativen Gebrauch des Präteritums sprechen einige Beispiele:

ī wer'īš anj'ogsm-odo 54.76
DEIN WORT-OBL ANSEHEN-PRT-1SG PT
Deinem Wort gehorchte ich (= gehorche ich hiermit).

pəz'ogs-odo! - nē, na pəzog-waž, na apty'ogsum (I.)
GEHEN-PRT-3SG PT - NEIN NEG GEHEN-PRF-SUPP-3SG PT, NEG GLAUBEN-PRT-1SG
Er ging weg! - Nein er ist wohl nicht gegangen, ich glaubte nicht (= zeige hiermit an, dass ich das nicht glaube).

unzu'a ī pinig w'ogsmo 54.9
ICH PT POSS-2SG SÖHNCHEN WERDEN-PRT-1SG
Ich wurde (= erkläre mich hiermit als) dein Söhnchen.

əm piẽ w'ogusċ 54.17
POSS-1SG SOHN WERDEN-PRT-2SG
Du wurdest (= bist hiermit) mein Sohn.

Präteritum II (Präteritum-Konstativ)

Nur an wenigen Stellen in narrativen Texten von 1956 erscheint das Prät. II außerhalb wörtlicher Rede. Dies ist der Fall in Text 8 (P.), 56.5 (D) und Text 65 (D.). Text 8 wurde zuerst im Prät. begonnen, dann auf Wunsch von GB, der dadurch überprüfen wollte, ob die Verwendung des Prät. II in diesem Text zulässig wäre, im Prät. II weitererzählt. Dennoch wird auch in diesem Text neben dem Prät. II das (generelle) Präteritum verwendet:

(a) *y'ē-pan nan əd'ī tak omog'ust. set'eg piẽ-pan lüšty'og əd'ī bišil'ista. lüšty'og jī ly'ekṣa pəz'ogso* 8.3
VATER POST MUTTER AUCH ID STERBEN-PRT-3PL. 7 SOHN POST TOCHTER AUCH NIEDER-SITZEN-PRT II-3PL. TOCHTER KOPF WASCHEN-SUP GEHEN-PRT-3SG
Vater und Mutter starben (Prät.). Die sieben Söhne und die Tochter blieben zurück (Prät. II). Die Tochter ging sich den Kopf waschen (Prät.).

(b) *t-areg pyep'og sət čer'og abəg l'īa. sət'eg čer'og-pan undo išp'īg ənt'ig bül'ǖa, „...“ bī ənt'ig bül'ǖa. kī löpš'ī üs'ük-pan büšl'ogso. sət'əg way'e aċ'ista, t-'arəg peščer'ogust.* 8.6-9
IN HAUS HINABGELANGEN-PRT 7 KORB BROT MACHEN-PRT II-3SG. 7 KORB POST DIE BLÜTE JE HINABTUN-PRT II-3SG, ... DENKEN-CP JE HINABTUN-PRT II-3SG. SO AUFSTEIGEN-CP SONNE POST NIEDERSETZEN-PRT-3SG. 7 BRUDER KOMMEN-PRT II-3PL, IN HAUS HINABSTEIGEN-PRT-3PL.
In das Haus hinuntergelangt, machte sie sieben Körbe Brot (Prät. II). Auf die sieben Körbe tat sie je eine der Blüten (Prät. II), indem sie dachte, „...“, legte sie (Prät. II) je eine hin. So stieg sie hinauf und setzte sich (Prät.) in die Sonne. Die sieben Brüder kamen (Prät. II), sie stiegen (Prät.) hinab ins Haus.

Auch in anderen Texten stehen Prät. und Prät. II nebeneinander:

(c) *tetilm'asa purd'ī: „...“ il'ī pül'ü-re. 36. „...“ l'ego. əstl'a yuṣ aċis-re al'īna. 'īri wer'ī pul'i-re „...“ tərw'až lekṣ'i-re. lekṣ'ī yuṣ aċ'is-re. aċ'oma yuṣč lü müny'og l'i-re. yuṣ əstl'a ožn'ogo.* 65.35-40 (D.)
FÜHLEN-PRS-3SG PT ALTE ... SAGEN-CP JAMMERN-PRT II-3SG PT. ... SAGEN-PRT-3SG. DA YUṢ KOMMEN-PRT II-3SG PT VON-OBEN. PFERD WORT SPRECHEN-PRT II-3SG PT .... DOLCH HOCHZIEHEN-PRT II-3SG PT. HOCHZIEHEN-CP YUṢ KOMMEN-PRT II-3SG PT. KOMMEN-ADV YUṢ-OBL ZWEI TEILE MACHEN-PRT II-3SG PT. YUṢ DA TÖTEN-PRT-3SG
Als sie (die Abwesenheit von Sonne und Mond) bemerkt(e), jammerte (Prät. II) die Alte: „...“ „...“, sagte er (Prät.). Da kam (Prät. II) der Yuṣ von oben. Das Pferd sprach (Prät. II): „...“ Er zog den Dolch hervor (Prät. II). Nachdem er ihn hervorgezogen hatte, kam (Prät. II) der Yuṣ. Als er kam, teilte er (Prät. II) den Yuṣ in zwei Teile. Er tötete (Prät.) dann den Yuṣ.

(d) *wurožinig bəs čob'ogso. D'īsnī pəz'ī üom'ū p'ētī ẓ'ūwenig čobis-re. lüm'ü pyöl'ǖ okuž'ogo.* 56.4-6
SCHLUCHZEN-INF TON TÖNEN-PRT-3SG. DISNI GEHEN-CP OHR HINABSTELLEN-CP WEINEN-INF TÖNEN-PRT II-3SG PT. SCHWANZ HINABTUN-CP DREHEN-PRT-3SG
Das Geräusch von Schluchzen ertönte (Prät.). Disni ging, horchte hinab, und Weinen ertönte (Prät. II). Sie steckte den Schwanz hinab und drehte ihn (Prät.).

In (a) erscheint das generelle Prät., wenn von einer Veränderung (sterben, waschen gehen) die Rede ist, das Prät. II aber, wo von einem Zustand die Rede ist (bleiben zurück). In (b) stehen im Prät. II Geschehnisse, die der Haupthandlung vorausgehen, die eigentliche Erzählung setzt mit dem Prät ein. In (d) wird das im voraufgehenden Satz vom Erzähler mitgeteilte Geschehen („ertönte“) wiederholt, mit dem Unterschied, dass es diesmal als Inhalt der Wahrnehmung der Protagonistin dargestellt wird, also die Haupthandlung oder zeitliche Folge nicht vorantreibt. In (c) könnte man annehmen, dass es sich bei der im Prät. II wiedergegebenen Situation um eine nachträglich erzählte, innerhalb der erzählten Zeit jedoch vorher stattfindende Begebenheit handelt. Zum Ausdruck der Vorvergangenheit steht im Prasun aber das Plusquamperfekt zur Verfügung, dieser Umstand und das Prät. II in (d) und (e) sprechen gegen das Prät. II als ein Tempus der Vorzeitigkeit. Jedenfalls handelt es sich auch in (c) um eine Passage, die innerhalb einer erzählten Zeitfolge eine Unterbrechung darstellt: vorher (Satz 33-34) heißt es, der Protagonist reite mit Sonne und Mond auf den Schultern nach Espərəg-Kuẓu, danach (Satz 41) wird berichtet, er reite weiter an einen anderen Ort, die Passage im Prät. II unterbricht sozusagen die fortlaufende Bewegung der Reise. In allen Beispielen (a) - (d) steht also das Geschehen im Prät. II außerhalb der Handlungsfolge.

Ein weiteres Beispiel für die Verwendung des Prät. II außerhalb wörtlicher Rede ist ein Text aus Dewa über den kafirischen Gott Wuṣum. Nach 19 Sätzen im generellen Prät. über eine Tat des Gottes heißt es abschließend:

(e) „...“ *lužul'ug il'ist-re. samig'en-pa žiə sumiš list, lužu to-munǰ wušt'eg w'is-re. Wuṣum krək kaṭ'a so* 55.20-22 (D.)
... GOTT-PL SAGEN-PRT II-3PL.ALLE-PL-OBL POST HOCH IHN SAGEN-PRT II-3PL, GOTT IN MITTE OBERST WERDEN-PRT II-3SG. WUṢUM SO STARK SEIN-PRS-3SG
„...“, sagten (Prät. II) die Götter. Den Höchsten nannten sie (Prät. II) ihn, unter den Göttern wurde er (Prät. II) der Oberste. 22. Wuṣum ist (Präs.) so mächtig.

In (e) handelt es sich um eine abschließende Bemerkung des Erzählers, die ebenfalls außerhalb der Handlungsfolge steht, in diesem Fall kommt noch dazu, dass mit der Aussage im Prät. II sozusagen eine nicht mehr zu hinterfragende Bilanz aus allem vorher Berichteten gezogen wird.
Bisher hat sich gezeigt, dass das Prät. II verwendet wird, wenn Informationen mitgeteilt werden, die für das Verständnis notwendig sind, die jedoch die Haupthandlung nicht voranbringen. Nicht dagegen wird das Prät. II grundsätzlich für der Haupthandlung vorausgehendes Geschehen verwendet. Eine weitere Funktion lässt sich möglicherweise aus dem Vorkommen des Prät. II am Anfang mehrerer fiktiver, märchenhafter Erzählungen ableiten, z. B. am Anfang der Texte 8, 18, 26, 27, 29, 38, 41. Diese Stellung könnte auf den Gebrauch des Prät. II. zum Ausdruck des „Hörensagens“, also auf inferentiellen Gebrauch hindeuten, vgl. den häufigen „narrativen Modus“ von Vergangenheitsfomen im Kati.[77]
Auch das Präsens erscheint am Anfang und am Ende von Erzählungen (§2.9.3.4). Im Vergleich mit dem Präsens, das vor allem für allgemeine Aussagen und Informationen und zum Ausdruck gleichzeitigen Geschehens verwendet wird, hat das Prät. II jedoch deutlich abweichende und zusätzliche Funktionen. Festzuhalten ist die bereits erwähnte bilanzierende Funktion in Beispiel (e), weiteres siehe unten zum Prät. II in argumentativer Rede.

[77] GRJUNBERG 1980, §235.

Der Gebrauch des Präteritums in den narrativen Texten A10 und A13 aus dem Jahr 1970 scheint von dem der Texte von 1956 zunächst vollkommen abzuweichen, denn hier ist das Prät. II, nicht das Prät., das vorherrschende Erzähltempus.

In A13 geht es um einen Streit zweier Göttinnen vorislamischer Zeit. Der Text beginnt mit der Vorstellung der Protagonisten: „K. und S. waren (Prät. II) zwei Götter in früherer Zeit", gefolgt von der Präzisierung „Sie waren Frauen" im Präsens und dem Beginn der Handlung: „Beide stritten (Prät. II) untereinander." Der größte Teil der folgenden Erzählung besteht aus wörtlicher Rede, jeweils eingeleitet durch *kolˈīa* oder *lˈīa* „sie sagte" im Prät. II. In Abschnitt 27 steht mit Bezug auf ein vorher zitiertes Lied „Sie sangen dieses Lied", ebenfalls im Prät. II. Es folgt ein Einschub im Präsens: „Die Worte dieses Liedes ... besagen ...", und die abschließende Äußerung einer der Göttinnen, wieder im Prät. II.

A10 ist eine lange Erzählung über den kafirischen Gott Mandi. Sie beginnt nach einer kommentierenden Äußerung des Erzählers über das, was er sagen will, mit der Vorstellung der Protagonisten im Präsens (... *rē-st* „Es waren 7 Schwestern und eine Mutter"). Danach steht der größte Teil der Erzählung im Prät. II, hier ein Auszug:

(Prät. II) A10.3-5

žonosˈisa ... anipčˈīa (Ein Yuṣ kam und entführte die 1. Schwester)

(Prät. II) A10.6-8

žonosˈisa .... nipčˈīa ...niščurˈīa (Nach und nach entführte er eine nach der anderen)

(Prät. II) A10.9

bīšilˈisa (Eine Schwester blieb übrig.)

(Prät. II) A10.10-12

... kolˈīa: ... kolˈīa ... līa ... wošˈisa ... tüpšˈisa ... žopoˈisa (Gespräch zwischen Mutter und Tochter, Mutter verwandelt sich in einen Baum, Tochter tritt in ihn ein, der Yuṣ kommt wieder)

Präsens A10.14-15 (vgl. §2.9.3.4): Er sieht den Baum, Mutter und Tochter sind nicht da.

(Prät. II) A10.16-18

... līa ... līa ... optˈisa (Gespräch zwischen Yuṣ und Baum, der Yuṣ umrundet den Baum)

(Präsens) A10.19 Er schaut hin

(Präteritum) A10.19 eine Franse erscheint.

(Prät. II) A10.20-26

... niptˈisa ... wīštˈisa ... āšilˈisa ....lˈīa ... kolˈīa ... lˈīa ... pəgˈisa (Der Yuṣ geht talab, der Baum vertrocknet, ein Zweig bleibt grün, Gespräch zwischen Mutter und Tochter, die Tochter geht schlafen)

(Präsens) A10.26 sie horcht hinab

(Prät. II) A10.27-31

... līa ... tiptˈisa ... wištˈī aptˈisa ... tiptˈisa... aċünig büyˈista ... žaptˈisa (der Tag bricht an, sie geht fort, die Mutter vertrocknet als Baum, die Tochter geht in einen anderen Baum, - die Brüder buttern, einer geht talauf)

(Präsens) A10.32 er schaut hoch: das Mädchen sitzt auf dem Baum.

(Prät. II) A10.33-44

... nept'isa ... kol'īa ... l'īa ... l'ista ... žapt'isa ... l'īa ... kol'īa ... l'īa ... l'īa ... l'īa ... l'īa ... nyept'isa ... l'īa ... gəz'ista ... gəz'ista ... tīsta ... lesċ'ista ... bülo'isa ... ānj'ista ... or'isa ... l'ista ... l'īa (er geht talab, spricht mit den Brüdern, geht wieder talauf, Gespräch mit dem Mädchen, er geht talab, spricht zu den Brüdern, die Brüder führen aus, was das Mädchen verlangt hat, sie springt herab, sie sehen sie an, ihr Mund wird schief, sie bitten um Heilung, das Mädchen heilt sie)

Das Prät.wird hier offensichtlich für Sachverhalte verwendet, die den Handlungsablauf bestimmen und die Erzählung zeitlich voranbringen, eben das also, was das Prät. II nach der Evidenz der Texte von 1956 nicht leistet. Einschübe im Präsens erscheinen wie in den Texten von 1956, wo gleichzeitige Sachverhalte mitgeteilt werden, die nicht zum Handlungsverlauf beitragen. Das generelle Präteritum, das Erzähltempus der Texte 1-104 von 1956, erscheint nur an wenigen Stellen in A10, wo sie Situationen darstellen, die für die Erzählung wichtig sind, aber im Gegensatz zu den im Prät. II wiedergegebenen Passagen nicht zu der Folge sukzessiver Handlungen beitragen:

ānjəm'asa üštyub-pan atig büz'ū pščəl'og wündol'ogso A10.19 (innerhalb des zitierten Textauszugs)
HINSEHEN-PRS-3SG PT BAUM POST EIN GEWAND FRANSE HINAUSERSCHEINEN-PRT-3SG
Als er hinschaut, wurde an dem Baum eine Gewand-Franse nach außen sichtbar.

wid'ī wulə üpuṣ'ī žoċ'ogso A10.148
HANDSCHUH FREI VERGESSEN-CP TALAUFKOMMEN-PRT-3SG
Ohne Handschuhe, sie vergessen habend, kam er talauf.

Māndīša ibīg to-gul əy'og-pan atig purd'ū žešt nūw'umaš ānj'ī əzn'ī aċog-rē-s A10.303
MANDI-OBL PT UNTEN IN WELT WERFEN-PRT POST EIN ALTER BULLE PFLÜGEN-ADV SEHEN-CP WISSEN-CP KOMMEN-PT-PRT-3SG
Als man Māndi in die Unterwelt warf, sah er, wie ein Alter mit Bullen pflügte, verstand es und kam dann (mit dem neuen Wissen nach Prasun).

In einigen Fällen wurden zwei Alternativen vom Erzähler angeboten, Prät. oder Prät II.:

su əw'a puṇḍig su küra wukṭog ṭā-pan çak aṣç'isa (aṣç'ogso) A10.109
DER APFEL CLF DER KNABE PT HER-REIßEN-PRT ORT POST ID SICH-ANHEFTEN-PRT II-3SG (PRT-3SG)
Der Apfel heftete sich an der Stelle, an der der Knabe ihn abgerissen hatte, (wieder) an.

Möglicherweise lässt sich der abweichende, geradezu entgegengesetzte Gebrauch der beiden (temporal neutralen) Hauptformen des Präteritums daraus erklären, dass in den Texten A10 und A13 von Göttern der vorislamischen Zeit erzählt wird. Dieser Umstand macht es wahrscheinlich, dass der Gebrauch des Prät. II hier wie in den Märchen-Anfängen Ausdruck von Inferenz ist. Man könnte sich

aber auch fragen, ob sich in den 14 Jahren zwischen 1956 und 1970 eine Verschiebung im narrativen Gebrauch des Prät. II ergeben hat: diente es 1956 zur Darstellung von (zeitlich indifferenten) Geschehnissen außerhalb der im Prät. stehenden Haupthandlung sowie zum Ausdruck von Inferenz, so wird es in den Texten A10 und A13 von 1970 vielleicht für Geschehnisse verwendet, die in der Zeit lange zurückliegen. Um eine Antwort auf diese Fragen und Vermutungen zu finden, sollen hier zum Vergleich die Verbalformen der anderen Texte von 1970 analysiert werden, in denen es ebenfalls um vorislamische Götter und Bräuche geht. Diese Texte (A1, A11, A12) sind nicht narrativ, sondern gehören eher zur Gattung der Sachtexte.
A1 (im Dialekt von I.) ist ein Text über ein vorislamisches Amt und damit verbundene Bräuche. Berichtet wird durchgehend im Präsens-Indikativ. Andere Formen erscheinen in Abschnitt 20 (Prät. *nəm tyost* „sie nannten"), und vor allem gegen Ende des Textes: Fut. (A1.24 *tibziŋ-last* "sie werden einziehen"), Impf.-hab. (A1.27 *šilyasēw* "er pflegte zu sitzen"), Perf. (A1.28 *ablī büsč'og-la* „hat gegeben"), Prät. (A1.29 *musulmān wogsumš* „wir wurden Muslime"), Fut. (*na wiŋ-la* „wird nicht werden"). Das generelle Präteritum wird erwartungsgemäß für einmalige, als abgeschlossen betrachtete Handlungen verwendet, das Prät. II kommt in dem Text nicht vor.

Wie A1 ist auch A12 (im Dialekt von P.) ein Text über einen Funktionsträger in vorislamischer Zeit. Dieser kurze Text beginnt mit der Vorstellung des Protagonisten im Prät. II, mit einer Ergänzung im Präsens:

> ... *atig wəǰǰəm'ī wəsa, Wodı nəm rē-s* A12.1
> ... EIN MANN SEIN-PRT II-3SG, W. NAME PT-SEIN-PRS-3SG
> Es war ein Mann ..., er hieß Wodı.

Danach sind die am meisten verwendeten Formen das Fut.-const. (vgl. §2.9.3.6) und das Präs. II. Im Fut.-const. wird über Tätigkeiten im Rahmen einer Zeremonie berichtet, das Präs. II erscheint für Handlungen, die gleichfalls regelhaft zu dem beschriebenen Ritus gehören, aber weniger zentral sind. Zwischendurch erscheint in A12.3 das Prät. II zur Darstellung einer Handlung, die dem im voraufgehenden Satz (A12.2) zeitlich offensichtlich vorausgeht. Das Prät. II in A12 scheint also erstens inferentielle Funktion zu haben (in Satz 1), zweitens die Funktion, die wir schon in Texten von 1956 beobachten konnen, nämlich die des Ausdrucks einer nachträglich erzählten, in der erzählten Zeit jedoch vorher liegenden Begebenheit als zur Handlungsfolge nicht zählenden Nebenhandlung.

> (Fut.-const) A12.2
>> *walornīg-əlī* (Er springt nach links)
>
> (Prät. II)
>> *wəǰǰəmīlug Əbdəlī üyug pyöščorī wur'ēsta* A12.3
>> MANN-PL E. STALL HINABGEHEN-CP SICH-VERSAMMELN-PRT II-3PL
>> Die Männer gingen hinab zu den Əbdəli-Ställen und versammelten sich (dort).
>
> (Fut.-const) A12.4-7
>> *lin'īg-əlist, ... atinīg-əlist ... winīg-əlī* (Sie machen dies, packen ihn, der Frühling wird sonst schlecht)
>
> (Präs. II) A12.7

apligāst (sie geben ihm einen Ziegenbock)

(Fut.-const) A12.8-10

oiyin'īg-ganda win'īg-əli, asċinīg-əlist (er isst ihn, der Frühling wird dann gut, sie spritzen Blut auf ihn)

(Präs. II) A12.11

lēgās, žatüg'ās (er wäscht sich und steigt wieder auf, stellt sich ans Seklusionshaus)

(Präs.) A12.13

rē-st (dort sind/ waren Wöchnerinnen)

(Präs. II) A12.14-15

gā ligāst, tiptəg'ās (sie singen ein Lied, er geht nach Hause).

Der Zeitbezug für den gesamten Text A12 wird außer durch das Adverb *tāsig* „früher" im einleitenden Satz A12.1 nur durch den Kontext hergestellt. Dass in Texten von 1970 das Prät. II zu einem auf lange zurückliegende Zeit verweisenden Tempus grammatikalisiert worden wäre, ist damit so gut wie ausgeschlossen. Wie schon oben im Kontext von Text 55 erwähnt, dient das Prät. II jedoch (neben seiner generell imperfektiven und speziell einer inferentiellen Funktion) auch dazu, einem Sachverhalt oder einer Handlung den Charakter eines Fazits zu verleihen, einer Schlussbemerkung, die nicht mehr zu hinterfragen ist. Dass letzteres auch in den Texten von 1970 eine entscheidende Rolle spielt, zeigt sich deutlich bei der Analyse des Textes A11.

A11 über den Tempel, Götterbilder und ihre Verehrung verwendet für die Darstellung von Handlungen und Vorgängen in vorislamischer Zeit fast durchgehend das Präs. II, zum Ausdruck statischer prädikativer Verhältnisse mit Hilfe der Kopula dagegen das generelle Präsens (A11.1,5,20 *rē-s,* A11.15 *rē-st*). Das Perf.-const. und das Plup.-const. (vgl. §2.9.3.8) erscheinen in A11.16,17,21, 22 *aṡpawog-(ə)lī, wuṭolog-w'ɔsa, tiliw'og əlist, āwəy'og-əlī, aṡpāwog-əlist.* Das generelle Prät. kommt nicht vor, das Prät. II aber erscheint an drei Stellen:

ps-pana dizog-pə-l'a-ro ṣu na əlist A11.12
WAS POST-ABL SCHAFFEN-PRF-PT-3SG PT KUNDE NEG HABEN-PRT II-3PL
Aus was er sie gemacht hat, wussten sie nicht.

wəǰǰəmīl'ugana atəs wel'ē ṭā-pan masǰit īp'ist-rē A11.19
MANN-PL-OBL PT NOCH ANDER ORT POST MOSCHEE BAUEN-PRT II-3PL PT
Den Männern baute man an einer anderen Stelle eine Moschee.

iti'a əstləg ṭā-pan ünü masǰit īpist-rē A11.23
JETZT DEM ORT POST NEU MOSCHE BAUEN-PRT II-3PL PT
Jetzt bauten sie an jener Stelle eine neue Moschee.

Insbesondere in den beiden letztgenannten Beispielen ist nicht plausibel, dass in A11.23, wo ausdrücklich ein Zeitadverb „jetzt" erscheint, von Hörensagen die Rede sein sollte, auch Aspekt kann hier keine Rolle spielen, zumal das Haupttempus Präs. II in dieser Hinsicht keine Opposition bildet.

Eine Grammatikalisierung des Prät. II als Tempus lange zurückliegener Zeit ist damit widerlegt. Vielmehr ist es die konstatierend-bilanzierende, den Inhalt der Äußerung als Faktum darstellende Funktion des Prät. II, die wir schon in Text 55 nachweisen konnten, die in A11, vermutlich auch in A12, für den Gebrauch des Prät. II ausschlaggebend war. Diese Funktion spielt außerhalb von erzählenden Texten eine große Rolle, worauf in den nächsten Abschnitten näher einzugehen sein wird.

In argumentativer Rede ist das Prät. II außerordentlich häufig, 1956 ebenso wie 1970. In der negativen Antwort auf die Frage „Sahst du den Baum?" erscheint das Prät. II, in der positiven Antwort auf dieselbe Frage das generelle Präteritum:

> *üštyubš žisənǰogš-ī - na žisənǰ'isəm* (P.)
> BAUM-OBL TALAUF-SEHEN-PRT-2SG Q - NEG TALAUF-SEHEN-PRT II-1SG
> Sahst du den Baum? - (Nein), ich sah ihn nicht.

> *üštyubš žisənǰogš-ī -žisənǰ'omo* (P.)
> BAUM-OBL TALAUF-SEHEN-PRT-2SG Q - TALAUF-SEHEN-PRT-1SG
> Sahst du den Baum? - (Ja), ich sah ihn.

Oft mit einer Diskurspartikel *-ž* (§4.3.34) versehen, dient das Prät. II dazu, den eigenen Standpunkt mit stärkerem Nachdruck zu vertreten.

> *psēlī ač'oguč? na ač l'isum-ǰī* (I.)
> WARUM KOMMEN-PRT-2SG NEG KOMMEN-IMP-SG SAGEN-PRT II-1SG PT
> Warum kamst du? ich hatte doch gesagt: komm nicht!

> *ī yei üt'eš tiwəl'ə ač'isəm-ǰī* 21.39
> DEIN VATER DIR BITTGANG KOMMEN-PRT II-1SG
> Ich, dein Vater, kam doch zu dir auf Bittgang.

> *üo psē koly'ogš əndeš ‚kodyum na ly'ego‘ lïa. - unz'ū kodyum l'isəm(-ǰə)* (P.)
> DI WARUM SAGEN-PRT-2SG MICH ARBEIT NEG MACHEN-PRT II-3SG QUOT. - ICH ARBEIT MACHEN-PRT II-1SG (PT)
> Warum sagtest du von mir: ‚Er arbeitete nicht‘? Ich arbeitete doch!

> *weri'a na əzn'īš-iž* 61.61
> WORT PT NEG WISSEN-PRT II-2SG PT
> Du merktest dir doch das Wort nicht!

Von einem Prasun-Sprecher wurde die Funktion dieser Form bzw. der entsprechende Diskurs treffend als *mubāḥas̱a* „Disput, Auseinandersetzung" bezeichnet. Auch die Frage verwendet das Prät. II zum Ausdruck des Nachdrucks, wenn sie eine positive Antwort unterstellt und sozusagen vorausnimmt:

üštyubš žisənǰ'iš-iž - na žisənǰ'isəm (P.)
BAUM-OBL TALAUF-SEHEN-PRT II-2SG PT - NEG TALAUF-SEHEN-PRT II-1SG
Du sahst doch den Baum? - (Nein), ich sah ihn nicht.

Im untergeordneten Kausalsatz erscheint das Prät. II im folgenden Beispiel, wo der Angesprochene vermutlich über das Nicht-Erscheinen des Sprechers geklagt hatte, dieser mit der *mubāḥasa*-Form darauf verweist, er sei ja nicht gerufen worden:

üo əndeš çāligasēsċ unzu agasēsəm, üo çā na līšaya unz'ū na aċisəm-rē (P.)
DU MICH RUFEN-IMPF-HAB-2SG ICH KOMMEN-IMPF-HAB-1SG, DU RUF NEG MACHEN-PRT II-2SG PT ICH NEG KOMMEN-PRT II-1SG PT
Wenn du mich gerufen hättest, wäre ich gekommen. Weil du (doch) nicht riefst, kam ich (doch) nicht.

Als persische Entsprechung für das Prät. II wurde auch das Wort *peštar* „früher, vorher" angegeben, etwa für das folgende Beispiel:

āw away'isəm (P.)
WASSER TRÄNKEN-PRT II-1SG
Ich bewässerte (doch)! *(„peštar āb dādam")*

Obwohl hier und im folgenden Beispiel

üo psē koly'ogš əndeš ‚tāsig īrī na l'ayo' lya - unz'ū tāsig īrī lisəm-ǰ (P.)
DU WARUM SPRECHEN-PRT-2SG MICH VORHER PFERD NEG HABEN-PRS-3SG QUOT - ICH VORHER PFERD HABEN-PRT II-1SG PT
Warum sagtest du über mich: ‚Er hat(te) früher kein Pferd'? - Ich hatte doch früher ein Pferd!

das persische *peštar* „früher, vorher" besonders gut zu dem Gebrauch des Prät. II für lange zurückliegende Ereignisse in den narrativen Texten A10 und A13 (dazu und zur Inferential-Funktion des Präteritum II s. oben) zu passen scheint, geht es in den *mubāḥasa*-Äußerungen gerade nicht um Geschehnisse in vorislamischer Zeit, sondern um zeitlich unbestimmte Sachverhalte, die oft einen Bezug zur Vergangenheit, aber in der Regel einen Bezug auch zur Sprecher-Gegenwart haben. Dass das Prät. II grammatisch gar nicht auf eine Zeitstufe festgelegt ist, zeigt sich auch in einer Reihe von Beispielen, in denen das Präteritum zeitlich mindestens so sehr der Gegenwart wie der Vergangenheit zuzuordnen ist:

tāsig obəg ablya-wəst, it'ī na ablīst (I.)
VORHER BROT GEBEN-PRT-HAB, NUN NEG GEBEN-PRT II-3PL
Früher pflegte man Brot zu geben, jetzt gibt (?gab) man es nicht (mehr) (p*ēštar mēdādand, alī na dādand*)

üo sē koly'ogš ənd'eš , Wasī nāso' lī? unz'ū Was'ī w'əsəmrož (P.)
DU WARUM SPRECHEN-PRT-2SG MICH PRASUN IST-NICHT SAGEN-CP ICH PRASUN SEIN-PRT II-1SG PT
Warum sagtest du von mir: ‚er ist kein Prasun'? Ich bin (?war im Augenblick deiner Äußerung) doch Prasun!

üo psē koly'ogš piẽ na layo lya? unz'ū piẽ lam-amə̃/ unz'ū piẽ l'isəm-ǯ (P.)
DU WARUM SPRECHEN-PRT-2SG SOHN NEG HABEN-PRS-3S QUOT? ICH SOHN HABEN-PRS-1SG PT/ ICH SOHN HABEN-PRT II-1SG PT
Warum sagtest du: er hat keinen Sohn? Ich habe (?hatte im Augenblick deiner Äußerung) doch einen Sohn.

paiɣambar xudā aply'og/ xudā əsċ'og wəs-əmrož (P.)
PROPHET GOTT GEBEN-PRTP/ GOTT SENDEN-PRTP SEIN-PRT II-3SG PT
Der Prophet ist/ war ein von Gott Gegebener/ Gesandter.

Unter *peštar* „früher" als Paraphrasierung von Verben im Prät. II ist im argumentativen Kontext wohl vielmehr das beharrende, einer (vermeintlich) falschen Aussage entgegentretende „doch (schon längst)" zu verstehen, etwa *āw away'isəm* „Ich habe - doch schon längst - bewässert!"
In der verkürzten, personalendungslosen Form vor der subordinierenden Partikel *-dī* erscheint im folgenden Beispiel das Prät. II (a) und alternativ das Präsens (b) des Verbums „sein" (*wə-dī* für *wəs(a), ə-dī* für *əs(o),* vgl. §2.4.1.4, §2.4.4.2, §3.4.10). Mit dem Prät. II im Nebensatz wird das Präs. II im Hauptsatz konstruiert, mit dem Präsens im Nebensatz das Futur im Hauptsatz:

(a) *aləg wəǰǰəmī tubuloŋnī w'ə-dī əpt'ergaso* (P.)
DIESER MANN ALLEIN SEIN-PRT II PT FÜRCHTEN-PRS II-3SG
Weil dieser Mann allein ist, wird er sich fürchten/ fürchtet er sich.
(b) *aləg wəǰǰəmī tubuloŋnī 'ə-dī əpt'erin-layo* (P.)
DIESER MANN ALLEIN SEIN-PRS PT FÜRCHTEN-FUT-3SG
Weil dieser Mann allein ist, wird er sich fürchten/ fürchtet er sich.

Die Übersetzung ist in beiden Fällen gleich. Der Gebrauch des Prät. II (*wə-dī*) unterstreicht den konstatierenden, nachdrücklichen Charakter der Äußerung (etwa: weil der Mann - doch, bekanntermaßen - allein ist oder allein lebt), dies wird durch die Verwendung des Präs. II (als charakterisierendes, generalisierendes Tempus) im Hauptsatz bestätigt (etwa: er ist ein ängstlicher Mensch). Das Präsens (*ə-dī*) bezeichnet demgegenüber den Einzelfall (etwa: weil der Mann derzeit, in einer konkreten Situation, allein ist), das finite Verb im generellen Futur zeigt die Erwartung des Sprechers an (etwa: er wird sich wahrscheinlich fürchten, fürchtet sich wahrscheinlich).

Äußerungen im Prät. II sind grundsätzlich also temporal indifferent und aspektuell nicht-perfektiv oder neutral. In argumentativer Rede dient der Gebrauch des Prät. II überwiegend dazu, der Äußerung Nachdruck zu verleihen, sehr oft zusätzlich verstärkt durch die Diskurspartikel *-ž*. In narrativem

Kontext hat das Prät. II sowohl konstatierende als auch inferentielle Funktion. Einige Funktion des Präteritums II im Prasun erinnert an die des Aorist-Indikativ im Vedischen: als Hauptfunktion drückt er die aktuelle Vergangenheit aus, hat jedoch u. a. auch „relativ-vorzeitigen ... zwischen-bilanzierenden ... oder zeitstufenlosen Charakter“[78] und dient, auch wenn dies kein Spezifikum des Aorists ist, der Konstatierung: „Konstatieren ... heißt, eine Proposition ... im focussiert affirmativen Modus zu äußern, um sie als eine mit dem Hörer ... geteilte und nicht weiter zu verändernde Ansicht einzuführen.... “[79] Wo der vedische und wahrscheinlich indo-iranische Aorist, zunächst ausschließlich aspektuell bestimmt perfektiv, zum Tempus der aktuellen Vergangenheit mit einer temporalen Opposition zum vedischen Imperfekt als Tempus der ferneren Vergangenheit und üblichem Erzähltempus wurde, da steht im Prasun das Prät. II durch die mangelnde aspektuelle Markierung einerseits in einer Opposition zum aspektuell markierten perfektiven Präteritum, andererseits durch das semantische Merkmal „konstatierend“ in einer modalen Opposition zu Formen, die nicht mit einem Element im Prät. II gebildet werden.

Habituatives Präteritum

Das habituative Präteritum (*-ga-wəsa*) bezeichnet habituelle Handlungen, die Handlung liegt oft in der Vergangenheit. Oft tritt es in Verbindung mit einer Diskurspartikel (*-əmro, -ž*) auf.

> *su muṣ ütr'ū pəl pəzg'ā-wəs-əmro. su wəst'ī sət'ə čüry'ög ab'əg lig-wəs-əmro. su wəǯǯem'ī sət weričog-p'an məṣin'ig əd'ī oyug'ā-wəs-əmr'o* 27.1-2
>
> DER MANN BÄR WACHT GEHEN-PRT-HAB-3SG PT. DIE FRAU 7 KORB BROT MACHEN-PRT-HAB-F-3SG PT. DER MANN 7 TOPF POST MISCHSPEISE AUCH ESSEN-PRT-HAB-3SG PT
>
> Der Ehemann pflegte auf Bärenwacht zu gehen. Die Frau pflegte sieben Körbchen Brot zu machen. Der Mann pflegte auch Mischspeise in sieben Töpfchen zu essen.

Für das Verständnis der Erzählung ist wichtig, dass der Mann ein Bärenwächter ist, unabhängig davon, wann er tatsächlich diese Funktion ausübt, dass seine Frau ihm täglich das Essen zubereitet und dass er regelmäßig eine bestimmte Menge verzehrt. Es handelt sich also kontextgebunden um Charakterisierungen. Wenn Mandi über seine Mutter sagt:

> *əm nan atig 'ənčera astl'iz žičen išpig-wəžə* 100.91
>
> MEINE MUTTER EIN TAG 18 GEWAND NÄHEN-PRT-HAB-3SG PT
>
> Meine Mutter pflegte an einem Tag achtzehn Gewänder zu nähen.

---

[78] P.-A. MUMM: Retrospektiviät im Ṛgveda: Aorist und Perfekt. In: *Indogermanische Syntax. Fragen und Perspektiven,* hrsg. von H. Hettrich, Wiesbaden 2002, 163, vgl. E. TICHY: Vom indogermanischen Tempus/ Aspekt-System zum vedischen Zeitstufensystem. In: *Berthold Delbrück y la sintaxis indoeuropea hoy,* Madrid-Wiesbaden 1997, 589-609.

[79] MUMM ibid. 160. E. DAHL: *Time, Tense and Aspect in Early Vedic Grammar,* Leiden 2010, vertritt eine etwas abweichende Deutung, bestätigt aber grundsätzlich den “behauptenden” Charakter des Aorists und fügt Belege mit der Partikel *hí* hinzu, die unterstreicht, dass es sich bei der Äußerung dem Anspruch nach um geteiltes Wissen handelt (p. 282ff.).

so geht es primär darum, die über jedes menschliche Maß gehende Fähigkeit der Frau darzustellen.

su kür əstləg wurū at'ī kō wiptiga-wəsa A10.100
DER KNABE JENER BOGEN NEHMEN-CP SO AUSGEHEN-PRT-HAB-3SG PT
Der Knabe ging mit jenem Bogen so aus.

zeigt, dass der Knabe den eisernen Bogen immer mitnahm, dass er gewissermaßen durch diese Waffe charakterisiert wurde.

su ərǰ'ī lüšt su tigr'og lüšč ob'əg apl'īg-wəs-əmr'o 29.2
DAS REICH MÄDCHEN DAS ARM MÄDCHEN-OBL BROT GEBEN-PRT-HAB-F-3SG PT
Das reiche Mädchen pflegte dem armen Mädchen Brot zu geben (*ādat dāšt ki nān medād*).

verweist weniger auf die Tätigkeit des Brotgebens als vielmehr auf die Beziehung zwischen den beiden Mädchen.

Bābā Gurgur ənd'eš əpt'erwī t-arəga na wigā-wəž 25.55
B. G. MICH FÜRCHTEN-CP IN HAUS-ABL NEG HINAUSGEHEN-PRT-HAB-3SG PT
Baba Gurgur pflegte aus Angst vor mir doch nicht aus dem Haus zu gehen!

charakterisiert B. G. als Angsthasen. In diesem Beispiel tritt der Vergangenheitsbezug deutlich zurück gegenüber der modalen Eigenschaft der Typisierung, denn die Intention des Sprechers ist, B. G. in der Sprecher-Gegenwart als furchtsam zu charakterisieren. Auch die folgenden Beispiele beziehen sich auf die Sprechergegenwart oder sind zeitlich unbestimmt. Die Handlung ist jeweils typisch für den Handlungsträger:

əm ti-wer'ī na wūnjug'a-wəsċ-iž 28.4
MEIN IN WORT NEG HERSEHEN-PRT-HAB-2SG PT
Du gehorchtest (und gehorchst) mir (grundsätzlich) nicht.

kodyum lī lišig'ā-wəžə (P.)
ARBEIT MACHEN-CP BEGINNEN-PRT-HAB-3PL[80] PT
Sie arbeiten (gewöhnlich) schnell.

təməṣ'ī lišig'ā-wəž (P.)
ZÜRNEN-CP BEGINNEN-PRT-HAB-3PL PT
Sie geraten schnell in Zorn.

[80] *-wəžə* für **-wəst-ž(ə)*.

Im Vergleich mit dem ebenfalls charakterisierenden Präs. II fügt die Verwendung des Prät.-hab. noch eine konstatierende Komponente hinzu. Dies gilt für die genannten wie für die folgenden Beispiele. Die charakterisierende Feststellung muss sich nicht auf das Subjekt der Verbalhandlung, sie kann sich auch auf die Situation beziehen. Dies ist der Fall im folgenden Beleg: nicht der Schnee (*zəma*), sondern eine Jahreszeit oder Situation wird charakterisiert:

> *iznera zəm'a əskal sodg'a-wəs'aya üs'a na wuẓenig rē-s* B8.8
> WINTER SCHNEE VIEL FALLEN-PRT-HAB-3SG PT GRAS PT NEG FINDEN-INF PT-SEIN-3SG
> Da es im Winter stark zu schneien pflegt, ist Gras nicht (leicht) zu finden.

Im nächsten Beispiel bringt die Verbalform den Umstand zum Ausdruck, dass die Handlung des Bringens charakteristisch für eine nicht-nuristanische Bevölkerungsgruppe ist, die Aussage zielt aber weniger auf die Charakterisierung dieser Gruppe als auf die Versorgungssituation in Nuristan:

> *an'īna Sətrā-pāya sətrə oṣuwenig gəzg'ā-wəsta Sətr'ā-paya ilgīga-r'ē-səmš* C24.37
> TALAB-ABL PASHTUNE POST-ABL PASHTUNE VERKAUFEN-INF BRINGEN-PRT-HAB-3PL PASHTUNE POST-ABL KAUFEN-PRS II-PT-1PL
> (Wenn) von talab aus dem Pashtunen(gebiet) Pashtunen (Honig) zum Verkaufen zu bringen pfleg(t)en, kaufen wir ihn von den Pashtunen.

Auch im nächsten Beispiel ist Ziel der Charakterisierung nicht der Agens von *liga-wəsta* „sie sag(t)en". Das Zitat ist Teil einer Handlungsanweisung. Es geht um das Vorhandensein einer bestimmten Frau als Inhaberin eines Heilmittels, nicht um den Umstand, dass andere dieses Vorhandensein bezeugen:

> *Tüžüw'a t-šē atig wəst'ī so liga-wəsta* A10.375
> T. IN FELD EINE FRAU IST SAGEN-PRT-HAB-3PL PT
> Auf dem Tüžüwa-Feld ist (Präs.) eine Frau, pflegte man zu sagen/ sagt man (Prät.-hab.).

Wenn hier das habituative Präteritum verwendet wird, markiert es die entpersonalisierte gewohnheitsmäßige Rede von dieser Frau und verweist so darauf, dass deren Existenz an dieser Stelle nicht ein zufälliges, sondern ständiges Merkmal des genannten Ortes ist. Der Zeitbezug spielt keien Rolle. Ähnlich verhält es sich in den zwei folgenden Beispielen:

> *yüs oyəg'an na əzəŋga-wəsəm-ǰ* 53.17
> GRAS ESSEN-PRSP II-OBL-PL NEG KENNEN-PRT-HAB-1SG PT
> Ich kannte keine Gras-Esser.

sagt ein Yuṣ, als er auf seinem Territorium, das normalerweise für andere unzugänglich ist, einen Esel bemerkt. Der Yuṣ trifft eine Feststellung, charakterisiert wird nicht er selbst als Subjekt von „kennen", sondern sein Gebiet.

su küra Māndi tu-gul t-übüg nept'ī nešl'ī ozg'ā-wəsa A10.56
DAS KIND PT MANDI IN TAL IN FELSDACH TALABGEHEN-CP NIEDERSITZEN-CP BLEIBEN-PRT-HAB-3SG PT
Das Kind pflegte talab hinab unter ein Felsdach im Mandi-Tal zu gehen und dort zu sitzen.

Dass das Kind gewohnheitsmäßig an dieser Stelle sitzt, ist im Kontext der Erzählung wichtig, denn es handelt sich um den Gott Mandi. Dass der Knabe im „Mandi-Tal" von *weči* (Feen) gefunden und aufgezogen wird, verweist bereits auf seine göttliche Qualität und seine Beziehung zu diesem Ort. Damit ist die Tätigkeit des Sitzens unter einem bestimmten Felsdach mehr als zufällig, vielmehr ist damit eine Aussage ebenso über den Sitzenden verbunden als auch über die Lokalität.

Das habituative Präteritum wird also für charakterisierende Feststellungen verwendet, der Zeitbezug ist sekundär, das Merkmal „habituativ-charakterisierend" kann sich auf den Träger der Handlung, aber im Gegensatz zu charakterisierenden Aussagen im Präs. II auch auf die Satzaussage beziehen.

Präteritum	perfektiv, einfache Handlung in der Vergangenheit, typisches Erzähltempus der narrativen Texte von 1956
Präteritum II	Geschehen außerhalb der Haupthandlung oder ihr vorausgehend, Nachdruck, Bilanzieren, Inferenz
Prät.-Hab.	Gewohnheit, Charakterisierung, Feststellung

2.9.3.8 Perfekt

Perfekt (generell)

Das generelle Perfekt (*pəzog'əso/ lyog-la*) bezeichnet, unabhängig von der Textsorte, eine Handlung oder einen Vorgang in Hinblick auf dessen Resultat sowie den Zustand, der in der Sprecher-Gegenwart aufgrund der Handlung eingetreten ist, z. B.

siw'ušč wuster'og-la 8.27
SCHWESTER DÜRSTEN-PRF-3SG
Die Schwester hat Durst bekommen (hat Durst).

laptog'əsəm (P.)
HOCHGEHEN-PRF-1SG
Ich bin hochgestiegen (und noch oben).

əm muṣ atig baṣ lətr'ī gəzog-l'ayo 19.21
MEIN MANN EIN WUNDERBAR SACHE BRINGEN-PRF-3SG
Mein Mann hat ein wundersames Ding gebracht (dieses Ding ist jetzt hier).

əstləg wərǰəm'ī aċ'ī sur ütünyog'an wuẓ-gul-wasy'en tadba to-munǰ buṭog lī yās-ag gul lī tu-lust ablī büsċ'og-la A1.28
JENER MANN KOMMEN-CP GOTTESLAND FELD-OBL-PL 6 TAL PRASUN TADBA IN MITTE ANTEIL MACHEN-CP JE FÜR TAL MACHEN-CP IN HAND GEBEN-CP LASSEN-PRF-3SG
Jener Mann, nachdem er (aus Kabul zurück)gekommen war, hat die Gottesland-Felder unter den Sippen aufgeteilt und jedem der sechs Prasun-Dörfer (ein Stück) als Land übergeben (und das Land ist noch in deren Besitz).

Da das Perfekt einen gegenwärtigen oder zeitgleichen Sachverhalt bezeichnet, erscheint es oft im Komplement eines Verbs der Wahrnehmung, z. B.

piẽ kə̃ išč'a pəz'og aċ'ī ti-z'ī pyenjim'asa yē ḍōg arumon'īg wukṣ'ī aty'og-la 8.37
SOHN PFEIL SCHIEßEN-SUP GEHEN-PRTP KOMMEN-CP IN TÜR HINABSEHEN-PRS-3SG PT VATER MILCH WÄRMEN-INF HERZIEHEN-CP HINSTELLEN-PRF-3SG
Als der Sohn, (der) zum Pfeilschießen gegangen (war), kommt und in der Tür hinunterschaut, (sieht er): der Vater hat den Milchwärm(topf) hergenommen und aufgesetzt.

Das Perfekt wird verwendet, wenn der Erzähler eine Situation vergegenwärtigen will, deren Zustandekommen bereits erwähnt worden ist:

undo wəǰǰim'ena ity'og ḍug'o aply'og-la 10.5
DIE MÄNNER-OBL-PL PT GLEICH STOCK GEBEN-PRF-3SG
Er hat den Männern gleich(lange) Stöcke gegeben.

əstlə wuṣeg lüšty'en atig yüṣ pŏog na-la-'ī 69.46
JENE 6 TOCHTER-OBL-PL EIN YUṢ TRAGEN-NEG-PRF-3SG Q
Jene sechs Töchter hat doch ein Yuṣ mitgenommen.

Sowohl das Perfekt als auch das Prät. enthalten das den perfektiven Aspekt markierende Morphem *-og-*, beide stellen Handlungen als abgeschlossene Einheiten dar. In Passagen, wo sowohl das Perfekt als auch das Prät. verwendet werden, wird der Unterschied ihrer Verwendung deutlich. Im Perfekt wird die Handlung im Hinblick auf ihr - bereits eingetroffenes - Resultat ausgedrückt, im Präteritum steht die Handlung selbst im Mittelpunkt, und zwar auch dann, wenn durch Negation des Verbs die Handlung als eine dargestellt wird, die wider Erwarten oder entgegen der Behauptung nicht ausgeführt wurde:

üo ožnyog-lašo!...pse ožny'ogš? 11.5
DU TÖTEN-PRF-2SG ... WARUM TÖTEN-PRT-2SG
Du hast ihn getötet (= er ist tot, durch dich) ... Warum tötetest du ihn (= warum hast du diese Handlung vollzogen)?

„ī wəstˈīš unzˈū mülügˈair aplyˈog-lˈamo.“ ... *„undˈeš na wunjˈogso, išnˈī werˈī kolimˈaso.“* 9.11-12

DEINE FRAU-OBL ICH EDELSTEIN GEBEN-PRF-1SG ... MIR NEG MIR-GEBEN-PRT-3SG, FALSCH WORT SPRECHEN-PRS-3SG

„Ich habe deiner Frau den Edelstein gegeben (= sie hat ihn).“ ... „Mir gab er ihn nicht (= die Übergabe hat nicht stattgefunden), er lügt.“

Perfekt-Konstativ

Das Perf. const. verbindet die Funktionen von Perfekt und Prät. II: Gegenwart mit Bezug zur Vergangenheit sowie nachdrückliche Konstatierung. Das Perfekt const., gebildet mit dem Prät. II von „haben“, ist bei transitivem Verb homophon mit dem Plup.-const. (§2.9.3.9). Die Verben aller folgenden Beispiele sind transitiv, daher ist nicht ganz sicher, ob sie als Perfekt- oder als Plup.-Konstativ zu beurteilen sind.

goṭeš na nimog-laš-aməž! - nimog-lˈisəm-ǰə (P.)

KUH-OBL NEG MELKEN-PRF-2SG PT - MELKEN-PRF-CONST-1SG PT

Du hast ja die Kuh nicht gemolken! - Ich habe sie doch gemolken!

Auf die reine Informationsfrage (im Präteritum) erscheint die ohne besondere Emphase formulierte Antwort im Perfekt, die nachdrückliche, rechtfertigende Antwort auf die vorwurfsvolle Frage im Perf.-const.:

wuẓogš-ˈī? - wuẓog-lamo (P.)

MÄHEN-PRT-2SG Q - MÄHEN-PRF-1SG

Hast du gemäht? - (Ja), ich habe gemäht.

psē na wuẓogš? - wuẓog-lˈisəm! (P.)

WARUM NEG MÄHEN-PRT-2SG - MÄHEN-PRF-CONST-1SG

Warum hast du nicht gemäht? - Ich habe doch (längst) gemäht!

Perfekt-Habituativ

Nur ein Beleg liegt für die Verwendung des habituativen Perfekts vor. Es erscheint in einem Satz mit zwei Varianten, (a) mit dem generell-aktuellen Präteritum, (b) mit dem habituativen Perfekt:

(a) *əm kodyum abütyogəst-ˈamə̃* (P.)

MEIN ARBEIT ZURÜCKBLEIBEN-PRT-3PL PT

(b) *əm kodyum abütiga-wogəst-ˈamə̃*

MEIN ARBEIT ZURÜCKBLEIBEN-PRF-HAB-3PL PT

Beides soll heißen: „Meine Arbeiten sind leider zurückgeblieben (nicht vorangekommen)“, vgl. auch §4.3.8. Theoretisch wäre auch eine Interpretation „Meine Arbeiten haben zurückbleiben wollen, sind im Begriff gewesen zurückzubleiben“ (vgl. (§2.9.3.11 *-ga-w-/ -ig-w-: Absicht, Erwartung*) denkbar, aber semantisch erscheint dies nicht überzeugend. Möglich wäre aber die Deutung als Experiencer-

Konstruktion (§2.9.3.11 *-ga- in Experiencer-Konstruktionen*): „(Mir) sind meine Arbeiten zurückgeblieben.“ Mangels weiterer Beispiele kann man nur vermuten, dass im zweiten Fall eher eine charakterisierende Aussage vorliegt.

Perfekt-Suppositiv

Das suppositive Perfekt (P. *-og-gaso*, f. *-og-wigso*, I. m. *-og-waso*) erscheint in der Erzählung nicht außerhalb wörtlicher Rede. Man sollte erwarten, dass *-og-gaso* der Konstruktion mit intransitivem Verb vorbehalten ist, während die transitive Entsprechung *-og-ligaso/ -og-līgso* sein sollte, zusammengesetzt aus dem Part. Prät. und dem Präs. II von „haben“, entsprechend der Perfektbildung itr. mit „sein“, tr. mit „haben“. Tatsächlich gibt es diese Form, leider nur mit zwei Belegen:

amǰog-ligas-ē, f. *amǰog-līgs-ē* (P.)
TÖTEN (TR.)-PRF-SUPP-3SG Q
Hat er/ hat sie wohl getötet? (vgl. §2.9.3.3 zum Aorist Perfekt)

ožnyog-lyāsəm-ǰ, f. *ožnyog-ligsəmǰ* (I.)
TÖTEN (TR.)-PRF-SUPP-1SG PT
Ich (m./ f.) werde wohl getötet haben.

Abgesehen von diesen Beispielen erscheint *-og-gaso* aber nicht nur bei intransitivem Verb, z. B.

nyereg munǰ'er wog-rē-ga-so (D.)
WIEVIEL LEBENSZEIT WERDEN-PRF-SUPP-PT-3SG
Wie alt mag er sein?

əm yei tye-ptog-gasa (P.)
MEIN VATER WO GEHEN-PRF-SUPP-3SG PT
Wohin wird mein Vater wohl gegangen sein?

sondern auch bei transitivem Verb:

kodyum lyog-gaž - lyog-nā-gas-'ē (P.)
ARBEIT MACHEN-PRF-SUPP-3SG PT - TUN-PRF-SUPP-NEG-3SG
Hat er wohl gearbeitet? - Wird er wohl haben (= wahrscheinlich hat er gearbeitet, *albatta karda bāša*)!

unzu lyog-gāsəm-ǰ/ lyog-wīgsəm-ǰ, ipuṣog-lam-ǰ-(i)r'a (P.)
ICH TUN-PRF-SUPP-1SG PT/ TUN-PRF-SUPP-F-1SG PT, VERGESSEN-PRF-1SG PT PT
Ob ich (m./ f.) es wohl getan habe? Ich habe es vergessen.

üo lyog-gāsċ-əž/ lyog-wīgisċ-iž, ipuṣog-laš-ra
DU TUN-PRF-SUPP-2SG PT/ TUN-PRF-SUPP-F-2SG PT, VERGESSEN-PRF-2SG PT
Ob du (m./ f.) es getan hast? Du hast es vergessen.

iti'a büdüṣomga lyog-gam-ı 43.51
NUN PT RUHE-VERSCHAFFEN-PRSP II MACHEN-PRF-SUPP-1PL Q
Jetzt werden wir uns wohl Zufriedenheit verschafft haben?!

oyog-w'īgisċ-iž 100.80
ESSEN-PRF-SUPP-F-2SG PT
Du (f.) wirst wohl gegessen haben.

žeŋ aṣçog-pā-dī-rē-g'aso D24.5 (P.)
ižeŋ ašog-re-wa-s D 24.5 Fn. (I.)
ižeŋ ašog-pa-re-wa-s D 24.5 Fn. (I.)
SCHLANGE BEIßEN-PRF-SUPP-PT-(PT)-(PT)-3SG
Eine Schlange wird ihn möglicherweise gebissen haben.

ižeŋ ašog-re-wa-s (I.)
ašog-pa-re-was (I.)
SCHLANGE BEIßEN-PRF-SUPP-(PT)-PT-3SG
Hat dich denn die Schlange gebissen?

Wie diese Beispiele zeigen, wird das Perf.-supp. für eine Vermutung oder nicht sichere Aussage verwendet, der Bezug ist eine hinsichtlich ihrer Realität als unsicher beurteilte Situation der Sprecher-Gegenwart, die sich durch Vorgänge in der Vergangenheit ergeben hat. Beispiele für den Einsatz des Perf.-supp. sind etwa die Voraussage einer Situation, die sich jenseits des Erfahrungshorizonts der Sprecherin befindet, da es sich um den Weg zur Unterwelt handelt:

atig nīṣ woċog-gas'a 8.45
EINE SCHLUCHT LINKS-KOMMEN-PRF-SUPP-3SG PT
Links wird wohl eine Schlucht (gekommen) sein.

oder die rhetorische Frage:

ineš ks-wūnjog-w'asta 81.18 (I.)
MICH WER HERSEHEN-PRF-SUPP-3PL PT
Wer mag mich wohl gesehen haben?

oder die dem Sprecher selbst nicht glaubliche Deutung einer Wahrnehmung:

melig wareg ličog-gas-ei? 26.23
ONKEL HAUS HOCHGEHEN-PRF-SUPP-3SG Q
Hat sich etwa das Haus des Onkels erhoben?

Das Perf.-supp. wird verwendet, um eine Vermutung zu äußern (im folgenden Beispiel eine scheinbare Vermutung, denn in dem Text weiß der Sprecher, dass die Frau bereits tot ist):

> *ostomog-wigso, abyeptʹī az̩uz̩ʹu-ra* 33.7
> SCHLAFEN-PRF-SUPP-F-3SG, HINABGEHEN-CP SCHÜTTELN-IMP PT
> Sie wird wohl eingeschlafen sein, - geh hinunter und schüttele sie!

und es erscheint im Ausblick auf alternative Sachverhalte in der Zukunft:

> *wustʹī pog-gas-ei ba na pog-gas-ei pəznʹīg-lam* (P.)
> FRÜHLING GELANGEN-PRF-SUPP-3SG Q ODER NEG GELANGEN-PRF-SUPP-3SG Q GEHEN-FUT-SG
> Ob der Frühling gekommen sein wird oder nicht, ich werde gehen.

Der personalendungslose Perfekt-Suppositiv erscheint, wenn eine Situation unverständlich, überraschend oder anstößig ist (vgl. §4.1):

> *nan atig wedyʹogso. „iyʹa, nan atig wedyog-wʹīg-iž“ lyʹogo* 8.41
> MUTTER EIN LACHEN-PRT-3SG. „VATER, MUTTER EIN LACHEN-PRF-SUPP-F PT“ SAGEN-PRT-3SG
> Die Mutter lachte einmal. „Vater, die Mutter hat einmal gelacht“, sagte (der Sohn, der sich das Lachen nicht erklären kann).

Perfekt	vergangene Handlung im Hinblick auf das Resultat	
Perf.-const.		Bekräftigung
Perf.-supp.		Vermutung
Perf.-hab.		?

2.9.3.9 Plusquamperfekt

Plusquamperfekt (generell)

Das allgemeine Plup. bezeichnet in narrativen Kontexten Handlungen, die der erzählten Zeit vorausgehen. Oft erscheint ein Verb im Plup. als Zusatz, der einen noch nicht erwähnten, aber zum Verständnis nötigen, Umstand nachträglich mitteilt:

> *atig čin̩d̩ʹogš āw lārʹeg apʹı əstlʹə gəzʹog-law. su čin̩d̩ʹog-pan yei lustš aks̩ʹī amondog-lʹaw* 22.57-8
> EIN BALG-OBL WASSER HOCHFÜLLEN-PRTP AUCH DORT BRINGEN-PLUP-3SG. DER BALG POST VATER HAND-OBL ZIEHEN-CP BINDEN-PLUP-3SG
> [Der Bursche zog die Hose aus und legte sie dort hin (Prät.)]. Auch einen Ziegenbalg hatte er (mit) Wasser gefüllt und dorthin gebracht. An den Balg hatte er die Hand des Vaters gezogen und angebunden.

Oder etwas, was bereits erzählt worden ist, wird noch einmal präzisiert. Z. B. hatte der Erzähler bereits berichtet, dass Māndi gegen die Tür sprang, jetzt wird ergänzt, dass er es nur mit einem Bein getan hat, während er es anschließend mit beiden Beinen tut:

> *zĩ-pan taščoya atig ċā ṭə žalorˈogsēw* 54.55
> TÜR POST ZUERST EIN CLF BEIN TALAUFSPRINGEN-PLUP-3SG
> [Māndi erhob sich (Prät.).] Zuerst war er mit einem Bein gegen die Tür gesprungen.

Text 20 mit der Beschreibung einer Wanderung verwendet durchgängig das Plup., bis zur letzten Etappe des Weges, wo das Prät. erscheint:

> 20.1. Ich hatte mich das Waigal-Tal talauf gewandt. 2. Zuerst war ich talauf nach Want gelangt. 3. Mich umwendend, nach oben gewandt, war ich nach Kegəl hinaufgelangt. 4. Von dort mich erhebend, war ich in das obere Čümˈe(a) hinaufgelangt usw.

Da im letzten Abschnitt, bei der Ankunft in Paṣki, das Präteritum verwendet wird, könnte man hier von Vorvergangenheit für die Etappen des Weges sprechen, die der letzten Etappe vorausgehen.

In argumentativen Texten (wörtlicher Rede innerhalb einer Erzählung) wird das Plup. für eine Situation verwendet, die abgeschlossen ist, aber eine Auswirkung auf die Sprecher-Gegenwart hat:

> *əm bablˈug to-wučˈū wəstˈī-ta pəzˈogsest-ədī nˈa amač* 22.3
> MEIN BRUDER-PL IN REISE FRAU POST GEHEN-PLUP PT NEG KOMMEN-PRS-3PL PT
> Meine Brüder waren um Frauen (zu finden) auf Reisen gegangen und kommen nicht (zurück).

> *itˈī obˈüŋya skal ülozogsˈēsəmšo. itˈī obˈüŋya-wag zū̃ üū gˈasċo* 30.40
> NUN MORGEN SEHR HUNGERN-PLUP-1PL. NUN MORGEN FÜR FRÜHSTÜCK DU SEIN-PRS II-2SG
> Heute morgen waren wir sehr hungrig gewesen. Für heute morgen sollst du das Frühstück sein.

Der Gegensatz zur Verwendung des Perfekts scheint darin zu bestehen, dass das Perfekt den Blick auf das Resultat einer abgeschlossenen Handlung lenkt, das Plusquamperfekt dagegen einen Rückblick auf die abgeschlossene Handlung darstellt. Im folgenden Beispiel steht das Hintergrundgeschehen („ich war in I.") im Impf. oder Präteritum II, das Vordergrundgeschehen („ich wurde krank") im Plup. Hier kann das Plusquamperfekt nicht als vorzeitig gegenüber dem Imperfektiv/ Prät.-Satz verstanden werden, da die Krankheit während des Aufenthalts in I. auftrat. Aber auch hier geht es um einen Rückblick aus der Sprechergegenwart auf eine Situation der abgeschlossenen Vergangenheit:

> *unzˈū t-uṣpˈū sˈēsəm (wˈəsəm) byēz wogsēsəm* (P.)
> ICH IN IṢṬEWI SEIN-IMPF-1SG (PRT II-1SG) KRANK WERDEN-PLUP-1SG
> Als ich in I. war, bin ich krank geworden.

Das Plup. erscheint in der Protasis eines irrealen Konditionalsatzes, hier markiert durch *-ra(ya):*

əgal na aċogsē-rāya yüs na tikıyəgasēw (P.)
REGEN NEG KOMMEN-PLUP-3SG PT PT GRAS NEG FAULEN-IMPF-HAB-3SG
Wenn es nicht geregnet hätte, wäre das Gras nicht verfault/ würde nicht faulen.

lögen ožny'ogust. ašč'ei unz'ū dī pəzogs'ēsəm-ḍaya, ənd'eš dī ožnyog'asēst (für *ožnig'asēst?*) (P.)
BEIDE-OBL-PL TÖTEN-PRT-3PL. BEINAHE ICH AUCH GEHEN-PLUP-1SG PT PT MICH AUCH TÖTEN-IMPF-HAB-3PL
(Räuber) töteten die beiden (Männer, die ohne mich gegangen waren). Wenn auch ich beinahe gegangen wäre, hätten sie auch mich getötet.

Man könnte für das rätselhafte *ožnyog'asēst* anstelle des hier angenommenen Impf.-hab. *ožnigasēst* auch an eine Form *ožnyog-ga-sēst* denken. Diese Form wäre aber nicht nur der einzige Beleg für ein suppositives Plusquamperfekt, sondern auch der einzige Beleg für eine Suppositiv-Form in der Apodosis eines irrealen Konditionalgefüges.

Plusquamperfekt-Konstativ
Das konstative Plusquamperfekt (*pəzog-wəsa, lyog-lia*) erscheint in deskriptiven und argumentativen Textgattungen. Wie beim generellen Plusquamperfekt bezieht sich die Aussage auf einen abgeschlossenen Sachverhalt, wie bei anderen Formen des Modus constativus handelt es sich oft um Feststellungen:

su Wüšüt' Mār'eš īrē apı na wuṭolog-w'əsa. A11.16
DER KŠTÖKI MARA-OBL TANZHAUS AUCH NEG EINSTÜRZEN-PLUP-CONST-3SG PT
Auch der Māra-Tempel von Kštöki war nicht eingestürzt. [... Man machte ihn zu einer Moschee...].

sat'eg way'e mang ožn'a aščer'og na aċog-w'əsta 8.5
7 BRUDER MARKHOR TÖTEN-SUP WEGGEHEN-PRTP NEG KOMMEN-PLUP-CONST-3PL
[Sie kam (Prät.) nach Hause.] Die sieben Brüder waren zum Markhor-Töten weggegangen (und noch) nicht (zurück)gekommen.

Das Plup.-const. bezeichnet einen Vorgang, der zeitlich in der Vergangenheit oder in der Vorvergangenheit liegt:

üu aṭob'ī abzag-w'əsċ-iž! tena aċ'agəsċ? 99.34 (Z.)
DU UMKOMMEN GEHEN-PLUP-CONST-2SG PT WOHER KOMMEN-PRF-2SG
Du warst (doch) umgekommen und verschwunden! Woher bist du (zurück)gekommen? (Vorvergangenheit zu „kommen“)

miša sundūg-pan pyetꞌī t-əw pyesċog-lisimš-(ı)ži! uwo tenꞌā āmasꞌo? 33.59
IHN PT KISTE POST HINABTUN-CP IN WASSER HINABSCHICKEN-PLUP-CONST-1PL PT! ER WOHER KOMMT?
Den hatten wir (doch) in die Kiste hineingelegt und (in der Kiste) ins Wasser gelassen! Wo kommt er her?

alꞌā pušt-pan unzꞌa ‚üꞌū əsċ-ī' bꞌoma atig wəǰǰimꞌī pəgyꞌog-wəž 39.17
OBEN BETT POST ICH PT ‚DU BIST' PT DENKEN-ADV EIN MANN LIEGEN-PLUP-CONST-3SG PT
Als ich oben auf dem Bett dachte, ‚du bist es', hatte sich (dort) ein Mann hingelegt. (Vorvergangenheit zu „denken")

üo tꞌena aċog-wəsċ-ꞌī-rā? 8.32
WOHER KOMMEN-PLUP-CONST-2SG Q PT
[Als er hinsieht, saß (da) eine Frau: den Bauch angeschwollen, saß sie (da).] „Woher warst denn du gekommen?" [sagte der Mann.] (Vergangenheit zur Sprechergegenwart)

Das Plup.-const. wird zur nachdrücklichen Feststellung einer (vermeintlichen) Tatsache verwendet. Beim transitiven Verb ist das Plup.-const. nicht vom Perf.-const. zu unterscheiden, siehe §2.9.3.8, §2.4.3. Wahrscheinlich ist der funktionale Unterschied zwischen Plup.-const. und Perf.-const. ähnlich dem zwischen Plup. und Perf., d. h. das Plup.-const. lenkt den Blick eher auf die abgeschlossene Handlung in der Vergangenheit, das Perf.-const. eher auf das gegenwärtige Resultat der abgeschlossenen Handlung. Diese Vermutung wird gestützt durch die Verwendung des Plup.-const. (nicht des Perf.-const.) im folgenden Beispiel, wo das Resultat des Herabkommens für den Sprecher gar nicht vorliegt, da der „Vogel" sich versteckt hat:

atig ninj byēċag-wəž. te-bzꞌogso? 78.19
EIN VOGEL HERABKOMMEN-PLUP-CONST-3SG PT. WO GEHEN-PRT-3SG
Ein Vogel war (doch) herabgekommen. Wohin ging er?

und auch im folgenden Beleg, wo die Angesprochene Bumali ist, die den Gott Mara geheiratet hat, sich zur Zeit der Äußerung aber zu einem Besuch der Eltern in der Menschenwelt aufhält:

lužū to-mꞌunǰ tibzag-wəz-dī krək lig-na-sċ-ꞌi-ču 100.113 (Z.)
GOTT IN MITTE EINGEHEN-PLUP-CONST-2SG PT PT SO MACHEN-PRS II-F-NEG-2SG Q PT
Du warst (doch) unter die Götter eingegangen, und (deshalb) machst du es so.

Deshalb ist im nächsten Beispiel die Interpretation als Plup.-const. plausibler als die formal mögliche Deutung als Perf.-const., denn das leergefegte Dach ist zum Zeitpunkt der Äußerung nicht mehr vorhanden:

əm yē apı əgꞌəmša zəmꞌa āwəyꞌog-(ə)lī. A11.21
MEIN VATER AUCH DACH-OBL PT SCHNEE ABFEGEN-PLUP-CONST (?PRF-CONST)-3SG
Auch mein Vater hat (ja) Schnee vom Dach (des später eingestürzten Tempels) gefegt.

Für das Plup.-const. im folgenden Beispiel erhielt GB auf Nachfrage die Auskunft, statt *lyog-l'īsum* sei auch das generelle Plup. *lyog-l'āsəm* zulässig:

> *üo kodyum n'a ly'ogšo! - unz'ū kodyum lyog-l'īsum* (P.)
> DU ARBEIT NEG MACHEN-PRT-2SG - ICH ARBEIT MACHEN-PLUP-CONST-1SG
> Du arbeitetest nicht! - Doch, ich habe gearbeitet (= ich bin fertig)!

Plusquamperfekt-Habituativ
Das Plup. des Habituativs erscheint nur im folgenden Beispiel, deshalb ist keine weitere Beschreibung möglich:

> *ḍigər-pan aṭog-ga-wogs'ēsċa unz'ū üteš alċew'omo* (P.)
> SCHLECHT POST GERATEN-PLUP-HAB-2SG PT ICH DICH RETTEN-PRT-1SG
> Als du in eine schlechte Lage geraten warst, rettete ich dich.

<table>
<tr><td>Plup. Indikativ -og-sew/-og-lāw</td><td rowspan="3">Rückblick auf Vergangenheit, Vorvergangenheit</td><td>Protasis im irrealen Konditionalsatz</td></tr>
<tr><td>Plup. Hab. -og-ga-wog-sēw</td><td>?</td></tr>
<tr><td>Plup. Const. -og-wəsa/-og-lia</td><td>Konstatierung</td></tr>
</table>

2.9.3.10 Irrealis
Irreale Wünsche verwenden das Präsens II ohne Personalendung, z. B.

> *'üžnye əm nan əz'a wigi-dy'ē* (P.)
> FALLS MEINE MUTTER LEBENDIG SEIN-PRS II-F PT
> Wäre doch meine Mutter am Leben!

> *'üžnye əm yē əz'a ga-dy'ē* (P.)
> FALLS MEIN VATER LEBENDIG SEIN-PRS II PT
> Wäre doch mein Vater am Leben!

oder das Präsens II mit Personalendung, teilweise unter Verwendung der Partikel *tes* z. B.

> *krək lyāċ(i) tes* (I.)
> SO MACHEN-PRS II-2SG PT
> Würdest du doch tun/ Hättest du doch so gehandelt (*kāš ki mēkardī*)!

t'ēso krək liga-nā-ra-s-ē (P.)
PT SO MACHEN-PRS II-NEG-PT-3SG PT
Würde er doch tun/ Hätte er doch getan (*kāš ki ītūr mēkard*)!

krək lyās'iču (I.)/ *krək ligas'e-ču* (P.)
SO MACHEN-PRS II-3SG PT
Wenn er es doch so machte (*kāš ki ītūr mēkard*)!

in'eš oblyāċ(i) tes (I.)
MIR HER-GEBEN-PRS II-2SG PT
Dass du mir doch gäbest/ Hättest du mir doch gegeben (*kāš ki marā mēdādī*)!

Wird durch einen auf die Vergangenheit bezogenen Wunsch eine Kritik am Gesprächsparter ausgedrückt, so kann dies ebenfalls mit dem Präs. II ausgedrückt werden:

tāsig ašüaċ-əmrož 77.21
VORHER BEIßEN-PRS II-2SG PT
Du hättest ihn doch früher beißen sollen!, Hättest du ihn doch früher gebissen!

Während dieser Satz dreimal belegt ist, kommt im selben Text auch eine Variante mit dem Futur vor. Da diese Variante nur einmal erscheint, ist die Form möglicherweise nicht als generelles Futur *ašüŋ-laš*, sondern als Fut.-Imperfekt *ašüŋ-lāš* zu interpretieren (s. u. zum Fut.-Impf. in der Apodosis von Konditionalgefügen):

tāsig ašüŋ-laš-do 77.43
VORHER BEIßEN-FUT (FUT-IMPF?)-2SG PT
Du hättest ihn früher beißen sollen.

Am häufigsten erscheint der Irrealis im irrealen Konditionalgefüge und in Wunschsätzen. Es ist kein eigener Modus, sondern erscheint als eine Funktion verschiedener imperfektiver Verbalformen sowohl im Indikativ (Fut-Impf. *pəznīg-lāw*, Fut. const. *pəznig-lia*, Impf. *sew*) als auch im Habituativ (Imperf.-hab. *pəzgasew*), letztere Form ist bei weitem die häufigste, gefolgt vom Futur-Imperfekt.
Dieser Befund ist in Übereinstimmung mit LAZARD 2006, nach dem unter den Ausdrucksweisen des „counterfactual" am häufigsten der Typus ist, bei dem eine Verbalform aus einem „Irrealis"-Morphem und einem Vergangenheitsmorphem gebildet wird (z. B. französisch chante-r-ais „ich sänge, würde singen"), daneben auch der Typus vorkommt, bei dem eine imperfektive Vergangenheitsform die Funktion des Irrealis übernimmt (z. B. französisch chant-ais). Versteht man unter „Irrealis-Morphem" bzw. „morphème de virtuel", wie Lazard (2006 und 1998) es tut, auch Futur und Habituativ, so sind alle irrealen Prasun-Formen Spielarten des ersten Typus (*pəznig-lāw* = Fut. (Inf.) + Imperfekt, *pəznig-lia* = Fut. (Inf.) + Prät. II, *pəzga-sew* = Habituativ + Imperfekt).

Der Unterschied zwischen den verschiedenen Formen ist unklar. Von vornherein wäre zu erwarten, dass die Indikativ-Formen (Fut.-Impf. und Fut.-const.) sich auf eine bestimmte Situation beziehen. Tatsächlich lassen einige Beispiele diese Interpretation zu:

> *üo tāsˈig ičimnˈa krək na lyog-womayˈa unzū dī krək na linig-lˈisum* 42.91
> DU VORHER GESTERN-ABEND SO NEG TUN-PRTP-SEIN-ADV ICH AUCH SO NEG TUN-FUT-CONST-1SG
> Wenn du vorgestern abend dies nicht getan hättest, würde auch ich dies bestimmt nicht tun (in diesem Fall - unabhängig davon, was ich normaler- oder typischerweise tue).

> *rozˈa na woma oyiŋ-lasəm* (I.)
> FASTEN NEG SEIN-ADV ESSEN-FUT-IMPF-1SG
> Wäre nicht Fasten, würde ich (jetzt) essen (normalerweise esse ich, nur jetzt nicht).

Das letzte Beispiel hat eine Variante mit dem Impf. oder Impf.-hab. (in I. in der 1. Person Sg. m. nicht zu unterscheiden) anstelle des Fut.-Impf.:

> *rozˈa na woma oyˈasesum* (I.)
> FASTEN NEG SEIN-ADV ESSEN-IMPF-HAB-1SG
> Wäre nicht Fasten, würde ich essen.

Mit dem Impf.-hab. sollte theoretisch ein allgemein oder regelmäßig zutreffender Sachverhalt bezeichnet werden, so wie in

> *čaptˈī tikyˈē üpüčügˈasēsċ* 49.11 „du würdest (vor Menschen) sehr weit wegfliehen" = „du wärest (menschen)scheu"

Aber in anderen Fällen ist der Kontext für eine eindeutige Bestimmung nicht klar genug oder scheint gerade auf Situationsgebundenheit zu deuten:

> *arpan ā wi-ṭkoma unzˈū wuyuga-sēsum-ra* (P.)
> HIER WASSER SEIN-CP-BEENDEN-ADV ICH TRINKEN-IMPF-HAB-1SG PT
> Wenn hier Wasser wäre, würde ich trinken (kaum: ich wäre ein (Wasser)trinker, würde regelmäßig trinken?).

Eine zeitliche Unterscheidung zwischen Vergangenheits- und Nicht-Vergangenheitsbezug ist nicht erkennbar. Die Irrealis-Formen in den beiden folgenden Beispielen sind identisch, der Unterschied besteht nur im Einschub des Absolutivs *oyī* „gegessen habend":

unz'ū rọ̄z'a na atyog-l'āsəm-raya unzu asən-pan obəg oyinīg-lāsəm-ǰī/ oyugasēsəm-ǰī (P.)
ICH FASTEN NEG NEHMEN-PLUP-1SG PT PT ICH EUCH POST BROT ESSEN-FUT-IMPF-1SG PT/ ESSEN-IMPF-HAB-1SG
Wenn ich nicht Fasten aufgenommen hätte, würde ich bei euch essen (sagte der Sprecher vor dem Essen),

unz'ū rọ̄z'a na atyog-l'āsəm-raya, unz'ū apı əbəg oyī lāroinig-lāsəm-ǰī/ lārogasēsəm-ǰī (P.)
ICH FASTEN NEG NEHMEN-PLUP-1SG PT PT ICH AUCH BROT ESSEN-CP FÜLLEN-FUT-IMPF-1SG PT/ FÜLLEN-IMPF-HAB-1SG PT
Wenn ich nicht Fasten aufgenommen hätte, hätte ich, Brot gegessen habend, (mir den Bauch) gefüllt (sagte derselbe Sprecher nach dem Essen).

Die Tabelle zeigt alle belegten Kombinationen von Protasis (senkrecht) und Apodosis (waagerecht) im Konditionalgefüge an, z. B. ist die Konstruktion mit Plup. in der Protasis und Fut.-Impf. in der Apodosis belegt, nicht aber umgekehrt:

	Impf.-hab.	Impf.	Plup.	-oma	-ṭkoma	-og-woma	-og-oma	-ogi-ṭkoma
Impf.-hab.	x	x	x	x	x			x
Fut.-Impf.			x					
Fut.-const.						x		
Impf.				x?		x	x?	
Perf.							x?	

Es folgen weitere Beispiele irrealer Konditionalgefüge, und zwar
mit dem Impf.-hab. in der Apodosis

əm nan it'ī əz'a sē-raya əwaš gasēsəm (P.)
MEIN MUTTER NUN LEBENDIG SEIN-IMPF-3SG PT PT GLÜCKLICH SEIN-IMPF-HAB-1SG
Wenn meine Mutter am Leben wäre, wäre ich glücklich.

unz'ū ṭiŋ'ə l'āsəm-ḍaya ariš ilgig'asēsəm (P.)
ICH GELD HABEN-IMPF-1SG PT PT DEM-OBL KAUFEN-IMPF-HAB-1SG
Hätte ich Geld gehabt, hätte ich das gekauft.

ič'imna əndeš aneg nā atyog-l'an-dē məl'ig letr'ī tyena gəzgāsēsum 43.58
GESTERN-ABEND MIR FEUER NEG SETZEN-PRF-2PL PT DEM-PL DING WOHER BRINGEN-IMPF-HAB-1SG
Wenn ihr mir gestern abend nicht Feuer gelegt hättet, woher würde ich (jetzt) diese Dinge bringen?

üo əndeš c̣āligasēsċ unzu agasēsəm (P.)
DU MICH RUFEN-IMPF-HAB-2SG ICH KOMMEN-IMPF-HAB-1SG
Wenn du mich gerufen hättest, wäre ich gekommen.

su baz ičˈī šo na wˈi-ṭkomayˈa ti-bˈim biẓawasˈesumš 89.5
ART FLEISCH KNOCHEN SEELE NEG SEIN-CP-BEENDEN-ADV PT IN ERDE BEGRABEN-IMPF-HAB-1PL
Der Fleischklumpen, wenn (darin) nicht eine Seele wäre, begrüben wir ihn in der Erde.

ī kürˈog əzˈa wˈi-ṭkoma ari ityˈoga əzˈa bišlyˈasew 103.6
DEIN HUND LEBENDIG SEIN-CP-BEENDEN-ADV DEM WIE PT LEBENDIG NIEDER-SITZEN-IMPF-HAB-3SG
Wenn dein Hund am Leben wäre, säße er wie dieser lebendig da.

üˈū nikrˈī əm-pan apˈī kˈodyum lyog-lˈāšaya unzˈū atig ürˈog īpigˈasēsəm (P.)
DU FRÜHER POSS-1SG POST AUCH ARBEIT MACHEN-PLUP-2SG PT PT ICH EIN ÜROG BAUEN-IMPF-HAB-1SG
Wenn du mir früher geholfen hättest, hätte ich einen Kanal gebaut.

mit dem Fut.-Impf. in der Apodosis

əgal na aċogsē-rāya yüs na tikıyinig-lāw/ tikıyəgasēw (P.)
REGEN NEG KOMMEN-PLUP-3SG PT PT GRAS NEG FAULEN-FUT-IMPF-3SG/ FAULEN-IMPF-HAB-3SG
Wenn es nicht geregnet hätte, wäre das Gras nicht verfault/ würde nicht faulen.

wīš na oyog-lā-raya na omoin-lāw, itˈī omˈogso (P.)
GIFT NEG ESSEN-PLUP-3SG PT PT NEG STERBEN-FUT-IMPF-3SG, NUN STERBEN-PRT-3SG
Wenn er nicht Gift gegessen hätte (vgl. §1.4.3 zu *oyog-lā-* für *oyog-lāw*), wäre er nicht gestorben. Jetzt (aber) starb er.

əndˈeš wologsē-raya kodyum ṭkin-lāsəm (P.)
ICH-OBL SCHMERZEN-PLUP-3SG PT PT ARBEIT BEENDEN-FUT-IMPF-1SG
Wenn ich Schmerzen gehabt hätte, hätte ich aufgehört zu arbeiten.

üˈū əm-pan apī kˈodyum ligˈa-woma unzū atig ürog ipinig-lˈāsəm (P.)
DU POSS-1SG POST AUCH ARBEIT MACHEN-PRSP II-WERDEN-ADV ICH EIN KANAL BAUEN-FUT-IMPF-1SG
Wenn du mir helfen würdest, würde ich einen Kanal bauen/ hätte ich einen Kanal gebaut.

mit dem (seltenen) Impf. in der Apodosis (beide Beispiele mit dem Verbum „sein"):

unz'ū na sānj'ognī 'agəzī sanjog-wom'a čapt'ī lətr'ī s'ēsta 99.29
ICH NEG HINEINSEHEN-CP-NEG HERBRINGEN-CP HINEINSEHEN-PRTP-SEIN-ADV VIEL DING SEIN-IMPF-3PL PT
Wenn ich (die Säcke), ohne hineinzuschauen, gebracht und dann hineingeschaut hätte, wären viel (mehr) Dinge (darin).

su na omogsē-raya, ganda sē-ra (P.)
ER NEG STERBEN-PLUP-3SG PT PT, GUT SEIN-IMPF-3SG PT
Wenn er nicht gestorben wäre, das wäre gut. (Pers. Übersetzung: *kāš ki na mēmurd! xub mēbūd* „Wäre er doch nicht gestorben! Das wäre gut.)

und mit einem überraschenden Perfekt in der Apodosis:

am dary'ū sal'ī wuyog'oma zər iċəpog-la-ǰ'ə 90.41
MEIN PULVER HINEINTUN-CP HERSCHIEẞEN-PRT-ADV HERZ ZERREIẞEN-PRF-3SG PT
Wenn ihr mein Pulver hineingetan und auf mich geschossen hättet, hätte es (mir) das Herz zerrissen.

Dieses letzte Beispiel mit einem sonst nirgends in dieser Stellung belegbaren Perfekt in der Apodosis scheint dem Typus[81] „context and/or the presence of a morpheme meaning ‚if' and a protasis" zum Ausdruck des Irrealis zu entsprechen, wobei hier das subordinierende Morphem *-oma* als Marker für den konditionalen „wenn"-Satz fungiert. Eine andere Möglichkeit wäre die Deutung von *la* nicht als Präsens, sondern als Imperfekt von „haben" (für: *lāw*). Wenn außerdem *iċəpog-la* nicht als Perfekt bzw. Plusquamperfekt aufgefasst wird, sondern als Konstruktion aus Partizip Prät. und „haben" (§2.5.1.2) zum Ausdruck einer unwillkürlichen Erfahrung, so entspräche *la (= *lā(w))* im irrealien Konditionalgefüge dem Muster mit Imperfekt in der Apodosis. Für „haben" wäre in dem Fall allerdings die erste Person zu erwarten: **zər iċəpog lām-ǰ'ə*, genau das würde aber zugleich eine phonetische Unregelmäßigkeit beseitigen, vgl. §4.3.34. Bei gleicher Übersetzung wäre der Text demnach wie folgt zu glossieren:

am dary'ū sal'ī wuyog'oma zər iċəpog la(m)-ǰ'ə 90.41
MEIN PULVER HINEINTUN-CP HERSCHIEẞEN-PRT-ADV HERZ ZERREIẞEN-PRTP HABEN-IMPF-1SG PT

2.9.3.11 Weitere Formen mit dem Morphem *ga/ ig* (Habituativ)

***-ga/ -ig:* Aufforderung**

Bereits erwähnt wurde die Verwendung des Präs. II zum Ausdruck von Wünschen, siehe §2.9.3.4. Zu irrealen Wünschen siehe §2.9.3.10. Außer dem finiten Verb im Präs. II dienen auch personalendungslose, genus-indifferente Formen, homophon mit dem Imperativ II (§2.4.2) und dem Präsenspartizip II (§2.5.1.1), zum Ausdruck eines Wunsches oder einer Aufforderung sowie mit

---

[81] LAZARD 2006, 61.

bestimmten Hilfsverben zur Erklärung einer Absicht. Der einfache Präsens II-Stamm (= Part. Präs. II m.) erscheint in einem alten Lied:

> *kīċa woriga, göṣ kiċa w'origa, məṣala woriga* 72.1
> HAAR-VOC WACHSEN-PRSP II, ZIEGENBOCK HAAR-VOC WACHSEN-PRSP II, SCHAFBOCK-VOC WACHSEN-PRSP II
> Haar, wachse! Haar der Ziegenböcke, wachse! Schafbock, wachse!

Gleichfalls in einem Lied aus vorislamischer Zeit stehen die beiden folgenden, annähernd gleichen Stellen mit der unklaren Form *šil'īgi:*

> *Kim'ēš ar'ī kol'īa: üu'a čpū wum'ū kuẓ'ū at'ī Kimē-ta tu-gul sašlī kō šil'īgi l'īa* A13.10
> KIME-OBL DEM SPRECHEN-PRT II-3SG: DU PT 4 NUSSBAUM CLF NEHMEN-CP KIME IN TAL RECHTS-SITZEN-CP SO SITZEN-*igī* SAGEN-PRT II-3SG
> Zu Kime sprach sie dies: „Du bleib mit vier Nussbäumen im Kime-ta-Tal sitzen!"

> *Kimē-ta tu-gul kō ašl'ī šil'īgi l'īa* A13.30
> K. IN TAL SO HINSITZEN-CP SITZEN-*igī* SAGEN-PRT II-3SG
> „Setz dich so ins Kime-ta-Tal und bleib (da)!", sagte sie.

Hier wird eine Göttin angesprochen, man könnte in der Form *šil'īgi* das Femininum zu dem Präs. II-Stamm *šiliga* vermuten, demnach *šilīg* Part. Präs. II f. und eine Partikel *-ī*. Mit *šil'īgi* muss eine weitere Verbform verglichen werden, ebenfalls in einer auffordernden Äußerung mit weiblicher Adressatin, diesmal in einem Prosatext von 1970. Die Mutter spricht ihre Tochter an:

> *aleptiš'a, al'əra aṣu'ē pyenjigī* A10.160
> OBEN HEIMLICH HINABSEHEN-*igī*
> Du sollst (ins Bett) hinaufgehen, dann schau oben heimlich hinab!

Ein dritter Beleg für eine Aufforderung an eine weibliche Person aus einer Erzählung des jungen Schmieds Rasul Khan zeigt die Endung *-ig*, ohne auslautenden Vokal, und ist damit gleichlautend mit dem Part. Präs. II f.:

> *əm-pan aċ'ig-ra* 35.16
> MEIN POST KOMMEN-*ig* PT
> Komm zu mir!

Denkbar wäre auch, die Formen auf *-igī* als Imperativ (gleichlautend mit der Wurzel) mit einer folgenden Partikel zu interpretieren. Die Diskurspartikel *-ig* ist in Verbindung mit dem Imperativ gut belegt, allerdings sonst nicht mit anschließendem *-ī* oder folgendem *-ra*. Für die Interpretation als Femininum eines Imperativs spricht aber auch, dass zwar der Imperativ *pyenj* „schau!" ebenso wie der Imperativ *aċ* „komm!" nachweisbar ist, als Imperativ von *šili-* „sitzen" jedoch nur *šilis* „sitz!"

belegt ist. Für die Deutung als Imperativ-*īg-ī* müsste folglich ein sonst nicht belegter Imperativ Sg. **šil(i)* vorausgesetzt werden. Obwohl die Formen wegen der unzureichenden Beleglage unklar bleiben, ist daher wahrscheinlicher, dass von einem Imperativ II mit dem Habituativ-Stamm auf m. *-ga*, f. *-ig* ausgegangen werden kann. Das *-ī* in A10.160 und A13 scheint eine Diskurspartikel zu sein, vermutlich identisch mit *-ē, -ei* nach dem Imperativ (§4.3.3).

***-ga li-*: Aufforderung**

Während die Beleglage für die Form des Imp. in Form des einfachen Habituativ-Stammes mit Genusunterscheidung *-ga/ -igi* sehr dünn ist, erscheint zum Ausdruck einer Aufforderung, mit Negation zum Ausdruck des Verbots, außerordentlich häufig mit zahlreichen Textbeispielen die Verbindung des Präs. II-Stammes mit *li-* („machen“, „sagen“).[82] In dieser Konstruktion wird das Femininum nicht markiert. Das Verb kann intransitiv oder transitiv sein, z. B.

> *alyega lim'aso* 25.15
> HOCHKOMMEN-PRSP II SAGEN-PRS-3SG
> Er fordert ihn auf, hochzukommen. (*alye-* itr.)

> *kī oyog'a lyogo su bab* 30.91
> SO ESSEN-PRSP II SAGEN-PRT-3SG DER BRUDER
> „So friss!“, sagte der Bruder. (*oi-* tr.)

Der Agens der angeordneten Verbalhandlung steht im Obliquus, z. B.

> *səčog'an pəzg'a ly'ogo* 10.7
> ALLE-OBL-PL GEHEN-PRSP II SAGEN-PRT-3SG
> Er befahl allen zu gehen.

Ebenfalls im Obliquus steht der Patiens der Verbalhandlung, z. B.

> *mir ban'igya way'eš orodg'a ly'ego* 9.35
> KÖNIG KLEIN BRUDER-OBL SCHLAGEN-PRSP II SAGEN-PRT-3SG
> Der König befahl den kleinen Bruder zu schlagen.

> *su əṣṭ'əg su wəst'īš ožnəg'a ly'ogo* 11.21
> DER RICHTER DIE FRAU-OBL TÖTEN-PRSP II SAGEN-PRT-3SG
> Der Richter befahl die Frau zu töten.

Werden Agens und Patiens genannt, so kann beides im Obliquus stehen:

[82] Es ist nicht möglich, hier eine Unterscheidung zwischen *li-* (1) „machen“ und li- (2) „sagen“ zu treffen.

kəṭīl'ugana osċ'ī Wuṣīt' wüš'ölugan oyug'a lī-rē A10.289
KORN-PL-OBL PT NUR PAṢKI JÜNGLING-PL-OBL ESSEN-PRSP II SAGEN-PRT II-3SG PT
Das Getreide gebot er nur den jungen Männern von Paṣki zu essen

Obligatorisch ist die Kasusmarkierung nur für den Agens der Handlung (belebt), nicht für das Objekt der Handlung, falls es sich nicht um eine Person handelt:

īm'əš səz'ə ipig'a l'īa A10.310
SCHMIED-OBL NADEL BAUEN-PRSP II SAGEN-PRT II-3SG
Er gebot dem Schmied, Nadeln zu machen

Der Unterschied zu finiten Aufforderungsformen liegt im Verzicht auf die morphologische Unterscheidung von Genus und Numerus. Das Verb endet auf *-ga*, auch für weibliche Adressaten und im Plural:

zī apıg'a ly'ogo 25.7
TÜR ÖFFNEN-PRSP II SAGEN-PRT-3SG
Er verlangte, dass sie die Tür öffnete.

abl'ī žopčig'a lego 100.42
GEBEN-CP TALAUFTRAGEN-PRSP II SAGEN-PRT-3SG
Er gab es ihr und befahl ihr, es talauf zu tragen.

əṣṭ'əg na wijəg'a lyogo 11.18
RICHTER NEG ABWERFEN-PRSP II SAGEN-PRT-3SG
Der Richter verbot ihr, (die Kleider) auszuziehen.

səčog'an pəzg'a ly'ogo 10.7
ALLE-OBL-PL GEHEN-PRSP II SAGEN-PRT-3SG
Er forderte alle auf zu gehen.

Die fehlende Unterscheidung von Merkmalen (Genus, Person, Numerus, Tempus etc.) bedeutet eine Abwertung der abhängigen Satzteile gegenüber dem sie regierenden Element, hier dem Verbum *li-*. Die semantische Folge ist die Hervorhebung des Befehlenden und der Verbalhandlung, die geringere Betonung des Befehlsempfängers und gegebenenfalls des Patiens.
Dass es sich nicht um indirekte Rede handelt, zeigt sich am Gebrauch der Personal- und Possessivpronomina, der in keiner Weise vom Gebrauch in direkter Rede abweicht.[83] Das folgende Beispiel aus einer Erzählung liegt in zwei Alternativen vor, mit dem Imperativ und mit der reduzierten Präs. II-Form. Die beiden Sätze unterscheiden sich ausschließlich durch die Form des Verbs:

[83] In der Übersetzung wird teilweise die indirekte Redeform verwendet, um das Fehlen der Personalendung zu verdeutlichen. Eine syntaktisch oder morphologisch markierte indirekte Rede gibt es jedoch im Prasun nicht.

(a) *əm lətrꞌī agəzgꞌā lyꞌogo* 45.5

MEIN SACHE HERBRINGEN-PRSP II SAGEN-PRT-3SG

(b) *əm lətrꞌī agəzꞌə lyꞌogo* 45.5

MEIN SACHE HERBRINGEN-IMP-SG SAGEN-PRT-3SG

Er sagte: „Hol meine Sachen!"/ Er forderte sie auf, seine Sachen zu holen.

Auch in den folgenden Beispielen steht das Pronomen in der Form, die wörtlicher Rede entspricht:

Bābā Gurgurš anjꞌī ī buṭꞌog pčigꞌa limꞌaso 25.42

B. G.-OBL ANSEHEN-CP DEIN ANTEIL TRAGEN-PRSP II SAGEN-PRS-3SG

Baba Gurgur fordert er auf, seinen Anteil fortzutragen.

(*ī buṭꞌog pčə/ pčigꞌasċ* „Trag deinen Anteil fort")

ꞌəm-ag obꞌəg ipigꞌa lyꞌogo su yuṣ, obəg ipꞌogust 34.14

MICH FÜR BROT MACHEN-PRSP II SAGEN-PRT-3SG DER YUṢ, BROT MACHEN-PRT-3PL

Der Yuṣ forderte sie auf, für ihn Essen zu machen, sie machten Essen.

(*ꞌəm-ag obꞌəg ipən* „Macht für mich Essen!")

əndeš „mir", mich" im folgenden Beispiel ist daher auch nicht als Bezeichnung der Sprecherin, sondern als Bezeichnung des heiratswilligen jungen Mannes zu verstehen:

əndꞌeš wəstꞌī agꞌa limꞌaso 6.5

Er fordert (mich) auf, seine Frau zu werden.

Finite und infinite Aufforderungen können innerhalb derselben Äußerung nebeneinander stehen:

əm gənder itꞌī üu atigꞌasċa, ī itꞌī əndꞌeš wupligꞌa lyꞌogo su kür 42.59

MEIN GROß MESSER DU NEHMEN-PRS II-2SG PT, DEIN MESSER MIR HERGEBEN-PRSP II SAGEN-PRT-3SG

„Nimm du mein großes Messer, dein Messer gib mir!", sagte der Knabe.

-ga-w-/ -ig-w-: Absicht, Erwartung

Die Verbindung von m. *-ga/* f. *-ig* und dem Hilfsverb *w-* drückt die Absicht oder den unmittelbar zu erwartenden Beginn der Handlung aus, z. B.

su mir t-ǭču pəzgꞌa-wogso 6.43

DER KÖNIG IN REISE GEHEN-PRSP II-WERDEN-PRT-3SG

Der König wollte auf Reisen gehen.

pəzga-wẹmo/ f. *pəzig-wimo* (P.)

GEHEN-PRSP II-WERDEN-AOR-1SG/ GEHEN-PRSP II-F-WERDEN-AOR-1SG

Ich möchte gehen (*dil-e man ba raftan ast*).

ü'ū əndeš na aṭogig-wom'a 30.74
DU MICH NEG ANTUN-PRSP II-F-WERDEN-ADV
wenn du mir nichts tun willst

əndeš oy'īg-wom'a ti-d'īs pyept'is-ra 30.91
MICH ESSEN-PRSP II-F-WERDEN-ADV IN TRUHE HINABGEHEN-IMP PT
Wenn du mich essen willst, geh in die Truhe!

unz'ū pəzg'a-wog-r'a-səm əndeš büsċuga ly'ogusto (P.)
ICH GEHEN-PRSP II-WERDEN-PRT-PT-1SG MICH BLEIBEN-PRSP II SAGEN-PRT-3PL
Als ich gehen wollte, forderten sie mich auf zu bleiben.

aċ'a-wost 94.12 (I.)
KOMMEN-PRSP II-WERDEN-PRT-3PL
Sie waren im Begriff zu kommen.

unz'ū apı pəzīg-wimisəm-ra (P.)
ICH AUCH GEHEN-PRSP-F-WERDEN-PRS-F-1SG PT
Auch ich will gehen.

Dieselbe Konstruktion im Präteritum (*-ga-w-*) wird zum Ausdruck einer als gewiss dargestellten Zukunft oder einer Prophezeiung verwendet:

üteš re əneš dī na wilisga-wogs-am. … unz'ū re üū dī aščorga-w'ogsumš 54.44-46
DICH UND MICH AUCH NEG LASSEN-PRSP II-WERDEN-PRT-3SG PT … ICH UND DU AUCH WEGGEHEN-PRSP-SEIN-PRT-1PL
Er wird dich und mich nicht entkommen lassen.... Ich und du, wir werden umkommen.

ebenso in der rhetorischen Frage

ps-wotga-wogso 36.13
WAS-NÜTZEN-PRSP II-WERDEN-PRT-3SG
Was wird es für einen Nutzen haben? (= es wird sicher nichts nützen)

Der Unterschied zu nominal gebrauchtem Partizip Präs. II + „werden“ lässt sich nur semantisch und aus dem Kontext bestimmen:

žešt ti-bim bilos'ī aptig'a-wogso A10.196
BULLE IN ERDE VERSINKEN-CP WEGGEHEN-PRSP II-SEIN-PRT-3SG
Der Bulle wird (gleich) ganz im Boden versinken (noch ist er sichtbar).

aber

səmiš-ag oyen'ig ob'əg ap'ī na wuẓog'a wogso 28.9
FÜR IHN ESSEN-INF BROT AUCH NEG FINDEN-PRSP II WERDEN-PRT-3SG
Er wurde einer, der nicht einmal Brot für sich zu essen fand (= er wurde bettelarm).

-ga woš-: vortäuschen
In Verbindung mit *woš-* „sich verwandeln" bezeichnet das habituative Präsenspartizip eine vermeintliche oder vorgetäuschte Tätigkeit:

pülig'a woš'ī 42.38
WEINEN-PRSP II SICH-VERWANDELN-CP
so getan habend, als weine er

mang-ta pəzg'ā woš'ī aw'iptī aṣunew'ogso 42.54
MARKHOR POST GEHEN-PRSP II SICH-VERWANDELN-CP AUSGEHEN-CP VERSTECKEN-PASS-PRT-3SG
Er tat, als ginge er auf Markhorjagd, ging hinaus und versteckte sich.

-ga- in Experiencer-Konstruktionen
Die Verbindung von m. *-ga* und dem Hilfsverb *w-* wird verwendet, wenn das Verb einen Vorgang bezeichnet, der die Rolle eines - genannten oder ungenannten - Experiencers oder Nutznießer voraussetzt, z. B.

əndeš əpterga-wom'a 30.76
MICH FÜRCHTEN-PRSP-SEIN-ADV
wenn du dich vor mir fürchtest (nicht: fürchten willst)

əm-ag əskal zir wulūg'a-wom'a 35.6
MEIN FÜR VIEL HERZ SCHMERZEN-PRSP-SEIN-ADV
da mir das Herz sehr betrübt ist (nicht: schmerzen will)

mü'ū ənd'eš na wuptig'a-woma 8.12
IHR MIR NEG GLAUBEN-PRSP II-SEIN-ADV
wenn ihr mir nicht glaubt (oder: nicht glauben wollt)

Die Verbindung von *-ga* (m., keine Genusunterscheidung) mit dem Verb „haben" bezeichnet ein aktuelles oder mögliches Geschehen, das die Rolle eines Experiencers einbezieht, vgl. auch §2.5.1.2 zu Experiencer-Konstruktionen mit dem Part. Prät. und „haben". Der Experiencer wird durch die Verbalendung markiert (vgl. §2.9.1 zum Experiencer beim Passiv), er kann zusätzlich durch eine postpositionale Konstruktion repräsentiert werden:

'ī-yag ps-asumtig'a-pu-laš'o 32.18
DEIN FÜR WAS ZUSTOßEN-PRSP II-PT-HABEN-PRS-2SG
was auch immer dir zustoßen mag

əm to-gul iče'a na acəg'a-lamo 71.17
MEIN IN LAND GAST PT NEG KOMMEN-PRSP II-HABEN-PRS-1SG
In meinem Land ist es nicht möglich, dass zu mir Gäste kommen/ Es ist nicht möglich, dass in mein Land Gäste kommen.

'ī-pan pepten'īg na wičug'a-lam 2.29
DEIN POST HINABGEHEN-INF NEG MÖGLICH-SEIN-PRSP II-HABEN-PRS-1SG
Mit dir hinuntergehen ist mir nicht möglich.

unz'ū īpuṣga-ligasəm-dyapa (P.)
ICH VERGESSEN-PRSP II-HABEN-PRS II-1SG PT
Ist es möglich, dass ich das vergesse?!

ari šiš'a w'ə-dī ozolg'a-liš-imrož - žim sēw-dī na ozolin-lāw (P.)
DIES GLAS SEIN-PRT II PT BRECHEN-PRSP II-HABEN-PRT II-2SG PT - EISEN SEIN-IMPF-3SG PT NEG BRECHEN- FUT-IMPF
Weil es Glas ist, zerbricht es dir leicht - wäre es Eisen, würde es nicht zerbrechen.

as'ə yei ožiniga-liš-imrož 28.74
UNS VATER TÖTEN-PRSP II-HABEN-PRT II-2SG PT
Es ist wahrscheinlich, dass dir zustößt, dass uns der Vater tötet = Deinetwegen tötet der Vater uns sicherlich.

Das Partizip bezeichnet körperliche Zustände oder Krankheiten, das Befallensein damit wird meist mit „haben“ ausgedrückt (vgl. auch §2.9.1 (4)d):

oplyaga Schwindel, *oplyaga la-* „(ein) Schwindel(gefühl) haben“ (*oplya(w)-* umrühren)
wulug'a „Wunde, Geschwür“, *wulug'a la-* „ein Geschwür haben“ (*wul-* schmerzen)
jī kičiga Migräne (*kič-* stechend schmerzen)

Ob in den Experiencer-Konstruktionen eine Genusunterscheidung (m. *-ga-w-*, *-ga la-* : f. **-ig-w*, **-ig la-*) gemacht wird, lässt sich aus den vorliegenden Belegen nicht erkennen.

-ga (li-)	Jussiv, Aufforderung, Wunsch
-ga-w-	Voluntativ, Absicht, Voraussage, Experiencer
-ga-la-	Wahrscheinlichkeit, Experiencer
-ga woš-	scheinbare Handlung

3.1 Direktes und indirektes Objekt

3.1.1 DOM - differentielle Objektmarkierung

Differentielle Objektmarkierung ist ein in den Sprachen der Welt weitverbreitetes Phänomen. Unter anderem findet es sich im Neuindoarischen,[84] im Türkischen und in zahlreichen iranischen Sprachen.[85] Es ist daher nicht verwunderlich, dass auch das Prasun die spezielle Markierung von Objekten unter bestimmten Bedingungen kennt.

Im Prasun werden direkte ebenso wie indirekte Objekte als OBL (Obliquus) markiert. Die Objektmarkierung lautet *-š* im Singular und *-an* (oft: *-en*) im Plural. Beide Morpheme gehen auf Genitiv-Endungen zurück, die im Prasun die Funktion eines Objekt-Markers angenommen haben. In diesem Kapitel wird versucht zu beschreiben, welche Voraussetzungen für eine Objektmarkierung bestehen, in welchen Fällen sie obligatorisch und in welchen Fällen sie optional ist.

Die DOM im Prasun ist nicht vom verbalen Kontext (z. B. von Tempus, Modus) abhängig. Bei einer zufälligen Sammlung von Daten fällt dagegen auf, dass NP, die Belebtes bezeichnen (86, davon 9 Tiere und 77 Menschen, Götter und Yuṣ), deutlich häufiger markiert werden als unbelebte NP (41, davon 5 als Personen behandelte sprechende Gegenstände, 6 Körperteile und körperliche Leiden).

Innerhalb der Kategorie der Nichtbelebtheit werden mit größerer Wahrscheinlichkeit Objekte markiert, wenn sie als Personen behandelt werden, z. B. wenn sie im Märchen sprechen und sich bewegen (-anim +pers) oder wenn es sich um Körperteile oder um Befindlichkeiten wie „Durst" oder „Wunde" (+corp) handelt. Tiere werden teilweise markiert, und zwar eher dann, wenn es sich um als Personen hervorgehobene Tiere handelt. Sie rangieren damit den Gegenständen gleich, die auch dann markiert werden, wenn sie als Person auftreten.

[+hum] > [+pers] > [+corp] > [+anim] > [-anim]

Es gibt also eine Hierarchie der Belebtheit, aber das Kriterium der Belebtheit allein reicht für eine Kasusmarkierung nicht aus. Ein wichtiges Kriterium ist Eindeutigkeit. Prasun ist grundsätzlich eine SOV-Sprache, aber die Wortstellung ist im einzelnen doch sehr frei. Manchmal kann durch die Wortstellung allein ein Missverständnis ausgeschlossen werden, wie im folgenden Beispiel:

> *atig kür pʹejega lʹego su purdʹī* 41.5
> EIN KIND HINABWERFEN-PRSP II SAGEN-PRT-3SG ART ALTE
> Die Alte forderte auf, ein Kind herabzuwerfen.

Andere Interpretationen (?Ein Kind forderte auf, die Alte herabzuwerfen, ?Ein Kind forderte die Alte auf, etwas herabzuwerfen) sind auszuschließen, weil in der *ga-li*-Konstruktion (§2.9.3.11) das direkte

---

[84] Z. B. Hindi, vgl. H. DE HOOP and Bh. NARASIMHAN: Differential Case-Marking in Hindi. In: *Competition and Variation in Natural Languages. The Case for Case.* Oxford 2005, 321-345, und A. MONTAUT: Saillance et antisaillance en hindi : du constituant de l'énoncé à l'énoncé saisi dans son ensemble. *Faits de langues*, 39: La saillance, ed. K. Haude und A. Montaut, Bern 2012, 83-100.

[85] BOSSONG 1985, zum Mitteliranischen zuletzt N. SIMS-WILLIAMS: Differential Object Marking in Bactrian. In: A. Korn u. a. (Hrsg.): *Topics in Iranian Linguistics.* Wiesbaden 2011, 23-38.

Objekt immer vor dem transitiven Verb steht. Sehr häufig wird aber erst durch die Kasusmarkierung eindeutig, ob ein Nomen/ eine NP Subjekt oder Objekt ist, z. B.

(a) *na wəskoz'ogo Mandiš*
NEG ERBLICKEN-PRT-3SG MANDI-OBL
(Er) sah Mandi nicht.

(a) *na wəskoz'ogo Mandi*
NEG ERBLICKEN-PRT-3SG MANDI
(Ihn) sah Mandi nicht.

Entfällt das Kasus-Morphem, wird der Satz missverständlich: eine Funktion der Objektmarkierung ist die Disambiguierung. Dies gilt auch bei ausdrücklicher Nennung des Agens:

su wərǰəm'īš iž'eŋ ṭə-pan oročin'ogso 77.13
ART MANN-OBL SCHLANGE FUß POST UMWICKELN-PASS-PRT-3SG
Die Schlange wand sich dem Mann um das Bein.
(Aber: *su wərǰəm'ī iž'eŋ ṭə-pan oročin'ogso* „Der Mann wand sich um das Bein der Schlange.")

su yā miš t-arəg aċ'ī nop'oe su w'əstīš miš byem … lī pul'o 74.42
ART VATER POSS IN HAUS KOMMEN-CP TALABGELANGEN-CP ART FRAU-OBL POSS GESCHICHTE … SAGEN-CP SPRECHEN-PRT-3SG
Nachdem der Vater in sein Haus gekommen und talab gelangt war, erzählte er der Frau seine Geschichte.
(Aber: *… su w'əstī miš byem ... lī pul'o* „… erzählte die Frau ihre Geschichte")

atig pam kür'eš m'ōstu ač'ego 69.42
EIN LAMM KIND-OBL ROTZ SCHMIEREN-PRT-3SG
Ein Lamm schmierte dem Kind Rotz auf.
(Aber: *atig pam kür m'ōstu ač'ego* „Ein Lamm schmierte Rotz des Kindes auf.").

Das indirekte Objekt in den beiden letzten Beispielen ist markiert, nicht aber das direkte Objekt. Der Grund ist, dass kein Disambiguierungs-Motiv vorliegt, denn *byem* „Geschichte" oder *mōstu* „Rotz" rangieren in der Belebtheitsskala weit unten und kommen daher als Agens weitaus weniger in Frage als „Kind" oder „Frau".
In den folgenden Beispielen wäre die Aussage auch ohne Kasusmorphem nicht missverständlich:

nazn'oŋī am lüštyen am lusta lümǰ'ü-ṭkom-'amiž 79.25
NEG WISSEN-CP-NEG POSS TOCHTER-OBL-PL POSS HAND-ABL SCHLACHTEN-CP-BEENDEN-PRT-1SG PT
Unverständig schlachtete ich ja meine Töchter mit eigener Hand ab.

yüṣlugan ob'eg oy'a çālyo 78.29
YUṢ-PL-OBL BROT ESSEN-SUP RUFEN-PRT-3SG
Er lud die Yuṣ zum Essen ein.

Hier dient die Markierung nicht der Disambiguierung, sondern dem Ausdruck von Vollständigkeit: „(alle) meine Töchter", „(all) die Yuṣ". Eine weitere Wirkung der Kasusmarkierung ist Identifizierbarkeit. Im folgenden Beispiel geht es nicht darum, dass der Mann drei Personen mit Brei bewirtet, sondern es handelt sich um einen bestimmten Brei, der in der Erzählung vorher genannt worden ist.

su muṣ omot'ogš tččög'en bity'ego 26.30
ART MANN BREI-OBL DREI-OBL-PL NIEDERSETZEN-PRT-3SG
Der Ehemann setzte den Brei den dreien vor.
(Aber: *su muṣ omot'og tččög'en bity'ego* Der Ehemann setzte den dreien Brei vor.)

Identifizierbarkeit und Vollständigkeit (inclusiveness) sind Merkmale von Definitheit.[86] Zwei semantisch motivierte Alternationen greifen also ineinander, die der Belebtheit und die der Definitheit. Innerhalb der Kategorie der Belebtheit (+anim) ist die Wahrscheinlichkeit der Markierung am größten, wenn es sich um Menschen und menschenähnliche Wesen (+hum) handelt. Damit ergibt sich das - nicht repräsentative (auf der Basis des zufällig gewählten Corpus entstandene) - folgende Schema zur Wahrscheinlichkeit von DOM:

	+def	-def
+anim	xxxxxxxx	xx
-anim	xxxx	xx

Aber nicht alle Fälle von DOM werden von den Kategorien Belebtheit und Definitheit abgedeckt. Im folgenden Beispiel ist die als OBL markierte Quelle (*wud'osig-š*) weder [+anim] noch ist sie [+def], weil vorher nicht erwähnt und auch aus dem Kontext nicht erschließbar.

əstləg (w)ərī-wag əpt'erī ā nune šily'āmo bī ž'īri-panya atig wud'osigš bim kuč'ī ostor'ī nogz'ī tu-g'uṭu lines'og-la 79.14
DEM DING FÜR FÜRCHTEN-CP WASSER OHNE SITZEN-PRS II-1SG DENKEN-CP TALAUF POST-ABL EIN QUELLE-OBL ERDE GRABEN-CP BEDECKEN-CP TALAB-BRINGEN-CP IN UNTER-HAUS HOCH-ERSCHEINEN-LASSEN-PRF-3SG
Deswegen, aus Furcht, weil er dachte: ‚ich werde wasserlos bleiben', hat er Erde aufgegraben und in einem unterirdischen Kanal von talauf eine Quelle talab gebracht und im Unter-Haus herauftreten lassen.

---

[86] Vgl. Christopher LYONS: *Definiteness.* Cambridge, CUP 1999, 15 und 274.

Sie hat aber die dritte Eigenschaft, die für DOM qualifiziert, nämlich Spezifität, d. h. es handelt sich um ein bestimmtes Element, das sich von den anderen Elementen derselben Gattung abhebt. Damit müssen drei voneinander unabhängige Kategorien in die Analyse von DOM einbezogen werden: Belebtheit, Definitheit und Spezifität. Es ergibt sich folgendes Schema:

	+def +spec	+def -spec	-def +spec	-def -spec
+hum	xxxxx	xx	x	
+pers	x			
Tiere	x			
-anim	xxx	x	x	

Obwohl die Häufigkeitsangaben auf der Basis einer zufälligen Sammlung entstanden sind, zeigt sich, dass weder Belebtheit, auch nicht [+hum], noch Definitheit noch Spezifität je für sich eine ausreichende Motivation für die Markierung eines Objekts ist. Voraussagbar ist jedoch, dass, wenn keine dieser Kategorien zutrifft, mit größter Wahrscheinlichkeit auch keine OBL-Markierung erfolgt. Zwei Arten von NP gibt es, bei denen implizit die drei Voraussetzungen [+hum], [+def] und [+spec] erfüllt sind, nämlich Personalpronomina und Eigennamen. Diese erscheinen als direktes oder indirektes Objekt regelmäßig mit der OBL-Markierung.

Wenn Demonstrativpronomina unbelebte Nomina ersetzen, sind die beiden Voraussetzungen [+def] und [+spec] erfüllt. Die Markierung ist nicht obligatorisch, vgl.

sumiš apčüd'ǖ atig çālyo 94.31
DEM-OBL SCHÜTTELN-CP EIN RUFEN-PRT-3SG
Er schwenkte es (= das Turbantuch) und rief einmal.

ari ī-yag obəg gəz'om 98.33
DEM-∅ DEIN FÜR BROT BRINGEN-PRT-1SG
Diese (Speise) brachte ich für dich als Essen.

Abgesehen von Eigennamen und Personalpronomen liegt in Prasun der „fluid"-Typus[87] der DOMarkierung vor, wo dieselbe Art von NP im selben Kontext nur optional mit dem Kasusmorphem markiert werden kann, die Markierung aber mit einen Bedeutungsunterschied gegenüber der unmarkierten NP verbunden ist. Der Bedeutungsunterschied wird in den Kategorien [def] und [spec] erzielt, d. h. diese Kategorien sind nicht die Bedingung, sondern die Folge der OBL-Markierung, und die Markierung liefert somit eine wichtige Information für den Hörer.

[87] DE HOOP und MALKHUKOV 2007, 1638.

Der Befund im Prasun bestätigt damit die Erkenntnisse über differentielle Objektmarkierung seit ihrer ersten systematischen Beschreibung vor über hundert Jahren[88]:

> „(3) The higher in prominence a direct object, the more likely it is to be overtly case-marked. The dimensions along which prominence is assessed include, and are perhaps limited to, animacy and definiteness.
>
> (4) a. Animacy scale: Human > Animate > Inanimate.
>
> b. Definiteness scale: Personal pronoun > Proper name > Definite NP > Indefinite specific NP > Non-specific NP.
>
> The relation between (3) and (4) is this: if in some language a direct object at some rank can be case-marked, then higher-ranked direct objects in that language can be case-marked, but not necessarily lower ranked ones."[89]

3.1.2 Direktes und indirektes Objekt: das Verb "geben"

Beim Verb (P.) √-pli (andere Dialekte √-bli) „geben"[90] unterliegt das direkte Objekt der DOM, ein unbelebtes Objekt bleibt in der Regel unmarkiert. Das indirekte Objekt kann auf unterschiedliche Weise kodiert werden. Das Richtungspräfix ist anscheinend obligatorisch, nicht dagegen ein Nomen oder Pronomen zur Bezeichnung des Benefiziärs. Ähnlich verhält es sich bei dem Verb *ali-* „geben" (z. B. A7.78, D18.12).

1. Richtungspräfix *wu-*, *awu-* (1. Person Sg. oder Pl.) oder *a-* (2. und 3. Person Sg. oder Pl.)

atig wām'i aplyog-(ə)lamšo čpū ċā wəzəl wupliga-rē-s D16.27
EIN SCHAF GEBEN-PRF-1PL 4 CLF SCHUH HER-GEBEN-PRS II-PT-3SG
Wenn wir ein Schaf gegeben haben, gibt er uns vier Paar Schuhe.

əm it'ī awuply'ū-ra 42.96
POSS-1SG MESSER HER-GEBEN-IMP PT
Gib mir mein Messer!
üo apī kodyum ligāsċ-əmrož dizgā apligā-(re)-s D27.3
DU AUCH ARBEIT MACHEN-PRS II-2SG PT SCHÖPFER GEBEN-PRS II-(PT)-3SG
Arbeite auch du, der Schöpfer wird dir (dann das Nötige) geben.

intig üs būt aliga-r'ē-səmš D16.8
JE-EIN *ÜS* MEHL GEBEN-PRS II-PT-1PL
Wir geben ihm je ein *üs* Mehl.

---

[88] A. THOMSON: Beiträge zur Kasuslehre IV. Über die Neubildung des Akkusativs. *Indogermanische Forschungen* 30, 1912, 65-79.

[89] J. AISSEN: Differential Object Marking: Iconicity vs. Economy. *Natural Language & Linguistic Theory* 21, 2003, 435-483, hier 436-7.

[90] Vgl. M. HASPELMATH: Ditransitive Constructions: The Verb 'Give'. DRYER & HASPELMATH 2013 (online http://wals.info/chapter/105, accessed on 2016-04-01.)

atig səz'ə aly'ẹmo A10.314
EIN NADEL GEBEN-AOR-1SG
Ich will ihr eine Nadel geben

2. Obliquus + *apli-* (2. und 3. Person), Obliquus + *wupli-* (1. Person)

əm lətr'en əndeš wuply'ū 45.4
MEIN SACHE OBL PL PRON OBL 1SG HERGEBEN IMP
Gib mir meine Sachen!

üteš ī ẓui aplig'a-re-sum 100.9
PRON-OBL-2SG POSS-2SG HAAR GEBEN-PRS II-PT-1SG
Ich werde dir dein Haar geben.

su göṣ səmiš apligāst A12.7
ART ZIEGENBOCK PRON-OBL-3SG GEBEN-PRS II-3PL
Sie geben ihm den Ziegenbock.

undōmišin əbəg aplinīg A3.51
PRON-OBL-3PL BROT GEBEN-INF
ihnen Essen zu geben

sumiš muṣ'eš ab'əg muṣ'it aplim'iso 19.3
POSS-3SG GATTE-OBL-SG BROT TEIG GEBEN-PRS-F-3SG
Sie gibt ihrem Mann als Brot (nur) Teig.

pāml'ugana su byēr wən'ī wəǰǰəm'īš apl'ī B9.4
BÖCKLEIN-PL-OBL PT ART ZIEGE HABEND MANN-OBL GEBEN-CP
die Jungböcke dem Ziegenbesitzer gegeben habend

mišin lətr'en atig purd'īš aply'ogust 45.1
POSS-3PL SACHE-OBL-PL EIN ALTE-OBL GEBEN-PRT-3PL
gaben ihre Sachen einer alten Frau

3. *-ag* „für" + *apli-* (nur einmal in der 3. Person belegt)

yās-wag ... atig sīra wuč'ō apliga-rē-səmš A3.40
JEDER FÜR ... EIN *SER* SCHMELZBUTTER GEBEN-PRS II-1PL
Wir geben für jeden (= jedem) ein *ser* Schmelzbutter

3.2 Satzarten

Die Wortstellung SOV gilt grundsätzlich für alle Satzarten. Die Satzarten werden unterschieden durch die Verwendung bestimmter Strukturmittel (Verbalform, Interrogativmorphem, Diskurspartikel, Intonation).

3.2.1 Aufforderungssatz

1. Person

Aufforderungen an die 1. Person stehen im Aorist (§2.9.3.3), auch im Futur (§2.9.3.6). Die Negation erfolgt mit *na*, z. B.

> *t-pust na loċ'ẹm-ra* 91.14
> IN BETT NEG HOCHKOMMEN-AOR-1SG PT
> Ich will nicht ins Bett kommen!

Ein Beispiel belegt den negierten Aorist in der Funktion eines Hortativs.[91] Vgl. unten zu negierten Aussagesätzen im Präs. II mit hortativer Funktion.

> *atig ob'əg na ablẹmš(i)-dī* 98.30
> EIN BROT NEG GEBEN-AOR-1PL PT
> Wir wollen doch eine Speisung veranstalten!

2. Person

Für an die 2. Person gerichtete Aufforderungssätze verwendet das Prasun verschiedene Formen des Imperativs (§2.4.2) sowie den Aorist (§2.9.3.3), zum Präs. II siehe unten zum Aussagesatz. In der Erzählung ist häufig die verkürzte Form der Aufforderung mit dem Partizip Präs. II auf *ga* und dem Verb *li-* (§2.9.3.11). Ein Aufforderungssatz kann semantisch Erstaunen oder Überraschung ausdrücken, hier handelt es sich illokutionär um eine expressive Äußerung:

> *anj'ẹž-dī ps-üčüm kodyum lyog-pu-la-dī wa* (I.)
> SEHEN-AOR-2SG PT WAS GUT WERK MACHEN-PRF-PT-3SG PT PT
> Schau an, wie gut er gearbeitet hat!

Eine besondere Form für die negative Aufforderung, also den Prohibitivsatz, gibt es nicht:

> *muṣ na əzn'ə* 24.17
> ZORN NEG KENNEN-IMP
> Zürne nicht!

[91] Möglicherweise ist das *-i* in *ablẹmš-i* als Interrogativmorphem zu bewerten: „Wollen wir nicht geben?“, vgl. die negierte Frage *az'an na ligam-ı* 28.75 „Sollen wir (etwa) nicht den Gebetsruf machen?“

Die negative Aufforderung ist in der 2. Person mit dem Imperativ und mit dem Präs. II belegt, auch mit der negierten Frage mit direktiver Kraft (s. u.), nicht aber (anders als für die 1. Person) mit dem Aorist.

3. Person

Der Jussiv wird durch den Aorist ausgedrückt, zum Präs. II s. u. (Aussagesatz und Fragesatz), z. B.

apt'ẹo 43.47
UMKOMMEN-AOR-3SG
Er soll umkommen!

3.2.2 Fragesatz

Fragesätze enthalten entweder ein Fragewort (wer? was? wie?) oder die Interrogativpartikel *-ī*.

3.2.2.1 Polare Fragesätze

Polare Fragesätze unterscheiden sich von Aussagesätzen durch das Affix *-ī* (Allomorphe *-ı, -i, -ē, -ei*), das ans Ende der VP tritt. Zwischen das finite Verb und die Fragepartikel oder hinter die Fragepartikel kann eine weitere Partikel treten (vgl. §4.3.18, 4.3.29).

atig kur'ī nās-ž-i 64.7
EIN KALB IST-NICHT PT Q
Ein Kalb ist nicht (hier)? (= hier ist doch ein Kalb?)

ženosog'a-na-rē-s-e 30.58
TALAUF-ERSCHEINEN-PRS II-NEG-PT-3SG Q[92]
Erscheint er nicht talauf?

üo t'ena aċog-wəsċ-'ī-rā 8.32
DU WOHER KOMMEN-PLUP-CONST-2SG Q PT
Woher warst du gekommen?

üo čig əznega-nā-ra-sċ-'ī 22.3
DU ETWAS WISSEN-PRS II-NEG-PT-2SG Q
Weißt du nicht etwas darüber?

Die Partikel *-ē, -ei* erscheint in Satzgefügen mit "oder" (siehe Beispiele §3.3.2). Wahrscheinlich handelt es sich auch hier um die Interrogativpartikel. Vgl. auch §4.3.3.

[92] Die außergewöhnliche Form des Verbs lässt sich mehrfach deuten: 1) Part. Prät. auf *-og* + Morphem *-a* + *na-re-s-e* „ist nicht?", 2) Lies *ženosog-g'a-na-re-s-e* Perf. supp. "mag er wohl nicht talauf erschienen sein?", 3) Lento-Aussprache für Präs. II *ženosg'a-na-re-s-e*. Lösung 3) wird hier der Vorzug gegeben.

Vor der Interrogativpartikel erscheint in der polaren Alternativfrage die reduzierte Form des Verbs ohne Personalendung:

> *üsük pily'ogs-ei? - üsük pily'og-ei ba na pily'og-ē, gul mār s-amə̃, üsük na skoznema-ra-so* (P.)
> LEUCHTEN-PRT-3SG Q - SONNE LEUCHTEN-PRT Q ODER NEG LEUCHTEN-PRT Q HIMMEL WOLKE SEIN-PRS-3SG PT SONNE NEG WAHRNEHMEN-PASS-PT-3SG
> Scheint (wörtlich: leuchtete auf) die Sonne? - Ob die Sonne scheint (**pily'ogs-*) oder nicht, der Himmel ist doch bewölkt, die Sonne ist nicht zu sehen.

Das Verb erscheint in der polaren Alternativfrage oft nur einmal, die Interrogativpartikel tritt an das negierte Verb „sein", mit oder ohne Personalendung, vgl. §3.3.2.

> *aẓoẓim'aso ba n'a-yē* 42.79
> ZITTERN-PRS-3SG ODER NEG Q
> Zittert (die Wiese) oder nicht? *(na-* für *nās(o))*

> *əw'eig wyenjogast-i ba nāst-ī* 94.28
> FENSTER HINAUSSEHEN-PRF-3PL Q ODER NICHT-SEIN-PRS-3PL Q
> Haben Fenster herausgeschaut oder nicht?

Zu Konstruktionen mit (indirekten) Alternativfragen „ob ... oder" vgl. auch Beispiele zu §4.3.28.
Die Interrogativpartikel tritt an ein Nomen in

> *'ī-yag pyör-'ē* 8.65
> DEIN FÜR GESCHENK Q
> Für dich ein Geschenk?

3.2.2.2 Fragen mit Interrogativum

Interrogativa (vgl. §2.2.5) sind *ps-, psə* „was", *ks-, ksə* „wer", *teš* „wessen", „was für ein", *nyo* „welcher", *te-* „wo", *teni* „wo", „wohin", *tena* „woher", *n(y)er'əg* „wieviel", *imō* „wann". Ein Interrogativum kann als Verbalstamm fungieren, z. B. *tem'iso* „wohin geht sie" von *te-* „wohin-(geh)en", *psēmasċ* „was machst du?" von *pse-* „was-(mach)en".

Neben den einfachen Fragewörtern wie *ps-* „was" gibt es erweiterte Interrogativadverbien wie *ps-ag* „für was" = „wozu", „warum", *pselī* „was-gemacht-habend" = „wie?", *psēwī* „was-geworden-seiend" = „warum?", *ps-pan* „in/ auf/ bei was?", *ty'e-buċ* „wo Richtung" = „wo(hin)", *teni ṭ'ā-pana* „von wo am Ort" = „woher?", *t'e-pčinig* „wo-zu-tragen" = „wozu?"

Das Interrogativum steht vor dem finiten Verb (oder der reduzierten Form ohne Personalendung):

> *ps-oy'og-laš* 1.4
> WAS ESSEN-PRF-2SG
> Was hast du gegessen?

üt'eš se-lig-r'a-sum 65.18
DIR WAS TUN-PRS II-F-PT-1SG
Was soll ich dir tun?

... ps-ċo 7.6
WAS SEIN-PRS-3SG
Was ist ...?

ps-kol(i)m'a 30.65
WAS SPRECHEN-PRS
Was sprichst du?

Das Interrogativum steht vor einem Verbalnomen (Adverbiale), z. B.

ps-koly'o am'asċ 43.33
WAS SPRECHEN-ADV KOMMEN-PRS-2SG
Was sprechend kommst du?

Zwischen Interrogativum und Verb steht ein Nomen oder ein Adverbiale, auch das Negativum *na:*

psēi gōn isċimisċ'a 19.11
WARUM FURZ AUSSCHICKEN-PRS-2SG PT
Warum furzt du?

psei ob'əg-pan iš petyoċema-ra-sc 22.45
WARUM BROT POST MUND HINABSTELLEN-ITER-PRS-PT-2SG
Warum stellst du den Mund (= warum beugst du dich) immer aufs Essen hinunter?

pse na wuptig'am 8.26
WARUM NEG GLAUBEN-PRS II-1PL
Warum sollen wir nicht glauben?

pse na wol'ogne al 'ānig-el'aš 2.15
WARUM NEG KÖNNEN-CP-NEG HIER KOMMEN-FUT-2SG
Warum wirst du, ohne (etwas ausrichten) zu können, herkommen?

Das Interrogativum steht vor einem Nomen, vgl. §2.2.5:

ps-wer'ī so 6.37
WAS DING SEIN-PRS-3SG
Was ist los?

ps-kodyum laš 18.22
WAS ARBEIT HABEN-PRS-2SG
Was ist dein Anliegen?

ps-bem gəzn'īg-lam 6.42
WAS GESCHICHTE BRINGEN-FUT-1SG
Was soll ich erzählen?

3.2.2.3 Funktion

Die Frage dient im allgemeinen der Informationsgewinnung.
Die Frage hat expressive illokutive Kraft in Willkommensformeln, z. B.

(üščüm'oga) aċ'ogosċ-ī 2.46, *tīpogəsċ-ī* 6.9, *nyepogəsċ-'ī* 7.2, *nopogsn-'ı* 32.13

mit Negativum in der rhetorischen Frage (vgl. §3.2.1 zu Text 98.30), z. B.

atig mir so lī asə az'an na ligam-ı 28.75
EIN KÖNIG SEIN-PRS-3SG SAGEN-CP GEBETSRUF NEG MACHEN-PRS II-1PL Q
Sollen wir, weil ein König da ist, (etwa) nicht den Gebetsruf machen?

im Wunsch

lema, na s-'ē-ra 98.30
GUT NEG SEIN-PRS-3SG Q PT
Gut, so soll es sein!

und mit infigiertem Negativum im irrealen Wunsch, z. B.

t'ēso krək liga-nā-ra-s-ē (P.)
PT SO MACHEN-PRS II-NEG-PT-3SG Q
Würde er doch tun/ Hätte er doch getan (*kāš ki ītūr mēkard*)!

Die negierte Frage kann die Kraft als Behauptung oder Deklaration verwendet werden:

i-yəg pyör m'uri na w'ogust-iču 65.52
DEIN FÜR GESCHENK DEM-PL NEG WERDEN-PRT-3PL PT
Wurden diese für dich etwa nicht zum Geschenk? (= die schenke ich dir!)

Die Frage mit dem infigierten Negativum hat die illokutionäre Kraft einer Behauptung (assertion):

unz'ū ožnyog-na-lam'ı 22.43
ICH TÖTEN-PRF-NEG-1SG
Ich habe getötet!

lužũ to-m'unǰ tibzag-wəz-dī krək lig-na-sċ-'i-ču 100.113 (Z.)
GOTT IN MITTE EINGEHEN-PLUP-CONST-2SG PT PT SO MACHEN-PRS II-F-NEG-2SG Q PT
Du warst unter die Götter eingegangen, (deshalb) machst du es (doch) so.

əstlə ščöli w'ərī-pan at'ī tē-s-ro xud'ā ċā-ḍam ablya-na-r'a-s-ē 89.8
DEM WAHR WORT POST NEHMEN-CP WO-SEIN-PRS-3SG PT GOTT ÄSTE GEBEN-PRS II-NEG-PT-3SG Q
Dann wird um der wahren Rede willen Gott ihm sicherlich irgendwo Gliedmaßen geben.

wəǰǰəm'ī aga-na-re-st-e 42.63
MENSCH KOMMEN-PRS II-NEG-PT-3PL Q
Da kommen doch Menschen!

Die Frage mit infigiertem Negativum hat die illokutive Kraft einer Aufforderung, z. B.

pəzga-na-m-'ı - pəzga-na-sən-'ı 8.63
GEHEN-PRS II-NEG-1PL Q - GEHEN-PRS II-NEG-2PL Q
„Wir wollen gehen“ - „Geht nur!“ (Abschiedsformel)

aplig'a-na-re-sn-'ı 33.21
GEBEN-PRS II-NEG-PT-2PL Q
Gebt doch!

ẓuŋul'eig atig čpig-nā-sċ-'ı 32.20
GLÖCKCHEN EIN TÖNEN-LASSEN-PRS II-F-NEG-2SG Q
Läute doch einmal das Glöckchen!

'as-ag ps-wuplinig-pu-laš'o ī lust'a wupliga-na-sċ-'ī 21.26
UNSER FÜR WAS HERGEBEN-FUT-PT-2SG DEIN HAND-ABL HERGEBEN-PRS II-NEG-2SG Q
Gib uns selbst, was du uns geben willst!

war'egš wakoṣg'a lig-na-sċ-'e-ra 29.28
HAUS-OBL FEGEN-PRSP II SAGEN-PRS II-F-NEG-2SG Q PT
Sag doch, dass ich das Haus fegen soll!

Zusammen mit dem freien Negativum fungiert die Frage mit infigiertem Negativum als Prohibitiv:

ī tam na pulig-na-sċ-'ī 32.35
DEIN LÜGE NEG SPRECHEN-PRS II-F-NEG-2SG Q
Lüg doch nicht!

3.2.3 Ausrufesatz

Syntaktisch unterscheiden sich Ausrufesätze im Prasun nicht von Aussage- oder Aufforderungssätzen. Ein Ausrufesatz mit dem Fragedeterminativ *ps-* „was" wird gebildet in

lāl ā bülyog'a ps-opožog wī bülyog'a-pa-s'o (P.)
OBEN WASSER HINABTUN-PRSP II WAS SCHÖN WERDEN-CP HINABTUN-PRS II-PT-3SG
Wie schön oben der Wasserfall herabfließt!

anj'ẹž-dī ps-üčüm kodyum lyog-pu-lam(-dī) (I.)
SEHEN-AOR-2SG PT WAS GUT WERK MACHEN-PRF-PT-1SG (PT)
Sieh an, was für gute Arbeit ich geleistet habe!

Ein Wunschsatz (positiv oder negativ) steht im Aorist (§2.9.3.3) oder im Präs. II (§2.9.3.4), vgl. oben zu Aufforderungssätzen. In einem irrealen Wunsch wird das habituative Imperfekt (§2.9.3.5) oder das Präsens II verwendet (§2.9.3.10) oder das Plusquamperfekt:

su na omogsē-raya (P.)
PRN NEG STERBEN-PLUP-3SG PT PT
Wäre er doch nicht gestorben! (Pers. *kāš ki na mēmurd*)

Zu Exklamativsätzen mit der Partikel *-apa* siehe §4.3.14. Für Flüche wird in den folgenden Beispielen (beide im Dialekt von I.) der Imperativ verwendet:

miš lo lekṣe 98.18 „Reiß seine Wurzel aus!"
sən wəz'ag oy'əs 98.41 „Friss den Ärmel!"

3.2.4 Aussagesatz

Aussagesätze machen wahre oder falsche Aussagen über einen Sachverhalt. Der Wahrheitsgehalt bzw. die Haltung des Sprechers dazu wird durch die Wahl der Verbalform dargestellt.
Aussagen im Futur (§2.9.3.6) können die illokutive Kraft einer Aufforderung haben. Das Präs. II (§2.9.3.4) im Aussagesatz hat für die 2. und 3. Person direktive illokutive Kraft, z. B.

əm it'ī wuẓ'e w'omaya əndeš oz'a agasċ'a 42.60
MEIN MESSER SCHWARZ WERDEN-ADV MICH SUCHEN-SUP KOMMEN-PRS II-2SG PT
Falls mein Messer schwarz wird, komm mich suchen!

üo apī kodyum ligāsċ-əmrož D27.3
DU AUCH ARBEIT MACHEN-PRS II-2SG PT
Auch du sollst arbeiten!

al 'aċī pčiga-rē-sə 43.56
HIER KOMMEN-CP TRAGEN-PRS II-PT-3SG
Er soll herkommen und (die Sachen) holen!

Der Aussagesatz mit dem negierten Präsens II dient zum Ausdruck der Prohibition:

aləg z'īnig-pan na žayog'asċ 65.22
DEM TÜR POST NEG ABSICHTEN-HABEN-PRS II-2SG
Diese Tür rühr nicht an!

Aussagen mit dem infigierten Negativum im Präs. II werden zum Ausdruck des Hortativs gebraucht:

čig wuṣ'ū wuẓog'a-na-re-sum-'ə̄ bī 34.4
ETWAS MEDIZIN FINDEN-PRS II-NEG-PT-1SG PT DENKEN-CP
in dem Gedanken: ich will eine Medizin finden!

krək wul'ī kū lyẹš'a ašliga-na-sm-'iču 54.53
SO EHRENSTUHL MACHEN-AOR-2SG PT SITZEN-PRS II-NEG-1SG PT
Wenn du so einen Ehrenstuhl machst, werde ich mich bestimmt darauf setzen.

su mir wuply'oma liga-na-sm'a 34.53
DER KÖNIG HERGEBEN-ADV MACHEN-PRS II-NEG-1SG PT
Wenn der König sie mir gibt, nehme ich sie (zur Frau)!

Ein Aussagesatz hat die Funktion einer rhetorischen Frage, somit die illokutive Kraft einer (indirekten) Behauptung (des Gegenteils):

āw əd'ī anig aščün čar la-r'a ... žešt kur'ī gəzīnig čar la-r'a 64.13-14
WASSER AUCH FEUER ANHAFTEN-INF BRAUCH HABEN-PRS-3SG PT ... BULLE KALB BRINGEN-INF BRAUCH HABEN-PRS-3SG PT
Auch Wasser pflegt zu brennen? - Ein Bulle pflegt zu kalben? (Antwort: nein!)

gul niṭog'og-pan atig išīž'a aliptī āgāso na limastə-ra A10.190
TAL TALAB-ENDEN-PRTP POST EIN FAKE HOCHGEHEN-CP KOMMEN-PRS II-3SG NEG SAGEN-PRS-3P PT
Sagt man nicht, dass talab am äußersten Ende des Tals ein Falke (in die Oberwelt) hochkommt? (Antwort: doch!)

Aussagen können als illokutiver Akt expressiv sein, z. B.

ḍig'ər žiċ'en tümǰümasċ-'amiž 15.11
SCHLECHT KLEID ANZIEHEN-PRS-2SG PT
Du ziehst ja schlechte Kleidung an!

atig gəzogš-'amiž 25.57
EIN BRINGEN-PRT-2SG PT
Du hast ja nur einen gebracht!

3.3 Koordination

3.3.1 Koordination von NP

Mehrere NP können asyndetisch nebeneinander stehen (so auch MORGENSTIERNE 1949, 245), z. B.

lög wərj'ə lü yas'ə lekṣ'ī 8.51
BEIDE STRUMPFBAND ZWEI GÜRTEL HOCHZIEHEN-CP
ein Paar Strumpfbänder und zwei Gürtel (aus der Tasche) genommen habend

Sehr viel häufiger ist aber die Verbindung durch koordinierende Morpheme.[93] Die Konjunktion („und") mehrerer NP erfolgt durch die Junktoren *re* (vgl. §4.3.30), *dī* (vgl. §3.4.10, 4.3.20), *pan* (Postposition) und *apī* (Adverb „auch"). Die Disjunktion („oder") von zwei NP wird durch die Konjunktion *əndea* dargestellt, ein einziges Mal (B1.8, erzählt von Fazal, der in Kabul gelebt und überdurchschnittliche Persischkenntnisse hatte) auch durch das persische Lehnwort *yā*.
dī hat auch die Funktion eines Adverbs „auch", und zwar sowohl im Sinne einer Ausweitung („auch er (zusätzlich zu den anderen)") als auch im Sinne einer Verstärkung, vor allem mit Negation („auch ein bisschen verstehe ich es nicht", „nicht einmal ...."). Das Verb, das von einer Aufzählung mehrerer durch Konjunktion verbundener NP regiert wird, steht im Plural, vgl. §2.1.2. Die Markierung eines direkten oder indirekten Objekts (§3.1) kann an beide NP treten:

muṣeš rē muṣ way'eš dī ç̣āly'ogo 9.16
GATTE-OBL PT GATTE BRUDER-OBL PT RUFEN-PRT-3SG
Er rief den Ehemann und den Bruder des Ehemannes.

üšky'öban rē maṇḍ'agan rē ok'ı 8.24
EIDECHSE-PL-OBL PT FROSCH-PL-OBL PT SCHLAGEN-CP
Eidechsen und Frösche geschlagen habend

žištč rē way'eš əd'ī 13.7
GROßMUTTER-OBL PT GROßVATER-OBL PT
der Großmutter und dem Großvater

oder nur an eine, und zwar in der Regel die zweite, mit Gruppenflexion:

siw'ũ r'ē mülüg'airč əd'ī 9.5
GOLD PT EDELSTEIN-OBL PT
das Gold und den Edelstein

---

[93] Das Urteil von MORGENSTIERNE 1949, §138 „There is no copulative particle „and" ist nicht haltbar.

Im folgenden Beispiel wird nur das erste Element markiert, es ist aber möglich, dass in *üšpeš* Allegro-Aussprache für *üšpešč* vorliegt:

> *Bābā Gurgur mənš re üšpeš re lečinig na aporm'aso* 25.29
> B. G. SEIL-OBL PT AXT PT HOCHGEHEN-LASSEN NEG KÖNNEN-PRS-3SG
> Baba Gurgur kann weder das Seil (Obl.) noch die Axt (∅) hochheben.

Es folgt eine Zusammenstellung möglicher Konstruktionen zur Koordination von NP
(1) Mehrere NP werden mit dem Morphem *dī* verbunden. Das Morphem folgt auf die letzte NP (monosyndetisch, postpositional).

> *čpoeg Übüsü pəlē lög Piǰgir pəlē, atig Pənda pəlē dī* A7.130
> 4 Ü. P. BEIDE P. P. EIN P. P. PT
> Die vier Übüsü-pəlē, die beiden Piǰgir-pəlē und das eine Pənda-pəlē

(2) Zwei NP werden mit dem Morphem *-pan* (nach der ersten NP) verbunden (monosyndetisch, postpositional).

> *tčī piẽ-pan lög dar'ẹ̄ ast* 22.1
> 3 SOHN POST BEIDE EHEPAAR SEIN-PRS-3PL
> Es sind drei Söhne und zwei Eheleute.

(3) Zwei NP werden mit *apī* nach dem ersten Element verbunden (monosyndetisch, postpositional). Das zweite Element wird nur durch die Endung des Verbs ausgedrückt.

> *umū api pəzm'amo* (P.)
> PRN-3PL AUCH GEHEN-PRS-1PL
> Wir gehen mit ihnen.

> *əndō api pəzm'amo*
> PRN-3PL AUCH GEHEN-PRS-1PL
> Wir gehen mit ihnen.

(4) Zwei NP werden mit *apī* nach jedem der beiden Elemente verbunden (bisyndetisch, postpositional).

> *su nan ap'ı piẽ ap'ı yūṣ 'asto* 25.14
> ART MUTTER AUCH SOHN AUCH YUṢ SEIN-PRS-3PL
> Die Mutter und der Sohn sind Yuṣ.

(5) Das zweite Element erscheint erst im Nachklapp, nur auf dieses folgt *(a)pi:*

əm piẽ ... ob'üŋya pəzgā-r'e-st üo p'ı 6.29
MEIN SOHN ... MORGEN GEHEN-PRS II-PT-3PL DU AUCH
Meine Söhne ... sollen morgen gehen, (und) du auch (gehst mit).

(6) Zwei Adverbien werden mit *-dī* nach jedem der beiden Elemente verbunden (bisyndetisch, postpositional).

al'ī dī ab'ī di 76.11
OBEN PT UNTEN PT
oben und unten

(7) Zwei oder mehr NP werden mit *re* nach jedem Element verbunden (bi- oder polysyndetisch, postpositional).

ü'ū am yā re am nan re wəṣṭa pəgy'emaš 74.41
DU MEIN VATER PT MEIN MUTTER PT NACHTS SICH-HINLEGEN-ADV
wenn ihr, mein Vater und meine Mutter, nachts schlafen geht

lužūlug re yuṣlug re 75.20
GOTT-PL PT YUṢ-PL PT
Götter und Yuṣ

ẓuw'iš rē ṭu čobg'aš rē əpt'ergaso 25.2
FUCHS-OBL PT DONNER ERTÖNEN-PRSP II-OBL PT FÜRCHTEN-PRS II-3SG
Er fürchtet den Fuchs und den Donner.

teni pəz'oma re-st yei re nan re əndo wayelug re 43.57
WO GEHEN-ADV PT-SEIN-PRS-3PL VATER PT MUTTER PT ART BRUDER-PL PT
Wo werden sie sein, (die verstorbenen) Vater, Mutter und die Brüder?

üū re unz'ū re ī wəst'ī re atig-pan ṣügy'ẹmš-(i)r'e 89.6
DU PT ICH PT DEIN FRAU PT EIN POST SICH-VERSAMMELN-AOR-1PL PT
Wir, du und ich und deine Frau, wollen uns an einer (Stelle) versammeln.

(8) Die zweite NP folgt im Nachklapp:

sət wəǰǰəm'ī ast, sət wəst'ī rē A10.177
7 MANN SEIN-PRS-3PL 7 FRAU PT
Sieben Männer sind (da) und sieben Frauen.

(9) Mehrere NP werden mit *re* (nach jeder außer der letzten NP) und *-dī* (nach der letzten NP) verbunden (bi-, polysyndetisch, postpositional). Diese Konstruktion ist im Dialekt von P. sehr häufig.

wiṭig rē tadb'a ədya A3.6
WIṬIG PT TADBA PT PT
wiṭig und *tadba.*

su lüšt rē su nān ədī nā-rē A10.15
ART TOCHTER PT ART MUTTER AUCH NEG-SEIN-PRS PT
Mutter und Tochter sind nicht da (zu *nā-* s. §2.4.4.2).

undo melig wer'ī re ī wer'ī əd'ī ər'e-st 8.52
ART ONKEL WORT PT DEIN WORT AUCH PT-SEIN-PRS-3PL
Die Onkel werden sich mit dir unterhalten.

warəg rē yug'u dī əz'a asto 30.83
HAUS PT STALL PT HEIL SEIN-PRS-3PL
Haus und Stall sind wohlbehalten.

yuṣ re lužū əd'ī ṣigy'ogust 69.39
YUṢ PT GOTT PT SICH-SAMMELN-PRT-3PL
Yuṣ und Götter versammelten sich.

baz re timor'og re išiž əd'ī tak ončow'og 'ast 40.3
FLEISCH PT MEHLBREI PT IŠIŽ PT ID FÜLLEN-PRTP SEIN-PRS-3PL
Es ist voll von Fleisch, Mehlbrei und *išiž.*

tak om'ogust əndo ṣīl re ẓuw'ī re ütr'u re žut əd'ī 44.14
ID STERBEN-PRT-3PL ART WOLF PT FUCHS PT BÄR PT LEOPARD PT
Sie starben, der Wolf, der Fuchs, der Bär und der Leopard.

(10) Mehrere NP werden mit *-pan* (nach jeder außer der letzten NP) und *-dī* (nach der letzten NP) verbunden (bi-, polysyndetisch, postpositional).

y'ē-pan nan əd'ī w'əsta 8.1
VATER POST MUTTER PT SEIN-PRT II-3PL
Es waren ein Vater und eine Mutter.

lü wərj'ə-pan lü yas'ə əd'ī 8.57
2 STRUMPFBAND POST 2 GÜRTEL PT
die beiden Strumpfbänder und die beiden Gürtel

wəst'ī-pan weris'aṭš əd'ī lög 'erna 19.32
FRAU POST LIEBHABER-OBL PT BEIDE PERSON
beide, Frau und Liebhaber

ž'ešt-pan m'uš-pan gyöṣ əd'ī 66.9
BULLE POST SCHAFBOCK POST ZIEGENBOCK PT
Bullen, Schafböcke und Ziegenböcke

Ebenso mit *-panī* und *-dī:*

pəz'ogsto yuṣ-pan'ī Bābā Gurgur dī 25.22
GEHEN-PRT-3PL YUṢ POST B. G. PT
Sie gingen, der Yuṣ und Baba Gurgur.

(11) Zwei NP werden durch *-pan* (nach der ersten NP) und *re* (nach der letzten NP) verbunden (bisyndetisch, postpositional).

Düw'og piẽ-pan D'īsnī piẽ re 82.1
D. SOHN POST D. SOHN PT
Diwogs Sohn und Disnis Sohn

atig üš'ö-pan atig ḍuw'ī re aduṣ'ī 93.4
EIN JÜNGING POST EIN JUNGFRAU PT AUSWÄHLEN-CP
einen Jüngling und eine Jungfrau ausgewählt habend

(12) Zwei NP werden durch *-pan apī/ -pani apī* verbunden (bisyndetisch, postpositional):

ṣə-pani apī Külürwa atig kuri law 104.10
VIEH POST AUCH K. EIN KALB HABEN-IMPF-3SG
K. hatte Vieh und ein Kalb/ K. hatte außer (anderem) Vieh ein Kalb.

uwū-pan ap'i pəzmasmo (P.)
PRN POST AUCH GEHEN-PRS-1SG
Ich gehe mit ihm/ ihr.

(13) Zwei NP werden durch *-pan apī/ -pani apī* und *apī* verbunden (bisyndetisch, postpositional):

sumiš-pan ap'ī bəs'ī wuskoz'a wərǰəm'ī ap'ī 94.6
PRON-OBL POST AUCH TRAUM SEHEN-PRSP II MANN AUCH
er und ein Traumseher

so kuriš ap'ī tüsül'ū̃ miš ṣə-pan apī tak pčo 104.11
ART KALB-OBL AUCH EINREIHEN-CP POSS VIEH POST AUCH ID TRAGEN-PRT-3SG
Das Kalb, es eingereiht habend, und sein Vieh nahm er mit.

(14) Mehrere NP, von denen mindestens eine im Kontext zutreffend ist, werden durch den nicht-ausschließenden Disjunktor *andea* „oder" verbunden. *əndea* folgt auf jedes der beteiligten Elemente mit Ausnahme des letzten:

atig čam pkū əndēa atig tük'og čiṇḍog ənd'ēa atig pkul büzǖ D16.41
EIN FELL CLF ODER EIN HART BUTTERSACK ODER EIN ALT *BÜZÜ*
ein Fell oder einen harten Buttersack oder ein altes *büzü*

wuṣ byēr əndēa wuṣ wām'ī B10.10
6 ZIEGE ODER 6 SCHAF
sechs Ziegen oder sechs Schafe

umm'āməg əndēa üǰum'āməg C2.1 „Weizenbrot oder Hirsebrot"
ǰiŋn'ī ənd'ēa müčog'u B7.18 „lang oder kurz"

Wenn die Disjunktion ausschließend ist („entweder .... oder"), steht *əndea* vor jedem der beteiligten Elemente.

ənd'ē 'əṣṭa ənd'ē 'ənċera 32.18
ODER NACHT ODER TAG
ob nachts oder am Tage.

ənd'ēa ḍūg-pan ənd'ēa wuč'ō-pan pyǒl'ǖ C7.2
ODER MILCH POST ODER SCHMELZBUTTER POST HINABTUN-CP
entweder in Milch oder in Schmelzbutter getan habend

Mān-t-üny'og ajin'īg kəṭ'ea ənd'ēa üǰ'ǖ əndea wuz'ī ənd'ēa əẓag'ə ajiga-rē-st A9.1
MANDI IN FELD WERFEN-INF KORN ODER Ü.-HIRSE ODER GERSTE ODER Ǝ.-HIRSE WERFEN-PRS II-PT-3PL
Als Getreide zum Säen auf dem Māndi-Feld sät man entweder *üǰü*-Hirse oder Gerste oder *əẓagə*-Hirse.

(15) Die persische Disjunktion *yā* „oder" kommt nur in einem Beispiel von 1970 (von Fazal, der durch seinen Aufenthalt in Kabul recht gute Persischkenntnisse hatte) vor:

əm-'ag Səmanǰ pəl'ē yā Piǰgir pəl'ē wunos'ogso B1.8
POSS-1SG FÜR S. P. ODER P. P. HER-ERSCHEINEN-PRT-3SG
Mir wurde das Səmanǰ-*pəle* oder das Piǰgir-*pəle* zuteil.

3.3.2 Koordination von VP

Während MORGENSTIERNE (1949, §138) nur Beispiele verzeichnete, in denen „verbs are strung together without any ‚and'", bestätigen die vorliegenden Texte zwar, dass VP ohne entsprechende Markierung aufeinander folgen können, z. B.

ašč'ogso, al'eksego, bity'ego 32.48
SICH-ANHEFTEN-PRT-3SG HOCHZIEHEN-PRT-3SG HINABSTELLEN-PRT-3SG
(Die Truhe) gefiel ihr, sie zog sie hoch, sie stellte sie ab.

warəg pu-l'āy-ei na pu-l'āy-ei ṣū na lam (P.)
HAUS PT HABEN-IMPF-3SG Q NEG PT HABEN-IMPF-3SG Q KUNDE NEG HABEN-PRS-1SG
Ob er ein Haus hatte (oder) nicht, weiß ich nicht.

doch gibt es weitere Möglichkeiten, Verbalphrasen miteinander zu koordinieren, und zwar erstens durch Verwendung der Partizipialform und zweitens, sehr häufig, durch Verwendung von Koordinationsmarkern.

Die erste Möglichkeit ist die Verwendung des Partizips Prät. anstelle des finiten Verbs. Diese Konstruktion ist nicht eindeutig koordinierend, denn es sind mehrere Deutungen möglich: a) Subordination, b) Koordination, c) Relativsatz. Vgl. §3.5.2.

su wüš'ö atig psċul čī sakṣ'og atig psċul büz'ü tümǯ'og-law 22.41
DER BURSCHE EIN ALT HOSE ANZIEHEN-PRTP EIN ALT *BÜZÜ* ANZIEHEN-PLUP-3SG
a) ? Nachdem der Bursche eine alte Hose angezogen hatte, hatte er ein altes *büzü* angelegt.
b) Der Bursche hatte eine alte Hose angezogen (und) ein altes *büzü* angelegt.
c) ? Der Bursche, der eine alte Hose angezogen hatte, hatte ein altes *büzü* angelegt.

su sius pyöṭ'og an'egš wikoṣī-wukoṣ'o 98.17
DIE SCHWESTER HINABLANGEN-PRTP FEUER-OBL AUSEINANDERSCHARREN-PRT-3SG
a) Die Schwester, nachdem sie hinabgelangt hatte, scharrte das Feuer auseinander.
b) Die Schwester langte hinab und scharrte das Feuer auseinander.
c) ? Die Schwester, die hinabgelangt hatte, scharrte das Feuer auseinander.

warǯəm'ī pəgyog ċta na lič'egəst 54.97
MENSCH SICH-HINLEGEN-PRTP WIEDER NEG AUFSTEHEN-PRT-3PL
a) Die Menschen, nachdem sie sich schlafen gelegt hatten, standen noch nicht auf.
b) Die Menschen hatten sich schlafen gelegt und standen noch nicht auf.
c) Die Menschen, die sich schlafen gelegt hatten, standen noch nicht auf.

Eindeutig und sehr häufig ist dagegen die Verbindung mit Hilfe eines Junktors. Koordination von VP erfolgt durch die Morpheme *re* und *dī*, die hier die Funktion einer Konjunktion („und“) haben,[94] und durch das Morphem *ba*, das die Funktion einer Disjunktion („oder“) hat. Siehe zur Verbindung von VP auch §3.4.

re steht zwischen zwei VP.

> *it'i'ā paz'əs rē əbüŋya aċ* (P.)
> JETZT PT GEHEN-IMP UND MORGEN KOMMEN-IMP
> Jetzt geh und komm morgen (wieder)!

Nach der ersten VP steht *re*, nach der zweiten VP steht das Morphem *-ra* (§4.3.29):

> *it'ī üo rē unzū dī krək lyẹmš-rē obüŋya krək ... lyẹmš-r'a* (P.)
> JETZT DU UND ICH PT SO TUN-AOR-1PL UND MORGEN SO ... TUN-AOR-1PL PT
> Jetzt wollen wir so tun, und morgen wollen wir so tun!

> *it'ī pəzẹmš-rē obüŋya pəzẹmš-r'a* (P.)
> JETZT GEHEN-AOR-1PL UND MORGEN GEHEN-AOR-1PL PT
> Jetzt wollen wir gehen, und morgen wollen wir (auch) gehen.

re steht als Infix in der zweiten VP:

> *wəǰǰəm'ī üt'eš sumoṭmast-'amə̃, ī-wag warəg ipoma-r'e-st* 49.2
> MENSCH DICH ERNÄHREN-PRS-3PL PT DEIN FÜR HAUS BAUEN-PRS-PT-3PL
> Die Menschen ernähren dich, (und) sie bauen dir ein Haus.

dī steht am Ende jeder VP außer der letzten:

> *pyenj'ẹmš-ədī logz'ẹmšo* 32.47
> HINABSEHEN-AOR-1PL PT HOCHBRINGEN-AOR-1PL
> Wir wollen hineinschauen und sie heraufholen.

> *təb'əg oguty'og-la-dī tak žibz'ogso* 90.25
> GEWEHR SCHULTERN-PRF-3SG PT ID TALAUFGEHEN-PRT-3SG
> Er hat das Gewehr geschultert und ging talauf.

> *to-wuč'ū wəst'ī-ta paz'ogsest-ədī n'a amač* 22.3
> IN REISE FRAU POST GEHEN-PLUP-3PL PT NEG KOMMEN-PRS-3PL PT
> Sie waren (auf der Suche) nach Frauen auf Reisen gegangen und kommen nicht (zurück).

---

[94] Vgl. Nishei *ri, di*, Kati *di.*

əṣṭa wutˈa pəzˈẹn-dī ānjẹ̄n-dī ṭā würüölˈü ps-lətrˈī pa-sto würüölˈü aċˈan 21.12
MITTEN-IN-DER-NACHT GEHEN-AOR-2PL PT SEHEN-AOR-2PL ORT ERKUNDEN-CP WAS DING PT-SEIN-PRS-3PL ERKUNDEN-CP KOMMEN-IMP-PL
Mitten in der Nacht sollt ihr gehen und Ausschau halten, und nachdem ihr den Ort erkundet habt, nachdem ihr erkundet habt, was für Dinge (dort) sein mögen, kommt (zurück)!

wəstˈī nowˈeig-zū piẽ logzog-lˈa-dī wuẓˈe žün-pan aŋgnımˈiso 18.7
FRAU 180 SOHN GEBÄREN-PRF-3SG PT SCHWARZ TEPPICH POST ZÄHLEN-PRS-F-3SG
Die Frau hat 180 Söhne geboren und zählt sie auf einem schwarzen Teppich.

tak wirˈog-ədˈī „ə ps-werī sa?" lyogo 18.8
ID SICH-WUNDERN-PRT PT DEM WAS DING SEIN-PRS-3SG PT SAGEN-PRT-3SG
Er wunderte sich und sagte: „Was ist das?"

unzˈā awˈipčẹm-dī undo kür omogastə ba əzˈā əgast-ˈī undomišin likoṣˈẹm-dī intig psnog sayawˈī büsċˈū̄ aċˈẹm-odo 18.17
ICH PT HINAUSTRAGEN-AOR-1SG PT ART KIND STERBEN-PRF-3PL ODER LEBENDIG SEIN-PRS II-3PL Q PRN-PL-OBL HOCHZIEHEN-AOR-1SG PT JE STÜCK ESSEN-LASSEN-CP LASSEN-CP KOMMEN-AOR-1SG PT
Ich will es hinausbringen und - starben die Kinder oder werden sie am Leben sein? - sie aufheben und ihnen je ein Stück zu essen geben und dann (zurück)kommen.

Vor der Konjunktion kann die reduzierte Form des Verbs (§2.4.1.4) erscheinen:

əm sə-pan soščorˈẹ-dī lāpoẹ-ra ... A13.9
MEIN ALM POST RECHTS-GEHEN-AOR PT HINAUFGELANGEN-AOR ...
Wenn sie auf meine Alm rechts hinaufgehen (*soščorˈẹst*) und hinaufgelangen (*lāpoẹst*)....

Der Agens steht, wenn er explizit genannt wird, oft vor dem ersten Verb, kann aber auch vor dem zweiten stehen:

atig sur-pan šilyˈa-di əstlə piẽ atig išˈiža wošˈogso 80.50
EIN SEE POST SITZEN-PRS-3SG PT DORT KNABE EIN FALKE SICH-VERWANDELN-PRT-3SG
(Er = der Knabe) setzte sich (Verb 1) an einen See, und dort verwandelte sich (Verb 2) der Knabe in einen Falken.

Das erste (mit *di* markierte) und das zweite Verb können unterschiedliche Aktanten haben, z. B.

lög lust səl pesċẹm-dī, su müčü-pan əndeš tüpütˈū̄ atyˈe-ra 30.76
BEIDE HAND DORT HINABSCHICKEN-AOR-1SG PT ART BAUMSTUMPF POST MICH EINDRÜCKEN-CP PACKEN-IMP PT
Ich will die beiden Vorderpfoten dort hinunterstecken, und (du), nachdem du mich (mit den Pfoten) in den Baumstumpf hineingedrückt hast, fass mich an!

In der Alternativfrage (§3.2.2.1) steht *ba* „oder" nach jeder der beiden VP:

ksċə-panya okṭim ba ˈīš-panya okṭim bˈa 31.24
HINTERN POST-ABL FRESSEN-AOR-F-1SG ODER MUND POST-ABL FRESSEN-AOR-F-1SG ODER
Soll ich vom Hintern her fressen oder vom Maul her?

oder *ba* steht nach der ersten, *ē/ei,* seltener *-ī* (wahrscheinlich = Interrogativmorphem, vgl. §3.2.2) nach der zweiten VP:

unzˈū atig byer amǰugˈasəm ba atig məšˈī amǰugˈasəm-ei (P.)
ICH EIN ZIEGE SCHLACHTEN-PRS II-1SG ODER EIN SCHAF SCHLACHTEN-PRS II-1SG Q
Soll ich eine Ziege oder ein Schaf schlachten?

ožinmˈasum ba wušpurmasn-ē 30.52
TÖTEN-PRS-1SG ODER ZEIGEN-PRS-2PL Q
Ich töte euch - oder zeigt ihr (sie) mir?

wučã amšəgˈasəm ba ḍōg somšəgˈasəm-ei (P.)
SCHMELZBUTTER ESSEN-PRS II-1SG ODER MILCH TRINKEN-PRS II-1SG Q
Soll ich Schmelzbutter essen oder Milch trinken?

ülüm kštyū owuzˈiŋ-laš-i ba wus kštyū owuziŋ-laš-ˈī 94.13 (I.)
WEIZEN HAUFEN FRESSEN-FUT-2SG Q ODER SPREU HAUFEN FRESSEN-FUT-2SG Q
Wirst du den Weizenhaufen fressen oder wirst du den Spreuhaufen fressen?

Die Interrogativpartikel steht nach beiden Elementen, *ba* steht zwischen beiden VP:

kaṭˈa oigˈa s-ē ba üščˈum wəǰǰəmˈī s-ei 5.3
STARK ESSEN-PRSP II SEIN-PRS-3SG Q ODER GUT MENSCH SEIN-PRS-3SG Q
Ist er ein Tyrann oder ist er ein guter Mensch?

lug wərˈī s-ē ba təwam wərī s-ē A10.189
RECHT WORT SEIN PRS-3SG Q ODER FALSCH WORT SEIN-PRS-3SG Q
Ist es wahr oder falsch?

Das Verb „sein" kann entfallen:

duṣˈa nənī-ē ba duṣa wənī-yē A10.113
SUPPE NICHT-HABEND Q ODER SUPPE HABEND Q
(Bist du) ohne Fleischbrühe oder mit Fleischbrühe?

aẓoẓim'aso ba n'a-yē 42.79
ZITTERN-PRS-3SG ODER NEG Q
Zittert sie oder nicht?

Die Alternativfrage bildet einen Nebensatz in der Antwort des folgenden Beispiels:

üsük pily'ogs-ei? - üsük pily'og-ei ba na pily'og-ē, gul mār s-amə̄, üsük na skoznema-ra-so (P.)
LEUCHTEN-PRT-3SG Q - SONNE LEUCHTEN-PRT Q ODER NEG LEUCHTEN-PRT Q HIMMEL WOLKE SEIN-PRS-3SG PT SONNE NEG WAHRNEHMEN-PASS-PT-3SG
Scheint (schien) die Sonne? - Ob die Sonne scheint oder nicht, der Himmel ist doch bewölkt, die Sonne ist nicht zu sehen.

3.4 Subordination

3.4.1 Allgemeines

Prasun besitzt keine Konjunktionen wie „wenn", „obgleich" usw., die Haupt- und Nebensätze in unzweideutiger Weise miteinander verbinden, vgl. MORGENSTIERNE (1949, 245): „the only apparent example of a subordinate clause (II, 1 with *psāk* "because") is perhaps really a principal clause."[95] Subordination wird hier deshalb, weitgehend in Anlehnung an CRISTOFARO 2003, ausschließlich funktional definiert. Morphosyntaktische Phänomene werden beschrieben, sind aber kein Anhaltspunkt für den Umstand, ob es sich um Subordination handelt oder nicht. Das heißt, es geht ausschließlich um die kognitive Relation zweier Sachverhalte zueinander. Subordination liegt, unabhängig von der Strategie, genau dann vor, wenn kognitiv eine Asymmetrie zwischen zwei Sachverhalten besteht in der Weise, dass der eine der beiden „lacks an autonomous profile, and is construed in the perspective of the other".[96] Ein Merkmal, das die Einstufung als semantisch symmetrisch oder asymmetrisch erleichtern kann, ist die „Non-assertiveness",[97] also der mangelnde Behauptungscharakter des untergeordneten Satzes, die sich durch Negation des Satzes überprüfen lässt. In

„Er hat mich ein Wort gelehrt, ich kam so" (28.16)

liegt keine Subordination vor, wenn die Negation sich gleichermaßen auf beide Sachverhalte bezieht und damit nachweist, dass beide Sätze Behauptungscharakter haben:

Es ist nicht der Fall, dass ich kam und dass er mich ein Wort gelehrt hat [a) ich kam nicht und b) er hat mich nicht gelehrt].

---

[95] *ps-ag üyū gunā əskal ilyeg-laš* „Warum hast du viel Sünde begangen?"

[96] CRISTOFARO 2003, 29

[97] CRISTOFARO 2003, 30ff.

Ist die Negation aber sinnvoll nur auf einen der beiden Sachverhalte zu beziehen, nämlich

> Es ist nicht der Fall, dass ich kam, (weil/nachdem) er mich ein Wort gelehrt hat [ich kam nicht],

so kommt der Behauptungscharakter nur dem negierten Satz zu, zwischen beiden Sachverhalten besteht eine Asymmetrie, und die Konstruktion ist als Subordination einzustufen. Zugleich wird deutlich, dass im untergeordneten Satz durchaus die im Kontext relevante Information einer Äußerung (in diesem Fall der Grund des Kommens) stehen kann: die Unterordnung ist funktional, gibt aber keine Auskunft über die relative Wichtigkeit der Äußerung und ist syntaktisch (in diesem Fall) unmarkiert. Die Definition von Subordination allein aufgrund funktionaler Kriterien erlaubt, formal unverbundene (asyndetisch) nebeneinandergestellte Adjunktsätze, wie sie im Prasun neben morphologisch und syntaktisch gebundenen Konstruktionen üblich sind, mit zu berücksichtigen, ebenso Adverbiale (*-o, -oma, -omaš, -maš*) und das Konverb (Absolutiv) auf *-ī*. Nicht alle diese Strategien sind in gleichem Ausmaß qualifiziert, subordinierte Sätze zu bilden, zum Beispiel ist bei einigen Konstruktionen (z. B. Supinum, Absolutiv, *-o*) die Spannbreite möglicher thematischer Rollen der Verben von Haupt- und Nebensatz stark eingeschränkt. Zu den Grenzen der Unterscheidbarkeit von Unterordnung und Nebenordnung siehe HASPELMATH 2007, Abschnitt 7.1. Zwischen Subordination und Cosubordination wird hier nicht unterschieden. Im Gegensatz zu CRISTOFARO 2003 bezieht sich unsere Untersuchung auf adverbiale und Komplement-, nicht aber auf Relativsätze (dazu §3.5).

Balancing und Deranking

Prasun kennt zwei Arten der Subordination, „Balancing" und „Deranking".[98] „Balancing" verwendet dieselben finiten Verbformen im Neben- wie im Hauptsatz. Hierher gehört der juxtaponierende Typus der Verbindung zweier Sachverhalte ohne Verwendung einer Konjunktion. Gleichzeitigkeit beider Sachverhalte (Beispiele a und b) wird durch die Verwendung des Präsens ausgedrückt, eine Zeitfolge (Beispiele c, d, e, f, i) wird durch die Verwendung des Perfekts oder Präteritums ausgedrückt (vgl. auch §2.9.3.7 zu C24.37).

(a) *ənd'eš ṭə wolūm'aso, unz'ū bižičinig na wolg'asmo* 16.3
MICH FUß SCHMERZEN-PRS-3SG ICH SCHREIBEN-INF NEG KÖNNEN-PRS II-1SG
Mich schmerzt der Fuß (= weil mich der Fuß schmerzt), ich kann nicht schreiben. (kausales Verhältnis)

(b) *Mənǰem Məleg pulm'aso D'īsnīš, m'iš kəmər pusk'a-pan saṭ'ogso* 2.18
M. M. SPRECHEN-PRS-3SG DISNI-OBL SEIN GÜRTEL TASCHE POST HINEINLANGEN-PRT-3SG
(Während) Mənǰem Məleg zu Disni sprach, griff er in seine Gürteltasche. (temporales Verhältnis)

[98] Zu „Balancing" und „Deranking" siehe CRISTOFARO 2003, 54ff.

(c) *atig wām'i aplyog-(ə)lamšo čpū ċā wəzəl wupliga-rē-s* D16.27
EIN SCHAF HINGEBEN-PRF-1PL VIER ZWEIG SCHUH HERGEBEN-PRS II-PT-3SG
Wir haben ein Schaf gegeben (= Wenn wir ein Schaf geben), er gibt er uns vier Paar Schuhe. (konditionales Verhältnis)

(d) *unz'ū dā̆ w'ogsumo atig atul'og baz əm up'ū-pana awuċepəg'asċa* 46.2
ICH WETTSTREIT WERDEN-PRT-1SG EIN GEWICHT FLEISCH MEIN KÖRPER POST WEGSCHNEIDEN-PRS II-2SG PT
(Wenn) ich die Wette verliere, sollst du ein Pfund Fleisch aus meinem Körper schneiden! (konditionales Verhältnis)

(e) *nuwənig gọ̄ṭ pščog(ə)l'asto üs bin'ı ...* B8.10
MIETE KUH BRINGEN-PRF-3PL GRAS VORWERFEN-CP
Wenn sie eine Kuh gemietet haben, werden die (Mieter) ihr Gras vorwerfen .... (temporales Verhältnis)

(f) *atig yuṣ wuṣkoč'ogso am'asum* 57.32
EIN YUṢ HINTERHERLAUFEN-PRT-3SG KOMMEN-PRS-1SG
Ein Yuṣ lief hinter mir her, (deshalb) komme ich. (kausales Verhältnis)

(g) *šül na til'isə wuċ'ēgaso* (P.)
KÄLTE NEG EINLASSEN-IMP SICH-ENTZÜNDEN-PRS II-3SG
Lass keine Kälte in (die Wunde), sie entzündet sich (sonst)! (kausales Verhältnis)

(h) *čičəlyog'a pəz'əs na pšüg'asċo* (P.)
LANGSAM GEHEN-IMP NEG RUTSCHEN-PRS II-2SG
Geh langsam, (damit) du nicht rutscht! (finales Verhältnis)

(i) *üo arīš wəstī kolyog-əlašo ī-yag ganda na rē-s* (P.)
DU DEM-OBL FRAU SPRECHEN-PRF-2SG DEIN FÜR GUT NEG PT-PRS-3SG
(Dass/ weil) du diese geheiratet hast, war für dich nicht gut. (Komplement, kausal)

„Balancing" liegt auch vor, wenn in einem Satzgefüge Subordinationsmarker am finiten Verb verwendet werden. Der Subordinations-Marker tritt entweder als Suffix, wie zum Beispiel das Morphem *-a*, an das finite Verb:

... lyog-l'aš-a āċ'ogsum 12.7
SAGEN-PRF-2SG PT KOMMEN-PRT-1SG
Weil du ... gesagt hast, kam ich.

oder wird zwischen Stamm und Personalendung infigiert, wie z. B. das Morphem *-ra-*:

üˈū krək bog-ra-sċo pəzga-rˈe-sċ 38.5
DU SO DENKEN-PRT-PT-2SG GEHEN-PRS II-PT-2SG
Wenn du so denkst, dann geh!

„Deranking“, die zweite Art der Subordination, liegt vor, wenn der Nebensatz eine infinite Verbalform verwendet, vgl. MORGENSTIERNE (1949, 245): „Absolutives and Static Present Participles ... may correspond to our subordinate clauses.” Durch die Nominalisierung des Verbs oder durch die Verwendung der „reduzierten“, personalendungslosen Form des Verbs (vgl. §2.4.1.4) erfolgt der ganze oder teilweise Verzicht auf Zuordnung zu einer verbalen Kategorie wie Tempus, Aspekt, Modus oder Person und Numerus. Eben dies dient dazu, eine VP als subordiniert zu markieren. Reduzierte oder nominalisierte Verbalformen können wie finite Verben mit Subordinationsmarkern verbunden auftreten.

Strategien
(a) Adverbiale Nebensätze
Adverbiale Subordination geschieht mit Hilfe der Morpheme *-a, -di, -ra* (multifunktionale Partikeln, hier: Subordinationsmarker), *-o, -oma, -omaš, -maš* (Formantien von Adverbialpartizipien), *-ī* (Absolutiv-Marker) und *-a* (Supinum), außerdem durch die Verwendung des Präteritalpartizips. Temporale („wenn ...“, „als ...“), kausale („weil ...“) und konditionale („falls ...“), auch adversative („während ...“, „aber“) Verhältnisse können im Prasun oft mit ein und derselben Strategie ausgedrückt werden, sodass die genaue Bedeutung aus dem Kontext erschlossen werden muss. In vielen Fällen sind mehrere Interpretationen möglich. Mehrere Strategien sind in ein und derselben Funktion zulässig, vgl. Juxtaposition (a) oder Subordinationsmarker (b) in ähnlichen Äußerungen:

(a) *‚krək kolimˈasum‘ leg-əlašˈo, am tu-lustˈa üˈū omeiŋ-iliš* 38.59
SO SPRECHEN-PRS-1SG SAGEN-PRF-2SG MEIN IN HAND-ABL DU STERBEN-FUT-CONST-2SG
Wenn du Einwände erhebst, wirst du durch meine Hand sterben.

(b) *‚krək kolimˈasum‘ lˈẹš-dī na wuṭožˈegas* 38.52
SO SPRECHEN-PRS-1SG SAGEN-AOR-2SG PT NEG ENTKOMMEN-PRS II-2SG
Wenn du Einwände erhebst, wirst du mir nicht entkommen.

(b) Komplement
Die Absolutive *lī* „gesagt habend“ und *bī* „gedacht habend“ dienen zur Komplementmarkierung. Diese Morpheme stehen am Ende des Komplements vor dem syntaktischen Kopf (left-branching). Das Komplement von Verben der Wahrnehmung und des Sprechens wird durch die Morpheme *a, ra, dī* markiert. Der Komplementsatz steht in diesem Fall am Ende der VP, die den syntaktischen Kopf bildet, der Komplementsatz folgt (right-branching). Zu Komplementen von Modalverben siehe §2.7, §2.5.4, zu *-ga li-* „anordnen zu ...“ s. §2.9.3.11, zum Relativsatz als Komplement s. §3.5.10.

3.4.2 Partizip

Zum Partizip Prät. im untergeordneten Satz vgl. §3.3.2.

3.4.3 -*a* Supinum

Das Supinum bildet subordinierte VP mit finaler Bedeutung, s. §2.5.5.

3.4.4 Absolutiv

Die wohl häufigste Strategie zum Ausdruck vorwiegend temporaler, aber auch finaler, kausaler und modaler Relationen im Prasun ist das Absolutiv/ Konverb (vgl. § 2.5.2).[99] Mehrere Absolutiv-Sätze können aufeinander folgen, und oft handelt es sich dann um eine zeitliche Abfolge von lose zusammenhängenden Handlungen, z. B.

wuṣ(ˈū) čiryˈeg obˈəg oyˈī atˈəs čürˈeš tak büsċˈǖ asaplyogo 27.7
SECHS KÖRBCHEN BROT ESSEN-CP ANDER KÖRBCHEN-OBL ID LASSEN-CP RECHTS-GEBEN-PRT-3SG
Er (1) aß 6 Körbchen Brot, (2) ließ das weitere Körbchen übrig und (3) gab (es) zurück.

Der Agens[100] von Konverb und finitem Verb muss nicht gleich sein:

əm ḍaḍ-panī ḍūg kunǰü awiplī unzˈū pəzˈẹmo 25.8
MEIN TROMMEL POST MILCH KRUG HINAUSGEBEN-CP ICH GEHEN-AOR-1SG
Nachdem (du) mir meine Trommel und einen Milchkrug herausgegeben hast, will ich weggehen.
tˈašče bab pəzˈog-pan su okṭˈı aptˈogso 22.68
VORHER BRUDER GEHEN-PRTP POST PRN FRESSEN-CP WEGGEHEN-PRT-3SG
Nachdem zuerst der ältere Bruder wegging, verschwand er, (weil der Yus ihn) gefressen (hatte).

bab aċˈoma ǰˈī-pan okṭˈī kī omˈẹ̄yo 42.30
BRUDER KOMMEN-ADV KOPF POST FRESSEN-CP SO STERBEN-AOR-3SG
Wenn der Bruder kommt, soll er, nachdem (du) ihn in den Kopf gebissen hast, sterben.
nəspˈog awˈišči unzˈū bienjegā-re-sum 25.19
AUSWURF AUSWERFEN-CP ICH HINABSEHEN-PRS II-PT-1SG
Nachdem (du) den Auswurf ausgespuckt hast, will ich ihn dann sehen!

wəstˈī na anjˈogne ti-dˈīs pyepšˈǖ šilyˈegso 25.12
FRAU NEG SEHEN-CP-NEG IN TRUHE HINABGEHEN-CP SITZEN-PRT-3SG
Ohne dass die Frau es sah, setzte (er) sich in eine Truhe.

---

[99] Vgl. HASPELMATH 1995, 3: "A converb is defined here as *a nonfinite verb form whose main function is to mark adverbial subordination*", ibid. 8 "converbal constructions consistently turn out to be subordinate by the most reliable criteria for subordination."

[100] Vgl. dazu H. HOCK: "Haspelmath's definition … captures most of the characteristics of South Asian converbs. It needs to be supplemented by the fact that South Asian converbs generally refer to anterior, sequenced actions and generally require subject control. … many languages permit occasional exceptions to subject-control." (HOCK UND BASHIR 2016, 579).

lug əṣkilˈī pərċˈə apˈī tak pyekoṣinyewˈogusto 42.80
SEHR ERZITTERN-CP STAUB AUCH ID HINABWERFEN-PASS-PRT-3PL
(Die Brücke) erzittert stark, und Staub(wolken) wurden hinabgeworfen.

unzˈū anˈeptẹm-dī nyēl t-areg nyepˈoma müˈū alˈari-abyˈēri əsċəwen-dˈī pərċˈə ksügˈasən 30.38
ICH TALABGEHEN-AOR-1SG PT TALAB IN HAUS TALAB-GELANGEN-ADV IHR AUF-AB EILEN-IMP-PL PT STAUB AUFWIRBELN-PRS II-2PL
Wenn ich talab hinabsteige und in das talabwärts (gelegene) Haus gelange, sollt ihr hinauf und hinab eilen und Staub aufwirbeln!

Das grammatische Subjekt des finiten Verbs hat oft eine andere semantische Rolle im vom Konverb gebildeten Nebensatz:

mən üšpˈeš aplˈī alaptigˈa-re-sċ 25.28
SEIL AXT GEBEN-CP HOCHGEHEN-PRS II-PT-2SG
Nachdem (ich dir) Seil (und) Axt gegeben (habe), geh (du) dann hinauf!

wuṣˈū gəzˈī ačˈī əzˈa wyˈẹmo 42.48
ARZNEI HOLEN-CP EINREIBEN-CP GESUND WERDEN-AOR-1SG
Nachdem du (für mich) Arznei geholt und (mir) eingerieben hast, werde ich gesund werden.

lī büsċˈṻ lög na sċonzomast 26.12
SAGEN-CP LASSEN-CP BEIDE NEG RECHTS-SCHAUTEN-PRS-3PL
Nachdem sie das (zu den beiden) gesagt hat, sehen die beiden nicht (zu ihr) nach rechts.

Auch bei mehreren aufeinander folgenden Absolutivsätzen muss der Agens nicht für alle gleich sein. In den vorliegenden Beispielen ist (zufällig?) der Agens des zweiten Absolutivsatzes identisch mit dem Agens des Hauptsatzes:

intyˈog əṣṭa apoē miš-ag omˈogš əznˈī ksċə-pan okṭˈa anomˈogso 31.28
ETWAS NACHT GELANGEN-CP PRN FÜR STERBEN-PRTP-OBL WISSEN-CP HINTERN POST FRESSEN-SUP BEGINNEN-PRT-3SG
Als es zu dunkeln begann (Agens 1 = „Nacht")[101] und er (Agens 2 = er) erkannte, dass (der Bär) gestorben war, begann er (= Agens 2) vom Hintern her zu fressen.

dəwərjˈə wī çtag aċˈī wakṣˈasest. 77.34
HEIL WERDEN-CP WIEDER KOMMEN-CP ABREIßEN- IMPF-HAB-3PL
Nachdem sie (Agens 1 = die Äste) nachgewachsen waren, kamen sie (Agens 2 = die Menschen) wieder rissen sie ab (= Agens 2).

[101] Vgl. den Typus Hindi *subah hokar maĩne dekhā*, A. MONTAUT, *A Grammar of Hindi*, Lincom Studies in Indo-European Linguistics), 2004, 218.

Ein Nicht-Subjekt des Hauptsatzes regiert nirgends die untergeordnete Konstruktion, in anderen Worten: das Element, das den Nebensatz regiert, ist in allen Belegen grammatisches Subjekt des Hauptsatzes.[102]

In den meisten Fällen wird der Agens des Konverb-Satzes nicht explizit genannt. Wird er aber genannt, so steht er in der unmarkierten Rectus-Form (default form), z. B. *wəst'ī na anj'ogne* „ohne dass die Frau es sah“.

Das temporale Verhältnis ist mit dem Absolutiv am häufigsten. In temporaler Funktion drückt ein Nebensatz mit Absolutiv die Vorzeitigkeit gegenüber dem Hauptsatz aus, z. B.

t-arəg tip'oi ... lyogo 42.26
IN HAUS EIN-GELANGEN-CP ... SAGEN-PRT-3SG
Nachdem er ins Haus hineingelangt war, sagte er ....

Neben dem temporalen markiert das Konverb andere Beziehungen zwischen Haupt- und Nebensatz, z. B. kausal oder modal. Oft lässt sich keine genaue Abgrenzung vornehmen. Deshalb wird der temporale Aspekt oft durch weitere morphologische Mittel verstärkt, z. B.

Adverbien wie *čkü, čtī, tašče:*

sət 'əsəs wos'ī čkü okṭ'ẹšo 27.5
7 NOCH ÜBERNACHTEN-CP DANN FRESSEN-AOR-2SG
Nachdem du noch sieben Tage übernachtet hast, dann sollst du fressen!

türom'i-ṭkī čtī na pəzm'asum-dī 39.11
WARM-WERDEN-CP-BEENDEN-CP DANACH NEG GEHEN-PRS-1SG PT
Ich gehe nicht, ehe ich mich gewärmt habe.

na pul'ogne tašče 6.34
NEG SPRECHEN-CP-NEG VORHER
bevor du gesprochen hast

Absolutive wie *büsċü* „(zurück)gelassen habend“, *laṭk'ī* „fertig geworden seiend“:

ī žiċ'ən aw'ijī aləg bit'ī büsċ'ü üo atəg būċ ač'əs 6.21
DEIN GEWAND ABWERFEN-CP DEM NIEDERLEGEN-CP LASSEN-CP DU EIN SEITE WEGGEHEN-IMP
Nachdem du dein Gewand ausgezogen und es hierhin gelegt hast, geh du auf eine Seite!

[102] Anders z. B. in Hindi, vgl. Hans Henrich HOCK, in: *Experiencer Subjects in South Asian Languages*, ed. Manindra Verma and K. P. Mohanan, Stanford 1990, 119.

əndeš it'ī to-guṭ pyepč'ī butlugan wunjuwẹš-dī laṭk'ī büsċ'ǖ leċ'ẹša 22.22
MICH JETZT IN UNTER-HAUS HINUNTERTRAGEN-CP MEHL-PL-OBL ZEIGEN-AOR-2SG FERTIG-WERDEN-CP LASSEN-CP HOCHKOMMEN-AOR-2SG PT
Nachdem du nun mich hinab ins Unter-Haus gebracht hast, sollst du mir die Mehlvorräte zeigen und danach heraufkommen!

Unter den Strategien zur Darstellung kausaler Relationen spielt das Absolutiv nur eine Nebenrolle. Seine Verwendung ist weitgehend auf die Absolutive *bī* „gedacht habend" und *lī* „gesagt habend" = „weil" sowie wenige andere Formen wie *əpterwī* „gefürchtet habend" = „vor Angst" beschränkt.

‚üteš ari kolm'asmo' lī əm tu-lust'a omonig-liš 53.25
DICH DEM SPRECHEN-PRS-1SG SAGEN-CP MEIN IN HAND-ABL STERBEN-FUT-CONST-2SG
Da du gegen mich aufbegehrst, wirst du durch meine Hand sterben!

unz'ū əb'əgš manǰeg ašlimasta bī aprāw'omo (P.)
ICH BROT-OBL FLIEGE SITZEN-PRS-3PL PT DENKEN-CP BEDECKEN-PRT-1SG
Ich bedeckte das Brot, weil sich Fliegen darauf setzen.

miš nəm ḍigrəgaso bī wəst'ī wəstī-kür logz'oma ožinyočig'aso 42.4
SEIN NAME SCHLECHT-SEIN-PRS II-3SG DENKEN-CP FRAU MÄDCHEN GEBÄREN-ADV TÖTEN-ITER-PRS II-3SG
Weil er denkt, sein Name werde (durch ein Mädchen) geschändet werden, tötet er, wenn (seine) Frau ein Mädchen gebiert, es immer wieder.

su tigr'og lüšt əpt'erwī tak omoyem'iso 29.9
ART ARM MÄDCHEN FÜRCHTEN-CP ID STERBEN-PRS-F-3SG
Das arme Mädchen stirbt (fast) vor Angst.

bī „gedacht habend", auch *lī* „gesagt habend", kann Finalität ausdrücken, und zwar in der Verbindung mit einem finiten Verb (in allen Beispielen in der 1. Person) zur Wiedergabe der beabsichtigten Handlung.

čkəs ižī lekṣeg'asəm bī kol(i)masċ-'ī 30.66
NOCH AUGE HOCHZIEHEN-PRS II-1SG DENKEN-CP SPRECHEN-PRS II-2SG Q
Sprichst du in der Absicht, (mir) noch etwas mehr die Augen auszureißen?

atig wəst'ī wyenju-wonjug'asəm bī aċ'ogsum 32.7
EIN FRAU SICH-UMSEHEN-PRS II-1SG DENKEN-CP KOMMEN-PRT-1SG
Ich kam, um mich nach einer Frau umzusehen.

tāsig əm k'odyumš na ipuṣg'asəmo lī, əm xud'ā wuply'oč'eglugan əznəg'asmo lī krək ličim'asmo 15.15.

FRÜHER MEIN WERK-OBL NEG VERGESSEN-PRS II-1SG SAGEN-CP, MEIN GOTT HERGEBEN-ITER-PRTP-PL-OBL KENNEN-PRS II-1SG SAGEN-CP SO MACHEN-ITER-PRS-1SG

Damit ich mein früheres Tun nicht vergesse, - damit ich die (Dinge) erkenne, die mir Gott immer wieder gegeben (hat), tue ich immer wieder so.

Der mit dem Absolutiv bezeichnete Sachverhalt steht in einer modalen Beziehung zum Geschehen des Hauptsatzes. Sehr oft ist dies so in der Verbindung eines Ideophons mit dem Absolutiv von *w-* oder *ti-*, vgl. §5.2. Modale Beziehungen kommen aber auch in anderen Kombinationen vor, z. B. mit einem Verb der Bewegung:

su guṣ'ū nyenj'oma atig wəǰǰəm'ī wuṣ'egzū byer žokil'ī žoč'ogso 43.37

ART DUMMER TALAB-SEHEN-ADV EIN MANN 120 ZIEGE TALAUF-TREIBEN-CP TALAUF-GEHEN-PRT-3SG

Als der Dumme talab schaute, trieb (ihm entgegen) ein Mann 120 Ziegen talauf.

Die Absolutive *lī* „gesagt habend" und *bī* „gedacht habend" dienen zur Bildung eines Komplementsatzes, z. B.

wužokṭ'ag w'ogso lī nity'ē əwol'ug əzn'ost 74.4

SCHWANGER WERDEN-PRT-3SG SAGEN-CP TALAB BRUDER-PL KENNEN-PRT-3PL

Dass sie schwanger war, erfuhren talab die Brüder.

‚ar'ī ṣiŋgirm'asmo lī pulm'až' bī 18.34

DEM-3SG STOLZ-SEIN-PRS-1SG SAGEN-CP SPRECHEN-PRS-3SG PT DENKEN-CP

(weil ich) dachte, dass du dich brüsten wolltest

psel'ī əznogš('i)-čü ‚krək lī bižičiw'og-lay-'aməž' lī 48.7

WAS-TUN-CP ERKENNEN-PRT-2SG PT SO TUN-CP SCHREIBEN-PRF-3SG PT SAGEN-CP

Wie wusstest du, dass ich so geschrieben habe?

Der Komplementsatz kann oder muss in diesen und den meisten Beispielen als wörtliche Rede verstanden werden („er hat geschrieben" gesagt habend). Dies ist im folgenden Beispiel durch die Verwendung des Pronomens der 3. Person *miš* ausgeschlossen:

„miš nəm ḍigrəgaso" bī 42.4

SEIN NAME SCHLECHT-SEIN-PRS II-3SG DENKEN-CP

(weil der König) denkt, dass sein Name geschändet wird (nicht: *"weil er denkt: Mein Name wird geschändet werden")

Das folgende Beispiel zeigt, dass das Absolutiv nicht nur den wörtlichen Inhalt einer Rede oder eines Gedankens markiert, sondern unabhängig davon die Funktion eines Komplementmarkers übernommen hat:

obəg abl'ī ask'al gəndər kodyum so A1.25
BROT GEBEN-CP VIEL GROß WERK SEIN-PRS-3SG
Essen zu geben, ist eine große Aufgabe.

3.4.5 o

In Satzgefügen mit dem Subordinationsmarker *-o* ist nur ein Aktant zugelassen, gebildet werden temporal-modale Nebensätze, siehe §2.5.6.

3.4.6 oma

Zwei oder mehr mit *-oma* (§2.5.7) gebildete Nebensätze mit unterschiedlichen Aktanten können aufeinander folgen:

so kür tak lept'igsmo bom'a su wəǰǰim'ī „at" ly'oma səl pyejinem'iso 40.7
ART KIND ID HOCHGEHEN-PRS II-1SG DENKEN-ADV ART MANN *AT* SAGEN-ADV DORT HINABWERFEN-PASS-PRS-F-3SG
Als das Mädchen denkt: „Ich will hinaufgehen", als der Mann „*at*" sagt, fällt sie dort um.

Der Nebensatz steht in der Regel vor dem Hauptsatz, kann aber auch nachgestellt werden:
krək pul'ī ī tü-büd ḍig'ər aṭogog wiṭ-kom'a ... 21.38
SO SPRECHEN-CP DEIN IN SINN SCHLECHT GELANGEN-PRTP SEIN-CP-BEENDEN-ADV
so gesprochen habend, weil in deinen Sinn Böses gelangt war

byenj'an išp'ešč is'ū̆ sašč'ogš müo na wuptig'ā-woma 8.26
HINABSEHEN-IMP-PL AXT-OBL BLUT ANHEFTEN-PRTP-OBL IHR NEG GLAUBEN-PRSP II-WERDEN-ADV
Seht die Axt, die blutverschmierte, falls ihr nicht glauben wollt!

Mit *-oma* gebildete Nebensätze haben temporale und konditionale, seltener auch kausale Funktion:

temporal

sud'ī wəst'ī obəg waty'ema čpū čür'eg oy'ī tčī səs tak büsč'ogo 27.10
WIEDER FRAU BROT LINKS-STELLEN-ADV 4 KORB ESSEN-CP 3 NOCH ID LASSEN-PRT-3SG
Als die Frau ihm wieder Brot vorsetzte, aß er vier Körbchen und ließ drei weitere übrig.

b'īšin p'oma tap lānj'ogso 28.15
NACHMITTAGSGEBET GELANGEN-ADV ID HOCHSEHEN-PRT-3SG
Als (die Zeit für das) Nachmittagsgebet kam, schaute er auf.

psē lətəm ozol'ogso - atig om'ūš lətəm tüpčugasəm boma lətəm ozol'ogso (P.)
WARUM ZAHN BRECHEN-PRT-3SG - EIN WALNUSS-OBL ZAHN KAUEN-PRS II-1SG DENKEN-ADV ZAHN BRECHEN-PRT-1SG
Warum brach der Zahn aus? - Als ich eine Nuss mit den Zähnen knacken wollte, brach der Zahn aus.

konditional

wuṣ'ū-ta pəz'ī wuṣ'ū gəz'oma əzān'ig-lam 32.55
ARZNEI POST GEHEN-CP ARZNEI HOLEN-ADV GESUND-WERDEN-FUT-1SG
Wenn ihr nach Medizin geht und Medizin holt, werde ich gesund werden.

ala nety'ē neṭom'a lust amǰug'asmo 42.74
HIER-ABL TALAB TALAB-PACKEN-ADV HAND SCHNEIDEN-PRS II-1SG
Wenn du von hier aus weiter talab langst, schneide ich (dir) die Hand ab.

išnyē na liga-wi-ṭkoma ob'ıg bity'og warəg-p'an ps-k'odyum la 15.5
DIEB NEG MACHEN-PRSP II-WERDEN-CP-BEENDEN-ADV GERÄT HINABSTELLEN-PRTP HAUS POST WAS WERK HABEN-PRS-3SG
Falls er nicht stehlen will, was hat er im Schatzhaus zu tun?

In Verbindung mit *api* „auch", zur Markierung mehrerer Alternativen:

zū-pana ly'oma apı, w'išliz-pan ly'oma apı, wüz lyoma ap'ı mišin čit rē-s A8.4
20 POST PT MACHEN-ADV AUCH 15 POST MACHEN-ADV AUCH 12 MACHEN-ADV PRN-OBL-PL SINN PT-SEIN-PRS-3SG
Ob sie es mit 20 machen, ob mit 15 machen, ob mit 12, es steht ihnen frei.

kausal

Als Marker von Nebensätzen gibt das Morphem *-oma* keine Auskunft darüber, ob im Verhältnis zur Verbalhandlung des Hauptsatzes Vorzeitigkeit oder Gleichzeitigkeit vorliegt. Nicht immer lässt sich auch deshalb zwischen temporaler und kausaler sowie zwischen konditionaler und kausaler Bedeutung unterscheiden.

su žüžü wol'oma tak žörim'iso 30.73
PRN ZITZE SCHMERZEN-ADV ID SICH-TALAUF-WENDEN-PRS-F-3SG
Als/ Weil ihr die Zitzen schmerzen, kehrt sie wieder um.

səmiš ǰen'īš ožin'oma wuẓ gul Was'ī wiṣom'ogsto 7.13
PRN-OBL *JEINI*-OBL TÖTEN-ADV 6 LAND PRASUN AUSRUHEN-PRT-3PL
Als/ Weil er sie, die *ǰeini,* tötete, wurden die sechs Dörfer von Prasun sorgenfrei.

üteš wol'oma əndeš oyigəsċ-əž 30.75
DICH SCHMERZEN-ADV MICH ESSEN-PRS II-2SG PT
Wenn/ Weil es dich schmerzt, wirst du mich fressen.

In Verbindung mit *(ə)dī* wird mit der *-oma*-Konstruktion ein konzessives Verhältnis ausgedrückt:

piē lüp'oma ədī miš yē wiṭig-pan re-s A3.16
SOHN HOCHGELANGEN-ADV AUCH SEIN VATER WIṬIG POST PT-SEIN-PRS-3SG
Auch wenn ein Sohn erwachsen wird, ist er im *wiṭig* seines Vaters.

3.4.7 omaš

Zu *-omaš* als Marker für temporale Subordination s. §2.5.8.

3.4.8 maš

Das Morphem *-maš* markiert temporale Nebensätze der Gleichzeitigkeit, s. §2.5.9.

3.4.9 -a

Zu *-a* als Subordinationsmarker siehe §4.2.

3.4.10 dī

Das Morphem hat die Form *dī, dē,* nach Konsonant auch *ədī, (ə)dē. dī* tritt als Suffix an ein finites Verb oder an einen reduzierten Verbalstamm unter Auslassung der Personalendung. *-dī* verbindet sich mit dem *-a*-Morphem (§4.2) zu *-dia, -dya, -dye.* Nebensätze mit *dī* setzen Haupt- und Nebensatz in eine temporal-konditionale, seltener eine modale, adversative oder finale Beziehung. Vgl. §§3.3.1, 3.3.2 und §4.3.20 zu *dī* als Konjunktion und als Diskurspartikel, §2.8.2.5 zur Verbindung mit *üžnye.* In einigen Fällen ist nicht zu entscheiden, ob es sich um ein unterordnendes oder nebenordnendes Verhältnis handelt, meistens ist semantisch aber nur eine Auffassung möglich, vgl.

unz'ū ī lətəm lekṣẹm-dē inü lətəm leṣç'ẹšo (P.)
ICH DEIN ZAHN HOCHZIEHEN-AOR-1SG PT NEU ZAHN HOCHSTECKEN-AOR-2SG
(a = Kooordination) Ich will dir deinen Zahn ziehen, und du musst einen neuen Zahn einsetzen
(b = Subordination) Wenn/ Nachdem ich deinen Zahn ziehe, musst du einen neuen Zahn einsetzen.

žay'oz-dī əm lust'ug atig titilig'asċ (P.)
TALAUF-ANRÜHREN-IMP PT MEIN HÄNDCHEN EIN FÜHLEN-PRS II-2SG
(a) Rühr talauf an, und du wirst einmal mein Händchen spüren! (Drohung)
(b) Wenn du talauf anrührst, wirst du einmal mein Händchen spüren!

müo asən lust'a na amǰ'ü wolog'asən-dī an'āri aplig'asno 21.30
IHR EUER HAND-ABL NEG SCHLACHTEN-CP KÖNNEN-PRS II-2PL PT TALAB GEBEN-PRS II-2PL
(a) Ihr könnt selbst nicht schlachten und werdet (die Beute) talab geben.
(b) Weil ihr selbst nicht schlachten könnt, werdet ihr (die Beute) talab geben.

unz'ū al sēsəm-dī ī-pan kodyum ligasēsəm (P.)
ICH HIER SEIN-IMPF-1SG PT DEIN POST ARBEIT MACHEN-IMPF-HAB-1SG
(a) *Ich war hier und hätte mit dir gearbeitet.
(b) Wenn ich hier gewesen wäre, hätte ich mit dir gearbeitet.

Der mit *dī* gebildete Nebensatz kann auf den Hauptsatz folgen, in dieser Stellung erscheint vor allem die personalendungslose Form des Verbs:

„mišin to-m'unǰ wər'ī ps-pu-last-ro?" b'ogso, wərī na əznag'a-dī 99.57
POSS-PL IN MITTE WORT WAS PT-HABEN-PRS-3PL PT DENKEN-PT-3SG WORT NEG KENNEN-PRS II PT
„Was haben sie untereinander nur für ein Wort (zu reden)?", dachte er, weil er die Sprache nicht verstand (Präs. II, mit Personalendung: *əznag'aso*).

su wəǰǰəm'īš ... apyēsċista, səmiš əpterw-ədī A10.185
ART MANN-OBL ... HINABSCHICKEN-PRT II-3PL IHN FÜRCHTEN-PRT II PT
Den Mann ... ließen sie hinunter, denn sie fürchteten sich vor ihm (Prät. II, mit Personalendung: *əpterwista*).

Der subordinierte Satz kann als elliptische Antwort auf eine Frage allein stehen:

mü psē ḍōg nā lan - ṣə tikyē lamš-idī (P.)
IHR WARUM MILCH NEG HABEN-PRS-2PL - VIEH FERN HABEN-PRS-1PL PT
Warum habt ihr keine Milch? - Weil wir das Vieh fern haben (weil das Vieh auf einer weit entfernten Alm steht).

Es folgen weitere Beispiele für Subordination mit *-dī*.
temporal-konditional

üštyub-pan ānǰiw'ẹ-dye C23.8
BAUM POST FALLEN-AOR PT
wenn ein Mensch vom Baum stürzt

lü wəǰǰəm'ī pəṣnə l'ẹ-dya atig ṭāw-ag atī tüskoga-w'ẹ-dyē D19.1
ZWEI MANN FEINDSCHAFT MACHEN-AOR PT PT EIN ORT FÜR NEHMEN-CP KÄMPFEN-PRSP II-WERDEN-AOR PT PT
wenn zwei Männer Feindschaft haben, und wenn sie wegen eines Ortes kämpfen wollen

üžny'ē sod'ẹ-dye ṭəpəlēwin-lamšo (P.)
FALLS STRÖMEN-AOR PT PT NASS-WERDEN-FUT-1PL
Falls es regnet, werden wir nass werden.

nug'ī ə̄sk'al lyenǯəg'a w'ə-dē mišin čit rē-s A2.28
JEMAND VIEL SAMMELN-PRSP II SEIN-PRT II PT PRN-PL-OBL SINN PT-SEIN-PRS-3SG
Wenn einer ein Viel-Sammler ist, (dann) steht ihm das frei.

üsük sapog-ədī waċigm'aso (P.)
SONNE RECHTS-GELANGEN-PRT PT ABEND-WERDEN-PRS-3SG
Wenn die Sonne nach rechts gelangt (ist), wird es Abend.

krək kolyam lẹž-dī na wuṭožaċ (I., vgl. Text 38.52)
SO SPRECHEN-PRS-1SG SAGEN-AOR-2SG PT NEG ENTKOMMEN-PRS II-2SG
Wenn du Einwände erhebst, wirst du mir nicht entkommen.

modal, explikativ

mü'ū al'ari-aby'ēri əsċawẹn-d'ī pərċ'ə ksüg'asən! 30.38
IHR HOCH-HINUNTER EILEN-AOR-2PL PT STAUB AUFWIRBELN-PRS II-PL
Indem ihr auf und ab eilt, sollt ihr Staub aufwirbeln!

žoẓgəw'om-dī əm kaṭ-pany'a žoẓgəw'om 21.25
TALAUF-VERSAMMELN-PRT-1SG PT MEIN KRAFT POST-ABL TALAUF-VERSAMMELN-PRT
Ich versammelte (das Vieh) talauf, durch meine Macht (nämlich) versammelte ich es talauf.

atəs zī diz'ago-dī ksw'ali do diz'ago 72.6
ANDER TÜR SCHAFFEN-PRT-3SG PT NACHKOMMEN TÜR SCHAFFEN-PRT-3SG
Sie schuf eine weitere Tür, und (zwar) schuf sie die Tür der Nachkommenschaft.

kausal

šo la-di'a 89.5
ATEM HABEN-PRS-3SG PT PT
weil er Atem hat

su nan na apor'og-ədī su piẽš atig əweig āpī'o 80.44
ART MUTTER NEG VERMÖGEN-PRT PT ART SOHN-OBL EIN FENSTER ÖFFNEN-PRT-3SG
Als/ Weil die Mutter nichts dagegen (sagen) konnte, öffnete sie dem Knaben ein Fenster.

ari šiš'a w'ə-dī ozolg'a-liš-imrož (P.)
DIES GLAS SEIN-PRT II PT BRECHEN-PRSP II-HABEN-PRT II-2SG PT
Weil das Glas ist, zerbricht es dir leicht.

na oyin'ig rē-s naḍəm w'ə-dī A10.289
NEG ESSEN-INF PT-SEIN-PRS-3SG UNRECHT SEIN-PRT II PT
(Das Getreide des Mandi-Feldes) ist nicht zum Essen (da), weil es Unrecht ist.

ps-kodyum laš-dī pəzmas (D.)
WAS ARBEIT HABEN-PRS-2SG PT GEHEN-PRS-2SG
Was zu tun (weil du was für eine Arbeit hast) gehst du?

adversativ

unz'ū əṣṭ'əg-pa pəz'ogsum-dī lug wer'ī na puly'ogo 9.26
ICH RICHTER POST GEHEN-PRT-1SG PT RECHT WORT NEG SPRECHEN-PRT-3SG
Obwohl ich zum Richter ging, sprach er nicht Recht.

na puly'on-dī opčon A10.123
NEG SPRECHEN-IMP-PL PT ESSEN-IMP-PL
Anstatt zu reden, esst!

su ḍigər wə-dī ganda so benig wošēwis-re (wošēw'ogso) (P.)
PRN SCHLECHT SEIN-PRT II PT GUT SEIN-PRS-3SG DENKEN-INF SCHEINEN-PRT II-3SG PT (SCHEINEN-PRT-3SG)
Obwohl er schlecht war/ ist, erschien er als gut.

ari žima n'ā-di ūs sa (P.)
DEM EISEN NICHT-SEIN-PRS PT MESSING SEIN-PRS-3SG PT
Dies ist nicht Eisen, sondern Messing.

konzessiv?

Im folgenden Beispiel kann *wom'a* entweder als vor dem Subordinationsmarker *ədī* endungsloses Verb *wom'aso* „es wird" oder als Adverbiale auf *-oma* vor dem Adverb *ədī* „auch" interpretiert werden. Die Übersetzung „auch/ sogar wenn es stark schneit" scheint für die Interpretation als Adverbiale zu sprechen. Andererseits wäre die Akzentuierung einer *-oma*-Formation auf der Endsilbe ohne vorausgehendes Partizip (vgl. §1.1.3) ungewöhnlich, was für die Interpretation als reduziertes Präsens mit *dī* in adversativer oder konzessiver Funktion spricht.

zəm'a əsk'al wom'a ədī pəzn'ig-lamo (P.)
SCHNEE VIEL WERDEN-PRS PT GEHEN-FUT-1SG
Auch wenn es stark schneit, werde ich gehen.
Obwohl es stark schneit, werde ich gehen.

konsekutiv-final?
Das Morphem steht am Ende des Hauptsatzes. Die Interpretation als finaler Nebensatz ist unsicher, möglich ist für alle Beispiele auch entweder die Auffassung als Koordination („und“) oder die Bestimmung des adverbialen Verhältnisses z. B. als kausal.

zī-pan ps-wer'ī la-dī əneš na žayog'a limiso 65.23
TÜR POST WAS DING HABEN-PRS-3SG PT MIR NEG TALAUF-ANFASSEN-PRSP II SAGEN-PRS-F-3SG
Was für eine Sache hat sie hinter der Tür, dass sie mir verbietet, (daran) herumzufummeln?
Weil sie was hinter der Tür hat, verbietet sie mir (daran) herumzufummeln?

at'əs tyeboċ laš-dī pəzm'ā-re-sċ 69.51
ANDER WO-SEITE HABEN-PRS-2SG PT GEHEN-PRS-PT-2SG
Wo hast du ein anderes (Land), dass/ damit du (dorthin) gehst?

napt'ẹmš-ədī nuw'eigzū wəǰǰəm'ī ožny'og-wag koro ly'ẹmšo 21.4
TALABGEHEN-AOR-1PL PT 180 MANN TÖTEN-PRTP FÜR RACHE MACHEN-AOR-1PL
Wir wollen talabgehen, um für die 180 Männer, (die) getötet (wurden), Rache zu nehmen.
Wir wollen talabgehen und für die 180 Männer, (die) getötet (wurden), Rache nehmen.

lög ernan ṣo sasċ'ẹmš(i)-de, kī šil'ẹsto 35.18
BEIDE PERSON-OBL PL ATEM HINEINSCHICKEN-AOR-1PL PT SO SITZEN-AOR-3PL
Wir[103] wollen den beiden Atem einhauchen, und so sollen sie (am Leben) bleiben!
Wir wollen den beiden Atem einhauchen, damit sie so (am Leben) bleiben mögen!

Komplement
Das Morphem steht vor dem Komplementsatz:

anj'ẹš-dī ps-üčum kodyum lyog-pu-lam (P.)
ANSEHEN-AOR-2SG PT WAS GUT WERK MACHEN-PRF-PT-1SG
Du magst anschauen, wie gut ich gearbeitet habe!

unz'ū səmiš-pan išp'ī büsċog-lam-dī unzū pəzm'a-ra-səm (P.)
ICH PRN POST BESCHLIEßEN-CP LASSEN-PRF-1SG PT ICH GEHEN-PRS-PT-1SG
Ich habe ihm versprochen, dass ich gehe.

Bei Verben des Sprechens erscheint vor wörtlicher Rede entweder das finite Verb ohne *-dī* oder die reduzierte Form mit *-dī*, nie aber ein finites Verb mit *-dī*. Dies geschieht unabhängig davon, ob am Ende der wörtlichen Rede ein zweites, finites, Verb des Sprechens steht oder nicht, z. B.

---

[103] Wie im Qur'ān spricht Gott von sich auch auf Prasun im Plural.

lüšt ari pul'og-ədī: „wiċ'īn-lamšo“ l'egəst 69.18
TOCHTER DEM SPRECHEN-PRT PT HERAUSKOMMEN-FUT-1PL SAGEN-PRT-3PL
Die Töchter sprachen (*pul'ogust*) dies: „Wir werden herauskommen!“, sagten sie.

3.4.11 ra

Das Morphem *ra* (Allophon -*ḍa*) erscheint sowohl als postverbales Suffix als auch als Infix zwischen Stamm und Personalendung oder als Präfix der Kopula nach einem Nomen. Der Subordinationsmarker *ra* und die satzfinale Diskurspartikel *ra* (§4.3.29) sind nicht immer zu unterscheiden, vgl. die Übersetzungsmöglichkeiten (a) als Diskurspartikel, (b) als Subordinationsmarker:

səmiš t-inig pej'e-ra, unzu sil aċigsəmo 30.80
PRN-OBL IN FEUER HINABWERFEN-IMP ICH DORT KOMMEN-PRS II-F-1SG
(a) Wirf (das Haar) ins Feuer, ich werde (dann) dorthin kommen.
(b) Wenn du (das Haar) ins Feuer wirfst, komme ich dorthin.

unzū üt'eš atig ṭiŋ'ə apl̥əm-r'a, atig īš'a wuply'ū 28.21
ICH DIR EIN GELD GEBEN-AOR-1SG PT EIN ZICKLEIN HERGEBEN-IMP
(a) Ich will dir Geld geben - gib mir (dafür) ein Zicklein!
(b) Wenn ich dir Geld gebe, gib mir (dafür) ein Zicklein!

In der Regel folgt der Hauptsatz dem untergeordneten mit *ra* gekennzeichneten Satz, aber er kann auch voranstehen und der subordinierte Satz nachklappen:

ü'ū oyi-ṭkoma omoinig-laš üš pyesċag-lam-r'a 100.81
DU ESSEN-CP-BEENDEN-ADV STERBEN-FUT-2SG GIFT HINABSCHICKEN-PRF-1SG PT
Wenn du es gegessen hast, wirst du sterben, weil ich Gift hineingetan habe.

Der subordinierte Satz kann als Antwort auf eine Frage allein stehen:

mü psē ḍōg nā lan - ṣə tikyē lamš-ra (P.)
IHR WARUM MILCH NEG HABEN-PRS-2PL - VIEH FERN HABEN-PRS-1PL PT
Warum habt ihr keine Milch? - Weil wir das Vieh fern haben (weil das Vieh auf einer weit entfernten Alm steht).

a kür psē ẓum'aso - miš nan na aċogs-ra (P.)
DEM KIND WARUM WEINEN-PRS-3SG - POSS MUTTER NEG KOMMEN-PRT-3SG PT
Warum weint das Kind? - Weil seine Mutter nicht kam.

-*ra* kann mit einem Verb ohne Personalendung verbunden werden, z. B.

əm sə-pan soščor'ẹ-dī lāpoẹ-ra ... A13.9
MEIN ALM POST RECHTS-GEHEN-AOR PT HINAUFGELANGEN-AOR PT
wenn sie auf meine Alm rechts hinaufgehen und hinaufgelangen (Aor. 3. Pl. *lāpoẹst*)

Das mit *ra* markierte Verb kann mit dem Morphem *-a* suffigiert werden, in finaler Position unter Einschub eines Glide *-ra-y-a,* z. B.

ürǰ'ug tiċag-ra-s'a pəznig-(ə)lisum 100.117
LICHT HEREINKOMMEN-PRT-PT-3SG PT GEHEN-FUT-CONST-1SG
Wenn Licht hereinkommt (*tiċag-ra-so* + *a*), werde ich sicher gehen.

iskilya-ra-y-'a (I.), *iskiliga-ra-y-a* (P.) 89.5
WACKELN-PRS II PT PT
weil es sich bewegt (*iṣkilya-ra-(so)* ohne Personalendung + *a*)

Haupt- und Nebensatz stehen in einem temporalen, kausalen, konditionalen[104] oder adversativen Verhältnis zueinander. In vielen Fällen sind mehrere Interpretationen möglich.

temporal
a) Suffix

yei aċ'ẹ-ra yeiš pul'igsmo 6.46
VATER KOMMEN-AOR-3SG PT VATER-OBL SAGEN-PRS II-F-1SG
Wenn der Vater kommt, sage ich es dem Vater.

ǰen'ī sopoi-r'a krək əm ašpur'og wer'ī pulg'ā-re-sċ 7.4
JEINI RECHTS-GELANGEN-AOR-F-3SG PT SO MEIN LEHREN-PRTP WORT SAGEN-PRS II-PT-2SG
Wenn die *ǰeinī* im rechten Seitental heraufkommt, sollst du so das von mir gelehrte Wort sprechen!

wyenji-ra, kī gī loċ 33.7
AUFWACHEN-AOR-F-3SG PT SO NEHMEN-CP HOCHKOMMEN-IMP
Sobald sie aufwacht, komm so mit ihr hoch!

‚ari wəstī so' bī lapt'ī anjem'asəm-ra atig kaṭa ḍuw'ī arpan bišly'ogso 34.35
DEM FRAU IST DENKEN-CP HOCHGEHEN-CP HINSEHEN-PRS-1SG PT EIN STARK JUNGFRAU HIER SITZEN-PRT-3SG
Als ich in dem Gedanken: „dies ist eine Frau“ hinaufgehe und hinschaue, saß hier eine schöne junge Frau.

---

[104] MORGENSTIERNE 1949, § 109: “*g'z'em-rā* ... (when) I (shall) bring, where *rā* seems to be a conditional particle.” Vgl. auch Ashkun, MORGENSTIERNE 1929, 221 “past tense with postfixed *-ara* (cf. *ra* ‘and, also’) used in the sense of ‘having done’, or ‘when he had done’”.

lap'oe üšty'ob-pan lānj'a-ra ... üštyöb-pan atig ütr'ū al'əra ašly'ogso 92.3
HOCHGELANGEN-CP BAUM POST HOCHSCHAUEN-PRS-3SG PT ... BAUM POST EIN BÄR OBEN SITZEN-PRT-3SG
Als er, hinaufgelangt, zum Baum hochschaute (Präs.), saß auf dem Baum oben ein Bär.

b) Infix

tiptog-r'a-so čküa su ap'i atig küǰ'ū agnünewī māli'a alī napar'ī aplīnig-əlī A3.18
HINEINGEHEN-PRT-PT-3SG DANN PT PRN AUCH EIN FAMILIE RECHNEN-PASS-CP STEUER GEBEN-CP MILITÄRDIENST GEBEN-FUT-CONST-3SG
Wenn er eintritt, dann (erst) wird auch er, als eine Hausgemeinschaft gezählt werdend, Steuern geben und Wehrdienstersatzgeld geben.

bas'ol wog-r'a-so kənḍēlinig poin'īg-əlī A6.4
basol WERDEN-PRT-PT-3SG *kənḍ*-MACHEN-INF ANLANGEN-FUT-CONST-3SG
Wenn *basol* geworden ist, wird das *kənḍ*-Feiern stattfinden.

mār tüẓgyog-ra-saya əg'al gəznīg-əli (P.)
WOLKE ZUSAMMENKOMMEN-PRT-PT-3SG PT PT REGEN BRINGEN-FUT-CONST-3SG
Wenn sich Gewölk zusammenballt, wird es Regen bringen.

tābə əskal ra-saya wəǰǰəm'īš tāb wīm'aso (P.)
HITZE VIEL PT-SEIN-PRS-3SG PT MANN-OBL HITZE AUSGEHEN-PRS-3SG
Wenn es heiß wird, schwitzt der Mann.

Verbunden mit der Negation, bezeichnet der untergeordnete Satz (markiert durch Suffix oder Infix) eine Verbalhandlung, die zeitlich nach dem Geschehen des Hauptsatzes liegt ("bevor"), z. B.

ob'üŋya as'ā az'an na lyẹmš-(')ra, üsük 'āmaš lög kaṭ'a ir'ī awāw'ī timod'ī laṭk'ī bisċ'on 28.79
MORGEN WIR GEBETSRUF NEG MACHEN-AOR-1PL PT SONNE KOMMEN-ADV BEIDE STARK PFERD VERSTECKEN-CP ANBINDEN-CP BEENDEN-CP LASSEN-IMP-PL
Morgen früh, bevor wir den Gebetsruf durchführen, wenn die Sonne aufgeht, versteckt zwei kräftige Pferde, bindet sie an und lasst sie dann (dort stehen)!

lyenjg'a-ra-sċo ī žiċ'ən aw'ijī ... 6.21
HOCHSCHAUEN-PRS II-PT-2SG DEIN KLEID ABWERFEN-CP
Bevor du nach oben schaust, zieh dein Gewand aus und ...!

kausal

a) Suffix

üo əndeš çālyog-laš-ra aċ'ogsum (P.)
DU MICH RUFEN-PRF-2SG PT KOMMEN-PRT-1SG
Weil du mich gerufen hast, kam ich.

çā na līš-ra unz'ū na aċisəm-re (P.)
RUF NEG MACHEN-PRT II-2SG PT ICH NEG KOMMEN-PRT II-1SG PT
Weil du nicht riefst, kam ich nicht.

iznera-wag ṣan bünig üs čkwa win-la-r'a əstl'əg werī-wag əskal na ākičimā-ra-m B10.13
WINTER FÜR VIEH-OBL-VORWERFEN-INF GRAS WENIG WERDEN-FUT-3SG PT DEM DING FÜR VIEL NEG URBAR-MACHEN-PRS-PT-1PL
Da das Gras für den Winter, um es dem Vieh vorzuwerfen (*bünig* mit Haplologie von *binu-*), knapp werden wird, deshalb machen wir nicht viel urbar.

wuz'a pčog-la-r'a na tüšč'ogni wəǰǰəmīlug büsċ'ū̆ žery'ogust 34.46
ZUM-WEIDEN TRAGEN-PRF-3SG PT NEG KÄMPFEN-CP-NEG MANN-PL LASSEN-CP SICH-TALAUF-WENDEN-PRT-3PL
Da talab der Knabe (das Vieh anderswohin) zum Weiden gebracht hatte (Perf.), kehrten die Männer, ohne zu kämpfen, talauf zurück.

əndeš wulogsē-raya kodyum ṭkom (P.)
ICH-OBL SCHMERZEN-PLUP-3SG PT PT ARBEIT BEENDEN-PRT-1SG
Weil ich Schmerzen hatte, habe ich die Arbeit beendet. (zu *wulogsē* s. §1.4.3)

əẓ üštyubča Māndī ǰī-pan büpüt'ū̆ büsċog-l'ī-ra ǰī čəw'əl rē-st A10.262
ZEDER BAUM-OBL PT M. KOPF POST NIEDERDRÜCKEN-CP LASSEN-PRF-CONST-3SG PT KOPF BREIT PT-PRS-3PL
Weil Māndi den Zedernbaum am Kopf nach unten gedrückt hat, sind (die Zedern) am Kopf breit.

b) Infix

it'ī aċog-ra-sċ'o wəst'ī pčin'īg-liš ənd'eš 32.8
NUN KOMMEN-PRT-PT-2SG FRAU HOLEN-FUT-CONST-2SG MICH
Weil du nun kamst, wirst du mich sicherlich zur Frau nehmen.

əm-ag ḍigər r'a-saya unz'ū na aċ'isəm (P.)
MEIN FÜR SCHLECHT PT-SEIN-PRS-3SG PT ICH NEG KOMMEN-PRT II-1SG
Weil es für mich schlecht ist/ war (*ra + s(o) + a*), kam ich nicht.

əm-ag ganda ra-saya unz'ū aċinīg-l'isəm (P.)
MEIN FÜR GUT PT-SEIN-PRS-3SG PT ICH KOMMEN-FUT-CONST-1SG
Weil es für mich gut ist, werde ich kommen.

konditional

a) Suffix

mūṣ wənī sē-ra īr tisk'ī tiẓāw'ogust D7.3-4
EHEMANN HABEND SEIN-IMPF-3SG PT STEIN EINWERFEN-CP EINGRABEN-PRT-3PL
Wenn sie einen Ehemann hatte, steinigten sie sie.

əstləg wərǰim'īš ǰī na amǰog-lam-r'a əneša Əspərəg-r'a na lig'ast 54.66
DEM MANN-OBL KOPF NEG ABSCHNEIDEN-PRF-1SG PT MICH E. NEG SAGEN-PRS II-3PL
Wenn ich diesem Mann nicht den Kopf abschneide (Perf.), wird man mich nicht Əspərəg-ra nennen.

unz'ū üpuṣmasəm-ra əndeš üo wugneliga-rē-wə (P.)
ICH VERGESSEN-PRS-1SG PT MICH DU MICH-ERINNERN-IMP-PT
Falls ich es vergesse, erinnere du mich bitte!

b) Infix

hukumat wəǰǰəm'ī aċog-ra-st'o undōmišin ... aplinig inǰöliga kodyum rē-st A3.51
REGIERUNG MANN KOMMEN-PRT-PT-3PL PRN-PL-OBL ... GEBEN-INF *INǰÖLIGA* ARBEIT PT-SEIN-PRS-3PL
Wenn Regierungsleute kommen, ist es Aufgabe der *inǰöliga*, ihnen .... zu geben.

ünǰ'ū lü wərǰəm'ī atig wər'ī lī lög tigaṭ'ī šilyeg-ra-st'o üua mənǰer mənǰer-ag na aċ'ī woliŋ-əliš 93.17 (I.)
ABER 2 MENSCH EIN WORT MACHEN-CP BEIDE ÜBEREINSTIMMEN-CP SITZEN-PRT-PT-3PL DU PT ZEIT ZEIT FÜR NEG KOMMEN-CP KÖNNEN-FUT-CONST-2SG
Aber wenn zwei Menschen eine (einzige) Rede führen und beide in Eintracht leben, wirst du für alle Zeiten nicht kommen können.

aporog-ra-səmšo as öl Maka çtag ibz'āsəmš 94.8 (I.)
BESIEGEN-PRT-PT-1PL UNSER GROß MAKA WIEDER HINAUSGEHEN-PRS II-1PL
Wenn wir sie besiegen, werden wir wieder in unser großes Maka hinausgehen.

k'ūču na lī wolog-ra-sċ'o wəǰǰəm'ī okṭənīg na woln'ig-(ə)liš A10.236
LOCH NEG MACHEN-CP KÖNNEN-PRT-PT-2SG MENSCH FRESSEN-INF NEG KÖNNEN-FUT-CONST-2SG
Wenn du kein Loch machen kannst, wirst du keine Menschen fressen können.

In sehr vielen Fällen steht im subordinierten Konditionalsatz ein *ra* (infigiert oder suffigiert), im Hauptsatz ein *re* (infigiert oder suffigiert). Oft, aber nicht immer ist eine zeitliche Folge zu erkennen (*ra* „erst“ … *re* „dann“):

atig gəndər əzˈət gəzˈī bityˈẹm-ra, gulˈaw iryˈog-pan neptegˈa-re-s 25.25
EIN GROß FELS NEHMEN-CP NIEDERLEGEN-AOR-1SG PT FLUSS BACHBETT POST TALABGEHEN-PRS II-PT-3SG
Wenn ich einen großen Felsblock hinlege, wird der Fluss im Bachbett talab fließen.

atig-ˈəsa na wuŋnˈogs-rˈa üū re unzˈū re ī wəstˈī re atig-pan ṣügyˈẹmš-(i)rˈe 89.6
EIN NOCH PT NEG HERERSCHEINEN-PRT-3SG PT DU PT ICH PT DEINE FRAU PT EIN POST SICH-VERSAMMELN-AOR-1PL PT
Wenn uns nicht noch etwas einfällt, dann wollen wir, du und ich und deine Frau, uns an einer Stelle versammeln.

und mit *ra*-Infix

na anǰiwog-ra-snˈo nā-rˈē-sə 38.63
NEG FALLEN-PRT-PT-2PL NEG-SEIN-PRS-PT-3SG
Wenn ihr nicht umfallt, dann ist es nicht da.

üo wəstˈī kolima-rˈa-sċ-raya ī-yag ḍigər rē-s (P.)
DU FRAU SPRECHEN-PRS-PT-2SG PT PT DEIN FÜR SCHLECHT PT-IST
Wenn du heiratest, ist es für dich schlecht.

adversativ
a) Suffix

unzˈū asˈən ag bag lī āmˈasum-ra, müˈa əndˈcš oinig-lano 30.41
ICH EUCH FÜR GUT MACHEN-CP KOMMEN-PRS-1SG PT IHR PT MICH ESSEN-FUT-2PL
Obwohl ich in guter Absicht für euch komme, werdet ihr mich fressen!

üˈā wəǰǰəmī əsċ-(e)ra unzˈū yuṣ re-sum, üu re unzˈū dī na asumtigˈasumšo 42.95
DU PT MANN SEIN-PRS-2SG PT ICH YUṢ PT-BIN, DU PT ICH PT NEG TREFFEN-PRS II-1PL
Du bist ein Mensch, aber ich bin ein Yuṣ; du und ich, wir (beide) passen nicht zusammen.

itˈī yēš krək kolyˈomaya əndeš ožˈinmasə-rˈa, na kolyˈomaya as-ˈag ḍigər re-so 42.13
NUN VATER-OBL SO SAGEN-ADV PT MICH TÖTEN-PRS-3SG PT NEG SAGEN-ADV PT UNS FÜR SCHLECHT PT-SEIN-PRS-3SG
Wenn ich es nun dem Vater berichte, tötet er mich, aber wenn ich es nicht berichte, dann ist es schlecht für uns.

b) Infix

unz'ū nāznega-r'a-səm, əznəg'aluga Ṣupūlug rē-st A6.40
ICH NEG WISSEN-PRS II-PT.1SG WISSEN-PRSP II-PL PT IṢṬEWI-PL PT-SEIN-PRS-3PL
Ich weiß es nicht, (aber) die Iṣṭewi-Leute wissen es.

Komplement-Marker
Der subordinierte Satz kann das Komplement eines Verbs der Wahrnehmung bilden, *ra* steht in diesem Fall nach dem Komplementsatz vor dem regierenden Verb (alle Beispiele mit *əzn-* „wissen, kennen") im Hauptsatz.

a) Suffix

it'ī ožny'ogun-ḍ'a əzn'am unz'ū 21.20
NUN TÖTEN-PRT-2PL PT ERKENNEN-PRT-1SG ICH
Nun erkannte ich, dass ihr tötetet.

es ċān ḍigər lyān'a ari wəs-raya əzn'ā-re-sən 91.30
JE AST-OBL-PL SCHLECHT MACHEN-PRSP-OBL-PL DEM SEIN-PRT II-3SG PT PT ERKENNEN-PRS II-PT-2PL
Diejenigen, die den eigenen Artgenossen Böses tun, - wisst, dass ihnen dieses geschieht!

əstləg iž'eŋ üteš aš'ǖ omu'iŋ-li-ra[105] *əzn'ā-re-ċ* 91.5
DEM SCHLANGE DICH BEIßEN-CP TÖTEN-FUT-CONST-3SG PT WISSEN-PRS II-PT-2SG
Du sollst wissen, (dass), … jene Schlange dich beißen und töten wird!

ibüŋya pəzgā-pa-ra-səm-ḍaya it'ī əznog-nā-lam-ǰ-(i)r'a (P.)
MORGEN GEHEN-PRS II-PT-PT-1SG PT PT JETZT WISSEN-PRF-NEG-1SG PT PT
Ob ich morgen wohl gehen werde, weiß ich jetzt noch nicht.

3.5 Relativsatz

3.5.1 Gibt es im Prasun Relativsätze?

Prasun kennt keine Relativpronomina. Die Frage ist deshalb zunächst, ob es überhaupt Relativsätze bildet oder nicht. Ein Relativsatz wird hier definiert als ein subordinierter Satz, der ein verbales Element enthält, der mit einer Nominalphrase des übergeordneten Satzes (dem Kopf) ein Bezugselement gemeinsam hat und der die NP, der er zugeordnet ist, in irgendeiner Weise näher bestimmt. Dadurch unterscheidet sich der Relativsatz von anderen subordinierten Sätzen ebenso wie von nicht-subordinierten implizit attributiven Sätzen und Adjektivattributen ohne verbale Komponente. Wie sich zeigt, verfügt Prasun über solche Sätze. So wird z. B. in

---
105 *omu'iŋ-li* = P. *omuyinig-lia.*

piẽ kə̃ išč'a pəz'og
SOHN PFEIL SCHIEßEN-SUP GEHEN-PRTP
der Sohn, der zum Pfeilschießen gegangen war

piẽ „Sohn“ durch *kə̃ išč'a pəz'og* modifiziert. *pəz'og* ist ein durch das Suffix *-og* nominalisiertes Verb (Partizip Prät.) „gehen“, der finite Satz würde lauten *piẽ kə̃ išč'a pəz'og('ə)so* „der Sohn ging zum Pfeilschießen/ ist zum Pfeilschießen gegangen“, oder mit Partizip (nicht-subordiniert, also kein Relativsatz): *piẽ kə̃ išč'a pəz'og (ə)so* „Der Sohn ist ein zum Pfeilschießen Gegangener.“ Der Relativsatz (RS) bildet eine Leerstelle: [Sohn [_ Pfeil zu-schießen gegangen]].

3.5.2 Partizipiale Relativsätze

Alle Relativsätze des Prasun verwenden die Partizipialisierung auch als Strategie der Subordination, und zwar durch Suffigierung entweder mit *-og/ -ag* (dem Suffix des Part. Prät., s. §2.5.1.2 ebenso wie der reduzierten Verbalform der Vergangenheitstempora, s. §2.4.1.4) oder mit *-ga*, f. *-ig* (dem Suffix des Part. Präs. II, s. §2.5.1.1). Der Relativsatz kann vor oder nach dem Bezugselement stehen.[106]
In einigen Fällen ist eine andere Interpretation denkbar, z. B. könnte anstelle einer Relativsatz- (a) eine Konstruktion mit koordinierenden Prädikaten und Gruppenflexion (b) vorliegen (vgl. § 3.3.2).

sat'eg way'e mang ožn'a aščer'og na aċog-w'əsta 8.5
SIEBEN BRUDER MARKHOR TÖTEN-SUP WEGGEHEN-PRTP NEG KOMMEN-PLUP-CONST-3PL
(a) Die 7 Brüder, die Markhor töten gegangen (waren), waren nicht zurückgekommen
(b) Die 7 Brüder waren (a) Markhor töten gegangen und (b) nicht zurückgekommen.

üreš'og nan tešper'og büšl'og „...“ bī lič'ī pyölor'ī pyep'ogso 26.10
NACHBAR MUTTER PLATTFORM SITZEN-PRTP ... DENKEN-CP AUFSTEHEN-CP HINABSPRINGEN-CP HINABGELANGEN-PRT-3SG
(a) Die Nachbarsfrau, die auf dem Versammlungsplatz saß, dachte ..., erhob sich, sprang hinab und gelangte hinunter
(b) Die Nachbarsfrau saß auf dem Versammlungsplatz, dachte, ..., erhob sich, sprang hinab und gelangte (ins Haus) hinunter.

Das letzte Beispiel spricht für die Interpretation als Relativsatz, weil bei einer Folge von Handlungen eher das Absolutiv (§2.5.2) zu erwarten gewesen wäre: *büšlī* statt *büšlog*. Ebenso wäre im folgenden Beispiel für Lösung (b) eher *pəzī* statt *pəzog* zu erwarten gewesen.

[106] Auch im Waigali werden solche Relativsätze gebildet (DEGENER 1998, 212 „Partizipial“), daneben gibt es aber eine Reihe von anderen Strategien.

piẽ kə̃ iščʹa pəzʹog aċʹī ti-zʹī pyenjimʹasa 8.37
SOHN PFEIL SCHIEẞEN-SUP GEHEN-PRTP KOMMEN-CP IN TÜR HINABSCHAUEN-PRS-3SG PT
(a) als der Sohn, (der) zum Pfeilschießen gegangen (war), (zurück)kommt und in der Tür hinunterschaut
(b) als der Sohn Pfeilschießen ging, (zurück)kommt und in der Tür hinunterschaut

Unmöglich ist die Analyse als Gruppenflexion, wenn das Bezugselement nicht das Subjekt des Hauptsatzes ist:

wəstʹī na omog muṣ omʹog pyetyog-laš-ʹē 35.18
FRAU NEG STERBEN-PRTP MANN STERBEN-PRTP HINABLEGEN-PRF-2SG Q
(a) Hast du eine Frau, (die) nicht tot (ist und) einen Mann, (der) tot (ist), (ins Grab) hinabgelegt?
(b) *hast du eine Frau nicht gestorben ... und hinabgelegt?

3.5.3 Verbalphrasen mit finitem Verb als Relativsatz

Eine weitere Art der Relativsatzbildung scheint auf einige Ortsnamen beschränkt zu sein, die regelmäßig mit diesem Zusatz versehen genannt werden:

ċəwʹa ǰeinʹī birʹogʹast (P.)
Ċ. ǰeini voll-werden-prf-3pl
Ċəwa, (wo) *ǰeinis* sich versammelt haben (Name eines Tals)

tüšču niṣ ǰeinʹī əskʹal ʹasto (Kšt.)
T. SCHLUCHT *JEINI* VIEL SEIN-PRS-3PL
Tüšču-niṣ, (wo) viele *ǰeinis* sind (Name eines Seitentales).

3.5.4 Absolutiv als Relativsatz?

In einem einzigen Fall scheint ein Absolutiv einen Relativsatz zu bilden:

su īrʹī-pan ašlʹī wəǰǰəmʹī apʹī guṣʹū sew 52.20
ART PFERD POST SITZEN-CP MANN AUCH TAUB SEIN-IMPF-3SG
Auch der Mann, der zu Pferde saß, war taub.

Das persische Original, nach dessen Muster die Geschichte nacherzählt wurde, gibt keinen Aufschluss: *sawār ham kar būd* „Auch der Reiter war taub." Man könnte vermuten, dass *ašlʹī* ein Versprecher für *ašleg* oder *ašliga* ist, aber da sich dies nicht überprüfen lässt, muss man das Absolutiv als mögliches relativsatzbildendes Morphem ansehen.

3.5.5 Freie Relativsätze

Außer den erwähnten gebundenen Relativsätzen gibt es freie RS, deren Bezugselement nicht genannt wird, z. B.

səmiš-pa wipt'og səmiš īri aplig'a 39.36
IHM POST HINAUSGEHEN-PRTP IHM PFERD GEBEN-PRSP II
(der), zu dem er hinausgegangen war, der ihm das Pferd gegeben hatte

ebenso *gālig'a* „Sänger“, *gā ipəg'a* „Dichter“ und andere Nomina agentis. Freie RS sind vollständige NP und im Gegensatz zu den gebundenen RS eigene Satzglieder.

3.5.6 Der Relativsatz in der NP

Ein postnominaler RS kann dem Matrixsatz folgen, so dass zwischen Bezugselement und RS die VP des Hauptsatzes steht, z. B.

atig wəǰǰim'ī mal'əg wikṣin čar last wer'ī əzneg'aš, bižičin'ig əznegaš A3.53
EIN MANN MALIK WÄHLEN-INF BRAUCH HABEN-3PL SPRACHE KENNEN-PRSP II-OBL, SCHREIBEN-INF KENNEN-PRSP II-OBL
Sie pflegen einen Mann zum Malik zu wählen, der Sprachen kennt und der schreiben kann.

Mehrere RS können aufeinander folgen:

su nəs wakṣog t-'übog wajog wəstīš 32.99
ART NASE ABSCHNEIDEN-PRTP IN *ÜBOG* LINKS-WERFEN-PRTP FRAU-OBL
der Frau, der (1) die Nase abgeschnitten worden war (und) die (2) in den *übog* nach links geworfen worden war

Am Ende der NP kann eine Postposition folgen:

ī ḍ'obul aw-pan pess'očog-ag at'ī 104.5
DEIN BROT WASSER POST HINABWERFEN-ITER-PRTP FÜR WEGEN
für deine Brote, die du ins Wasser zu werfen pflegtest
(parallel zu 104.6 *ī ḍ'obul-pan at'ī* wegen deiner Brote ohne Partizipial).

Die Markierung des Obliquus (DOM) eines direkten oder indirekten Objekts erfolgt am Ende der NP, also bei postnominalem RS an dem Partizip, das den RS bildet, z. B.

wəṭ til'egš 69.63
FLÜGEL VERBRENNEN-PRTP-OBL
dem verbrannten Flügel

atig wəǰǰəm'ī üšt'üb kuẓ'ū-pan ašly'ogš 51.2
EIN MANN BAUM WURZEL POST SITZEN-PRTP-OBL
einen Mann, der unter einem Baum saß

bei pränominalem RS am Bezugsnomen, z. B.

byez wog wərǰəm'īš 88.12
KRANK WERDEN-PRTP MANN-OBL
den krank gewordenen Mann

su nity'e tə-b'əṭ sašliw'og siw'ušč 8.27
DEM TALAB IN FELS HINEINSETZEN-PRTP SCHWESTER-OBL
die Schwester, die talab in die Felshöhle hineingesetzt worden war

Die DOMarkierung kann auch sowohl am Bezugsnomen als auch am Partizip des postnominalen RS erfolgen, z. B.

su wəǰǰəm'īš timond'ogš 43.43
ART MANN-OBL EINBINDEN-PRTP-OBL
den Mann, der angebunden war

su ešt'ug əw'eš ṣə-pa šil'aš 74.5
ART KLEIN BRUDER-OBL VIEH POST SITZEN-PRSP II-OBL
dem jüngsten Bruder, der beim Vieh saß.

puč'ugš tüwurčogš awīkṣəm'aso (P.)
TUCH-OBL EINFALTEN-PRTP-OBL AUFZIEHEN-PRS-3SG
Er wickelt das Tuch, das (er vorher) zusammengefaltet (hat), auf.

Wie die Kasusmarkierung kann eine Postposition sowohl an das Bezugsnomen treten als auch an den nachgestellten RS:

su 'ǖtrū miš aẓm'og wərǰəm'ī-pan byez wog-pan t-arəg tünos'ogso 88.10
ART BÄR POSS-3SG BEKANNT MANN POST KRANK WERDEN-PRTP POST IN HAUS HINEIN-ERSCHEINEN-PRT-3SG
Der Bär trat ein in das Haus zu dem mit ihm befreundeten Mann, zu dem Krankgewordenen.

Vor dem Verb mit dem relativsatzbildenden Marker *-og* kann innerhalb des RS ein Absolutiv stehen:

atig kür'og omu'ī wij'og 98.8
EIN HUND TÖTEN-CP HINAUSWERFEN-PRTP
ein Hund, den man getötet und hinausgeworfen hatte

Wenn ein Determinator oder ein Numerale bei dem Bezugsnomen steht, rückt es bei pränominalen RS an die Spitze der NP:

su üšty'üb kuẓ'ū-pan pəgy'og wəǰǰəm'ī 52.7
ART BAUM WURZEL POST SCHLAFENGEHEN-PRTP MANN
der Mann, der unter dem Baum geschlafen hat

atig nəs wakṣog wəst'ī 32.96
ein Nase abschneiden-prtp Frau
eine Frau, (deren) Nase abgeschnitten (worden war)

Dadurch kann es zu Unklarheit kommen, auf was sich der Determinator bezieht:

əstləg üšt'ob-pan šily'og iž'eŋša 91.21
DEM BAUM POST SITZEN-PRTP SCHLANGE-OBL PT
(a) die auf jenem Baum sitzende Schlange
(b) jene auf dem Baum sitzende Schlange

Bei postnominalem RS steht ein Determinator oder Numerale vor dem Bezugsnomen, also ebenfalls am Anfang der NP.

3.5.7 Restriktiv - Appositiv

Bei der Betrachtung gebundener Relativsätze zeigt sich, dass die dem Bezugsnomen vorgestellten RS in der Regel restriktiv, die ihm nachgestellten RS in der Regel nicht-restriktiv (appositiv) sind, z. B.

su sü kū-pan ašl'eg wirǰəm'ī 74.45
ART GOLD STUHL POST SITZEN-PRTP MANN
der Mann, der auf dem goldenen Stuhl saß (restriktiv)

atig ḍuŋnīw'og gūṭeš B7.19
EIN GEBÄREN-PRTP KUH-OBL
eine Kuh, die ein(mal) gekalbt hat (restriktiv)

moṭig tiga maǰ'ig
HONIG LEGEN-PRSP II BIENE
Honigbiene (restriktiv)

wuṣēlig'ā wəǰǰəm'ī
MEDIZIN-GEBEN-PRSP II MANN
Arzt (restriktiv)

ostor'og āw
RINGSUM-BEDECKEN-PRTP WASSER
unterirdischer Kanal (Pers. *karēz*) (restriktiv)

su ožnyog-lašo lī atyog wəst'īš 11.7
ART TÖTEN-PRF-2SG SAGEN-CP BESCHULDIGEN-PRTP FRAU-OBL
die Frau, die beschuldigt worden war mit den Worten ‚du hast ihn getötet' (restriktiv)

lužūlug re yuṣlug re üpüč'ü ačer'og 75.20
GOTT-PL UND YUṢ-PL UND FLIEHEN-CP WEGGEHEN-PRTP
die Götter und die Yuṣ, die geflohen und weggegangen waren (nicht restriktiv)

kọ̄-pan čamə̃ ašiw'og (P.)
STUHL POST LEDER NÄHEN-PRTP
das am Stuhl befestigte Ledergeflecht (nicht restriktiv)

Restriktive RS stehen direkt vor dem Bezugsnomen, dagegen können zwischen Bezugswort und den nachgestellten, nicht-restriktiven RS weitere Elemente treten. Die doppelte DOMarkierung ist nur für den nicht-restriktiven, nachgestellten RS nachweisbar.
Die Unterscheidung von restriktiv und nicht-restriktiv anhand der Stellung in der NP gilt nicht nur für Relativsätze, sondern auch für andere Syntagmata, vgl.:

atig yuṣ sət ǰi wuni 93.4
EIN YUṢ 7 KOPF HABEND
ein Yuṣ, der (übrigens) sieben Köpfe hat (nicht restriktiv)

aber im selben Text

sət ǰi wuni yüṣ 93.10
7 KOPF HABEND YUṢ
ein/ der Yuṣ mit sieben Köpfen (restriktiv)

Eine gewisse Ausnahme bilden vorgestellte RS auf *-og*, bei denen der Kern (für den die Leerstelle des RS gebildet wird, semantisch identisch mit dem Bezugsnominal) die syntaktische Rolle eines Patiens erfüllt. Diese RS können restrikiv oder nicht-restriktiv sein, z. B.

su wissag kə̃ 74.9
ART AUSSCHICKEN-PRTP PFEIL
der abgeschossene Pfeil (nicht restriktiv)

ti-ǰī ošir'ēlyog šir 94.31
IN KOPF UMBINDEN-PRTP TURBAN
den um den Kopf gebundenen Turban (restriktiv oder nicht-restriktiv)

Alle freien RS sind notwendig restriktiv, z. B.

kurī na logzog'a B7.18
KALB NEG GEBÄREN-PRTP PT
(eine Kuh, die noch) nicht ein Kalb geboren (hat)

undō səmiš mən amǰū bisċigalugan A10.277
ART IHN SEIL SCHNEIDEN-CP HINABSCHICKEN-PRSP II-PL-OBL
diejenigen, die ihm das Seil abgeschnitten und ihn hinuntergeworfen hatten

səmiš īri aplig'a 39.36
IHM PFERD GEBEN-PRSP II
(der Mann), der ihm das Pferd gegeben hatte

Bemerkenswert ist, dass im folgenden Beispiel, wo das Bezugswort eine Frau ist, nicht die Femininform (*ašlig*) gewählt wurde:

ir'ī-pan ašleg'a kol'ī āpan üt'ǖ-ra 43.20
PFERD POST SITZEN-PRTP PT SO HIER HINSTELLEN-IMP PT
Stell die auf dem Pferd sitzend(e Frau) so hier ab!

Möglich wäre die Deutung als Partizip im Femininum mit dem Morphem *-a* (§4.2) *ašlig-a:* „Die auf dem Pferd Sitzende, stell sie so hier ab!". Eine andere denkbare Auffassung von *kol'ī* als Absolutiv „gesagt habend" (vgl. zu *ga li-* §2.9.3.11) ist abzulehnen, auch wegen der Glossierung mit Persisch *itur* „so".

3.5.8 ***Semantische Rollen***

Neben dem verbalen Element enthält der RS eine Leerstelle, welche die Rolle des Kopfnomens innerhalb des RS markiert. Nachweisen lassen sich die folgenden semantischen Rollen dieser Leerstelle: Agens, Patiens, Benefiziär, Thema, Locus.

(1) Agens

Die Rolle des syntaktischen Subjekts bildet erwartungsgemäß meistens die semantische Rolle des Agens ab, wenn ein Partizip auf *-ga* (Part. Präs. II) oder ein Partizip auf *-og* von einem itr. Verb gebildet wird.

a) transitives Verb

sumiš 'īri apliga xān
IHM PFERD GEBEN-PRSP II KHAN
der Khan, der ihm das Pferd gegeben hatte

b) intransitives Verb

səmiš īš-pana wer'ī lōnosog (P.)
SEIN MUND POST WORT HOCHERSCHEINEN-PRTP
das Wort, das aus seinem Munde hochgekommen ist

kund il'īga türy'og C24.19
KÖRPER HEIß SICH-HINEINWENDEN-PRTP
Fieber

(2) Patiens
Wird das Part. Prät. von einem transitiven Verb oder aus dem Passivstamm gebildet, so korrespondiert die Rolle des syntaktischen Subjekts meist mit der semantischen Rolle des Patiens, z. B. *wer'ī koly'og* „das Wort, das gesprochen wurde".

a) transitives Verb

əstlə wəst'ī wer'ī koly'og 61.118
DEM FRAU WORT SPRECHEN-PRTP
jene Worte, die die Frau gesprochen hatte
oder: jene Worte der Frau, die (von ihr) gesprochen worden waren

na ip'og žim
NEG BAUEN-PRTP EISEN
unbearbeitetes Eisen

wəǰǰəm'ī ožny'og-wag 21.4
MANN TÖTEN-PRTP FÜR
für die Männer, die getötet wurden

Einige Partizipien, die das affizierte Objekt oder das Resultat der Verbalhandlung bezeichnen, sind lexikalisiert:

ālubog „Ohrring" (*ālub-* „aufhängen")
üluz'og „dünner Brei" (*üluz-* „zu Teig verkneten")
ašiw'og „Naht" (*ašiw-* „nähen")
kimog „Stroh" (*kim-* „dreschen")

b) intransitives Verb

lust žünyēw'ogš A2.14
HAND GELB-WERDEN-PRTP-OBL
die Hand, die gelb-grün geworden war

(3) Benefiziär
In der Rolle des Benefiziärs (desjenigen, dem die Handlung zugute kommt) ist die des Malefiziärs (desjenigen, dem die Handlung schadet) eingeschlossen. Enthält der RS ein syntaktisches Subjekt (itr. Verb) oder ein direktes Objekt (tr. Verb), so gleicht die Konstruktion einem Bahuvrihi-Kompositum.

Sie wird hier als Relativsatz und nicht als Kompositum analysiert, weil sie sich morphologisch nicht von anderen RS unterscheidet, z. B. wird in *kurī na logzog* „(Kuh), die kein Kalb geboren hat" das Negativum nicht vor das Syntagma gestellt, wie es bei einem adjektivischen Kompositum zu erwarten wäre, sondern es handelt sich um einen durch Verlust der Personalendung als RS markierten Satz *kurī na logzogo* „sie gebar nicht ein Kalb."

a) transitives Verb

Das direkte Objekt der Verbalhandlung steht vor dem mit *-og* suffigierten Verb, z. B. *nəs wakṣog wəst'ī* „Frau, deren Nase (*nəs*) abgeschnitten wurde (*wakṣ-* abschneiden, -reißen)", entsprechend einem *atig wəstīš nəs wakṣogust* „man schnitt einer Frau die Nase ab."

> *kurī na logzog* B7.18
> KALB NEG GEBÄREN-PRTP
> (eine Kuh, die noch) kein Kalb geboren hat

> *atig nəs wakṣog wəst'ī* 32.96
> EIN NASE ABSCHNEIDEN-PRTP FRAU
> eine Frau, (deren) Nase abgeschnitten (worden war)

> *extiyār aply'og* A2.2
> VOLLMACHT GEBEN-PRTP
> bevollmächtigt

> *atig wuẓ'og šir opč'og M'āndi* 75.21
> EIN SCHWARZER TURBAN HERUMTRAGEN-PRTP M.
> Mandi, der sich einen schwarzen Turban umgebunden hat

b) intransitives Verb

> *su wut'og wərǰəm'ī* 103.6
> ART HUNGERN-PRTP MANN
> der hungrige Mann

> *güčü üpšog* (Pr.)
> RÜCKEN HINAUSGEHEN-PRTP
> buckelig

> *nəm wīptog* A7.41
> NAME HINAUSGEHEN-PRTP
> berühmt

(4) Locus

Ähnliches wie für die semantische Rolle (3) „Benefiziär" gilt für RS, deren Leerstelle die semantische Rolle eines Locus hat. Auch hier spricht die Syntax - etwa in *ti-bim īr bit'ī tītiw'og ṭā* A6.52 „Steinkreis auf dem Boden" (s. u.) mit einem Konverb (*bit'ī* „niedergesetzt habend") innerhalb der attributiven NP - gegen eine Interpretation als Bahuvrihi und für eine Interpretation als Relativsatz (aus *īr bit'ī tītiw'ogo* „schloss, Steine gelegt habend, ein"). Der Referent ist der Ort, an dem die Verbalhandlung stattfindet oder stattgefunden hat oder den sie zum Ziel hat. Vgl. zum Partizip im temporalen und lokalen Adverbiale §2.5 Partizip Prät. als Nomen actionis.

a) transitives Verb

> *but pyelog ṭ'ālugan* 22.25
> MEHL HINABTUN-PRTP ORT-PL-OBL
> die Orte, (an denen) Mehl aufbewahrt wurde

> *su küra wukṭog ṭā-pan* A10.109
> ART KNABE-ABL PT ABREIßEN-PRTP ORT POST
> an der Stelle, an der der Knabe[107] (ihn) abgerissen hatte

> *puṭ aṣç'og kaṣ*
> ROTES-TUCH ANHEFTEN-PRTP AXT
> Tanzaxt mit rotem Tuch

> *ti-bim īr bit'ī tītiw'og ṭā* A6.52
> IN BODEN STEIN HINABSTELLEN-CP EINSTELLEN-PRTP ORT
> Steinkreis (zur Markierung) auf dem Boden

b) intransitives Verb

> *ürǰug tig'a əweig* (Pr.)
> LICHT EINTRETEN-PRSP II FENSTER
> Fenster, (durch das) Licht eintritt

> *su iž'eŋ šily'eg üštob* 91.24
> ART SCHLANGE SITZEN-PRTP BAUM
> Baum, auf dem die Schlange saß

> *ülum lēga əweig* (P.)
> RAUCH HOCHGEHEN-PRSP II FENSTER
> Dachluke, zu der der Rauch aufsteigt

[107] Ablativ in der Funkion eines Genitivs, s. §2.1.3, vgl. unten §3.5.9.

n'əskarš ā pyeṣol'ogš akoṣ'igsum 42.72
GESICHT-OBL WASSER HINABFLIEẞEN-PRTP-OBL ABWISCHEN-PRS II-F-1SG
Ich will das Gesicht, (von dem) der Schweiß herunterläuft, abwischen.

pieċ'og-pan'ī
HERABKOMMEN-PRTP POST
unten im Tal („an dem Ort, wo man hinabgekommen ist")

pyöṭ'og an'egš 98.17
HINABLANGEN-PRTP FEUER-OBL
das Feuer, in das sie hinabgelangt hatte

aṣç'og ṭāš C24.28
BEIẞEN-PRTP ORT-OBL
die Stelle, an der (die Schlange) gebissen (hat)

ṣə bir'og-pan 104.13
VIEH VOLLWERDEN-PRTP POST
am Ort, wo Vieh versammelt (war).

Das Verb „füllen" *(√-nč, √-ri)* verhält sich in Sätzen mit finitem Verb unterschiedlich, aber Relativsätze mit dem Part. Prät. werden nach ein und demselben Muster gebildet. So ist im Verbalsatz der Patiens das Material, das in einen Behälter gefüllt wird (häufiger mit *√-nč*), z. B.

ās'ə sānčiw'ogo 43.4 „füllte Asche ein", *wuč'o binč'ī* 100.107 „Schmelzbutter (ab)gefüllt habend", *āw bür'ǖ* 100.13 Wasser eingefüllt habend",

oder der Behälter (häufiger mit *√-ri*), z. B.

warəg tak ončiw'ogo 29.17 „füllte das Haus", *atig uy'ū lār'ī* 40.4/ *atig üyū lārī* A10.311 „einen Korb gefüllt habend", *atig kurī w'əzī lar'ī* 57.35 „einen Kalbsfellbeutel gefüllt habend",

oder beides:

butlug binč'ī miš gənlug dīslug binč'ī 61.35
MEHL-PL HINABFÜLLEN-CP IHR TOPF-PL TRUHE-PL HINABFÜLLEN-CP
die Mehlvorräte (= Material) abgefüllt habend, ihre Lehmtöpfe und Truhen (= Behälter) gefüllt habend

auch mit der Bezeichnung des Behälters im Obliquus, wenn beide Argumente vorkommen:

üy'ūš ty'ek ti jī končuw'ogust 21.21
TURM-OBL ID STELLEN-CP KOPF HERUMFÜLLEN-PRT-3PL
füllten den Turm (= Behälter) mit Köpfen (= Material)

aṭš üs'ū̆ büry'ogo 100.41
TOPF-OBL BLUT HINABFÜLLEN-PRT-3SG
den Topf (= Behälter) mit Blut (= Material) gefüllt habend

Im Relativsatz aber mit dem Partizip Prät. auf *-og/-ag* von den Wurzeln *√-nč, √-ri* ist der Referent immer der Behälter, unabhängig davon, ob zuerst das einzufüllende Material oder der Behälter genannt wird, z. B.

gən binč'ag but 61.62
TOPF HINABFÜLLEN-PRTP MEHL
Topf gefüllt mit Mehl

atig kəst'ī lār'og ṭiŋ'ə 10.1
EIN BEUTEL HOCHFÜLLEN-PRTP GELD
ein Beutel voll Geld

atig üy'ug byēr končiwinyog (P.)
EIN STALL ZIEGE HERUMFÜLLEN-PASS-PRTP
ein Stall, mit Ziegen gefüllt

wučo sānčiw'og ḍubul 40.14
SCHMELZBUTTER EINFÜLLEN-PRTP BROT
Brot mit Schmelzbutter gefüllt.

(5) Thema
Im folgenden Beispiel entspricht der freie RS dem finiten Satz *əm tü-büd bogsəm* „ich dachte (itr.) in meinem Sinn". Der Referent ist der Gegenstand des Denkens, entspricht also dem, was als Komplement dem Verb „denken" in der Regel vorangeht, im selben Text zum Beispiel *muṣ ,wəst'īš orodg'asəm' b'ogso* 9.13 „Der Mann dachte: ich will die Frau schlagen."

əm tü-b'üd bog w'ogs-odo 9.3
MEIN IN SINN DENKEN-PRTP WERDEN-PRT-3SG PT
Das, was ich in meinem Sinn dachte, wurde wahr (Pers. *γaraż-e man ḥāṣil šud* „mein Vorhaben wurde erreicht").

Da das Verb intransitiv ist, kann *bog* nicht „das Gedachte" („passiv") sein, vielmehr steht die Leerstelle für das, wovon die Situation handelt, erfüllt also die semantische Rolle des Themas. In ähnlicher Weise steht *asə ṣupṣ'ī wuẓog* in *asə ṣupṣ'ī wuẓog* 8.66 für *asə supṣ'ī wuẓog-lamšo* „wir haben einen Schwestersohn gefunden“. Vgl. unten §3.5.10 und s. §2.5.1.2 zu Partizipien in der Funktion eines Nomen actionis.

3.5.9 Markierung des Subjekts im RS

Wird das Subjekt der Verbalhandlung des RS (nicht identisch mit dem Referenten des RS) genannt, so steht es vor dem Partizip. Die Form des Nomens ist unmarkiert (*wəst'ī*) oder steht in einem Nicht-Subjekt-Kasus (*küra*). Wird das Subjekt durch ein Personalpronomen vertreten, steht es im Genitiv (Possessivpronomen).

əstlə wəst'ī wer'ī koly'og 61.118
DEM FRAU WORT SPRECHEN-PRTP
jene Worte, die die Frau gesprochen hatte

su küra wukṭog ṭā-pan A10.109
ART KNABE-ABL PT ABREIßEN-PRTP ORT POST
an der Stelle, an der der Knabe (ihn) abgerissen hatte

su ī wogz'og pinigš 74.28
ART POSS-2SG GEBÄREN-PRTP SÖHNCHEN-OBL
den Knaben, den du geboren hast

səmiš bidim'ag 59.5
POSS-3SG SCHREITEN-PRTP
(dort, wo) sie auftritt

miš ipog mülü'a D16.8
POSS -3SG BAUEN PRTP LOHN PT
Lohn für seine Reparatur/ für das, was er repariert hat

ugum'a extiy'ār aplyog ẓət A3.63
DORFGEMEINSCHAFT-ABL VOLLMACHT GEBEN-PRTP *ẓət*
Der von der Dorfgemeinschaft bevollmächtigte *ẓət*

ī koly'og wery'a 61.48
POSS-2SG SPRECHEN-PRTP WORT PT
das Wort, das du sprachst

əm ašpur'og wer'ī 7.4
POSS-1SG LEHREN-PRTP WORT
das Wort, das ich gelehrt habe

atəg anig tiliw'og müč'ū 27.22
EIN FEUER VERBRENNEN-PRTP HOLZKLOTZ
ein Holzklotz, den das Feuer verbrannt hat.

3.5.10 Relativsatz als Komplement

Der RS (a) erfüllt nach Verben der Wahrnehmung die Funktion eines Komplements (b):

asə əsk'alan an'eg-pan tij'ī tükčiwočugan ānj'ogsəmšo 49.10
WIR VIELE-PL-OBL FEUER POST EINWERFEN-CP KOCHEN-ITER-PRTP-PL-OBL SEHEN-PRT-1PL
(a) Wir sahen viele, die sie, nachdem sie sie ins Feuer geworfen hatten, zu braten pflegten.
(b) Wir sahen, dass viele immer wieder ins Feuer geworfen und gebraten wurden.

atig wəǯǯəm'ī üšt'üb kuẓ'ū-pan ašly'ogš asənǯ'ogo 51.2
EIN MANN BAUM WURZEL POST SITZEN-PRTP SEHEN-PRT-3SG
(a) Er sah einen Mann, der unter einem Baum saß.
(b) Er sah einen Mann unter einem Baum sitzen.

bienj'an išp'ešč is'ǖ sašč'ogš 8.26
HINABSEHEN-IMP-PL AXT-OBL BLUT ANHEFTEN-PRTP-OBL
(a) Seht die Axt, die blutverschmierte!
(b) Seht, dass die Axt blutverschmiert ist!

om'ogš əzn'ī 31.28
STERBEN-PRTP-OBL ERKENNEN-CP
(a) den (Bären, der) gestorben (war), erkannt habend
(b) erkannt habend, dass (der Bär) gestorben war.

3.6 Possessive Relationen

3.6.1 Allgemeines

Unter einer possessiven Relation verstehen wir an dieser Stelle Konstruktionen, die explizit einen Possessor und ein Possessum nennen und ein Besitzverhältnis („haben“, „gehören“, „zu eigen sein“) einschließen. Dazu gezählt werden benefaktiv-possessive Relationen wie *əm kodyum* 34.54 „meine Arbeit“ = „Arbeit für mich“ und lokal-possessive Relationen wie *Gōya nanl'ug* A7.96 „Frauen von Goya“ = „Frauen, die dort arbeiten“, im weiteren Sinne auch adnominale Konstruktionen, die die Zugehörigkeit ausdrücken, ohne dass ein echtes Besitzverhältnis vorliegt, also auch mit Possessor-Nomina, die kein Lebewesen bezeichnen („Haus-Tür“ = „Tür, die zu dem Haus gehört“). Entscheidend ist für uns also nicht die Zugehörigkeit des Possessors zu einer bestimmten Klasse von Nomina, sondern die Beziehung zwischen Possessor und Possessum und die Bezogenheit beider

Rollen aufeinander in „a strictly binary relation".[108] Dabei gibt es Überschneidungen mit lokalen Verhältnissen und mit Experiencer-Konstruktionen. Es gibt im Prasun mehrere Strategien zur Darstellung eines possessiven Verhältnisses zwischen zwei NP, dem Possessor und dem Possessum. Sie lassen sich in attributive und prädikative Konstruktionen einteilen. Attributive Konstruktionen sind sehr oft einfach juxtaponierend, oder der Possessor steht in einem Nicht-Nominativ-Kasus. In prädikativen Konstruktionen wird vor allem das Verb „haben" verwendet. Prasun kennt keine Konstruktion, in der das Possessum als grammatisches Subjekt, der Possessor als Lokativ-Komplement kodiert ist (wie Urdu-Hindi *mere pās ... hai*), auch nicht prädikative Konstruktionen mit dem Possessor im Genitiv-Dativ,[109] mit Ausnahme von *wuni, nuni* verwendet die prädikative Konstruktion auch nicht dieselben Morpheme wie in attributiver Stellung.[110] Es gibt im Prasun keinen Hinweis auf die grammatische Kategorie der Inalienabilität in attributiven possessiven Konstruktionen, vgl. *yei* 6.5, 28.63 „(mein) Vater", *əm yei* 32.85, 42.53 „mein Vater", *əm īžə̃* „mein Armband", *am dary'ū* 90.41 „mein Schießpulver".[111] In prädikativen Konstruktionen lässt sich beobachten, dass bei der Negation des possessiven Verhältnisses in der prädikativen Konstruktion *wule-* eher für dauerhafte, *na la-* eher für momentane oder temporäre possessive Verhältnisse verwendet wird. Temporalität spielt auch insofern eine Rolle, als für das Eintreten eines neuen Besitzverhältnisses eine eigene Konstruktion zur Verfügung steht (Markierung des Possessors mit *-ag* „für").

3.6.2 Attributive Konstruktion

3.6.2.1 Possessor (NP) + Possessum (NP)

Zur Juxtaposition mit Voranstellung des abhängigen Possessor-Nomens vgl. auch §2.3 (Nominalkomposition).

> *Bugurǰan kọ̄ṭk'ī* A10.53 „Heer von Bugurǰan", *hukumat wəǰǰəm'ī* A3.51 „Beauftragte der Regierung", *sət mīra xazān'a* 91.22 „Schatz von sieben Königen", *Seč t-ir'ē* 83.4 „im Tanzhaus von Pronj"

3.6.2.2 Possessor (Nomen im Gen.) + Possessum (NP)

Zur Verwendung des Genitiv-Obliquusmorphems als Relator vgl. §2.1.3.

> *Mār'eš dizč* A11.2 „Statue des Mara", *kaṭ'aš wəst'ī* 32.94 „Frau eines Mächtigen"

3.6.2.3 Possessor (Nomen im Ablativ) + Possessum (NP)

Zur Verwendung des Ablativmorphems *-a* als Relator vgl. §2.1.3.

> *suč'og Wuṣ'it og'uma wōzlug* A5.1 „die Eichen der ganzen Dorfgemeinschaft von Paṣki", *walea lətr'ī* 76.26 „Besitz eines anderen"

---

[108] SEILER 1983, 4. Seiler akteptiert als Possessor „prototypically" nur Bezeichnungen von Lebewesen (1983, 4, ebenso 2001, 29).

[109] Anders z. B. Nishei, DEGENER 1998, §6.5.1.

[110] Anders z. B. Kati, GRJUNBERG 1980, §§46, 57.

[111] Anders z. B. Kati, GRJUNBERG 1980, §78, Nishei, DEGENER 1998, §6.5.2, vgl. DI CARLO 2011.

3.6.2.4 Possessor (NP) + Postposition + Possessum (Nomen)

Diese Konstruktion dient zum Ausdruck eines partitiven Verhältnisses.

lög wəsti-pan atəg wəstī 101.8
BEIDE FRAU POST EIN FRAU
eine der beiden Frauen

3.6.2.5 Possessor (Possessivpronomen) + Possessum (NP)

əm lüšt 6.3 „meine Tochter", *as sius* 80.19 „unsere Schwester", *əm yei iž'ī* 30.47 „die Augen meines Vaters", *əm yei gös̩* 30.53 „die Ziegenböcke meines Vaters", *əm gös̩ bəs* 30.63 „Geruch meiner Ziegenböcke", *ī nan nəs* 32.107 „Nase deiner Mutter", *əm bap kund* 30.93 „Körper meines Bruders"

ī ižĩ-pan „in deinem Auge", *ī z̩ui* 100.9 „dein Haar", *ī üs'ü* 100.44 „dein Blut", *ī pār* „deine Wunde", *ī d̩igər t̩ə* 2.25 „deine schlechten Füße", *əm tü-b'üd* 9.3 „in meinem Sinn"

ī war'əgš 25.44 „dein Haus", *əm sur-pan* 2.25 "in mein Tal", *as to-gul* 28.82 "in unser Land", *as ti-gim* 34.41 „in unser Dorf", *asa kür'og* 54.100 „unser Hund", *as weri* C9.3 „unsere Sprache", *ī mirwar* 89.18 „dein Königreich", *əm d̩ad̩* 25.8 „meine Trommel", *ī but* 61.34 „dein Mehl", *əm pkul'og žičenan* 15.14 „meine alten Kleider", *əm gəndər kǭ* 32.44 „mein großer Stuhl"

am mənǰər 77.23 „zu meiner Zeit", *as d̩igər sepsup* 93.20 „unsere üble Verleumdung", *əm tam aty'og-lam* 11.20 „ich habe falsch beschuldigt"

Possessor (Possessivpronomen) + Partizip

Zur Konstruktion des Possessivpronomens mit einem Part. Prät. vgl. §3.5.9. In Verbindung mit einem Partizip Präs. II bezeichnet das Possessivpronomen (formal: Possessor) den Agens der Handlung.

əm bižičiw'ogš 16.6 „mein Geschriebenes" = „das, was ich geschrieben habe", *əm mül'ǖ aply'og* 43.32 „mein Preis, gegeben" = „der Preis, den ich gegeben habe", *asən dīzga* 76.21 „euer Schöpfer" = „der, der euch geschaffen hat"

3.6.2.6 Possessum + wuni

Vgl. §2.3.4 (Nominalkomposita) zu dem Morphem -*wuni*.

kāt̩ wənī A2.29 „Vermögender", *sünea iži wuni* 66.7 „goldäugig", *pəs̩nu wuni* 90.32 „Feindschaft habend", „Feind"

3.6.2.7 Negierte Possession: Possessum + nuni

Zu Nominalsyntagmata mit *nunī* vgl. §2.3.4.

muṣ'ī nunī 28.5 „bartlos“, *moar nunī* 56.17 „herrenlos“, *ċā ḍam nun'ī* 89.2 „kopf- und gliederlos“

3.6.2.7 Negierte Possession: Possessum + wulə

Zu Nominalsyntagmata mit *wul'ə* „leer“ vgl. §2.3.4.

müṣü wul'ə 28.61 „bartlos“

3.6.3 Prädikative Konstruktion

3.6.3.1 Possessor (NP, Pronomen, ∅) + Possessum (NP) + „haben“

Subjekt ist der Possessor, mit dem das Verb kongruiert.

atig piẽ la 28.1 „er hat einen Sohn“, *atig lüšt la* 40.1 „sie hat eine Tochter“, *sət p'iẽ l'ista* 8.1, 41.2 „sie hatten 7 Söhne“, *sət əw'ə la* 80.2 „sie hat 7 Brüder“, *lü kür la* 30.72 „sie hat zwei Junge“, *atig nan la* 33.1 „er hat eine Mutter“, *lǖ wəst'ī la* 32.1 „er hat 2 Frauen“

iží l-imrož 100.71 „sie hat doch Augen“, *sət jī la* 54.67 „er hat sieben Köpfe“, *əm byera müṣu koga müṣü la* 47.11 „er hat einen Bart wie den Bart meiner Ziege“

atig 'īri lam 14.6 „ich habe ein Pferd“, *atig 'īri law* 14.2 „er hatte ein Pferd“, *sətl'iz goṭ koṇḍ'ī la* 99.2 „er hat 17 hornlose Kühe“, *unza sətl'iz goṭ lam* 99.17 „ich habe 17 Kühe“, *wurū la* 80.33 „er hat einen Bogen“, *warəg la* 35.1 „er hat ein Haus“, *su pul'ugš līa* 38.63 „sie hat(te) doch das Korn“, *y'ās-ag intig əṣṭəg əlist* A3.9 „sie haben (Prät. II) für sich je einen Ältesten“

og'um pan peṣen'e la 33.1 „er hat Feindschaft mit der Dorfgemeinschaft“, *wiptin'ig car layo* 42.40 „er hat die Gewohnheit, hinauszugehen“, *mər'ī čig wer'ī la(st-)jī* 32.53 „Die haben doch etwas (im Sinn)!“

In der Frage tritt als weiteres Element das Interrogativum hinzu. Damit ähnelt die Konstruktion der in §3.6.3.4 beschriebenen, mit der auch semantisch eine Verwandtschaft besteht. Im Mittelpunkt steht nicht die possessive, sondern die Relation zwischen Possessum und Interrogativum:

ps-kčir k'odyum pu-laš-r'o 100.18
WAS ZAUBER WERK PT HABEN-PRS-2SG PT
was für ein Zauberwerk du hast

mišin to-m'unǰ wər'ī ps-pu-last-ro 99.57
POSS-3PL IN MITTE WORT WAS PT HABEN-PRS-3PL PT
Was für eine Rede haben sie miteinander?

3.6.3.2 Possessor (NP, ∅) + Possessivpronomen + Possessum + „haben“

Der Possessor wird einerseits durch die Verbalendung, andererseits durch das Possessivpronomen in der Possessor-NP bezeichnet. Beide müssen nicht identisch sein; die Aussage kann zwei Partizipanten (Possessor, Possessum) oder drei Partizipanten (Possessor 1, Possessor 2, Possessum) enthalten. Diese Konstruktion wird für eine Aussage über das Possessum gebraucht. Das Besitzverhältnis gilt als gegeben, vgl. *as īrī lˈamšo* „Das ist unser Pferd“, aber *īri lamšo* „Wir haben ein Pferd“. Vgl. §3.7.2.

> *as īrī lˈamšo* 52.21
> POSS-1PL PFERD HABEN-PRS-1PL
> Das ist unser Pferd/ ?Wir haben unser Pferd.

> *as gul arpan lˈiš-iž* 69.51
> POSS-1PL LAND HIER HABEN-PRT II-2SG PT
> Unser Land hier gehört doch dir/ Du hast doch unser Land hier.

3.6.3.3 Possessor (NP, Personalpronomen, ∅) + Possessum (NP) + Ortsangabe (Adverb, Präposition + Nomen, Nomen + Postposition) + „haben“

Die Aussage gilt sowohl der Lokalität als auch dem Besitzverhältnis.

> *ti-jī atig poṭig kuṇḍˈī la* 81.5
> IN KOPF EIN FEDER MENGE HABEN-PRS-3SG
> Auf dem Kopf hat er einige Federn.

> *miš murˈū ti-jˈī layo* 99.66
> POSS-3SG SEELE IN KOPF HABEN-PRS-3SG
> Er hat seine Seele im Kopf.

> *Obozˈug Wuṣˈum imjˈī göṣa wəṭ la* 62.1
> O. W. PAAR ZIEGENBOCK ALMHÜTTE HABEN-PRS-3SG
> In Obozug hat Wuṣum zwei Almhütten mit Ziegenböcken.

> *ariˈa kiċ wazˈəl lam* 31.14
> DIES PT HAAR SCHUH HABEN-PRS-1SG
> Hier habe ich Haarschuhe.

> *atˈəs jī al əlisum* 54.72
> ANDER KOPF HIER HABEN-PRT II-1SG
> Hier habe ich doch einen anderen Kopf.

> *undo warˈəg letˈē üštyob-pan lista* 41.3
> PRN HAUS OBEN BAUM POST HABEN-PRT II-3PL
> Sie hatten ein Haus oben auf einem Baum.

al suč'ū gul n'a-lam-eĩ 2.25
HIER REIN TAL NEG HABEN-PRS-1SG Q
Hier habe ich doch ein reines Tal.

səmiš təkċə wuč'egzū ərǰəm'ī la 99.48
POSS-3SG HINTER 100 MANN HABEN-PRS-3SG
Er hat hinter sich 100 Mann.

lögen mur'ū atig-pan last 32.81
BEIDE-OBL-PL SEELE EIN POST HABEN-PRS-3PL
Die beiden haben gemeinsam eine Seele/ die Seele der beiden ist an einem (Ort).

zī-pan ps-wer'ī la 65.23
TÜR POST WAS SACHE HABEN-PRS-3SG
Was hat sie an der Tür?

3.6.3.4 NP (Substantiv, Adjektiv, Eigenname) + Possessum (NP) + „haben"

Diese Konstruktion dient zu Aussagen über das Possessum. Die possessive Relation ist nicht Kern der Äußerung, sie wird vorausgesetzt. Der Possessor wird durch die Endung von „haben" ausgedrückt, zusätzlich kann ein Possessivum in der Possessum-NP auftreten (*sumiš čüǰ'ū̄* „sein Schwiegervater"). Das Possessum steht meist vor dem Verb:

dīzga … n'ənūnī l'amšo 76.2 „unser Gott ist Schöpfer, .../ der Schöpfer ... ist unser Gott" , *Māra … nənūnī lamšo* A1.2 „unser Gott ist Mara / Māra ... ist unser Gott", *atig kuṇḍ'ī wəǰǰəm'ī munǰi l'amo* 52.23 „eine Reihe von Männern sind meine Zeugen/ meine Zeugen sind eine Reihe von Männern", *Ərtə yüṣ sumiš čüǰ'ū̄ la* 78.17 „der Arte-Yuṣ ist sein Schwiegervater/ sein Schwiegervater ist der Arte-Yuṣ"

Das Possessum wird vorangestellt (zu *-a* siehe §4.2) in:

at'əs kodyum'a iš'ə kodyum əlī D16.6
ANDER ARBEIT MÜHLE ARBEIT HABEN-PRT II-3SG
Seine weitere Arbeit ist Mühlen-Arbeit.

3.6.3.5 Possessor (Possessivpronomen, vorangestellte NP) + Possessum (NP) + NP + „haben"

Im ersten Beispiel ist aus dem Kontext bereits bekannt, dass der Sprecher einen Schuh besitzt. Die Äußerung zielt auf eine Eigenschaft des Possessums:

əm waz'əl süny'a guṣ'ī mül'ü lamo 31.8
MEIN SCHUH GOLDEN SCHNABELKANNE WERT HABEN-PRS-1SG
Mein Schuh hat den Wert einer goldenen Schnabelkanne.

Im zweiten Beispiel ist der Bruder dem Adressaten der Äußerung gegenüber zuvor nicht genannt worden. Ob im Zentrum der Aussage das Vorhandensein des Bruders oder dessen Name steht, lässt sich nicht entscheiden:

am way'ə Öštyug nəm lam 100.26
MEIN BRUDER Ö. NAME HABEN-PRS-1SG
Mein Bruder heißt Öštyug/ Ich habe einen Bruder namens Öštyug.

Dies gilt auch für das dritte Beispiel, in dem die böse Mutter erstmals erwähnt wird:

əm nan ḍig'ər nan lam-jī 100.28
POSS-1SG MUTTER BÖSE MUTTER HABEN-PRS-1SG PT
Ich habe eine böse Mutter/ Meine Mutter ist böse. (Vgl. §3.6.3.6)

Im letzten Beispiel steht anstelle eines Possessivpronomens, aber in derselben Funktion, *wuẓ gul Was'ī,* vgl. zur Juxtaposition §3.6.2.1.

wuẓ gul Was'ī Pəzgim əməl Mārеš nəm əzniŋ ṭā last A1.1
6 TAL PRASUN PƏZGIM ƏMƏL MARA-GEN NAME KENNEN ORT HABEN-PRS-3PL
Die 6 Prasun-Dörfer haben das Pəzgim-əməl als Ort der Māra-Verehrung/ Der Ort der Mara-Verehrung der 6 Prasun-Dörfer ist das Pəzgim-əməl.

3.6.3.6 Possessum (NP aus Substantiv + Adjektiv) + „haben"

Inhalt der Äußerung ist sowohl das Bestehen eines Possessivverhältnisses als auch die attributive Relation von Possessum-Substantiv zum Adjektiv. Dass die zweite Komponente wichtiger sein kann als die erste, zeigt

ḍigər nan lam-j'ə 100.29
BÖSE MUTTER HABEN-PRS-1SG PT
Ich habe eine böse Mutter/ Meine Mutter ist böse.

Das Vorhandensein der Mutter muss im Kontext vorausgesetzt werden, auch der Umstand, dass diese böse ist, vgl. im selben Text nur einen Satz vorher

əm nan ḍig'ər nan lam-jī 100.28 „Ich habe eine böse Mutter/ meine Mutter ist böse"

Es handelt sich also um eine Bekräftigung des zuvor Gesagten, wobei vor allem die Boshaftigkeit betont wird. Die beiden Sätze sind semantisch sehr ähnlich. Dennoch scheint der Kontext darauf zu deuten, dass die Konstruktion mit Possessum (Adjektiv-Substantiv) weniger stark auf die Relation von Possessor und Possessum als auf die Relation des Possessum-Substantivs zu dem attributiven Adjektiv zielt, also auf eine Eigenschaft des Possessums. Dies wird bestätigt durch weitere Beispiele, wo das Possessum eine NP aus Adjektiv und Substantiv ist:

unz'ū ap'ī atəg opoč'og ḍuw'ī lam 34.52
ICH AUCH EIN SCHÖN JUNGFRAU HABEN-PRS-1SG
Auch ich habe eine schöne junge Frau (= Tochter)/ Auch meine Tochter ist schön.

pkul'og žić'en l'āsəm 15.12
ALT KLEIDUNG HABEN-IMPF-1SG
Ich hatte alte Kleider/ Meine Kleider waren alt.

Zwar ist die Konstruktion parallel zu Sätzen wie *atig lüšt lam* „ich habe eine Tochter", *atig 'īri lam* „ich habe ein Pferd", aber in beiden Fällen (34.52 und 15.12) kann wie in 100.29 *ḍigər nan* das Besitzverhältnis bereits vorausgesetzt werden. Daraus lässt sich folgern, dass die Wahl der Konstruktion nicht willkürlich oder allein stilistisch, sondern semantisch motiviert ist. Wird stärker das Besitzverhältnis betont, tritt eher die Konstruktion mit Possessivpronomen (§3.6.3.5) auf, wird stärker das Vorhandensein einer bestimmten Eigenschaft betont, ist eher die Konstruktion ohne Possessivpronomen (§3.6.3.6) zu erwarten. Formal liegt eine prädikative Konstruktion aus Possessum (NP aus Adjektiv und Substantiv) und dem Relator-Verb „haben" vor, der Possessor wird durch die Verbalendung bezeichnet, zusätzlich kann er explizit (durch NP oder Personalpronomen) benannt werden. Wird in der Possessum-NP das Adjektiv vorangestellt, so handelt es sich um eine engere Verbindung, als wenn es nachgestellt wird, vgl. zu restriktiven und appositiven Relativsätzen §3.5.7.
Possessum-NP aus Substantiv und vorangestelltem Adjektiv:

əsk'al kəšir pagpag wog ṭo la 61.88
SEHR WEIß PRALL WERDEN-PRTP SCHENKEL HABEN-PRS-3SG
Ihr Schenkel ist sehr weiß und prall.

ps-kšū nuni way'ə lam 100.10
WAS VERSTAND NICHT-HABEND BRUDER HABEN-PRS-1SG
Wie töricht ist mein Bruder!

ps-ḍigər nan pu-laš-r'o 100.30
WAS BÖSE MUTTER PT HABEN-PRS-2SG PT
wie böse deine Mutter auch sein mag

Possessum-NP aus Substantiv und nachgestelltem Adjektiv:

kəṭ'ī č'apti lam 12.3
KORN VIEL HABEN-PRS-1SG
Ich habe viel Korn/ meine Kornvorräte sind groß.

sətəg way'e obəglug čapt'ī lista 61.39
SIEBEN BRUDER GERÄT-PL VIEL HABEN-PRT II-3PL
Die 7 Brüder hatten viele Sachen/ das Vermögen der 7 Brüder war groß.

büt čəč'əl lam 24.26
HERZ WEICH HABEN-PRS-1SG
Ich habe das Herz weich/ mein Herz ist weich.

3.6.3.7 Possessum + Partizip + „haben"

Zu Experiencer-Konstruktionen mit Partizip und „haben" s. §§2.5.1.2, 2.9.3.11, §3.7.2.

3.6.3.8 Possessum + wuni + Possessor + „sein"

Das Besitzverhältnis wird durch ein Nominalsyntagma ausgedrückt (vgl. auch §2.3.4.2), dieses wird durch den Relator „sein" dem Possessor zugeordnet. Es handelt sich um eine permanente oder charakteristische possessive Relation.

sünea iži wuni Bag'iṣṭe so 66.7
GOLDEN AUGE HABEND B. SEIN-PRS-3SG
Goldene Augen hat Bagiṣṭ.

unzu žübüč wənī win-lam
ICH NACHKOMMEN HABEND WERDEN-FUT-1SG
Ich werde ein Kind bekommen.

mūṣ wənī sē-ra D7.3
EHEMANN HABEND SEIN-IMPF-3SG PT
wenn sie verheiratet ist (zu *sē* s. §1.4.3)

3.6.3.9 Possessor (NP, Personalpronomen im Obliquus, ∅) + Possessum (NP) + VP

Grammatisches Subjekt ist die Bezeichnung eines Körperteils, mit ihm kongruiert das Verb. Formal liegt keine Possessiv-Relation vor, die Konstruktion wird aber hier aufgenommen, um Vergleichbarkeit mit anderen Sprachen zu ermöglichen. Diese Konstruktion ist nur mit Ausdrücken von körperlichen Beschwerden belegt; der Possessor hat die semantische Rolle des Experiencers (siehe auch §3.7.4). Vgl. mit einem possessiven Element *əm* „mein" im Subjekt: *əm ṭə tür'og w'ogso* „mein Fuß ist eingeschlafen".

ənd'eš ṭə wolūm'aso 16.3
ICH-OBL FUß SCHMERZEN-PRS-3SG
Mich schmerzt der Fuß.

atig wəǰǰəmīš ṭə wūṇḍob'ogso D24.1
EIN MANN-OBL FUß ANSCHWELLEN-PRT-3SG
Einem Mann schwoll der Fuß an.

3.6.3.10 Possessum (NP, ∅) + Possessor (NP, Possessivpronomen) + -ag „für"

Dass ein Possessivverhältnis neu eintritt, kann mit der Postposition *-ag* „für" dargestellt werden.

am-ag gul w'ogso 56.17
POSS-1SG FÜR LAND WERDEN-PRT-3SG
(Dieses Land) wurde mein Land.

ü'ū əm byer ī-yag atiga-na-sċ-'ī-ra 43.40
DU POSS-1SG ZIEGE POSS-2SG FÜR NEHMEN-PRS II-NEG-2SG-Q-PT
Nimm du dir doch meine Ziegen!

ari ī-wag k'odyum līg w'īo 42.5
DEM POSS-2SG FÜR ARBEIT MACHEN-PRSP II-F WERDEN-AOR-F-3SG
Diese soll deine Helferin werden!

mišn-ag gul əstl'ə w'ogso 69.45
POSS-3PL FÜR LAND DORT WERDEN-PRT-3SG
Dort wurde das Land ihres.

3.6.3.11 Negierte Possession: Possessum + na + „haben"

asə piẽ lüšt na l'āsəmš 32.51
WIR SOHN TOCHTER NEG HABEN-IMPF-1PL
Wir hatten keine Kinder.

pəziŋ wuta na la 90.29
GEHEN-INF WEG PT NEG HABEN-PRS-3SG
Einen Weg zu gehen hat er nicht.

na ṣu lamš-'amiž 79.22
NEG KUNDE HABEN-PRS-PL PT
Wir haben ja keine Ahnung.

3.6.3.12 Negierte Possession: Possessor (NP, Personalpronomen, ∅), Possessum + wule-

piẽ wulesəm (P.) „ich habe keinen Sohn", *kür wul'eso* 34.1 „er hat keine Kinder", *sius wul'est* 30.1 „sie haben keine Schwester", *su Bābā Gurgur miš kun-panī kaṭig'a wul'eso* 25.23 „B. G. hat keine Kraft in seinem Körper", *kət wul'ewisum* 32.112 „ich habe (Prät. II) doch keine Muttermilch", *ṭiŋ'ə wul'esum* 12.3 „ich habe kein Geld", *at'əs piẽ wul'esəmča* 38.95 „einen anderen Sohn haben wir nicht", *miš t-arəg oyenig ab'əg wulē-rē-s* 18.29 „er hat in seinem Haus kein Brot zu essen", *wār wul'ēsəmš* D13.1 „wir haben keine Reihenfolge (bei der Wasserzuteilung)", *tazkir'a wul'ēsto* A3.47 „sie haben kein *tazkira*", *g'ūru məṭiga Was'ī to-gul wul'ē-rē-səmš* C24.36 „wir haben in Prasun keinen braunen Honig", *wulug-wag wuṣ'a wulē-rē-səmš* C24.27 „wir haben kein Heilmittel gegen Würmer"

3.6.3.13 Negierte Possession: Possessor (NP, Personalpronomen, ∅) + Possessum + nuni + „sein“

Zu *nuni* + „sein“ des ersten Beispiels wurde eine Alternative mit Negativum und „haben“ angeboten (siehe §3.6.3.11). Auch wenn die Beispiele nicht zahlreich sind, darf man annehmen, dass die Konstruktion mit *na* + „haben“ eher für temporären, die Konstruktion mit *nuni* + „sein“ eher für dauerhaften oder charakteristischen Mangel verwendet wird, vgl. zu der positiven Entsprechung *wuni* §3.6.3.8. In dem Beispielsatz A3.10 zielt die Aussage auf eine regelhaften Situation. In 101.3 geht es um das Fehlen von Zeugen für die Mutterschaft beim Salomonischen Urteil. Ob dieser Mangel als vorübergehend oder im Kontext als charakterisierend verstanden wird, ist eine Frage der Interpretation, möglich ist beides.

> *piẽ nun'i səm* (P.)
> SOHN NICHT-HABEND SEIN-PRS-1SG
> Ich habe keinen Sohn.

> *lög w'arna wəstī munǰ'ī nunyest (na last)* 101.3
> BEIDE PERSON FRAU ZEUGE NICHT-HABEND SEIN-PRS-3PL (NEG HABEN-PRS-3PL)
> Die beiden Frauen haben keinen Zeugen.

> *goŋlug əṣṭəg nən'ī rē-st* A3.10
> *GOŊ*-PL ÄLTESTER NICHT-HABEND PT-SEIN-PRS-3PL
> Die *goŋ* haben keinen Ältesten.

3.7 Experiencer-Konstruktionen

Prasun kennt mehrere Strategien der Kodierung des Experiencers.[112]

3.7.1 Experiencer = Subjekt

Der Experiencer ist das grammatische Subjekt (vgl. §2.9.1), gekennzeichnet immer durch die Verbalendung, manchmal zusätzlich durch ein Substantiv oder Pronomen:

> (P.) *šül w'ogsum* „ich friere“, *unz'ū üt'eš apt'ermasum* „ich fürchte mich vor dir“, *niṣəm w'ogsmo* „ich habe Schnupfen“

Diese Konstruktion bezeichnet unwillkürliche Vorgänge, ohne dass dies besonders betont wird. Sie scheint lexikalisch motiviert zu sein.

3.7.2 „haben“-Konstruktion

Der Experiencer ist grammatisches Subjekt des Verbs „haben“, vgl. auch §3.6.3.6. Grammatisches Objekt ist eine NP:

---

[112] Vgl. B. BICKEL: The syntax of experiencers in the Himalayas. *Non-nominative Subjects,* 1, ed. by P. Bhaskararao and K. V. Subbarao. Typological Studies in Language, 60. Amsterdam: John Benjamins 2004, 77-111, Elena BASHIR: Two micro-areal developments in northwestern South Asia: Causative involuntatives and causee marking postpositions. *Journal of South Asian Languages and Linguistics* 2, 2015, 29-62.

ari miš wəst'ī liš 27.27
DEM POSS-3SG FRAU HABEN-PRT II-2SG
Es war/ ist seine Frau (die dich bedroht) (vgl. §3.6.3.2 zur Konstruktion)

oder sehr oft eine Partizipialkonstruktion mit einem Syntagma aus Substantiv + Part. Prät. oder mit einem Part. Präs. II:

žužu wiṇḍoh'og la 30.72
ZITZE SCHWELLEN-PRTP HABEN-PRS-3SG
Ihre Zitzen sind geschwollen.

wul'ūga lamo (P.)
SCHMERZEN-PRSP II HABEN-PRS-1SG
Ich habe Schmerzen.

3.7.3 Possessivpronomen

Der Typus „mein Fuß schmerzt" (experiencer-as-possessor) erscheint nur in Verbindungen mit *türog w-* „(Körperteil) einschlafen, taub werden" und mit *büd* „Herz, Sinn":

əm ṭə/ lust/ ügṻ tür'og w'ogso (P.)
POSS-1SG FUß/ HAND/ FINGER *TÜROG* WERDEN-PRT-3SG
Mein Fuß/ meine Hand/ mein Finger ist eingeschlafen.

mišin tü-büd timəṣ'ī 32.13
POSS-3PL IN HERZ ZÜRNEN-CP
in ihrem Herzen erzürnt

as büd-pan na samast 47.5
POSS-1PL HERZ POST NEG HINEINGEHEN-PRS-3PL
gehen uns nicht zu Herzen

3.7.4 Experiencer als Objekt

Der Experiencer, in der Regel die Bezeichnung eines Menschen, steht im Casus Obliquus (experiencer-as-(direct)-object: im Prasun ist keine Unterscheidung von Dativ/ Akkusativ möglich). Ein Possessor in Form eines Possessivpronomens ist in dieser Konstruktion ausgeschlossen:

(1) *ənd'eš ṭə wolūm'aso* (16.3) „Mich schmerzt der Fuß", nicht *əm ṭə* „mein Fuß".

Das Verb hat die Personalendung der 3. Person Sg., damit kann es mit dem Objekt *ṭə* „Fuß" in Beispiel (1) und *jī* „Kopf" (4) oder *lust* „Hand" (5) oder mit dem Stimulus *aneg* „Feuer" (2) kongruieren, aber ein grammatisches Subjekt ist für diese Konstruktion nicht obligatorisch, vgl. Beispiel (6). Diese Konstruktion ist häufig und offenbar produktiv (vgl. §3.6.3.9):

(2) *əndeš an'eg wuliw'ogo* (P.)
ICH-OBL FEUER ERHITZEN-PRT-3SG
Mir wurde zu heiß am Feuer.

(3) *əndeš mīz lism'aso* (P.)
ICH-OBL URIN LASSEN-PRS-3SG
Ich muss pinkeln.

(4) *ənd'eš ǰī wulāw* (I.)/ *wulūmasēw* (P.)
ICH-OBL KOPF SCHMERZEN-IMPF-3SG
Ich hatte Kopfschmerzen.

(5) *əndeš lust ṣiṣim'aso* (P.)
əndeš lust ṣiṣ'ayo (I.)
ICH-OBL HAND JUCKEN-PRS-3SG
Mich juckt die Hand.

(6) *wəǰǰəm'īš wuster'ogo* (P.)
MANN-OBL DÜRSTEN-PRT-3SG
Der Mann hatte Durst.

Hierher gehören auch Konstruktionen, in denen der Experiencer nicht explizit genannt wird, wie

ṭə zologs'ew 77.24
FUß BRECHEN-PLUP-3SG
Ich hatte mir den Fuß gebrochen

ǰī kičim'aso (P.)
KOPF SCHMERZEN-PRS-3SG
Der Kopf schmerzt.

3.7.5 Erfahrung als Bewegung

Der nicht explizit genannte Experiencer ist das Ziel einer (metaphorischen) Bewegung (experiencer-as-goal), z. B.

ib'ē p'ogso 78.17
ANGST ANKOMMEN-PRT-3SG
Ich habe Angst.

asə bəs wogs-'amiž 30.93
ASCHE GERUCH WERDEN-PRT-3SG PT
Es schmeckt/ riecht (mir) nach Asche

ps-bəs āmaso (P.)
WAS GERUCH KOMMEN-PRS-3SG
Wonach riecht es?

tābə əskal ra-saya wəǰǰəm'īš tāb wīm'aso (P.)
HITZE VIEL PT-SEIN-PRS-3SG PT MANN-OBL HITZE AUSGEHEN-PRS-3SG
Wenn es heiß wird, schwitzt der Mann.

tü-büd muṣ sapt'ogəž 24.39
IN HERZ ZORN HEREINGEHEN-PRT-3SG PT
Ich wurde zornig.

Vergleicht man den letzten Ausdruck mit *muṣ- li-* „Zorn machen", *muṣ əzn-* „Zorn kennen" = „zornig sein", so scheint die experiencer-as-goal-Konstruktion stärker die Passivität des Experiencers [-control] hervorzuheben, dieser bleibt bezeichnenderweise in den meisten Belegen ungenannt, aber vgl. mit dem Experiencer im Obliquus:

əneš līwiziŋ aċogso (I.)
ICH-OBL-1SG GÄHNEN-INF KOMMEN-PRT-3SG
Ich musste gähnen.

3.7.6 Richtungspräfix

Oft wird der Experiencer durch ein Verbalpräfix bezeichnet:

wugnēm'iso 47.11 „Sie fällt (mir: *wu-*) ein."
wur'us wuṭogmasa A10.233 „schmeckt (mir: *wu-*) süß"
wuṣ ẓəw'a aṭog'āso (I.) „Die Arznei schmeckt (ihm: *a-*) bitter."

3.7.7 Postposition

Im Prasun wird mit der Postposition *-ag* „für" oft der Benefaktiv bezeichnet, vgl. §3.6.3.10, z. B.

əm-ag wəst'ī na gəzīg-wom'a 40.25
MEIN FÜR FRAU NEG BRINGEN-PRSP II-F-WERDEN-ADV
wenn du für mich (= mir) nicht eine Frau bringen willst

ī-wag ati-ra 28.26
DEIN FÜR NEHMEN-IMP PT
nimm für dich (= nimm dir)!

'ī-wag atig wotga-na-sum-'ɔ̃ 30.28
DEIN FÜR EIN NÜTZEN-PRS II-NEG-1SG PT
Ich bin dir doch etwas nützlich!

undōmišin-ag rēis A4.6
POSS-3PL FÜR OBERHAUPT
ihr Präsident

səmiš-ag kodyum A12.2
POSS-3SG FÜR ARBEIT
seine Aufgabe

Nur einmal ist die Konstruktion mit „für“ in den Texten auch für die Rolle des Experiencers belegt, hier in Verbindung mit einer infiniten Partizipialkonstruktion (vgl. §2.9.3.11 *-ga-* in Experiencer-Konstruktionen):

əm-ˈag əskal zir wulūgˈa-womˈa 35.6
POSS-1SG FÜR VIEL HERZ SCHMERZEN-PRSP II-WERDEN-ADV
weil mich das Herz sehr schmerzt

4.1 Mirativität

Mirativität bezeichnet die morphologische Kennzeichnung, dass ein Sachverhalt für den Sprecher unerwartet ist oder Erstaunen hervorruft, unabhängig von der Informationsquelle. E. BASHIR „would stress that in my view mirativity is concerned with change in the speaker's mental state rather than with modal or epistemic porperties of the utterance itself.“[113] Zur mirativischen Funktion von *sa-* „sein“ s. §2.4.4.2. Zu mirativischen Funktionen von Partikeln s. §4.3.6, §4.3.8, §4.3.12, §4.3.16, §4.3.33, vgl. auch §4.3.14. Eine weitere Strategie morphologischer Markierung von Mirativität ist das Auslassen der Personalendung finiter Verben. Auch diese Strategie ist auf argumentative Kontexte und innerhalb narrativer Texte auf wörtliche Rede beschränkt.
Im Aussagesatz erscheint die reduzierte Form des Verbs selten:

(a) *nan atig wedyog-wˈīg-iž* 8.41
MUTTER EIN LACHEN-PRF-SUPP-F PT
Die Mutter hat einmal gelacht. (statt *wedyog-wigso*)

(b) *ī ül na lāromˈasċ-ədī gəman aplimˈa-ra* 36.19
DEIN BAUCH NEG FÜLLEN-PRS-2SG PT DÖRFLER-PL-OBL GEBEN-PRS PT
Du füllst deinen Bauch nicht, aber den Dorfleuten gibst du! (statt *aplimasċ*)

Umso häufiger tritt sie in Fragesätzen auf, vor allem in Fragen, die ein Fragewort enthalten:

(c) *ai psē aċogū (aċogusċ)* 28.15
HE, WARUM KOMMEN-PRT (KOMMEN-PRT-2SG)
He, warum kamst du?

[113] HOOK UND BASHIR 2016, 584

(d) *pse ẓum'ī* 30.7
WARUM WEINEN-PRS-F
Warum weinst du denn? (*ẓumisć*)

(e) *üo psei ob'əg-pan īš petyočemā-ra-sċ nā atig wer'ī pulg'a na at'əs liga* 22.45
DU WARUM BROT POST MUND HINABSTELLEN-ITER-PRS II-PT-2SG NEG EIN WORT SPRECHEN-PRS II NEG ANDERS MACHEN-PRS II
Warum stellst du denn immer den Mund hinunter zum Brot, sprichst nicht ein Wort, tust (auch) sonst nichts? (*pulgasċ, ligasć*)

(f) *al psēi ašly'eg* 19.10
HIER WARUM SICH-HINSETZEN-PRT
Warum hast du dich hierher gesetzt? (*ašlyegəsć*)

(g) *al ps-ozim'a* 34.39
HIER WAS BLEIBEN-PRS
Was bleibst du hier? (*ps-oz(i)masć*)

(h) *səmiš ap'ī wəst'ī psei na lima-d'ī* 34.52
PRN-OBL AUCH FRAU WARUM NEG SAGEN-PRS PT
Warum nimmt er nicht auch die zur Frau? (*limasć*)

(i) *üo psei na ostom'ognẹ ozm'a* 6.34
DU WARUM NEG SCHLAFEN-CP-NEG BLEIBEN-PRS
Warum bleibst du denn, ohne zu schlafen? (*ozmasć*)

(j) *ənd'eš ül wolom'aso, ənd'eš iž'ī-pan ps'ele wuṣu wuwuċım'a-ra?* 1.7
MIR BAUCH SCHMERZEN-PRS-3SG, MIR AUGE POST WAS-TUN-CP MEDIZIN HERREIBEN-PRS PT
Mir tut der Bauch weh, wozu reibst du mir denn Arznei aufs Auge? (*wuwučimā-ra-sć*)

(k) *ps-gyām'a* 18.30
WAS-BRINGEN-PRS
Was bringst du denn (da)? (*ps-gyāmasć*)

(l) *'əna, anity'ē purd'ī ksə-ra* 40.28
MUTTER TALAB ALTE WER-PT
Mutter, wer ist denn die Alte dort talab? (*ksə-ra-so*)

(m) *üū ps-lətr'ī aċ'ī əm yüs oyəm'ā-ra?* 53.17
DU WAS SACHE KOMMEN-CP MEIN GRAS ESSEN-PRS PT
Als was für ein Ding kommst du denn und frisst mein Gras? (*oyəma-ra-sć*)

(n) *teni ṭ'ā-pan ać̇ag'o* 6.23
WO ORT POST KOMMEN-PRT
Woher kamst du denn? (*aćogusć*)

(o) *ty'e-buċ wos'ogo?* 42.86
WO RICHTUNG ÜBERNACHTEN-PRT
Wo verbrachtest du denn die Nacht? (*wosogusć*)

Beispiele für die Verwendung der reduzierten Form des Verbs in einer Entscheidungsfrage sind

(p) *gatr'ə wag'ō, šül wag'ō*
MÜDE SEIN-PRT, KALT SEIN-PRT
Bist du müde geworden? Frierst du? (*wogusć*)

(q) *üo wəç'a lyog-laž-dī aċog'ū?* (P.)
DU GUTES TUN-PRF-2SG PT KOMMEN-PRT
Du hast Gutes getan und kommst (deshalb)? (*to be man kub karda budī ki injā āmadī?*)
(rhetorische Frage, gemeint ist: obwohl du mir Böses angetan hast, kommst du her?).

In einigen Fällen ist deutlich, dass der Sprecher von der Situation überrascht ist, z. B.

(k) *ps-gyām'a* 18.30 „Was bringst du denn (da)?“ (sagt die Frau, als der Mann völlig unerwartet die Geschenke der 180 Söhne bringt).

Überraschung mag auch der Auslöser für die Äußerung in (l) sein, wo eine Person das erste Mal auftaucht, und in (n), wo der Sprecher mit der Frau schon einige Worte gewechselt hat, sich aber nicht erklären kann, wie sie dazu kommt, auf einem Baum zu sitzen. Ebenso werden die beiden von BASHIR zitierten Sätze interpretiert: “The context for the sentences in (10-a) and (10-b) is that a man has invited a friend to visit, but has doubts about whether his friend will be able to come to see him, since the friend has many enemies who lie in ambush wanting to kill him. But the friend succeeds in coming to visit despite these difficulties and dangers. The surprised host utters the sentences shown in (10-a) and (10-b).”[114]

(r) *tēna tünċor'ī am'a*
WO EINDRINGEN-CP KOMMEN-PRS
Von wo kommst du (überraschend, als wärst du durch ein Loch) gedrungen? (BASHIR 10-a)

(s) *psē tünċor'ī āma*
WIE EINDRINGEN-CP KOMMEN-PRS
Wie kommst du denn durch das Loch? (BASHIR 10-b)

[114] BASHIR 2010, 10-119, mit Prasun-Beispielen von G. Buddruss.

Überraschung ist auch in der Erzählung A10 das Motiv für die Verwendung der reduzierten Form *nā* (für *nāst* „sie sind nicht“, s. §2.4.4.2):

žop'oe ānjəm'asa atig üštyub üt'ū ozm'aso. su lüšt rē su nān ədī nā-rē A10.15
TALAUFGELANGEN-CP HINSEHEN-PRS-3SG PT EIN BAUM AUFSTEHEN-CP BLEIBEN-PRS-3SG. ART TOCHTER PT ART MUTTER AUCH NEG-SEIN-PRS PT
Als er talauf gelangt und hinschaut, steht (da) ein Baum. Mutter und Tochter sind nicht da.

Es scheint sich zwar nicht um wörtliche Rede innerhalb der Erzählung zu handeln, aber doch um die Wahrnehmung durch den Yuṣ, der anstelle der erwarteten zwei Frauen einen Baum vorfindet.
In den meisten Fällen spielt aber die entscheidende Rolle nicht der Umstand, dass die Situation unerwartet oder überraschend ist, sondern der Umstand, dass das Verhalten des Gesprächspartners oder des Gesprächsgegenstands der Erwartung des Sprechers entgegensteht. Dies trifft zu in (a), wo das Lachen der Mutter, und in (d) wo das Weinen des Säuglings deshalb befremdet, weil dem Sprecher die Ursache unklar ist, in (b), wo die Großzügigkeit des Angesprochenen nicht seiner wirtschaftlichen Lage entspricht, in (e), (f), (g), (i), wo soziale Normen verletzt werden oder das Verhalten des Gesprächspartners von dem der Umgebung abweicht, in (j), wo der Arzt ein Organ behandelt, das nicht krank ist. Nicht selten enthält die Äußerung ein Moment der Missbilligung des befremdlichen Verhaltens, so in (e), (f), (i), (j), (m), auch in

(t) *ps-ag wilism'ā-ra?* 61.49
WAS FÜR VERGESSEN-PRS PT
Warum vergisst du denn?

wo das Erstaunen nur vorgetäuscht ist, denn die Sprecherin hat mit einem Zauberspruch selbst dafür gesorgt, dass der Sprecher ihre Worte vergessen hat. Besonders deutlich ist im folgenden Beispiel, dass nicht die mangelnde, sondern die entgegengesetzte Erwartung die Wahl der Verbalform motiviert:

(u) *ənd'eš psei wuŋgām'ī?* 34.29
MICH WARUM MICH-TÄUSCHEN-PRS-F
Warum täuschst du mich denn?

ist die verbale Reaktion des Sprechers auf die Drohung der Gesprächspartnerin (einer Eisenkette), ihn bei ihrem Vater anzuzeigen. Der eigentlich überraschende und für den Sprecher keineswegs vorhersehbare Umstand, dass die Kette eine Frau ist, scheint den Sprecher dagegen nicht besonders zu berühren. Auch Äußerung

(o) *ty'e-buċ wos'ogo?* 42.86 „Wo verbrachtest du denn die Nacht?“

drückt nicht Überraschung, sondern das Misstrauen des Sprechers gegenüber seinem Gesprächspartner aus, von dem er vermutet, er habe mit seiner Frau geschlafen.

Die Verwendung der endungslosen Form des Verbs markiert also Mirativität; allerdings ist die Definition dieser Kategorie als Markierung von Überraschung in Hinblick auf nicht vorher im Bewusstsein Präsentes nicht präzise. Im Prasun kann die reduzierte Form für die Reaktion auf eine Situation verwendet werden, die für den Sprecher überraschend ist, aber auch auf eine Situation, die im gesellschaftlichen Kontext ungebräuchlich oder unakzeptabel ist. Im Gegensatz zur Verwendung des Verbums *sa-* „sein" (§2.4.4.2) ist die Verwendung der reduzierten Form pragmatisch motiviert.

4.2 Background marker *a*

Allgemeines

Neben dem Ablativ-Morphem *-a* (§2.1.3) gibt es ein sehr häufiges finales Morphem *-a*, das sich nicht ohne weiteres als Ablativ deuten lässt und das im Gegensatz zu dem Kasusmorphem nicht nur an nominale Formen, sondern auch an finite Verben tritt. Es erscheint sowohl in narrativen als auch in Sachtexten und in der wörtlichen Rede. Die Verwendung ist wenigstens teilweise optional, vgl.:

a) *əm yei om'ōmaš əndeš atig wer'ī wupuṣog-l'a-ra kī aċ'ogsum-ǰ* 28.16
b) *əm yei om'ōmaša əndeš atig wer'ī wupuṣogl'a-ra kī aċ'ogsum-ǰ* 28.16
MEIN VATER STERBEN-ADV (PT) MICH EIN WORT LEHREN-PRF-3SG PT SO KOMMEN-PRT-1SG PT
Weil mein Vater, als er im Sterben lag (*om'ōmaš-a*), mich ein Wort gelehrt hat, kam ich.

Dieses Morphem *-a* ist bisher nicht beschrieben worden. Wie sich herausstellen wird, dient das Morphem der Hintergrund-Markierung. Zur Diskurspartikel *-a* s. §4.3.2.

Vorkommen

Das Morphem *-a* tritt an ein finites Verb, an ein Nomen (mit oder ohne Kasusmarkierung) oder Pronomen, Adverbien wie *api* und Partikeln wie *-dī*, z. B.

ilgin'īg ape'a wuẓ gul Was'ī ilgyog-(ə)list D16.13
KAUFEN-INF AUCH PT 6 PRASUN KAUFEN-PRF-CONST-3PL
Auch (was das) Kaufen (angeht), haben die sechs Prasun-Dörfer (sie) gekauft.

wiṭig rē tadb'a ədya yās'-ag re-st A3.6
WIṬIG UND *TADBA* PT *(DI)* PT (*A*) JE FÜR PT-SEIN-PRS-3PL
wiṭig und tadba sind (Kategorien) je für sich.

əstləg waċera yās t-arəg'ə süsma l'ẹ-dya ṣoẓ tigāst A7.32
JENER ABEND JE IN HAUS *SÜSMA* MACHEN-AOR PT *(DI)* PT *(A)* WACHOLDER OPFERN-PRS II-3PL
An jenem Abend machen sie jeder in seinem Haus *süsma und* opfern Wacholder.

Das markierte Wort kann an unterschiedlichen Stellen im Satz erscheinen, z. B.

undo wəǰǰimˈena ityˈog ḍugˈo aplyˈog-la 10.5
ART MANN-OBL-PL PT GLEICH STOCK GEBEN-PRF-3SG
Jenen Männern hat er gleich(lange) Stöcke gegeben.

su əṣṭˈəg sučˈog wəǰǰimˈena intˈig ḍugˈo tu-lˈust aplyˈego 10.4
ART RICHTER ALL MANN-OBL-PL PT JE-EIN STOCK IN HAND GEBEN-PRT-3SG
Der Richter gab allen Männern je einen Stock in die Hand.

ps-kā lan-dˈī ḍuilˈugana 22.13
WAS WERK HABEN-PRS-2PL PT MÄDCHEN-OBL-PL PT
Was habt ihr zu schaffen, (mit) den Mädchen?

Form

Das Morphem kommt betont und unbetont vor, häufiger ist das unbetonte *-a.* Nach auslautendem Vokal steht zwischen diesem und dem *-a* ein Gleitlaut, z. B. *wolomaya = woloma + a.* Es kommt vor, dass auf ein Morphem *-a* ein zweites folgt: *ça̅ na līšaya* „weil du nicht riefst (*līš-a-(y)-a*).“ Die Pronomina *unzˈū, üo, müo* können den auslautenden Vokal verlieren: *unzˈa, müˈa, üa,* aber auch *unzuˈa, üuˈa.* Sehr selten erscheint der Background marker *-a* mit nichtphonematischer finaler Glottalisierung: 19.3 *ačogsˈaʿ* (vgl. §4.3.2).

Funktion

Viele Beispiele sprechen dafür, dass *-a* Gegebenes markiert, und zwar in dem Sinn (referential givenness[115]), dass eine im Bewusstsein des Gesprächspartners vorhandene Information aktiviert ist und zur Identifikation des Bezugsobjekts ausreicht.

aləg wərī atig pomˈoṭig rē-s. pomˈoṭiga Māndi pomoṭig rē-s A10.1-2
DEM SACHE EIN ERZÄHLUNG PT-SEIN-PRS-3SG ERZÄHLUNG PT MANDI ERZÄHLUNG PT-SEIN-PRS-3SG
Diese Sache ist eine Erzählung. Die Erzählung *(-a)* ist eine Māndi-Erzählung.

su kür kə̄-wurˈū atˈī wiptˈī ẓuẓu-maŋ ožnˈī gəzˈīa. su wurˈūša ozilˈī gəzˈīa A10.75-76
ART KNABE PFEIL-BOGEN NEHMEN-CP HINAUSGEHEN-CP MARKHOR (M.-F.) TÖTEN-CP BRINGEN-PRT II-3SG. ART BOGEN-OBL PT BRECHEN-CP BRINGEN-PRT II-3SG
Der Knabe nahm Pfeil und Bogen, ging hinaus, tötete männliche und weibliche Markhors und brachte sie. Den Bogen *(-a)* brachte er zerbrochen (zurück).

Andere Beispiele zeigen die Markierung von Elementen, die einen Kontrast bilden.

[115] J. GUNDEL: Information Structure and Referential Givenness/Newness: How Much Belongs in the Grammar? *Proceedings of the 10th International Conference on Head-Driven Phrase Structure Grammar.* Michigan State University, 2003, CSLI Publications, 122–142.

tasigy'a unzū bižičiŋ na wolasesum (wolyasesum), iti'a bižičiŋ wol'am (I.)
FRÜHER PT ICH SCHREIBEN-INF NEG KÖNNEN-IMPF-1SG (IMPF-HAB-1SG), JETZT PT SCHREIBEN KÖNNEN-PRS-1SG
Früher *(-a)* konnte ich nicht schreiben, jetzt *(-a)* kann ich schreiben.

Häufig erscheint *-a*, wenn innerhalb der Äußerung die Aufmerksamkeit von einem auf ein anderes Bezugsobjekt wechselt.

unzu'a ,selī oṭoṭga-gaso' bī ozm'asəm-ḍa üu'a ,psēlī oṭoṭgasəm' bī ozmasċ-(ə)r'a... A10.115
ICH PT WIE FRESSEN-PRS-SUPP-3SG DENKEN-CP BLEIBEN-PRS-1SG PT DU PT WIE FRESSEN-PRS II-1SG DENKEN-CP BLEIBEN-PRS-2SG PT ...
da ich *(-a)* denke: ‚Wie wird er fressen?', da du *(-a)* denkst: ‚Wie werde ich fressen?', ...

ībiŋya su lüšt üsük mund'ū-pan alob'ı Diw'in tipt'isa. su n'āna üštyub wə-dy'a əstl'ə büt'ū wišt'ī apt'isa A10.27-28
MORGEN ART TOCHTER SONNE STRAHL POST SICH-ANHÄNGEN-CP DIWIN EINGEHEN-PRT II-3SG. ART MUTTER PT BAUM PRT II PT DORT HINABSTELLEN-CP TROCKNEN-CP WEGGEHEN-PRT II-3SG
Am nächsten Morgen hängte sich die Tochter an einen Sonnenstrahl und ging nach Diwin hinein. Die Mutter *(-a)* wurde zum Baum, und dort hingestellt vertrocknete sie.

Bugurǰan Ṣup'ū-pa šilig'a-rē-s. ... su ḍuw'īš tüsūlī ažipčī ašpāw'īa. su küra Māndi tu-gul t-übüg nept'ī nešl'ī ozg'ā-wəsa A10.54-56
B. IṢṬEWI POST SITZEN-PRS II-PT-3SG ... DEM JUNGFRAU-OBL EINREIHEN-CP TALAUF-TRAGEN-CP VERSCHWINDEN-LASSEN-PRT II-3S. ART KNABE MANDI IN TAL IN FELSDACH TALAB-GEHEN-CP TALAB-SITZEN-CP BLEIBEN-PRT-HAB-3SG
Bugurǰan wohnt in Iṣṭewi. Er ... reihte die junge Frau (in sein Gefolge) ein und verschleppte sie in Richtung talauf. Der Junge *(-a)* ging talab hinab unter ein Felsdach im Māndi-Tal, setzte sich talab und blieb (dort).

su wur'ū ozol'isa, su kür ẓuw'ī tüwo'isa. su n'ana su küreš āṣuw'ē ānjig-re A10.83
ART BOGEN BRECHEN-PRT II-3SG ART KNABE WEINEN-CP SCHNELL-MACHEN-PRT-3SG. ART MUTTER PT ART KNABE-OBL VERSTECKEN-CP ANSEHEN-PRT II-F PT
Der Bogen zerbrach, der Knabe begann zu weinen. Die Mutter *(-a)* schaut verstohlen den Knaben an und ...

Das Morphem *-a* markiert demnach einerseits Gegebenes, innerhalb der Erzählung kurz zuvor Genanntes, andererseits im Kontext Neues und Gegensätzliches. Beides zu berücksichtigen ist möglich, wenn die Funktion des Morphems innerhalb einer Vordergrund-Hintergrund- oder Focus-Background-Struktur gesehen wird. Fokussierung dient im allgemeinen sowohl der Hervorhebung als auch der Auswahl einer von mehreren möglichen Alternativen. Was im Prasun markiert wird, ist aber nicht das im Vordergrund stehende Element, sondern im Gegenteil das Element, das nicht im Fokus steht. In

krək k'odyum'a naḍəm so 11.17
SO WERK PT UNGEHÖRIG SEIN-PRS-3SG
So ein Werk ist ungehörig.

ist das markierte Element das „Werk", von dem im Kontext bereits die Rede war. Dieses wird mit einem aus einer Reihe von vielen möglichen Attributen (ungehörig? lobenswert? heldenhaft?) belegt, auf dem - unmarkierten - *naḍəm* „ungehörig" liegt das Gewicht der Aussage. Indem das *a*-Morphem das markierte Element *kodyum* „Werk" in den Hintergrund setzt, verleiht es der Aussage insgesamt stärkere Dynamik. Auch im folgenden Beispiel ist das markierte Element nicht markiert. Die Sprecherin, die sich an ihre Tochter wendet, will keinesfalls betonen, dass dies ihr geschah und nicht jemand anders, sondern die Äußerung dient der Warnung der Tochter vor dem Yuṣ. Sätze wie dieser machen auch deutlich, dass es sich bei dem Morphem keineswegs um eine Topik-Markierung handelt (*"was mich angeht: der Yuṣ schlitzte mir die Brust auf"):

ənd'eša su yüṣ žüžü ličəpog-'omo A10.161
MIR PT ART YUṢ BRUST AUFSCHLITZEN-PRT-3SG PT
Mir *(-a)* schlitzte der Yuṣ die Brust auf!

In der Äußerung

undō yüṣa na wol'ognī šilig'a-rē A10.180
PRN YUṢ PT NEG KÖNNEN-CP-NEG SITZEN-PRS II PT
Jene sitzen (da), ohne gegen den Yuṣ *(-a)* (etwas ausrichten) zu können.

geht es nicht darum, dass die Protagonisten nur gegen den Yuṣ - im Gegensatz zu anderen Wesen - nichts ausrichten können, sondern darum, die Hilflosigkeit gegenüber dem Yuṣ auszudrücken.
Dass das Morphem *-a* dem Hintergrund-Material angefügt, nicht etwa dem Vordergrund-Material vorangestellt wird *(*kodyum a-naḍəm so)*, ist abgesehen von prosodischen Hinweisen auch daraus ersichtlich, dass mit *-a* markierter Text als Nachklapp auf das Vordergrund-Element folgen kann, z. B.

te-pčinig-laš səl'ig ṭ'āšā 28.72
WO TRAGEN-FUT-2SG DEM ORT-OBL PT
Was willst du (damit), mit jenem Ort (*-a*)?

Ein Pronomen steht am Anfang, die mit *-a* markierte Apposition nachklappend am Ende des Satzes (ähnlich in 81.18, s. §4.3.2):

ü'ū ps-wəǰǰəm'ī ə-r'a-sċ ütr'eš əpterəg'āya 27.14
DU WAS MANN SEIN-PRS-PT-2SG BÄR-OBL FÜRCHTEN-PRSP II PT
Was bist du denn für ein Mann, einer, der den Bären fürchtet?

Das Morphem *-a* im Nebensatz

In Verbindung mit einem finiten Verb übernimmt das Morphem *-a* die Funktion eines Subordinations-Markers für Satzteile, die in einem temporal-konditionalen, kausalen oder adversativen Verhältnis zur Satzaussage stehen oder das Komplement zu einem Verb der Wahrnehmung bilden. Ob ein Verhältnis als konditional, kausal oder anders interpretiert werden muss, ist abhängig vom Kontext.

žig'ẹša ... atig nīṣ woċog-gas'a 8.45

TALAUFGEHEN-AOR-2SG PT ... EIN SCHLUCHT LINKS-KOMMEN-PRF-SUPP-3SG PT

Wenn du talauf gehst (*žig'ẹš-a*), liegt wohl links eine Schlucht/ Du sollst talauf gehen, (dann) liegt wohl links eine Schlucht.

ī nan t-iži̅ üč'ǖ bür'ǖ gəzg'a leg-ra, na bürünom'asa ẓum'isum 100.40

DEINE MUTTER IN AUGE TRÄNE FÜLLEN-CP BRINGEN-SUP SAGEN-PRT-3SG PT NEG FÜLLEN-PASS-PRS-3SG PT WEINEN-PRS-1SG

Weil deine Mutter mir befahl, (den Topf) mit Tränen in (meinen) Augen zu füllen und (ihr) zu bringen, weine ich, da er nicht voll wird (*bürünom'as-a*).

üsük pülim'aš lug t-imū̃ münǰü bəs ay'ego asə tak alosg'āma, na ay'ego ṭog'ī ačorgam-do 69.35

SONNE LEUCHTEN-ADV RECHT IN OHR TROMMEL TON ANSCHLAGEN-PRT-3SG WIR ID ENTKOMMEN-PRS II-1PL PT NEG ANSCHLAGEN-PRT-3SG ENDEN-CP WEGGEHEN-PRS II-1PL PT

Während, (falls) bei Sonnenaufgang im rechten Ohr ein Trommelton erklingt, wir wohl davonkommen werden (*alosg'ām-a*), werden wir, (falls) er nicht erklingt, umkommen.

Das Morphem *-a* kann durch den Subordinationsmarker *-ra* ersetzt werden:

üo ça̅ na līšaya (līš-ra) na aċ'īsəm-rē (P.)

DU RUF NEG MACHEN-PRT II-2SG PT NEG KOMMEN-PRT II-1SG PT

Weil du nicht riefst (*līš-a-y-a*), kam ich nicht.

Das Morphem *-a* kann durch das Adverbialsuffix *-oma* ersetzt werden:

miš weris'aṭ aċogs'a' (aċoma) ab'əg gand'a lī tükč'ī aplim'iso 19.3

SEIN LIEBHABER KOMMEN-PRT-3SG PT (KOMMEN-ADV) BROT GUT MACHEN-CP KOCHEN-CP GEBEN-PRS-F-3SG

Wenn ihr Liebhaber kommt *(aċogs-'a')*, gibt sie Brot, nachdem sie es gut gebacken hat.

Der subordinierte Satz kann als (elliptische) Antwort auf eine Frage allein stehen:

Koṣmən'əš ībīg to-gul əyog-l'asto lim'asta A10.253

KOṢMƎNƎ-OBL UNTEN IN WELT WERFEN-PRF-3PL SAGEN-PRS-3PL PT

Man sagt, sie haben Koṣmənə in die Unterwelt geworfen.

Das Morphem kann als Komplement-Marker aufgefasst werden:

atig ṭˈā-pan bienjemˈasa atig muṣˈī wulˈə wəǯǯimˈī səl mir tiẓgimˈaso 28.13
EIN ORT POST HINABSCHAUEN-PRS-3SG PT EIN BART LEER MANN DORT LEHM SAMMELN-PRS-3SG
Er schaut auf einen Ort hinab (und sieht, dass) dort ein bartloser Mann Lehm zusammenscharrt.

tē lāša byēmaso D26.5
WO HABEN-IMPF-2SG PT HERABKOMMEN-PRS-3SG
Woher weisst du, ob er herabkommt?

Subordination oder Hintergrund
Das Morphem *-a* hat demnach subordinierende Funktion. Es tritt aber auch an Morpheme, die selbst bereits eine subordinierende Funktion haben, z. B. an *-oma, -omaš, -dī, -ra* und auch an *-a:*

əm kodyum na lī wolˈomaya səmiš ožinig-lˈamo 34.54
MEIN ARBEIT NEG MACHEN-CP KÖNNEN-ADV PT IHN TÖTEN-FUT-1SG
Wenn er meine Arbeit nicht tun kann (*woloma-y-a*), werde ich ihn töten.

ps-kolyˈo amˈasċ unzˈū üteš mülˈü lī itˈī čpū wosˈomaya 43.33
WAS SPRECHEN-ADV KOMMEN-PRS-2SG ICH DIR PREIS MACHEN-CP NUN VIER ÜBERNACHTEN-ADV PT
Was redend kommst du, obwohl doch nun 4 Tage vergangen sind (*wosoma-y-a*), nachdem ich dir den Preis gemacht habe?

su kür obˈüŋya ṣen wišpawˈomaša „atig byer lī̃ wī acˈẹ̄o" limˈaso 30.35
ART KNABE MORGENS VIEH-OBL-PL AUSTREIBEN-ADV PT EIN ZIEGE ZWEI WERDEN-CP KOMMEN-AOR-3SG SAGEN-PRS-3SG
Wenn der Knabe morgens das Vieh austreibt (*wišpawomaš-a*), sagt er: „Eine Ziege soll, zwei geworden seiend, (zurück)kommen."

su baz ičˈī šo la-diˈa iṣkilya-rayˈa biẓawˈiŋ na üčˈogso 89.5
ART FLEISCH KLUMPEN ATEM HABEN-PRS-3SG PT PT SICH-BEWEGEN-PRS-3SG PT PT BEGRABEN-INF NEG ANGEHEN-PRT-3SG
Da der Fleischklumpen Atem hat (*la-di-a*), weil er sich bewegt (*ikilya-ra-y-a*), ging es nicht an, ihn zu begraben.

ariš na aplimam-rāya ˈarəz lˈẹ-dī ... 43.15
DIES-OBL NEG GEBEN-PRS-1PL PT PT MELDUNG MACHEN-AOR-3SG PT
Wenn wir ihm dies nicht geben (*aplimam-rā-y-a*), wird er es wohl melden.

su iž'eŋ wusosta t'ī wəs-raya aləra bespʹẹšaya iž'eŋ om'ā-re-s 91.10
ART SCHLANGE INNEN INNEN SEIN-PRT II-3SG PT PT OBEN HINABSCHLAGEN-AOR-2SG PT SCHLANGE STERBEN-PRS-PT-3SG
Wenn du, weil die Schlange innen drin ist (*wəs-ra-y-a*), oben daraufschlägst, wird die Schlange sterben.

üd log-əl'astaya 80.48
KRIEG MACHEN-PRF-3PL PT PT
wenn sie Krieg geführt haben (*log-əlast-a-y-a*)

bisp'ẹšaya iž'eŋ om'ā-re-s 91.10
HINABSCHLAGEN-AOR-2SG PT PT SCHLANGE STERBEN-PRS II-PT-3SG
Wenn du hinabschlägst (*bispẹš-a-y-a*), wird die Schlange sterben.

Dies lässt vermuten, dass *-a* hier nicht der Subordinations-Markierung dient. Tatsächlich liegt jedoch kein Widerspruch und auch keine Redundanz bei zwei funktional gleichen Partikeln vor. Die Funktion des Morphems, den Hintergrund zu markieren, schließt ein, dass dieser Hintergrund in Form eines Nebensatzes erscheint. Daher kann *-a* als Subordinationsmarker fungieren, doch ist dies nur eine Spielart der Hintergrundmarkierung. Wird *-a* mit einem anderen Subordinationsmarker kombiniert, hat das Morphem weiterhin die Funktion, den Hintergrund zu markieren und verstärkt dadurch die strukturierte Darstellung der Information.

Differenzierung von Fokus?
Kein Textbeleg liegt für einen „kontrastiven“ im Sinne eines „korrektiven“ Fokus vor, der eine vermeintliche oder ausgesprochene Annahme des Gesprächspartners korrigiert. Doch erscheint *-a* in einigen Aussagen, die explizit oder implizit eine Gegenüberstellung von zwei ähnlichen Elementen enthalten, z. B.

piẽ logz'omaya ščöli somoto-r'a, lüšt w'omaya ožin'ū 42.3
SOHN HOCHBRINGEN-ADV PT GUT AUFZIEHEN-IMP PT TOCHTER WERDEN-ADV PT TÖTEN-IMP
Falls sie einen Sohn gebiert, zieh ihn gut auf, (aber) falls es eine Tochter wird, töte sie!

wust'ī p'ogsa ṣə lürumasmo, šir'ē p'ogsa ṣə bürūm'asmo (P.)
FRÜHLING ANKOMMEN-PRT-3SG PT VIEH HOCHWENDEN-PRS-1SG HERBST KOMMEN-PRT-3SG PT VIEH HINABWENDEN-PRS-1SG
Wenn der Frühling kommt, wende ich das Vieh hinauf, wenn (aber) der Herbst kommt, wende ich das Vieh hinab.

tasigy'a unzū bižičiŋ na wolasesum (wolyasesum), iti'a bižičiŋ wol'am (I.)
FRÜHER PT ICH SCHREIBEN-INF NEG KÖNNEN-IMPF-1SG (IMPF-HAB-1SG), JETZT PT SCHREIBEN KÖNNEN-PRS-1SG
Früher konnte ich nicht schreiben, jetzt (aber) kann ich schreiben.

Dies führt zu der Frage, ob im Prasun ein Unterschied zwischen kontrastivem und informativem Fokus zu erkennen ist, etwa, ob *-a* bei kontrastiven Äußerungen mit größerer Häufigkeit oder sogar regelmäßig erscheint. Tatsächlich lässt sich ein solcher Unterschied nicht festhalten. Neben den genannten und weiteren Beispielen mit *-a* gibt es bezeichnenderweise Gegenüberstellungen, in denen *-a* nur bei einer der beiden den Kontrast bezeichnenden Elemente steht, z. B.

unz'ū as'ən-ag bag lī ām'asum-ra, mü'a ənd'eš oinig-lano 30.41
ICH-∅ EUCH FÜR GUT MACHEN-CP KOMMEN-PRS-1SG PT IHR PT MICH ESSEN-FUT-2PL
Ich komme in guter Absicht für euch, (aber) ihr werdet mich essen!

ü'ā wəǰǰəmī əsċ-(e)ra unz'ū yuṣ re-sum 42.95
DU PT MANN SEIN-PRS-2SG PT ICH-∅ YUṢ PT-SEIN-PRS-1SG
Du bist ein Mensch, aber ich bin ein Yuṣ.

oder gar nicht verwendet wird, z. B.

ožninen'igš unz'ū əw'aš ċəm, nijengy'a ütinigš əw'aš n'āsəm 11.13
TÖTEN-PASS-INF-OBL-∅ ICH FROH SEIN-PRS-1SG NACKT SICH-STELLEN-INF-OBL-∅ FROH NEG SEIN-PRS-1SG
Getötet zu werden akzeptiere ich, (aber) mich nackt hinzustellen akzeptiere ich nicht!

Gerade die drei letzten Beispiele (30.41, 42.95 und 11.13) machen klar, dass *-a* den Hintergrund markiert, nicht aber fokussierte und auch nicht kontrastierende Elemente. In 30.41 besteht ein Gegensatz zwischen der guten Absicht des Sprechers und der bösen Absicht der Gesprächspartner, das Pronomen als Bezeichnung der Handlungsträger (*unzū, müo*) tritt demgegenüber in den Hintergrund. In 42.95 geht es darum, das Menschsein des Gesprächspartners als Hindernis für die weitere Partnerschaft darzustellen; nicht so sehr geht es um den Gegensatz der beiden Gesprächspartner, noch steht der Umstand im Vordergrund, dass der Sprecher ein Yuṣ ist; folglich wird nur das dem Wort „Mensch“ vorausgehende Element als Hintergrund gekennzeichnet. In 11.13 dagegen bestehen zwei Kontraste: a) zwischen Akzeptanz und Nicht-Akzeptanz, b) zwischen zwei alternativen Verhaltensweisen (Tod vs. Nacktheit). Beide sind semantisch-pragmatisch gleichwertig, daher gibt es keine Motivation einer irgendwie gearteten Hintergrundmarkierung.

Warum Hintergrund-Markierung?
Die Unterscheidung von Hintergrund- und Vordergrund-Material ist ein Merkmal sprachlicher Kommunikation:

> „Yet, in any speaking situation, some parts of what is said are more relevant than others. That part of a discourse which does not immediately and crucially contribute to the speaker's goal, but which merely assists, amplifies, or comments on it, is referred to as BACKGROUND. By contrast, the material which supplies the main points of the discourse is known as FOREGROUND. Linguistic features associated with the distinction between foreground and background are referred to as GROUNDING."[116]

In vielen Sprachen wird die Vordergrund-Hintergrund-Struktur durch unterschiedliche Akzentuierung markiert, das Material des Hintergrunds typischerweise durch Deakzentuierung. In Sprachen, wo der Akzent diese Rolle nicht erfüllt, kann die Markierung morphologisch oder syntaktisch erfolgen: „Numerous languages ... have morphological and syntactic devices which reflect grounding. These devices range from discourse particles, placed at crucial points to warn the listener that the current or following clause is foregrounded, to the elaboration of verbal paradigms (tense-aspect) specialized for this distinction."[117] Im Prasun spielen Akzent und Intonation eine untergeordnete Rolle, die Markierung einer Frage, Diskurs- und Subordinations-Markierung erfolgt morphologisch mit Hilfe einer Fülle von Partikeln. Daher ist von vornherein wahrscheinlich, dass auch die Informationsstruktur und speziell das „Grounding" in ähnlicher Weise gekennzeichnet wird. Eben dies geschieht mit Hilfe des Background Markers *-a*.

Backgrounding ohne Foregrounding

Hintergrund-Markierung bedeutet nicht automatisch, dass das unmarkierte Material besonders hervorgehoben wird. B. Wehr[118] unterscheidet für narrative Texte drei Ebenen: Hintergrund, Haupt-Erzählebene, Vordergrund und betont, dass von zwei mitgeteilten Ereignissen A und B „entweder A in den Hintergrund gerückt werden kann ... oder aber B in den Vordergrund gerückt werden kann." Durch die Kennzeichnung von einem Teil des Materials als Hintergrund erfährt eine beliebige Äußerung eine stärkere Dynamik, wie es im Prasun ganz deutlich der Fall ist. Eine Hervorhebung oder Fokussierung des unmarkierten Materials hingegen lässt sich nicht nachweisen, diese Funktion erfüllen im Prasun vor allem emphatische Diskurkurspartikeln.

Herkunft und Entwicklung des Morphems

Ererbte Partikel?

Bereits B. Delbrück[119] bemerkte, dass die ausführlich von ihm besprochene vedische Partikel *vái* typischerweise nach dem ersten Wort eines Satzes vorkommt, dass sie sich auf den ganzen Satz bezieht und dass dem durch *vái* markierten Satz im Kontext eine entscheidende Rolle zukommt. Die Analyse von *vái* im Hinblick auf die Informationsstruktur führte M. Kobayashi zu der Einschätzung, „The general function of *vái* in the Taittirīya-Saṃhitā is to introduce a nonpresupposed event, fact or idea into the discourse. That event, fact or idea also serves as background information or reason

---

[116] HOPPER and THOMPSON 1980, 280.

[117] Ibid. p. 281.

[118] B. WEHR: *Diskurs-Strategien im Romanischen.* Ein Beitrag zur romanischen Syntax. Tübingen 1984, 97-8.

[119] Berthold DELBRÜCK: *Altindische Syntax.* Halle 1888, 482-91.

depending on the context where *vái* occurs"[120] (p. 82), ein ähnlicher Befund liegt in der Maitrāyaṇī-Saṃhitā und im Śatapatha-Brāhmaṇa vor. Im Pañcaviṃśa-Brāhmaṇa markiert *vái* ein Wort „that has appeared in the opening sentence of the paragraph" (p. 86; Kobayashis "nonpresupposed information" ist schwer nachvollziehbar). Damit zeigt sich hier eine bemerkenswerte Parallele zum Gebrauch von *-a* im Prasun. Da es sich bei *vái* um eine Partikel handelt, die offensichtlich auf vorvedische Zeit zurückgeht (sie entspricht Avestisch *vā̆*)[121], halten wir es für möglich, dass das Morphem *-a* in seiner Funktion als Hintergrund-Marker auf diese Partikel zurückgeht.

4.3 Verbalpartikeln

4.3.1 Allgemeines

Auf seine Frage nach der Bedeutung von *do* wurde Buddruss wiederholt der persische Ausdruck *parvā naku!* genannt, etwa „Mach dir darum keine Gedanken!" Ist das eine Übersetzung des Morphems *do* oder ist es eine vorwissenschaftliche Beschreibung der Funktion von Diskurspartikeln? Nicht alle Sprachen verwenden Diskurspartikeln (nicht gleichzusetzen mit den diskursgliedernden Diskursmarkern).[122] Prasun verwendet eine große Anzahl von ihnen, und nicht alle lassen sich (mit dem vorhandenen Material) zufriedenstellend beschreiben. Diskurs- oder Modalpartikeln tragen nicht zum deskriptiven, propositionalen Gehalt einer Äußerung bei, sie beeinflussen nicht den Wahrheitswert einer Aussage. Welche Funktion sie im einzelnen ausüben, ist äußerst vielfältig und daher oft schwierig zu bestimmen.[123] Generell gehören sie zur pragmatischen Ebene sprachlicher Äußerungen, sei es, dass sie Auskunft über den (vom Sprecher vermuteten) Informationsstatus der Gesprächsteilnehmer geben, sei es, dass sie die Haltung des Sprechers zu Gesprächsgegenstand oder -partner ausdrücken.[124] Neben den zahlreichen Diskurspartikeln gibt es Partikeln in anderer Funktion.

---

[120] Masato KOBAYASHI: Information Structure and the Particles *vái* and *evá* in Vedic Prose. In: *Indic across the Millenia*, ed J. S. Klein and K. Yoshida, Bremen 2012, 77-92.

[121] „[Der] ... Gebrauch von *vái* ... deckt sich vollständig mit dem von Aw. *¹vā̆*" (C. BARTHOLOMAE, *Altiranisches Wörterbuch,* Strassburg 1904, 1306).

[122] ZIMMERMANN 2011, 2015: "Cross-linguistically, such discourse-structuring particles are more widespread than discourse particles in the narrow sense, as all languages seem to exhibit the former, but not the latter." Im Prasun haben wir keinen eindeutigen Hinweis auf Diskursmarker gefunden, sicherlich wäre dies ein lohnendes Untersuchungsobjekt für weitere Feldforschung.

[123] M. Zimmermann kommt nach der Analyse von drei deutschen Partikeln zu dem Ergebnis, dass "these findings suggest that the quest for a unified semantic analysis of all discourse particles, or even for a set of necessary properties apart from the general characteristics ... may be in vain." (ZIMMERMANN 2011, 2024).

[124] „Discourse particles in the narrow sense are used in order to organize the discourse by expressing the speaker's epistemic attitude towards the propositional content of an utterance, or to express a speaker's assumptions about the epistemic states of his or her interlocutors concerning a particular proposition. More generally discourse particles have the function of fitting the propositional content of a sentence to the context of speech by giving an utterance its specific 'shade' ... or alternatively, by imposing restrictions on appropriate contexts for a given utterance .... Discourse particles provide the discourse participants not with descriptions of particular states of affairs, but rather with clues as to which propositions count as mutually accepted, as controversial, or as uncertain." (ZIMMERMANN 2011, 2012-13).

Morpheme wie z. B. die Indefinitpartikel *ro* „(was, wer) auch immer" sind in der folgenden alphabetisch geordneten Aufstellung berücksichtigt, nicht aber Subordinationsmarker (§3.4) und Ideophone (§5.2). Partikeln erscheinen als Suffixe oder als Infixe. Nur die Partikeln *-ž* und *-apa* erscheinen außer bei Verben auch in Verbindung mit nicht-verbalen Formen (§4.3.14, §4.3.24, §4.3.34(3)), alle anderen hier aufgeführten Partikeln stehen beim finiten Verb.

4.3.2 *a*

Die Diskurspartikel *-a* tritt in allen Dialekten am Ende einer VP, am Ende eines Satzes oder eines Satzgefüges an ein finites Verb. Oft wird das Morphem unter Auslautglottalisierung realisiert: [a']. Das Morphem ist meistens betont, aber es gibt auch Beispiele von Nicht-Endbetonung:

> *apan pyē ps-lig'asa* A10.339
> HIER UNTEN WAS MACHEN-PRS II-3SG PT
> Was macht er hier unten?

Funktion: Emphase

(1) in Fragen

Alle Fragen, die auf *-a* enden, enthalten ein Fragewort. Die Frage zielt weniger auf Informationsgewinn als auf den Ausdruck des Befremdens oder des Misstrauens.

> *wuṣ ḍob'ul ənċer'a gun'īg ps-limasċ'a* 13.2
> SECHS BROT TAG JEDER WAS MACHEN-PRS-2SG PT
> Was machst du mit sechs Broten jeden Tag?

> *ps-masċ'a* 19.29
> WAS-PRS-2SG PT
> Was (machst) du denn?

> *əm-paya kaṭ'a aċ'ī ti-d'īs ks-pyepšogs'a* 25.15
> MEIN POST STARK KOMMEN-CP IN TRUHE WER HINUNTERGEHEN-PRT-3SG PT
> Wer ist, stärker als ich, gekommen und in die Truhe hinabgegangen?

> *aləg purd'ī yuṣ ps-zaṭ wigs'a* 61.66
> DIES ALTE YUṢ WAS VERWANDTER SEIN-PRS II-F-3SG PT
> Wie ist diese Alte mit dem Yuṣ verwandt?

mit nachklappender Apposition *nan-pan pəgyega* „den mit der Mutter Schlafenden" (*-a* in *wūnjog-wasta* ist emphatische Diskurspartikel, *-a* in *pəgyega* ist der Background Marker *-a*):

> *ineš ks-wūnjog-w'asta nan-pan pəgy'ega* 81.18
> MICH WER HERSEHEN-PRF-SUPP-3PL PT MUTTER POST SCHLAFEN-PRTP II PT
> Wer mag mich gesehen haben, als ich mit der Mutter schlief?

(2) in Aufforderungen

üo pul'iš-dī ‚üo wir'og əsċə-b'a wəǰǰim'ī əsċī?‘ lẹš'a 22.20
DU SPRECHEN-AOR-2SG-F PT DU UNGEHEUER SEIN-PRS-2SG ODER MENSCH SEIN-PRS-2SG Q SAGEN-AOR-2SG PT
Du sollst sprechen: „Bist du ein Ungeheuer oder bist du ein Mensch?“ sollst du sagen!

'ī-yag so, al am aṭč niŋar-pan na ozuly'aċa bī 102.4 (I.)
DEIN FÜR SEIN-PRS-3SG DEM MEIN TOPF-OBL DUNKEL POST NEG ZERBRECHEN-PRS II-2SG PT DENKEN-CP
(Das Licht) ist für dich, damit du in der Dunkelheit diesen meinen Topf nicht zerbrichst! (wörtlich: „du wirst nicht zerbrechen“, gedacht habend)

und in Absichtserklärungen der ersten Person

unz'ū salor'ẹma (P.)
ICH RECHTS-SPRINGEN-AOR-1SG PT
ich will nach rechts springen!

pəzam'a‘ (I.)
GEHEN-PRS II-1SG PT
ich gehe gleich!

su mir wuply'oma liga-na-sm'a 34.53
DER KÖNIG HERGEBEN ADV MACHEN-PRS II-NEG-1SG PT
Wenn der König sie mir gibt, nehme ich sie (zur Frau)!

Imperativische Aufforderungen mit auslautendem *-a, -a‘* sind recht häufig, allerdings kann nicht immer mit Sicherheit entschieden werden, ob es sich um die Endung des Imp. Sg. handelt (§2.4.2) oder um die Verbalpartikel. Besonders häufig tritt das Morphem bei Verben auf die den Imp. (auch?) auf *-u* bilden:

guni'a‘ (guny'u‘) „erzähl!“, *oč'a‘ (oč'ū)* „rühr um!“, *türum'a‘ (türum'u)* „wärme an!“, *kō büsċ'a‘ (büsċ'ū)* „lass!“, *kodyum lyu, kodyum lya‘* „arbeite!“, *wubly'u,* (I.) *wubly'a‘* „gib mir!“

bei anderen Verben z. B.

kə̄š wukṣ'ī aki'a‘ (P.)
PFEIL-OBL HERZIEHEN-CP SCHIEßEN-IMP PT
Zieh den Pfeil zu dir her und schieß!

zī ape'a öffne die Tür!
TÜR ÖFFNEN-IMP PT
Öffne die Tür!

aċ'a' „Komm!" (neben *aċ, aċ'əs* „Komm!", vgl. §2.4.2)

Eindeutig um das emphatische Morphem handelt es sich, wenn der Imp. auf *-əs* auslautet:

omondus'a' „verbinde!" (Imp. *omondus*).

(3) in Aussagen

žig'ẹša, ly'ogo, atig nīṣ woċog-gas'a 8.45
TALAUFGEHEN-AOR-2SG PT SAGEN-PRT-3SG EIN SCHLUCHT LINKS-KOMMEN-PRF-SUPP-3SG PT
„Wenn du talauf gehst", sagte sie „wird links wohl eine Schlucht sein."

unzu'a wul'us-paya it'ī əžə oḍobog sma 27.19
ICH PT FRÜHER POST-ABL JETZT PT DICK SEIN-PRS-1SG PT
Jetzt bin ich dicker als früher.

psē wī ne oiyəmasċ? - yab'ē sa 27.8
WARUM WERDEN-CP NEG ESSEN-PRS-2SG - GENUG SEIN-PRS-3SG PT
Warum isst du nicht? - Es ist genug.

Nicht überall kann zweifellos entschieden werden, ob ein *-a* die Funktion hat, das Hintergrundgeschehen zu markieren (s. §4.3), oder ob es sich um emphatisches *-a* handelt.

Eine etymologische Verbindung zum Hintergrund-Marker *-a* erscheint semantisch wenig wahrscheinlich. Auch hier aber darf man eine ältere Partikel zugrundelegen. Bei dieser handelt es möglicherweise sich um Skt. *evá/* Avestisch *aēvă̄.* S. Jamison[125] unterscheidet *evá* am Beginn eines Satzes („*so ...denn* mit dem Imperativ oder einem Conjunctiv oder Optativ in imperativischem Sinne")[126] und die emphatische Partikel *evá*, die das voraufgehende Wort hervorhebt und kommt zu dem Schluss (p. 108), „The distribution of *evá* in direct speech in early Vedic prose seems to combine the function of this initial *evá* with the position of the emphatic *evá*." Eine vergleichbare Entwicklung liegt vermutlich im Prasun vor. Vgl. aber zu einem anderen Vorschlag zum Fortleben der Partikel *evá* im Prasun §4.3.34: *(ə)ž < eva.*

---

[125] Stephanie W. JAMISON: The syntax of direct speech in Vedic. In: H. HOCK (ed.), *Studies in Sanskrit Syntax.* Delhi 1991, 95- 112.

[126] Hermann GRASSMANN, *Wörterbuch zum Rig-Veda*, 1872, Nachdruck Delhi 1999, s. v. *evá*, 4).

4.3.3 *ī, ē, ei*

Funktion: 1- Vermutung mit dem Morphem *-ī, -ēi,* 2- Verstärkung der Aufforderung mit dem Morphem *-ē, -ei.*

(1) Vermutung

Wahrscheinlich handelt es sich um das Interrogativ-Morphem *-ī* (vgl. §3.2.2.1), doch geht es hier nicht um Informationsgewinn, vielmehr wird eine sichere Annahme geäußert.

> *ly'ema amǰog-w'ey-ī* 6.52
> GUT TÖTEN-PERF-AOR-3SG PT
> Na gut, hat er sie (wohl) umgebracht. (s. auch §2.9.3.3)

> *atig wəǰǰəm'ī aċ'ī 'āpan krək lī wuŋgaw'ī pəzogs-ēi* 33.36
> EIN MANN KOMMEN-CP HIER SO MACHEN-CP BETRÜGEN-CP GEHEN-PRT-3SG PT
> Kam ein Mann, betrog uns hier so und ging weg.

> *ü'ū əsċ-ī b'oma* 39.17
> DU BIST' PT DENKEN-ADV
> denkend: ‚bist du es wohl'

(2) Mit dem Imperativ

Ein Morphem *-ē, -ei* erscheint nach dem Imperativ. Vgl. §2.4.2 Muster der Imperativbildung. Zu Aufforderungen auf *-igī, -īgi* (f.) siehe §2.9.3.11.

> *wiċ-'ē* 81.17 „Komm heraus!"
> *wušpuron-'ei* 30.50 „Zeigt (sie) mir!"
> *nür igasċ-ei* 32.87 „Wende dich hinab!"
> *binj-'ē* 69.52 „Schau hinab!

> *pəzəs-'ē sē ozm'a* (P.)
> GEHEN-IMP PT WARUM BLEIBEN-PRS
> Geh doch! Warum wartest du denn? (vgl. §4.1)

4.3.4 *-ə̃*

Ein Morphem *-ə̃* erscheint ausschließlich nach auslautendem *-m* der Personalendung, alle Beispiele sind Konstruktionen mit eingeschobenem Negativum in rhetorischen Fragen. Vermutlich handelt es sich um Haplologie für *-amə̃* (Funktion 1a, siehe §4.3.8): *pəzga-na-m-'ə̃* für **pəzga-na-m-'amə̃.* Alle Belege stammen aus Erzählungen Rasul Khans.

> *'ī-wag atig wotga-na-sum-'ə̃, əndeš psei oyum'a* 30.28
> DEIN FÜR EIN NÜTZEN-PRS II-NEG-1SG PT, MICH WARUM ESSEN-PRS
> Ich bin für dich doch ein (wenig) nützlich! Warum frisst du mich denn? (vgl. §4.1)

ašpurga-na-m-ˈɔ̄ 30.54
ZEIGEN-PRS II-NEG-1PL PT
Wir zeigen sie dir ja!

apliga-na-m-ˈɔ̄ 30.50
GEBEN-PRS II-NEG-1PL PT
Wir werden sie dir doch geben!

obˈüŋya pəzga-na-m-ˈɔ̄ 34.40
MORGEN GEHEN-PRS II-NEG-1PL PT
Wir wollen ... morgen früh gehen!

4.3.5 *ig, eg, eig*

Funktion: Emphase

(1) mit dem Imperativ (Allomorphe: *-ig, -eg, -eig*)
Auf der Aufforderung liegt stärkerer Nachdruck, vgl. §2.4.2 zur mehrfachen Aufforderung „Komm!“ *aċ! - aċáˈ! - aċəs-ˈeg!*

wisˈeria, nieċ-ig 30.12
ZIEGENBOCK-VOC TALAB-KOMMEN-IMP PT
Ziegenbock, komm talab herab!

pyeċ-ˈig 36.7 „Komm herab!“
wučo wəs-ˈig 36.11 „Werde Schmelzbutter!“
nyeċ-ˈeg (P.) „Komm talab!“
pəzəs-ˈeg (P.) „Geh!“
pəzon-ˈeg (P.) „Geht!“
bienjəs-eg (P.) „Schau hinab!“
kodyum ly-eg (P.) „Arbeite!“
wuply-ˈeg (P.) „Gib mir!“
aply-ˈeg (P.) „Gib ihm! “
byeptəs-ˈəg (P.) „Geht schnell hinab!“
əsċəw-ˈeg (P.) „Lauf weg!“
əsċəwˈeig (P.) „Lauf weg! mach, dass du fortkommst!“

(2) mit dem Präsens (nur P.: *-īg, -eg*)
Diese seltene Form ist nur mit weiblichem Subjekt belegt. Zur Aufforderung (f.) auf *-īgi, -igī* siehe §2.9.3.11.

wa mēlˈiga, nan al āmīs-eg A10.397
OH ONKEL-VOC MUTTER HIER KOMMEN-PRS-F-3SG PT
Onkel, die Mutter kommt her!

zōt pyepsē ozm'is-īg (P.)

GEBURT HINABGEHEN-CP BLEIBEN-PRS-F-3SG PT

Sie hat geboren (von einer Frau gesagt über ihre beneidete Rivalin; der gewöhnliche Ausdruck ist: *zot pəz'ogso* sie hat geboren).

4.3.6 *am*

Das Morphem *-am* (Allomorph *-em, -əm*) kommt in Texten aus Züzum, Dewa und Iṣṭewi vor. Es erscheint in Aussagesätzen.

Funktion: 1- neue Erkenntnis, 2- Begründung, 3- Ankündigung

(1) Es handelt sich um Wahrnehmung oder Schlussfolgerung von etwas vorher nicht im Bewusstsein Vorhandenem. Oft ist die Erkenntnis überraschend, zum Beispiel, dass die Sprecherin schwanger ist, dass das Haus nicht herabfällt, weil es an Draht befestigt ist, dass der Sprecher wieder so aussieht wie als junger Mann.

ari banigy'a laš-'am 61.23

DIES KLEIN HABEN-PRS-2SG PT

Dein (Knochen) hier ist doch zu klein!

al'īna mund'ū amond'ī ipog s-'am 61.79

OBEN-ABL DRAHT ANBINDEN-CP BAUEN-PRTP SEIN-PRS-3SG PT

(Das Haus) ist (ja) von oben an Draht befestigt gebaut!

na alug'ogs-əm 54.98

NEG GELINGEN-PRT-3SG PT

Es ist nicht gelungen

čig nimlig'a kodyum wogs-am 69.10

ETWAS SCHLECHT WERK WERDEN-PRT-3SG PT

Eine schlimme Sache ist ja passiert!

ščöli üpüčnig-pan üpüčogsn-'am 99.37

RICHTIG FLIEHEN-INF POST FLIEHEN-PRT-2PL PT

Ihr seid (ja) zu Recht geflohen!

unz'ū wəst'ī-ta ām'aš krək wüš'ö sēsm-am 100.111

ICH FRAU POST KOMMEN-ADV SO JÜNGLING SEIN-IMPF-1SG PT

Als ich auf Brautschau ging, war ich (ja) so ein Jüngling.

ažẽ čig wer'ī əs-'am 54.38
TALAUF ETWAS DING SEIN-PRS-3SG PT
Unten talauf ist (doch) eine Sache!

čig bəs sud'ogš-em 54.11
ETWAS GERUCH STRÖMEN-LASSEN-PRT-2SG PT
Du ließest ja Geruch ausströmen!

ps-kčir k'odyum pu-laš-r'o na əzn'amš-am 100.18
WAS ZAUBER WERK PT-HABEN-PRS-2SG PT NEG WISSEN-PRT-1PL PT
Was immer du für ein Zauberwerk haben magst, wussten wir (ja) nicht.

(2) Die Aussage begründet etwas, z. B. die Wahl des Maulbeerbaums als Schiedsrichter, oder das Nichtwissen, wie die eigene Braut aussieht.

psew'ī üpüčmasən-r'a …yüṣ aċagəsċ-'am 99.31
WAS-WERDEN-CP FLIEHEN-PRS-2PL PT … YUṢ KOMMEN-PRF-2SG PT
[Warum flieht ihr denn?“) „Als ein Yuṣ bist du (ja) gekommen!

ī koly'og wery'a wilis'ī aċ'agsm-am 61.48
DEIN SPRECHEN-PRTP WORT PT VERGESSEN-CP KOMMEN-PRT-1SG PT
Das Wort, das du sprachst, habe ich vergessen und kam (deshalb) zurück.

ps-opožog rē-wigso, okulyāwišt unzū nəskar na wuskozog-lam-am
WAS SCHÖN PT-SEIN-PRS II-F-3SG, BIS ICH GESICHT NEG SEHEN-PRF-1SG PT
Wie schön wird (die Frau, die ich heirate) sein? - Ich habe ihr Gesicht ja noch nicht gesehen!

Vgl. im selben Kontext den optionalen Gebrauch der Suffixe *-am* oder *-amiž* :

(a) *ari atig xud'ā dizog s-'am* 77.32
DEM EIN GOTT GESCHÖPF SEIN-PRS-3SG PT
Dieser (Maulbeerbaum) ist (doch) ein Geschöpf Gottes.
(b) *ari de atig xud'ā dizog s-'əm* 77.18
(c) *ari de atig xud'ā dizog s-'amiž* 77.18
DIES AUCH EIN GOTT GESCHÖPF SEIN-PRS-3SG PT
Auch dies (Schaf) ist (doch) ein Geschöpf Gottes.

(3) Die Aussage ist eine Ankündigung, Prophezeiung oder Drohung:

am to-gul pəzin-lam-'am 99.19
MEIN IN LAND GEHEN-FUT-1SG PT
Ich will in mein Land (zurück)gehen

ite'a üteš-ta ač'agsm-am 61.117
JETZT PT DICH POST KOMMEN-PRT-1SG PT
Jetzt kam (= komme) ich, um dich (zu holen)!

üteš re ənеš dī na wilisga-wogs-am 54.44-46
DICH UND MICH AUCH NEG LASSEN-PRSP II-WERDEN-PRT-3SG PT
Er wird dich und mich nicht entkommen lassen.

'ī-yag wār ač'ags-am oṭoṭn'ig 61.105
DEIN FÜR REIHE KOMMEN-PRT-3SG PT FRESSEN-INF
Die Reihe kam an dich, gefressen zu werden.

4.3.7 *ama*

Ein Suffix *-ama* erscheint einmalig in einem Text aus Züzum:

it'ī ḍig'ər pu-laš-'ī ps-pu-laš-(e)r'o, wüoṇḍub'ī sāl saksogs-'ama 54.48
MESSER SCHLECHT PT-HABEN-PRS-2SG Q WAS-PT-HABEN-PRS-2SG PT, ANSCHWELLEN-CP HINEIN HINEINGEHEN-PRT-3SG PT
Ob du dem Messer die Schuld gibst oder wem auch immer, (die Wunde) schwoll an und stieg weiter hoch!

Die Äußerung ist die Reaktion auf die Frage: „Der Junge hat ja den ganzen Arm bis oben hin verbunden! Warum hat er ihn denn nur verbunden?“, sie liefert die Begründung für den unerwarteten Zustand des Jungen. Möglicherweise ist dieses *-ama* ein Allomorph von *-am*. Vgl. §4.3.8 *-amə̃*.

4.3.8 *amə̃*

Die Partikel erscheint in den Dialekten von P. und Z. Sehr seltene Allomorphe sind *-(a)ma, -ema*. Vgl. auch zu *-ə̃*.
Funktionen: 1- erwartete Zustimmung, 2- neue Erkenntnis, 3- Mangel an Kontrolle

(1a) Der Sprecher weist eine unangebrachte oder den Tatsachen widersprechende Äußerung zurück, er nimmt dabei an, dass die Kritik angesichts der offenkundigen Situation vom Gesprächspartner akzeptiert werden muss:

unz'ū ī əṭ'əg-pan byenj'ī na kolimasm-'amə̃ 48.6
ICH DEIN PAPIER POST HINABSEHEN-CP NEG SPRECHEN-PRS-1SG PT
Ich schaue doch nicht auf dein Papier und lese es! (wie du behauptest).

üo psē koly'ogš ūwo piẽ wulē so lya? uwo piẽ l'ay-amə̃ (P.)
DU WARUM SPRECHEN-PRT-2SG ER SOHN LEER IST QUOT, ER SOHN HABEN-PRS-3SG PT
Warum sagtest du, er hätte keinen Sohn? Er hat doch einen Sohn.

žarman tē-so? - üo-sć-amə̃
DEUTSCH WO SEIN-PRS-3SG - DU SEIN-PRS-2SG PT
(G. Buddruss zu einem Kind): Wo ist der Deutsche? - (Antwort, empört über die Sinnlosigkeit der Frage): Du bist es doch!

unz'ū ḍig'ər na lyog-lam-'amə̃ (P.)
ICH SCHLECHT NEG TUN-PRF-1SG PT
Ich habe doch nichts Böses getan.

om'ogs-amẽ! t'e-pčiga-ra-m wuṣ'ūša? 32.79
STERBEN-PRT-3SG PT WO TRAGEN-PRS II-PT-1PL MEDIZIN-OBL PT
[Ich habe Medizin gebracht! -] Sie ist doch gestorben! Was sollen wir mit der Medizin?

(1b) Die Äußerung fordert Zustimmung zu einer Behauptung ein, die sich auf einen vermeintlich beiden Gesprächspartnern bekannten Sachverhalt bezieht. Stimmt der Gesprächspartner nicht zu, macht er das durch Verwendung einer Konstantiv-Form (Prät. II, Plup.-const.) und der Partikel *-ž* deutlich.

Pəzgim t-əməl atig lōṇḍī sēmə̃, aċālyon-ḍa A10.314
P. IN SIPPENHAUS EIN SKLAVIN SEIN-IMPF-3SG PT, RUFEN-IMP-PL PT
Im Pəzgim-əməl war/ ist doch eine Sklavin, ruft sie!

(a) *üo tü-ṣkyöb na aślyogsesć-amə̃ limasć - unzū aśly'og-wəsəm-ǰ limasmo* (P.)
DU IN BRÜCKE NEG SITZEN-PLUP-2SG PT SAGEN-PRS-2SG - ICH SITZEN-PLUP-CONST-1SG PT SAGEN-PRS-1SG
(b) *üo tü-ṣkyöb na aślyogsesć-amə̃ limasć, unzū as'ə aślyog-wəsəmš-iž limasmo* (P.)
DU IN BRÜCKE NEG SITZEN-PLUP-2SG PT SAGEN-PRS-2SG; WIR SITZEN-PLUP-CONST-1PL PT SAGEN-PRS-1SG
Du sagst: du hattest doch nicht auf der Brücke gesessen; ich sage: ich hatte/ wir hatten doch gesessen!

əgalmas-'amə̃ - əgal lütī-ž (P.)
REGNEN-PRS-3SG PT - REGEN AUFHÖREN-PRT II-3SG PT
Es regnet doch! - Nein, es hat doch aufgehört.

(1c) Der Sprecher erwartet Zustimmung zu einer erbetenen Leistung, hier in dem einzigen Beispiel, in dem *-amə̃* in einem Fragesatz vorkommt:

əndeš al'ürī pščin-laš-'amə̃ A10.215
MICH OBEN TRAGEN-FUT-2SG PT
Du wirst mich doch nach oben (in die Oberwelt) tragen?

(2a) Der Sprecher hat einen ihm vorher nicht gegenwärtigen Sachverhalt erkannt oder ihn erschlossen.

wəst'ī išni kodyum na layo-mə̃ 45.10
FRAU FALSCH WERK NEG HABEN-PRS-3SG PT
Die Frau hat (ja) keine Schuld (wie sich jetzt gezeigt hat).

am podeg way'e omogs-'amə̃ 100.103
MEIN *PODEG* BRUDER STERBEN-PRT-3SG PT
Weh mir, der Bruder starb ja!

psē wur'us wuṭogmasa boma, krək lyog-l'iš-əmḍ'o-ra kō wur'us wuṭogogs-'amə̃ A10.233
WARUM SÜß HERGELANGEN-PRS-3SG PT DENKEN-ADV SO MACHEN-PRF-CONST-2SG PT PT SO SÜß HERGELANGEN-PRT-3SG PT
Wenn ich denke, warum schmeckt es süß, (weiß ich jetzt:) es schmeckte mir so süß, weil du so gehandelt hattest.

dəp'ē wogəsc̈-'amə̃ 27.18 Fn.
MAGER WERDEN-PRF-2SG PT
Du bist aber mager geworden!

unz'ū üčos'ogsum, üo wel'ewī āmasc̈-amə̃ 2.37
ICH FLIEHEN-PRT-1SG DU ANDERS-WERDEN-CP KOMMEN-PRS-2SG PT
Ich floh, du kommst (ja) in anderer Gestalt (wie ich erst im Nachhinein gemerkt habe)!

üo pīē lāš-amə̃ (P.)
DU SOHN HABEN-IMPF-2SG PT
Du ha(tte)st (also) einen Sohn (soll heißen: ich erfuhr später, dass du einen Sohn hast).

t-utī yāl laš-amə̃ (P.)
IN STIRN RUNZEL HABEN-2SG PT
Du hast (ja) Runzeln auf der Stirn! (d. h. du scheinst nicht einverstanden zu sein?!)

(2b) Der Sprecher hat den Sachverhalt kürzlich erfahren und teilt ihn dem Gesprächspartner mit:

üẓb'ṻ nuŋ'ur siw'us s-amə̃ 61.68
ÜẒB'Ǖ NUŊ'UR SCHWESTER SEIN-PRS-3SG PT
Sie ist die Schwester des *üẓbü nuŋur.*

žāl'ig atig ṣoẓ üštyub-pan atig ḍuw'ī ašl'ī ozmis-'amə̃ A10.34
TALAUF EIN WACHOLDER BAUM POST EIN JUNGFRAU SITZEN-CP BLEIBEN-PRS-F-3SG PT
Talauf oben sitzt eine junge Frau auf einem Wacholderbaum.

až'a krək kolimis-'amə̃ A10.41
TALAUF SO SPRECHEN-PRS-F-3SG PT
Talauf oben spricht sie so.

(3) Die Situation ist außer Kontrolle des Sprechers. Die Äußerung vermittelt Bedauern über den Sachverhalt.

nān ḍigər lamš-'amə̃ A10.205
MUTTER SCHLECHT HABEN-PRS-1PL PT
Wir haben (leider) eine böse Mutter.

wurū ozologs-'amə̃ A10.91
BOGEN ZERBRECHEN-PRT-3SG PT
Der Bogen zerbrach!

əm kodyum abütyogəst-'amə̃/ əm kodyum abütiga-wogəst-'amə̃ (P.)
MEIN ARBEIT ZURÜCKBLEIBEN-PRF-3PL PT/ MEIN ARBEIT ZURÜCKBLEIBEN-PRF-HAB-3PL PT
Meine Arbeiten sind (leider) nicht vorangekommen (vgl. §2.9.3.8)

ḍōg wul'ēsəmš-'amə̃ (P.)
MILCH NICHT-HABEN-PRS-1PL PT
Wir haben (leider) keine Milch (weil das Vieh zu weit entfernt ist).

Einmal in einem Text aus Zumu und einmal in einer außerhalb eines Textes aufgenommenen Äußerung kommt ein Morphem *-ma'*, *-(a)ma* vor. In beiden Fällen handelt es sich um neue Erkenntnis; wahrscheinlich ist *-ma* eine Variante von *-amə̃*.

əzn'ago-ma' bin-la ǰein'ī 61.108
WISSEN-PRT-3SG PT DENKEN-FUT-3SG *ǰEINI*
‚Er wusste es (anscheinend)', wird die *ǰeini* denken.

ari rabar ċo benig (ə)s'ama (P.)
DEM GUMMI SEIN-PRS-3SG DENKEN-INF SEIN-PRS-3SG PT
Dies ist (anscheinend) wie Gummi.

Einmalig erscheint auch ein Suffix *-ema*:

üo wod'orga esċ-'ema (P.)
DU SEHR-KLUG SEIN-PRS-2SG PT
Du bist wirklich klug!

Wahrscheinlich ist es ebenfalls ein Allomorph von *-amə̃*, vgl.

su kšul wod'orga s-amǝ̃ (P.)
ER KLUG SEHR-KLUG SEIN-PRS-3SG PT
Er ist wirklich sehr klug!

4.3.9 *(o)mo, emo*

Die Suffixe *-(o)mo* und *-emo* erscheinen je einmal. Vermutlich handelt es sich um eine Variante von *amǝ̃.*

ǝnd'eša su yüṣ žüžü ličǝpog-'omo A10.161
MIR PT ART YUṢ BRUST AUFSCHLITZEN-PRT-3SG PT
Mir schlitzte der Yuṣ die Brust auf!

üo in'ü let'em leščog-laš-'emo (P.)
DU NEU ZAHN OBEN-ANHEFTEN-PRF-2SG PT
Du hast ja oben einen neuen Zahn eingesetzt!

4.3.10 *ǝmro*

Das Morphem erscheint in narrativen Texten aus P. (erzählt von Durmat) und in argumentativen Texten aus P. (nur ein Beispiel) und Z. (unsicher), in allen Fällen außer dem unsicheren Beispiel aus Z. in Verbindung mit dem habituativen Präteritum auf *-wǝs(t).*
Funktion: inferential?

su ǝrǰ'ī lüšt su tigr'og lüšč ob'ǝg apl'īg-wǝs-ǝmr'o 29.2
ART REICH MÄDCHEN ART ARM MÄDCHEN-OBL BROT GEBEN-PRT-HAB-F-3SG PT
Das reiche Mädchen pflegte dem armen Mädchen Brot zu geben.

su muṣ utr'ū pǝl pǝzg'ā̄-wǝs-ǝmro. su wǝst'ī sǝt'ǝ čüry'ög ab'ǝg lig-wǝs-ǝmro. su wǝǰǰem'ī sǝt weričog-p'an mǝṣin'ig ǝd'ī oyug'ā-wǝs-ǝmr'o 27.1-2
BEIDE PAAR SEIN-PRS-3PL. ART EHEMANN BÄR WACHE GEHEN-PRT-HAB-3SG PT. ART FRAU 7 KORB BROT MACHEN-PRT-HAB-F-3SG PT. ART MANN 7 TOPF POST MISCHUNG AUCH ESSEN-PRT-HAB-3SG PT
Der Ehemann pflegte auf Bärenwacht zu gehen. Die Frau pflegte sieben Körbchen Brot zu machen. Der Mann pflegte auch Mischspeise in sieben Töpfchen zu essen.

atig wǝǰǰǝmī pǝǰgim ǝsk'al obǝg apliga-wǝs-ǝmro 43.6
EIN MANN GAST VIEL BROT GEBEN-PRT-HAB-3SG PT
Ein Mann pflegte Gästen reichlich Brot zu geben.

wǝst'ī om'oma wat'ē lü wosog-w'ǝs-ǝmro 43.16
FRAU STERBEN-ADV SEIT ZWEI ÜBERNACHTEN-PLUP-CONST-3SG PT
Er hatte, seit eine Frau gestorben war, zweimal übernachtet.

Die Verwendung des Morphems in narrativen Texten, oft am Anfang der Erzählung, scheint aber nahezulegen, dass das Morphem dann verwendet wird, wenn die Äußerung nicht auf eigener Wahrnehmung des Sachverhalts beruht (inferential). Während die genannten Beispiele alle narrativer Art sind, sind die folgenden beiden Beispiele nicht-narrativ.

xārij'a as əbəg oyug'ā-wəst-əmro? (P.)
AUSLÄNDER UNSER BROT ESSEN-PRT-HAB-3PL PT
Essen Ausländer unser Brot?

Die Verwendung des Prät.-hab. macht klar, dass es um typisches Verhalten von Ausländern im allgemeinen geht, nicht um einen Einzelfall. Sollte der Befund richtig sein, dass -əmro eine Inferential-Partikel ist, darf man annehmen, dass sie hier verwendet wird, weil direkte Anschauung bei einer solchen allgemeinen, auf einen Sachverhalt außerhalb des Erfahrungsbereichs von Nuristanis zielenden Aussage gar nicht möglich ist.
Vollkommen abweichend von diesem Befund ist das folgende Beispiel, in dem *-əmro* in Verbindung mit dem Präs II in einer Mahnung oder Anweisung erscheint:

ü'ū krək nāznəg'a guṣa wẹš-dī na byebzəg'asċ-əmro 61.46 (Z.)
DU SO UNWISSEND DUMM SEIN-AOR-2SG PT NEG HINABGEHEN-PRS II-2SG PT
Wenn du so unwissend (und) dumm bist, gehst du (besser) nicht hinunter!

Die Vermutung liegt nahe, dass tatsächlich das (vielleicht undeutlich ausgesprochene oder beim Schreiben versehentlich verkürzte) Morphem *-əmrož* vorliegt.

4.3.11 *əmrož*

Die Partikel erscheint in (P.), (Z.), (Pr.), (I.).
Funktionen: erwartete Zustimmung zu bekanntem Inhalt, oft verbunden mit Kritik.

-əmrož hat die Allomorphe *(i/e)mrož* (◊), *-e/i/əmḍož, -e/i/ənḍož, -e/i/ənrož* (P.), *umdož* (Pr.), *-əmož* (I. 77.49). In der ersten Person Sg. und in der 2. Person Pl. erscheint das Suffix durch Haplologie als *-əm-[əm]rož* bzw. *-ən-[əm]rož*, vgl. die folgenden Paradigmen mit dem Prät. II von *li-* „machen" (tr.), *pəz-* „gehen" (itr.), *w-* „sein" und §4.3.32 zu *-rož*.

1 *lisəm*	*lisəmrož*	*pəz'isəmrož*	*wəsəmrož*
2 *liš/ pəzisċ*	*liš-əmrož*	*pəzisċ-əmrož*	*wəsċ-əmrož*
3 *li(a) / pəzis(a)*	*li-mrož*	*pəzis-əmrož*	*wəs-əmrož*
4 *lisimš*	*lisimš-əmrož*	*pəz'isimš-əmrož*	*[wəsəmš-rož]*
5 *lisən*	*lisənḍož, lisənrož*	*pəz'isinrož*	*[w'əsənrož]*
6 *list*	*list-əmrož*	*pəz'ist-əmrož*	*wəst-əmrož*

Der Sprecher erwartet Zustimmung zu dem seinem Gesprächspartner vermeintlich schon bekannten Sachverhalt.

wərǰəm'ī aċ'oma abeštyana ag'ast-umdož, al'əra tena aċiŋ-last? 38.41
MENSCH KOMMEN-ADV VON-UNTEN KOMMEN-PRS II-3PL PT, VON-OBEN WOHER KOMMEN-FUT-3PL
Wenn Menschen kommen, kommen sie doch von unten, wie sollen sie von oben kommen?

te-bzəga-r'a-m? yuṣ ag'as-əmrož 54.60
WO-GEHEN-PRS II-PT-1PL YUṢ KOMMEN-PRS II-3SG PT
Wohin sollen wir denn gehen? Der Yuṣ wird (doch) kommen!

ižī l-imrož, wunj'igs-əmrož ineša 100.71
AUGE HABEN-PRS-3SG PT, HERSEHEN-PRS II-F-3SG PT MICH PT
Sie hat doch Augen, sie wird mich doch sehen!

üo ǰarman əsċ-əmrož? - unzu ǰarman əsmo
DU DEUTSCH SEIN-PRS-2SG PT - ICH DEUTSCH SEIN-PRS-1SG
Du bist (doch) Deutscher? (Ja), ich bin Deutscher.

üo pākistānī əsċ-əmrož? unzu pākistānī na w'əsəm, unzu ǰarman r'ē-səm
DU PAKISTANISCH SEIN-PRS-2SG PT - ICH PAKISTANISCH NEG SEIN-PRT II-1SG ICH DEUTSCH PT-SEIN-PRS-1SG
Du bist Pakistaner? - Ich bin doch kein Pakistaner, ich bin Deutscher.

mūṣ wigy'a īr'ī wis-'imḍož D2.1
EHEMANN WEGNEHMEN-SUP NEBENFRAU WERDEN-PRT II-3SG PT
Sie wurde, um einen Ehemann einzufangen, eine Nebenfrau!

əm koly'og kil(l)ī wəs-əmrož (P.)
MEIN SPRECHEN-PRTP SO SEIN-PRT II-3SG PT
Das habe ich doch gesagt! (*gufte-ye man hamītūr būd*).

üo sē koly'ogš ənd'eš Wasī nāso lī? unz'ū Was'ī w'əsəmrož (P.)
DU WARUM SPRECHEN-PRT-2SG MIR WASI IST-NICHT SAGEN-CP ICH WASI SEIN-PRT II-1SG PT
Warum sagtest du von mir: er ist kein Prasun? Ich bin doch Prasun!

paiγambar xudā aply'og/ xudā əsċ'og wəs-əmrož (P.)
PROPHET GOTT GEBEN-PRTP/ GOTT SENDEN-PRTP SEIN-PRT II-3SG PT
Der Prophet ist (bekanntlich) von Gott gegeben/ gesandt (worden).

Die Äußerung dient oft dazu, das Verhalten oder eine Äußerung des Gesprächspartners zu tadeln, auch hier wird suggeriert, dass Kenntnis des Sachverhalts vorhanden ist oder vorhanden sein sollte.

kodyum lig'asċ-emrož 25.3
ARBEIT MACHEN-PRS II-2SG PT
Du musst doch arbeiten!

üo apī kodyum ligāsċ-əmrož dizgā apligā-(re)-s D27.3
DU AUCH ARBEIT MACHEN-PRS II-2SG PT SCHÖPFER GEBEN-PRS II-PT-3SG
Auch du soll(te)st arbeiten, (dann) gibt Gott dir (das Nötige).

krək lī žakoṣī-nakoṣ'ī pəṣ ligəsċ-imrož 61.20
SO TUN-CP TALAUFRÜHREN-CP-TALAB-RÜHREN-CP *pəṣ* MACHEN-PRS II-2SG PT
Indem du so hin und her rührst, musst du doch Brei kochen!

tāsig ašü'aċ-əmrož 77.21
VORHER BEIẞEN-PRS II-2SG PT
Du hättest ihn früher beißen sollen!

əndeš kō wunjigəsċ-'əmrož A13.5
MICH SO HERSEHEN-PRS II-F-2SG PT
Du solltest mich anschauen!

ps-kolm'a? naḍum l'iš-imrož 44.11
WAS-SPRECHEN-PRS UNGEHÖRIG SAGEN-PRT II-2SG PT
Was redest du denn (da)? Du sagtest doch Unsinn!

ari miš wəst'ī liš-imrož 27.27
DEM SEINE FRAU HABEN-PRT II-2SG PT
Das war doch seine Frau (deine Furcht ist nicht gerechtfertigt)!

as'ə yei ožiniga-liš-imrož 28.74
UNS VATER TÖTEN-PRSP II HABEN-PRT II-2SG PT
Deinetwegen wird der Vater uns töten!

ariš ki muiŋ w'əs-əmož 77.49
DIES-OBL SO TÖTEN-INF SEIN-PRT II-3SG PT
Diese musste man doch so töten!

4.3.12 *amiž*

Die Partikel kommt im Ober- wie im Untertal vor. Die Betonung liegt in der Regel auf der ersten Silbe der Partikel.

Funktionen: 1- neue unerwartete Erkenntnis, 2- Aktivierung aktuell nicht vorhandener Kenntnis, 3- Begründung

(1a) Der Sprecher hat etwas erkannt, das ihm vorher nicht bewusst war.

mu ožnyog-last-ˈamiž.... ḍū lī ašpag-last-ˈamiž 90.18
SIE TÖTEN-PRF-3PL PT … HINTERHALT MACHEN-CP VERSCHWINDEN-LASSEN-PRF-3PL PT
Diese haben sie (also) getötet! ... Sie haben einen Hinterhalt gelegt und sie umgebracht!

ari əm piẽ s-amˈaž 32.103
DIES MEIN SOHN SEIN-PRS-3SG PT
Das ist ja mein Sohn!

bəsi ari so: maŋg Dˈīsnī s-ˈamiž 68.6
TRAUM DIES IST: MARKHOR D. SEIN-PRS-3SG PT
Der Traum ist dies: der Markhor ist Disni!

pselˈī əznogš(ˈi)-čü ‚krək lī bižičiwˈog-lay-ˈaməž' lī 48.7
WAS-TUN-CP ERKENNEN-PRT-2SG PT SO TUN-CP SCHREIBEN-PRF-3SG PT QUOT
Wie wusstest du, dass ich so geschrieben habe (wörtlich: „so hat er geschrieben" gesagt habend)?

goṭeš na nimog-laš-aməž (P.)
KUH-OBL NEG MELKEN-PRF-2SG PT
Du hast die Kuh ja nicht gemolken!

tiṣiligamo lī aċogast-ˈamiž 52.32
VERSÖHNEN-PRS II-1PL SAGEN-CP KOMMEN-PRF-3PL PT
Sie sind gekommen, um uns zu versöhnen!

əm ċəš ṭiŋˈə lārˈī wutilˈī gəzˈom, müu itˈī bəs wisċog-lan-da ās wī aptogs-ˈamiž 43. 12
MEIN SACK-OBL GELD FÜLLEN-CP AUFLADEN-CP BRINGEN-PRT-1SG, IHR NUN FURZ AUSSENDEN-PRF-2PL PT ASCHE WERDEN-CP WEGGEHEN-PRT-3SG PT
Ich brachte meinen Sack, nachdem ich ihn mit Geld gefüllt und auf den Rücken geladen hatte, (aber) weil ihr nun gefurzt habt, ist (das Geld) ja ganz zu Asche geworden!

Die folgenden beiden Äußerungen stammen von eben herangewachsenen Jugendlichen, es scheint sich ebenfalls um neue Erkenntnisse zu handeln, die sich in diesem Fall mit dem Erreichen eines gewissen Alters einstellen:

yaš t-ümüsˈa lisin ċ-ˈamiž 69.79
VATER-OBL IN *ÜMÜSA* LASSEN-INF SEIN-PRS-3SG PT
Wir müssen den Vater in ein Ümüsa-Haus hinauflassen.

wəstˈī pəziŋ-lamš-ˈamiž 98.21
FRAU GEHEN-FUT-1PL PT
Vater, wir wollen heiraten!

Die Aussage im folgenden Beispiel erfolgt, als der Sprecher einen besonderen goldenen Bogen erhalten hat, und drückt offenbar Freude darüber aus, dass das Gewünschte erreicht ist. Ganz klar ist jedoch nicht, wodurch in diesem Fall die Verwendung des Morphems motiviert ist.

nana, laṭogogsm-ˈamiž 80.36
MUTTER-VOC HOCHGELANGEN-PRT-1SG PT
Mutter, ich bin fertig (geworden).

Nicht nur der unerwartete Sachverhalt, sondern auch das die Wahrnehmung bezeichnende Verb kann mit *-aməž* markiert werden:

āš gəzˈogša əznom-ˈamiž 79.15
WASSER-OBL BRINGEN-PRTP-OBL PT ERKENNEN-PRT-1SG PT
Dass das Wasser gebracht wurde, erkannte ich.

üteš na aptyˈẹm-umiž 77.44
DIR NEG GLAUBEN-AOR-1SG PT
Ich will dir nicht glauben (*bāvar nemīkunam*)!

(1b) Die Äußerung drückt die Überraschung oder Verwunderung des Sprechers aus:

gəndər yiwˈig atig baṣ s-ˈaməž 25.18
GROß LAUS EIN WUNDER SEIN-PRS-3SG PT
Die große Laus ist ja ein Wunderding!

əndeša čaptˈī wuplimast-ˈamiž 28.27
MIR PT VIEL HERGEBEN-PRS-3PL PT
Sie geben mir ja viel!

ḍigˈər žičˈen tümǰümasċ-ˈamiž 15.11
SCHLECHT KLEIDUNG ANZIEHEN-PRS-2SG PT
Schlechte Kleider ziehst du ja an!

(2) Die früher vorhandene, aber vergessene oder aktuell nicht im Bewusstsein des Sprechers oder Gesprächspartners vorhandene Kenntnis wird aktiviert.

waregš wüspuwˈū! - wüspowˈog s-ˈamiž (P.)
HAUS-OBL FEGEN-IMP - FEGEN-PRTP SEIN-PRS-3SG PT
Feg das Haus! - Es ist (doch) schon ausgefegt (Persisch: *sāf kardagī ast*)!

unz'ū üwö aċogsēsm-'amiž, əstləg wer'ī-pan əznog-lamo (P.)
ICH VORIGES-JAHR KOMMEN-PLUP-1SG PT, DEM DING POST ERKENNEN-PRF-1SG
Ich war (doch) voriges Jahr gekommen, dabei habe ich es gelernt.

mü'ū atig dur wuplyog-lasn-'amiž 36.18
IHR EINE SCHÖPFKELLE HERGEBEN-PLUP-2PL PT
Ihr hattet mir (doch) eine Schöpfkelle gegeben.

atig-pan ab'eštya gul'āw so, al'əra čkür-pan üšty'ub aṣçog sew-'amiž 43.34
EIN POST UNTEN FLUSS IST, DARÜBER FELS POST BAUM ANHEFTEN-PRTP SEIN-IMPF-3SG PT
An einer Stelle ist unten der Fluss, darüber auf dem Felsen stand (doch) ein Baum.

lity'ē ḍugu s-'amiž 90.29
OBEN FELS SEIN-PRS-3SG PT
Oben ist (doch) ein Felsen.

əm yei atig wer'ī wupuṣog-lay-'amiž 28.10
MEIN VATER EIN WORT MICH-LEHREN-PRF-3SG PT
Mein Vater hat mich (doch) ein Wort gelehrt!

Imǰ'ī Kum'o anig ašč'ogso limast-'amiž 64.12
I. K. FEUER SICH-ANHEFTEN-PRT-3SG SAGEN-PRS-3PL PT
Man sagt (doch), der Imǰi-Kumo-See brennt!

Dies kann mit Kritik verbunden sein:

wəǰǰimīlug ütrū t'ā lya pəzogast-'aməž 27.21
MANN-PL BÄR JAGEN-SUP GEHEN-PRF-3PL PT
Die Männer sind (doch) Bären jagen gegangen! [Warum sitzt du denn und wartest?]

nan omogs-'amiž! üū ī tama psei kolim'a 33.18
MUTTER STERBEN-PRT-3SG PT. DU DEIN LÜGE PT WARUM SPRECHEN-PRS
[Ich habe meine Mutter verkauft] - Die Mutter starb (doch)! Warum lügst du denn?

(3) Die Äußerung begründet ein Verhalten oder eine vorangehende Aussage. Oft steht das Morphem in der Antwort auf eine W(as, warum)-Frage.

nan apyeptogs-'amiž 33.9
MUTTER HINABGEHEN-PRT-3SG PT
[Was ist los?] - Die Mutter stürzte ab!

mir-w'ag ī lüštš wəst'ī-ta aċogsəmš-'amiž 22.16
KÖNIG FÜR DEIN TOCHTER-OBL FRAU POST KOMMEN-PRT-1PL PT
Wir kamen, um für den König deine Tochter zur Frau (zu holen).

až'ē lögyen-ag koṭk'ī āmast-'amiž 30.42
TALAUF BEIDE-OBL-PL FÜR ARMEE KOMMEN-PRS-3PL PT
[Wieso?] - Dort talauf kommt wegen euch beiden ein Heer.

əndeš Māra marī wuplyog-'aməž 18.9
MIR MARA DEM-PL MIR-GEBEN-PRT-3SG PT
[Was ist das?] - Diese gab mir Mara.

tižirn'ig wuṭogmas-'amiž 50.3
SICH-SCHÄMEN-INF HERGELANGEN-PRS-3SG PT
[Warum verhüllst du das Gesicht?] - Ich schäme mich!

4.3.13 *ap* (Z.I.)

Das Morphem *ap* (vgl. zu *-pa* §4.3.2.8) folgt auf das finite Verb. Es ist nur in Fragen belegt:

pselī aċogs-ap-ra 92.12
WAS-MACHEN-CP KOMMEN-PRT-3SG PT PT
Warum mag (der Bär) gekommen sein?

o p'ienig ps'oguṡċ? pse-lyogš-ap-r'a 54.43
O SÖHNCHEN WAS-PRT-2SG WAS-MACHEN-PRT-2SG PT PT
O Söhnchen, was ist mit dir geschehen? Was immer hast du nur getan?

pse-w'ī omondog-lay-ap-(e)r'a 54.47
WAS-WERDEN-CP VERBINDEN-PRF-3SG PT PT
Warum hat er (den Arm) denn nur verbunden?

4.3.14 *apa* (P.)

apa erscheint hinter einem prädikativ gebrauchten Adjektiv. Die Verwendung von *apa* vermittelt, dass die Intensität der markierten Eigenschaft stärker ist als erwartet.

miš kōṭ gəndər apa 25.15 „Seine Stimme (ist) ja laut!"
gandər apa „Wie groß (er ist)!"
kəšir apa „Wie weiß (es ist)!"

apa erscheint in einer nicht-polaren Frage. Hier wäre in der Regel ein Interrogativum zu erwarten: *pyör ps-ċo* „was ist das Geschenk?" Die Partikel scheint das Interrogativum zu ersetzen:

mər'ī apa 29.20
DEM-PL PT
Was mögen diese (Dinge) sein?!

mel'ig pyör ap'a 8.64
ONKEL GESCHENK PT
Was ist denn wohl das Onkel-Geschenk?

Im erstaunten Ausruf entfällt also die Kopula, in der Frage sowohl die Kopula also auch das Fragewort (in beiden Belegen *ps-* „was“). Da es sich in beiden Fällen um Äußerungen handelt, die bekunden, dass die Situation dem Sprecher neu ist oder Erstaunen auslöst, kann es sein, dass das Fehlen eines Verbs Mirativität (§4.1) markiert (**gəndər apa-so* „ist groß“). Ob die Partikel etymologisch auf das Fragewort *ps-* „was?“ in Kombination mit der Partikel *-pa-* zurückgehen könnte (*apa* < *ps-pa-so* „was ist wohl“, „was es auch sei“), was das Fehlen eines Interrogativums in der Frage erklären erklären würde, ist zweifelhaft. Exklamationen mit dem Interrogativum *ps-* zu bilden ist im Prasun grundsätzlich möglich, vgl. §3.2.3.

4.3.15 *āra* (P.)

Das Morphem kommt ausschließlich in Verbindung mit dem Imperativ vor.

taščəs-āra „sei still!“ (vgl. *taščəs, taščəs-ra* sei still!)
pəzəs-āra „geh!“
aćəs-āra „komm!“
byēbəć-āra „geh hinab!“
wuply-āra „gib mir!“
kodyum ly-āra „arbeite!“
nipton-āra „geht talab!“
pozon-'āra „geht!“
aćon-āra „kommt!“

4.3.16 *ba* (D.I.)

In Texten aus Dewa und aus Iṣṭewi kommt das Morphem *ba* am Ende einer VP vor. Hier hat *ba* nicht die Funktion einer koordinierenden Konjunktion (§3.3.2), da nur ein Sachverhalt beteiligt ist, sondern die einer Diskurspartikel. Nur drei Belege liegen vor, alle drei sind Äußerungen über eine dem Sprecher neue, Verwunderung erregende oder unerklärliche Situation. Vgl. zu *wa* §4.3.33.

e wərjia, am kuriš ar'ui lešlim'asć-i-ba 64.10
HE REICH-VOC POSS KALB-OBL HINWENDEN-CP HOCHSITZEN-PRS-2SG Q PT
He Reicher, du legst wohl mein Kalb an und setzt dich hoch zum Melken?

arpan warəg sē-ba 65.5
HIER HAUS SEIN-IMPF-3SG PT
Hier ist ja ein Haus! (Hier ist ein Haus, oder?)

arpan byenj'əs' lī pelẹ̄ ba 92.16
HIER HINABSCHAUEN-IMP SAGEN-CP HINABTUN-AOR-3SG PT
Meint er etwa ‚Schau hier hinab!'?

4.3.17 *bī*

Funktion: geteiltes Wissen
Als Partikel kommt das Morphem *bī* nur in P. vor. Vermutlich handelt es sich um Grammatikalisierung des Absolutivs von *b-*, wörtlich „gedacht habend".
bī (mit Prothese: *ibī*) suggeriert, dass der so markierte Sachverhalt sich von selbst versteht oder dem Gesprächspartner bekannt sein sollte. Von Prasun-Sprechern wurde die Funktion dieser Partikel nicht unpassend mit Pers. *istifhām* „verständnisheischend" umschrieben.

ī piẽ səmš ibī 18.27
DEIN SOHN SEIN-PRS-1PL PT
[Was für eine Sache ist das? -] Wir sind doch deine Söhne!

mər'ī əndo as piẽ wuply'ogust. kō gyam'asəm bī 18.30
DEM-PL ART UNSER SOHN HERGEBEN-PRT-3PL SO BRINGEN-PRS-1SG PT
[Was bringst du denn (da)?-] Diese (Dinge) gaben unsere Söhne. So bringe ich sie.

unzu Žiči-əndraṭš nəm'a šilīwəm'isəm bī A13.7
ICH Ž. NAME-ABL SETZEN-PRS-F-1SG PT
[Was hast du? -] Ich bewahre (doch) den (Feldbezirk) namens Žiči-əndraṭ!

4.3.18 *ču*

-ču hat das Allophon *-čü, -či, čī* und erscheint teilweise in der Form *-ičü*, z. B. *aplim'am-ičü, ps-ligam-'ičü.*
Funktion: Emphase (1) in Fragen, (2) in Aufforderungen

(1) in Fragen, die ein Fragewort enthalten

wuṣ'ū-wag mülü ps-pčimasċ-č'ū 34.5
MEDIZIN FÜR PREIS WAS TRAGEN-PRS-2SG PT
Was trägst du (bei dir) als Preis für Medizin?

ps-ligam-'ičü miš? 30.103
WAS MACHEN-PRS II-1PL PT IHR
Was sollen wir mit ihr tun?

pselig'am-ču? 100.103
WAS-MACHEN-PRS II-1PL PT
Was sollen wir tun?

te-bz'agso? Dīsnī 'ama te-bz'agso-ču? 68.7
WO GEHEN-PRT-3SG D. SEIN-ADV WO GEHEN-PRT-3SG PT
Wohin ist sie gegangen? Wenn es Disni ist, wohin ist sie gegangen?

te-pčegš-'iču? 100.80
WO BRINGEN-PRT-2SG PT
Was machtest du damit?

gün lyaš ḍigər'oma psel'iŋ-laš-čū? 77.15 (I.)
WOHLTAT TUN-PRSP II-OBL SCHLECHT-SEIN-ADV WAS-MACHEN-FUT-2SG PT
Wenn es dem Wohltäter schlecht geht, was wirst du tun?

ps-wupligas'ən-čü 28.77
WAS HER-GEBEN-PRS II-2PL PT
Was werdet ihr uns (schon) geben?

əm-wag ps-wotgasċ-'iču 30.28
MEIN FÜR WAS NÜTZEN-PRS II-2SG PT
Was für einen Nutzen wirst du mir (schon) bringen?

ps-l'igsum-ču 61.15
WAS TUN-PRS II-F-1SG PT
Was soll ich tun?

tena aċogəš-čı 39.45
WO KOMMEN-PRT-2SG PT
Woher kamst du? (*aċogəšċı* assimiliert für *aċogəsċ-čı*)

it'ī wos'oma obüŋya te-ptinig-laš-iči? (P.)
NUN ÜBERNACHTEN-ADV MORGEN WO-GEHEN-FUT-2SG PT
Wenn du jetzt übernachtest, wohin wirst du morgen gehen?

Die Frage kann eine Kritik enthalten.

psel'ī əznogš-'ičü (əznəmasċ-'ičü) ‚krək lī bižičiw'og-lay-'aməž‘ lī 48.7
WAS MACHEN-CP WISSEN-PRT-2SG PT (WISSEN-PRS-2SG PT) SO TUN-CP SCHREIBEN-PRF-3SG PT SAGEN-CP
Wie erkanntest du (wenn du nicht mitgelesen hast), dass ich so geschrieben habe?

miš ob'əg psē na aplim'am-ičü 40.28
IHR BROT WARUM NEG GEBEN-PRS-1PL PT
Warum geben wir ihr kein Brot (obwohl sie, wie du sagst, unsere Großmutter ist)?

Das Morphem erscheint im vorliegenden Textcorpus nur einmal in einer nicht-negierten polaren Frage:

> *k'oma, aləg lat'ē wuz'a pəzgasċ-i-čū* 30.31
> GUT DEM OBEN HIRTE GEHEN-PRS II-2SG Q PT
> Gut, gehst du von jetzt an als Hirte?

Hier ist das *-i-* vor dem Morphem *-čū* vermutlich als Interrogativmorphem *-ī* zu interpretieren. Dasselbe gilt wahrscheinlich für negierte rhetorische Fragen:

> *krək wul'ī kū lyẹš'a ašliga-na-sm-'i-ču* 54.53
> SO EHRENSTUHL MACHEN-AOR-2SG PT SITZEN-PRS II-NEG-1SG Q PT
> Wenn du so einen Ehrenstuhl machst, werde ich mich bestimmt darauf setzen.

> *lužū to-m'unǰ tibzag-wəz-dī krək lig-na-sċ-'i-ču* 100.113 (Z.)
> GOTT IN MITTE EINGEHEN-PLUP-CONST-2SG PT PT SO MACHEN-PRS II-F-NEG-2SG Q PT
> Du warst unter die Götter eingegangen, (deshalb) machst du es (doch) so.

> *i-yəg pyör m'uri na w'ogust-i-ču* 65.52
> DEIN FÜR GESCHENK DEM-PL NEG WERDEN-PRT-3PL Q PT
> Diese wurden doch für dich zum Geschenk (= die schenke ich dir)!

ebenso in negierter Frage als Aufforderungsform:

> *mišin atig ip'a lya-na-ċ-i-ču* 78.32 (I.)
> DEM-OBL-PL EIN BAUEN-PRSP II SAGEN-PRS II-NEG-2SG Q PT
> Beschaff mir doch (gegen) diese einen Helfer!

(2) Das Morphem erscheint in formelhaften Wünschen:

> *w'ayə gamčū* 65.46
> BRUDER WERDEN-PRS II-1PL PT
> Lass uns Brüder werden! (*gamčū* für: *gamš-čū*)

> *krək lyās-'iču* (I.)
> *krək ligas-'eču* (P.)
> SO MACHEN-PRS II-3SG PT
> Wenn er es doch so machte! (*kāš ki ītūr mēkard*)

4.3.19 *ču-do*

Die Suffix-Kombination *ču-do* erscheint in einem einzigen Beispiel aus Iṣtewi:

ki büdüṣom'a lyeš-ču-do 77.49

SO ZUFRIEDENHEIT-VERSCHAFFEN-PRSP II SAGEN/MACHEN-PRT-2SG PT PT

Herzensruhe verschafftest du (dir) so!

4.3.20 *dī*

Funktion 1- Hedging, 2- Herabsetzung

-dī hat die Funktion, koordinierende und subordinierende Verbindungen von NP (§3.3.1) und VP (§3.3.2, §3.4.10) herzustellen. In vielen Beispielen argumentativer Rede markiert *-dī* aber eine VP, ohne eine Verbindung zu einer weiteren VP herzustellen. Hier hat *-dī* die Funktion einer Diskurspartikel. Das markierte Verb steht in der Regel am Ende der Satz-Einheit.

„pse-lm'asċ?" ly'ogo. - „'āpan k'odyum l'am-dī" lyogo 18.22

WAS MACHEN-PRS-2SG SAGEN-PRT-3SG - HIER ARBEIT HABEN-PRS-1SG PT SAGEN-PRT-3SG

Er sagte: „Was machst du?" - „Hier habe ich zu tun", sagte er.

əsċəwə-dī (P.)

EILEN-IMP PT

Beeil dich!

tyēn'a ām'ast-ədī (P.)

WOHER KOMMEN-PRS-3PL PT

Woher kommen sie?

Die Beschreibung als satzfinal widerspricht nicht Beispielen, in denen z. B. ein Objekt als Nachklapp folgt:

ps-kā lan-d'ī ḍuil'ugana 22.13

WAS WERK HABEN PRS 2PL PT MÄDCHEN-PL-OBL PT

Was habt ihr zu schaffen, mit den Mädchen?

oder die Partikel *wa* (I.):

anj'ẹž-dī ps-üčüm kodyum lyog-pu-la-dī wa (I.)

SEHEN-AOR-2SG PT WAS GUT WERK MACHEN-PRF-PT-3SG PT PT

Schau an, wie gut er gearbeitet hat!

Vor dem Morphem kann die reduzierte Form des Verbs stehen (vgl. §4.1):

ẓuw'ī ten'ā aċ'og-ədī 29.21

FUCHS WOHER KOMMEN-PRT PT

Woher kam (*aċogso*) denn die Füchsin?

Entscheidend ist der Umstand, dass nicht zwei Handlungen stattfinden, sondern lediglich eine. Dasselbe Morphem *-dī* ist eindeutig weder koordinierend noch subordinierend, sondern muss eine andere Funktion haben. Das Morphem erscheint besonders häufig in Fragen, aber auch in Aussagen und Aufforderungen.

killog'a pse-ligasċ-edī? 30.80
SO WARUM TUN-PRS II-2SG PT
Warum machst du es nur so (gratis)?

müo žipt'ī ps-ag pulog-lan-d'ī 22.17
IHR TALAUF-GEHEN-CP WAS FÜR SPRECHEN-PRF-2PL PT
Warum habt ihr, nachdem ihr talauf gegangen seid, (das) erzählt?

lög psē krək tisk'ogsən-dī 77.41
BEIDE WARUM SO STREITEN-PRT-2PL PT
Warum habt ihr beide euch so gestritten?

ps-wer'ī apṣog-la-d'ī 28.17
WAS WORT LEHREN-PRF-3SG PT
Was für ein Wort hat er dich gelehrt?

ib'üŋya məl onč'ınyog wəǰǰimīlug'an ob'əg pselī aplinig-laš-d'ī 22.22
MORGEN PALAST FÜLLEN-PASS-PRTP MANN-PL-OBL BROT WAS-MACHEN-CP GEBEN-FUT-2SG PT
Wie wirst du morgen den Männern, die den Palast füllen, Brot geben?

pselī krək gəndər lətr'ī kust'ī-pan sapoiŋ-laš-dī 77.45
WAS-MACHEN-CP SO GROß DING BEUTEL POST HINEINGELANGEN-FUT-2SG PT
Wie wirst du, so ein großes Ding, in den Beutel hineingelangen?

Die Sprecher der Beispielsätze sind 30.80 ein Pantherweibchen, das von dem Gesprächspartner geheilt worden ist, 77.41 und 77.45 ein Fuchs, der von den ihm an Stärke überlegenen Gesprächspartnern als Richter verpflichtet worden ist, 22.17 und 22.13 eine alte Frau, die die Gesandten des Königs anspricht, 28.17 ein Mann, der in der Erzählung die Rolle eines Helfers hat, 22.22 ein Mann, der verkleidet in der Rolle der Ehefrau zum König spricht, 29.21 eine Frau im Haus einer andern, die sich über den plötzlichen Reichtum der Gastgeberin wundert. Es handelt sich in allen Fällen um gleichrangige, nicht selten aber untergeordnete oder unterlegene Sprecher oder Sprecher, die diese Rolle wenigstens in der Situation zeitweise übernehmen. Daher liegt es nahe, an eine Strategie zu denken, die zur Wahrung des Gesichtes des Gesprächspartners (face saving), aber auch zum Schutz des Sprechers und zur Konfliktvermeidung (hedging) eingesetzt wird. Das Morphem ist hier ein

„voluntary marker of imprecision“[127] oder „politeness marker“, der den Anspruch des Sprechers, sich mit seiner Äußerung durchzusetzen, abschwächt und im Falle einer Frage diese weniger drängend erscheinen lässt. Auch in den folgenden Beispielen lässt sich diese Einschätzung aufrechterhalten. Die im Zorn gesprochene Behauptung wird vom jüngeren an seinen älteren Bruder vorgebracht:

> *unzˈū timəṣogˈa ‚atig üžnyˈe tipog-pˈan əm wəstˈī nuwˈeig-zū piẽ logzog-lˈa-dī‘ lyog-lasəm-ˈamiž* 18.34
> ICH ZÜRNEN-PRSP II EIN WENN EINGELANGEN-PRTP POST MEIN FRAU 180 SOHN GEBÄREN-PRF-3SG PT SAGEN-PLUP-1SG PT
> Ich hatte doch aus Zorn gesagt, „Wenn ich eine (Weile) zurückgelangt bin, hat meine Frau 180 Söhne geboren.“

Der Sprecher der Antwort auf die Frage, was er dort suche (*pse-lmˈasċ* „Was machst du denn?“) hält sich auf dem Territorium des Gesprächspartners auf:

> *ˈāpan kˈodyum lˈam-dī* 18.22
> HIER ARBEIT HABEN-PRS-1SG PT
> Hier habe ich zu tun.

> *kīlyoga aċˈogsum-dī* 18.41
> SO KOMMEN-PRT-1SG PT
> Ich kam nur so.

Der Gesprächspartner ist ein Yuṣ, bei dem der Sprecher als Hirte arbeitet:

> *kˈūčū-pan ižī awinjəwə-dˈei* 30.65
> LOCH POST AUGE AUSSCHAUEN-LASSEN-IMP PT
> Lass (deine) Augen am Loch hinausschauen!

Derselbe Sprecher wendet sich an die *ǰeinis*, die er überlisten will, mit der Aufforderung:

> *tap wištyon-dˈı* 30.42
> ID HINAUSGEHEN-IMP-PL PT
> Geht hinaus!

Damit ist die Situation vergleichbar der des Fuchses in Text 77, der körperlich unterlegen, aber durch Klugheit überlegen ist, und der des als Frau verkleideten Burschen in Text 22, der die Rolle der

---

[127] A. R. JAMES: Compromisers in English: A cross-disciplinary approach to their interpersonal significance. *Journal of Pragmatics*, 7, 2, 1983, 198: „... from a pragmatic perspective, these particles constitute voluntary markers of imprecision of propositional content on the one hand and modifiers of illocutionary force on the other...“

untergeordneten Ehefrau spielt, dabei aber den König durch eine List überwältigt. Wenn also *dī* für den Hörer Unsicherheit oder Zurückhaltung signalisiert, so heißt das nicht, dass zu diesem sprachlichen Signal eine entsprechenden Haltung auf Seiten des Sprechers vorhanden sein muss. Die Beispiele des Fuchses und des verkleideten Burschen zeigen, dass die sprachlich signalisierte Zurücknahme einer aus intellektuell überlegener Position heraus geplanten Strategie entspringt.
Nicht immer allerdings ist die Situation eindeutig, und manche Belege scheinen diesem Befund zu widersprechen.

> *göṣ wer'ī pulo: „čil'ī" lyo, „ī to-gul na pəz'ẹš-dī ineš wer'ī pul'oš!" … su nanč „göṣ ineš 'ənċa ‚čil'ī' lyo, ‚ī to-gul na pəz'ẹš-dī' lyo"* 80.41-43
> ZIEGENBOCK WORT SPRECHEN-PRT-3SG FLÜCHTLING SAGEN-PRT-3SG DEIN IN LAND NEG GEHEN-AOR-2SG PT MIR WORT SPRECHEN-PRT-2SG … ER MUTTER ZIEGENBOCK MIR TAGS FLÜCHTLING SAGEN-PRT-3SG DEIN IN LAND NEG GEHEN-AOR-2SG PT SAGEN-PRT-3SG
> Der Ziegenbock sprach: „Flüchtling", sagte er, „in dein Land willst du nicht gehen (*na pəz'ẹš-dī*), (aber) zu mir sprachst du Worte!" … Er sagte zur Mutter: „Der Ziegenbock sagte zu mir am Tage ‚Flüchtling', er sagte, ‚Du willst nicht in dein Land gehen' (*na pəz'ẹš-dī*)."

In den Worten des Ziegenbocks scheint *-dī* koordinierend-adversative Funktion („aber") zu haben, vgl. §3.4.10. In der wiedergegebenen Rede des Ziegenbocks aber ist dies unmöglich. Man könnte meinen, der Erzähler wiederhole mechanisch den Anfang der kurz zuvor erwähnten Rede, aber das ist bei dem sonst sehr kreativen Umgang des Erzählers mit Partikeln nicht wahrscheinlich. Dass es sich um eine zurücknehmende, höfliche Form des Diskurses handeln sollte, ist im Kontext nicht überzeugend. Ganz im Gegenteil stellt der Sprecher anklagend dar, wie sehr ihm von dem Ziegenbock eine verächtliche Behandlung zuteil geworden ist.
Keineswegs hat *-dī* auch im folgenden Beispiel die Funktion eines Höflichkeits-Markers. Es geht um einen Wettstreit der Göttinnen Ṣiŋre und Kime, der Satz wird einleitend von Ṣiŋre gesprochen:

> *ī k'ogalug ps-laž-dī? əndeš kō wunjigəsċ-'əmrož* A13.4
> DEIN WIE-PL WAS HABEN-PRS-2SG PT MICH SO HERSEHEN-PRS II-2SG PT
> (Leute) wie du, - was hast du (schon)? Schau so auf mich!

Die Äußerung drückt eindeutig Verachtung aus. Dennoch handelt es sich um ein und dieselbe Diskurspartikel *-dī*. Dieses Morphem wird offensichtlich einerseits in Hedging-Funktion, andererseits zum Ausdruck der Verachtung eingesetzt. Beide Funktionen sind letztlich wohl Spielarten der Zurücknahme des Sprechers und einer gewollten Unschärfe der Äußerung.[128]

Bisher war vom Suffix die Rede. Die Hedging-Funktion hat vermutlich auch das Infix *-dī-*, das nur in Paṣki belegt ist, und zwar ausschließlich in Vermutungen mit dem Präsens- oder Perfekt-Suppositiv.

---

[128] Vgl. S. SUZUKI: Pejorative connotation: A case of Japanese. *Discourse Markers: descriptions and Theory*, ed. by A. H. JUCKER and Y. ZIV, Amsterdam: John Benjamins 1998, 261-276.

ūz'og (wə)g'a-pa-dī-rē-g'aso D24.3
ūz'og gā-pa-dī-g'aso D24.3
GESCHWÜR SEIN/ WERDEN-PRS-SUPP-PT-PT-(PT)-3S
Es wird vermutlich ein Geschwür sein (werden).

üč'us nosga-(ga)-pa-dī-(rē)-g'aso D24.4
EITER ERSCHEINEN-PRS-SUPP-PT-PT-(PT)-3SG
Eiter wird dann wohl kommen.

žeŋ aṣçog-pā-dī-rē-g'aso D24.5
SCHLANGE BEIßEN-PRF-SUPP-PT-PT-PT-3SG
Eine Schlange wird ihn möglicherweise gebissen haben.

mār tüẓgim'a-dī əgal əga-pa-dī-g'aso (P.)
WOLKE SICH-SAMMELN-PRS PT REGEN KOMMEN-PRS-SUPP-PT-PT-3SG
Weil Gewölk sich sammelt, wird es möglicherweise regnen.

4.3.21 *do*

Funktion: Bestimmtheit, Sicherheit

Meistens hat die Partikel die Form *-odo*. Da einige Male auch nach Konsonant *-do* notiert wurde (*ašüŋ-laš-do* 77.43, *ačorgam-do* 69.35) und da Vokalprothese im Prasun generell sehr häufig ist (§1.3) vermuten wir, dass *-odo* für *-do* mit anaptyktischem oder prothetischem Vokal steht. Dagegen scheint zu sprechen, dass einmal das Verb „haben" in der 3. Person Sg. mit der Partikel in der Form *layodo* (D. *wösm'a lay-odo*) erscheint. Dass vor der Partikel die finale Form auf *-o* des Verbs (§2.4.1.3) verwendet wird, ist zwar denkbar, aber *-odo* wäre die einzige Partikel, für die dies belegt werden könnte. Wahrscheinlicher ist deshalb, dass es sich um Analogiebildung handelt, etwa *lam-odo, laš-odo, lay-odo* (statt **la-də*). *-do* scheint Bestandteil von *ču do* (§4.3.19) zu sein.

Der Einsatz von *-do* unterstreicht, dass der Sprecher sich des Inhalts der Aussage gewiss ist, dass der Sachverhalt offensichtlich ist und es keinen Zweifel daran gibt. Das Morphem kommt oft in Verbindung mit dem *sa*-Präsens von „sein" vor, siehe dazu §2.4.4.2.

əm nan, lowun'ī s'asċ-odo 54.16
MEIN MUTTER GÖTTIN SEIN-PRS-2SG PT
Meine Mutter, du bist eine Göttin!

sius 'əċ-odo, peċ 80.21
SCHWESTER SEIN-PRS-2SG PT
Du bist (unsere) Schwester, komm herunter!

iš-pan bəs wur'oš-odo 88.30
MUND POST GERUCH HERWENDEN-PRT-2SG PT
Du stinkst aus dem Mund!

wösmˈa lay-odo (D.)
REICHTUM HABEN-PRS-3SG PT
Er ist reich.

ütˈeša ḍigər na ligˈasm-odo, ganda ligˈasmo 54.82
DICH PT SCHLECHT NEG TUN-PRS II-1SG PT GUT TUN-PRS II-1SG
Ich werde dir (bestimmt) nichts Böses tun, ich werde dir Gutes tun.

na ašˈam-odo 77.6
NEG BEIẞEN-PRS II-1SG PT
Ich beiße dich (bestimmt) nicht.

ašüŋ-lˈam-odo 77.15
BEIẞEN-FUT-1SG PT
Ich werde dich (sicher) beißen.

intig psnog sayawˈī büsċˈǖ aċˈẹm-odo 18.17
JE-EIN STÜCK ESSEN-LASSEN-CP LASSEN-CP KOMMEN-AOR-1SG PT
Ich will ihnen je ein Stück zu essen geben und dann (zurück)kommen!

ˈal aċ, lˈad-pan pəzˈẹmš-odo 77.16
HIER KOMMEN-IMP GERICHT POST GEHEN-AOR-1PL PT
Komm her, wir wollen zum Gericht gehen!

su na tigaṭiŋša tak ašpawˈī šilyˈẹmš-odo 93.18
ART NEG ÜBEREINSTIMMEN-INF-OBL PT ID VERSCHWINDEN-LASSEN-CP SITZEN-AOR-1PL
Wir wollen dabei bleiben, die Zwietracht zu verdammen!

unzˈū apı pəzgaˈm-odo (P.)
ICH AUCH GEHEN-PRS II-1SG PT
Ich will auch gehen (*man ham raftanī mēšawam*); vgl. D22 *unzˈū dī pəzgˈā-ma-səm.*

lög piẽ ožnˈī büsċˈü ī wəstˈīš wuṣkučˈī aptˈogast-odo 6.38
BEIDE SOHN TÖTEN-CP LASSEN-CP DEINE FRAU-OBL MITNEHMEN-CP WEGGEHEN-PRT-3PL PT
Sie haben (offenbar) die beiden Söhne getötet und deine Frau verschleppt.

əm tü-bˈüd bog wˈogs-odo 9.3
MEIN IN SINN DENKEN-PRTP WERDEN-PRT-3SG PT
Das, was ich in meinem Sinn dachte, wurde (tatsächlich) wahr.

na ay'ego ṭog'ī ačorgam-do 69.35
NEG SCHLAGEN-PRT-3SG UMKOMMEN-CP WEGGEHEN-PRS II-1PL PT
(Falls der Trommelton) nicht erklingt, werden wir (bestimmt) umkommen.

pəz'ogs-odo! - nē, na pəzog-waž, na apty'ogsum (I.)
GEHEN-PRT-3SG PT - NEIN NEG GEHEN-PRF-SUPP-3SG PT, NEG GLAUBEN-PRT-1SG
Er ist gegangen! - Nein er ist wohl nicht gegangen, ich glaub(t)e (dir) nicht. (Vgl. §2.9.3.7)

lema, ari s-odo 89.9
GUT, DIES SEIN-PRS-3SG PT
Gut, das ist es! (= das ist die richtige Vorgehensweise).

tāsig ašüŋ-laš-do 77.43 (vgl. §2.9.3.10)
VORHER BEIßEN-FUT-2SG PT
Du hättest ihn früher beißen sollen!

aplim'asm-odo, at'əs na tiçəm'ə (P.)
GEBEN-PRS-1SG PT, ANDER NEG NACHDENKEN-IMP
Ich gebe (bestimmt), mach dir weiter keine Sorgen!

ebenso:

aply'om-odo (P.) "ich gab bestimmt!"
pəzm'asm-odo (P.) "ich gehe bestimmt!"
pəz'am-odo (I.) "ich gehe bestimmt!"
ām'asm-odo (P.) "ich komme bestimmt!"

4.3.22 *dyapa*
Funktion: sichere Vermutung
Das Morphem *dyapa* tritt an Verben im Präs. II, im Präsens- und Perfekt-Suppositiv und im Futur-Aorist, letzteres kommt nur in Verbindung mit *dyapa* vor. Oft erscheint die Partikel *-rē-* oder *-lē-*, oft die reduzierte Form des Verbs (vgl. §2.4.1.4 und §4.1). Alle Äußerungen sind Fragen, alle beziehen sich auf einen wahrscheinlichen, doch zweifelhaften Sachverhalt. Die Beispiele, zum großen Teil außerhalb von Texten aufgenommen, lassen die Deutung zu, dass jeweils eine positive Antwort erwartet wird.

unz'ū lēgasəm-dyapa (P.)
ICH HOCH(GEHEN)-PRS II-1SG PT
Kann ich hochgehen (*mumkin ast ki man bālā šawam*)?

unz'ū pyēgasəm-dyapa (P.)
ICH HOCH(GEHEN)-PRS II-1SG PT
Kann ich hinuntergehen (*mumkin ast ki man pāyān šawam*)?

unz'ū īpuṣga-ligasəm-dyapa (P.)
ICH VERGESSEN-PRSP II-HABEN-PRS II-1SG PT
Ist es möglich, dass ich das vergesse?!

müo əndeš na wumtim'asən, unz'ū üpuṣog-lē-gasəm-dyapa (P.)
IHR MIR NEG GLAUBEN-PRS-2PL, ICH VERGESSEN-PRF-SUPP-PT-1SG PT
Ihr glaubt mir nicht, sollte ich das vergessen haben?

unz'ū atig kodyum psē na lyom-ra? unz'ū ipuṣog-rē-gasəm-dyapa? (P.)
ICH EINE ARBEIT WARUM NEG TUN-PRT-1SG PT? ICH VERGESSEN-PRF-SUPP-PT-1SG PT
Warum tat ich denn eine Arbeit nicht? Sollte ich sie vielleicht vergessen haben?

wikṣ'omaš əndeš wušiŋ-lẹž-dyapa 77.5
HERAUSZIEHEN-ADV MICH BEIßEN-FUT-AOR-2SG PT
Während ich dich herausziehe, wirst du mich (doch) beißen?!

unz'ū səmiš-pan kodyum lyẹm-dē, əndeš baxšiš wuplenīg-lẹ-dyapa (P.)
ICH IHM POST ARBEIT TUN-AOR-1SG PT MIR BELOHNUNG GEBEN-FUT-AOR-3SG PT
Wenn ich für ihn arbeite, wird er mir (doch sicher) eine Belohnung geben?

kodyum liga-wəgasċ(i)-dyapa (P.)
ARBEIT MACHEN-PRSP II-WERDEN-PRS II-2SG PT
Arbeitest du wohl gleich?

nach der reduzierten (personalendungslosen) Form des Verbs in Fragen:

liga-rē-dyapa? - liga-gāž (P.)
MACHEN-PRS II PT PT - MACHEN-PRS-SUPP-3SG PT
Arbeitet er vielleicht? - Er wird wohl arbeiten.

əndeš wupliga-lē-ga-dyapa = wupliga-rē-ga-dyapa (P.)
MIR HERGEBEN-PRS-SUPP-PT PT
Er wird mir doch geben? (*imkān ast ki xāhad dād?*)

əndeš wuplīg-lē-wigi-dyapa = wuplig-rē-wig(i)-dyapa (P.)
MIR HERGEBEN-PRS-SUPP-F-PT PT
Sie wird mir doch geben?

ag'a-lē-ga-dyapa (P.)
KOMMEN-PRS-SUPP-PT PT
Wird er vielleicht kommen?

aċig-lē-wigi-dyapa (P.)
KOMMEN-PRS-SUPP-F-PT PT
Wird sie vielleicht kommen?

kodyum lig'a-lē-ga-dyapa (P.)
ARBEIT MACHEN-PRS-SUPP-PT PT
Wird er vielleicht arbeiten? (*mumkin ast ki ū karda bāšad?*)

kodyum līg-lē-wigi-dyapa (P.)
ARBEIT MACHEN-PRS-SUPP-F-PT PT
Wird sie vielleicht arbeiten?

4.3.23 *dye*

Zu *dyē* in Wunschformeln s. §2.8.2.5.

4.3.24 *ǰī*

Zu *-ǰ* siehe unter *-ž*.
ǰī erscheint einmal in einer Erzählung von Abdul Manan als Suffix an einem Pronomen:

unzū-ǰī gand'a ayeg'asum 17.4
ICH *ǰī* GUT SCHIEẞEN-PRS II-1SG
(a) Ich schieße gut!
(b) (Auch) ich schieße gut!

Im Felde notierte GB in einer ersten Fassung *unzū-žə*. Vermutlich handelt es sich daher um (Übersetzung a) das Morphem *-ž* (§4.3.34 (3)). Denkbar wäre möglicherweise auch (Übersetzung b) eine zufällige stark palatalisierte Variante von *dī* „auch".

Ein *-žī*, *-ǰī* erscheint auch postverbal. Die Frage ist, ob es sich um Allomorphe von *-ž* oder um zwei Morpheme *-ž* und *-ī* handelt. Diese Frage ist leider nicht vollkommen zufriedenstellend und nicht für alle Fälle gleich zu beantworten.

Erscheint in polaren Fragen nach dem *-ž-* ein auslautendes *-i*, *-ī*, so handelt es sich wahrscheinlich um das Interrogativ-Morphem *-ī*, z. B. in

ari kodyumš lia-re-waċ-iž-ī? (I.) (entspricht P. *liga-re-gasċ-iž-ī*)
DEM ARBEIT-OBL MACHEN-PRS-SUPP-PT-2SG PT Q?
Wirst du denn wohl diese Arbeit machen?

Aber ein *-ǰī* erscheint auch in einer Frage, die ein Interrogativum (*te-*) enthält und daher keine Interrogativpartikel haben sollte:

unz'ū it'ī te-ptīgsəm-jī, čkü tye-ptīgsəm (P.)
ICH JETZT WO GEHEN-PRS II-F-1SG PT (?Q), DANN WO GEHEN-PRS II-F-1SG
Wohin soll ich (f.) jetzt gehen, wohin dann?

Hier könnte möglicherweise ein Morphem *-ī* beteiligt sein (vgl. §4.3.3 zu *-ī* in zweifelnden Äußerungen).

Auslautendes *-jī* erscheint ferner auch in Äußerungen, die keine Fragen sind:

ī yei üt'eš tiwəl'ə aċ'isəm-jī 21.39
DEIN VATER DICH BITTGANG KOMMEN-PRT II-1SG PT
Als dein Vater kam ich (doch) zu dir auf Bittgang.

mər'ī čig wer'ī last-jī 32.53
DEM ETWAS SACHE HABEN-PRS-3PL PT
Die haben (sicherlich) etwas (im Sinn)!

na aċ l'isum-jī (I.)
NEG KOMMEN-IMP SAGEN-PRT II-1SG PT
Ich hatte doch gesagt: komm nicht!

Hier handelt es sich offenbar nicht um Äußerungen des Zweifelns, sondern im Gegensatz um solche mit großem Nachdruck. Emphase ist eine der Funktionen der Partikel *-ž* (4.3.34), die Vermutung liegt nahe, dass es sich entweder um ein Allomorph dieser Partikel handelt oder dass -ž zum mindesten beteiligt ist.

4.3.25 *jū*

Funktion: Emotionalität? Gegensatz zu Äußerung oder Verhalten des Gesprächspartners?
-jū ist eine seltene Partikel in P. und I., und zwar in den vorliegenden Belegen ausschließlich in Äußerungen, die die 1. Person Sg. verwenden.
Alle Äußerungen, in denen das Morphem vorkommt, sind stark emotional gefärbt, und alle vermitteln einen Kontrast zu einer Äußerung oder zum Verhalten des Gesprächspartners. In 47.7 wendet sich die Äußerung gegen die Vermutung, der Sprecher sei von den Worten des Mullas gerührt:

kolyoč'oglugan na ẓumasəm-j'ū 47.7
SPRECHEN-ITER-PRTP-PL-OBL NEG WEINEN-PRS-1SG PT
Über die Worte, die der Mulla zu sprechen pflegte, weine ich doch nicht!

In der nicht ganz klaren Passage 21.33 macht der Sprecher seinem Vater Vorwürfe, vermutlich bezieht sich die Äußerung auf den vermeintlichen Irrglauben des Vaters, der Sohn habe ohne Kampf Vieh erbeutet:

īy'a, unz'ū na byet'at byetat lyom, Əmš'ōš awičiw'ī wity'om, napt'ogsum-dī mari žokoṣ'ī gəz'om-ǰū 21.33
VATER ICH NEG MÜHE MÜHE MACHEN-PRT-1SG, AMŠOZ-OBL HINAUSGEHEN-LASSEN-CP HINAUSSTELLEN-PRT-1SG, TALABGEHEN-PRT-1SG PT DEM-PL TALAUF-TREIBEN-CP BRINGEN-PRT-1SG PT
Vater, ich bemühte mich sehr, ich warf die Waigal-Leute hinaus und vertrieb sie, ich ging (das Prasun-Tal) hinab und trieb diese (erbeuteten Tiere) talauf und brachte sie her.

In 98.19 gibt die Äußerung den Gedanken des Bruders wieder, den seine Schwester übel behandelt und beleidigt hat, der dann unbeabsichtigt verschuldet hat, dass der Kuchen verbrannt ist:

büdüṣom'a lyom-ǰū 98.19
ZUFRIEDENHEIT-VERSCHAFFEN-PRSP II SAGEN/MACHEN-PRT-1SG PT
(Aber) ich verschaffte mir Zufriedenheit.

ǰū ist eine der wenigen Partikeln, die in Verbindung mit einer NP auftreten. Ob dies dieselbe Partikel ist wie postverbales *ǰū*, (*ṣo-ǰ'ū* verkürzt für *ṣu lam-ǰ'ū?*) ist unsicher.

ǰein'ī pazdē na ṣo-ǰ'ū lužū pazde na ṣū 100.64
JEINI PT-SEIN-PRS-2SG PT NEG KUNDE PT GOTT PT-SEIN-PRS-2SG PT NEG KUNDE
Ob du eine *ǰeini* sein magst, weiß ich nicht, ob du eine Göttin sein magst, weiß ich nicht.

4.3.26 *le*

Das Morphem *-le-, -lē-* erscheint in Äußerungen, die Zweifel oder Vermutungen ausdrücken, im Wechsel mit dem Morphem *-re-, -rē-*. Vgl. §4.3.22. Wie bei *-re-* ist der Gebrauch von *-le-* optional:

(a) *kodyum liga lē gasċi dyapa*/ f. *kodyum līg-lē-wīgisċi-dyapa* (P.)
ARBEIT MACHEN-PRS-SUPP-(F.)-PT-2SG PT
(b) *kodyum liga-wəgasċ(i)-dyapa* (P.)
ARBEIT MACHEN-PRSP II-WERDEN-PRS II-2SG PT
Arbeitest du vielleicht?

Es folgen Beispiele der Verwendung von *-le-*, teilweise mit alternativem *-re-*.

müo əndeš na wumtim'asən, unz'ū üpuṣog-lē-gasəm-dyapa (üpuṣog-rē-gasəm-dyapa) (P.)
IHR MIR NEG GLAUBEN-PRS-2PL, ICH VERGESSEN-PRF-SUPP-PT-1SG PT
Ihr glaubt mir nicht, sollte ich das vergessen haben?

unz'ū atig kodyum psē na lyom-ra? unz'ū ipuṣog-rē-gasəm-dyapa?/ ipuṣog-lē-gasəm-dyapa?
ICH EINE ARBEIT WARUM NEG TUN-PRT-1SG PT? ICH VERGESSEN-PRF-SUPP-PT-1SG PT
Warum tat ich denn eine Arbeit nicht? Sollte ich sie vielleicht vergessen haben?

əndeš wupliga-lē-ga-dyapa = wupliga-rē-ga-dyapa (P.)
MIR HERGEBEN-PRS-SUPP-PT PT
Er wird mir doch geben? *(imkān ast ki xāhad dād* wird er mir wohl geben?)

əndeš wuplīg-lē-wigi-dyapa = wuplig-rē-wig(i)-dyapa
MIR HERGEBEN-PRS-SUPP-F-PT PT
Sie wird mir doch geben?

ag'a-lē-ga-dyapa = ag'a-rē-ga-dyapa (P.)
KOMMEN-PRS-SUPP-PT PT
Wird er vielleicht kommen?

aċig-lē-wigi-dyapa = aċig-rē-wigi-dyapa (P.)
KOMMEN-PRS-SUPP-F-PT PT
Wird sie vielleicht kommen?

kodyum lig'a-lē-ga-dyapa (P.)
ARBEIT MACHEN-PRS-SUPP-PT PT
Wird er vielleicht arbeiten?

kodyum līg-lē-wigi-dyapa (P.)
ARBEIT MACHEN-PRS-SUPP-F-PT PT
Wird sie vielleicht arbeiten?
(Persisch ungenau: *mumkin ast ki ū karda bāšad?* „Ist es möglich, dass sie gearbeitet hat?“)

kodyum lig'a-lē-gasti-dyapa (P.)
ARBEIT MACHEN-PRS-SUPP-PT-3PL PT
Arbeiten sie vielleicht?

kodyum liga-rē/lē-g'asəm-dyapa (P.)
ARBEIT MACHEN-PRS-SUPP-PT-1SG PT
Arbeite ich vielleicht?

4.3.27 *ma*

siehe zu *-amə̃.*

4.3.28 *pa, pu*

Funktion: Unbestimmtheit, geringe Festlegung des Sprechers in Hinblick auf den Wahrheitsgehalt der Aussage

Das Morphem *pa* kommt in allen Dialekten vor. In der Umgebung hinterer Vokale erscheint oft das Allomorph *pu*, selten *po, pə* (2.48 *ps-kol'og-po-la-ro*, 33.15 *ps-gəzog-po-la-r'o,* A11.12 *diz'og-pə-lay-*

e), zu *pu* Genaueres unten. *pa* erscheint zwischen Nomen (Substantiv oder Adjektiv) und der Kopula-Form von „sein“ (§2.4.4.2) oder als Infix zwischen Stamm und Personalendung eines finiten Verbs. Es drückt aus, dass eine genaue Festlegung nicht möglich oder auch nicht erwünscht ist, zum Beispiel hinsichtlich der Menge oder der Qualität oder in Bezug auf die Satzaussage.

sumiš yei daulat ps-p'a-sto tak ṭk'ogo 28.6
SEIN VATER REICHTUM WAS-PT-SEIN-PRS-3PL ID BEENDEN-PRT-3SG
Was immer an Reichtümern seines Vaters da war, er verbrauchte sie.

ari teš wəǰǰim'ī p'a-so 18.25
DEM WESSEN MANN PT-SEIN-PRS-3SG
Was mag es wohl für ein Mann sein? (zu *teš* vgl. §2.2.5)

lāl ā bülyog'a ps-opožog wī bülyog'a-pa-s'o (P.)
OBEN WASSER HINABTUN-PRSP II WAS SCHÖN WERDEN-CP HINABTUN-PRS II-PT-3SG
Wie schön oben der Wasserfall herabfließt!

əm piẽ kaṭ'a pa-sċə b'ī 21.37
MEIN SOHN STARK PT-SEIN-PRS-2SG DENKEN-CP
denkend: „mein Sohn, du bist wohl stark“

(a) *unz'ū sumiš ṣu na lam. nibzog-pa-re-was* (I.)
(b) *unz'ū sumiš ṣu na lam. niptog-pa-dī-(re)-gaso* (P.)
ICH SEIN KUNDE NEG HABEN-PRS-1SG. TALAB-GEHEN-PRF-SUPP-PT-PT-(PT-)3SG
Ich habe keine Nachricht von ihm. Sollte er talab gegangen sein?

yum'u pa-so (P.)
WANN PT-SEIN-PRS-3SG
wann auch immer (*har waqt ki bāšad*)

yüm'ū wišt pa-so (P.)
WANN BIS PT-SEIN-PRS-3SG
bis wann auch immer (*tā har waqt ki bāšad*)

pa erscheint in der Frage mit Interrogativmorphem *-ī*.

nu širaš'ī ṣə, byer pa-st-i, wam'ī pa-st-ī, gọ̄ṭ pa-st-ī, nu širaš'ī žokil'ogust 21.23
9 1000 VIEH ZIEGE PT-SEIN-PRS-3PL Q, SCHAF PT-SEIN-PRS-3PL Q, KUH PT-SEIN-PRS-3PL Q, 9 1000 TALAUF-TREIBEN-PRT-3PL
Neuntausend Stück Vieh, ob es Ziegen waren, ob es Schafe waren, ob es Kühe waren, 9000 trieben sie talauf.

üščümog pa-sċ-'ī 39.42
GUT PT-SEIN-PRS-2SG Q
Geht es dir gut? (Wunschgeste, = ich hoffe, es geht dir gut).

way'asna üščümog pa-sn-'ei 43.54
BRUDER-VOC-PL GUT PT-SEIN-PRS-2PL Q
Brüder, geht es euch gut?

Auf ein mit *pa-* präfigiertes Verb folgt das postverbale Morphem *-dī* (hier: *-pa-sċ-dī* > *pazdē*):

ǰein'ī pazdē na ṣo-ǰ'ū lužū pazde na ṣū 100.64
JEINI PT-SEIN-PRS-2SG PT NEG KUNDE PT GOTT PT-SEIN-PRS-2SG PT NEG KUNDE
Ob du eine *ǰeini* sein magst, weiß ich nicht, ob du eine Göttin sein magst, weiß ich nicht.

Wird das Verbum substantivum in der reduzierten Form gebraucht, so schwindet es teilweise gänzlich: *pā* + *-st* + *ra* + *dī* ⇒ *pā-ra-dē.*

lü wərǰəm'ī pā-ra-d'ē 93.17
ZWEI MENSCH PT PT PT
wenn es zwei Menschen geben sollte (*agar bāšand*)

Bei analytischen Verbformen tritt das Morphem *pa* an den Stamm des Vollverbs. Die Verwendung der reduzierten Form ohne Personalendung ist nicht belegt.

al'eptī az'an liga-pa-sum bī ... 28.73
HOCHGEHEN-CP GEBETSRUF MACHEN-PRS II-PT-1SG DENKEN-CP
„Hinaufgestiegen, will ich den Gebetsruf machen", gedacht habend

nyareg wusċ'ū šily'eg-pa-so 6.26
EINIGE JAHR SITZEN-PRT-PT-3SG
Einige Jahre blieb sie wohl (dort).

nük'ē ostom'og-pa-sumč 41.28
LANGE SCHLAFEN-PRT-PT-1PL
Wir haben wohl lange geschlafen.

psog-pa-so atig kodyum wogso 82.14
WAS-SEIN-PRT-PT-3SG EIN WERK WERDEN-PRT-3SG
Was auch immer geschehen ist, es ist geschehen.

anj'ẹž-dī ps-üčüm kodyum lyog-pu-lam(-dī) (I.)
SEHEN-AOR-2SG PT WAS GUT WERK MACHEN-PRF-PT-1SG (PT)
Sieh an, was für gute Arbeit ich geleistet habe!

unz'ū na pəz'a-pa-sum üo ədī na pəz'əs (I.)
ICH NEG GEHEN-PRS II-PT-1SG DU AUCH NEG GEHEN-IMP
Wenn ich nicht gehen sollte, geh du auch nicht!

əm büd pəzin'īg-wag n'āso, əndē unz'ū ī-yag pəzg'ā-pa-rē-səm (P.)
MEIN SINN GEHEN-INF FÜR NICHT-SEIN-PRS-3SG SONST ICH DEIN FÜR GEHEN-PRS II-PT-PT-1SG
Ich habe keine Lust zu gehen, aber deinetwegen werde ich möglicherweise doch gehen.

it'ī undo pəzog-pa-re-wāst (I.)
JETZT SIE GEHEN-PRF-SUPP-PT-PT-3PL
Jetzt sind sie wohl gegangen.

Auf das Verb folgt die Partikel *-ro (§4.3.31)*:

ps-letr'ī pčiga-pa-sən-r'o 28.76
WAS DING TRAGEN-PRS II-PT-2PL PT
was ihr auch mitnehmen werdet

üom'o ç̣āliga-pa-səm-ḍ'o aċ'on 71.12
WANN-IMMER RUFEN-PRS II-PT-1SG PT KOMMEN-IMP-PL
Wann immer ich rufen werde, kommt!

ps-gəzog-po-la-r'o səmiš bienj'ī 33.15
WAS-BRINGEN-PRF-PT-3SG PT DEM-OBL HINABSEHEN-CP
was immer er wohl gebracht haben mag, das angesehen habend

ps-kol'og-po-la-ro 2.48
WAS-SPRECHEN-PRF-PT-3SG PT
was immer er gesagt hat

as'ə sumēlyẹmšo ks-lalosga-pa-m-ro (P.)
WIR WETTLAUFEN-AOR-1PL WER HOCHGELANGEN-PRS II-PT-1PL PT
Wir wollen um die Wette laufen, wer von uns zuerst oben ist!

ps-lətr'ī ənd'eš dizgā wuply'og-pu-la-ro unz'ū əstl'əg wər'īš əwaš rē-səm (P.)
WAS DING ICH-OBL SCHÖPFER HER-GEBEN-PRF-PT-3SG-PT ICH DEM SACHE-OBL FROH PT-SEIN-1SG
Was immer Gott mir gegeben hat, ich bin damit zufrieden.

Auf das Verb folgt das Morphem *-ē̆*, wohl zu verstehen als Interrogativmorphem (§3.2.2.1, vgl. auch §4.3.3):

> *zī̆ ozolgˈa-pa-s-ē ṣut wuṭolgˈa-pa-s-ē̆* 25.38
> TÜR BRECHEN-PRS II-PT-3SG Q FUßBODEN EINSTÜRZEN-PRS II-PT-3SG Q
> (Wir werden sehen, ob) die Tür wohl zerbricht, ob der Fußboden wohl einstürzt.
>
> *ənˈeš wökoṣga-pa-s-ē̆* 69.82
> MICH LINKS-HINABSPÜLEN-PRS II-PT-3SG Q
> (Wir wollen sehen), ob es mich wohl stromabwärts mitreißen wird.

Zwischen *pa* und die Personalendung können weitere Partikeln treten (*dī̆, rē̆, ra*):

> *ǖzˈog gā-pa-dī-gˈaso* D24.3 „Es wird vermutlich ein Geschwür sein“,
> *üčˈus nosga-(ga)-pa-dī-(rē)-gˈaso* D24.4 „Eiter wird dann wohl kommen“,
> *žeŋ aṣçog-pā-dī-rē-gˈaso* D24.5 „Eine Schlange wird ihn möglicherweise gebissen haben“,
> *mār tüẓgimˈa-dī əgal əga-pa-dī-gˈaso* (P.) „Weil Gewölk sich sammelt, wird es möglicherweise regnen.“
> *ibüŋya pəzgā-pa-ra-səm-ḍaya itˈī əznog-nā-lam-ǰ-(i)rˈa* (P.) „Ob ich morgen wohl gehen werde, habe ich jetzt noch nicht erfahren.“

Das Morphem *pu* erscheint als Infix zwischen Stamm und Personalendung eines finiten Verbs, z. B.

> *wigyog-pu-lašˈo* von *wigyog-lašˈo* „du hast genommen“,

als Infix zwischen Infinitiv und „haben“ bei der Futurbildung, z. B.

> *atinig-pu-lan* von *atinig-lan* „ihr werdet halten“

oder vor der Kopula, z. B.

> *ps-yiwˈig pu-lˈašo* von *ps-yiwˈig lˈašo* „was für eine Laus hast du“.

Alle Beispiele mit *-pu-* enthalten das Element „haben“, sei es als Haupt- oder als Hilfsverb. Dagegen liegt kein einziges Beispiel einer Verbindung von *-pa-* + „haben“ vor. Funktional scheint es keine Unterschiede zwischen *-pa-* und *-pu-* zu geben. Daher ist *-pu-* als Allomorph (durch Dissimilation) von *-pa-* vor *la-* zu beurteilen. Neben *-pu-* erscheint vor „haben“ gelegentlich auch *-pə-*.

> *yomˈū ˈomoinig-pu-lˈašo* 8.23
> WANN STERBEN-FUT-PT-2SG
> wann auch immer du sterben wirst
> *ala latē ožinˈig-pu-laš-ē nyē büsċünˈig-pu-laš-ē ī čit rē-s* 42.51

VON-HIER HOCH TÖTEN-FUT-PT-2SG Q NEG LASSEN-FUT-PT-2SG Q DEIN SINN PT-SEIN-PRS-3SG
Ob du sie töten wirst oder ob du sie am Leben lassen wirst, steht von jetzt ab in deinem Ermessen.

čukw'a wakṣenig-pu-laš-'ī əsk'al wakṣenig-pu-laš'ī üt'eš atig məš'ə ḍən lig'asum 46.8
WENIG ABZIEHEN-FUT-PT-2SG Q VIEL ABZIEHEN-FUT-PT-2SG Q DICH EIN SCHAF STRAFE MACHEN-PRS II-1SG
Wenn du zu wenig abschneiden solltest oder zu viel abschneiden solltest, bestrafe ich dich mit (einer Zahlung in Höhe von) einem Schaf.

ariš pčī as'ən-ag atinig-pu-lan-'ē pyeẓanig-pu-lan-'ē pčon 43.24
DEM-OBL TRAGEN-CP EUCH FÜR HALTEN-FUT-PT-2PL Q BEGRABEN-FUT-PT-2PL Q TRAGEN-IMP-PL
Bringt diese (Tote) weg, ob ihr sie für euch behalten werdet oder ob ihr sie begraben werdet!

moṭ'ig oinig-pu-laš-'ī wuč'o oinig-pu-laš-'ī umm'āməg oinig-pu-laš-'ī ī čitya 54.19
HONIG ESSEN-FUT-PT-2SG Q SCHMELZBUTTER ESSEN-FUT-PT-2SG Q WEIZENBROT ESSEN-FUT-PT-2SG Q DEIN SINN-ABL
Ob du Honig essen magst, ob du Schmelzbutter essen magst oder ob du Weizenbrot essen magst, (iss) nach deinem Wunsch!

čpū wəǰǰəm'ī pəl'ē lin'īg-pu-l'aš-ī, lǖ wəǰǰəmī pəl'ē līnīg-pu-l'aš-ī, tčī wəǰǰəmī pəl'ē līnīg-pu-l'aš-ī, tubul'oŋnī ī wer'ī atinīg-pu-l'aš-ī, ī čit so B1.7
4 MANN *PƎLE* MACHEN-FUT-PT-2SG Q, 2 MANN *PƎLE* MACHEN-FUT-PT-2SG Q, 3 MANN *PƎLE* MACHEN-FUT-PT-2SG Q ALLEIN DEIN DING PACKEN-FUT-PT-2SG Q, DEIN SINN SEIN-PRS-3SG
Ob du 4 Männer zu *pəl'ē* machen wirst, ob du 2 Männer zu *pəl'ē* machen wirst, ob du drei Männer zu *pəl'ē* machen wirst, ob du allein deine Sache anpacken wirst, steht dir frei.

unz'ū bienj'ẹmo ps-yiw'ig pu-l'ašo 25.17
ICH HINABSEHEN-AOR-1SG WAS LAUS PT-HABEN-PRS-2SG
Ich will sehen, was für Läuse du wohl hast!

ps-ṭiŋ'ə wigyog-pu-laš'o 28.80
WAS GELD NEHMEN-PRF-PT-2SG
wieviel Geld du auch genommen haben magst

ps-lətr'ī gəzag-pu-laš'o n'āznamo 61.33
WAS DING BRINGEN-PRF-PT-2SG NEG WISSEN-PRT-1SG
Was immer für ein Ding du gebracht haben magst, ich weiß es nicht.

anj'ẹš-dī ps-üščum kodyum lyog-pu-lam (P.)
ANSEHEN-AOR-2SG PT WAS GUT WERK MACHEN-PRF-PT-1SG
Du magst anschauen, was für eine gute Arbeit ich geleistet habe!

ˈī-yag ps-asumtigˈa-pu-lašˈo 32.18
DEIN FÜR WAS ZUSTOßEN-PRSP II-PT-HABEN-PRS-2SG
was auch immer dir zustoßen mag

nyerig pə-lašo əndeš wušpurˈū (P.)
WIEVIEL PT-HABEN-PRS-2SG MIR ZEIGEN-IMP
Zeig mir, wieviel du hast!

4.3.29 *ra*

Funktion: Emphase.

Beobachtungen bei der Feldforschung

Der Informant Durmat pflegte G. Buddruss täglich zu begrüßen mit den Worten *üščümog əsċ-ī?* „Geht es dir gut?" (Pers. *xub hastī*). Als er nach längerer Abwesenheit aus dem Obertal zurückkehrte, umarmte ihn Durmat mit den Worten: *üščümog ra-sċ?* Auf die Frage nach dem Grund der veränderten Begrüßungsform erhielt Buddruss die Auskunft: „Weil ich dich so lange nicht gesehen habe." Für Buddruss war dies der erste klare Hinweis auf die Verwendung des Morphems *-ra-* zur Vermittlung von Nachdruck und zum Ausdruck emotionaler Beteiligung. Eine zweite Szene, die Buddruss beobachten konnte, zeigte die Funktion des Suffixes, einem Imperativ mehr Nachdruck zu verleihen. Ein Kind versuchte, einen Hund zu verscheuchen. Nachdem es ohne Erfolg den einfachen Imperativ *pəzˈəs!* verwendet hatte, sagte es *pəzˈəs-ra!* „Geh doch!", worauf der Hund sich entfernte.

Suffix und Infix

Das Morphem *ra* mit dem Allomorph *-ḍa, -da* erscheint mehrfach: als postverbales Suffix und als Infix bzw. (nach Nomen in Verbindung mit der Kopula) Präfix, oft mit Prothese *-ə-ra, -i-ra.* Tritt *ra* an ein personalendungsloses Verb (s. u.), ist nicht unterscheidbar, ob es sich um das Suffix oder um das Infix handelt, z. B.:

aplimˈa-ra statt *aplimasċ-ra* oder *aplima-ra-sċ?,*
wuwučimˈā-ra statt *wuwučimāsċ-ra* oder *wuwuimā-ra-sċ?*

Manchmal ist das Suffix *-ra* mit dem Infix *-ra-* austauschbar:

miš psēlˈī ajumgam-rˈā = *miš psēlˈī ajumga-ra-m* A10.356
PRN WAS-MACHEN-CP BESEITIGEN-PRS II-1PL PT/ BESEITIGEN-PRS II-PT-1PL
Wie sollen wir ihn beseitigen?

Vor *ra* können die Partikeln *-ap, -ž* stehen. Auf *-ra* kann, verbunden durch einen Gleitlaut, der Interrogativmarker *-ī* folgen: *aptegˈasəm-rā-y-ˈē* 39.7.

Aussage

Das Morphem verleiht der Äußerung Nachdruck. Oft ist der Sprecher (positiv oder negativ) stark emotional engagiert.

a) Suffix

ī gyöṣ ap'ī gəzog-l'am-ra 30.64
DEIN ZIEGENBOCK AUCH BRINGEN-PRF-1SG PT
Ich habe auch deine Ziegenböcke gebracht!

lyog-la-ī? - lyog-waž … lyog-la-ī? - lyog-waž-r'a (I.)
TUN-PRF-3SG Q - TUN-PRF-SUPP-3SG … TUN-PRF-3SG Q - TUN-PRF-SUPP-3SG PT
Hat er es getan? - Er wird es wohl getan haben. (Dann, ärgerlich, als die Frage wiederholt wird) Er wird es wohl getan haben!

ipuṣog-lam-ǰ-(i)r'a (P.)
VERGESSEN-PRF-1SG PT PT
Ich habe (es) ganz vergessen!

ṣu na lam-ǰ-(i)ra (P.)
KUNDE NEG HABEN-PRS-1SG PT PT
Ich habe gar keine Kenntnis (davon)!

unz'ū ap'ī atəg opoč'og ḍuw'ī lam-r'a, səmiš ap'ī wəst'ī psei na lima-d'ī 34.52
ICH AUCH EIN SCHÖN JUNGFRAU HABEN-PRS-1SG PT PRN AUCH FRAU WARUM NEG MACHEN-PRS PT
Auch ich habe doch eine schöne Jungfrau (als Tochter), warum nimmt er denn nicht auch die zur Frau?

Die Partikel *-ra* mit der finiten Verbform und die Partikel *-ž* mit der personalendungslosen Verbform sind im folgenden Beispiel austauschbar:

(a) *su lyog-w'īg-iž, ipuṣog-wīgs-ra* (P.)
SIE TUN-PRF-SUPP-F PT VERGESSEN-PRF-SUPP-F-3SG PT
(b) *su lyog-w'īgs-r'a, ipuṣog-wīg-iž* (P.)
SIE TUN-PRF-SUPP-F-3SG PT VERGESSEN-PRF-SUPP-F PT
Ob sie es wohl getan hat - sie wird es wohl vergessen haben.

b) Infix

unz'ū gọ̄ṭ tkẽ tijenīw'oma ,tye-ptogso?' na big-r'a-sċ! it'ī ps-ag ẓunig-əlaš 32.105
ICH KUH STALL HINEINWERFEN-PASS-ADV WO-GEHEN-PRT-3SG NEG DENKEN-PRS II-PT-2SG NUN WAS FÜR WEINEN-FUT-2SG
Wenn ich in den Kuhstall hineingeworfen werde, denkst du nicht: ‚Wohin ging er?'! Warum wirst du jetzt weinen?

atig W'asī səmš-'amiž atig kəšir büz'ü tümǰa-r'a-sumš 90.33
EIN WASI SEIN-PRS-1PL PT EIN WEIß *BÜZÜ* ANZIEHEN-PRS II-PT-1PL
Wir sind doch ein (und dasselbe) Prasun(-Volk), wir ziehen doch ein (und dasselbe) weiße *büzü* an.

unz'ū wəst'ī-ta ām'aš krək wüš'ö sēsm-am, it'ī krək wog-r'a-sum 100.111
ICH FRAU POST KOMMEN-ADV SO JÜNGLING SEIN-IMPF PT NUN SO WERDEN-PRT-PT-1SG
Als ich auf Brautschau ging, war ich so ein Jüngling, nun bin ich so geworden (wie damals).

ar'ī gand'a pəlwan'ī wəǰǰəm'ī ra-so (P.)
DEM GUT SCHÖN MANN PT-SEIN-PRS-3SG
Der ist (aber) ein schöner Mann!

t-kū lapt'ī üs lyog-(ə)l'amšō, iznera zəma əskal sodm'asa gəzn'ig na wolmā-ra-m B10.14
IN BERG HOCHGEHEN-CP GRAS MACHEN-PRF-1PL WINTER SCHNEE VIEL STRÖMEN-PRS-3SG PT HOLEN-INF NEG KÖNNEN-PRS-PT-1PL
Wenn wir auf die Berge hinaufgehen und Gras gemacht haben, können wir (das Gras), weil es im Winter viel schneit, nicht holen.

su ḍugu-pan üs'ü nežič'ag okuly'ašti gūr šileg-ra-so 79.30
ART FELSEN POST BLUT TALABFLIEßEN-PRTP BISHER ROTBRAUN SITZEN-PRT-PT-3SG
Auf dem Felsen ist bis heute die Stelle rötlich gefärbt, wo das Blut talab strömte.

unz'ū səmiš-pan išp'ī büsċog-lam-dī unzū pəzm'a-ra-səm (P.)
ICH IHM POST BESCHLIEßEN-CP LASSEN-PRF-1SG PT ICH GEHEN-PRS-PT-1SG
Ich habe ihm versprochen, dass ich gehe.

c) mit der reduzierten Verbalform (hier ist unklar, ob *ra* Suffix oder Infix ist)

ī ül na lārom'asċ-ədī gəman aplim'a-ra 36.19
DEIN BAUCH NEG FÜLLEN-PRS-2SG PT DÖRFLER-OBL-PL GEBEN-PRS PT
Deinen Bauch füllst du nicht, sondern gibst den Dorfleuten?!

Frage
Die Frage vermittelt oft emotionale Beteiligung des Sprechers, teilweise Befremden oder Missbilligung. Viele Fragen sind rhetorisch. Das Morphem erscheint auch in Aufforderungen in Form rhetorischer negierter Fragen.
a) Suffix

tye-ptī āma-ra (P.)
WO GEHEN-CP KOMMEN-PRS PT
Woher kommst du denn?/ Wo warst du denn? (wenn der Angesprochene sich verspätet hatte)

se py'embarī āma-ra (P.)
WARUM VERSPÄTET KOMMEN-PRS PT
Warum kommst zu (zu) spät?

baz buṭ'og psel'ī oyəmasən-r'a 28.55
FLEISCH ANTEIL WAS-MACHEN-CP ESSEN-PRS-2PL PT
Wie esst ihr (bloß) Fleischteile?

pselī aċogs-ap-ra 92.12
WAS-MACHEN-CP KOMMEN-PRT-3SG PT PT
Warum mag (der Bär) gekommen sein?

wəṣkī zül'og ps-lyog-r'a 37.3
DORN BUSCH WAS MACHEN-PRTP PT
Was hat (denn) das Dornbüschchen getan?

ənd'eš ül wolom'aso, ənd'eš iž'ī-pan ps'ele wuṣu wuwučim'ā-ra? 1.7
MIR BAUCH SCHMERZEN-PRS-3SG, MIR AUGE POST WAS-TUN-CP MEDIZIN HERREIBEN-PRS PT
Mir tut der Bauch weh, wozu reibst du mir denn Arznei aufs Auge?

su ərǰ'ə 'īriš ašl'ẹm-dī tak apteg'asəm-rā-y'ē 39.7
ART REICH PFERD-OBL HINSETZEN-AOR-1SG PT ID GEHEN-PRS II-1SG PT Q
Soll ich mich auf das Pferd des Reichen setzen und wegreiten?

nan piēš wəst'ī ac'ama psel'ī ḍigr'ōlin la ra 100.29
MUTTER SOHN-OBL FRAU KOMMEN-ADV WARUM SCHLECHTMACHEN-FUT-3SG PT
Warum wird (denn) die Mutter, wenn die Schwiegertochter kommt, (ihr) Böses tun?

āw əd'ī anig aščün čar la-r'a 64.13
WASSER AUCH FEUER SICH-ANHEFTEN-INF BRAUCH HABEN-PRS-3SG PT
Pflegt (etwa) auch Wasser zu brennen?

muṣ wupožog muṣ ks-ċ'emš-(i)ra 22.46
GATTE FINDEN-PRTP GATTE WER SEIN-PRS-1PL PT
Wer von uns ist (wohl) der Gatte, der gefundene Gatte?

Verneinte rhetorische Frage als Aufforderung

war'egš wakoṣg'a lig-na-sċ-'e-ra, psew'ī ozmisċ 29.28
HAUS-OBL FEGEN-PRSP II SAGEN-PRS II-F-NEG-2SG Q PT WARUM WARTEN-PRS-F-2SG
Sag (doch), dass ich das Haus fegen soll, warum wartest du?

ənd'eš pyölub'ı ü'ū əm byer ī-yag atiga-na-sċ-'ī-ra 43.40
MICH HINABHÄNGEN-CP DU MEIN ZIEGE DEIN FÜR NEHMEN-PRS II-NEG-2SG Q PT
Nachdem du mich hinabgehängt hast, nimm du doch meine Ziegen für dich!

lema, na s-'ē-ra 98.30
GUT NEG SEIN-PRS-3SG Q PT
[Sollen wir nicht eine Speisung veranstalten? -] Gut, so soll es sein!

b) Infix

arui lešleg-r'a-sċ-ī 64.14
ANLEGEN-CP HOCHSETZEN-PRT-PT-2SG Q
Hast du (etwa das Kalb dem Bullen) angelegt und dich (zum Melken) hochgesetzt?

ps-gīli'a bəs ama-ra-so (P.)
WAS ÜBEL PT GERUCH KOMMEN-PRS-PT-3SG
Was kommt (denn da) für ein übler Geruch!?

it'ī pse-ligā-r'a-m 30.45
NUN WAS-MACHEN-PRS II-PT-1PL
Was sollen wir jetzt tun?

undo pi'en itī te-pčiga-r'a-m 18.10
ART SOHN-OBL-PL NUN WO-TRAGEN-PRS II-PT-1PL
Was sollen wir jetzt mit den Söhnen?

ps-k'odyum liga-ra-sum 25.3
WAS ARBEIT MACHEN-PRS II-PT-1SG
Was soll ich denn arbeiten?

üteš sel'ī gün lig'ā-ra-m 38.13
DICH WAS-MACHEN-CP WOHLTAT MACHEN-PRS II-PT-1PL
Wie sollen wir dich (nach deiner Hilfeleistung denn) belohnen?

(a) *unzu tye-pt'īg-ra-səm* A10.10
(b) *unz'ū te-bzig-r'a-sum* 65.35
ICH WO GEHEN-PRS II-F-PT-1SG
Wohin soll ich (denn) gehen?

ps-abl'ī wüṣomig-ra-səm üt'eša 61.21
WAS GEBEN-CP ZUFRIEDENSTELLEN-PRS II-F-PT-1SG
Womit kann ich dich zufriedenstellen?

Auf eine Frage mit *-ra-* folgt die Antwort mit *-re-*:

ugum ks-rā-st? - lög inǰöliga rē-st A3.23
DÖRFLER WER-PT-SEIN-PRS-3PL BEIDE *INǰÖLIGA* PT-SEIN-PRS-3PL
Wer sind denn die Dörfler? Es sind die beiden *inǰöliga*.

Negierte Frage

ženosogˈa-na-ra-s-e 30.58
TALAUF-ERSCHEINEN-PRS II-NEG-PT-3SG Q
Erscheint er nicht talauf?

Negierte Frage als Aufforderung

kor wigyˈa-na-ra-sċ-ˈī 53.4
ESEL KAUFEN-PRS II-NEG-PT-2SG Q
Kauf doch einen Esel!

Aufforderung
a) Suffix
1. Person

lema, unzuˈa pəzˈẹm-ra 29.18
GUT ICH PT GEHEN-AOR-1SG PT
Gut, ich will gehen!

əstlˈəg sašliwī büsċˈī̄ unzˈū pəzˈẹm-ra 8.23
DORT RECHTS-SETZEN-CP LASSEN-CP ICH GEHEN-AOR-1SG PT
Nachdem ich dich dort rechts abgesetzt habe, will ich gehen.

2. Person

əsċəwə-ra „Beeil dich doch!“
ạzụzu-ra, aličiwˈə „Rüttele ihn wach!“ (wörtlich: Lass ihn zittern, lass ihn aufstehen)
aċ-ra, pəzemšˈō „Komm doch, lass uns gehen!“
aċˈon-ra 30.44 „Kommt doch!“
asārī-wārī na psos-rˈa 71.32 „Fall nicht in Richtung *sa-wa*!“

müū asən ḍugˈoš agəzan-dˈa 38.26
IHR EUER STOCK-OBL BRINGEN-IMP-PL PT
Bringt mir euren Stock!

čig asən nan ḍūg nim'ī gəznīg-lan-ǰ-(i)r'a A10.386
WENIG EURE MUTTER MILCH MELKEN-CP BRINGEN-FUT-2PL PT PT
Ihr werdet (doch) etwas Milch eurer Mutter melken und (her)bringen!

Der formelhafte Genesungswunsch wurde mit und ohne *-ra* notiert:

ibüŋya kščög gasċo (m.), *ibüŋya kšč'ög wig'isċo* (f.)
ibüŋya kščög gasċ-ra (m.), *ibüŋya kšč'ög wigisċ-ra* (f.)
MORGEN GUT SEIN-PRS II-(F)-2SG/ MORGEN GUT SEIN-PRS II-(F)-2SG PT
Möge es dir morgen besser gehen!

3. Person
irreale Wunschform:

su na omogsē-raya (P.)
PRN NEG STERBEN-PLUP-3SG PT PT
Wäre er doch nicht gestorben! (Pers. *kāš ki na mēmurd*)

4.3.30 *re*

Das Morphem *re* erscheint als Suffix und als Infix.

(1) Infix/ Präfix *re*
Zu *re/ le* siehe §4.3.26. *re, rē* erscheint als Infix zwischen Verbalstamm und Personalendung oder als Präfix mit der Kopula nach einem Nomen, und zwar in Aussagen, Aufforderungen und Fragen. Das Infix *-re-* kommt in narrativem Kontext nur in wörtlicher Rede oder in Einschüben des Erzählers vor. Vgl. den fast identischen Satz (a) in der wörtlichen Rede, (b) als Teil der Erzählung:

piẽ anjem'asċa dəpe w'ī omom'a-re-so 34.19
SOHN ANSEHEN-PRS-2SG PT MAGER WERDEN-CP STERBEN-PRS-PT-3SG
Wenn du den Sohn ansiehst, dann (siehst du): er ist bis auf den Tod abgemagert.

so warəg'a piẽ dəpe w'ī tak omom'aso 34.11
ART ANDER SOHN MAGER WERDEN-CP ID STERBEN-PRS-3SG
Der andere Sohn ist bis auf den Tod abgemagert.

Der Gebrauch von *-re-* ist optional, vgl.

(a) *unz'ū k'odyum lī büsċ'ü pəz'ogsmo* (P.)
(b) *unz'ū k'odyum lī büsċ'ü pəzog-r'ē-sum* (P.)
ICH ARBEIT MACHEN-CP LASSEN-CP GEHEN-PRT-(PT)-1SG
Nach der Arbeit ging ich.

(a) *üžny'ē su aċog-ra-so kodyum lig'as(o)* (P.)
(b) *üžny'ē su aċog-ra-so kodyum liga-re-so* (P.)
WENN PRN KOMMEN-PRT-PT-3SG ARBEIT MACHEN-(PT)-3SG
Wenn er kommt, wird er arbeiten.

In einigen Fällen kann man eine koordinierende Komponente annehmen, z. B.

wəǰǰəm'ī üt'eš sumoṭmast-'amə̃, ī-wag warəg ipoma-r'e-st 49.2
MENSCH DICH ERNÄHREN-PRS-3PL PT DEIN FÜR HAUS BAUEN-PRS-PT-3PL
Die Menschen ernähren dich, (und) sie bauen dir ein Haus.

mit Negation (weder … noch)

wəst'ī-wag na oyin'ig rē-s, gul Was'ī-waga na oyin'ig rē-s A10.289
FRAU FÜR NEG ESSEN-INF PT-SEIN-PRS-3SG TAL PRASUN FÜR PT NEG ESSEN-INF PT-SEIN-PRS-3SG
(Das Korn) ist nicht zum Essen für Frauen (da), (und) es ist nicht zum Essen für (andere) Prasun (da).

oder eine zeitliche Komponente, z. B.

unz'ū kodyum li-ṭk'ī aga-rē-səm (P.)
ICH ARBEIT MACHEN-CP-BEENDEN-CP KOMMEN-PRS II-PT-1SG
Nach der Arbeit werde ich (dann) kommen.

unz'ū pəz'ẹm-dē su pəza-re-wa-s-ī-ži (I.)
ICH GEHEN-AOR-1SG PT ER GEHEN-PRS-SUPP-PT-3SG Q PT
Wenn ich gehe, wird er (dann) wohl auch gehen?

mit Negation (nicht mehr)

səša it'ī wīš na lekṣiga-r'ē-səmš, itia Guǰur'an asċ'ī ṭiŋ'ə wugiga-rē-səmš A7.135
ALM-OBL PT NUN LOS NEG HOCHZIEHEN-PRS II-PT-1PL NUN GUJUR-OBL-PL SCHICKEN-CP GELD NEHMEN-PRS II-PT-1PL
Die Alm verlosen wir jetzt nicht mehr, jetzt lassen wir die Gujur hin und nehmen (dann) Geld (dafür).

Oft ist die Funktion jedoch unklar, vgl. in der Beschreibung von Vieh die Kopula mit und ohne *-re-*:

B7.3 *sučʹog kʹunda gʹūru ʹəso* „der ganze Körper ist rot-braun“
B7.7 *sučog kunda wuẓʹē rē-s* „der ganze Körper ist schwarz“

B7.5 *sučˈog kˈunda gˈūru so, nˈəskara kəšˈir rē-s* „der ganze Körper ist rot-braun, das Gesicht ist weiß“

Das Morphem erscheint in Aussagen

undo melig werˈī re ī werˈī ədˈī ərˈe-st 8.52
ART ONKEL WORT PT DEIN WORT AUCH PT-SEIN-PRS-3PL
Die Onkel werden sich mit dir unterhalten.

üo arīš wəstī kolyog-əlašo ī-yag ganda na rē-s (P.)
DU DEM-OBL FRAU SPRECHEN-PRF-2SG DEIN FÜR GUT NEG PT-PRS-3SG
Du hast diese geheiratet, (und) für dich war/ist es nicht gut.

müū əskˈal ˈəsən-ǰī, unzˈū atig ərˈē-səm-ǰī 69.84
IHR VIEL SEIN-PRS-2PL PT ICH EIN PT-SEIN-PRS-1SG PT
Ihr seid doch viele, (und) ich bin einer!

öl Mākaya awˈī rē-s 94.40
GROß M. DRAUßEN PT-SEIN-PRS-3SG
Das Große Māka ist draußen.

bižičeg rā-s-ē? - bižičeg rē-s (I.)
SCHREIBEN-PRTP PT-3SG Q - SCHREIBEN-PRTP PT-3SG
Wurde es geschrieben? - Ja, es wurde geschrieben (= es gibt ein schriftliches Dokument darüber).

līnǰinig čār rē-s, ḍənḍ nā-rē-s A2.11
SAMMELN-INF BRAUCH PT-SEIN-PRS-3SG STRAFE IST-NICHT-PRS-PT-3SG
Es ist Brauch zu sammeln, eine Strafe gibt es nicht.

sučˈog kˈunda gˈūru so, nˈəskara kəšˈir rē-s B7.5
GANZ KÖRPER PT BRAUN SEIN-PRS-3SG GESICHT PT WEIß PT-SEIN-PRS-3SG
Der ganze Körper ist rot-braun, (und) das Gesicht ist weiß.

oyenig abˈəg wulē-rē-s 18.29
ESSEN-INF BROT NICHT-HABEN-PRS-PT-3SG
Er hat kein Brot zu essen.

indˈea ī kürˈog omog-rˈe-s 103.6
SONST DEIN HUND STERBEN-PRT-PT-3SG
Aber dein Hund starb.

„…unz'ū t-ārəg pəzm'ā-re-sum“ … „unz'ū gul wyenje-wōnj'a pəzm'ā-re-sum“ 9.3-4
ICH IN HAUS GEHEN-PRS-PT-1SG …. ICH WELT SICH-UMSEHEN-SUP GEHEN-PRS-PT-1SG
„Ich gehe nach Hause.“ … „Ich gehe, um mich (in der) Welt umzusehen.“

lö čapt'ī wəs šilg'ā-re-st 25.33
HOLZ VIEL TAG SITZEN-PRS II-PT-3PL
Das Holz wird dann viele Tage reichen.

dizgā apligā-wəs-əmro, kō apligā-rē-s (P.)
SCHÖPFER GEBEN-PRT-HAB-3SG PT SO GEBEN-PRS II-PT-3SG
Gott gibt ihm, so gibt auch er.

su mir wəst'ī atəg mal'aŋg wošog-re-s 6.41
ART KÖNIG FRAU EIN MALANG SICH-VERWANDELN-PRT-PT-3SG
Die Frau des Königs verwandelte sich in einen Malang.

unz'ū t-uṣ'itya logzīnēw'isəmrož, t-üċüa na lozīnēwog-rē-səm (P.)
ICH IN PAṢKI-ABL GEBÄREN-PASS-PRT II-PT IN DEWA-ABL NEG GEBÄREN-PASS-PRT-PT-1SG
Ich bin doch gebürtig aus P., ich bin nicht aus D.!

atig way'a omogs-'amiž, warəg'a way'i al r'ē-sum 35.16
EIN BRUDER PT STERBEN-PRT-3SG PT ANDER BRUDER HIER PT-SEIN-PRS-1SG
Ein Bruder starb ja, als ein anderer Bruder bin hier ich hier.

undo imlugan əstləg ċāg as-ag im undo ərē-st. su tačo žit'ē ṭāya „im gəm“ nəm okuly'ašt rē-s 83.6-7
ART SCHMIED-PL-OBL DANN ZWEIG UNS FÜR SCHMIED PRN-PL PT-SEIN-PRS-3PL. ART VORHER TALAUF ORT PT SCHMIED DORF NAME BISHER PT-SEIN-PRS-3SG
Die Nachkommen jener Schmiede dort, die wurden für uns die Schmiede. Von dem talauf gelegenen Ort der frühere Name „Schmiededorf“ ist bis jetzt (geblieben).

žeŋ aṣċog-pā-dī-rē-g'aso D24.5
SCHLANGE BEIßEN-PRF-SUPP-PT-PT-PT-3SG
Eine Schlange hat ihn möglicherweise gebissen.

in Äußerungen, die eine Absicht bekunden

unz'ū ibıŋya atig wos'ī aga-rē-səm (P.)
ICH MORGEN EIN ÜBERNACHTEN-CP KOMMEN-PRS II-PT-1SG
Morgen, nach einer Übernachtung, werde ich kommen.

üo na aċ, ī-yag ḍigər ċo. - unzū na aċiga-rē-səm (P.)

DU NEG KOMMEN-IMP DEIN FÜR SCHLECHT IST - ICH NEG KOMMEN-PRS II-PT-1SG

Komm du nicht, es ist schlecht für dich! - (Dann) werde ich nicht kommen.

əm-ag ḍigər sē-ra unzū na aċiga-rē-səm (P.)

MEIN FÜR SCHLECHT SEIN-IMPF-3SG PT ICH NEG KOMMEN-PRS II-PT-1SG

Wenn es für mich schlecht ist, komme ich nicht (zu *sē-ra* s. §1.4.3)

sučug'a paṣ'üš t-arəg pčig'a-re-m 25.33

GANZ WALD-OBL IN HAUS TRAGEN-PRS II-PT-1PL

Wir bringen (dann) den ganzen Wald nach Hause.

in Aufforderungen mit dem Präs. II (*ga*-Präsens) oder mit dem *ga*-Imperativ

es ċān ḍigər lyān'a ari wəs-raya əzn'ā-re-sən 91.30

EIGEN AST-OBL-PL SCHLECHT MACHEN-PRS II-3PL PT DEM SEIN-PRT II-3SG PT PT WISSEN-PRS II-PT-2PL

Diejenigen, die den eigenen Artgenossen Böses tun, - (ihr) wisst, dass ihnen dieses geschieht!

ẓuŋul'eig atig čpig-nā-sċ-'ı amtiga-r'ē-m 32.20

GLÖCKCHEN EIN TÖNEN-LASSEN-PRS II-F-NEG-2SG Q HÖREN-PRS II-PT-1PL

Läute doch einmal das Glöckchen, (dann) wollen wir es hören!

alaptig'a-re-sċ 25.28

HOCHGEHEN-PRS II-PT-2SG

Geh du schon hinauf!

muṣ na znega-r'ē-wəs 21.38

ZORN NEG WISSEN-IMP-PT-2SG

Sei (dann) nicht mehr zornig!

atig pul'uga ti-bim na wüŋkusga-rē-wə A10.151

EIN KORN PT IN BODEN NEG FALLEN-LASSEN-IMP-PT-2SG

Lass nicht ein Korn zu Boden fallen!

und in Fragen

wienj'əs, sud'ī ps-ma-re-st 28.59

HINAUSSCHAUEN-IMP WIEDER WAS-PRS-PT-3PL

Schau, was sie wieder machen („was machen sie wieder?")!

unzu psə-wag aga-re-sum (P.)
ICH WAS FÜR KOMMEN-PRS II-PT-1SG
Wozu soll ich kommen?

nyereg munǯ'er wog-rē-ga-so (D.)
WIEVIEL LEBENSZEIT WERDEN-PRF-SUPP-PT-3SG
Wie alt mag er sein?

üteš ps-wer'ī apṣiga-re-s'um 28.4
DICH WAS WORT LEHREN-PRS II-PT-1SG
Was soll ich dich lehren?

üo krək kodyum liga-rē-g'asċ-iž-ī - gand'a wəs'a, na lī woln'ig-nā-laš-ir'a (P.)
DU SO ARBEIT MACHEN-PRS-SUPP-PT PT Q - GUT SEIN-PRT II-3SG PT, NEG MACHEN-CP KÖNNEN-FUT-2SG-NEG PT
Wirst du diese Arbeit machen? Das wäre gut. Du wirst es (aber) nicht tun können.

ari kodyumš lia-re-wa-ċ-ižī? na lī woliŋ-laš (I.)
DEM ARBEIT-OBL PRS-SUPP-PT-2SG PT - NEG MACHEN-CP KÖNNEN-FUT-2SG
Wirst du denn diese Arbeit machen? das wirst du nicht können.

mit infigiertem *-na-*

ženosog'a-na-rē-s-e 30.58
TALAUF ERSCHEINEN PRS II NEG PT 3SG Q
Erscheint er nicht talauf?

aplig'a-na-re-sn-'ı 33.21
GEBEN-PRS II-NEG-PT-2PL Q
Gebt doch!

wəǯǯəm'ī aga-na-re-st-e 42.63
MENSCH KOMMEN-PRS II-NEG-PT-3PL Q
Da kommen doch Menschen!!

Das Morphem *-re-* erscheint in Aussagen, in denen mehrere Sachverhalte durch ein Subordinationsmorphem (*-ī, -oma, -maš, -dī, -ra*) verbunden werden. Hier hat das Morphem oft eine temporal-konsekutive Bedeutung („dann“).

-ī …. -re-

unz'ū miz lī agā-re-sum 25.26
ICH URIN MACHEN-CP KOMMEN-PRS II-PT-1SG
Ich pinkele und komme dann.

nəsp'og aw'išči unz'ū bienjegā-re-sum 25.19
AUSWURF HINAUSWERFEN-CP ICH HINABSEHEN-PRS II-PT-1SG
Nachdem du den Auswurf hinausgespuckt hast, sehe ich ihn!

-oma … -re-

it'ī yēš krək koly'omaya, əndeš ož'inmasə-r'a, na koly'omaya as-'ag ḍigər re-so 42.13
NUN VATER-OBL SO SPRECHEN-ADV PT MICH TÖTEN-PRS-3SG PT, NEG SPRECHEN-ADV PT UNS FÜR SCHLECHT PT-SEIN-PRS-3SG
Wenn ich es nun dem Vater berichte, tötet er mich, wenn ich es nicht berichte, dann ist es schlecht für uns.

üo iž'ī šč'öli w'i-ṭkoma tiliw'og ab'əg ps'ele oyomā-r'e-sċ 1.9
DU AUGE GUT WERDEN-CP-BEENDEN-ADV VERBRANNT BROT WARUM ESSEN-PRS-PT-2SG
Wenn du am Auge heil wurdest, warum isst du dann verbranntes Brot?

üū iglig'a-woma üt'eš aplig-re-sum 31.14
DI KAUFEN-PRS II-WERDEN-ADV DIR GEBEN-PRS II-F-PT-1SG
Wenn du es kaufen willst, werde ich es dir geben.

əskal ac'oma čkəs üteš ap'ī apligā-rē-sum 43.42
VIEL KOMMEN-ADV ETWAS DIR AUCH GEBEN-PRS II-PT-1SG
Wenn vieles kommt, dann gebe ich auch dir noch etwas.

əm piẽ pəzg'a-wi-ṭkoma ob'üŋya pəzgā-r'e-st 6.29
MEIN SOHN GEHEN-PRS II-WERDEN-CP-BEENDEN-ADV MORGEN GEHEN-PRS II-PT-3PL
Wenn meine Söhne den Wunsch gefasst haben zu gehen, dann sollen sie morgen gehen!

sučug'a paṣ'ǖš it'ī tak ṭk'oma čkü əm ṣə ps-oig'ā-re-st 25.34
GANZ WALD-OBL NUN ID BEENDEN-ADV DANN MEIN VIEH WAS ESSEN-PRS II-PT-3PL
Wenn er mit dem ganzen Wald Schluss macht, was werden dann meine Tiere fressen?

ožiny'oma psel'ī ožinga-r'e-sum 42.52
TÖTEN-ADV WAS-MACHEN-CP TÖTEN-PRS II-RE-1SG
Wenn ich sie töte, wie soll ich sie töten?

pselyom'a alog'ā-re-wa-so 89.4 (I.)
WAS-MACHEN-ADV GELINGEN-PRS-SUPP-PT-3SG
Wie kann er wohl normal werden?

-maš .... -re-

wuṣ'eg wəǰǰəmī lü wusċ'ū laṭkī āmaš çtag wuṣ wəǰǰəmī aplig'a-r'ē-səmš A3.39
6 MANN 2 JAHR HOCH-BEENDEN-CP KOMMEN-ADV WIEDER 6 MANN GEBEN-PRS II-PT-1PL
Wenn die sechs Männer nach zwei Jahren (wieder) kommen, geben wir wieder sechs Männer.

woz buṭog līm'aš wištya as'a ṣəlugen'a yüs binuga-r'ē-səmš A5.25
EICHE ANTEIL MACHEN-ADV BIS PT WIR VIEH-OBL-PL GRAS HINABWERFEN-PRS II-PT-1PL
Bis wir/sie die Eichen aufteilen, füttern wir die Tiere mit Gras.

-dī ... -re-

at'əs tyeboċ laš-dī pəzm'ā-re-sċ 69.51
ANDER WO-SEITE HABEN-PRS-2SG PT GEHEN-PRS-PT-2SG
Wo hast du ein anderes (Land), in das du gehst?

-ra ... -re-

ičimna əndeš çālyog-la-ra aċog-rē-səm (P.)
GESTERN-ABEND MICH RUFEN-PRF-3SG PT KOMMEN-PRT-PT-1SG
Als er mich gestern abend rief, kam ich.

su üm'ū aċin-la-ra? - su lü wos'ī aga-rē-sə (P.)
PRN WANN KOMMEN-FUT-3SG PT - PRN 2 ÜBERNACHTEN-CP KOMMEN-PRS II-PT-3SG
Wann wird er kommen? In zwei Tagen (nach 2 Übernachtungen) wird er kommen.

unz'ū üteš çālyog-əlam-rāya üo apı ag'a-rē-we (aga-re-sċ) (P.)
ICH DICH RUFEN-PRF-1SG PT DU AUCH KOMMEN-IMP-PT-2SG (KOMMEN-PRS II-PT-2SG)
Weil ich dich gerufen habe, komm du auch!

əm buṭ'og sil likṣ'ẹm-ra ī buṭ'og gəzgā-re-sċ 25.45
MEIN ANTEIL DORT HOCHZIEHEN-AOR-1SG PT DEIN ANTEIL HOLEN-PRS II-PT-2SG
Meinen Anteil will ich dort an mich nehmen, deinen Anteil sollst du dann holen!

ü'ā wəǰǰəmī əsċ-(e)ra unz'ū yuṣ re-sum 42.95
DU PT MANN SEIN-PRS-2SG PT ICH YUṢ PT-SEIN-PRS-1SG
Du bist ein Mensch, aber ich bin ein Yuṣ.

ps-kodyum pu-lastay'a unz'ū nāznega-r'a-səm, əznəg'aluga Ṣupūlug rē-st A6.39
WAS WERK PT-HABEN-PRS-3PL PT PT ICH NEG WISSEN-PRS II-PT-1SG WISSEN-PRSP II-PL PT IṢṬEWI-PL PT-SEIN-PRS-3PL
Was sie tun, weiß ich nicht, die Ištewi-Leute wissen es.

atig gəndər əz'ət gəz'ī bity'ẹm-ra, gul'aw iry'og-pan nepteg'a-re-s 25.25
EIN GROßER FELS HOLEN-CP NIEDERSETZEN-AOR-1SG PT, FLUSS KANAL POST TALABGEHEN-PRS II-PT-3SG
Ich will einen großen Felsblock holen und ihn niederlegen, dann wird der Fluss das Bachbett talab hinabgehen.

'apan lətr'ī čap-t'ī ṣug'og-l'am-ra, al 'aċī pčiga-rē-sə 43.56
HIER DING VIEL SAMMELN-PRF-1SG PT HIER KOMMEN-CP TRAGEN-PRS II-PT-3SG
Weil ich hier viele Dinge angesammelt habe, soll er herkommen und sie mitnehmen.

əstləg iž'eŋ üteš aš'ǖ omu'iŋ-li-ra əzn'ā-re-ċ 91.5 (I.)
DEM SCHLANGE DICH BEIßEN-CP TÖTEN-FUT-CONST-3SG PT WISSEN-PRS II-PT-2SG
Du sollst wissen, (dass), … jene Schlange dich beißen und töten wird!

(2) Suffix *re*

Das Suffix *-re* erscheint häufig in narrativen Kontexten, aber auch in der mündlichen Kommunikation (innerhalb von Erzählungen: wörtliche Rede). Im Gegensatz zum Infix *-re-* kommt das Suffix *-re* sehr selten in deskriptiven Texten vor. Das Suffix tritt an das finite Verb, z. B. *il'ist-re* „sie sagten" oder an die reduzierte Form, z. B. *amtig'a-rē* „er hört" *(amtigaso).* Das Suffix erscheint optional in

su nanč wuṣkuč'ī napč'ī Māndi t-arəg Māndi to-gul ašliw'īa (ašliw'ī-rē) A10.13
ART MUTTER-OBL FOLGEN-LASSEN-CP TALAB-TRAGEN-CP M. IN HAUS M. IN TAL SETZEN-PRT II-3SG (SETZEN-PRT II-3SG PT)
Er ließ die Mutter hinter sich herkommen, brachte sie talab und setzte sie ins Māndi-Haus im Māndi-Tal.

und mit dem Prät. II alternativ zum suffixlosen einfachen Prät. in

tə-mčal tütüst-re (tüty'ogust) 57.6 „Sie gingen in einen Sommerstall hinein.

und in

su ḍigər wə-dī ganda so benig wošēwis-re (wošēw'ogso) (P.) „Obwohl er schlecht war, erschien er als gut"

In Text 55 (D.) kommt *-re* an zwei Stellen vor, beide Male ist es mit dem Prät. II verbunden. Die übrige Erzählung steht im Präteritum. Das Prät. II kommt in diesem Text nur mit der Partikel *-re* vor.[129] Ebenso verhält es sich in Text 65 (D.): auf alle Verben im Prät. II innerhalb des sonst im Präteritum erzählten Textes folgt *-re*. In Text A11 kommt das einzige Verb im Prät. II gleichfalls ausschließlich mit dem Suffix vor, aber davor stehen Verben im Präsens II, Perfekt und Plusquamperfekt. In den folgenden zwei Beispielen erscheint dasselbe Verb zweimal, zuerst ohne, dann mit dem Suffix:

üo ženosˈog-pan ‚o nowˈag' ligsˈa, ‚…' ligs-rˈē 22.5
DU TALAUF-ERSCHEINEN-PRTP POST OH ENKEL SAGEN-PRS II-F-3SG PT … SAGEN-PRS II-F-3SG PT
Sobald du talauf hinab erscheinst, wird sie ‚O Enkelsohn' sagen, ‚…' wird sie sagen.

sumbara wəs tčī pəlē-wag ṭogˈogso, tčˈömrī Səminǰ pəlˈē-wag ṭogˈis-rē A7.123
SOMMER TAG 3 *pəlē* FÜR ZU-ENDE-SEIN-PRT-3SG, ALLE-DREI S. *pəlē* FÜR ZU-ENDE-SEIN-PRT II-3SG PT
Die Sommertage gingen für die drei Almkooperative zu Ende, für alle drei Səminǰ-Almkooperative ging sie zu Ende.

Das letzte Beispiel (A7.123) ist das einzige für *-re* in einem deskriptiven Text. Dasselbe Verb kann aber auch mehrmals hintereinander mit dem Suffix versehen werden, vgl.

alˈāla ləlē lig-rē … Māndi gā lig-re, … ləlē līg-rē A10.323 „Sie sang ein Schlaflied, sie sang ein Mandi-Lied, sie sang ein Wiegenlied."

-re erscheint also häufig zugleich mit einem Prät. II innerhalb eines narrativen Textes. In A10 ist das Prät. II das vorherrschende Erzähltempus, hier erscheint *-re* mit dem Prät. II nur zweimal (öfter aber mit Prät. und Präs. II, oft ohne Personalendung):

abyeštya žārˈī undˈō nˈānan əstlˈə ožnˈī wiskˈī-rē A10.143
UNTEN SICH-TALAUF-WENDEN-CP ART MUTTER-OBL PL DORT TÖTEN-CP HINAUSWERFEN-PRT II-3SG PT
Unten wandte er sich talauf hinauf und tötete jene Mütter dort und warf sie hinaus.

asˈa aləg byemš tümǰü müčog lī kolisəmš-rē A10.247
WIR DEM GESCHICHTE-OBL SCHNEIDEN-CP KURZ MACHEN-CP SPRECHEN-PRT II-1PL PT
Wir schnitten diese Geschichte ab und erzählten sie verkürzt.

Hier und in vielen (aber nicht allen) Beispielen anderer Texte werden mehrere Sachverhalte verbunden. Da *re* die Funktion einer koordinierenden Konjunktion sowohl von NP als auch von VP hat

---

[129] Obwohl das den Vergleich mit der Waigali (Nishei)-Partikel *-re* nahelegt und obwohl es auch Beispiele gibt, die das zu unterstützen scheinen, lässt sich im Prasun nicht nachweisen, dass *re* die Funktion einer Reportativ- oder Distanzpartikel hätte.

(§3.3), ist es möglich, dass auch das Suffix *-re* koordinierende Funktion hat (Beispiele mit finitem Verb in 55.21 und mit der reduzierten Form mehrfach in A10):

samig'en-pa žiə sumiš list, lužu to-munǰ wušt'eg w'is-re 55.21
ALLE-OBL-PL POST GROß PRN-OBL SAGEN-PRT II-3PL GOTT IN MITTE OBERST WERDEN-PRT II-3SG PT
Den Höchsten nannten sie ihn, (und) unter den Göttern wurde er der Oberste.

su yüṣ-pan su wəst'ī ədī išp'ista, su kür amtig'a-rē A10.358
ART YUṢ POST ART FRAU AUCH SICH-EINIGEN-PRT II-3PL ART KNABE HÖREN-PRS II PT
Der Yuṣ und die Frau einigten sich, (und) der Knabe kann es hören.

lü əẓag ḍobul ast, k'ūču na w'og-rē A10.241
ZWEI HIRSE BROT SEIN-PRS-3PL LOCH NEG WERDEN-PRT PT
Zwei Hirsebrote sind da, (und) ein Loch ist nicht entstanden.

t-ištig atig pām'og wapš'ī ozm'aso, magran su yuṣ okṭ'ī ašpāw'og-re A10.163
IN WANDBRETT EIN ZICKLEIN LINKS-GEHEN-CP SITZEN-PRS-3SG ANDER-OBL-PL ART YUṢ FRESSEN-CP BESEITIGEN-PRT PT
Auf dem Wandbrett sitzt links ein Zicklein, (und) die anderen fraß der Yuṣ auf.

su n'ana su küreš āṣuw'ē ānjig-re „arī pselī tüzüločimas'a" bī somtim'isa A10.84
ART MUTTER PT ART KNABE-OBL VERSTECKEN-CP ANSEHEN-PRS II-F PT DEM WARUM ZERBRECHEN-ITER-PRS-3SG PT DENKEN-CP RECHTS-HÖREN-PRS-F-3SG PT
Die Mutter schaut verstohlen den Knaben an, (und) lauscht in dem Gedanken: „Warum zerbricht er ihn denn immer wieder?" nach rechts hoch.

Māra tāsig ədī Wəgič'ī Māra wə-dī Mānd'īš əzn'i-rē A10.265
M. VORHER AUCH W. MARA SEIN-PRT II PT M.-OBL. KENNEN-PRT II PT
Māra war auch früher der Māra von Wəgič'ī, (und) er erkannte Māndi.

Suffigiertes *-re* erscheint aber auch sehr oft in koordinierenden oder subordinierenden Satzgefügen, in denen ein anderes Morphem (*-a, -ra, -dī, -ī*) die Verbindung zwischen mehreren Sachverhalten herstellt. Das Verhältnis der beiden Satzteile zueinander unterscheidet sich nicht von dem üblichen Muster in Satzgefügen mit diesen Morphemen.

-a … -re (Temporal-kausales Verhältnis)

aniptẹš'a üt'ünyog büšl'ẹša tap loonjẹš'a, unz'ū … üšpy'eš t-kū bit'ī trap nanosigsum-r'ē 27.15
TALAB-GEHEN-AOR-2SG PT FELD NIEDERSITZEN-AOR-2SG PT ID HOCHSEHEN-AOR-2SG PT ICH …
BEIL IN SCHULTER NIEDERLEGEN-CP ID TALAB-ERSCHEINEN-PRS II-F-1SG PT
Du sollst talab gehen, dich in das Feld setzen und hochschauen, ich erscheine dann, …. ein Beil auf die Schulter gelegt, talab.

üo ça̱ na līšaya unz'ū na aċisəm-rē (P.)
DU RUF NEG MACHEN-PRT II-2SG PT PT ICH NEG KOMMEN-PRT II-1SG PT
Weil du nicht riefst, kam ich nicht.

-ra …. -re (Kausal, Konditional)

aləg wer'īš asə og'uman lüŋks'ü ašpanig-l'a-ra ariš anipčẹmš-(i)r'ē 43.34
DEM DING-OBL WIR DORFGEMEINSCHAFT-OBL-PL VÖLLIG BESEITIGEN-FUT-3SG PT DEM-OBL TALAB-TRAGEN-AOR-1PL PT
Diesen (Kerl), weil er uns Dorfbewohner von Grund auf ruinieren wird, wollen wir ihn dann talab bringen.

atig-'əsa na wuŋn'ogs-r'a üū re unz'ū re ī wəst'ī re atig-pan ṣügy'ẹmš-(i)r'e 89.6
EIN NOCH PT NEG EINFALLEN-PRT-3SG PT DU PT ICH PT DEIN FRAU PT EIN POST SICH-VERSAMMELN-AOR-1PL PT
Wenn uns nicht noch etwas einfällt, wollen wir, du und ich und deine Frau, uns nun/dann an einer (Stelle) versammeln.

ça̱ na līš-ra unz'ū na aċisəm-re (P.)
RUF NEG MACHEN-PRT II-2SG PT ICH NEG KOMMEN-PRT II-1SG PT
Weil du doch nicht riefst, kam ich nicht.

-ī … -re (Temporal-modales Verhältnis)

D'īsnī pəz'ī üom'ū p'ētī ẓ'ūwenig čobis-re 56.5
D. GEHEN-CP OHR HINABSTELLEN-CP WEINEN-INF TÖNEN-PRT II-3SG PT
Nachdem Disni gegangen war, nachdem sie hinabgehorcht hatte, ertönte das Weinen.

kọtk'ī aċ'ist-re əṣta aċ'ī tə-mčal tütüst-re (tüty'ogust) 57.6
ARMEE KOMMEN-PRT II-3PL PT NACHTS KOMMEN-CP IN STALL EINTRETEN-PRT II-3PL PT (EINTRETEN-PRT-3PL)
Die Krieger kamen und nachdem sie nachts gekommen waren, gingen sie in einen Sommerstall hinein.

lekṣ'ī yuṣ aċ'is-re 65.39
HOCHZIEHEN-CP YUṢ KOMMEN-PRT II-3SG PT
Nachdem er (den Dolch) hervorgezogen hatte, kam der Yuṣ.

əpt'erī su yüṣ to-guṭ pyeptig'a-rē A10.349
FÜRCHTEN-CP ART YUṢ IN UNTER-HAUS HINABGEHEN-PRS II PT
Aus Angst ging der Yuṣ hinab ins Unter-Haus.

-dī …. -re (Adversatives Verhältnis)

su ḍigər wə-dī ganda so benig wošēwis-re (wošēw'ogso) (P.)
PRN SCHLECHT SEIN-PRT II PT GUT SEIN-PRS-3SG DENKEN-INF SCHEINEN-PRT II-3SG PT (SCHEINEN-PRT-3SG)
Obwohl er schlecht war, erschien er als gut.

Und *-re* erscheint in Äußerungen, die nicht mehr als einen Sachverhalt ausdrücken:

let'ē su omū üštyuba omū pṣṭē pyešlyog-rē A10.127
OBEN ART WALNUSS BAUM PT WALNUSS VOLL-SEIN-CP NIEDERSITZEN-PRT PT
Oben der Nussbaum ist voller Walnüsse.

undō yüṣa na wol'ognī šilig'a-rē A10.180
PRN-PL YUṢ PT NEG KÖNNEN-CP-NEG SITZEN-PRS II PT
Sie sitzen (da), ohne gegen den Yuṣ (etwas ausrichten) zu können.

sū bāz ṭkog-rē A10.227
ART FLEISCH BEENDEN-PRTP PT
Das Fleisch (war) verbraucht.

Mān-t-ünyog kəṭīl'ugana osċ'ī Wuṣīt' wüš'ölugan oyug'a lī-rē A10.289
IN-MANDI-FELD KORN-PL-OBL PT NUR PAṢKI JÜNGLING-PL-OBL ESSEN-PRSP II SAGEN-PRT II-3SG PT
Das Getreide des Māndi-Feldes gebot er nur den jungen Männern von Paṣki zu essen.

wəǰǰəmīl'ugana atəs wel'ē ṭā-pan masǰit īp'ist-rē A11.19
MANN-PL-OBL PT NOCH ANDER ORT POST MOSCHEE BAUEN-PRT II-3PL PT
Den Männern baute man an einer anderen Stelle eine Moschee.

su lüšt rē su nān ədī nā-rē A10.15
ART TOCHTER PT ART MUTTER AUCH NEG-SEIN-PRS PT
Mutter und Tochter sind nicht da (zu *nā-* s. §2.4.4.2).

Festzuhalten ist daher, dass *-re* koordinierende Funktion haben kann, aber dass dies nicht die vordringliche Motivation für seine Verwendung sein kann. Das Suffix *-re* steht fast immer in Aussagesätzen. Selten erscheint es in Aufforderungen (siehe oben zu *-ra … -re*) und Fragen. Möglicherweise steht es dort für *-ra.*

su nan piẽš pul'o: „… aləg weria büt'ūnogso əzn'ə-re!“ 80.48
ART MUTTER SOHN-OBL SPRECHEN-PRT-3SG … DEM WORT PT NIEDERLEGEN-PASS-PRT-3SG WISSEN-IMP PT
Die Mutter sprach zu dem Sohn: „… Dieses Wort wurde niedergelegt, wisse!“

al ütr'ū ps-(e)li-re 92.4
HIER BÄR WAS-MACHEN-PRT II-3SG PT
Was macht(e) denn der Bär hier?

4.3.31 *ro*

Funktion: Indefinitpartikel.

Das Morphem *ro* hat nach Nasal (manchmal) das Allomorph *ḍo*, auch *do.* Es erscheint in allen Dialekten ausschließlich in VP, die ein Fragewort (was, wer, wo) oder ein Zeitadverb (wann, früher) enthalten. *ro* ist immer postverbal. Damit erfolgt einerseits eine unbegrenzte Erweiterung der möglichen Aktanten/ Orte/ Modi/ Zeitpunkte usw., andererseits die Festlegung auf einen bestimmten, durch das Verb ausgedrückten Sachverhalt.

yum'ū ċpelyẹ-ro A2.9
WANN FREIGEBEN-AOR-3SG PT
wenn er (Früchte zur Ernte) freigibt

čii'a yumū awočẹ-r'o A2.11
APRIKOSE WANN REIFEN-AOR-3SG PT
wenn die Aprikosen reif werden

ks-nigr'ī žopo'en-do[130] *əstlə wer'ī pčig'asə* 38.26
WER FRÜHER TALAUF-GELANGEN-AOR-2PL DEM DING TRAGEN-PRS II-3SG
Wer von euch zuerst talauf heraufgelangt, soll dieses Ding bekommen.

imo-št s-əro 76.9
WANN BIS SEIN-PRS-3SG PT
bis wann auch immer es sein mag

[130] Lies *žopo'ẹn-do.*

aləg žã aləg t-ar'əg at'ī ps-la-ro atig tyenjinig əžə 54.24
DEM TALAUF DEM IN HAUS INNEN WAS HABEN-PRS-3SG PT EIN EINSEHEN-INF SEIN-PRS-3SG PT
Was er hier hinten in diesem Haus drinnen haben mag, muss (ich) einmal nachsehen.

ščöli w'ərī-pan at'ī tē-s-ro xud'ā ċā-ḍam ablya-na-r'a-s-ē 89.8
WAHR WORT POST NEHMEN-CP WO-SEIN-PRS-3SG PT GOTT ÄSTE GEBEN-PRS II-NEG-PT-3SG Q
Um der wahren Rede willen wird Gott ihm sicherlich irgendwie Gliedmaßen geben.

t-əməl ks-tībzẹ-r'o əstləg wərǰəmīš mūnd liŋ čer last A1.6
IN *əməl* WER EINGEHEN-AOR-3SG PT DEM MANN-OBL MUND SAGEN-INF BRAUCH HABEN-PRS-3PL
Wer auch immer ins *əməl* einzog, den Mann dort pflegten sie Münd zu nennen.

ks-əsk'al ayẹ̄-ro A8.34
WER VIEL WERFEN-AOR-3SG PT
wer am weitesten warf

Sehr oft erscheint das Suffix *ro* in derselben VP wie das Infix *pa.* Die Funktion der beiden Morpheme ist verwandt, aber nicht gleich, und die Morpheme sind keineswegs austauschbar: *ro* erweitert ohne Beschränkung die Zahl der Partizipianten, *pa* fügt der verbalen Aussage eine Komponente der Unbestimmtheit hinzu.

asən tü-büd psə-pčiga-pa-sən-ro 28.78
EUER IN SINN WAS-TRAGEN-PRS II-PT-2PL PT
was auch immer ihr mitnehmen wollt

undōmišinya pərċə-pana diz'og-pə-lay-e lö-pana diz'og-pə-l'ay-e ps-pana dizog-pə-l'a-ro ṣu na əlist A11.12
PRN-PL-OBL PT STAUB POST-ABL SCHAFFEN-PRF-PT-3SG Q HOLZ POST-ABL SCHAFFEN-PRF-PT-3SG Q WAS POST-ABL SCHAFFEN-PRF-PT-3SG PT KUNDE NEG HABEN-PRT II-3PL
Ob er sie aus Staub gemacht hat, ob er sie aus Holz gemacht hat, aus was auch immer er sie gemacht hat, wussten sie nicht.

lög ps-kodyum lyog-pu-l'an-ro 34.34
BEIDE WAS WERK MACHEN-PRF-PT-2PL PT
was immer auch ihr beide getan habt

awušpur'ū ks-pul'og-pu-last-(e)r'o, sumiš əzn'ẹmo 91.19
LEHREN-IMP WER SPRECHEN-PRF-PT-3PL PT PRN-OBL KENNEN-AOR-1SG
Teil mir mit, wer auch immer es (dir) erzählt haben mag, ich will ihn kennen.

miš lusta üom'ū omoinig-pu-l'a-ro 43.35
POSS HAND-ABL WANN STERBEN-FUT-PT-3SG PT
wann er auch von selbst sterben wird

it'ī ḍig'ər pu-laš-'ī ps-pu-laš-(e)r'o 54.48
MESSER SCHLECHT PT-HABEN-2SG Q WAS PT-HABEN-2SG PT
ob du dem Messer die Schuld gibst oder wem auch immer

mišin to-m'unǰ wər'ī ps-pu-last-ro 99.57
POSS-PL IN MITTE WORT WAS PT-HABEN-PRS-3PL PT
Was haben sie untereinander nur für ein Wort (zu reden)?

psē-linig-pu-l'an-ḍo as'ən čit' A10.206
WAS MACHEN-FUT-PT-2PL PT EUER SINN
Was auch immer ihr tun werdet, es liegt bei euch.

4.3.32 *rož*

Das Suffix *-rož* kommt sehr häufig nach Nasal vor, so etwa *lekṣigsəm: likṣigsim-rož* (22.23), *šiligsəm: šiligsəm-rož* (22.48), *pəzgam: pəzgam-rož* (34.39). Die Texte stammen aus Paṣki, 22 von Durmat, 30 und 34 von Rasul Khan. Die Vermutung liegt nahe, es handele sich um Haplologie für *-an-əmrož, -əm-əmrož* (§4.3.11):

unzu pākistānī na w'əsəm, unzu ǰarman wəsəmrož (P.)
ICH PAKISTANISCH NEG SEIN-PRT II-1SG ICH DEUTSCH SEIN-PRT II-1SG PT
Ich bin doch kein Pakistaner, ich bin doch (*w'əsəm + rož/ ?əmrož*) Deutscher.

əm yei ižī müo wigy'og-lisən-rož, psei ‚na wigyog-lamšo' limas'ən müā 30.49
MEIN VATER AUGE IHR WEGNEHMEN-PRF-CONST[131]-2PL PT, WARUM NEG WEGNEHMEN-PRF-1PL SAGEN-PRS-2PL IHR PT
Die Augen meines Vaters habt ihr doch weggenommen (*lisən + rož/ ?əmrož*), warum sagt ihr: ‚Wir haben sie nicht weggenommen'?

In dem nach dem Persischen nacherzählten Text 16 heißt es:

l'usta bižičig'asəmrož 16.4
HAND-ABL SCHREIBEN-PRS II-3/1SG PT
Man schreibt/ ich schreibe doch mit der Hand!

Logischerweise wäre „man schreibt" zu erwarten, da der Sprecher gar nicht schreiben kann und eben deshalb zu einem professionellen Schreiber geht. Da „man" meist mit dem Plural der Verbform

---

[131] Zu **wigyog-lisən* für *wigyog-lin* s. Fn. zu Text 30.49.

ausgedrückt wird, könnte man dann vermuten, es sei *bižičig'ast* „sie schreiben" oder möglichenfalls *bižičig'asċ* „du schreibst" zu verstehen. Der Erzähler erklärte aber ausdrücklich, er meine „ich schreibe", es handelt sich demnach um ein weiteres Beispiel für *-rož* nach Nasal (*bižičig'asəm + rož/ ?əmrož*). Der persische Originaltext gibt keinen Aufschluss, der Satz kommt in dieser Form nicht vor (dort stattdessen: „Ich wollte dich nirgendwo hinschicken, dass du so eine Entschuldigung anführst!")

Auch im folgenden Beispiel wird die Vermutung von Haplologie durch die Bedeutung gestützt, denn die Sprecherin beruft sich auf ihre früher gemachte Aussage, sie werde den Mörder heiraten, kann also erwarten, dass der Sachverhalt bereits bekannt ist; ihre Äußerung ist eine Kritik, dass nicht bereits dementsprechend gehandelt wird:

wəst'ī šil'igsəmrož 22.48
FRAU SITZEN-PRS II-1SG PT
Ich werde ihn heiraten (*šil'igsəm + rož/ ?əmrož*)

Eine ähnliche Situation bietet sich im nächsten Beispiel, in der eine Frau ihren Gatten anspricht. Zwar ist in diesem Fall der Sachverhalt nicht vorher thematisiert worden, aber man könnte annehmen, dass das Vorwissen im kulturellen Kontext als gegeben betrachtet wird: in der Regel wohnt das Ehepaar im Dorf des Mannes, in der Erzählung aber hat bisher nicht einmal ein Besuch stattgefunden.

ī ti-gim pəzg'amrož, al ps-ozim'a? 34.39
DEIN IN DORF GEHEN-PRS II-1PL PT HIER WAS WARTEN-PRS
Wir wollen in dein Dorf gehen *(pəzgam + rož/ ?əmrož)*, was wartest du hier?

Allerdings erscheint *-rož* auch in der 1. Person Plural, wenn kein Nasal vorausgeht:

1 wəsəmrož
2 w'əsċəmrož
3 wəsəmrož
4 wəsəmš-rož
5 w'əsənrož
6 wəstəmrož

Außerdem scheint sich im folgenden Beispiel die Funktion nicht mit der von *-əmrož* zu decken. Kann die Sprecherin annehmen, dass der Inhalt der Äußerung dem Gesprächspartner bereits bekannt ist oder sein sollte?

ob'üŋya əm lusta ... wī pyept'ī but lekṣ'igsim-rož 22.23
MORGEN MEIN HAND-ABL .... WERDEN-CP HINABGEHEN-CP MEHL HOCHZIEHEN-PRS II-1SG PT
Morgen will ich selbst ... hinuntergehen und Mehl heraufholen.

Es ist daher denkbar, dass *-rož* tatsächlich durch Haplologie und Neuanalyse aus *-əmrož* entstanden ist, dabei aber eine erweiterte Funktion (Emphase in Absichtserklärungen?) angenommen hat.

4.3.33 *wa* (I.)

Funktion: unerwartete Erkenntnis (mirativ)

Das Morphem *wa* kommt nur in I. vor. Sprecher aus P., die mit Beispielen konfrontiert werden, verstehen seine Funktion nicht und schlagen Verbesserungen oder andere Deutungen vor. Es folgt auf ein finites Verb. Vor *wa* kann eine weitere Partikel (*žī, amiž, dī*) stehen. Möglicherweise ist *wa* (I.) mit der Partikel *ba* (D.I., §4.3.16) etymologisch („oder") und semantisch identisch.

> *aləg mos'ig əžī wa?* 81.19
> DEM MOND SEIN-PRS-3SG PT Q PT (Analyse unsicher)
> Es ist (wohl) dieser Mond (der mich gesehen hat)?

> *yüṣ pselī na aċ'ogs wa* 93.14
> YUṢ WAS MACHEN-CP NEG KOMMEN-PRT-3SG PT
> Warum kam denn der Yuṣ nicht?

> *as ḍigər sepsup-panya na tigaṭog wut-pan su yüṣ aċās-'amiž wa* 93.20
> UNSER SCHLECHT VERLEUMDUNG POST-ABL NEG ÜBEREINSTIMMEN-PRTP WEG POST ART YUṢ KOMMEN-PRS II-3SG PT PT
> Wegen unserer üblen Verleumdung, wegen des Weges der Zwietracht kommt der Yuṣ ja!

> *anj'ẹž-dī ps-üčüm kodyum lyog-pu-la-dī wa* (I.)
> SEHEN-AOR-2SG PT WAS GUT WERK MACHEN-PRF-PT-3SG PT PT
> Schau an, wie gut er gearbeitet hat!

4.3.34 *ž*

Funktionen: 1- Zweifel, 2- gemeinsames Wissen, 3- Emphase.

Etymologie

Nach BUDDRUSS 2005, 466 ist „*-əž* ... wohl ai. *eva* zu vergleichen, „mit ähnlicher Lautentwicklung wie in Apabhraṃśa *ji* (T. 2524)". Vgl. zu *eva* auch §4.3.2.

Form

Allomorph: *-ǰ, -č* (nach Nasal). Nur in 90.41 erscheint das Allomorph *-ǰ,* ohne dass ein Nasal (oder *-s, -st,* s. u.) vorausgeht. Daher kann man vermuten, dass dort statt der 3. Sg. *iċəpog-la-ǰə* die 2. Pl. *iċəpog-lan-ǰə* oder *iċəpog-lam-ǰə* zu verstehen ist, vgl. §2.9.3.10.

Auslautendes *-s,* auch *-st* der Personalendung verschmilzt oft mit dem Suffix, z. B.

pəgyˈog-wəž = *pəgyˈog-wəs-ž, amˈaž* = *amˈas-ž, oyogˈaž* = *oyogˈas-ž, gaǰ* = *gast-ž, wumtyež* = *wumtyes-ž, amač* = *amast-č.*

Vor *-ž* kann die Fragepartikel *-ī* stehen:

pəza-re-wa-s-ī-ži (I.) „wird er wohl gehen?"

Vor *-ž* steht oft ein Sprossvokal, dessen Qualität abhängig von der phonetischen Umgebung ist, z. B.

lˈīgisċ-iž, aptˈogust-už, amˈasċ-əž.

Auf *-ž* folgt gelegentlich (wie auch im letzten Beispiel *pəza-re-wa-s-ī-ži*) ein epithetischer Vokal:

lˈamš-ižə A10.210, *ipˈasum-ǰˈə* 94.33, *tyenjinig əžə* (= *əs-ž*) 54.24, *lyˈog-liš-(i)ži* 77.14

Zu auslautendem *-ǰī* siehe auch §4.3.2.

Auf *-ž* kann *-ra* folgen (zum Wechsel von *-ž* und *-ra* vgl. §4.3.29), z. B.

lyog-wəž-rˈa neben *lyog-wəž* (für Perf.-supp. *lyog-was-ž*) (I.) „Er wird es wohl getan haben"
ṣu na lam-ǰ-(i)ra „Ich habe gar keine Kenntnis"
itˈī na əznog-lam-ǰ-(i)rˈa „ich weiß noch nicht"

(1) Die Äußerung drückt Zweifel aus, sei es in Hinblick auf den Wahrheitsgehalt der Mitteilung oder Beobachtung, sei es in Hinblick auf eine zukünftige Handlung. Die Äußerung kann, muss aber nicht ein Moment der Überraschung enthalten, so oft, wenn die Beobachtung der Erwartung widerspricht.

nan atig wedyog-wˈīg-iž 8.41
MUTTER EIN LACHEN-PRF-SUPP-F PT
Die Mutter hat einmal gelacht!

əm lüštyˈog krək lˈīgisċ-iž 100.57
MEIN TÖCHTERCHEN SO TUN-PRS II-2SG PT
Mein Töchterchen, so machst du es!

alˈā pušt-pan unzˈa ‚üˈū əsċ-ī' bˈoma atig wəǰǰimˈī pəgyˈog-wəž 39.17
OBEN BETT POST ICH PT ‚DU BIST' PT DENKEN-ADV EIN MANN LIEGEN-PLUP-CONST-3SG PT
Als ich oben auf dem Bett dachte, ‚du bist es', hatte sich ein Mann hingelegt.

Lūnˈang peptˈog-əž 24.29
LUNANG HINABGEHEN-PRT-3SG PT
Lunang ist hinabgegangen!

In der Frage, auch in der rhetorischen Frage:

it'ī unzū om'ōmāš atig werī wupuṣig'a limasċ-iž-i? 28.4
JETZT ICH STERBEN-ADV EIN WORT MICH-LEHREN-PRSP II SAGEN/TUN-PRS-2SG PT Q
[Bisher pflegtest du doch nicht auf mein Wort zu hören.] Nun, da ich sterbe, sagst du, ich soll dich ein Wort lehren!?

unz'ū pəz'ẹm-dē su pəza-re-wa-s-ī-ži (I.)
ICH GEHEN-AOR-1SG PT ER GEHEN-PRS-SUPP-PT-3SG Q PT
Wenn ich gehe, wird er dann etwa auch gehen?

ari kodyumš lia-re-waċ-iž-ī?[132] *na lī woliŋ-laš* (I.)
DEM ARBEIT-OBL PRS-SUPP-PT-2SG PT Q? NEG MACHEN-CP KÖNNEN-FUT-2SG
Wirst du denn diese Arbeit machen? Das wirst du nicht können.

üo krək kodyum liga-rē-g'asċ-iž-ī - gand'a wəs'a, na lī woln'ig-nā-laši-r'a (P.)
DU SO ARBEIT MACHEN-PRS-SUPP-PT PT Q - GUT SEIN-PRT II-3SG PT, NEG MACHEN-CP KÖNNEN-FUT-2SG-NEG PT
Wirst du diese Arbeit(en) machen? Das wäre gut. Du wirst es (aber) nicht tun können (*tu īn kārhā mēkardī, xub (mē)būd, kard'a na mētawānī*).

atig kur'ī nās-ž-i 64.7
EIN KALB IST-NICHT PT Q
Ein Kalb ist nicht (etwa hier)?

(a) *wuṣēligāš abyegəzga-sasċ-ž-ī? ganda wəs'a* D26.3
ARZT-OBL HERABHOLEN-PRS II-2SG PT Q? GUT SEIN-PRT II-3SG PT
(a) *wuṣēligāš abyegzəga-rē-ga-sasċ-(i)ž-i? ganda wəs'a* D26.3
ARZT-OBL HERABHOLEN-PRS-SUPP-PT-2SG PT Q? GUT SEIN-PRT II-3SG PT
Wirst/ würdest du den Arzt herabholen? Das wäre gut.

ariš awogza-re-w'aċ-iž-i? (I.)
DEM-OBL HERBRINGEN-PRS-SUPP-PT-2SG PT Q
Wirst du ihn denn herbringen? (= kannst du nicht).

[132] Entsprechend P. *liga-re-gasċ-iž-ī*, wie im nächsten Beispiel.

(2) Die Äußerung appelliert an vermeintlich beim Sprecher vorhandenes Wissen.

o M'āndea, ü'ū čī wār purd'ī-pa byebz'ī aċ'ī weri'a na əzn'īš-iž 61.61
O MANDI-VOC, DU 3 MAL ALTE POST HINABGEHEN-CP KOMMEN-CP WORT PT NEG KENNEN-PRT II-2SG PT
Māndi, nachdem du dreimal zu der Alten hinuntergegangen und wieder gekommen bist, merktest du dir das Wort doch nicht!

üu löməl əẓag ḍob'ulan k'ūču na lī wolisċ-iž A10.242
DU DIE-BEIDEN HIRSE BROT-OBL-PL LOCH NEG MACHEN-CP KÖNNEN-PRT II-2SG PT
Du konntest doch die beiden Hirsebrote nicht durchbohren!

unz'ū asən nəsəg na anjeg'a l'isum-ǰ 40.35
ICH EUCH GESICHT NEG ZEIGEN-PRSP II SAGEN-PRT II-1SG PT
Ich verbot euch (doch), das Gesicht zu zeigen!

üu, mīr, g'əndər wəċ-əž'ə 89.10
DU KÖNIG GROß SEIN-PRT II-2SG PT
Du, König, bist (doch) groß!

unzū ī siw'us w'əsəm-ǰə 100.10
ICH DEIN SCHWESTER SEIN-PRT II-1SG PT
Ich bin (doch) deine Schwester!

üteš unz'ū psew'ī wikṣ'ī wola-r'a-sum? aneg obzog-wəž 77.7
DICH ICH WAS-WERDEN-CP HERAUSZIEHEN-CP KÖNNEN-PRS II-PT-1SG? FEUER HERUMGEHEN-PLUP-CONST-3SG PT
Wie kann ich dich denn herausziehen? Das Feuer hat(te) dich (doch) von allen Seiten umgeben.

miša sundūg-pan pyet'ī t-əw pyesċog-lisimš-(ı)ži! 33.59
IHN PT KISTE POST HINABTUN-CP IN WASSER HINABSCHICKEN-PLUP-CONST-1PL PT!
Den hatten wir (doch) in die Kiste hineingelegt und ins Wasser gelassen!

šüt ly'og-liš-(i)ži 77.14
EID MACHEN-PLUP-CONST-2SG PT
Du hattest (doch) einen Eid geschworen.

okulyāwišt əm ti-wer'ī na wūnjug'a-wəsċ-iž 28.4
BISHER MEIN IN WORT NEG HERSEHEN-PRT-HAB-2SG PT
Bisher pflegtest du doch nicht auf mein Wort zu hören.

goṭeš na nimog-laš-aməž! - nim'isəm-ǰə!/ nimog-l'isəm-ǰə
KUH-OBL NEG MELKEN-PRF-2SG PT - MELKEN-PRT II-1SG PT/ MELKEN-PRF-CONST-1SG PT
Du hast ja die Kuh nicht gemolken! - Ich habe sie doch gemolken!

lütī-ž
AUFHÖREN-PRT-3SG PT
Es hat doch aufgehört! (auf die Behauptung, es regne).

müū əsk'al 'əsən-ǰī, unz'ū atig ər'ē-səm-ǰī 69.84
IHR VIEL SEIN-PRS-2PL PT, ICH EIN PT-SEIN-PRS-1SG PT
Ihr seid viele, ich bin einer!

Die Morpheme *-ž* und *-əmrož* erscheinen optional im selben Satz:

üo sē koly'ogš ənd'eš Wasī nāso lī? unz'ū Was'ī w'əsəm-ǰ (P.)
üo sē koly'ogš ənd'eš Wasī nāso lī? unz'ū Was'ī w'əsəmrož (P.)
DU WARUM SPRECHEN-PRT-2SG MICH PRASUN IST-NICHT SAGEN-CP ICH PRASUN SEIN-PRT II-1SG PT
Warum sagtest du von mir: er ist kein Prasun? Ich bin doch Prasun!

Mehrmals erscheint in ähnlichen Äußerungen, die abwehrend auf eine Meinung oder Behauptung des Gesprächspartners reagieren, das Morphem *-amə̃* mit dem Präsens, das Morphem *-ž* mit dem Prät. II.:

üo psē koly'ogš ūwo piẽ wulē so lya? - uwo piẽ l'ay-amə̃/ uwo piẽ lī-ž (P.)
DU WARUM SPRECHEN-PRT-2SG ER SOHN LEER SEIN-PRS-3SG QUOT - ER SOHN HABEN-PRS-3SG PT/ ER SOHN HABEN-PRT II-3SG PT
Warum sagtest du: er hat keinen Sohn? - Er hat doch einen Sohn.

müo psē koly'ogun asə piẽ wule səmšo lya? - as'ə piẽ lamš-'amə̃/ as'ə piẽ lisəmš-iž (P.)
IHR WARUM SPRECHEN-PRT-2PL WIR SOHN LEER SEIN-PRS-1PL QUOT - WIR SOHN HABEN-PRS-1PL PT/ WIR SOHN HABEN-PRT II-1PL PT
Warum sagt ihr: wir haben keinen Sohn? - Wir haben doch einen Sohn!

Ebenso
... müo piẽ lan-amə̃/ ...lisən-ǰ „ihr habt (doch) ...!"
... əndo piẽ last-amə̃/ ...list-əǰ „sie haben (doch) ...!"

Das Morphem erscheint, wenn der Sprecher das Zutreffen eines behaupteten Sachverhalts einräumt. Darauf folgt oft eine Einschränkung:

al'ə atig l'amš-ižə, gəz'oma na oṭoṭigəsċ-'ī A10.210
HIER EIN HABEN-PRS-1PL PT BRINGEN-ADV NEG FRESSEN-PRS II-F-2SG Q
Hier haben wir einen, (aber) wenn wir ihn bringen, wirst du ihn nicht fressen?

ī wer'ī lug wer'ī əž, 'inǰū 16.6
DEIN WORT RECHT WORT SEIN-PRS-3SG PT, ABER ...
Dein Wort ist die Wahrheit, aber ...

Im folgenden Beispiel widerspricht der offensichtliche Inhalt der Aussage dem, was der Sprecher als Tatsache darstellen will. Die Sprecherin (die ihrem Sohn glaubhaft machen will, er selbst, nicht sie, wie er gesagt hat, sondere Geruch ab) suggeriert, dass der Inhalt der Äußerung, und damit die Aussage des Sohnes, aufgrund der beiden Gesprächspartnern zugeschriebenen Vorkenntnisse nicht zutreffen kann. Die Aussage muss demnach als ironisch verstanden werden:

ü'ū b'əsa na sud'īš-iž, b'əsa na sud'ognẹ̄ am'asċ-əž 54.12
DU GERUCH PT NEG AUSSTRÖMEN-LASSEN-PRT II-2SG, GERUCH PT NEG AUSSTRÖMEN-LASSEN-CP-NEG KOMMEN-PRS-2SG PT
Den Geruch ließest du nicht ausströmen, ohne Geruch auszuströmen, kommst du (zurück)!

(3) Das Morphem *-ž* dient dazu, der Äußerung Nachdruck zu verleihen.
Nur als emphatische Partikel kommt *-ž* auch nach einem nicht-verbalen Element vor:

unzu'a wul'us-paya it'ī əžə oḍobog sma 27.19
ICH PT FRÜHER POST-ABL JETZT PT DICK SEIN-PRS-1SG PT
Jetzt *(əžə = -ž)* bin ich dicker als früher.

(3a) Der Sprecher äußert nachdrücklich eine sichere Vermutung oder Voraussage.

k'oma, Xas'ak oyog'až 42.65
GUT, X. ESSEN-PRS II-3SG PT
Also gut, Xasak wird ihn (sicher) fressen.

šül wī tak omon'ig am'až 39.10
KALT WERDEN-CP ID STERBEN-INF KOMMEN-PRS-3SG PT
Vor Kälte werde ich (sicher) sterben.

üteš wol'oma əndeš oyigəsċ-əž bī əpt'ermasmo 30.75
DICH SCHMERZEN-ADV MICH ESSEN-PRS II-F-2SG PT DENKEN-CP SICH-FÜRCHTEN-PRS-1SG
Wenn du Schmerzen hast, denke ich, du frisst mich (sicher), und fürchte mich.

ari əndeš oyem'iž 30.103
DEM MICH ESSEN-PRS-F-3SG PT
Diese frisst mich (sicherlich).

aləg wəst'ī atig wərǰem'īš gəz'ī miš-pan kī pəgām'iž 26.1
DEM FRAU EIN MANN-OBL HOLEN-CP IHM POST SO SCHLAFEN-LASSEN-PRS-F-3SG PT
Diese Frau hat sich (sicherlich) einen Mann geholt und lässt sich so von ihm beschlafen.

ənċeg'a omot'og oyog-w'īgisċ-iž 100.80
FRÜHER BREI ESSEN-PRF-SUPP-F-2SG PT
Du wirst wohl vorhin den Brei gegessen haben!

atig žibəž gaǰ (< gast + -ž) (P.)
EIN 40 SEIN-PRS II-3PL PT
Es werden etwa 40 sein.

unz'ū pəzẹm-ra wust'ī pog-gaž (P.)
ICH GEHEN-AOR-1SG PT FRÜHLING GELANGEN-PRF-SUPP-3SG PT
Wenn ich gehe, wird der Frühling wohl gekommen sein.

wūnj'ẹn-dī tak ožny'asən-č (ožn'iŋ-lan-č) 77.39
HERSEHEN-AOR-2PL PT ID TÖTEN-PRS II-2PL PT (TÖTEN-FUT-2PL PT)
Wenn ihr mich anseht, werdet ihr (mich) töten.

(3b) Die Äußerung enthält eine Mitteilung, Begründung oder Ankündigung.

unz'ū hatm'an lig'asəm-j (P.)
ICH BESTIMMT TUN-PRS II-1SG PT
ich werde bestimmt machen!

unz'ū na oy'āsum-č 98.33 (I.)
ICH NEG ESSEN-PRS II-1SG PT
Ich esse es nicht!

Māk'a ip'asum-ǰ'ə 94.33 (I.)
M. BAUEN-PRS II-1SG PT
Ich erbaue Maka.

as'ā əw'ei t'ālya aċogs'esumš-dī ko aċ'ogsumš-iž, ž'īštya 22.12
WIR REBHUHN JAGEN-SUP KOMMEN-PLUP-1PL PT SO KOMMEN-PRT-1PL PT GROßMUTTER-VOC
[Woher kamt ihr? -] Wir waren zur Rebhuhnjagd gekommen und so kamen wir, Großmutter.

əm yei om'ōmaš əndeš atig wer'ī wupuṣog-l'a-ra kī aċ'ogsum-ǰ 28.16
MEIN VATER STERBEN-ADV MICH EIN WORT LEHREN-PRF-3SG PT SO KOMMEN-PRT-1SG PT
Weil mein Vater, als er im Sterben lag, mich ein Wort gelehrt hat, kam ich so.

səmiš išnelī apt'ogust-už g'əman obəg aply'omaša 36.18
SIE STEHLEN-CP WEGGEHEN-PRT-3PL PT DORF-OBL-PL BROT GEBEN-ADV PT
Die (Schöpfkelle) stahlen sie und gingen weg, als ich den Dorfleuten Brot gab.

əm babl'ug to-wuč'ū wəst'ī-ta pəz'ogsest-ədī n'a amač 22.3
MEIN BRUDER-PL IN REISE FRAU POST GEHEN-PLUP PT NEG KOMMEN-PRS-3PL PT
Meine älteren Brüder waren auf Reisen gegangen, um (sich) eine Frau (zu suchen), und kommen nicht (zurück).

ūkolyašt 'apan aċ'ī yüs oyəg'an na əzəŋga-wəsəm-ǰ 53. 17
BISHER HIER KOMMEN-CP GRAS ESSEN-PRSP II-OBL PL NEG KENNEN-PLUP-CONST-1SG PT
Bisher kannte ich keine (Lebewesen), die hierher kamen und Gras fraßen.

čig wuṣ'ū wuẓog'a-na-re-sum-'ə̄ bī pəzm'asum-ǰ 34.4
ETWAS MEDIZIN FINDEN-PRS II-NEG-PT-1SG PT DENKEN-CP GEHEN-PRS-1SG PT
Weil ich keine Kinder habe, gehe ich in der Hoffnung, eine Medizin zu finden.

unz'ū ṭiŋ'ə wul'e sum-ǰī 12.3
ICH GELD LEER SEIN-PRS-1SG PT
Ich habe kein Geld.

ī yei ganda sul'om lī wugudy'og-lāw-əž 43.55
DEIN VATER GUT GRUß MACHEN-CP MICH-FRAGEN-PLUP-3SG PT
Dein Vater hatte schön grüßen lassen und mich (nach deinem Ergehen) befragt.

(3c) In Aufforderungen mit dem Imperativ sowie mit dem Infinitiv + „sein“ verleiht das Morphem der Äußerung Nachdruck.

as'ori əndeš ličiw'ə-žə 22.5
RECHTS-SICH-WENDEN-CP MIR HOCHBEWEGEN-IMP PT
Wende dich nach rechts hinauf und hebe mir (den Korb) hoch!

ar'ī likṣ'e-dī ċak ti ak'až 27.23
DEM HOCHZIEHEN-IMP PT ID STELLEN-CP SCHLAGEN-IMP PT
Heb diese (Axt) auf und schlag zu!

ənd'eš wumtyež A13.12
MIR HER-HÖREN-IMP PT
Hör mir zu!

aləg žã aləg t-ar'əg at'ī ps-la-ro atig tyenjinig əžə 54.24
DEM TALAUF DEM IN HAUS INNEN WAS-HABEN-PRS-3SG PT EIN EINSEHEN-INF SEIN-PRS-3SG PT
Was er hier hinten in diesem Haus drinnen haben mag, (muss ich) einmal nachsehen!

alat'e ti-g'ī wyenji-wonj'on-č 94.28
OBEN IN HÜGEL SICH-UMSCHAUEN-IMP-PL PT
Schaut euch oben auf dem Hügel um!

5.1 Lage und Richtung in der Prasun-Sprache

5.1.1 Allgemeines

GM (1949, 230) schreibt: „No other Kafir language is, as far as I know, dominated by the aspect of locality and direction to the same extent as P(rasun). It is, perhaps, possible that life within the narrowly limited horizons of the Prasun valley may have favoured a concentration of the attention upon the local aspects of actions and events."
Im Prasun ist die Zahl der Ortsangaben (vor allem durch Präfixe beim Verbum und bei deiktischen Basen) viel höher als die Zahl der Tempora in einem Text. Sehr viele Sätze haben nur ein Verbum finitum, aber oft mehrere Absolutiva mit Lokalpräfixen. Das widerspricht der Ansicht von Harald Weinrich,[133] der meint, dass die Rekurrenzwerte von Tempusformen in den Sprachen immer höher sind als die der Locus-Angaben. In den weiteren Auflagen seines seinerzeit viel diskutierten Werks hat Weinrich diese Aussage nicht wiederholt.
Das Inventar der Richtungsmorpheme im Prasun umfasst 39 Präfixe, die A) vor die Verbalwurzel und B) vor die deiktischen Basen (*-tē, -lig, -l, -beŋge, -peṭig*, Genaueres §5.1.6) treten.

5.1.2 Präfixe, die vor die Verbalwurzel treten

5.1.2.1 Klassifikation

Die Präfixe lassen sich einteilen I) in solche, die der Benennung allgemeiner, vom Talverlauf unabhängiger Richtungen dienen und II) in solche, die Formen der umgebenden geomorphologischen Landschaft voraussetzen.

5.1.2.2 Gruppe I Präfixe unabhängig vom Talverlauf

ti- „hinein, herein", *wi-* (im Obertal *i-*) „hinaus, heraus", *a-* (1) „hin", *wu-* „her", *o-* „um ... herum", *a-* (2) „weg". Beispiele:

[133] Tempus. Besprochene und erzählte Welt. 1. Auflage 1971, 8ff.

apli- „(ihm, ihr, ihnen) hingeben", *wipli-* „herausgeben",[134] *wupli-* „(mir, uns) hergeben", *opli-* „herumgeben", *okož-* „sich drehen", *osċ-* „herumschicken", *ošpi-* „(Berg) überschreiten, (Lebensalter) überschreiten", *opüti-* „ringsum drücken, in Kreisen streicheln", *osp-* „waagerecht durchschlagen", GM *omǰ-* „to cut horizontally", *opraw-* „ringsum (d. h. an verschiedenen Stellen) verstecken", *omini-* „(Äpfel) schälen", *apt-* „weggehen", *apš-, apšüw-* „abrutschen", *apċin-* „wegscheuchen, abwehren", *apra-* „verstecken" etc.

Anderer Herkunft und Funktion sind Verben mit *o-* wie *orod-* „schlagen", *omo-* „sterben", *ostom-* „einschlafen" und andere (s. Glossar).

Form der Präfixe

Die Präfixe *ti-* und *wi-* haben, wie bei GM, phonetische Varianten auf *-ü-: tü-, wü-*, ohne erkennbaren Bedeutungsunterschied (vgl. zur Phonologie §1.1.2). Wie auch alle Präfixe der Gruppe II (§5.1.2.3.2) auf *-i* haben *ti-* und *wi-* fakultativ prothetische Vokale vor der Wurzel, besonders oft, wenn die Wurzel mit einer Konsonantengruppe beginnt, z. B. *√-pt-* „gehen": *ti-pt-* oder *ti-e-pt-* oder palatalisiert *tyept-* „hineingehen", *√-nj-* „sehen": *wi-nj-, wi-e-nj-, wyenj-*, im Obertal *inj-, ienj-* „hinaussehen". - Prothetische Vokale zwischen Präfix und Wurzel können auch vor anderen Aus- und Anlauten stehen, z. B. *√-ndol-* „sichtbar werden": mit Präfix *lö-ndol-* „nach oben sichtbar werden", mit prothetischem Vokal *ö* in *lü-ö-ndol-*, mit prothetischem Vokal *o* in *lö-o-ndol-, so-ňjum- = so-o-ňjum-* „trinken", *sāčel-, sa-a-čel-* „nach rechts schütteln" etc. Alle bekannten Beispiele dieser Bildungen sind im Glossar und in der Wurzelliste (§2.6) verzeichnet.[135]

Präfix *a-*

Vor den konsonantischen Anlaut der Präfixe der Gruppen I und II kann ein Präfix *a-* treten: *atipt- = tipt-* „hineingehen", *awij- = wij-* „hinauswerfen", dessen Funktion leider nicht vollständig zu klären war, vgl. § 2.4.1.7. Vermutlich drückt dieses *a-* eine leichte deiktische Verstärkung des Richtungspräfixes aus.

5.1.2.3 Gruppe II Präfixe abhängig vom Talverlauf und für dominant horizontale Richtung

[134] Das Präfix *wi-* hat seltener auch (wie im Veda?) die Bedeutung „auseinander", z. B. *widil-* „spalten", *widol-* „sich spalten", *wiki-* „(Holz) zerhacken", *wiks-* „(Wunde) sich ausbreiten" etc.

[135] Unklar ist z. B. eine Form wie *tyeċ* (33.4) „Komm herein!" Entweder liegt prothetischer Vokal vor, *ti-e-ċ*, mit *√-ċ* „kommen", oder *ti- + √aċ-* „kommen". Informant F. lehnte die Form *tyeċ* ab. Er ließ nur den Imperativ *tiċ* gelten und unterschied sorgfältig *tiċ* „komm herein!" von *teċ-* „wohin kommen".

5.1.2.3.1 Übersicht

Die Richtungspräfixe der Gruppe II sind in der folgenden Tabelle zusammengestellt:

1	ži	ža	žo	že	žö
2	ni	na	no	ne	nö
3		sa	so	se	sö
4		wa	wo	we	wö
5		sa^2	so^2		
6		wa^2	wo^2		
7	li	la	lo	le	lö
8	bi	be	be	pe	pö
9		bö	bö		

5.1.2.3.2 Form der Präfixe

Die Formen auf *-i* haben, wie *ti-* und *wi-* (§5.1.2.2) Varianten auf *-ü: žü-, nü-, lü-, bü-* (so auch bei GM).

Die Konsonanten *ž, n, s, w, b, p,* seltener auch *l,* werden vor den Vokalen *-e, -ö* palatalisiert. Bei manchen Sprechern ist die Palatalisierung kaum hörbar, bei anderen sehr deutlich (vgl. §1.1.1 zu /y/). Bei einigen Sprechern entsteht sogar vor dem palatalisierenden *y* ein überkurzer Silbenvokal *ĭ,* z. B. *pe-nčiw-* „hinabfüllen" = *pyenčiw-* = *pĭenčiw-, pʲenčiw-* (Präfix *pe-*) oder *böti-* = *byöti-*, selten *bĭöti-, bʲöti-* „herabstellen" (*√-ti-,* Präfix *bö-*). Wir haben überlegt, ob wir die Palatalisierung in unserem Material schreiben sollten oder nicht, also *be, bö, ne, nö, pe, pö* statt der Varianten *bye, byö, nye, nyö, pye, pyö.* Das hätte im Glossar Platz gespart. Doch schien es uns besser, auch die idiolektischen Aussprachemuster und Doppelschreibungen in den Texten und Glossaren beizubehalten, wie auch GM verfährt. Bei GBs Informanten Fazal war die Palatalisierung kaum zu hören, wie er auch beim Verbum prothetische Vokale seltener gebrauchte als andere Sprecher, z. B. sagte er meist *bī-nj-*, nicht *bi-e-nj-* „herabschauen, lesen". Auch bei Lehnwörtern palatalisierte er kaum, z. B. in *mēx*, andere meist *myēx* „Nagel" (← Pers.). Diese Formen sind zu unterscheiden von den echten Gruppen Konsonant + *y,* z. B. in Verbalstämmen auf *-i,* an die ein mit Vokal anlautendes Morphem tritt: *biti-* „niederlegen": *bity-ˈogo* Prät., *bity-ẹmšo* Aor., *türi-* „sich hineinwenden": *türy-on* Imp. Pl., und so in sehr vielen Belegen. Ohne Kontext lässt sich wegen der Neigung zur Palatalisierung nicht immer unterscheiden, ob es sich bei *bie-, bye-* um das Morphem *bi* oder *be* handelt: *bienj-* = *bi-e-nj-* mit prothetischem Vokal *-e-* oder *bie-nj-* mit palataler Aussprache von *be-?* In der Gesprächssituation ist immer klar, welches Morphem gemeint ist, z. B. *biept-* „hinabgehen" (*be-*), *byej-* „hinabwerfen" (*be-*), *bieṣp-* „niederschlagen", (*bi-*), *byepaṭ-* „hinabgießen" (*be-*) usw.

5.1.2.3.3 Bedeutung der Präfixe

Um die Funktion der Präfixe zu verstehen, muss man einige schematische Angaben über die Struktur des Prasun-Tales vorausschicken. Die Prasun-Sprecher bewohnen ein U-förmiges Hochtal des

Hindukusch. Die Talsohle ist im allgemeinen eben, nur von kleineren Erhebungen oder muldenartigen Vertiefungen durchzogen. Im Unterlauf ist das Tal schmal, im Durchschnitt etwa 10m breit, im Oberlauf wird es breiter. Der Prasun-Fluss ist etwa 10m breit. Zu beiden Seiten der Talsohle steigen Hänge auf, bald steil, streckenweise senkrecht, bald schräg geneigt.

Dominant horizontale Richtung (Tabelle Zeile 1-4)

ž-, n-

Die Präfixe der Gruppe II in Zeile 1 und 2 geben eine Lage oder Bewegung in der Längsrichtung des Tales an. Wir übersetzen die mit *ž-* beginnenden Formen mit „talauf", die mit *n-* beginnenden mit „talab" (ob man besser „flussauf, flussab"/ „upstream, downstream" sagen sollte, wird unten besprochen). Jedes Präfix ist gebildet aus einem Konsonanten und einem Vokal.

Das Präfix *ži* bedeutet „eben und flach talauf", die Gegenrichtung *ni* „eben und flach talab". Dass im Hochgebirge bei einer flachen Bewegung immer ein Höhenunterschied („über dem Meer") impliziert sein muss, wird vernachlässigt, wenn dieser kaum bemerkbar ist und man annehmen kann, sich auf einer ebenen Fläche zu befinden. So heißt es *unzu ži-ptəmasmo* „ich gehe eben talauf", *ži-kilyogo* „er trieb Vieh talauf", *āw ni-maso* „das Wasser fließt talab." Es muss damit nicht unbedingt eine Bewegung nur auf der Talsohle gemeint sein, das Geschehen kann auch hoch über der Talsohle auf einer Hangschulter ablaufen, wenn das Gelände dort streckenweise eben und flach ist.

Sollte der ebene Fußpfad durch einen Erdrutsch oder ein anderes Hindernis unterbrochen sein, das einen Anstieg oder Abstieg erforderlich macht, heißt diese Bewegung *ža-ptəm'aso*[136] oder *na-ptəm'aso* „er geht talauf hinauf" bzw. „er geht talab hinauf".

Fällt der Weg wieder auf seine frühere Höhe hinab, heißt es *žeptəmaso/ neptəmaso* „er geht talauf/ talab hinab".

Das Präfix *ži* kann auch für Orte außerhalb Prasun gebraucht werden, z. B. *Asmar gul žiptog-pan Berikōṭ ċo* „im Kunar-Tal aufwärts ist Berikōṭ."

Wenn ein Hindernis mit den Merkmalen „nahe obere Begrenzung", etwa wenn ein Stück Feldmauer quer über den Fußweg verläuft, heißt es *žo-lor'ogso,*[137] auf dem Rückweg *no-lor'ogso* „sprang talauf/ talab hinauf". Springt man von der Mauer wieder auf den Weg, heißt die Bewegung *želor-/ nelor-*. Dasselbe Präfix erscheint, wenn man einen Hain oder höheres Gebüsch auf der Talsohle durchquert. Als *ži*-Linie, der ebene Bereich, gilt dann die Höhe der Bäume oder Büsche, der Weg liegt dann darunter, und man geht *žept-*, obwohl der Pfad nicht abfällt.

Das letzte Präfix dieser Reihe der Tabelle ist *žö, nö*. Wie bei allen Präfixen, die auf *ö* enden, gilt das Merkmal „Nähe, Kleinräumigkeit der Hinab-Bewegung", z. B. eine Frau gibt jemandem etwas, der in einer Mulde oder einem Loch auf der Talsohle steht: *žö-plimiso, nö-plim'iso* „sie gibt talauf/ talab nahe hinunter." Vgl. auch *√yə-* „abschießen": *nöyu-, žöyu-* „abschießen (das Drücken des Abzugshahns)".

In Zeile 1 und 2 der Tabelle benennen also die Konsonanten *ž* und *n* eine dominant horizontale Bewegung, die Vokale *a, o, ē, ö* geben eine Abweichung von der geraden Horizontalen hin zur Vertikalen an. -

---

[136] Ganz selten hört man statt *ža* auch *ǰa* (*ǰareg* 2.30).

[137] GM *čo-pōksum* (296) ist Hörfehler.

Geht man in Prasun von einem Dorf zu einem anderen, gibt man nicht alle Auf und Ab des Weges an, sondern immer nur die letzten etwa 100m vor dem Zielort. Die zu verwendenden Präfixe sind traditionell festgelegt und werden strikt unterschieden. Beispiele für den Satz „Er geht von x nach y“:

von P. nach Z.	*t-uṣütya tu-zmū žaptəmˈaso*
von P. nach K.	*t-uṣütya t-ušüt žaptəmˈaso*
von P.nach D.	*t-uṣütya t-üċü žeptəmˈaso* (Dewa liegt höher als Paṣki, aber der Weg verläuft im letzten Abschnitt „talauf-hinab“)
von P. nach Pr.	*t-uṣütya t-seč žeptəmˈaso*
von P. nach I.	*t-uṣütya tu-ṣpū žaptəmˈaso*
von P. nach Chitras	*t-uṣütya čtras-pa naptəmˈaso*
von P. nach Wama	*t-uṣütya t-üznū neptəmˈaso* (d. h. zur Pech-Brücke)
von P. nach Ningalam	*t-uṣütya satrā-pa niptəmˈaso*
von K. nach P.	*t-uṣüt' nabmˈaso*
von K. nach Z.	*tu-zmū nabmˈaso*
von K. nach D.	*t-uċü žebmˈaso*
von K. nach Pr.	*t-seč žebmˈaso*
von K. nach I.	*tu-ṣpu žabmˈaso*
von D. nach I.	*t-üċˈua t-uṣpū žabzˈī* (Absolutiv)
von D. nach Pr.	*t-üċˈua t-seč žebzˈī* (Absolutiv)
von I. nach P.	*t-uṣpā t-uṣüt nabziŋ* (Infinitiv)
von I. nach Pr.	*t-uṣpā seč-pa nebziŋ* (Infinitiv)
von I. nach D.	*t-uṣpā t-üċü nebziŋ* (Infinitiv)
von I. nach K.	*t-uṣpā t-üšüt nebziŋ* (Infinitiv)
von I. nach Z.	*t-uṣpā tu-zmū nabziŋ* (Infinitiv)
von I. nach Chitras	*t-uṣpā t čtras nabziŋ* (Infinitiv)
von I. nach Wama	*t-uṣpā tu-znū nebziŋ* (Infinitiv)
von I. nach Ningalam	*t-uṣpā satrə-pa nibziŋ* (Infinitiv)
von I. nach Jalalabad	*nabziŋ* (Infinitiv), = P. *naptinˈīg*
von I. nach Peshawar	*ibziŋ* (Infinitiv), = P. *wiptinīg* „hinausgehen“

sa, wa

Das Präfix *sa* (Zeile 3 und 4 der Tabelle) übersetzen wir mit „rechts“, *wa* mit „links“. Dabei sollen aber „rechts“ und „links“ nicht relative Richtungen sein, die sich bei jeder Wendung ändern (für „rechts“ und „links“ hat Prasun andere Wörter, die nur für paarige Körperteile verwendet werden: *kṣū lust* „linke Hand“, *lug iži* „rechtes Auge“). Für *sa* und *wa* gilt „rechts“ und „links“ nur von einem Standpunkt aus, von dem man talabwärts blickt. Bezugslinie für die Grenze zwischen „rechts“ und „links“ liegt bei dem Subjekt des Satzes oder ist sehr oft der Fluss. Prasun hat keine Wörter für die Himmelsrichtungen, nur ungefähr entspricht „talauf“ dem Norden, „talab“ dem Süden, „rechts“ (*sa*) dem „Westen“ und „links“ (*wa*) dem Osten. Paṣki und alle anderen Dörfer außer Dewa liegen auf der rechten Talseite (*satˈē*), Dewa liegt *watē*. Ein Mann aus Paṣki sagt *unzu t-üṣkyöb waptəmˈasmo čkü sānjəm'asmo* „Ich über die Brücke gehe auf die linke Talseite, dann schaue ich auf die rechte Talseite" (d. h. „ich schaue zurück"; Prasun hat kein Wort für „zurück", dafür wird die jeweilige Gegenrichtung durch das Präfix *sa-/ wa-, ži-/ ni-* usw. ausgedrückt.). *wa* „links" kann auch für Orte außerhalb von Prasun verwendet werden, z. B. (I.) *ṣimī-pa wabziŋ* „nach Chitral gehen". In den Texten wird auf die Orientierung in der Querrichtung des Tales ebensoviel Wert gelegt wie bei der Längsrichtung durch *ž-, n-,* z. B. *asārī-wārī na psos-ra, ažüri-nüri psos* (Text 71.32) „Falle nicht rechts-links (= quer zum Tal), sondern falle talauf-talab gewendet!"

so, wo

so in Paṣki ist „rechts (oder: rechtes Seitental) hinauf oder hinab":

> *so-mti-* „nach rechts hochlauschen", *so-mkili-* „in das rechte Seitental hocheilen", *ṣə so-lis-* „nach rechts Vieh (auf die Weide) hochlassen, *sopt-* „rechts hinab-, hinaufgehen", *zemaš asokoṣ-* „Schnee rechts (vom Dach) fegen" (vgl. *asakoṣ-* „nur bis zum Dachrand fegen"), *t-ürog āw soly'u* „in den Kanal Wasser leite rechts hinab!"

wo ist die Gegenrichtung zu *so*:

> *wopt-* „(vom Dorf Paṣki) hinunter (zum Fluss) gehen", *t-ürog āw wo-ly'u* „im Kanal leite das Wasser (ins Tal) hinab!"

se, we, wö

Die Formen *s(y)e, w(y)e, wö* kommen im P.-Dialekt nicht vor, nur im Obertal. Die Belege sind nicht so zahlreich, weil aus dem Obertal weniger Texte gesammelt sind als aus Paṣki:

> (D.) *sebz-* (69.85) „im rechten Seitental talauf gehen" = P. *sopt-* (der Seč-Fluss fließt von *se* nach *we*, wö), (I.) *senj-* „im rechten Seitental talauf blicken" = P. *sonj-*, (I.) *syeb'ogso* „ging in das rechte Seitental talauf", (I.) *syetāsig wəs* „Geh im Seitental voran!" = P. *sotāsig wəs*, (I.) *wyeċogso (= weċogso)* „kam rechts herab" = P. *woċ'ogso*, (I.) *wešti-* „nach links hinabgehen" = P. *wošti-*, (I.) *weċ'ogso* „kam (das Seč-Tal) herab" = P. *woċ'ogso*, (I.) *wegz'oyo* „brachte im Seitental herab" = P. *wogz'ogo*, (I.) *wöpš-, wyöpš-* „nahe nach links abfließen" = P. *wopš-*, (D.) *wösċ'ago* „schickte (Wasser) nahe im rechten Seitental hinab" (69.86).

Wie *wö-* neben *we-* steht, wäre neben *se* ein *sö* „nahe hinauf" zu erwarten. Das scheint aber nicht üblich zu sein. Gehört wurde von *√ri-* nur *söri-wöri-* „sich nach links und rechts wenden" (GM 300, §136 *süörü-wüörü-* „turn round").

Terminologie: „talauf, talab" oder „flussauf, flussab"

Zu den Termini „talauf", „talab" kann man fragen, ob man besser „flussauf (upstream)", „flussab (downstream)" sagen sollte. Folgende Überlegung spricht dagegen: Oberhalb Iṣṭewī macht der Fluss auf der breit gewordenen Talsohle eine weite Schleife von A nach D, siehe Zeichnung. Ein Sprecher bewege sich in Flussnähe von A nach D. In den Abschnitten A-B stehen auf dem rechten Flussufer zwei steinerne Sitzbänke (*ačēg*) (1 und 2). In dem Abschnitt B-C steht eine Bank (3). „Sich auf Bank 1 setzen“ heißt *sabzī žašliŋ*, „sich auf Bank 2 setzen“ heißt *wabzī žašliŋ* (*ža* hier Präfix der Kleinräumigkeit, siehe §5.1.3). „Von B nach C gehen“ heißt nicht **nabziŋ*, sondern *sabziŋ*, „sich auf Bank 3 setzen“ heißt *sašliŋ*, nicht **našliŋ*. Ab der Strecke C-D geht man P. *naptenig*, „sich auf Bank 4 setzen“ heißt *wabzī našliŋ*. Maßgeblich für die Präfixwahl ist also nicht die Flussschleife B-C, sondern die Hauptrichtung des Tales A-D.

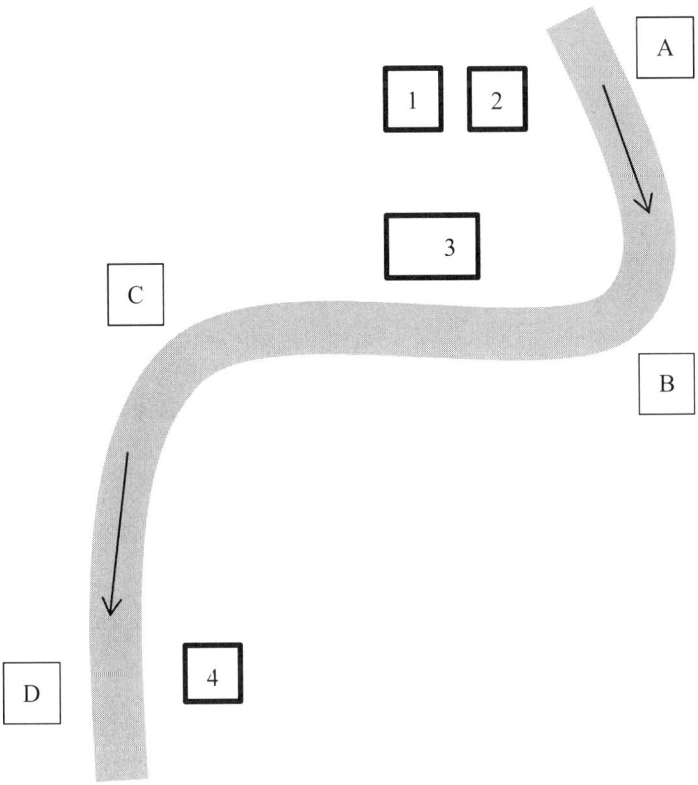

Präfixe mit Bezug auf den Körper (Tabelle Zeile 5-6)

sa²

Das Präfix *sa²* bezeichnet Beziehungen oder Bewegungen zu einem Körper oder körperlich aufgefasstem Gegenstand: „hinein, hinaus, hinauf zu ...“ *sa²* ist nur zum Teil durch das Präfix *ti-* „hinein“ ersetzbar. Beispiele:

> *išauzaš zul'ū-pan sapütinig* „Penis in die Vagina hineindrücken“, *wuḍmig purǰ'u səz'ə saṣi-* „Faden ins Nadelöhr einfädeln“, *əzag sači-* „Ärmel hochkrempeln“, *küran bāz sayaw'ī* (Abs.) „Kinder mit Fleisch füttern (hineinessen lassen)“, *sasċ-* „(Essen, Tabletten) hinunterschlucken“, *wəzel sakṣ-* „Schuhe anziehen“, *wəǰǰəmī tü-bü sapt'ī ks-ċanj'ogo* „Wer hat in das Innere, eingetreten seiend, eines Menschen geschaut?“, *üštyub bü sapt-* „Baum innen hineintreten“, *čī sakṣ-* „Hosen anziehen“, *kətər wul-pan saṣə* „Stecke den Dolch in die

Scheide!", *īžə, wogig sakṣog-la* „Er hat ein Armband, einen Ring angelegt", *oyəmˈaš lust-pan wučˈo saṣolˈogso* „Während er aß, floss Schmelzbutter über seine Hand", *tobogš samˈogo* (17.6) „stopfte hinein, lud den Vorderlader", *but salinˈīg əzˈa* „Ziegenbalg zum Befüllen mit Mehl", *mīrš ċə-pan sapiti-* „Lehm in den Sack drücken", *bāz ṣumū-pan saṣyog (√ṣi-)* „Fleisch auf Bratspieß aufgespießt", *īš-pan saj-* „(Beeren) in den Mund werfen", *wəṣki kund-pan samünǰogso* „Dorn drang in den Körper ein", *wüoṇḍubī sāl saksogso* (54.48) „(die Wunde) schwoll und stieg weiter hoch (von der Hand in den Arm)", *pār-pan saksümaso* „streut (Arznei) in die Wunde", *ǰī-pan saṭipogo* (100.78) „stach in den Kopf", *tü-büd sapč-* „sich (Worte) zu Herzen nehmen", *psēlī sapoiŋ-laš* (77.44) „Wie wirst du hineingelangen?", *tə-gəg na tīwəyˈognī salisˈogo* „ließ in die Kehle ein, ohne gekaut zu haben (= verschluckte sich)".

so²

so² wird gebraucht wie *sa²*, aber mit nach oben oder unten gebogener Bewegung:

īs-pan soj- „in den Jackenbausch hinabtun", *āš, čoiš sopṣul-* „Wasser, Tee trinken mit rückwärts gebogenem Kopf", *sonǰum-* „Dickflüssiges trinken", *sokuli-* „in den Mund stecken" (vgl. *wo²*), *su t-ožik somištyawogo* „er boxte sich (von unten) in die Brust (*samišt-* „einen anderen in die Brust boxen")", *lust somkitˈī išnēli-* „Hand (in die Tasche) stecken und stehlen, Taschendieb sein", (P.) *wəstˈī sonjˈī sobduṣogso* (= Obertal *seŋjˈī sebdušogso*) „Nachdem die Frau nach ihm hingesehen hatte, verliebte sie sich (in ihn)."

wa²

wa² bezeichnet die Gegenrichtung von *sa²*: „vom Körper weg oder heraus":

nəs wakṣog wəstī (32.96) „Frau mit abgeschnittener Nase", *wakṣenig* (46.8) „(Fleisch vom Körper) wegschneiden", *ül walˈī pəgi-* „auf dem Bauch schlafen (den Bauch von vorne weggewendet habend)", *waptˈī wapeṭig waṭogog* (B7.14) Verlauf der Farbe auf Rücken der Kuh.

wo²

wo² gibt die Richtung wie *wa²* „weg vom, heraus aus dem Körper" an, aber nach oben oder unten gebogen:

wogz- „gebären (aus dem Körper holen)", *īš-pan āw sosiwˈī wokudˈogo* „im Mund (mit) Wasser gereinigt habend spie er aus (= putzte die Zähne)", *wəzˈagš wo-wurč-* „den Ärmel herunterkrempeln" = *awokṣ-, kürog luzug wolubmˈaso* „Hund lässt Zunge aus dem Maul hängen", *ižeŋ luzug wosċˈogo* „Schlange schickte Zunge heraus, züngelte", *goṭa īš āw wosċəmˈaso* „aus dem Kuhmaul Wasser sie (m.!) schickt aus (= die Kuh geifert)", *luzug wočp-* „die Zunge ausstrecken", *lust lyenjinig wopčon* (65.36) „Verrichtet Gebete! (aus dem Inneren bringen)", *t-īs aneg woyī* „im Mund Feuer herausschlagen (= das Feuer anblasen)" (Abs.).

Dominant vertikale Richtung (Tabelle Zeile 7-9)

Die Präfixe der dominant vertikalen Richtung und Lage sind variantenreicher und schwieriger zu verstehen als die Morpheme für die dominant horizontale Sicht. Auch gibt es Belege für Lexikalisierungen, z. B. *likṣ-*, wörtlich „hochziehen", lexikalisch auch „beginnen", *nəč likṣ-* „Nägel schneiden" u. a. mehr.

li

li (Gegenrichtung: *bi*) gibt die Richtung „senkrecht nach oben, steil hinauf" an, oft ohne Nennung einer vorhandenen oder gedachten oberen Begrenzung. Manche sagen: *lī* bedeutet „bis zum Himmel", was aber keineswegs immer zutrifft. Beispiele:

> *mar a-dülü lisċ-* (2.19) „Regenwolke zum Himmel hochschicken", *mük lüruw'ī līnǰ-* „das Gesicht hochwenden und hochblicken", *ṣə t-ku lipč-* „Vieh den Berg steil hochbringen", *ǰawōzwōn miš ǰawozč ligaw'ogo* „Der Pilot ließ sein Flugzeug steil hochgehen", *çnəg'u lülorm'aso* „Die Heuschrecke springt hoch", *gulš lisenǰ-* „zum Himmel schauen", *t-kū lüturti-* „zum Berg steil aufsteigen" (je nach Steilheit: *lēturti-, loturti-, löturti-, lāturti-*), *īrč lij'ogo* „warf Steine senkrecht hoch", *üštyub lüṭogog-pan* „auf dem Hochgelangten (d. h. Gipfel) des Baumes".

Leicht kann es zur Verwechslung zwischen *lī* und *lē* kommen. GM hat (p. 293) *lye-lemomasmo* „I winnow", es muss unbedingt heißen *līlom-*, da beim Worfeln keine obere Begrenzung gesehen wird. - In Text 25.49 heißt es ... *əg'əm tak alič'ogso, išt'ǖ ledom'og aps'omast* „das Dach ging hoch, die Pfosten hochgestellt, wankten." Als GB den Text vorlas, kam von einem anderen Informanten der Einwand, es müsse heißen *ištǖ līdomog*, da die Pfosten durch das eingestürzte Dach keine obere Begrenzung und Halt mehr hätten. - Es herrschte Unsicherheit unter den jüngeren Sprechern, die das alte kafirische Gebetsverhalten nicht mehr kannten, ob es *lust līnjiwī* (oder *lēnjiwī?*) *bikoṣ-* heiße, „die Hände erheben und dann nach unten (über das Gesicht) streichen". Der Gegensatz *lı - bı* spricht für *līnjiwī*, wie auch die meisten Befragten sagten.

Vorgänge am Körper

> *lič'ī bič'ī* (92.6) „aufstehen und wieder zurückfallen", *liċost* (98.3) „sie kamen hoch (= wurden erwachsen)", *aličiw'ə* „Lass ihn aufstehen (wecke ihn)!", *zər lüštumm'aso* „Herz klopft hoch (bis zum Hals, vor Aufregung)", *ǰī bipki-lipkim'aso* „nickt mit dem Kopf", *lust liptur-* „Arme hochstrecken", *nəskarč āw līsiw-* „Gesicht mit Wasser reinigen" (aber: *ǰīš āw losiw-* „den Kopf mit Wasser reinigen, siehe *lo-*), *wužig lüṣkaw'ogo* „Brust hochhusten lassen (= sich räuspern)" (aber: *löṣki-* „husten"), *ǰī limǰ-* „Kopf abschneiden, köpfen", *piẽ lüp'oma* „wenn der Sohn hochgelangt (= erwachsen wird)", *lust īnigš liċp-, wuẓeŋ binč-* (38.38) „Handfläche aufschlitzen, Salz hinabstreuen", *ižeŋ libzī gəg-pan* (77.13) „Schlange kroch hoch zum Hals", *ǰīš līčiwī-bičiw'ogo* „hob und senkte den Kopf", *āster'ogš līpċən-* „Bettzeug aufschütteln", *ṣə luz'ūga wuẓnug lüspum'asto* „Vieh (Pl.) mit der Zunge Salz leckt auf", *īri çṭə līwičinig žim* „Pferde am Fuß hoch oben nageln Eisen (= Hufeisen)", *üz'og lüṭologso* „Geschwür brach auf (kleineres: *löṭol'ogso*).

Verben des Aufhebens und nach oben Bringens:

unz'ū ṣüberew'ogš lipüž'omo „ich zog den Ohnmächtigen hoch", *t-ištīg lizaw-* „oben auf dem Wandbrett verstecken", *lüpurč-* „(Brot auf dem Backblech) umwenden", *lust na lüölye ižī-pan* „Lege die Hand nicht hoch ins Auge!", *pərċə līkoṣəm'aso* „Er wirbelt Staub auf", *əbəstrə ližičiw-*„Zimmerdecke oben bemalen", *lust lyenjəw- (li-e-njəw-)* „Hände erheben zum (kafirischen) Beten", *əb'əstrə likṣ'ī limond'īa* (A10.335) „zog ihn hoch und band ihn oben an der Decke fest", *bim-panya lümkuty'ogo* „hob vom Boden auf", *bim lisċ'ī* „unter der Erde (die Erde hochgeschickt habend)".

„oben - unten"

lipṛī warəg „oberes Haus (über das untere gebaut)", *lit'e/ bit'e letəm* „obere/ untere Zähne", *lit'e/ bit'e wur'odig* „Oberlippe, Unterlippe".

bi

bī bezeichnet die Gegenrichtung zu *li*. Die untere Begrenzung ist, genannt oder gedacht, meist der Erdboden:

bikṣ- (61.3,41) „(vom Himmel auf die Erde) herabziehen", *üsük ab'ičẹm ... bürümẹm* (61.75) „ich will die Sonne herabbringen und (die Saat) von oben wärmen." *ǰawāz biptogso* „Flugzeug landete", *bišli-* „sich niedersetzen", *xeim'a bisč-* „Zelt aufschlagen", *bižičiw-* „niederschreiben", *ti-bim bisp-* „zu Boden niederschlagen", *ti-bim bisç'ogo* „steckte in die Erde", *žün büstor-* „Teppich (auf dem Boden) ausbreiten", *ti-bim biprāw-* „in der Erde verstecken", *bīnj-* 1) „nach unten schauen", 2) „lesen", *üǰü birod-* „Hirse dreschen", *gōṭ ab'ipti apt'ogso* „Die Kuh versank im Boden", *mīz bisċəw-* „pissen", *bijīnew'ogso* „wurde niedergeschlagen, fiel zu Boden", *bāz bizaw-* „Fleisch (auf dem Boden) senkrecht durchschneiden", *üštub bisċ'ī* „über dem Baum (den Baum hinabgeschickt habend)".

Andere Grundlagen:

ti-ǰī wuč'ō bīwič- „auf den Kopf Schmelzbutter hinabreiben", *ti-ǰī bij'og* „Kopftuch (der Frauen)", *wulı lipti-biptī kičimaso* „Schmerz hinauf, hinabgegangen sticht (von stechendem Schmerz oben und unten im Körper)", *šū bürī āw* „Eimer hinabgefüllt Wasser (der Eimer steht auf dem Boden, sonst *lārī-*)", *omog bitīnig pušt* „Leichenbahre (Leiche niederlegen Bett)" (aber: *omog pyetinig bı* „kafirischer Leichenkasten"), *ti-ǰī bi'ogo* (7.12) „schlug auf den Kopf", *t-kū biski-* „sich etwas über die Schulter werfen", *dis-pan but binč-* „in die Truhe Mehl hinabfüllen", *šir'ē ṣə büruw-* „im Herbst Vieh hinabtreiben (von den Almen ins Tal)", *t-kū liptī bić'ogso* „auf den Berg steil hochgestiegen kam er nach unten zurück."

la

In der Bedeutung „schräg hinauf" ist ein Großraum und ein Kleinraum ohne phonetische Änderung zu bemerken.

kō-pan lāturti- „einen Berghang schräg (nicht steil) hinaufsteigen" = *lābm'aso, t-kō lapt'i byeć- t-uṣüt* „den Berg schräg hinaufsteigen und nach Paṣki herabkommen", *na lānj'ogni jī peṣčī* (28.14) „ohne hochzuschauen mit gesenktem Kopf", *es'ar lapč-* (91.43) „eine Festungsmauer hochführen", *lāpəgyi-* „hoch (auf der obersten Schlafstelle) schlafen", *ərj'ewī lač'ogso* (39.34) „reich geworden stieg er (im Ansehen) auf", *pušt-pan lapt-* (34.32) „ins Bett aufsteigen", *ül laćəp-* „Bauch aufschlitzen", *žün-pan lapt-* (41.12) „auf einen Teppich treten", *wərjə lāwərj-* „Strumpfband hochbinden", *winy'əg-pan kür'eš laprāw-* „Kind in der Rückenkapuze verstecken", *əbəg latenig išt'īg* „Wandbrett Sachen hochzustellen" (im Haus ist das Präfix *lo* nicht üblich), *alakṣe* (nicht, wie zu erwarten, *alekṣe*!) „Ziehe den Reißverschluss (im Zelt) hoch", *wut'ī lāčiw'ī byesć-* „Stirne hochgehen lassen und hinabschicken, die Stirn runzeln", *žešt gōṭeš lālorm'aso* „der Stier bespringt die Kuh", *laiyəw-* „hochschlagen, Schluckauf haben", *zī laləw-* „Sehne auf den Bogen spannen", *žeṭig lawz-* „Spindel drehen", *lāri-* „sich hinaufwenden", *lāri-* „bis oben füllen", *žün pušt-pan lastor-* „Teppich auf Bett ausbreiten", *laṭog-* „hinaufgelangen", *laṭk-* „fertig machen", *t-īpə lamkili-* „nach Kantiwo hocheilen", *lasć-* „hochschicken", *t-kū lāšili-* „sich auf den Berg setzen", *wuz'a lašpago* (99.3) „trieb (die Kühe) zum Weiden hinauf."

lo

lo[138] bezeichnet eine (meist kurze) Bewegung aufwärts, die in einer größeren oder kleineren Fläche oben endet. Als Beispiel diene ein Flachdach, an das 4 Steigbalken (*čīk*) schräg gelehnt sind.

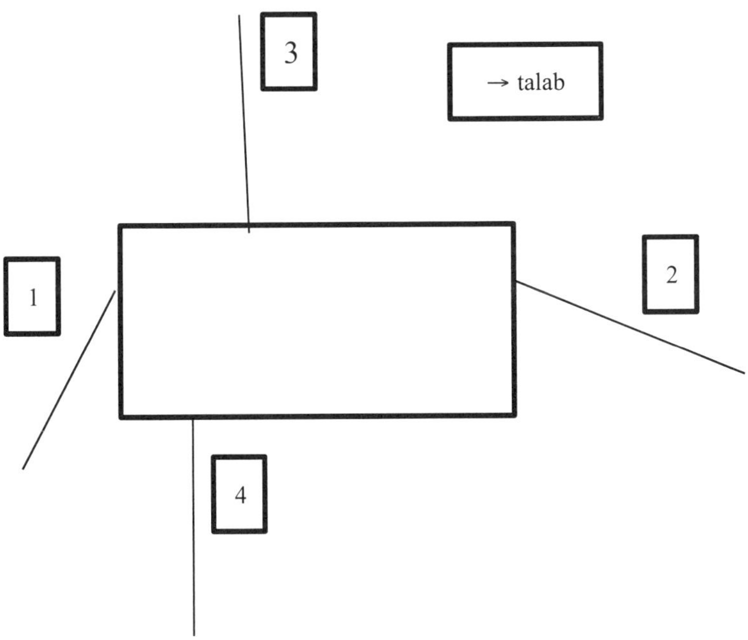

138 Ganz selten und nur bei einigen Sprechern gibt es die Variante *lyo*.

„Steige aufs Dach" heißt bei Steigbalken 1 *noptəs*, bei Nr. 2 *žoptəs*, bei Nr. 3 und 4 *loptəs*. Wenn es auf die Rechts-links-Orientierung ankommt: Nr. 3 *soptəs*, Nr. 4 *woptəs*.

> *pīr-pan loturti-, lobəċ-, lolor-* „auf die Mauer steigen, springen", *īri-pan lopč-, lomkili-* „auf das Pferd heben, steigen", *kalā-pan loŋkos-* „auf die kleine Hochfläche von Kala kommen", *t-pušt lobz-* (91.13) „ins Bett hinaufsteigen", *ǰīš āw losiw-* „den Kopf mit Wasser reinigen" (aber: *nəskarč līsiw-* „das Gesicht reinigen"), *ǰī-pan nəč loṣçur-* „auf dem Kopf mit Fingernagel kratzen", *awānīg ti-ǰi lontur-* „die Bettdecke bis zum Kopf hochziehen", *üsük, mas'ig lonos'ogso* „Sonne, Mond ging auf (erschien auf den Berghöhen)", *ürǰug lolgy'ogso* „Licht kam hoch = es dämmerte", *üsük lošlyegso* „die Sonne setzte sich hoch, es wurde Mittag", *üsükš alipčẹm-dī to-gul lonusẹm* (54.88) Māra sagt „ich will die Sonne steil hinauftragen und am Himmel erscheinen lassen", *logz-* „hochbringen, gebären", *žüžü t-kū loruwi loj'ī* (A10.390) „die Brüste hochwenden und über Schulter werfen", *kazā-pan lopož-* (54.63 nicht ganz klar) „am Zügel hochziehen".

Bemerkenswert ist *Kābul loptenīg* „nach Kabul hochgehen". Nach traditioneller irriger Vorstellung liegt Kabul viel höher als die Dörfer Kafiristans (weil man, ehe man die Stadt erreichte, den Lataband-Pass überwinden musste?). Auch in anderen Nuristan-Sprachen geht man nach Kabul „steil hinauf", z. B. im wesentlich höheren Nisheigram (DEGENER 1998, 296 Anm. 65). In Text 42.77 heißt es dort *Kab'üla-ṛa o-wüdiset* „sie gingen nach Kabul (steil) hinauf und hinab (in ihr Dorf)."

be, bö

Das Präfix *be, bö* gibt in vielen Beispielen die Gegenrichtung zu *la* und *lo* an. *bö* wird gebraucht, wenn der Sprecher angeben will, das Geschehen oder die Handlung seien „nahe" (*nadzīk*). Nicht alle Verben können Formen auf *-ö* bilden.

> *bept-, byept-* = *byeb-, byebz-, byeč-, byečor-* „(einen Hang) schräg hinabsteigen", *pušt-pana byept-* (39.13) „aus dem Bett steigen", *īri-pana byepš-, byöpš-* „(direkt am Pferd) absteigen", *byemkili-* „vom Pferd steigen", *čik-pan anǰiw'ī byept-* „vom Steigbalken fallen", *əγəma byölogso* „sprang vom Dach", *latr'āna byöturti-* (32.92) „von oben (im Dorf auf die nahe Talsohle) hinabgehen", *nim'a byöščor-* „zum Melken (in den nahen Stall) hinabgehen", *ṭə byesċ-* (92.7) „die Beine schräg hinstellen", *pīr-pan lopt'ī byeċ-* „auf die Mauer gestiegen herabkommen", *lust byenjəwī lokṣ'ogo* „hielt die Hand nach unten und zog (zu sich) hoch", *üčü byepaṭ- (= pöšiž-, böšiž-)* „Tränen vergießen", *ṣut byeṭol'ogso, byöṭologso* „die Wand stürzte schräg ein" (aber: *biṭol'ogso* „stürzte senkrecht nach unten"), *īr byēḍologso, byöḍologso* „Stein rollte (vom Hang) hinab", *byepo-, byöpo-* „hinabgelangen", *wuṭus aċ'ī üštyöbš byepsaw'og-la* „Die Lawine kam und hat den Baum umgestürzt", *üštub byeps'ogso, böpsogso* „der Baum stürzte um", *zem'a bekoṣ-* „Schnee (vom Dach) fegen", *əbəg oyəmaš buṣ-pan wuč'ō byöṣologso* „Beim Essen floss Schmelzbutter auf sein Kinn", *kodyum lya byönom'ogso* „bückte sich, um zu arbeiten", *bötili-* „jmdm. (der tiefer steht, eine Last) aufladen", *čamš bezaw-* „Fell (vom geschlachteten Tier) herunterschneiden" (kein **bözaw-*),

ti-jī ošir'ēlyog šir byekṣ- (94.31; kein **bökṣ-*) „den um den Kopf gebundenen Turban abziehen".

(a)le, lö

le, lö „aufwärts" gibt einen Aufstieg auf oder ein Aufsteigen(lassen) auf mittlere Höhe an, z. B. Bäume, Zimmerdecke, im Haus, im Körper etc.

nima lešli- „sich (zum Melken auf Hocker) hochsetzen", *t-üštyub lesċ-* „zum Baum hochschicken", *lö üštyub-pan lelčew-* „Holz am Baum hochhäufen", *üštyub lept'isa ... lipeṭig lipom'aso* „stieg auf den Baum, gelangt ganz nach oben", *lölos-* (A10.106) „eilig (auf Baum) aufsteigen", *lölor-* „(auf Baum) springen", *əg'al w'oma üštyub-pan löṣo-* „wenn es regnet, am Baum Schutz suchen", *üštyub-pan lömond-* „auf dem Baum hochbinden", *wəṣkī ṭə-pan lēmünǰ'ogsa* „Dorn drang ins Bein ein", *lemti-* (90.13) „(in das obere Haus) hinauflauschen", *wəstī aləg wəǰǰəmīš lebduṣ'ogso* „Die Frau verliebte sich in diesen Mann (im oberen Haus)", *tu-guṭa löturti-* „vom Unter-Haus hochsteigen" (kein **löpt-*, dafür *löščer-*), *ülum leks'ogso* (65.4) „Rauch stieg (im Haus) auf" (im Freien oder wenn das Dach ein Loch hat: *līks'ogso*), *gənd'a ksü lesċ-* (A10.39,42) „Opferrauch (im Haus) aufsteigen lassen", *t-əweig lēnjəw'ogo* „zeigte zum Fenster", *īš alēnjəw-* (A10.115) „Mund nach oben halten", *aleċ-* „hochkommen", *aleǰomī kọ-pan ašlis* „Dich hochbewegt habend, setz dich auf den Stuhl!", *büzüš alöwurčī ayas-* „Gewand hochziehen und gürten", *wərǰəš löpurč-* „Strumpfband hochwickeln", *kür'eš lēpıy'ī pščim'aso* „Er drückt das Kind hoch (an sich) und trägt es", *īm lekṣ-* (35.4) „Last hochziehen", *wekte alekṣ-* „Hemd (über den Kopf) ausziehen", *nəs-pan bəs lekṣ-* „in die Nase Duft hochziehen, durch die Nase atmen", *werī lesċ'ə* (89.10) „Schicke das Wort hoch, sprich laut!", *ti-bim ḍug'o pyēṣç'ī lēnjəw'ogo* „Er steckte den Stock in den Boden und ließ ihn hochstehen", *ḍug üloṣ'ī lēmaso* „Wenn Milch kocht, steigt sie hoch", *xeima lēenjəs* „Schau zur Zeltdecke hoch!" (wenn sie ein Loch hat, heißt es *līenjəs*), *dīg to-munj' lenj'ogso* „Der Topf schaute in der Mitte hoch = war halb voll", *alej- =lökud-* „(Essen) erbrechen", *tərwaž lekṣ-* „Schwert ziehen", *zū lekṣ-* „Wurzel ausziehen" (kein **lökṣ-*, dafür *löpüž-*), *čadar löručī-pyöruč'ogo* „wickelte die Decke oben und unten (um den Körper)", *īgī čam lepš'ogso* „die Zehenhaut ging ab", *bišlyog wərǰəm'ī lelor'ē* (103.11) „Der sitzende Mann sprang auf", *üč'us lönos'ogso* „Eiter kam (aus der Wunde) hoch", *wut əskal löri-pyöry'ogso* „der Weg wendete sich viel auf und ab, war uneben", *miš tü-büd weri īš-panya lönos'og əndeš löpul'ogo, löbos'ogso* „Das Wort aus seinem Herzen, das aus seinem Munde hochkam, sprach er zu mir hoch, flüsterte er mir zu." *əgəm kūču-pan lepraw-* „in Dachloch oben verstecken", *lēẓaw-* „an erhöhter Stelle begraben", *āw dur at'ī lēwič-* (kein **löwič-*) „Wasser mit Schöpflöffel hochschöpfen", *mük löruwī lēenj-* „das Gesicht hochwenden und (zur Decke) hochblicken" (kein **lönj-*), *kṣṭallugan löpüžī lekṣogo* „Er riss die Därme nach oben heraus", *tə-gəg bi'on-da pul'ug alöpšẹ̄o .... pul'ug löpš'ogso* (38.66) „Schlagt auf die Kehle, dass das Korn hoch kommt! ... Das Korn kam hoch.", *sur-pan yuṣ lečegso* (93.10) „Im See stieg der Yuṣ empor", *dizg'a üsük waryeg-pan lēpulyog-layo* „Gott hat die Sonne auf der linken Seite emporleuchten lassen, d. h. die Schattenseite des Tales hat jetzt Licht", *āw leskermaso* „das Wasser springt hoch, hat Wellen", *uyū-panya alöpüž-* „aus dem Korb hochziehen“, *pərċə löksoa* (I.) „Staub rieselt im Haus auf“, *löṣki-* „hochhusten“, *ā-pan löndologso* „wurde im Wasser nach oben sichtbar“, *müsū əgəm lönċur'og-layo* „Die Maus hat oben im Dach ein Loch gemacht“, *lespuw-, löspuw-* „leer machen, beenden“.

Lexikalisches: Wörtlich schwer zu verstehen ist *lekṣ-* „hochziehen“ in *ǰi lekṣ-* „den Kopf waschen“ und *letem lekṣ-* „Zahn ziehen“. Auch wenn der Zahn vom Oberkiefer gezogen wird, heißt es nicht **pekṣ-* oder **pökṣ-*.

pe, pö

pe, pö heißt „hinab, herab“ und bezeichnet die Gegenrichtung zu *le, lö*.

əgəma āw pyöšiž'ogso „vom Dach tropfte Wasser“, t-*arəg āw pem'aso/ pyeċ'ogso* „im Haus kommt/ kam Wasser herab“, *t-əweig zem'a pyesodm'aso* „es schneit durch das (undichte) Fenster“, *to-guṭ pyepli-, pyeprāw-* „ins Unter-Haus hinabgeben, (dort) verstecken“, *tu-guṭ pyöturti-* „ins Unter-Haus hinabgehen“, *t-üštyub ānǰiwī pyeščinēw-* „vom Baum fallen“, *zem'a əsk'al aċ'ī əgəm pyeṭol'ogso/ pyöṭol'ogso* „Als viel Schnee kam, wurde das Dach eingedrückt“, *wuṭus pöṭol'ogso* „Lawine stürzte hinab“, *üštyöb-pan lopt'ī pyeċ-* „auf den Baum steigen und herabkommen“, *ūšty'ub-pan ašlī pyepli-* „auf dem Baum sitzen und hinabgeben“, *wuṭus-pan pyebzī om'ogso* „Er geriet unter eine Lawine und starb“, *atig üštyub peṣç-, pöli-* „einen Baum pflanzen“, *üštyub-panya pyölo-* „von (kleinem) Baum springen“, *üštyub-panya pyeč-* „vom Baum steigen“, *but pōlinig kəšiə* „Mehl hineinzutun Topf“, *but pyēčiw'ī/ pyöčiw'ī weričog-pan* (C1.1) „Mehl in den Topf getan habend“, *kəṭi dīs-pan pyömǰəw-* „Korn in die Kiste schütten“, *wuẓn'ug pyesċ-, wuẓn'ug pyēwud-* „Salz hinabschicken, salzen“ (kein **pösċ-*), *wuẓnug pyörod-* „Salzklumpen zerschlagen“, *wuruṭ ati wuẓnug pyēgüs-* „im Mörser Salz zerstampfen“, *pyöṭo'e lekṣ'ïa* (A10.174, kein **lökṣ-*) „griff hinab und zog herauf“, *wuč'o-pan əbəg pyöṣul-* „Brot in Schmelzbutter eintunken“, *muṣit pyöṣüdi- = pyömṣidi-* „Teig kneten“, *pyēṣüdi- = peč-, pešč-* „(Kleider) waschen“, *pialā-pan čö pöšiž- = pyepaṭ-* (28.41) „in die Tasse Tee eingießen“, *pöpüty'ogo* (5.15) „(in Topf) hinabdrücken“, *pərċə pyöksa liš'egso* (83.2) „Staub begann herabzurieseln“, *pöi-* „herabschlagen, von dicht oben zu hören sein“, *pərċə pyöċor'ogso* „Staub rieselte herab“, *wərī-pan dur pyeti-, pyöti-* „in den Topf Schöpflöffel hineintun“, *an'eg-pan pyekoṣ-* „ins Feuer werfen“, *disč pyenčiw'ogo* „füllte die Truhe“, *pyeċur-, pyöċur-* „herabfallen“, *ǰawās-pan pešli-* „sich ins Flugzeug setzen, *wəstī-kakag wuẓig-pan pyēšlegso* „Die Henne setzte sich auf das Ei, brütete“, *ǰī pyeṣç'ī* „mit gesenktem Kopf“ (kein **pȫ-*), *lust pöli-* „Hand unter (die Bettdecke) tun“, *an'eg-pan pyekoṣ-* „ins Feuer werfen“, *wulug pyekṣ-* (34.7) „Mütze abnehmen“, *ǰī peṣç'ego tižir'ī* „senkte den Kopf vor Scham“, *mük pöruwī penj'ogso* „wendete das Gesicht nach unten und blickte hinab“, *t-əw pyesċə* „Wirf ins Wasser!“, (I.) *yekty'ē pyesċ-* „Hemd anziehen“, *wīə̃-pan āw pyemṣə-* „in die Buttermilch Wasser mischen“, pušt-pan žištč pyeyāwə (nicht **pyöyāwə*) „Gib der Alten im Bett zu essen!“, *aṭ-pan pēžičiw-* „auf dem Topf malen, schnitzen“, *ǰī-pan üsü pežičiw-* „auf Kopf Blut färben, den Kopf blutig machen“, *üč'uŋ peč-* „Quark (in den Topf) tun, Quark machen“, *ṭə pedm-* „Füße niedersetzen“, *yüs pyējog* „Topfgemüse“, *bāz dīg-pan pēspili-* „Fleisch in den Topf drücken", *wudr'uk-pan peti-* „in die Kiste legen", *küreš pyēčil-* „Kind auf den Rücken nehmen", *pyöẓguw-* (C13.3) „unten sammeln", *pyeski-* (kein **pyöski-*) „hinabwerfen", *īš pyöruw-* (oder: *büruw-*) „die Öffnung nach unten wenden", *kakag wəẓig pölim'aso* (m.!) „Das Huhn legt Eier", *to-gulāw pyenjəs* „Schau in den Fluss!", *kṣlū-pan pyöšly'ogso* „setzte sich in die Mulde", *ḍug'o at'ī pyeṣp-/ pyöṣp-* „mit Stock hinabschlagen", *nəs-pan āw pyöṣolm'aso* „In der Nase läuft Wasser = hat Schnupfen", *yüṣ apyöl'ogso, unzū ədi pyeċ'agsum* (99.17, kein **pyöċ-*) „Der Yuṣ sprang hinab, auch ich kam hinunter", *pemǰ-* „(Kleider) anziehen", *pöṣo-* „sich ducken", *pöti-* „sich unten hinstellen", *pyeċob-, pyöċob-* „von oben nach unten durchbrechen (itr.)", *parəg pyökṭu-* „Blatt (vom Baum) abreißen", *pyēlor-, pyölor-* „hinabspringen", *pyölub-* (43.36) „herabhängen lassen", *pyemti-* „hinablauschen", *lust pyeps-* „Arm nach unten strecken", *əbəg oy'a pyer'ogust* „Sie wandten sich hinab zum Essen", *ṣə pyēkil'ī ... pyöẓgin'īg* (A7.60) "das Vieh hinabtreiben und unten versammeln", *wəst'ī büzü pyēsewum'iso* „die Frau reinigt das *büzü*", *gul pyeṭogog-pan* (2.30) „an der unteren Stelle des Tales", *ḍug'o bim-pan pyēwič-* „Stock in die Erde hämmern", *aneg-pan pyöwiž-* „am Feuer aufhängen", *gūr kčī səl peẓaw'ogo* (33.11) „grub ein Grab und begrub dort", *bāz pēzām'aso* „Er schneidet Fleisch senkrecht durch."

5.1.3 Kleinräumigkeit

Mit dem Argument der „Kleinräumigkeit" wurde GB zuerst bei einer Wanderung mit einem Informanten auf der ebenen Talsohle bekannt. Beide gingen talauf (*žiptogust*) und kamen an eine Stelle, wo von links ein schmaler Nebenfluss in den Hauptfluss mündete. Über diesen breiten Bach war eine kleine Brücke aus Brettern gelegt. GB ging an diese Brücke und sagte *žipṭemšo.* Der Begleiter lachte und sagte, es müsse unbedingt *žapṭemšo* heißen, beim Rückweg hieß es dann *napṭemšo.* Ein Höhenunterschied war nicht zu bemerken, also hieß hier *ža* nicht „talauf hinauf", *na* hieß nicht „talab hinauf". Der Informant meinte, das liege an Brücken, die zu überschreiten heiße nie *ži-, ni-*, sondern immer *ža-, na-*. „Eine Brücke legen" heißt *žatinig, natinig* (beim Hauptfluss *satinig, watinig*). Ein auffälliges *ža* statt *ži* wurde schon beim Sichsetzen auf zwei dicht beieinander stehende Bänke erwähnt: *žašliŋ* (s. Zeichnung §5.1.2.3.3). Es zeigte sich, dass bei einem Richtungspräfix der Horizontalen *ži-, ni-* durch *ža-, na-* ersetzt wird, auch bei Bewegungen ohne Höhendifferenz, wenn von Dingen die Rede ist, die miteinander einen „Kleinraum" bilden, wie die beiden Bänke und die beiden Wasser im Falle der Nebenflussbrücke.

Am wichtigsten ist die Kleinräumigkeit beim Präfix für Lage und Bewegung im Innern des Hauses. Genauere Befragungen waren GB nur in Paṣki möglich, in den anderen Dörfern konnte er nicht länger arbeiten und Aufzeichnungen machen. In Paṣki stehen die untersuchten Häuser auf einem Felshang und sind parallel zum Talverlauf und ungefähr parallel zum unterhalb des Dorfes fließenden Prasun-Fluss gebaut, oder, wie die Prasun sagen, stehen in der Richtung *ži-, ni-*. Die Aufzeichnungen stammen aus dem Haus des Informanten Fazal.

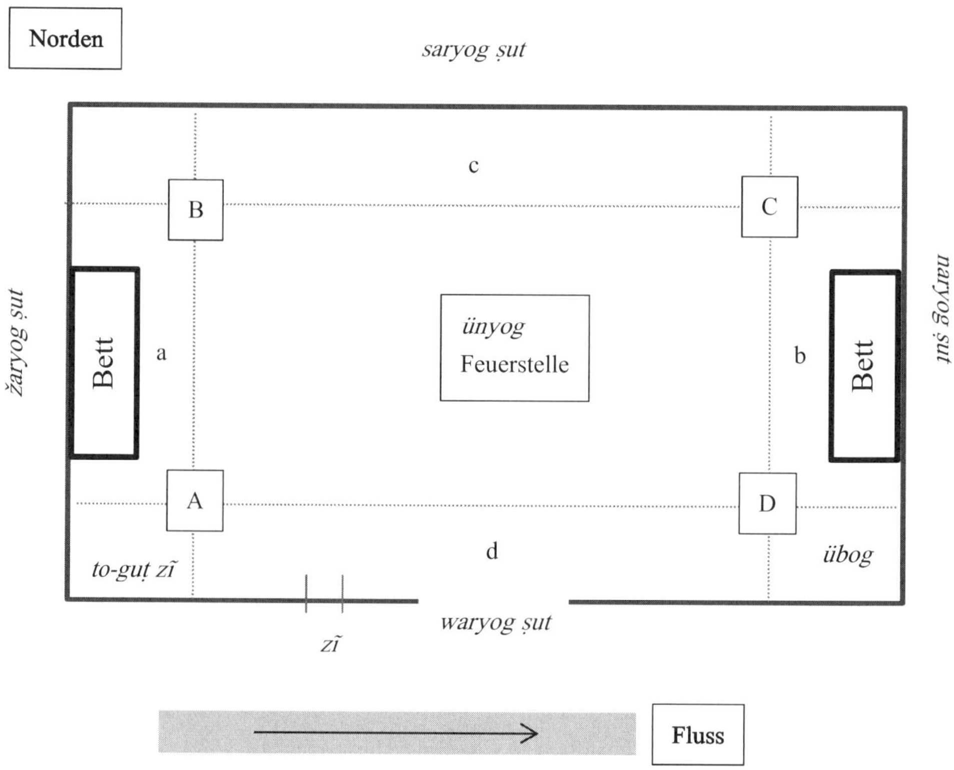

Die 4 Wände und 4 Holzsäulen heißen:

Säulen:

A *žaryog-pan wapeṭig üštyũ* „im talaufgewendeten am meisten linke Säule" (nicht: **žüryog-*)

B *žary'og-pan sapeṭig üštyũ* „im talaufgewendeten am meisten rechte Säule" (nicht: **žüry'og*)

C *nary'og-pan sapeṭig üštyũ* „im talabgewendeten am meisten rechte Säule" (nicht: **nüry'og*)

D *nary'og-pan wapeṭig üštyũ* „im talabgewendeten am meisten linke Säule" (nicht: **nüry'og*)

Wände:

saryog ṣut hintere (= rechte) Wand

waryog ṣut vordere (= linke) Wand

žaryog ṣut talauf gewendete Wand (nicht: **žiryog*)

naryog ṣut talab gewendete Wand (nicht: **niryog*)

Die Flächen a, b, c, d heißen

a) *üštyũ nosċī ṭāw* „Säulen talab hochgeschickt[139] habend Platz" = talauf gelegener (Männer-) Platz, mit Bett *žate pušt* (nicht: **žite*)

[139] Gebildet mit √*-sċ* wie *bim lisċ'ī* „die Erde hochgeschickt habend" = „unter der Erde", *üštyub bisċi* „den Baum herabgeschickt habend" = „über dem Baum".

b) *üštyũ žosċi ṭāw* „Säulen talauf hochgeschickt habend Platz“ = talab gelegener (Frauen-) Platz, mit Bett *natē pušt* (nicht: **nite*)
c) *üštyũ wosċi ṭāw* „Säulen links hochgeschickt habend Platz“ = Platz rechts
d) *üštyũ sosċi ṭāw* „Säulen rechts hochgeschickt habend Platz“ = Platz links

Tür

zĩ „Haustür“
zĩš(a) waščə „Schließ die Tür von innen = Richtung *wa* in der linken vorderen Wand!“
zĩš(a) woščə „Schließ die Tür von außen!“ (*wo* = „links hinab“ oder „links auf dich zu“, vgl. §5.1.2.3)

Im Hause werden in den deiktischen Basen und Verben die Präfixe *ži-, ni-* durch *ža-, na-* ersetzt, obwohl kein Höhenunterschied gegeben ist: „Gehe von A nach D!“ heißt *načəs*, von D nach A heißt *žačəs*, von A nach B *sačəs*, von B nach C *načəs*. „Einen Teppich von A nach D legen“ heißt *žün ažawurči žasċə*, oder von D nach A: *nasċə*.

Kleinräumigkeit im Haus:

žalor- (54.25) „talauf (gegen die Tür) springen“ (Z., wäre in P. *walor-*), *žaj-* (90.15) „(im Haus) Richtung talauf werfen“, *ṣut-pan žažičiw-, nažičiw-* „auf die Wand talauf/ talab malen“, *ṣutš žamı-namumaso* „richtet die Wand in Richtung talauf-talab gerade“, *žate pušt* (nicht: **žite*) „das talauf gelegene Männerbett“, *nate pušt* (nicht **nite*) „Frauenbett (talab im Haus gelegen)“, *warəg-pan žaryog ċər-pan žapraw'owo* „er versteckte im Haus in einer talauf gelegenen Ecke“, *warəg-pan naryog ċər-pan napraw'ogo* „er versteckte im Haus in einer talab gelegenen Ecke“, *warəg-pan saryog ċər-pan sapraw'ogo* „er versteckte im Haus in einer hinteren Ecke“, *warəg-pan waryog ċər-pan wapraw'ogo* „er versteckte im Haus in einer vorderen Ecke“, *əgəm žaċobī-naċobogso* „das Dach barst in Längsrichtung“, *waċobi-saċobogso* „es barst von links nach rechts (von vorne nach hinten)“. Doppeldeutig ist *naščenig/ žaščenig əweig* „Fenster nach talab/ talauf zu schließen“, hier könnte „talab hoch, talauf hoch“ gemeint sein, denn es heißt *əweig-pan ürǰug žegaso* „im Fenster kommt (Morgen-)Licht talauf hinab.“

Im Text 42.39 und 72ff. liegt in der märchenhaften Erzählung der Männerteil des Hauses „talab“, der Frauenteil „talauf“ (vgl. S. 179 Anm. 738).

Die vier Türrahmen heißen:
a *lit'e dop'a*
b *bit'e dop'a*
c *žat'e dop'a*
d *nat'e dop'a*

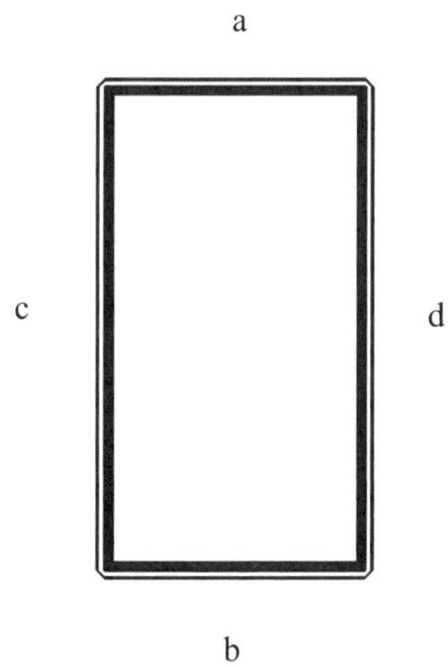

√-šli „sich setzen“

Auffällig ist die Richtungsangabe bei der *√-šli* „sich setzen“. Hier heißt „sich talauf setzen“ auch im Hause *žišli-* (32.80, 65.7), *žašli-* wird abgelehnt, dagegen *nišli-* und *našli-* „sich talab setzen“ akzeptiert. Sonst verhält sich *√-šli* normal: *nošli-, žošli-* „sich auf das Frauen-, Männerbett setzen“, *žešli-* „sich vom Stuhl auf den Boden/ vom Bett auf einen niedrigen Hocker setzen“, *wašli-, sašli-* „sich zur Vorderwand/ Hinterwand setzen“, *sošli-, wošli-* „sich ebenso setzen (aber herab vom Stuhl)“. *žašli-* wird gebraucht für eine Gruppe von Bänken, die außerhalb von Häusern, aber in deren Nähe aufgestellt sind.

Weitere Beispiele für Kleinräumigkeit:

> *žatē, natē pulog* „die beiden Parteien beim Steinspiel und Pfeilschießen“,
> *natē, žatē gō* (A8.7) „die beiden Ziele beim Spiel“,
> *baz žakoṣī-nakoṣ-* „Fleisch zerkleinern durch Hin- und Herschneiden in Richtung talauf-talab“,
> *īr atyeg-pan žāṭuwogo/ nāṭuw'ogo* „brachte (beim Spiel) den Stein talauf/ talab ins Ziel“,
> *ütüny'og žasnaw-, nasnaw-, sasnaw-, wasnaw-* „das Feld Richtung talauf, talab, nach rechts, nach links bewässern“.

5.1.4 Her-Richtung

Bei einigen Verben, regelmäßig bei *√-ċ* „kommen“, *√-po* „ankommen“, gibt es eine besondere Form des Präfixes, wenn die Richtung der Bewegung auf den Sprecher oder das Subjekt her-kommt: Präfixe, die auf *-i* oder *-a* enden, werden durch *-o* ersetzt.[140] Manchmal gibt es zwei Möglichkeiten:

a) *o^I*

žopt'i žop'ogso „talauf hochgegangen, langte er oben an.“ Dieses *o* sei *o^I* genannt.

---

[140] Die Regel gilt nicht für *wi-* „hinaus“: der Imperativ lautet *wiċ* „komm heraus!“

b) o^2

Es heißt aber auch: *žipt'i žop'ogso* „flach talauf gegangen, gelangte er hier/ bei mir/ bei uns/ beim Erzähler an" (nicht **žip'ogso*). Der Ankömmling wird begrüßt mit den Worten *žopogəsċ-'ī* (nicht **žipogəsċ-ī*) „Bist du hergelangt?" Dieses *o* sei o^2 genannt, bei dem kein Höhenunterschied impliziert ist. Gleiches gilt für *nipt'ogso* „er/ sie ging flach talab", bleibt auf gleicher Höhe, wird aber begrüßt mit *nopogəsċ-i* „Bist du talab hergelangt?" Der Imperativ heißt nicht **žiċ, *niċ, *naċ, *žaċ,* sondern in den allermeisten Situationen *žoċ, noċ* „komm von talauf/ talab her!" Ebenso gibt es kein **laċ*, sondern *loċ* „komm herauf her!" Auch heißt es nicht **(a)saċogso*, sondern nur *(a)soċ'ogso* „kam rechts her", auch wenn kein Abstieg oder Anstieg gegeben ist. Der Imperativ lautet nicht **waċ, *saċ*, sondern *woċ* „komm nach links her!", *asoċ, asoċəs* „komm nach rechts her!" Die Formen *žapo-, napo-* „talauf hinauf/ talab hinauf" sind dagegen gebräuchlich.

Manchmal ergeben sich Doppeldeutigkeiten, z. B. *sokṣ-* kann heißen: 1) „nach rechts hinaufziehen", 2) „herbeiziehen", z. B. in

> *lyö sokṣū aneg le* „zieh Holz herbei (und) mach Feuer!",
> *zīš awošče* „schließ die Tür (von außen, indem du sie nach links hinabziehst, oder eher: auf dich zu ziehst)!"

Eine Form *žip'ogso,* Imp. *žiċ, niċ* (kommt in den Texten nicht vor) würde bedeuten „talauf/ talab ankommen" an einer Stelle, die nicht hier bei uns oder im „Hier" des Erzählraumes liegt, sondern, wie die Prasun sagen, „sehr weit weg (*əskal tikē*)". In diesem Sinne sind die Belege von *nipo-* „talab anlangen" zu verstehen (z. B. 90.5, 22.16 etc., s. Glossar).

5.1.5 Doppel-Präfixe

5.1.5.1 Richtungspräfixe können bei Verben des Gehens (√-č, √-pt) verdoppelt werden und haben die Bedeutung „etwas, ein wenig weiter in Richtung ..."). Das erste Glied hat in allen Belegen (aus P.) verlängerten und betonten Vokal. Beispiele:

> *žāžač-*, dissimiliert *ž'āžeč-* (2.40), *žāžoč-* „etwas weiter talauf hinauf gehen"
> *n'ānač-* „etwas weiter talab hinauf gehen", Imp. *n'ānačəs*!
> *n'ōnoč-* „weiter talab hinauf gehen"
> *ž'īžič-* „weiter flach talauf gehen"
> *žēžeč-* „weiter talauf hinab gehen"
> *n'īnič-* „weiter flach talab gehen"
> *n'ēnept-* „weiter talab hinab gehen"
> *w'īwič-* „weiter hinaus gehen"
> *wīwījom-* (A11.6) „weit hinaus gehen"
> *t'ītič-* „weiter hinein gehen"
> *w'āwač-* (Glossar ungenau *wawač-*) „weiter nach links gehen"
> *w'ōwoč-* „weiter nach links hinauf gehen"
> *s'āsač-* „weiter nach rechts gehen", „weiter hinein gehen"

s'ōsoč- „weiter nach rechts hinauf gehen“
l'ālapt- „weiter schräg hinauf gehen“
l'īlipt-, l'ēlept-, lōlopt- „weiter hinauf gehen“
b'ībipt-, b'ēbept-, p'ēpept- „weiter hinab gehen“.

5.1.5.2 Zwei Verben werden miteinander kombiniert. Das erste Verb steht im Absolutiv, das zweite Verb wird konjugiert und hat das Präfix der Gegenrichtung:

žač'ī-načəs „Geh hin und her!“, „Geh (im Haus) talauf und talab!“
sači-wač'o āmiso (24.23) „sie kommt schwankend, sich nach rechts und links bewegend“
žinj'ī-nīnj- „talauf und talab blicken“
žigī-nigim'aso (18.21) „geht talauf und talab“
nöli-žöli- „talauf und talab tun (beim Weben)“
soli-woli- „nach rechts und links hochtun (beim Weben)“
žepč'ī-nepč- „talauf und talab hinuntertragen“
jī bipkī-lipkim'aso “er senkt und hebt den Kopf”, “er nickt”
sapti-wapt- (P.) „nach rechts und links gehen“, „hin- und hergehen“
ažüri-nüri- „sich talauf- und talab wenden“
lüri-biri- „sich hinauf- und hinunterwenden (beim Ringkampf)“
söri-wöri- (D.K.Pr.I.) „sich nach rechts und links in kleinen Schritten wenden“
žošpi-nošp- „talauf-talab übereinandergehen“
žoṣpi-noṣp- „talauf-talab schlagen“, „kämpfen“
žiṭki-niṭkost (I. 90.43) „sie vollendeten nach talauf und talab“

Ähnliches gilt für deiktische Basen: *sat-watē* = *satē re watē re* „rechts und links (des Flusses)“, *lit-bityē* „oben und unten“, im Ablativ *žatrā-žatrāna* „von talauf“.

5.1.5.3 Von den zwei kombinierten Verben hat das erste ein Präfix mit *-i (ti-, wü-)* oder *o-*, das „Echoverb“ hat das Präfix mit *wu-, wü-* oder seltener *wo-*. Dabei ist *wu-* nicht mit *wu-* „her (zu mir, uns)“ und *wo-* nicht mit „links“ identisch. Vermutlich ist *wu-, wo-* die dissimilatorische Variante zu vorausgehendem *-ī-*. Beispiele mit *ti-*:

tibz'ī-wibzimiso (54.85) = *tibzī-wubzīm'aso* (69.41) „er/ sie geht ein und aus“
tiptī-wupt'ī (32.16) „ein- und ausgegangen“
tipt'ī-wupt'ō (32.19) „ein- und ausgehend“
tipč'ī-wupč- (54.87) „ein- und austragen“
tičip'ī-wučip'ī „hin und her schlagen“
tidor'ī-wudor- „hin- und herlecken“, „sich belecken“
tükoṣ'ī-wukoṣ- „hin- und herziehen“
tüsċī-wusċ- „hin- und herschicken“
timṣī-wumṣ- „einmischen, vermischen“
tümǰi-wumǰ- „ein- und ausschneiden“, „zerkleinern“

tükoži-wukož- „hin und her wanken“
tükuži-wukuž- „ein- und ausdrehen“
tüloži-wülož- “ein- und auslaufen” (GM *tülöžü-wulöiž-* „run in and out“)
türi-würi- „sich hinein und hinaus wenden“
tüpurčˈī-wupurč- „ein- und auswickeln“
tyukṭi-wukṭ- „hin- und herreißen“
titi-wutyˈog „gesprenkelt“
tüsülü-wusüli- „einmischen“, „zusammenmischen“
tyenj-wonj- „einander anschauen“.

Von der *√-lis* heißt es nur *tilisˈī-wilisˈī* (nicht **wulisī*) „ein- und auslassen“. Beispiele für *wī-* als erstes Glied:

wiči-wuč-, (D.) *ič-wuč-* „sich hin und her bewegen“
wiċipˈī-wuċup- „hin und her spalten“, „zerstückeln“
iṭelī-wuṭol- „wechselnd bewölkt sein“
wijˈī-wuj- (90.15) „(Kleider ganz) ausziehen“
wükoṣ-wukoṣ- „auseinanderziehen“
wisċˈī-wusċ- „Beine auseinanderstellen“
wiči-wučaw- „hin und her gehen lassen“, „(Wetter) wechseln“
wyenjˈī-wonjugasəm, -wunjugasəm „ich will mich umschauen“

Beispiele mit *o-*:

oçumˈı-wuçumˈı (I., = P. *tıçəmˈı-wuçumˈı*) „sich beraten“
ošti-wuštyˈogso (67.21) „drehte sich hin und her“

5.1.6 Über die Etymologie der Richtungspräfixe hat sich MORGENSTIERNE (§103) nur zu den vier Anfangskonsonanten geäußert: zu *ž-* verweist er auf Kati *čī* und Skt. *ucca*, zu *n-* auf Skt. *ni*, zu *l-* auf Skt. *ud* (T. 250f. auf Skt. *adhika-*), zu *p-* auf Kati *pū* „down“. Die Herkunft der unterschiedlichen Vokale der Präfixe liegt im Dunkeln.

5.1.6 Deiktische Basen

5.1.6.1 Allgemeines

Die wichtigsten deiktischen Basen von 1-5 „nah bis am fernsten“ sind

1. *-te*
2. *-lig*
3. *-l*
4. *-beŋge* (K. *-beiŋgē*, Z. *-peŋgi*, I. *-poeŋe*, GM §31 *-bäŋ^{gy}i*[141])
5. *-pəṭig (-poṭig, -puḍig, -peḍig*, D. *prig*, P. auch *-prig*, GM §93 *peṭik*)

[141] GM §91 *nabäŋgi* enthält kein Pronomen *na* (litauisch *anàs*), sondern das Präfix *na-* „talab (hoch)“.

Die Pronomina, Nähe bis Ferne ausdrückend, sind ebenfalls fünf (vgl. §2.2):

1. *ari*, Pl. *mərī*
2. *al, aləg*, Pl. *məl(əg)*[142]
3. *uwū*, Pl. *um'ū, mu*
4. *su*, Pl. *ənd'o*
5. *əstləg* (GM *ɛslɛk*), Pl. *əstləg*, aber GM §85 *mɛslɛk*

Die Formen 1-5 „nah, ferner, fernst" geben keine objektiv (in Ellen, Metern, Schritten oder sonstigen Maßen) messbaren Größen an, sondern sind relativ, können sich beziehen z. B. auf ein Flachdach (wie Zeichnung §5.1.2.3.3 zum Präfix *lo*), einen Weg-Abschnitt (von ca. 2x10 Schritten), einen Feldbezirk und alles, was sich in 1-5 gliedern lässt. Auch z. B. ein Dach, ein Zimmer (Zeichnung §5.1.3) oder ein Brett hat eine Außenkante, die mit *-peṭig* benannt wird. Die Sichtbarkeit oder Unsichtbarkeit eines Gegenstandes ist kein Kriterium für Nähe oder Ferne, obwohl sie manchmal bei größeren Objekten von den Sprechern genannt wird. Die Sichtbarkeit eines Objektes hängt oft von der Lage des Ausgangspunkte ab; etwas kann von einer Stelle aus sichtbar sein, von einer anderen nicht, trotz gleicher Entfernung zum Sprecher.

5.1.6.2 Fernegrade des Ausgangspunkts einer Bewegung

> *žit'ē/ žil'īg/ žīl/ žib'eŋge/ žipeṭig noċ'ogso* „talauf/ weiter talauf/ ganz weit talauf kam er talab her"
> *(a)sat'ē, sāl'ig, sāl, sab'eŋgē/ sapṛig (= sapeṭig) woċ'ogso* „rechts, weiter rechts, ganz weit rechts kam er nach links her"
> *(a)wat'e, wal'ig, wāl, wāb'eŋge, w'apeṭig soċ'ogso* „links, ... kam er nach rechts her"
> *(a)žet'ē, želig, žēl, žeb'eŋgē/ žepeṭig noċ'ogso* „talauf unten, ... kam er talab her"
> *(a)bit'ē, bil'ig, bīl, bib'eŋgē, b'ipeṭig liċ'ogso* (vom hohen Berg aus gesagt): „unten, ... kam er nach oben"
> *(a)tit'ē, tīlig, tīl, tibeŋgē, t'ipeṭig wīċ'ogso* „innen, ..., kam er heraus"
> *(a)wit'ē*[143], *wīlig, wīl, wib'eŋge, wipeṭig tiċ'ogso* „außen, ... kam er herein"

Die Formen auf *-lig, -l, -beŋge, -peṭig* haben nie ein Präfix *a* (§2.4.1.7), es gibt kein **anilig, *anibeŋge* usw.

5.1.6.3 Deiktische Basis *-te*
Beispiele:

> *žot'ē kǭ anyekṣ'ī ašlis* „ziehe den Stuhl oben talauf nach talab hinab und setze dich!"

---

[142] *məl* soll etwas näher sein als *mələg.*

[143] GM §93 *wityã̄i.*

not'ē kọ̄ ažekṣī ašlis „ziehe den Stuhl oben talab nach unten talauf und setze dich!"
lot'ē kọ̄ abyekṣī bit'ī ašlis „ziehe den Stuhl oben herab, stell ihn unten hin und setze dich!"
wot'ē kọ̄ asokṣī ... „ziehe den Stuhl links oben nach rechts unten und ..."
sot'ē kọ̄ awokṣī ... „ziehe den Stuhl rechts oben nach links unten und ..."
žet'ē kọ̄ anokṣī ... „ziehe den Stuhl talauf unten nach talab hinauf und ..."
net'ē kọ̄ ažokṣī ... „ziehe den Stuhl talab unten nach talauf hinauf und ..."
pet'ē kọ̄ alekṣī ... „ziehe den Stuhl unten (z. B. aus dem Keller) hinauf und ..."
alit'ē kọ̄ abikṣī ... „ziehe den Stuhl hoch oben hinab und ..."
wat'ē kọ̄ as'okṣī ... „ziehe den Stuhl rechts nach links heran und ..."
(a)nit'ē atig wəǰǰəmī žogy'ō am'aso „talab (nahe) kommt ein Mann talauf"
(a)žit'ē noċ'ogso „talauf kam er talab herauf"

Die Formen auf *-tē* können attributiv gebraucht werden, mit oder ohne Pronomen:
mit Pronomen

aləg nit'ē wəsti „die talab (in der Nähe) befindliche Frau"
aləg awat'ē wəstī „diese links nahe befindliche Frau", Pl. *mələg awat'ē wəstīlug*
su (a)žöt'ē īr „der Stein talauf nahe hinab"
su žölig, žöl, žöbeŋgē, žöpeṭig īr „der Stein talauf etwas weiter, usw. talauf hinab", ebenso *(a)nöt'ē, (a)pöt'ē, (a)böt'ē* und alle Präfixe der Tabelle 5.1.2.1ff.
məl(əg) žit'ē wəǰǰəmīlug „diese Männer talauf nahe"

ohne Pronomen:

nitē t-əweig nānj- „durch talab-Fenster talab schauen"
satē t-əweig sānj- „durch das rechte Fenster nach rechts schauen"
watē t-əweig wānj- „durch das linke Fenster nach links schauen"

Sie werden als Adverb temporal und lokal gebraucht:

tāsig wat'ē (Z.I. *at'ē*) „seit früher, seit alters"
sat-watē (I.) = *sat'ē re wat'ē re* "rechts und links (z. B. des Flusses)"
lit-bit'ē (I.) = *lit'ē re bit'ē re* "oben und unten"
t-kọ̄ ot'ē oċ- „über den Berg hinüber"
pyetē pyenjəs „schau nach unten!"

Die deiktische Basis kann einen Ablativ bilden:

(a)nity'ēna žoċ'ogso „er kam von nahe talab talauf her"
witēna tiċ'ogso „kam von außen herein"

Die deiktischen Basen auf *-te* können Plurale bilden, häufig durch das vorgesetzte 1. oder 3. Pronomen, z. B.

> *asatˈē* „rechts befindlich nahe", Pl. *musatˈē* (Pron. 3)
> *ažatˈē* „talauf befindlich nahe", Pl. *mužatˈē* (Pron. 3, ferner), oder *məlžatˈē* (Pron. , näher)
> *awatˈē* „links nahe befindlich", Pl. *məlwatˈē*
> *anatˈē* „talab nahe befindlich", Pl. *məlnatˈē*

Die deiktische Basis auf *-tē* kann durch fünf deiktische Basen präzisiert werden, z. B.

žitē žitˈē (kein **ažitē*) benennt innerhalb des Gebietes *žitē* die nächstkleinere Untergliederung.

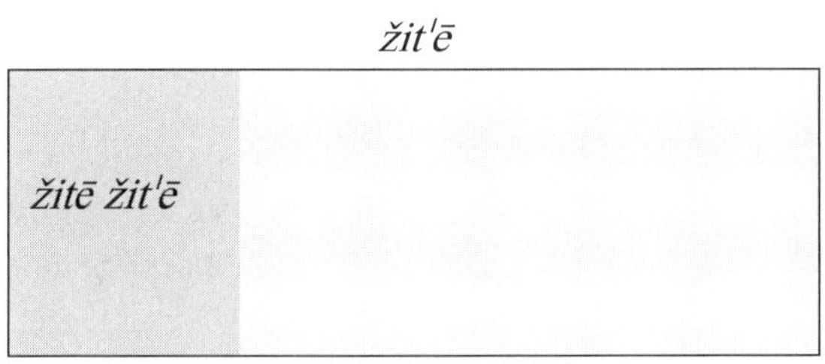

žitē žitˈē kann mit allen Pronomina 1-5 verbunden werden, z. B. *mələg žitē žitē wəǰǰəmīlug* „die Männer aus dem Abschnitt *žitē žitē*"
Die anderen Abschnitte heißen im Feld *žitˈē žitē: žilˈig žitˈē, žil žitˈē, žibˈeŋge žitˈē, žipeṭig žitē,* jeweils fakultativ mit den Pronomina 1-5. Solche komplexen Formen kommen in den aufgezeichneten Texten nicht vor, aber im Gespräch hören kann man Sätze wie

> *žipeṭig žiṭˈē t-uṣpū žapˈogso* (zum Präfix *ža* s. §5.1.2.3.3) „Er gelangte talauf in den fernsten Teil der Nähe von Ṣupu."

Die deiktische Basis auf *-te* kann mit den Pronomina 1-5 kombiniert werden. Der Verbindungscharakter wird hier durch Bindestrich angegeben. Vor dieses „Kompositum" können die Pronomina 1-5 treten:

Singular	Plural
1. *aləg aləg-žitˈē*	1. *mələg mələg-žilig* (*žitˈē* hier unüblich oder bezweifelt)
2. *aləg ari-žitˈē*	2. *mələg məri-žilig*
3. *aləg uwˈū-žitˈē*	3. *mələg umū-žilig*
4. *aləg su-žitē*	4. *mələg əndˈo-žilˈig*
5. *aləg əstləg-žitˈē*	5. *mələg əstlˈəg-žilˈig*

5.1.6.4 Deiktische Basis *-lig*

Die deiktische Basis *-lig* folgt dem §5.1.6.3 bei Basis *-tē* beschriebenen Muster. Beispiele von *wa-* „links, linke Talseite“:

Attributiv ohne Pronomen:

Singular: *wālig wəsti* „Frau weiter links“

Attributiv mit Pronomen:

Pl. (näher): *wālig məl wəstīlug, məlwālig wəstīlug* „Frauen weiter links“

Pl. (ferner): *muwālig wəstilug* (Pron. 3),

mələg məlwālig wəstilug (Pron. 1,1),

(u)mū məlwālig wəstilug (Pron. 3,1),

ənd'o məlwālig wəstilug (Pron. 4,1),

ənd'o (u)mūwālig wəstilug (Pron. 4,3)

Attributiv mit Pronomen 1-5

Singular	Plural
1. aləg wālig wəstī	mələg wālig wəstilug
2. ari wālig wəstī	mərī wālig wəstilug
3. uwū wālig wəsti	um'ū wālig wəstilug
4. su wālig wəsti	ənd'o wālig wəstilug
5. əstləg wālig wəstilug	əstləg wālig wəstilug

Auch Formen auf *-lig* können durch andere deiktische Basen modifiziert und mit Pronomina 1-5 komponiert werden:

1. *žit'ē žil'īg* mit Pron. 1-5	1. *aləg al'əg-žilīg*
2. *žil'īg žil'īg* mit Pron. 1-5	2. *aləg ari-žilīg*
3. *žīl žil'īg* mit Pron. 1-5	3. *aləg uwū-žilīg*
4. *žib'eŋge žil'īg* mit Pron. 1-5	4. *aləg su-žilīg*
5. *žipeṭig žil'īg* mit Pron. 1-5	5. *aləg əstləg-žil'īg*

Pluralformen:

žilīg-məl wəǰǰəmīlug (ferner)

məl žilīg wəǰǰəmīlug (näher)

Die deiktische Basis kann einen Ablativ bilden: *n'īliga* „von weiter talab“.

5.1.6.5 Deiktische Basis *-l*

Die deiktische Basis *-l*, ferner als *-lig*, erscheint besonders häufig in *wāl* „weiter links“, „weiter auf der linken Talseite“.

Die Wörter auf *-l* verlieren vor dem nachgestellten Plural-Pronomen 1 das *l*: *wāl* „weiter links“: Pl. *wāməl, žīl* „weiter talauf“: Pl. *žīməl, lāl* „weiter hoch“: Pl. *lāməl, pöl* „weiter unten“: Pl. *pöməl* u. a.

wāl kann attributiv gebraucht werden mit Pronomina 1-5:

Singular	Plural
1. aləg wāl wəǰǰəmī	mələg wāl wəǰǰəmīlug = wāməl, məlwāl
2. ari wāl wəǰǰəmī	
3. uw'ū wāl wəǰǰəmī	umū wāl wəǰǰəmīlug
4. su wāl wəǰǰəmī	ənd'o wāl wəǰǰəmīlug
5. əstləg wāl wəǰǰəmī	əstləg wāl wəǰǰəmīlug

wāl kann durch andere deiktische Basen modifiziert werden: 1. *wat'ē wāl,* 2. *wālig wāl,* 3. *wāl wāl,* 4. *wab'eŋge wāl,* 5. *wapeṭig wāl,* z. B.

> *wāl wāl wəǰǰəmī ks-ċo?* „Wer ist der Mann dort links auf der linken (drüben liegenden) Seite?“

wāl kann kombiniert werden mit den Pronomina 1-5, und zwar mit
Pronomen 1

Singular	Plural
1. aləg aləg-wāl	məl-wāl (= mələg məl-wāl)
2. ari aləg-wāl	məri-wāl
3. uwū aləg-wāl	umū-wāl
4. su aləg-wāl	əndo-wāl
5. əstləg aləg-wāl	əstləg-wāl

Pronomen 2

Singular
1. aləg ari-wāl wəǰǰəmī
2. ari ari-wāl wəǰǰəmī
3. uwū ari-wāl wəǰǰəmī
4. su ari-wāl wəǰǰəmī
5. əstləg ari-wāl wəǰǰəmī

Pronomen 3

Singular	Plural
1. aləg ūwo-wāl wəǰǰəmī	mələg umū-wāl wəǰǰəmīlug
2. ari ūwo-wāl wəǰǰəmī	məri umū-wāl wəǰǰəmīlug
3. ūwo ūwo-wāl wəǰǰəmī	umū umū-wāl wəǰǰəmīlug
4. su ūwo-wāl wəǰǰəmī	
5. əstləg ūwo-wāl wəǰǰəmī	

Im Plural kann *mərī, ənd'o, əstləg məlwāl* gebraucht werden oder *umū umū-wāl, ənd'o umū-wāl.*

Pronomen 4 und 5

Pronomen 4	Pronomen 5
1. aləg su-wāl	aləg əstləg-wāl
2. ari su-wāl	ari əstləg-wāl
3. uwū su-wāl	uwū əstləg-wāl
4. su su-wāl	su əstləg-wāl
5. əstləg su-wāl	əstləg əstləg-wāl

Von *wi-* „hinaus" wird gebildet *wīl* „weiter hinaus", von *sa²: sāl* „weiter hinauf (am Arm, 54.48, 38.65)", von *te-* „wohin": *t(y)ēl* „wohin weiter".

Die deiktische Basis kann einen Ablativ bilden: *n'īla* „von weiter talab".

5.1.6.6 Deiktische Basis *-beŋe,* Z. *-peŋgi,* I. *-poeŋē*
Wie die anderen deiktischen Basen kann diese („weit entfernt") mit Pronomina 1-5 gebraucht werden. Singular und Plural lauten gleich.

Singular	Plural
1. aləg wāb'eŋge wəǰǰəmī	mələg wāb'eŋge wəǰǰəmīlug
2. ari wāb'eŋge wəǰǰəmī	məri wāb'eŋge wəǰǰəmīlug
3. uwū wāb'eŋge wəǰǰəmī	umū wāb'eŋge wəǰǰəmīlug
4. su wāb'eŋge wəǰǰəmī	ənd'o wāb'eŋge wəǰǰəmīlug
5. əstləg wāb'eŋge wəǰǰəmī	əstləg wāb'eŋge wəǰǰəmīlug

Beispiel: *məl wāb'eŋge wəǰǰimilug pa-di-gast* „Diese werden wohl Männer aus dem Bereich *wābeŋge* (weit drüben links) sein."

-beŋge und dialektische Varianten können durch andere deiktische Basen modifiziert werden:

1. *wat'ē wāb'eŋge wəǰǰəmī* (kein **awat'ē*)
2. *wālig wāb'eŋge wəǰǰəmī*
3. *wāl wāb'eŋge wəǰǰəmī*
4. *wāb'eŋge wāb'eŋge wəǰǰəmī*
5. *wapeṭig wāb'eŋge wəǰǰəmī*

Beispiele mit *-beŋge:*
(P.) *lib'eŋge lipt'o lipt'o to-gul lipt'ogso* (I. *lipo'eŋē ... libzogso*) „Höher und höher steigend stieg er in den Himmel."

Die deiktische Basis kann einen Ablativ bilden: (P.) *nib'eŋgea,* (Pr.) *nip'eŋga, žip'eŋga, žop'eŋga, lap'eŋga, lop'eŋga, sapeŋga* „von weiter im rechten Seitental".

5.1.6.7 Deiktische Basis *-peṭig, -peḍig,* (P.) *-prig,* (D.) *-pṛig* (GM §93 *-peṭik*)
Beispiel: *žipeṭig* „am weitesten talauf", Sg. und Pl. sind gleich.

Mit Pronomen 1-5

Singular	Plural
1. aləg w'apeṭig wəǰǰəmī	mələg w'apeṭig wəǰǰəmīlug
2. ari w'apeṭig wəǰǰəmī	məri w'apeṭig wəǰǰəmīlug
3. uwū w'apeṭig wəǰǰəmī	umū w'apeṭig wəǰǰəmīlug
4. su w'apeṭig wəǰǰəmī	ənd'o w'apeṭig wəǰǰəmīlug
5. əstləg w'apeṭig wəǰǰəmī	əstləg w'apeṭig wəǰǰəmīlug

-peṭig wird modifiziert durch andere deiktische Basen:

1. *wat'ē w'apeṭig wəst'ī* „die Frau am weitesten links"
2. *wālig w'apeṭig wəst'ī* „die Frau noch weiter links (drüben)"
3. *wāl w'apeṭig wəst'ī*
4. *wāb'eŋge w'apeṭig wəst'ī*
5. (mit Ablativ) *wapeṭig'a w'apeṭig wəst'ī* „die Frau am weitesten von weit links"

Weitere Beispiele mit *-peṭig* im Ablativ: *n'ipeṭiga (n'ipṛiga, n'ipriga)* „von am weitesten talab", *žipeṭiga žipeṭig* „von allen fern talauf am fernsten"

Pluralformen:

wāməl wapeṭig wəstīlug „diese weit links am weitesten entfernten Frauen" (zu *wāməl* s. §5.1.6.5)
məlwāl wapeṭig wəstīlug „die noch weiter links am weitesten entfernten Frauen"
umūwāl wapeṭig wəstīlug
əndōwāl wapeṭig wəstīlug
əstləgwāl wapeṭig wəstīlug

Auch Formen auf *-peṭig* können mit Pronomina 1-5 kombiniert werden:

Singular	Plural
1. aləg aləg-žipeṭig	mələg mələg-žipeṭig
2. ari ari-žipeṭig	məri mərī-žipeṭig
3. uwū uwū-žipeṭig	umū umū-žipeṭig
4. su su-žipeṭig	ənd'o (əndo)-žipeṭig
5. əstləg əstləg-žipeṭig	əstləg (əstləg)-žipeṭig

Auch wenn in Erzähltexten solche komplexen deiktischen Ausdrücke schwerlich zu finden sind, sind sie doch von Wichtigkeit in der Arbeitswelt, etwa zur Bezeichnung kleiner Stücke von

Terrassenfeldern, kleinen Waldbezirken oder beim Zählen von Herdentieren auf den Almen. Da Prasun keine Ordinalzahlen kennt (man benutzt die Kardinalzahlen, z. B. *wuč-pan ənċa* „5 am Tag“ = „am 5. Tag“, Text 83a4), dienen deiktische Formen auch zum Zählen, jedenfalls von 1-5: *žite, žilig,*[144] *žil, žibˈeŋge, žipeṭig,* dann wieder mit Wechsel der Präfixe von vorne beginnend. Genauere Einzelheiten würden eine längere Beobachtungszeit erfordern.

Die Zeichnung stellt ein Flachdach dar, auf dem 29 Äpfel (1-29) liegen. Der Betrachter steht am unteren Rand des Daches und bestimmt die Position der Äpfel.

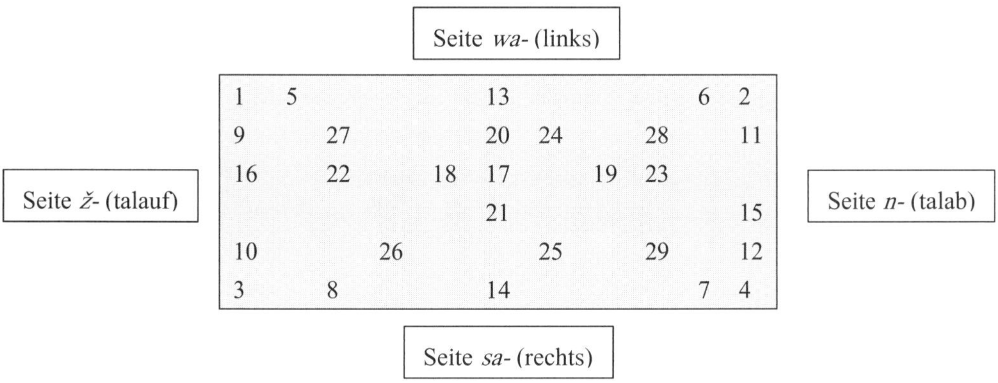

1 wapeṭig žipeṭig (im Haus: žapeṭig)[145]
2 wapeṭig nipeṭig (im Haus: napeṭig)
3 sapeṭig žipeṭig (im Haus: žapeṭig)
4 sapeṭig nipeṭig (im Haus: napeṭig)
5 wapeṭig žapeṭig šēš (etwas abweichend von 1 nach talauf)
6 wapeṭig napeṭig šēš (etwas abweichend von 2 nach talab)
7 sapeṭig napeṭig šēš (etwas abweichend von 4 nach talab)
8 sapeṭig žapeṭig šēš (etwas abweichend von 3 nach talauf)
9 žapeṭig wapeṭig šēš (etwas abweichend nach links)
10 žapeṭig sapeṭig šēš (etwas abweichend nach rechts)
11 napeṭig wapeṭig šēš (etwas abweichend nach links)
12 napeṭig sapeṭig šēš (etwas abweichend nach rechts)
13 waryeg-pan to-munǰ (links Mitte)
14 saryeg-pan to-munǰ (rechts Mitte)
15 naryˈeg-pan to-munǰ (talab Mitte)
16 žaryˈeg-pan to-munǰ (talauf Mitte)
17 ütyog to-munǰ (genau Mitte)
18 ütyog to-munǰ žitē šēš (Mitte, abweichend nach talauf)
19 ütyog to-munǰ nitē šēš (Mitte, abweichend nach talab)

---

[144] Manche benutzen *-kirgˈa* als „zweiter“, s. §5.1.6.8.1.

[145] Die Formen *na-, ža-* statt *ni-, ži-* sind Ausdruck der Kleinräumigkeit, s. §5.1.3.

20 ütyog to-munǰ watē šēš (Mitte, abweichend nach links)
21 ütyog to-munǰ satē šēš (Mitte, abweichend nach rechts)
22 ütyog to-munǰ žapeṭig šēš (Mitte, am weitesten abweichend nach talauf)
23 ütyog to-munǰ napeṭig šēš (Mitte, am weitesten abweichend nach talab)
24 ütyog to-munǰ wapeṭig šēš (Mitte, am weitesten abweichend nach links)
25 ütyog to-munǰ sapeṭig šēš (Mitte, am weitesten abweichend nach rechts)
26 žapeṭig sāryog obuċ (am weitesten talauf rechtsseitig)
27 žapeṭig wāryog obuċ (am weitesten talauf linksseitig)
28 napeṭig wāryog obuċ (am weitesten talab linksseitig)
29 napeṭig sāryog obuċ (am weitesten talab rechtsseitig)

In der folgenden Zeichnung seien die schrägen Linien Segment eines Bergpfades, der talab verläuft von A nach B, von A nach C ansteigend, von C nach B abfallend. Der Betrachter „ego" befindet sich etwas unterhalb des über ihm verlaufenden Weges. Ego benennt aus seiner Sicht Gegenstände 1-8 (Bäume, Sträucher, große Steine o. ä.) oder einen Wanderer, der von C nach A und einen anderen, der von C nach B geht.

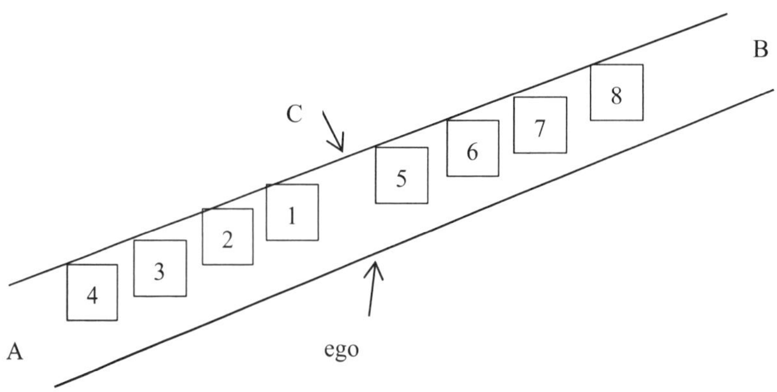

1 *želig*
2 *žēl*
3 *žebeŋge*
4 *žepeṭig* „am weitesten talauf hinab"
5 *nelig*
6 *nel*
7 *nebeŋge*
8 *nepeṭig* „am weitesten talab hinab"

Der Platz *nat'ē* „talab hinauf befindlich“ (= Punkt C der Zeichnung) kann mit folgenden Angaben präzisiert werden, entsprechend *žetē:*

8 Gesamtplatz *natē*
8a *wapeṭig* oder *waprig nate* (am weitesten nach links talab)
wopeṭig oder *woprig nate* (am weitesten nach links nach oben oder unten gebogen)
8b *sapeṭig* oder *saprig nate* (am weitesten nach rechts talab)
sopeṭig oder *soprig nate* (am weitesten nach rechts nach oben oder unten gebogen)
8c *žipeṭig* oder *žiprig nate* (am weitesten talauf)
žapeṭig oder *žaprig nate* (talauf am weitesten hinauf)
žopeṭig oder *žoprig nate* (talauf am weitesten hinauf)
žepeṭig oder *žeprig nate* (talauf am weitesten hinab)
žöpeṭig oder *žöprig nate* (talauf am weitesten hinab nahe)
8d *nipeṭig* oder *niprig nate* (talab am weitesten)
napeṭig oder *naprig nate* (talab am weitesten hinauf)
nopeṭig oder *noprig nate* (talab am weitesten hinauf)
nepeṭig oder *neprig nate* (talab am weitesten hinab)
nöpeṭig oder *nöprig nate* (talab am weitesten hinab nahe)

5.1.6.8 Weitere, seltenere deiktische Basen (in alphabetischer Reihenfolge)

5.1.6.8.1 *-kərga* (nach Präfixen mit *-i-* auch *-kirg'a*)

„befindlich“, etwas weiter, nach anderen näher als -te, gilt auch als Ordnungszahl „zweiter“, drückt nur die Richtung aus, keine Höhenunterschiede.

nəkərg'a war'əg „das Haus talab“ (kein *na, ni, no, ne, nö*) [GM *nakərga* „that (far off)“ ungenau]
wikərga „draußen“, Z.K. *wikərnya*
bəkirg'a „unten“
ləkirg'a „oben“ (kein *la, li, lo, le*)
səkərg'a „rechts“

žik'ərga „talauf" 61.7 = *žik'irga* (kein *ža, žo, ži, žö*).

Ablativ: *wikərnigaya* (54.58) „von weiter draußen" = *wikərniga, wikərnya, wikərgaya; səkərgaya* „von rechts"

5.1.6.8.2 *-kaštiga* (P.K.), *-gaštiga* (D.)

Nur in: P. *bəkeštiga*, K. *bək'aštiga*, D. *bəg'aštiga* „weiter unten (*pāyāntar*)" (kein *be, ni, ži, bi, bö*).

5.1.6.8.3 *-na* „von her"

p(y)ēna „von unten", *al'īna* „von oben", *an'īna* „von talab", *abyēna* „von unten", *t'ēna* „woher", statt *tīna* (zu *tī* „innen") besser *tity'ēna* „von drinnen" (zu *tity'ē* „drinnen" §5.1.6.3)

5.1.6.8.4 *-ra*

-ra gilt als etwas weiter weg als *-kərga.*

as(ə)r'a kō-pan ašlis „Setz dich auf den rechten Stuhl!"
aw'əra kō-pan ašlis „Setz dich auf den linken Stuhl!", D.I.Z.K. *aw'ərnya* (kein **asərnya*)
aw'əra (P.) „draußen"
an'əra „talab befindlich"; *an'əra t-arəg nebəċ* „geh talab hinab in das talab befindliche Haus" (kein **anera*)
alərа, l'əra „oben"; *al'əra əgəm zəm'a so* „oben auf dem Dach ist Schnee", *l'əra ẓum-pan* 32.112 „oben auf dem Schoß"
I. *əžīr* 79.18 „talauf" (GM §93 *ažira* „that above, bīr "below"), I. *žiri-panya* 79.14 "von talauf"

Ablativ:

as'ərāna wom'aso "er kommt von rechts nach links her"
aw'ərāna som'aso „er kommt von links nach rechts her"
aw'ərāna timiso „sie kommt von außen herein"
an'ərāna žoċ'ogso „er kam von talab talauf her"
ažərāna nem'aso „er geht von talauf nach talab hinab"

5.1.6.8.5 *-ryog* (Partizip zu *√-ri* „wenden")

saryog, waryog ṣut „rechte, linke Wand" (auch *sarig, sareg* gesprochen), *wat'ē wary'og obuċ wānj-* „links auf die linke Seite blicken"
žery'og-pan, nyery'og-pan 42.74 „auf der talauf/ talab gelegenen Seite"

5.1.6.8.6 *-sosta*

MORGENSTIERNE 1949, 287: *o-susta* „he entered, *darūn šud*", von GM selbst als Verbform bezweifelt.
Nur in P.I. *asosta*, I. *s'osta* „drinnen, hinein".
Z. *asostati*, D. *osustati*, I. *wus'osta*, P. *os'ostata* (C24.2) "innen" zu Präfix *sa²*, *so²*?

5.1.6.8.7 *-štya*

Nur in: *abyēštya* (GM *abeštya* „below", „eastern"), Abl. *abyeštyāna loċ-* „von unten hochkommen". Keine anderen Präfixe, kein **apeštya*.

5.1.6.8.8 *-tra* „befindlich", Abl. *-trāna* „von dort her"

In der Entfernung nahe bei *-tē, -tēna*, die weitere Entfernung wird mit Basis *-l* ausgedrückt.

žatrā-žatrāna t-uṣp'ā aċ'ogso „er kam von dem talauf gelegenen Ṣupu her"
üo žetrāna tə-Sēč-pāya aċogəsċ-ī „bist du aus dem talauf gelegenen Seč (Pronj) gekommen?"
titrāna (~ tity'ēna) wülor- „von drinnen hinausspringen"
witrāna (GM *witerām*) *tilor-* „von außen hineinspringen"
petr'āna „von unten"
netrāna žolor'ogso „sprang von unten talab talauf her"
žāl žatrāna aċ- „von weit talauf kommen"
žēl žetrāna aċ- „von weit talauf unten kommen"
žōl žotrāna aċ- „von weit talauf oben herkommen"
lāl latr'āna aċ- „von weit hoch kommen"
lōl lotrāna aċ- „von weit hoch oben kommen"
līl litrāna aċ- „von großer Höhe kommen"
bil bitrāna aċ- „von ganz tief unten kommen"
nīl nitr'āna aċ- „von weit talab kommen"
nēl nētrāna aċ- „von weit unten talab kommen"
nōl notrāna aċ- „von weit oben talab kommen"
wīl witrāna aċ- „von weit draußen herauskommen"
wāl watrāna aċ- „von weit links kommen"
wōl wotrāna aċ- „von weit links herabkommen"
sōl sōtrāna ac- „von weit rechts herabkommen"
Sēč-paya žetrāna (= žetyena) noċogsmo „Ich kam von Pronj unten talauf"
unz'ū lopoṭig Kabula lotr'āna (= lotyena) t-uṣüt bēċogəsmo „ich bin vom höchstgelegenen Kabul hinabgekommen nach Paṣki" (über die Lokalpräfixe bei Kabul s. §5.1.2.3.2 zu Präfix *lo*).

5.1.6.8.9 *-tāsig* „voran"

at'āsig wəs „geh voran!"
žitāsig wəs „geh talauf voran"
nitāsig wəs „geh talab voran"
witāsig wəs „geh hinaus voran"
watāsig wəs „geh nach links voran"
sotāsig wəs „geh rechts hinauf voran"
(I.) *setāsig wəs* „geh ins rechte Seitental voran"

5.1.6.8.10 *-ṭogog* (Partizip von *√-ṭog* „anlangen")

leṭogˈog-pan „am oberen Ende"
tu-gul loṭogˈog-pan „an der höchsten Stelle des Tales"
gul pyeṭˈogog-pan 2.30 „am tiefstgelegenen Tal-Ende"

5.2 Ideophone

Das Prasun kennt zahlreiche Ausdrücke, die, ohne dass sie einen bestimmten Gegenstand oder Begriff bezeichnen, eine lebhaftere, sinnlichere Vorstellung bestimmter sprachlich vermittelter Eindrücke oder Sachverhalte hervorrufen. Diese Wörter nennen wir Ideophone.[146] Ideophone im Prasun gehören als eine eigene Wortart zum Lexikon, sie sind v. a. semantisch definiert. Im Vergleich mit anderen Wortarten ist die Tendenz zur Verwendung von Onomatopoesie, zur Verdopplung und zur Verwendung abweichender phonotaktischer Elemente stärker.[147] Einige Ideophone sind nicht in allen Dialekten belegt; ob tatsächlich dialektale Unterschiede vorliegen, lässt sich daraus nicht folgern. Welche Ideophone in welchen Dialekten durch die vorliegenden Texte belegt sind, geht aus der Zusammenstellung unten hervor.

Bedeutung

Da die Bedeutung von Ideophonen sich selten mit einem Begriff in einer anderen Sprache abdecken lässt, bleiben in der Übersetzung der Texte die adverbiellen Ideophone durchweg unberücksichtigt. Dennoch haben sie eine Bedeutung: sie vermitteln deutliche sinnliche und emotionale Eindrücke z. B. von der Wucht eines Schlages (vgl. deutsch „wumm!") oder von der Geschwindigkeit, Plötzlichkeit und jähen Beendigung einer Bewegung (vgl. deutsch „zack!" „wutsch!"). Manche Ideophone kommen nur in bestimmten semantischen Umgebungen vor, z. B. *tyek ti* bei Verben mit der Bedeutung „füllen". Ideophone ähnlicher semantischer Bedeutung haben teilweise ähnliche phonologische Gestalt. Einige Ideophone können mehreren semantischen Bereichen zugeordnet werden, z. B. das überaus häufige *tak*, das sich schon deshalb einer präzisen Wiedergabe im Deutschen entzieht. Es folgt eine Aufstellung von Ideophonen geordnet nach der ungefähren Bedeutung, die mit ihnen assoziiert werden kann.

---

[146] P. A. NOSS: Ideas, phones and Gbaya verbal art, 259-270, und W. J. SAMARIN: Testin hypotheses about African ideophones, 321-337 in VOELTZ/ KILIAN-HATZ 2001, und KILIAN-HATZ 2006.

[147] Zur Ideophonizität von Nuristani-Sprachen vgl. Waigali (Nishei) *ċap, ċap-ċap, çöp, per, per-per, přek, tap, třöp, ṭaṛakṭak* (DEGENER 1998 „imitative Interjektion").

schnell, plötzlich	sogleich, gleich darauf (Reaktion)	heftig, ruckartig	gründlich, rund, ringsherum	mit Geräusch
	ḍəpak	*dəpak*		*ḍəbəḍəbə*
				tyemtüm
	çəpˈak	*çəpˈag/k*	*çəpak*	
	pak	*pak*	*pak*	
ċag/k	*tak*		*tak*	
			tak tī	
	çak tī	*çak*	*tyek ti*	
saksak		*ṣak*		
			tak phū ti	
			phū	
			phu wī	*pφū*
			pφu tī	*tφū li-*
			φux ti	
	sap			
	ṣap			
	ṣep			
tap	*tap*			*šorop*
trap				
				šūr tī
	taŋ	*čkaŋ*		*tyaŋ*
	traŋ	*traŋ*		
trak				
tərrag				*tər, tərr*
tərtər				
ṣerrˈag tī		*ṣerrˈag tī*		

Einige Ideophone werden mit Verben eines bestimmten Wortfeldes verbunden, z. B.: *ċag/k* (gehen, fressen), *tap, trap* (eilen, gehen), *ṣap, ṣep* (aufstehen), *tak* (generell sehr häufig, aber regelmäßig bei „staunen, erschrecken"), *tap* (sehen), *çak ti* (schlagen), *çəpˈag/k* (ergreifen, niederdrücken, einschließen), *dəpak* (springen), *tər(r) wī* (strömen von Flüssigkeiten). Manche Ideophone haben durch Lexikalisierung die Funktion eines Vollverbs angenommen, z. B. *ċak w-* und *ċak ti-* „forteilen", *tφū li-* „spucken", *tak ṭk-* „Schluss machen".

Wortart

Die meisten Ideophone im Prasun lassen sich als Adverbien oder Adverbiale klassifizieren. Sie treten allein auf, z. B.:

> *ċak (lept-, sokul-), dəpak (žalor-, salor-), čkaŋ (wukuy-), ҫəp'ag (alog-), ҫəpak (ati-, olċ-), ḍəbəḍəbə (bieč-), pak (alob-), phū (ṭk-), sak-sak (loċ-), sap (linos-), ṣap (üšt-), ṣep (üšt(i)-, lič-), tak (ṭk-, wir-, pyekoṣinew-), taŋ (pyebz-), tap (wišt(i)-, tap tak tī), trap (pegi-)*

oder in Verbindung mit einem Absolutiv *(tī, wī):*

> *ḍəpak tī (žüluw-), ҫəpak tī (tütü-), ҫak ti (ak'až, alob-, aneg sati-), ḍubeḍob'i tī (am'aso), phu wī (šili-), φux ti (wüspuw-), sap tī (ali-), šorop tī (sopṣul-), ṣak tī (püž-), tak phū ti (ašpaw-), tak tī (li'az il'ego, pyesumt-), tap ti (wišt-), trak tī (žebz-), traŋ tī (awökoṣ-), tərrag tī (warəg li-), taŋ wī (pyept-), tərr wī (tig'aw-, wisċ'īn-), tər wī (wilor-), tāg wī tak (aščer-)*

Man mag zweifeln, ob *kaṣkaṣ* zu den Ideophonen zu rechnen ist. *kaṣkaṣ* ist das einzige vorliegende Beispiel für die Verwendung eines Ideophons als Verbalstamm (*kaṣkaṣ-* hin- und herzerren), aber da im Prasun generell Nomina häufig die Funktion eines Verbalstamms übernehmen (z. B. *wəsti* „Frau", *wəsti-* „heiraten"), ist es von vornherein wahrscheinlich, dass dies auch mit Ideophonen möglich ist. Die offensichtliche etymologische Verbindung mit der Wurzel *kṣ-* „ziehen" spricht nicht gegen die Einschätzung von *kaṣkaṣ* als Ideophon, zumal nicht geklärt ist, wie genau diese Formation entstanden ist.[148] Dagegen ist die adverbiale Verwendung *(kaṣkaṣ wī)* und die Reduplikation typisch für Ideophone, wobei zu vermuten ist, dass die Verwendung von *kaṣkaṣ* heftiges, ruckartiges Ziehen, möglicherweise auch ein dabei entstehendes Geräusch suggeriert.

Onomatopoesie

Ideophone ahmen sehr oft natürliche, außersprachliche Laute nach:

č'ıem Rauschen des Wassers (*āwāz-e au*),
ҫaŋ Geräusch beim harten Aufschlagen auf Stein,
ḍəbəḍəbə, ḍubeḍob'i „Getöse, Lärm" (beim Rollen, beim Erscheinen mit viel Gefolge),
reŋreŋ Klirren, Scheppern (einer Kette),
tok Geräusch, wenn auf Holz geschlagen wird,
təgəṭəgə zittern, bibbern,
tyemtüm Geräusch des Zerbrechens eines Tontopfes
tyaŋ Geräusch beim Zerbrechen eines Stocks.
tφ ū li- spucken,
ṭak-ṭak Klopfen (an der Tür),
ṭaŋaŋ Geräusch des Gewehrschusses.

Zu den Onomatopoetika zählen auch das Greinen des Kleinkindes: *ċim-ċim li-* (quieken, piepsen) sowie die Laute verschiedener Tiere: *ṭōk-ṭōk li-* rufen, krächzen (Vogel), *bo li-* muhen (Kuh), *bē li-*

---

[148] Vgl. Nishei *kaṣ ka* „kräftig, laut"?

meckern (Ziege), *wö-wö li-* bellen (Hund), *sirr w-*, *wiṣ ti-* zischen (Schlange) und *çəg ti-*, *çək ti-* „mit der Zunge schnalzen“, *ṭõṭõ čob-* „donnern“. Ideophone sind dies nicht, da sie auf die Nachahmung auditiver Eindrücke beschränkt sind, während Ideophone nicht nur vielfältige Sinneseindrücke, sondern darüber hinaus die Intensität einer Handlung und teilweise emotionale Einstellungen des Sprechers vermitteln können. Ideophone sind zwar oft lautmalerisch, müssen dies aber nicht sein, und im Gegensatz zur Darstellung von Tierstimmen und ähnlichem kann bei Ideophonen eine ursprüngliche Lautsymbolik verlorengehen, der Anwendungsbereich dagegen ausgedehnt werden.

Reduplikation

Typisch für Ideophone ist die häufige Reduplikation, einige Morpheme treten sowohl einzeln als auch redupliziert auf.

čurč'ur, ḍəbəḍəbə/ ḍubeḍob'i, pakpakpak, reŋreŋ, saksak, təgəṭəgə, taptap, tərtər, ṭõṭõ, ṭakṭak, ṭõkṭõk.

Vom Üblichen abweichende phonetische Merkmale

Die folgenden Laute kommen im Prasun sonst nicht oder extrem selten vor:

φ: phux ti, pφu tī, φux ti, tφū li-,
ph: pu wī phū,
rr: tərr wī, tərrag tī,
čk: čkaŋ.

Textsorten

Ideophone werden vor allem in Erzählungen verwendet und erfüllen hier eine wichtige stilistische Funktion. Ihre Verwendung in narrativen Texten ist charakteristisch und essentiell für die orale Erzählliteratur. Wird versucht, einen anderssprachigen Text ins Prasun zu übertragen, so können Ideophone nur bei sehr freier Wiedergabe verwendet werden, da sie keine direkten Entsprechungen in anderen Sprachen haben. Keine Ideophone erscheinen deshalb in den Übersetzungen aus dem Persischen, mit Ausnahme der einmaligen Verwendung von *tak* in Text 101 (erzählt von Zaman Khan). Außer in erzählendem Kontext treten abgesehen von lexikalisierten Onomatopoetika wie *tφū li-* „spucken“ und *tak ṭk-* „Schluss machen“ vor allem Ideophone im Kontext einer Aufforderung auf, z. B. *čkaŋ wukuy'ū! φ'uxti wüspuw'ū! saksak loċ!* Ideophone werden weder in Hymnen noch im Katechismus (Text 76) verwendet. Keine Ideophone erscheinen in den Texten, in denen es um die Beschreibung kafirischer Götter geht (Text 58, 59, 60, 62, 63, 66, alle erzählt von Din Mohammad, Text 67, 68 über Disni, erzählt von Lal Mohammad). Dass das Fehlen von Ideophonen an der Textsorte liegt, geht daraus hervor, dass dieselben Erzähler in anderen Texten durchaus Ideophone verwenden (Din Moh.: 55, 56, 57, 64, 65, Lal Moh.: 69, 71).

Beispiele von Ideophonen

ċag, ċak

ċag w'ogso 6.8, *ċak w'ogso* 29.24 „eilte fort“
ċak ty'ego 5.12, 6.25 „eilte fort“; *lēgawī ċak t'ī a* A10.118 „trug sie schnell nach oben“

ċak lept'ogso 29.18 „lief nach oben“
so pšig müs'eš ċak sokuly'ogo 37.8 „die Katze fraß die Maus“
maŋg ċak abz'ogso 68.2 „das Markhorweibchen verschwand“

čkaŋ

ī üšpy'öš at'ī am ti-ǰī-p'an čkaŋ wukuy'ū 88.19 „schlag mir mit deiner Axt auf meinen Kopf!“

čurč'ur

miš wuž'īk čurčur čpm'aso/ čobm'aso (P.) „seine Brust röchelt“

ç̣ak

ç̣ak aṣç̣'isa A10.109,131 „(der Apfel, die Nuss) heftete sich (wieder) an“
su yuṣ lič'ī ç̣ak alogisa A10.334 „der Yuṣ erhob sich und stürzte sich auf ihn“

ç̣ak tī

ç̣ak ti ak'až 27.23 „schlag zu!“
Wüčūl'ug ç̣ak tī ǰī-pan aki'agəst gọ̄ṭeš 99.46 „die Dewa-Leute schlugen der Kuh auf den Kopf“
lust čəčiny'og-pan kaṭ'a lī ç̣ak tī tümond'ī C24.30 „(die Bisswunde) am Handgelenk kräftig abgebunden habend“

ç̣ak wī

ç̣ak wī sud'ı aṣç̣'isa A10.110 „(der Apfel) heftete sich wieder an“

ç̣aŋ

īšə īr-pan ç̣aŋ čob'i bīlog'ī A10.239 „auf die Mühlsteine unter Tönen aufgeschlagen seiend“

ç̣əp'ag, ç̣əpak

īy'ēš ç̣əp'ag alog'ogso, ç̣əpag bīpüty'ogo 32.117 „er traf den Vater, er drückte ihn nieder“
zī-pan ç̣əpak aneg saṣç̣'ī wiṭk'ogo 43.60 „er zündete an allen Türen Feuer an“
ç̣əpak Pəd'ē-Kušt'eš aty'egəst 57.44 „sie ergriffen Pede-Kušte“
ç̣əpak olċ'ī al'əra apċ'ogso 88.12 „ihn umarmt habend“
wüċob'og üšty'ob ək'a lekṣ'omaš ç̣əp'ak ütr'ū nup'uḍuš at'ī ütr'ūš mundilī büsċog-l'ayo 92.7 „als er den Keil nach oben herauszog, hat der gespaltene Baum den Hodensack des Bären erfasst und den Bären (so an den Baum) gefesselt“

ç̣əp'ak tī

ç̣əp'ak tī ǰī-pan alob'usċ 61.112 „pack (der Schlange) an den Kopf!“
atig gəndər kṣlū-pan ç̣əp'ak tī əstl'ə biš'o 80.52 „in einer großen Mulde, dort setzte er ihn nieder“
aneg ç̣əpak tī saty'ẹmšo 43.47 „wir wollen nach innen Feuer legen!“

çəpak tī gəmš tüt'ǖ tilig očer'ost 90.44 „das Dorf eingeschlossen habend, gingen sie rund herum“

dəpak

ṭə likṣ'ī wütoŋg'a dəpak žalor'ogso 54.39 „er hob den Fuß und sprang mit aller Kraft *dəpak* talauf“

ḍəbəḍəbə tī, ḍubeḍob'i

byeren təkċə wuṣkuč'ī ḍəbəḍəbə tī am'aso 43.52 „er kommt mit den Ziegen im Gefolge“
ḍug'ī ḍubeḍob'i tī byeč'ogust ḍubeḍob'i tī 33.42 „rollend gingen (die Bälge) hinab“

ḍəp'ak

M'āndi zīš ṭə likṣ'ī ḍəp'ak salor'ogso 61.86 „Māndi hob den Fuß und sprang gegen die Tür“

ḍəpak tī

ḍəpak tī atig süne'a kəṇḍwənī piẽ žüluw'īa A10.66 „sie gebar einen Knaben mit goldenem *kəṇḍ*“

ḍəpak wī

ḍəpak wī t-īš salo'ẹm-ra A10.115 „ich will in den Mund hineinspringen“

kaṣkaṣ wī

kaṣkaṣ wī čam lekṣ'egust 17.22 „sie zogen das Fell ab“

pak

wipt'ī pak alob'ogso 42.69 „er ging hinaus und hängte sich an ihn (um zu kämpfen)“

pakpakpak tī

pakpakpak tī üblüs'ǖ 69.93 „(das Haus) glänzend gesäubert habend“

pφu tī

pφu tī sünyālī (P.) „alles beendet habend“

pφū w-

„na ṣu lamš-'amiž“ lī pφū wost 79.22 „‚wir haben keine Ahnung‘, sagten sie“

phu wī

su nienj phu wī šil'egso 43.31 „der Vogel plusterte sich auf und saß (da)“

phū, phū tī

phū wirǰim'en ṭk'ogo 57.16 „er brachte alle Männer um“

su tak phū ti ašpaw'ogo 38.91 „er ließ sie (alle) verschwinden“

φux ti

aləg war'egš φ'ux ti wüspuw'ū (P.) „feg dieses Haus aus!“

saksak

saksak loċ 90.17 „komm hoch!“

sap

Mənǰəm Malik sap linosogso 32.24 „Mənǰəm Malik stieg (durch den Fußboden) herauf“
sap əstləg'a üšt'ǖ 69.70 „von dort aufgestanden“
sap atil'ī nyenj'ogso 2.35 „sie drehte sich um und schaute talab“
žim k'ə̄čəš lum'ū-pan sap tipit'ǖ 22.29 „den Eisenhaken in den Nacken gedrückt habend“

sap tī

it'ī sap t'ī alyega lim'aso 25.15 „nun fordert er ihn auf, (aus der Truhe) hochzukommen“

šūr tī

āw šūr tī sonǰəm'aso (P.) „er trinkt Wasser“

šorop tī

āš šorop tī sopṣul(u)m'aso 71.39 „lässt das Wasser (in seinen Mund) hineinfließen“

ṣak tī

lüm'ǖ-panya ṣak tī püž'ogo 31.23 er zog am Schwanz“

ṣap

su yuṣ ṣap üšt'isa A10.134 „der Yuṣ stand auf“

ṣap tī

Čimaṭ'ī ṣap tī püž'ogo 99.60 „Čimaṭī zog an“

ṣep

ütr'ū ṣep üšt'ǖ ċak w'ogso 27.24 „der Bär stand auf und lief weg“, *su ütr'ū ṣep üšty'ogso* 31.25 „der Bär stand auf“, *ṣep lič'egso* 32.62 „er stand auf“

ṣerrag tī

su čamš ṣerr'ag tī lekṣ'ī 22.65 „die Haut ausgezogen habend“

tāg wī tak

tāg wī tak aščer'ogust 22.49 „sie gingen weg“

təgəṭogə

təgəṭogə aẓoẓ'ī 93.12 „gezittert habend, zusammengefahren seiend“

tak

sumiš yei daulat ps-p'a-sto tak ṭk'ogo 28.6 „die Reichtümer seines Vaters brachte er alle durch“
sučug'a paṣ'ūš it'ī tak ṭk'oma 25.34 „wenn er mit dem ganzen Wald Schluss macht“
wūnj'en-dī tak ožny'asən-č 77.39 „ihr werdet (mich), wenn ihr mich seht, töten.“
tak om'ogso su wəst'ī 78.24 „es starb die Frau“
su M'āndi tak až'ū su wərǰəm'īš koṭk'ī to-munǰ əstl'ə īpċaw'o 81.8 „Māndi stieß den Mann um und ließ ihn dort mitten unter das Heer fallen“
ī tü-büd čəčöli wər'ī na sabüty'oŋlī tak lesċ'e 89.10 „schließ die wahre Rede nicht in deinem Sinn ein und lass sie heraus“
su Ṣupu wərǰəm'ī tak nabz'ogso 90.30 „der Iṣṭewi-Mann trat talab hervor“
lug əṣkil'ī pərċ'ə ap'ī tak pyekoṣinyew'ogusto 42.80 „(die Brücke) erzittert stark, und Staub(wolken) wurden hinabgeworfen“
üšt'üb üḍol'ogso, tak tüpš'ogso su lüšt 69.27 „der Baum spaltete sich, das Mädchen ging hinein“
bim wiċobī tak apyebz'agso 74.34 „die Erde spaltete sich, und (die Tochter) ging hinab (unter die Erde)“
su žešt ... atig wərǰəm'ī wī tak lužū to-munǰ obz'ogso 69.70 „der Stier wurde zu einem Mann und ging unter die Götter“
su Pəgailea-münd tak bīċ'ogso 81.16 „Pəgailea-münd kam herab“
miš ṣə-pan apī tak pčo 104.11 „er nahm (das fremde Kalb) mit seinem Vieh mit“
tak sokol'ī sasċəs A10.115 „schluck (mich) herunter!“
tak ibēr'ogso/wirēwogso 18.30 und passim „verwunderte sich/ erschrak“
su ūtrū tak üšüp'ogso 88.14 „der Bär schämte sich“
üšpy'eš pār tak tüẓ'ogs-ē wūnj'ogəċ-ī?... tak tüẓogs-'amiž 88.27 „hast du hergesehen, ob die Axtwunde zuheilte? ... Sie heilte ja zu“

tak tī

tak tī awūčel'ogust 43.13 „sie schüttelten (den Sack) aus“, *Māndi tak tī wišiž čiṇḍ'og bīpċən'īa* A10.384 „Māndi schüttete den Buttersack mit *wišiž* aus“
Əspərəg-r'aš tak tī oṣp'ı atig ǰī amǰ'ogo 54.71 „er schlug waagerecht durch Əspərəg-ra und schnitt ihm einen Kopf ab“
ṣiŋ'iça tak tī ī but çtag büly'ū-ra 61.34 „aus dem Röhrenknochen tu dein Mehl wieder hinab (in die Gefäße)!“
əz'aš ... tak tī pyesċ'ī 100.84 „den Sack (ins Haus) hinabgeworfen habend“
su yuṣč tak tī pyesumt'īa A10.107 „er warf (den Apfel) zu dem Yuṣ hinunter“
tak ti gam tikṣ'ego 57.19 „er wurde bekümmert“

tak phū ti

su tak phū ti ašpaw'ogo 38.91 „er ließ (die Brote im Mund) verschwinden"

taŋ

su yüṣ taŋ pyebz'ī abz'ogso 93.12 „der Yuṣ ging hinab und verschwand"

taŋ wī

taŋ wī tu-ḍg'ū pyept'ogso ütr'ū 31.23 „der Bär stürzte den Felsen hinunter"

tap

tap wištyon-d'ı 30.42 „geht hinaus!"
tap pəz'ī 43.3 „losgegangen seiend"
tap jī kċ'ə-pan tikṣ'ī 53.22 „den Kopf (des Raben) in den Hintern hineingezogen habend"
tap nikṣ'ego 54.27 „er zog (den Finger aus dem Spalt) talab (zurück)"
zīš tap tu-lust žāž'ogo 65.24 „er drückte mit der Hand talauf gegen die Tür"
aṭo'ē tap at'ī 78.8 „(den Vogel) ergriffen habend, ihn gepackt habend"
tap waṭoe atig banigya zī ap'ī tap t-uṣl'ug inos'ogo 57.37 „er langte nach links, öffnete eine kleine Tür und ließ ihn in einen Wasserfall hinaustreten"
tap lapog-p'an 92.11 „als er hinauflangte"
tap pyöṭo'e lekṣ'īa A10.174 „sie langte hinab und zog es herauf"
su wəǰǰəm'ī tap t-üšty'ub lyenj'ogso 43.38 „der Mann schaute zu dem Baum hoch"
tap wəz'ī-pan sānj'ogso 57.41 „er schaute in den Beutel"
žigy'ī tap wānjəm'aso 65.4 „talauf gegangen, schaut er nach links"
tap pyenj'oma 69.62 „als sie hinabschaute"
tap byenj'oma 82.11 „als sie hinunterschaut"
tap koṣ pšl'ū-pan bienj'ī 90.24 „auf den Weiden-Hain hinabgeschaut habend"
tap wyenja-r'a 91.27 „als sie hinaussieht"
su wərǰəm'ī tap žyenj'ī lü ig'ī löpš'oyo 93.11 „der Mann schaute talauf und hob zwei Finger"
ščöli wər'ī tap pul'ẹmš-(i)r'e 89.7 „wir wollen wahre Rede sprechen!"
tap čkwa ṭag awoč'ogso 61.76 „in kurzer Zeit reifte (die Saat)"

tap tak tī

tap tak tī piēš āžiw'ogo 32.62 „er weckte den Knaben"

tap tī

tap tī wišt'ī čī īr gəz'ī üny'ogš žity'ego 65.14 „er ging hinaus, holte drei Steine und legte sie talauf als Feuerstelle"
tap tī miš ter'až lekṣ'ī 91.18 „er zog seinen Dolch"
tap tī su Üsk'ǖ Ramgor'a čkür-pan saṭ'oe 94.38 „nachdem Üskü nach rechts zum Ramgora-Felsen gegriffen hatte"

taptap tī

taptap tī byenjiwi-ṭk'og-ədī 32.66 „sie las (den Brief) durch“

trak tī

trak tī iċem žebz'ī 90.55 „nach Iċem talauf hinabgegangen seiend“

traŋ tī

undo wərǰimy'en traŋ tī awökoṣ'ī gī abz'agso 69.86 „(das Wasser) riss jene Männer mit und floss mit ihnen weg“

trap

nigaw'ī trap əstl'ə ninis'ogo 43.17 „er ließ (das Pferd) talab gehen und brachte (die Frau) dorthin talab“
trap pegy'ī üküz'ogso. trap pyepš'ogso 65.12 „er eilte hinunter, er ging hinab“

trap tī

w'əzīš üč'ogo. trap tī atig kuṇḍ'ī ižẽ re t-iša wīdī ədī löṣol'ogust 57.39 „er band den Beutel auf. Es kam eine Anzahl Schlangen und giftige Eidechsen zum Vorschein“

tər wī

t'ər wī ḍọg wilor'ogso 8.38 „die Milch lief aus“

tərr wī

tərr wī üs'ǖ wisċ'īnogso 88.22 „das Blut strömte aus“
surč to-güčü bit'ī tərr wī aləra tig'awī gəz'o 80.51 „er setzte sich den See auf den Rücken, ließ ihn oben hineinströmen und brachte ihn (fort)“

tərrag tī

amǰ'ǖ gəz'ī tərrag tī t-kuṇḍa-čil'eg war'əg lī wiṭk'ost 90.42 „sie fällten (Bäume), brachten sie und bauten auf Kuṇḍa-čileg ein Haus“

tərtər

tərtər əsċ- (P.Pr.K.D.) „eilen“

tyemtüm

gən ozol'ī tyemtüm čobog-p'an 44.14 „als der Topf geräuschvoll zerbrach“

tyaŋ

atig ḍug'o tizol'ī tyaŋ čob'og-pan 35.12 „als ein Stock geräuschvoll zerbrach“

ty'ek ti

üy'ūš ty'ek ti ǰī ončuw'ogust 21.21 „sie füllten den Turm mit Köpfen“
uy'ū tyek t'ī ončinew'ogso (P.) „der Korb wurde ganz voll“
tyek tī sānčiw'ə (P.) „füll voll! “

ṭaŋaŋ

üčüm'üš ṭaŋaŋ čob'ī təb'əg ay'ost 90.50 „sogleich schossen sie unter Getöse die Gewehre ab“

Index Locorum

Verweise beziehen sich auf Band 1 (Prasun Texte) und die Paragraphen von Band 2 (Grammatik). Angegeben sind Paragraphen, in denen die betreffende Stelle mit interlinearer Glossierung vorkommt.

Bibliographie

Aissen, Judith

(2003). Differential Object Marking: Iconicity vs. Economy. *Natural Language & Linguistic Theory* 21, 435–483.

Bashir, Elena

(2006). Evidentiality in South Asian Languages. *Proceedings of the LFG06 Conference, Workshop on South Asian Languages, Konstanz Universität.* CSLI Publications. http://web.stanford.edu/group/cslipublications/cslipublications/LFG/11/lfg06bashir.pdf.

(2010). Traces of mirativity in Shina. *Himalayan Linguistics*, 9 (2), 1-55. http://escholarship.org/uc/item/3bk2d2s6.

Bossong, Georg

(1985). *Empirische Universalienforschung. Differentielle Objektmarkierung in den neuiranischen Sprachen.* Tübingen 1985.

Buddruss, Georg

(1975). Zur Benennung der Schlange in einigen nordwestindischen Sprachen. *MSS* 33, 7-14.

(1977). Nochmals zur Stellung der Nūristān-Sprachen des afghanischen Hindukusch. *MSS* 36, 19-38.

(2005). Māra's Mühlenbau. Analyse eines Prasun-Textes aus dem afghanischen Hindukusch. *Hṛdā́ Mánasā.* Studies presented to Professor Leonard G. Herzenberg on the occasion of his 70. birthday. St. Petersburg, 446-469.

(2006). Drei Texte in der Wama-Sprache des afghanischen Hindukush. *Indo-Iranian Linguistics and the Typology of Linguistic Situations.* Prof. A. L. Gruenberg (1930-1995) Memorial Volume. St. Petersburg, 177-200.

Cheung, Johnny

(2007). *Etymological Dictionary of the Iranian Verb.* (Leiden Indo-European Etymological Dictionary Series, 2). Leiden/ Boston.

Cristofaro, Sonia

(2003). *Subordination.* (Oxford Studies in Typology and Linguistic Theory). Oxford: OUP, reprint 2010.

De Hoop, Helen, and A. Malchukov

(2007). On fluid differential case marking: A bidirectional OT approach. *Lingua* 117, 1636–1656.

Degener, Almuth

(1998). *Die Sprache von Nisheygram im afghanischen Hindukusch.* Wiesbaden. (Neuindische Studien 14).

DeLancey, Scott

(1997). Mirativity. The grammatical marking of unexpected information. *Linguistic Typology* l, 33-52.

Di Carlo, Pierpaolo

(2011). Two clues of a former Hindu-Kush linguistic area? C. Everhard & E. Mela-Athanasopoulou (ed.): *Selected Papers from the 1st International Conference on Language Documentation and Tradition with special interest in the Kalasha of the Hindu Kush Valleys, Himalayas.* Thessaloniki: University Studio Press, 101-114.

Dryer, Matthew S., and Haspelmath, Martin (eds.)

(2013). *The World Atlas of Language Structures Online*. Leipzig: Max Planck Institute for Evolutionary Anthropology. http://wals.info, aufgerufen am 20.01.2016.

Edelman, D. I.

(1983). *The Dardic and Nuristani Languages*. Moscow: Nauka Publishing House.

Fradin, Bernard

(2009). IE, Romance: French. In: Lieber/ Štekauer 2009, 417-435.

Grjunberg, Alexander L.

(1980). *Jazyk Kati. Teksty, grammatičeskij očerk*. Moskva.

Haspelmath, Martin

(2007). Coordination. In: Shopen, Timothy (ed.): *Language Typology and Syntactic Description*. 2nd edition. Cambridge: CUP.

Hegedüs, Irén

(2012). The RUKI-rule in Nuristani. *The Sound of Indo-European*. Phonetics, Phonemics, and Morphophonemics, ed. by B. N. Whitehead et al. Copenhagen, 145-167.

Hock, Hans Henrich

(2015). The Northwest of South Asia and beyond: the issue of Indo-Aryan retroflexion yet again. *Journal of South Asian Languages and Linguistics* 2 (1), 111-135.

Hock, H. H. and Bashir, E. (Eds.)

(2016). *The Languages and Linguistics of South Asia*. (The World of Linguistics, 7). De Gruyter Mouton.

Hopper, P. J. and S. A. Thompson

(1980). Transitivity in Grammar and Discourse. *Language*, 56, 2, 1980, 251-299.

Jendraschek, ,Gerd

(2011). A Fresh Look at the Tense-aspect System of Turkish. *Language Research* 47 (2), 245-270.

Kilian-Hatz, Christa

(2006). Ideophones. *Encyclopedia of Language & Linguistics*, ed. Keith Brown. Oxford: Elsevier, 508-512.

Klein, Wolfgang

(1994). *Time in Language*. London, New York: Routledge 1994.

Kobayashi, Masato

(2004). *Historical Phonology of Old Indo-Aryan Consonants*. (Study of Languages and Cultures of Asia and Africa Monograph Series, 42). Tokyo.

Lazard, Gilbert

(1998). L'expression de l'irréel: essai de typologie. *Typology of Verbal Categories*, ed. by L. Kulikov and H. Vater. Tübingen, 347-358.

(2006). More on counterfactuality and on categories in general. *Linguistic Typology* 10, 61-66.

Lieber, Rochelle, and Štekauer, Pavol (ed.)

(2009). *The Oxford Handbook of Compounding*. Oxford: OUP.

Liljegren, Henrik

(2008). *Towards a grammatical description of Palula. An Indo-Aryan language of the Hindu Kush.* Stockholm. http://www.diva-portal.org/smash/get/diva2%3A198468/FULLTEXT01.pdf, aufgerufen 4.7.2016

(2014). A survey of alignment features in the Greater Hindukush with special references to Indo-Aryan. Pirkko Suihkonen/ Lindsay J. Whaley: *On diversity and complexity of languages spoken in Europe and North and Central Asia.* Amsterdam: Benjamins, 133-174.

Liljegren, Henrik and Naseem Haider

(2011.) *Palula Vocabulary.* Islamabad. https://www.researchgate.net/publication/274714038_Palula_Vocabulary, aufgerufen 4.7.3016.

(2015). *Palula Texts.* Islamabad. file:///C:/Users/degener/Downloads/PalulaTextCollectionWithCover--final.pdf, aufgerufen 4.7.2016.

Mayrhofer, Manfred

(2005). Die Fortsetzung der indogermanischen Laryngale im Indo-Iranischen. Österreichische Akademie der Wissenschaften, phil.-hist. Klasse, Sitzungsberichte, 730. Wien: Verlag der österreichischen Akademie der Wissenschaften.

Morgenstierne, Georg

(1929). The Language of the Ashkun Kafirs. *NTS* 2, 192-289.

(1949). The Language of the Prasun Kafirs. *NTS* 15, 188-334.

Osada, Toshiki

(2004). A historical note on inclusive/ exclusive opposition in South Asian languages - Borrowing or Retention or Innovation? *Mon-Khmer Studies* 34, 79-96.

Payne, Thomas E.

(1997). *Describing Morpho-Syntax. A Guide for Field Linguists.* Cambridge: CUP, 11. Auflage 2010.

Perder, Emil

(2013). *A grammatical description of Dameli.* Diss. Stockholm 2013. http://su.diva-portal.org/smash/get/diva2:651418/FULLTEXT02.pdf, aufgerufen 4.7.2016.

Petersen, Jan Heegård

(2006). Local case-marking in Kalasha. Journal of South Asian Languages and Linguistics 1 (2), 187–215. PhD Thesis Copenhagen, Maps and Appendices http://pubman.mpdl.mpg.de/pubman/item/escidoc:405224:5/component/escidoc:405223/kalashaapp_petersen2006_s.pdf, aufgerufen 2.1.2016.

Robertson, G. S.

(1896). *The Káfirs of the Hindo-Kush.* 1. Auflage London 1896, Neudruck Graz 1971, Karachi (OUP) 1974.

Rönnquist, Hanna

(2014). *From left to right and back again. The distribution of dependent clauses in the Hindukush.* Diss. 2014. http://www.diva-portal.org/smash/get/diva2:765263/FULLTEXT02, aufgerufen 17.12.2015.

(2015). *Fusion, exponence, and flexivity in Hindukush languages. An areal-typological study.* Independent Project for the Degree of Master 30 HE credits, Stockholms universitet. http://www.diva-portal.org/smash/get/diva2:852030/FULLTEXT05.pdf, aufgerufen 20.01.2016.

Scalise, Sergio, and Bisetto, Antonietta

(2009). The classification of compounds. In: Lieber/ Štekauer 2009, 34-53.

Seiler, Hansjakob

(1983). *Possession as an operational dimension of Language.* (Language Universals Series, 2). Tübingen: Gunter Narr.

(2001). The operational basis of possession. A dimensional approach revisited. *Dimensions of Possession,* ed. by I. Baron, M. Herslund, F. Sørensen. Amsterdam: John Benjamins, 27-40.

Strand, Richard

(2010). Nurestâni Languages. *Encyclopaedia Iranica, Online Edition:* http://www.iranicaonline.org/articles/nurestani-languages.

(2010a). The Evolution of the Nuristâni Languages. http://nuristan.info/Nuristani/NuristaniEvolution.html, aufgerufen 01.03.2016.

(2011). Transcription and Pronunciation of the Nuristâni Languages. http://nuristan.info/Nuristani/phon.html, aufgerufen 20.01.2016.

(2013). Dardic and Nūristānī Languages. *The Encyclopaedia of Islam, Third Edition, Part 2013-4,* 101-103. Leiden: Brill.

(2016). Nûristânî. HOCK and BASHIR 2016, , 66-72.

Tikkanen, Bertil

(2008). Some areal phonological isoglosses in the transit zone between South and Central Asia. *Proceedings of the Third International Hindu Kush Cultural Conference,* ed. by Israr-ud-Din. Oxford: OUP, 250-262.

Turner, Ralph L.

(1966). *A Comparative Dictionary of the Indo-Aryan Languages.* London: OUP. Addenda and Corrigenda London 1985.

Voeltz, F. K. Erhard, and Kilian-Hatz, C. (ed.)

(2001). *Ideophones.* (Typological Studies in Language, 44). Amsterdam: John Benjamins.

Werba, Chlodwig

(2005). Sanskrit *duhitár-* und ihre (indo-)iranischen Verwandten. Zur 'Vokalisierung' der Laryngale im Ur(indo)arischen. Günter Schweiger (ed.), *Indogermanica. Festschrift für Gert Klingenschmitt.* Indische, iranische und in-dogermanische Studien dem verehrten Jubilar dargebracht zu seinem 65. Geburtstag, 699-732. Taimering: Schweiger Verlag für Wissenschaft und Technik.

(2016). Ur(indo)arisches im Nūristānī. Zur historischen Phonologie des Indoiranischen. *Tavet Tat Satyam. Studies in Honor of Jared S. Klein on the Occasion of His Seventieth Birthday,* ed. by Andrew Miles Byrd, Jessica DeLisi, and Mark Wenthe. Ann Arbor: Beech Stave Press, 341-359.

Witzel, Michael

(2004). The Ṛgvedic Religious System and its Central Asian and Hindukush Antecedents. The Vedas. Texts, Language & Ritual, ed. by A. Griffiths and J. E. Houben. Groningen, 581-636.

Zimmermann, Malte

(2011). Discourse Particles. Von Heusinger, Maienborn and Portner (eds.), *Semantics (HSK 33.2),* Berlin: de Gruyter, 2011–2038.

Abkürzungen

ABL = Ablativ
Abs. = Absolutiv
ADV = Adverbiale
Anm. = Anmerkung
AOR = Aorist
ART = Artikel
C = Konsonant
CLF = Classifier, Zählwort
CP = Absolutiv (conjunct participle)
CP-NEG = Negatives Absolutiv
D. = Dewa
DEM = Demonstrativum
denon. = denominativ
F, f. = Femininum
FUT = Futur
FUT-AOR = Futur-Aorist
FUT-CONST = Futur-Konstativ
FUT-IMPF = Futur-Imperfekt
FUT-SUPP = Futur-Suppositiv
GB = Georg Buddruss
GEN = Genetiv
GM = Georg Morgenstierne (Wenn ohne Zusatz, bezieht sich GM auf Morgenstierne 1949)
I. = Iṣṭewi
ID = Ideophon
IMP = Imperativ
IMPF = Imperfekt
IMPF-HAB = Imperfekt-Habituativ
INF = Infinitiv
ITER = Iterativ
itr. = intransitiv
jmdn., jmds. = jemanden, jemandes
K. = Kštöki
Kaus. = Kausativ.
Kt. = Kati
Kv. = Kamviri
m. = Maskulinum
NEG = Negation
NP = Nominalphrase
NS = Nominalsyntagma
OBL = Casus Obliquus
ON = Ortsname
P. = Paṣki
Part. = Partizip
PASS = Passiv
Pers. = Persisch
PL = Plural
PLUP = Plusquamperfekt
POSS = Possessivum
POST = Postposition
Pr. = Pronj
Präs. = Präsens
Prät. = Präteritum
PRF = Perfekt
PRF-AOR = Perfekt-Aorist
PRF-SUPP = Perfekt-Suppositiv
PRN = Pronomen
PRS = Präsens, PRS II = Präsens II
PRSP = Partizip Präsens
PRS-SUPP = Präsens-Suppositiv
PRT = Präteritum, PRT II = Präteritum II
PRT-HAB = habituatives Präteritum
PRTP = Partizip Präteritum
PT = Partikel
Q = Fragepartikel
QUOT = Quotativ
RS = Relativsatz
s. = siehe.
SG = Singular
Skt. = Sanskrit
SUB = Subordinationsmarker
SUP = Supinum
SUPP = Suppositiv
T. = Turner 1966.
tr. = transitiv
V = Vokal
vgl. = vergleiche.
VOC = Vokativ
Z. = Zumu